"十二五"国家重点图书出版规划项目·新编法学核心课程系列教材

环境资源法

——理论·实务·案例

（第三版）

◆ 主 编　王文革

◆ 副主编　赵 俊　杨 华　何艳梅　朱晓燕
　　　　　陈耿钊

◆ 撰稿人　（以撰写章节先后为序）

赵 俊　冯心颖　唐双娥　王文革
张 璐　杨 华　柯 心　朱晓燕
丁娜娜　文黎照　黄润源　王彬辉
何艳梅　张栋琦　李研辉

中国政法大学出版社

2020·北京

图书在版编目（ＣＩＰ）数据

环境资源法：理论·实务·案例/王文革主编.—3版.—北京：中国政法大学出版社，2020.1（2023.1重印）
　ISBN 978-7-5620-9377-0

　Ⅰ.①环…　Ⅱ.①王…　Ⅲ.①环境保护法－中国－高等学校－教材②自然资源保护法－中国－高等学校－教材　Ⅳ.①D922.6

　中国版本图书馆CIP数据核字(2019)第290563号

出　版　者　中国政法大学出版社

地　　　址　北京市海淀区西土城路 25 号

邮　　　箱　fadapress@163.com

网　　　址　http://www.cuplpress.com (网络实名：中国政法大学出版社)

电　　　话　010-58908435(第一编辑部) 58908334(邮购部)

承　　　印　保定市中画美凯印刷有限公司

开　　　本　720mm×960mm　1/16

印　　　张　25

字　　　数　504 千字

版　　　次　2020 年 1 月第 3 版

印　　　次　2023 年 1 月第 2 次印刷

印　　　数　5001～8000 册

定　　　价　66.00 元

　　王文革　法学博士、博士后，教授，高级工程师，经济师。具有政府部门工作经历和美国、加拿大、澳大利亚等国外访学经历。现为上海市重点学科环境资源法学科负责人，上海政法学院环境资源与能源法研究中心主任，兼任中国环境资源法研究会副会长。主持国家社科基金、教育部、司法部等国家级、省部级科研项目 20 多项，发表学术论文 100 多篇，出版著作 23 部，获省部级科研成果奖励 20 多项。代表性个人专著有《城市土地市场供应法律问题》《城市土地节约利用法律制度研究》《城市土地配置利益博弈及其法律调整》《中国节能法律制度研究》等。代表性论文有《生态环境建设立法问题研究》等。

出版说明

　　"十二五"国家重点图书出版规划项目是由国家新闻出版总署组织出版的国家级重点图书。列入该规划项目的各类选题，是经严格审查选定的，代表了当今中国图书出版的最高水平。

　　中国政法大学出版社作为国家良好出版社，有幸入选承担规划项目中系列法学教材的出版，这是一项光荣而艰巨的时代任务。

　　本系列教材的出版，凝结了众多知名法学家多年来的理论研究成果，全面而系统地反映了现今法学教学研究的最高水准。它以法学"基本概念、基本原理、基本知识"为主要内容，既注重本学科领域的基础理论和发展动态，又注重理论联系实际以满足读者对象的多层次需要；既追求教材的理论深度与学术价值，又追求教材在体系、风格、逻辑上的一致性。它以灵活多样的体例形式阐释教材内容，既推动了法学教材的多样化发展，又加强了教材对读者学习方法与兴趣的正确引导。它的出版也是中国政法大学出版社多年来对法学教材深入研究与探索的职业体现。

　　中国政法大学出版社长期以来始终以法学教材的品质建设为首任，我们坚信，"十二五"国家重点图书出版规划项目定能以其独具特色的高文化含量与创新性意识，成为集权威性和品牌价值于一身的优秀法学教材。

中国政法大学出版社

总　序

　　长期以来，由于大陆法系和英美法系法律渊源不同，法学教育模式迥异。大陆法系的典型特征是法律规范的成文化和法典化；而英美法系则以不成文法即判例法为其显著特征。从法律渊源来看，大陆法系以制定法为其主要法律渊源，判例一般不被作为正式法律渊源，对法院审判亦无约束力；而英美法系则以判例法作为其正式法律渊源，即上级法院的判例对下级法院在审理类似案件时有约束力。两大法系法律渊源的不同，导致归属于两大法系的法学教学存在较大差异。大陆法系的法学教育采用的是演绎法，教师多以法学基本概念和原理的讲解为主，即使部分采用了案例教学，也重在通过案例分析法律规定；而英美法系采用的是归纳法，判例就是法源，通过学习判例来学习法学原理。

　　在我国，制定法为法律规范的主要渊源，长期以来，沿用大陆法系的演绎法教学模式。众所周知，法学是一门实践性、应用性很强的学科，法学教育的目标之一就是培养学生运用法学知识分析和解决实际问题的能力。为此，改变传统教学模式，引入理论和实践相结合的案例教学法成为必需。多年来，我校在这方面进行了有益的尝试和探索，总结了一套行之有效的理论和实务案例相结合的教学模式，深受学生欢迎。这套教学模式，根据大陆法系成文法的教学要求，借鉴英美法系的案例教学模式，将两大法系的教学方法有机地融为一体，既能使学生系统地掌握法学原理，又培养了学生分析和解决实际问题的能力。

　　为了及时反映我校法学教育改革的新成果，更好地满足法学教育的需要，我校组织编写了这套《新编法学核心课程系列教材》。这套教材具有如下特点：①覆盖面广。涵盖了现今主要的法学核心课程。②体例格式新颖。本套教材各章均按本章概要、学习目标、学术视野、理论与实务、参考文献的体例格式安排，这种体例兼顾了系统掌握法学理论和应用法学理论分析、解决实际问题能力的双重教学目标。③案例选择科学合理。主要表现为：一是案例大多选自司法实践，具有新颖性和真实性；二是根据法学知识点的系统要求选择案例，具有全面性和典型性；三是反映理论和实务的密切联系，以案说法，以法解释法学知识和原理，理论与实务高度融合，相得益彰。④内容简洁。本套教材力争以简洁的语言阐述法学理论和相关问题，解析实例，说明法理，做到深入浅出，通俗易懂。⑤具有启发性。本套教材所列学术视野，多为本学科的焦点和热点问题，可帮助学生了解学术动态，激发其学术兴趣；理论思考题可引导学生思考温习所学知识，启迪其心志。

《新编法学核心课程系列教材》吸收了国内外优秀学术成果，在理论与实践相结合的基础上，达到了理论性、实践性和应用性相统一。在理论上具有较强的系统性和概括性，在应用上具有针对性和实用性，在内容上则反映了法学各学科的新发展和时代特征。总之，我真诚地希望这套教材能成为广大学生和读者学习法学知识的新窗口，并愿这套教材在广大读者和同行的关心与帮助下越编越好。

金国华

2010 年 10 月 28 日

第二版说明

　　《环境资源法——理论·实务·案例》自 2010 年出版以来，我国的环境资源法治建设发生了较大的变化。2014 年 4 月全国人大常委会通过了新修订的《环境保护法》，为环境资源法治进程开启了全新的一页。为了适应环境资源法学教育的需要，结合环境资源法治建设和环境资源法学研究的最新成果，我们对《环境资源法》进行了一次较大的修改，形成了这本《环境资源法》第二版教材。

　　本书吸收了本学科最新研究成果、教学改革成果和环境管理与司法实践新经验，结合我国和国际环境资源立法新动态，全面系统地阐述了环境资源法的基本原理、基本原则、基本制度、法律责任、法律救济等基本内容，注重培养学生运用环境资源法基本理论分析问题和解决问题的能力。

　　本书在体例安排、基本原则、基本制度及法律救济等部分有自己的特色。突出特点表现为：第一，确立了政府、市场、社会综合调整原则和环境资源利益平衡原则；第二，在注重环境保护法、自然资源法的同时，强化了灾害防治法的内容；第三，对环境法律现象进行了抽象与概括，系统归纳了环境资源基本法律制度、环境保护法律制度、自然资源法律制度、灾害防治法律制度等主要制度，为学生学习提供了极大便利。

　　本书由王文革负责统稿，赵俊、张栋琦、李妍辉、朱晓燕、吕怡佳协助统稿，其中张栋琦、李妍辉对本书中的最新法律规定做了补充和完善。各章节撰稿人分工如下（以撰写章节先后为序）：

　　赵　俊：第一章；第二章的章节概要、学习目标、学术视野和案例分析；第三章第三节的第五个制度。

唐双娥：第二章第一至四节。

王文革：第二章第五、六节；第三章部分内容；第五章正文部分。

张　璐：第三章第三节第一、二个制度。

杨　华：第三章第三节的第二至四个制度；第四、五章的章节概要、学习目标、学术视野和案例分析；第六章第三节。

柯　心：第三章第三节第六至十个制度。

黄润源：第三章的章节概要、学习目标、学术视野和案例分析。

王彬辉：第四章。

何艳梅：第六章第一、二节；第六章章节概要、学习目标、学术视野和案例分析。

孙宋龙、连晓燕、梅晓龙、王琦、吴冰凌、熊雅、朱亚荣、李莹雪承担了本书的校对工作。

编　者

2015 年 11 月 24 日

第三版说明

《环境资源法——理论·实务·案例》（第二版）自 2015 年出版以来，我国的环境资源法治建设发生了新变化。为了适应环境资源法学教育的需要，结合环境资源法治建设和环境资源法学研究的最新成果，我们对《环境资源法》（第二版）进行了一次修改，形成了这本《环境资源法》第三版教材。

本书吸收了本学科最新研究成果、教学改革成果和环境管理与司法实践新经验，结合我国和国际环境资源立法新动态，全面系统地阐述了环境资源法的基本原理、基本原则、基本制度、法律责任、法律救济等基本内容，注重培养学生运用环境资源法基本理论分析问题和解决问题的能力。

首先，本书根据大部制改革的调整，对相关部门的名称和职能进行了修订。2018 年国务院进行大部制改革，组建了自然资源部、生态环境部，中央及各级政府环保部门名称及职能都作了相应调整。其次，第一章根据法律法规颁布、修订和废止情况，对环境法律体系进行了修订。再次，第三章对中国环境资源监督管理体制、自然资源资产管理体制中涉及大部制改革的内容重新进行了修改完善。2016 年以来，《自然资源统一确权登记办法（试行）》《环境影响评价法》（修订）、《生态环境损害赔偿制度改革方案》《政府信息公开条例》（修订）、《生态保护红线划定指南》等陆续出台，依此对我国环境信息公开制度、自然资源权属确认制度、环境影响评价制度、生态环境损害赔偿制度、生态保护红线制度等内容作了补充完善。第五章补充了检察公益诉讼制度。最后，第六章补充了《巴黎协定》《名古屋议定书》《国际水道非航行使用法公约》等内容。

本书由王文革负责统稿，陈耿钊协助统稿。冯心颖对第一章、第五章作了修改，朱晓燕对第三、四章作了修改、何艳梅对第六章作了修改。

各章节撰稿人分工如下（以撰写章节先后为序）：

赵　俊：第一章；第二章的章节概要、学习目标、学术视野和案例分析；第三章第三节的第五个制度。

唐双娥：第二章第一至四节。

王文革：第二章第五、六节；第三章部分内容；第五章正文部分。

张　璐：第三章第三节第一、二个制度。

杨　华：第三章第三节的第二至四个制度；第四、五章的章节概要、学习目标、学术视野和案例分析；第六章第三节。

柯　心：第三章第三节第六至十个制度。

丁娜娜：第三章第二节第十一个制度。

文黎照：第三章第三节第十一个制度

黄润源：第三章的章节概要、学习目标、学术视野和案例分析。

王彬辉：第四章。

何艳梅：第六章第一、二节；第六章章节概要、学习目标、学术视野和案例分析。

张栋琦、李妍辉：根据 2014 年 4 月全国人大常委会通过的《环境保护法》（修订）对本书作了补充和完善。

编　者

2019 年 5 月 25 日

编写说明

　　本书吸收了本学科最新研究成果、教学改革成果和环境管理与司法实践新经验，结合我国和国际环境资源立法新动态，全面系统地阐述了环境资源法的基本原理、基本原则、基本制度、法律责任、法律救济等基本内容，注重培养学生运用环境资源法基本理论分析问题和解决问题的能力。

　　本书在体例安排、基本原则、基本制度及法律救济等部分有自己的特色。突出特点表现为：第一，确立了政府、市场、社会综合调整原则和环境资源利益平衡原则；第二，在注重污染防治法、自然资源法的同时，强化了灾害防治法的内容；第三，对环境法律现象进行抽象与概括，系统归纳了环境资源基本法律制度、污染防治法律制度、自然资源法律制度、灾害防治法律制度等主要制度，为学习提供了极大便利。

　　本书由王文革负责整体统稿，而其中每章的章节概要、学习目标、学术视野和案例分析由赵俊统稿。各章节撰稿人分工如下：

　　王文革：第二章第五、六节，第三章，第五章正文部分。

　　赵　俊：第一章；第二章的章节概要、学习目标、学术视野和案例分析；第三章第三节的第五个制度。

　　杨　华：第三章第三节的第二、三、四个制度；第四、五章的章节概要、学习目标、学术视野和案例分析；第六章第三节。

　　张　璐：第三章第三节第一、二个制度。

　　柯　心：第三章第三节第六至第十个制度。

　　黄润源：第三章的章节概要、学习目标、学术视野和案例分析。

　　何艳梅：第六章第一、二节；第六章章节概要、学习目标、学术视野和案例分析。

　　唐双娥：第二章第一至四节。

　　王彬辉：第四章。

编　者

2019 年 10 月

规范性法律文件名称缩略语

本书使用法律文件名称	法律文件名称全名
《宪法》	《中华人民共和国宪法》
《环境保护法》	《中华人民共和国环境保护法》
《大气污染防治法》	《中华人民共和国大气污染防治法》
《水污染防治法》	《中华人民共和国水污染防治法》
《海洋环境保护法》	《中华人民共和国海洋环境保护法》
《固体废物污染环境防治法》	《中华人民共和国固体废物污染环境防治法》
《放射性污染防治法》	《中华人民共和国放射性污染防治法》
《环境噪声污染防治法》	《中华人民共和国环境噪声污染防治法》
《环境影响评价法》	《中华人民共和国环境影响评价法》
《清洁生产促进法》	《中华人民共和国清洁生产促进法》
《循环经济促进法》	《中华人民共和国循环经济促进法》
《土地管理法》	《中华人民共和国土地管理法》
《水法》	《中华人民共和国水法》
《森林法》	《中华人民共和国森林法》
《水土保持法》	《中华人民共和国水土保持法》
《渔业法》	《中华人民共和国渔业法》
《矿产资源法》	《中华人民共和国矿产资源法》
《野生动物保护法》	《中华人民共和国野生动物保护法》
《草原法》	《中华人民共和国草原法》
《种子法》	《中华人民共和国种子法》
《农业法》	《中华人民共和国农业法》

本书使用法律文件名称	法律文件名称全名
《海域使用管理法》	《中华人民共和国海域使用管理法》
《防沙治沙法》	《中华人民共和国防沙治沙法》
《防洪法》	《中华人民共和国防洪法》
《防震减灾法》	《中华人民共和国防震减灾法》
《立法法》	《中华人民共和国立法法》
《预算法》	《中华人民共和国预算法》
《行政许可法》	《中华人民共和国行政许可法》
《行政复议法》	《中华人民共和国行政复议法》
《行政处罚法》	《中华人民共和国行政处罚法》
《行政诉讼法》	《中华人民共和国行政诉讼法》
《治安管理处罚法》	《中华人民共和国治安管理处罚法》
《刑法》	《中华人民共和国刑法》
《刑事诉讼法》	《中华人民共和国刑事诉讼法》
《民法通则》	《中华人民共和国民法通则》
《侵权责任法》	《中华人民共和国侵权责任法》
《物权法》	《中华人民共和国物权法》
《合同法》	《中华人民共和国合同法》
《仲裁法》	《中华人民共和国仲裁法》
《民事诉讼法》	《中华人民共和国民事诉讼法》
《城乡规划法》	《中华人民共和国城乡规划法》
《房地产管理法》	《中华人民共和国房地产管理法》
《建筑法》	《中华人民共和国建筑法》
《产品质量法》	《中华人民共和国产品质量法》
《核安全法》	《中华人民共和国核安全法》
《野生植物保护条例》	《中华人民共和国野生植物保护条例》
《刑法修正案（四）》	《中华人民共和国刑法修正案（四）》
《民法通则》	《中华人民共和国民法通则》

本书使用法律文件名称	法律文件名称全名
《商标法》	《中华人民共和国商标法》
《专利法》	《中华人民共和国专利法》
《著作权法》	《中华人民共和国著作权法》
《国家赔偿法》	《中华人民共和国国家赔偿法》
《民事诉讼法》	《中华人民共和国民事诉讼法》

目　录

第一章

环境资源法概述

【本章概要】本章从"环境""环境问题"的基本概念和分类出发，就环境问题的成因、环境资源法的概念、环境资源法的发展进程、环境资源法的地位、性质以及环境资源法的渊源和效力等基础性问题进行了阐述和介绍。

【学习目标】学习本章，需重点掌握环境问题的概念和实质、环境资源法的概念和调整对象，理解环境资源法的性质、地位和作用，了解环境资源法的发展进程、渊源和适用范围。

第一节　环境资源与环境资源问题

一、环境与自然资源

（一）环境的概念和种类

1. 环境的概念。人类的生存离不开环境（environment）。随着环境问题日益严重，"环境"一词的使用频率也越来越高。一般意义上所称的环境，是人类进行生产和生活活动的场所与人类生存和发展的物质基础。

在学术研究或某些特殊语境中，人们指称的环境是具有不同含义的，这种不同是由中心事物决定的。中心事物不同，环境的含义和范围也就不同。例如环境科学上的环境是以人为中心的，它是指围绕着人群的空间以及其中可以直接、间接地影响人类生存和发展的各种天然的和经过人工改造的自然因素的总体。[1]生态学上的环境以整个生物界（包括动物、植物和微生物）为中心，是指环绕着生物界并影响其生存与发展的外部空间和无生命的物质，如大气、水、土壤、阳光和其他物质。

环境资源法学中所称的环境是以环境科学对环境的界定为基础的。不同的国家针对其立法的要求和可能，对环境作出了相应的立法界定。纵观各国立法的状况，环境资源法律对环境的解释主要有三种类型：[2]

第一种是将环境的定义在立法上作扩充性、概括性的解释。保加利亚和葡萄牙

---

[1]　参见中国大百科全书总编辑委员会《环境科学》编辑委员会、中国大百科全书出版社编辑部编：《中国大百科全书·环境科学》，中国大百科全书出版社1983年版，第164页。

[2]　参见汪劲：《环境法学》，北京大学出版社2006年版，第2页。

等国家的环境立法采取了此种模式。保加利亚1991年的《环境保护法》第1节（1）的增补条款这样定义"环境"：相互联系并影响生态平衡与生活质量、人体健康、历史文化遗产和自然风光以及人类基因和元素的综合体。葡萄牙1987年《环境基本法》也将环境的概念定义为现实中全部自然和人类环境的范围。同时，它包括大气、水、土壤和底土、植物和动物；另一部分则以"人类环境"为名规定在第17条中，包括乡村、自然和文化遗产，以及污染的不同种类。

第二种是在环境基本法中对环境的定义仅作列举式规定，而具体范畴由单项立法解释。美国和日本等国家的环境资源法采取了这种立法模式。美国1969年《国家环境政策法》将环境分为自然环境和人为环境两部分，并且进行了进一步列举："其中包括但不限于空气和水（包括海域、港湾、河口和淡水）；以及陆地环境（包括但不限于森林、干地、湿地、山脉、城市、郊区和农村环境）。"美国1980年通过的《综合环境反应、赔偿和责任法》（该法也称《超级基金法》）对环境作了如下列举：在美国专属管辖权下的通航水域、边境水域和海水中的自然资源，在美国或美国管辖下的其他地表水域和海水中的自然资源，在美国或美国管辖之下的其他地表水域、饮用水源、地表或地层或者周围空气。其中，自然资源是指土地、鱼、野生生物、生物区系、空气、水、地下水、饮用水源以及其他资源。1993年的日本《环境基本法》对环境只作了列举性的规定——环境即大气、水、静稳（peace and stabilization）、森林、农地、水边地、野生生物物种、生态系统多样性等。由于没有对环境作严格的定义，所以单项环境立法就要根据具体的对策就环境要素及其环境保全上的障碍的范围再作规定。因此，日照、景观、历史文化遗产以及各种都市的要素等也是日本各单项环境立法对象中的环境。

第三种是用概括加列举的方法解释环境的定义。采取这种立法模式的主要是一些欧洲国家。如英国1990年的《环境保护法》第1条规定，环境是由下列媒介的全部或者部分组成的，也就是指大气、水以及土地；大气的媒介包括建筑物内的空气以及其他高于或者低于地面的自然或者人为构造物内的空气。从20世纪90年代以后，欧洲国家环境立法的"环境"定义，也朝着概括加列举解释的方向发展。德国1993年起草的《环境法典》（总则部分）草案第2条规定："环境是指生物圈、气候、乡村和经批准保护的自然物体。所谓生物圈，是指地表、水、空气和生存的生物体（自然资源）以及它们的相互存在的关系。"

我国环境资源法中对环境的概念的规定采取了概括加列举的模式。1989年12月26日颁布实施的《环境保护法》第2条规定："本法所称环境，是指影响人类生存和发展的各种天然的和经过人工改造的自然因素的总体，包括大气、水、海洋、土地、矿藏、森林、草原、野生生物、自然遗迹、人文遗迹、自然保护区、风景名胜区、城市和乡村等。"我国2014年修订的《环境保护法》第2条规定："本法所称环境，是指影响人类生存和发展的各种天然的和经过人工改造的自然因素的总体，包括大气、水、海洋、土地、矿藏、森林、草原、湿地、野生生物、自然遗迹、人文遗迹、自然保护区、风景名胜区、城市和乡村等。"《环境保护法》第 2 条前半部，是关于环境的定义，后半部所列举的 15 种环境因素则是当前与我国公众关系最密切，既是公众生存和发展所必需的，又是法律能够加以保护的自然因素，而不是一切自然因素。这些自然因素组成了自然环境和人文环境，包括了生活环境和生态环境，体现了"大环境"的概念。但这个"大环境"并不包括社会环境和经济环境。[1] 我们知道，环境是个不断发展的概念，随着环境概念的发展和法律手段的不断更新，《环境保护法》中的自然因素的范围也将日益扩大。

2. 环境的种类。目前，各学科对环境的分类尚未达成共识。但通常以主体、环境要素、环境的范围以及人类对环境的影响程度和环境的性质为标准对环境进行分类。

以环境的主体不同，可以把环境分为人类环境和生物环境。在人类环境中，人是环境的主体，构成这个环境的外部条件和因素既包括了自然因素，也包括了社会经济因素。人是人类环境的中心和主体，离开人谈论人类环境是毫无意义的。生物环境是以生物整体为中心和主体的环境。人类环境和生物环境之间既有联系又有区别。从外延上讲，生物环境的外延大于人类环境，人类环境从属于生物环境，人类环境是生物环境的子环境之一。从这两种环境的主体讲，人类环境的主体是整个人类，而生物环境的主体是整个生物圈。

以环境要素的不同，可以把环境分为水环境、大气环境、生物环境（如草原环境、森林环境和野生动植物环境等）、土壤环境、地质环境等。其中的水环境是由地球表面的各种水体组成的环境，包括海洋、河流、湖泊、沼泽和地下水等；土壤环境是指地球表面能够为绿色植物提供肥力的表层；生物环境是由除人之外的所有生物组成的。

以环境的形成要素不同，可以把环境分为天然环境和人为环境。天然环境是自然形成的环境，因此也称作自然环境。它是地球在自然变迁中形成的，直接或间接影响人类生存和发展的一切自然物质、能量、生存空间和自然现象的总和。按照环境要素，自然环境又可分为大气环境、水环境、土壤环境、生物环境以及地理环境等。人为环境是在自然环境的基础上经过人类长期有意识的社会劳动、加工、改造了的自然物质而创造出的人工环境。人为环境又可以分为经济环境、生产环境、交通环境、城市环境、文化环境及政治环境等。

以环境的范围大小不同，可以把环境分为聚落环境、区域环境、地理环境、地质环境、宇宙环境等。聚落环境是人类聚居和生活的环境；区域环境是指一定区域范围内的环境；地理环境是指由岩石、土壤、水、大气、生物等自然要素有机结合而成的自然综合体；宇宙环境是指地球大气层以外的环境。

以环境的性质不同，可以把环境分为物理环境、化学环境和生物环境等。

---

[1]　参见韩德培主编：《环境保护法教程》（第五版），法律出版社 2007 年版，第 2 页。

（二）自然资源

1. 自然资源的概念。自然资源和环境有着密切的联系。环境学者认为，自然资源是指一切能为人类提供生存、发展、享受的自然物质与自然条件，及其相互作用而形成的自然生态环境和人工环境。[1] 这种思考是将环境整合到资源中去，而且从环境的整体性出发，把自然资源作为环境的一部分进行思考更加有利于环境保护和资源利用。《环境保护法》在界定环境的概念时，将作为自然资源的水、海洋、土地、矿藏、森林、草原等作为重要的环境要素进行了列举式规定，也就是说，我国立法把自然资源作为环境的一部分加以保护和利用。1972 年联合国环境规划署（United Nations Environment Programme，简称 UNEP）对自然资源所作的定义，也明确了将自然资源作为环境一部分的观点。联合国环境规划署规定，自然资源是指在一定时间条件下，能够产生经济价值，可以提高人类当前和未来福利的自然环境的总称。

自然资源是环境中具有特殊内涵的一部分。从自然资源的天然性角度看，自然资源是地球环境的一个组成部分，是环境的构成要素；从自然资源的社会性角度看，自然资源是环境要素中可被人类利用的自然物质的总称。环境中的自然因素很多，只有那些现在或是将来能为人类所用的自然因素，才被称作自然资源。那些不能被人类利用的自然因素，虽然是环境的组成部分，但不是自然资源。自然因素能否被人类所用，与科学技术和经济发展水平有着直接联系。根据我国 1987 年发布的《中国自然保护纲要》对自然资源的解释——"在一定的技术经济条件下，自然界中对人类有用的一切物质和能量都称为自然资源"，有些物质和能量在现有经济技术条件下，已能为人类利用，这些物质和能量被统称为资源；由于现有经济技术条件的限制，有些物质和能量虽不能被人类立即利用，但将来可能被人类利用，这些物质和能量被称作"潜在资源"。

从自然资源的内涵可知，凡是现在或将来能被人类使用的物质和能量都是自然资源。而自然界中这种物质和能量的种类是非常多的。我国法律只是对其中几种比较重要的自然资源进行了列举。《宪法》第 9 条第 1 款列举了矿藏、水流、森林、山岭、草原、荒地、滩涂等自然资源。《环境保护法》第 2 条列举的 15 类环境要素中有一半以上是自然资源。《中国自然保护纲要》列举得更为详细，它指出：自然资源主要包括土地、森林、草原和荒漠、生物物种、陆地水资源、河流、湖泊和水库、沼泽和海涂、海洋矿产资源、大气以及区域性的自然环境与资源。

2. 自然资源的种类。根据自然资源的形成条件、组合情况、分布规律等地理特征，可以分为矿产资源（地壳）、气候资源（大气圈）、水资源（水圈）、土地资源（地表）、生物资源（生物圈）五大类。根据自然资源能否自我再生的性质，又可分为可更新资源和不可更新资源，前者具有可更新、可循环、可再生的特点，如生物资源、水资源；后者具有不可更新、不可循环、不可再生的特点，如煤等矿产资源。

---

[1]　刘文等：《资源价格》，商务印书馆 1996 年版，第 4 页。

最新的分类方法是著名地理学家哈格特（Haggett）提出的，他将自然资源分为恒定性资源、储存性资源和临界性资源。其中，恒定性资源，即按人类的时间尺度来看是无穷无尽的，也不会因人类利用而耗竭的资源，包括太阳能、风能、潮汐能、原子能、气候资源和水资源；储存性资源，即地壳中有固定储量的矿产资源，由于它们不能在人类历史尺度上由自然过程再生产（如铜）或由于它们再生的速度远远慢于被开采利用的速度（如石油），它们可能会耗竭；临界性资源，即在正常情况下可通过自然过程再生的资源，但如果被利用的速度超过再生速度，它们也可能耗竭，包括土地资源和生物资源。

3. 自然资源的特点。

（1）稀缺性。"稀缺性"是自然资源的固有特性。因为人类的需要实质上是无限的，而自然资源是有限的。自然资源相对于人类需要在数量上的不足是人类社会与自然资源关系的核心问题。

（2）整体性。人类通常只利用某种单一资源甚至单一资源的某一部分，但实际上自然资源之间是相互联系、相互制约的一个整体系统。如土地资源是气候、地形、生物及水源共同影响下的产物。

（3）地域性。自然资源的形成遵循一定的地域分异规律，因此其空间分布是不均衡的，总是相对集中于某些区域之中。如石油资源就相对集中于波斯湾地区。

（4）多用性。大部分自然资源具有多种功能和用途。例如一条河流，对能源部门来说可用作水力发电，对农业部门来说可作为灌溉水源，对交通部门而言则可能是航运线，而旅游部门又把它当成风景资源。

（5）可变性。自然资源加上人类社会构成"人类－资源生态系统"，它处于不断的运动和变化之中。这种变动可表现为正负两个方面。正的方面如植树造林、修建水电站等，使人类与资源的关系呈现良性循环。负的方面如滥伐森林、围湖造田，使资源退化衰竭，甚至加剧自然灾害。

（6）社会性。资源是文化的函数，文化在相当程度上决定了对自然资源的需求和开发能力，这说明自然资源具有社会性。自然资源稀缺约束社会经济的发展，自然资源开发导致的生态影响作用于人类的生存和发展，自然资源的冲突和争夺冲击着人类社会，诸如此类的问题使自然资源的社会性有了更加深刻的内涵。[1]

二、环境问题

（一）环境问题的概念和种类

1. 环境问题的概念。环境问题是指自然界或者人类活动致使环境质量下降或者生态破坏，给社会经济发展、公众健康带来损害的现象。

2. 环境问题的种类。根据不同标准，可以对环境问题进行不同的分类。

（1）从环境问题的成因看，环境问题可以分为第一类环境问题和第二类环境问

---

〔1〕 参见蔡运龙编著：《自然资源学原理》（第二版），科学出版社 2007 年版，第 43 页。

题。第一类环境问题也称作原生性环境问题，它是由自然现象引起的环境质量下降或者生态破坏，如地震、火山爆发、海啸、干旱、雷电等自然现象导致的有害环境影响。这一类环境问题是人类无法控制的，人类只能根据自然灾害发生的规律和特点，尽可能地降低这类环境问题带来的人身、财产损害和经济社会损失。第二类环境问题也称作次生性环境问题，它是由人类活动引起的环境质量下降或者生态破坏，是人类违背自然规律、不恰当地开发利用环境带来的环境损害。这一类环境问题是可以避免的。次生性环境问题是环境科学和环境法学的主要研究对象。次生性环境问题是超越体制贯穿人类历史的社会问题。它"以自然、人口（在规模和城市等方面的地理配置）、生产力（特别是在人类安全环境保护的技术水准和技术体系）为基本条件。它是伴随着人类的经济活动特别是企业活动，由于直接或间接产生的环境污染或环境的形态、质量的变化而造成的社会损失"[1]。次生性环境问题带来的社会损害包括对人类的健康损害以及对生活环境的侵害两个方面。

（2）从表现形式看，环境问题分为环境污染和生态破坏两种形态。环境污染是由于人们在生产建设或者其他活动中产生的废气、废水、废渣、粉尘、恶臭气体、放射性物质以及噪声、振动、电磁波辐射等对环境的污染和危害，使环境质量恶化，影响了人体健康、生命安全，或影响其他生物的生存和发展以致生态系统的良性循环被打破的现象。20 世纪全球著名的"八大公害事件"[2]和"六大污染事故"[3]就是这一类环境问题。环境污染具有如下特点：①环境污染往往是人类正常活动的有害副作用。企业、组织向环境排放废气、废水、固体废物、噪声等，总是伴随着生产、生活等对社会有益的正常活动出现。这种特点与伤害、杀人等行为本身就属于犯罪而对社会有害不同。②环境污染具有复杂性和间接性。由于环境污染的污染源来自生产生活等各个领域的各个方面，诸多污染源产生的污染物质种类繁多，性质各异，并且这些污染物常是经过转化、代谢、富集等各种反应后，才导致了环境污染。另外，环境污染是以环境作为媒介来对人体造成危害的。当人类活动排放的污染物和能量进入环境，使得其化学、物理、生物等性质发生变异，导致其质量下降，然后才对人体健康、生命安全造成危害。③环境污染具有潜伏性和积累性。环境损害一般具有很长的潜伏期，这是因为环境本身具有消化人类废弃物的能力，但环境的这种自净能力是有限的。如果某种污染物的排放超过环境的自净能力，环境所不能消化掉的那部分污染物就会慢慢地积累起来，最终导致环境污染。如 20 世纪

---

〔1〕　［日］宫本宪一：《环境经济学》，朴玉译，生活·读书·新知三联书店 2004 年版，第 106、108 页。
〔2〕　包括比利时马斯河谷烟雾事件、美国多诺拉烟雾事件、伦敦烟雾事件、美国洛杉矶光化学烟雾事件、日本水俣病事件、日本富山骨痛病事件、日本四日市哮喘病事件、日本米糠油事件。参见武汉大学环境法研究网站，http：//www. riel. whu. edu. cn/bbs/disbbs. asp？boardID = 9&ID = 153，2007 年 11 月 13 日访问。
〔3〕　包括意大利塞维索化学污染事故、美国三里岛核电站泄漏事故、墨西哥液化气爆炸事件、印度博帕尔毒气泄漏事故、苏联切尔诺贝利核电站事故、德国莱茵河污染事故。

70 年代日本发现的"富山骨痛病"，其潜伏期就达十几年。而因石棉污染引起的石棉性肺癌潜伏期可达 30 年之久。④环境污染具有持续性。环境污染常常透过广大的空间和长久的时间，经过多种因素的复合积累后才形成，因此而造成的损害是持续不断的。由于受科学技术水平的制约，对一些污染物缺乏有效的防治方法。因此，在很多情况下环境污染并不会因为污染物的停止排放而立即消除，因而呈现出持续性的特点。⑤环境污染具有广泛性。这种广泛性具体表现在：①受害地域的广泛性，比如海洋污染往往涉及周边的数个国家；②受害对象的广泛性，环境污染的受害对象一般而言是不特定的，甚至可以包括全人类及其生存的环境；三是受害权益的广泛性，环境污染往往同时侵害多种权益，如危害人们的生命健康权、休息权、财产权等。

联合国环境规划署公布的《全球环境展望 2000》指出，人口和经济增长对环境造成的影响仍然要超过管理和技术的进步所取得的成果，我们正在沿着一条不可持续发展的道路前进。这份报告称，引起全球变暖的温室效应气体的排放自 20 世纪 50 年代以来已经增加了 3 倍，全世界排入大气的污染物每年达 160 亿吨，约有 9 亿城市人口生活在二氧化硫超标的环境中，全世界每年有 5000 亿吨废污水排入江河湖泊及海洋，世界逾半数的大海和大河受到污染；全世界每年排弃的工业和生活固体废物达 30 亿吨，同样污染环境和水质，从而造成 17 亿人没有获得安全饮水的机会；人类在陆地活动所产生的废气、废水和固体废弃物最终都排入了海洋。近年来，由于海上船舶碰撞和海上作业事故导致的危险化学废物、放射性物质和原油泄漏等事件不仅严重威胁着海洋生物的安全，也直接或间接地影响着公众的身体健康。此外，某些组织和个人在经济利益的驱动下，还将公海等无人管辖的区域作为废物倾倒的场所。这些任意倾倒的废弃物，通过大气、海水环流和陆地水循环，最终都到达人类聚居的区域。联合国调查报告指出，目前，环境因素是导致人类疾病和死亡的主要原因。每年大约有 400 万儿童死于大气污染引起的呼吸道疾病；与环境有关的传染病，如疟疾，每年造成 1700 万人死亡；每年约有 500 万人由于杀虫剂和除草剂而中毒；在工业化世界，哮喘病的发病率 20 年来上升了 50%。专家们称，艾滋病、埃博拉病毒和疟疾等新老疾病是人类破坏环境（毁坏森林、灭绝动物物种以及污染水流）的直接结果。[1]

生态破坏是指由于人们对环境不合理的开发利用活动所造成的环境问题，即由于毁林开荒、过量放牧、掠夺性捕捞、滥猎滥采、不合理灌溉、不适当的水利工程、过量抽取地下液体和破坏性采掘、不恰当种植或者移民、人口增长过速和都市化等造成的水土流失、土地沙漠化、耕地锐减、森林蓄积量下降、矿藏资源遭破坏、地面塌陷、水源枯竭、野生动植物资源和渔业资源日益减少或者一些品种灭绝、旱涝灾害频繁，以致传染病、地方病流行等环境问题。生态破坏包括对生活环境的破坏

---

〔1〕　参见韩德培主编：《环境保护法教程》（第五版），法律出版社 2007 年版，第 6~7 页。

和对自然环境的破坏,但主要指对自然环境的破坏。[1]

生态破坏型的环境问题,在人类社会的早期就存在,但在工业社会以前,人类对自然的影响程度还较为有限,自然生态经过一定时期的恢复,还能保持内部平衡和稳定。但工业社会之后,随着人类活动在自然环境内部的纵深展开,生态系统的自我恢复能力受到不间断的损害,生态系统的平衡被一再打破。持续的科学研究表明,地球上发生过五次物种大灭绝,而近年来灭绝和濒临灭绝的物种数量在持续增加。与生物多样性锐减相伴的是土壤荒漠化、沙漠化趋势以及频发的灾害性天气。人类正在吞食着不合理利用和开发生态环境所带来的恶果:全球气候变暖、水土流失、洪涝灾害、地面塌陷等。恩格斯在《自然辩证法》中对这种局面已作过描述:"美索不达米亚、希腊、小亚细亚以及其他各地的居民,为了得到耕地,把森林都砍光了,但是他们意想不到,这些地方竟因此成为荒芜不毛之地,因为他们使这些地方失去了森林,也失去了积聚和储存水分的中心。阿尔卑斯山的意大利人,在山南砍光了在北坡被十分细心地保护的松林,他们没有预料到,这样一来,他们把他们区域里的高山畜牧业的基础给毁了;他们这样做,竟使山泉在一年的大部分时间枯竭了,而在雨季又使更加凶猛的洪水倾泻到平原上。"[2]

(3)日本学者宫本宪一以环境问题对人类生活带来的影响为标准将环境问题分为两种类型,一类是与人类的广义的健康(公共卫生)直接相关的公害,另一类是使环境质量或舒适性恶化的问题(环境舒适性问题)。[3]

根据宫本宪一的解释,公害表现为四个方面:①因城市化和工业化过程而潜伏和累积下来的污染物及其危害;②因企业追求利润、节约环境保护及安全方面的费用、普及消费型生活方式而导致的环境压力和损害;③由于国家(包括地方政府)政策失误而未支出足够的环境保护费用而造成的结果;④因对自然及生活环境的侵害而引发人类的健康障碍或生活困难等社会灾难。[4]

(二)环境问题的产生和发展

1. 前工业社会的环境问题。环境资源法是现代社会的产物,[5]但环境污染和生态破坏在人类社会初期就已存在。人类在环境中生存,必然要对环境施加影响。生产活动和生活活动总会产生废弃物,所以人类对环境的不良影响在现代社会以前就已经存在了。在原始捕猎时期,人类对环境的利用处于盲目状态。当时的生产活动主要以采集和捕食为主,人类的环境影响能力十分有限。在这一时期,由于人口增

〔1〕 韩德培主编:《环境保护法教程》,法律出版社 2007 年版,第 4 页。

〔2〕 中共中央马克思恩格斯列宁斯大林著作编译局:《马克思恩格斯全集(第 20 卷)》,人民出版社 1971 年版,第 519 页。

〔3〕 〔日〕宫本宪一:《环境经济学》,朴玉译,生活·读书·新知三联书店 2004 年版,第 108 页。

〔4〕 〔日〕宫本宪一:《环境经济学》,朴玉译,生活·读书·新知三联书店 2004 年版,第 126 页。

〔5〕 徐爱国:"人类要吃饭、小鸟要唱歌——评汪劲博士的《环境法律的理念与价值追求》",载《中外法学》2002 年第 1 期。

长、乱捕滥猎或人为火灾对环境造成了一些污染和破坏。进入农牧业社会后，生产力水平得到提高，环境影响能力也加强了。人类通过有意识的自然改造活动（如兴修水利、改良农作物品种）拓展生存空间。这一时期的环境污染和生态破坏主要表现为：由于缺乏科学知识而大量砍伐森林、破坏植被所引起的水土流失、土壤沙化、盐碱化；不适当地兴修水利引起的土壤沼泽化、血吸虫病流行；战争肆虐导致的水旱灾害等。尽管这些现象在当时已较为普遍，但由于当时的生产能力有限，人类向环境的索取还没有超过环境的自然供给能力，向环境的排放也没有超过环境的自然净化能力，人类与环境之间的物质、能量和信息交换仍处于相对平衡和稳定的状态。因此，前工业社会的环境污染和破坏尚未威胁到人类的生存，现代意义上的环境问题还未产生。

2. 工业社会的环境问题。工业社会使人类的生产能力得到了前所未有的释放，人类活动的范围不断拓展。从空间范围上讲，人类活动上可达宇宙太空，下可至海洋底土；从影响力上讲，人类对环境的影响超过了以往所有时代的总和，地球上几乎所有的角落和所有的环境因子都受到了人类活动的影响；从发展中心上讲，工业化初期资本主义发展的所有目标都围绕经济发展这个中心。"资本主义是一种经济发展的自我扩张系统，其目的是无限增长，或者说'钱滚钱'。利润既是资本进行扩张的手段，又是其扩张的目的。每个资本主义的机构和每一种资本主义的文化活动，其目的都是赚钱和资本积累，经济增长还被认为是社会问题的重要解决方法，它能消除贫困、失业、财富和收入的不平等分配等。"[1]"它反映的是近代工业化'财富至上'和片面经济增长的不可持续发展观。19 世纪以来，人类把本属于诗人的浪漫和艺术夸张纳入到自己的日常行为中，非理性地、无节制地向自然界开战，使人类面临双重危机，即人与自然关系的生存危机和人与人关系的社会危机。技术理性造成的'全球问题'，现代性使人丧失内心向度而成为单面人就是这种写照。"[2]全球市场的生产体现为"有组织的不负责任"的状态：经济活动的高额利润满足了理性"经济人"利润最大化的愿望，产生的有害副作用却由整个社会来承担。在这个时期，世界经济虽达到了前所未有的高度，但却表现出"极度的不均衡性和无序性：南北差距进一步加剧，生物圈的基本平衡被破坏"[3]。当工业生产的副作用逐渐释放出来后，全球环境开始经受前所未有的挑战，人类也开始面临巨大的生存危机——地球变得越来越不适宜生存，整个人类的发展面临巨大困境。现代环境问题因此产生。

2010 年世界自然基金会等国际机构共同完成的《地球生命力报告》，以地球生命力指数为指标，对地球上 2500 多个物种、近 8000 个种群的健康状况进行了衡量。该报告使用的主要测算指标之一是生态足迹。其研究结果显示，1966 年以来，人类对

〔1〕　焦坤："'以人为本'与生产力概念的语境转换"，载《中国社会科学文摘》2004 年第 2 期。
〔2〕　焦坤："'以人为本'与生产力概念的语境转换"，载《中国社会科学文摘》2004 年第 2 期。
〔3〕　［法］亚历山大·基斯：《国际环境法》，张若思编译，法律出版社 2000 年版，第 27 页。

自然资源的需求增加了一倍，到 2007 年人类生活需要一个半地球来支撑，意味着人类 2007 年消耗的资源需要地球一年半的时间再生。1997 年以来，地球生命力指数下降了 30%，这表明人类生存和发展所依赖的生态系统基础物种的健康程度下降了 30%。该报告的调查分析结论指出，人类对自然资源的需求已经超出了地球生态承载力的 50%。同时，该报告还预测，如果继续以超出地球资源极限的方式生活，到 2030 年人类将需要相当于两个地球的自然资源来满足每年的需求。[1]

工业化社会的环境问题主要表现为：持续的传统产业公害问题；新兴产业公害问题（主要指尖端技术、电子及生物工程技术产生的公害）；产业废弃物公害（废弃物产业化过程中产生的公害）；伴随产业服务化而导致的环境问题的扩散——特别是城市开发、旅游、休闲等产业造成的环境破坏；军事活动和公共事业的公害问题；消费生活的公害（以汽车公害及合成洗涤剂的污染为典型）；等等。[2]

（三）环境问题的实质

目前，以环境问题为研究对象的学科较多，不同学科得出的结论各有侧重，但其实质是一致的。

1. 经济学的视角。根据经济学外部化理论，环境问题的实质是私人生产的外部成本由社会承担的结果。外部性理论包括外部成本、外部收益，现金、非现金的外部性等几个基本概念。现金的外部性是指可以量化的外部性问题，而非现金的外部性是不可量化的外部性问题，该概念的关键词是受损和受益。受损包括内部受损和外部受损；受益包括内部受益和外部受益。当内部受益发生时就会存在外部受损，其必然结果是发生负外部性，即成本外化，这种情况下会产生环境问题。因为私人在生产中受益，却不承担生产的环境成本；当内部受损时就会存在外部受益，其结果是发生正外部性，公共物品的提供就是典型的例子。公共物品消费的非竞争性和非排他性决定市场主体不会主动提供公共物品。环境保护是公共物品，具有正外部性的特征，因此环境保护大多由政府提供。

2. 政治学、法学的视角。环境问题的产生是人类对利益的极端化和偏狭化的结果，也是在利益衡平中出现的衡平失当。从整个人类社会来看，"私益"是具有利益受损性的。但在环境领域中情况相反，"公益"是具有利益受损性的，表现为经济受损进而公益受损。因而政府和个人都可以作为环境公益的代表，都可以提起环境利益的主张，但是涉及公平问题（分为代内公平和代际公平）。环境是环境利益的外在表现，环境问题是环境利益的冲突，环境保护是环境利益的协调和恢复。法律是社会利益分配的重要手段，环境资源法就是对和环境相关的各种利益协调和恢复的主

---

[1] 参见"世界自然基金会：人类资源需求已超出地球生态承载力的 50%"，载新华网，http://news. xinhuanet. com/2010 – 10/13/c 13556165 2. htm，2012 年 7 月 23 日访问，转引自柯坚：《环境法的生态实践理性原理》，中国社会科学出版社 2012 年版，第 15 页。

[2] 参见 [日] 宫本宪一：《环境经济学》，朴玉译，生活·读书·新知三联书店 2004 年版，第 21～27 页。

要手段。根据我国台湾地区学者陈慈阳先生的观点，环境法的一个重要功能是"必须使环境利用利益上的竞合与冲突具平衡性，也就是必须衡平环境使用者彼此间或其与公共间的利益冲突与矛盾，特别是面对其他公共事务时，例如经济与科技之发展、社会正义以及社会安全等法益与环保法益之关联等，此中衡平考量更显重要，此称为'环境保护之衡平性'"[1]。

环境问题的出现是对公共利益的损害，原因是政府的公共管理出了问题。政府公共管理中的问题表现为：政府的作为和不作为。要解决环境问题须改变政府的管理模式和管理职能，无论哪一种管理模式公众都可以监督（来源于社会契约理论），同时公众都可以参与。政府不一定是公共利益的唯一代表（多元社会理论和多中心治道）。

从性质上讲，环境污染和生态破坏是个体行为危害了公共利益，是公害而非私害：①从污染和破坏源看，既有私人行为又有政府行为，而政府行为的危害更大，政府违法行政和行政不作为所造成的环境问题最直接、最明显、危害最大，因此在环境保护中应把针对政府行为的法律、制度和规定作为重点；②从行为过程看，行为具有多样性，政府的决策行为和管理行为、企业的生产行为、公众的消费行为都可能导致环境污染和破坏；③从行为的后果看，后果具有广泛性，无论是公共行为还是私人行为产生的副作用，对公众健康、社会经济发展都会产生深刻的影响。

私益具有利益刚性，所以在环保领域很容易把责任和重点放在个人（企业）方面，为了控制企业的行为容易走向行政命令和强制的简单化道路，容易加重企业负担；相反也可能导致对企业的过分迁就。所以，在解决环境问题时，首先应重点控制政府公共权力，这是因为政府决策和管理对环境具有全局性和广泛性的影响；其次，环境保护是公共物品，市场在公共物品的供给中常常失灵，只能由政府提供环境保护的公共物品；最后，政府可以通过公权力引导企业和公众的行为。

（四）用法律手段解决环境问题的意义

要解决环境问题，实现人与环境的和谐发展，须通过法律手段规范人类的行为。环境资源法是环境保护的制度手段。实现人类健康和经济社会的持续发展，要求采取包括法律手段在内的各种有效手段进行环境保护。也就是说"人类在追求更舒适之生活环境过程中，尽可能进行一些可为环境所能容许的开发行为，而停止且避免过度开发、破坏环境之行为"。这种环境保护是在环境可容忍的范围内，人类可利用科技将污染处理至不危害人类与环境之程度。所以，"科技"虽然是最原始破坏环境的原因，但它也是保护环境的重要工具。[2]

环境保护，主要是指去减少甚至去避免造成环境的负担及危险所采取的措施或行为整体。此时应包含有三大内涵：①排除现已存在与出现的对环境的危害；②排

---

[1]　陈慈阳：《环境法总论》，中国政法大学出版社 2003 年版，第 37 页。
[2]　参见陈慈阳：《环境法总论》，中国政法大学出版社 2003 年版，第 12 页。

除或减轻对环境可能或潜在的危险性；③经由预防措施的采取来防止对未来环境的危险性。因此环境保护的特征与任务首先在于具体危险的抵抗，此时含有彻底排除与降低减轻危害的抵抗行为，这也是环境行政法中传统秩序法危险抵抗理念的由来。当实际的破坏威胁到人类与环境时，则国家必须予以干预。当然环境保护并非仅满足于在危险具体产生时的抵抗，而应是要求将持续保障人类生活与生存的基础。那么，这就是具有计划与预防性的环境维护的作用。[1]

第二节　环境资源法的概念和特征

一、环境资源法的概念

1. 环境资源法的称谓。环境资源法是从传统部门法中发展起来的新兴法律部门，从它产生开始，人们对它的称谓就不统一。

20 世纪 70 年代，欧洲的环境立法主要是从污染控制立法中发展起来的，所以欧洲国家过去多将其称为"污染控制法"；日本的环境立法是从控制公害的立法中发展起来的，所以日本将环境立法称为"公害法"。苏联和东欧国家的环境立法是在自然保护法律的基础上建立起来的，所以这些国家将环境立法称为"自然保护法"；美国由于在环境管理和污染防治的相关领域中涉及了许多公法和私法问题，并且在 20 世纪初制定了大量环境行政法规，因此美国将环境立法称为"环境法"。后来，有的学者还从生态学的角度提出了"生态法"的概念。[2]

1972 年联合国人类环境会议之后，我国的环境保护工作和环境立法活动正式开始，其标志是 1973 年我国召开了第一次全国环境保护会议。这次会议之后，根据国务院批准发表的国家计划委员会《关于保护和改善环境的若干规定（试行草案）》，我国成立了国务院环境保护领导小组，其主要职责是制定国家的环境保护方针、政策和行政规章，拟订国家环境保护规划，组织协调和监督检查各地区、各部门的环境保护工作。国务院环境领导小组的成立，不仅标志着我国环境保护监督管理机构的诞生，也标志着我国环境立法活动的正式开始，但是由于众所周知的原因，我国专门性环境立法到 1979 年才颁布试行。1979 年的专门性环境立法名称定为《环境保护法》，这个称谓一直沿用至今。

但在我国法学研究和教学中，对学科称谓的使用却一直没有统一。目前，在我国研究和教学领域，大体有三种称谓：第一种是"环境与资源保护法"，第二种是"环境法"，第三种是"环境资源法"，即本教材使用的名称。第一种称谓直接采用立法机关使用的称谓；第二种称谓来自英文译文，即 Environmental Law；第三种称谓强

〔1〕　参见陈慈阳：《环境法总论》，中国政法大学出版社 2003 年版，第 12 页。
〔2〕　参见汪劲：《环境法学》，北京大学出版社 2006 年版，第 41 页。

调资源在环境中的独立性。这三种称谓的重心和出发点虽有不同，但它们指向的都是同一个部门法特征，即与污染防治、资源利用和生态保护有关的法律法规的总体。本教材使用第三种称谓，强调自然资源对人类的重要性。自然资源是社会生活和生产得以维持的重要物质保证，是社会和经济发展的动力源泉，没有自然资源的养料和原料供给，农业生产和工业生产都将难以为继，人类的生存也是不可能的。此外，自然资源中的不可再生资源具有稀缺性的特点，它在地球上的储量是有限的，在法律中强调资源在环境中的重要性和资源的稀缺性特点，有助于人们形成节约资源的意识，从而达到保护和改善环境的目的。

2. 环境资源法的概念。环境资源法是调整因保护和改善生活环境与生态环境，合理开发利用自然资源，防治环境污染和其他公害而产生的社会关系的法律规范的总称，主要包括以下三层含义：

（1）环境资源法的目的是保护和改善环境，防治污染和其他公害，保障公众健康，推进生态文明建设，促进经济社会可持续发展。

（2）环境资源法调整特定范围的社会关系。其主要包括以下三种关系：以防治环境污染为主要内容的环境保护社会关系；以合理开发、利用和保护自然资源为主要内容的自然资源社会关系；以预防、救助和减轻自然灾害为主要内容的灾害防治社会关系等。

（3）环境资源法是调整环境利用关系的法律规范的总称。环境资源法律规范从表现形式看主要包括法律、行政法规、地方性法规、自治条例、单行条例和规章。关于污染防治和生态保护的法律、行政法规、地方性法规、自治条例、单行条例和规章共同构成了环境资源法律规范。

二、环境资源法的特征

环境资源法是应对现代环境问题的产物。作为一种社会控制手段，它与传统部门法一样都是由国家制定并强制实施、规定权利（权力）和义务的社会规范。因此从功能上讲，环境资源法具有法的一般规范作用，即告知、指引、评价、预测、教育和强制等规范作用，其中指引、评价、预测作用是以告知作用、教育和强制作用为前提或后盾的。[1]但是作为一个新兴的独立法律部门，环境资源法特殊的调整对象和调整方法决定了它的独有特征：

1. 综合性。环境资源法以"保护和改善环境，防治污染和其他公害，保障公众健康，推进生态文明建设，促进经济社会可持续发展"为立法目的，这个目的的实现涉及非常复杂的社会和自然因素。从地域和空间上看，环境资源法的调整对象——人类的环境利用关系——涉及的范围非常广泛，不仅包括生产、流通、生活各个领域，而且和开发、利用、保护环境和资源的广泛社会活动有关；从环境问题的成因来看，环境问题是复杂的社会、经济、科技以及观念等因素长期共同作用的

---

〔1〕 参见张文显：《法哲学范畴研究》，中国政法大学出版社 2001 年版，第 40 页。

结果。要用法律手段有效控制和解决如此广泛的社会问题和如此复杂的环境问题，必须采用综合的法律规制方法和多样性的法律规范。因此，从内容上看，环境资源法律规范不仅包括专门性的污染控制和生态保护规范，还包括宪法、民法、行政法、劳动法、刑法中有关环境资源保护的规范；从法律措施上看，环境资源法采取了经济、技术、行政、教育等多种规制措施。

2. 科技性。环境问题的产生和科学技术的发展有着密切联系，近现代科学技术的高速发展及其在工业领域的广泛运用对环境产生了非常深刻的影响。为了预防技术的不当使用所带来的有害环境影响，必须对技术的使用行为加以必要的法律限制。要求技术使用行为符合科学和自然规则。这种要求和限制的必然结果就是将大量的科学和自然规则转化为法律规则，来对人们进行引导、教育甚至强制。在一般的法律规范中，只有少数行为模式的确定需要考虑科学和自然的规则，而环境资源法律规范确定的行为准则需要大量的科学和自然规则作为支撑，如各类环境标准的制定就是以科学研究的成果为依据的。这些科技规则被法律确定了下来，就成了人们的行为准则，对人的行为具有告知、指引、评价、教育和强制的功能。

3. 利益共同性。环境问题是超越体制贯穿人类历史的社会问题，只要是有人生存的区域，无论采取什么样的社会制度，都可能产生环境问题。这是因为整个地球是一个物质、能量不断循环的庞大生态系统，这个生态系统不受意识形态、政治国家以及人为疆界的影响。地球环境中的有机物、无机物相互依存。在生态系统中，每个生物都是错综复杂的食物链上的一环，食物链上任何一个环节的断裂都可能引起整个生态系统的崩溃。人是生态系统中的一员，处于食物链的末端，是靠食物链上的植物和其他动物养活的他养性生物。"人类既是他的环境的创造物，又是他的环境的塑造者，环境给予人以维持生存的东西，并给他提供了在智力、道德、社会和精神等方面获得发展的机会。"[1]"人类是自然的一部分，生命有赖于自然系统的功能维持不坠，以保证能源和养料的供应，文明起源于自然，自然塑造了人类的文化，一切艺术和科学成就都受到自然的影响，人类与大自然和谐相处，才有最好的机会发挥创造力和得到休息与娱乐。"[2]因此，在自然界中，人必须尊重生态系统的自身规律，保持与自然的和谐，其种群才能够延续下去。当"由于人类活动或自然原因使环境条件发生不利于人类的变化，以致影响人类的生产和生活，给人类带来灾难"[3]时，就会发生环境问题。我们利用法律手段预防和控制环境问题，是在维护作为一个群体的所有人的共同利益。一个国家或地区严重的环境污染和生态破坏，最终会影响到其他区域人群的健康和安全。这是因为政治意义上的国家和地理意义

---

〔1〕 摘自《联合国人类环境宣言》，1972 年 6 月 16 日由联合国人类环境会议全体会议于瑞典首都斯德哥尔摩通过。

〔2〕 摘自《世界自然宪章》，1982 年 10 月 28 日由联合国大会通过。

〔3〕 金瑞林主编：《环境法》，北京大学出版社 1999 年版，第 16 页。

上的国界虽然使地球环境在主观上被分成不同部分，但它无法改变地球环境自然上的联系和地理上一体化的事实。空气和水的流动以及动物的自然迁徙是任何政治制度和军队、国界所无法阻隔的。少数国家的森林破坏和二氧化碳排量增加，带来了全球气候的变化；苏联切尔诺贝利核泄漏事故使周边国家的环境以及人民人身财产均遭受了不同程度的伤害；发生于公海的各种原油泄漏和倾废行为造成了各国内海的污染以及内海生物种群和数量的锐减……在经济全球化趋势日甚的今天，各种污染转嫁和跨境环境污染事件频频发生，各国无论主观上愿意与否，都不可能置身事外。一个国家或区域的环境资源法律制度，虽效力范围只在本国或本区域范围内，但客观上会起到维护人类整体利益的作用。

第三节　环境资源法的发展概况

从 20 世纪 60 年代末开始，在各国环境公众运动的推动和影响下，环境问题逐渐受到政府的关注和重视。国际社会以及各国立法机关开始运用法律手段控制和解决环境问题，产生了许多国际和国内立法成果。

一、国际环境资源法的发展概况

国际环境资源法的发展经历了一个由慢到快、由小到大、由零散到系统的过程。这个过程以 1972 年联合国人类环境会议和 1992 年联合国环境与发展大会两个里程碑为标志。2015 年 9 月，联合国可持续发展峰会在纽约联合国总部召开，150 多位国家元首和政府首脑出席了会议，会上通过了《2030 年可持续发展议程》，该议程涵盖17 项可持续发展目标，旨在用 15 年的时间，努力消除一切形式的贫穷、实现平等和应对气候变化，促进人类可持续发展。

（一）国际环境资源法产生之前的概况

20 世纪初，国际社会已经通过了一些保护自然资源的国际条约。

1940 年以前产生的国际环境公约有：《保护农业益鸟公约》（巴黎，1902 年）、《保护海豹公约》（华盛顿，1911 年）、《关于在油漆中应用白铅的公约》（日内瓦，1921 年）、《日内瓦捕鲸管制公约》（日内瓦，1931 年）、《美加边界水资源条约》（华盛顿，1909 年）、《关于保护处于自然状态的动植物公约》（伦敦，1933 年）、《西半球自然和野生生物保护公约》（华盛顿，1940 年）等。1940 年以前的这些自然资源国际公约的保护对象单一，适用范围狭小，还不能达到控制和预防环境问题，保证人类可持续发展的目的。

1940 年以后，国际环境条约的数量明显增加。到 1970 年为止，大约缔结了 60 项国际环境条约。然而这些条约的主要目的是保护那些被人类视为"有价值的"环境组成部分，体现了明显的功利主义倾向。

（二）从斯德哥尔摩到里约

联合国人类环境会议于 1972 年 6 月在斯德哥尔摩举行。出席会议的有 114 个国家的代表和一大批政府间的组织和非政府组织的观察员，共约 1200 人。中国派代表参加了会议。会议的宗旨是"取得共同的看法和制定共同的原则以鼓励和指导世界各国人民保持和改善人类环境"。会议的重要成果为三项不具约束力的文件，即《人类环境宣言》《行动计划》《关于机构和资金安排的决议》。这些文件在同年秋季的第 27 届联合国大会上获得通过。

《人类环境宣言》的内容主要为两大部分，第一部分宣布 7 项对人类环境问题的共同认识。这些共同认识概括为对人与环境的关系的认识（第 1 项），对保护和改善环境的重要性和责任的认识（第 2 项），对人类改造环境的能力的认识（第 3 项），对发展中国家和发达国家的不同环境问题的认识（第 4 项），对人口与环境的关系的认识（第 5 项），对保护和改善人类环境这一人类共同的任务和目标的认识（第 6 项），对国际环境合作的认识（第 7 项）。这些认识集中体现了自第二次世界大战之后，国际社会因环境急剧变化而形成的对人类与环境关系的新认识。它标志着人类对人与自然关系的认识发生了一次飞跃。它们不仅是《人类环境宣言》所宣示的 26 项共同原则的思想基础，而且为后来的国际环境保护事业和国际环境法的发展奠定了思想基础。《人类环境宣言》的第二部分宣布了 26 项指导人类环境保护事业的基本原则，这些原则可以归纳为 14 项，它们是：人类环境基本权利和责任（原则 1）；保护和合理利用地球自然资源（原则 2 ~ 7）；经济发展与环境保护（原则 8 ~ 15）；人口政策（原则 16）；国家的管理职能（原则 17）；科技作用（原则 18）；环境教育（原则 19）；环境科学研究和信息交流（原则 20）；国家资源开发主权权利与不损害国外环境责任（原则 21）；发展国际环境法（原则 22）；国际环境标准（原则 23）；国际合作（原则 24）；国际组织的作用（原则 25）和消除核军备竞赛（原则 26）。这些原则是在国际社会对人类环境问题的共同认识基础上形成的行为准则，对于指导各国的环境政策和国际环境法的发展具有重要指导意义。[1]

会议还建议成立一个新的联合国机构，即由一个理事会、一个秘书处和一个环境基金组成的联合国环境规划署（UNEP）。联合国大会于 1972 年 12 月 5 日通过的第 2997（XXVII）号决议赋予该理事会下列职能和职责：

1. 促进在环境领域里的国际合作并为此推荐适当的政策。

2. 为指导和协调联合国系统内的环境计划提供一般政策指导。

3. 接受并审查联合国环境规划署执行主任提交的关于联合国系统内的环境计划的实施情况的定期报告。

4. 不断审查世界环境形势以便确保新的具有广泛国际重要性的环境问题得到各国政府适当而充分的考虑。

---

〔1〕　王曦编著：《国际环境法》，法律出版社 1998 年版，第 27 ~ 28 页。

5. 促进有关科学和其他专业团体对于环境知识和信息的获取、评估和交流的贡献；并且在适当的情况下，促进它们对于联合国系统内的环境计划的制订和实施的技术侧面的贡献，以及保持不断的审查国际环境政策和措施对于发展中国家产生的影响，以及发展中国家因实施环境计划和项目而导致的额外代价；并确保这些计划和项目与这些国家的发展计划和优先项目保持一致。

1981 年，联合国环境规划署召集一批法律专家在蒙得维的亚起草了《关于制订和定期审查环境法的蒙得维的亚方案》（以下简称《蒙得维的亚方案》），该方案于 1982 年被理事会接受。联合国环境规划署在发展国际环境法方面起到了催化剂的作用。在联合国环境规划署的主持和配合下，4 项全球性环境公约得到以签订：

1. 《濒危野生动植物种国际贸易公约》（华盛顿，1973 年）。

2. 《保护迁徙野生动物物种公约》（波恩，1979 年）。

3. 《保护臭氧层维也纳公约》（维也纳，1985 年），以及《关于耗损臭氧层物质的蒙特利尔议定书》（蒙特利尔，1989 年）。

4. 《控制危险废物越境转移及其处置巴塞尔公约》（巴塞尔，1989 年）。

此外，环境规划署还开发了各种准则或"软法"文件，其中有：

1. 《关于化学品国际贸易资料交换的伦敦准则》（伦敦，1987 年）。

2. 《关于保护海洋环境免受陆源活动污染的蒙特利尔准则》（蒙特利尔，1985 年）。

（三）"里约会议"及之后的发展

1. 联合国环境与发展大会。联合国环境规划署的 20 周年纪念以 1992 年 6 月在里约热内卢举行的联合国环境与发展大会（United Nations Conference on Environment and Development，简称 UNCED）为标志。联合国环境与发展大会召开的目的是形成适当的机制以应对人类在保护环境方面面临的实际危机，并同时保证最低水平的发展。

出席联合国环境与发展大会的有 183 个国家代表团，70 个国家组织的代表。会议的宗旨是"在加强各国和国际努力以促进所有各国的持久的无害环境的发展的前提下，拟订各种战略和措施，终止和扭转环境恶化的影响"。会议通过了 3 项不具有法律约束力的文件和 2 项开放性签订的条约，3 项文件是《里约环境与发展宣言》《21 世纪议程》和《关于森林问题的原则声明》；2 项条约是《联合国气候变化框架公约》和《生物多样性公约》。

《里约环境与发展宣言》（以下简称《里约宣言》）是联合国环境与发展大会的中心成果之一。它的主要内容是宣布关于环境与发展问题的 27 条原则，集中体现了国际社会所达到的对人类环境问题的更高层次的认识。同 20 年前的《人类环境宣言》所反映的认识相比较，《里约宣言》在四个重大问题上有所突破：①在环境与发展的关系问题上的突破。《里约宣言》承认环境问题与发展问题之间具有密不可分的联系。环境问题阻碍人类社会的继续发展，不可持续的发展引起并加剧环境问题。

人类不仅处于环境问题的中心，而且处于发展问题的中心。要保护和改善地球环境，必须解决发展问题，其中主要是消除贫困和改变生产、消费方式。②在国际环境合作问题上的突破。宣言提出建立新的公平的全球伙伴关系，主张各国以这样一种伙伴精神进行合作，共同解决人类面临的环境与发展问题。宣言关于建立"新的公平的全球伙伴关系"的思想比《人类环境宣言》所要求的全球合作的思想更为明确。③在社会经济发展模式问题上的突破。宣言提出了人类社会与经济发展的新模式，即可持续发展的模式，为各国和国际社会的环境保护和社会经济发展指出了一条新的道路。可持续发展模式的提出，具有重大的战略指导性意义。它引起了一场自18世纪工业革命以来的社会经济领域里的又一场重大变革。不仅如此，宣言还进一步明确指出实现可持续发展的基本途径，即改变传统的生产和消费方式并推行正确的人口政策。④在环境退化的历史责任问题上的突破。宣言确定了在全球环境退化问题上各国负有"共同但有区别的责任"。"共同但有区别的责任"既要求各国对保护全球环境共同做出努力，又要求发达国家做出更大的与它们的工业化对全球环境带来的巨大破坏相一致的努力。

《里约宣言》对国际环境资源法的发展予以前所未有的推动。它是发展中国家与发达国家之间斗争与妥协的结果。它既体现了在全球环境保护问题上双方达成的一致，又体现了双方的分歧。宣言反映了发展中国家的很多愿望和要求，其中主要是承认发展中国家发展经济的愿望和要求。宣言认为发展经济和环境保护是密不可分的。

《21世纪议程》（以下简称《议程》）是联合国环境与发展大会通过的另一重要文件。《议程》是国际社会继1972年联合国人类环境会议制定的《人类环境行动计划》之后制定的又一项关于人类环境与发展问题的行动计划。《议程》的目的是指出人类当前所面临的紧迫的环境与发展问题，并为各国提出相应的目标、活动和实施手段，以便"促使全世界为下一世纪的挑战做好准备"。《议程》"反映了关于发展与环境合作的全球共识和最高级别的政治承诺"[1]。

2. "里约会议"之后。联合国环境与发展大会之后，国际环境资源法向着更广、更深的方向发展。

1992年9月，《防止倾倒废物及其他物质污染海洋的公约》（1972年）和《防止陆源物质污染海洋公约》（1974年）的缔约国缔结了《保护东北大西洋海洋环境公约》。这个公约旨在取代前两个公约，其吸收了《里约宣言》和《21世纪议程》倡导的许多思想和原则，以一个全新的整体生态系统的方法来对待东北大西洋的海洋环境问题。它采纳了风险预防原则、污染者负担原则、环境影响评价制度、信息开放和经济调节手段，是新一代环境公约的代表。

1994年6月~1996年12月，包括中国在内的100多个国家开放签订了《联合国

---

〔1〕 王曦编著：《国际环境法》，法律出版社1998年版，第39~44页。

防治荒漠化公约》，该公约的目的是以与《21 世纪议程》的要求相一致的综合的方法和有效的行动，控制荒漠化并减轻干旱，尤其是缓解非洲的干旱问题。公约决定设立一个控制荒漠化的国际财政机制。

1992 年，《国际油污损害民事责任公约》（1969 年）和《设立国际油污损害赔偿基金公约》（1971 年）的成员国制定了一项关于赔偿责任的议定书。该议定书暗示油污损害赔偿的范围包括环境损害。

1993 年，欧洲理事会制定了《危害环境的活动所致损害的民事责任公约》，该公约吸收了《里约宣言》的许多成分。1994 年国际原子能机构制定了《核安全公约》。1989 年签订并于 1992 年开始实施了《巴塞尔公约》（全称为《控制危险废料越境转移及其处置巴塞尔公约》）。

1993 年 5 月，联合国环境规划署理事会通过了经修改的《蒙得维的亚方案》。经修改的《蒙得维的亚方案》为国际社会在当时和 21 世纪初的环境资源法的发展提出了 18 个方案领域和 7 个建议主题，具有很大的指导意义。[1]

2002 年 8 月 26 日 ~9 月 4 日于约翰内斯堡召开的可持续发展世界峰会，有包括 104 位国家元首和政府首脑在内的 192 个国家的 1.7 万名代表及其他各界代表等约 6.5 万人出席，使其成为联合国历史上规模最大的会议。会议的议题很广泛，涉及消除贫困、水资源短缺、提高世界市场可再生能源供应量和其他许多环境问题的解决办法等。会议达成了《约翰内斯堡可持续发展宣言》和《执行计划》等不具约束力的文件，这些文件的价值是就"在促进经济发展的同时保护生态环境"发出了行动信号，将消除贫困视为当前全球面临的最大挑战，并敦促发达国家做出具体努力，提高向发展中国家的官方发展援助数额。会议的目标之一是通过一项关于使用可再生能源的条约并于 2015 年实施。欧盟成员国竭力说服其他国家接受在全世界范围内增加使用可再生能源的时间表：到 2015 年，世界各国所需能源的 15% 将为可再生能源。但是这一建议触犯了美国、日本、石油输出国组织成员等国家的利益，遭到他们的反对和抵制，最终没有通过关于使用可再生能源的条约，只是达成了没有法律约束力的《关于使用可再生能源的声明》。这项声明没有制定具体的目标，只号召世界各国发展清洁和绿色能源。会议还呼吁各国尤其是发达国家签署和核准 1997 年 12 月达成的旨在限制发达国家温室气体排放的《〈联合国气候变化框架公约〉京都议定书》，但发达国家无一响应。这次会议只是强调了全球环境问题的严峻性和复杂性，并未采取实质行动。在国际环保组织机构方面未有进展，在援助、减债、消除补贴等方面未出台任何时间表，发达国家也未做出实质性承诺。

2009 年 12 月 7 日 ~19 日在丹麦首都哥本哈根召开了哥本哈根世界气候大会，会议全称是"《联合国气候变化框架公约》第 15 次缔约方会议暨《京都议定书》第 5 次缔约方会议"，来自 192 个国家的谈判代表参加了峰会，商讨《京都议定书》一期

---

[1]　参见王曦编著：《国际环境法》，法律出版社 1998 年版，第 48 ~49 页。

承诺到期后的后续方案，即 2012～2020 年的全球减排协议。这是继《京都议定书》后又一具有划时代意义的全球气候协议书，对地球今后的气候变化走向产生了决定性的影响。这是一次被喻为"拯救人类的最后一次机会"的会议。会议于当地时间 19 日下午在丹麦首都哥本哈根落幕。会议达成不具法律约束力的《哥本哈根协议》，这是国际社会共同应对气候变化迈出的具有重大意义的一步。协议维护了《联合国气候变化框架公约》（以下简称《公约》）及其《京都议定书》（以下简称《议定书》）确立的"共同但有区别的责任"原则，就发达国家实行强制减排和发展中国家采取自主减缓行动做出了安排，并就全球长期目标、资金和技术支持、透明度等焦点问题达成广泛共识。《哥本哈根协议》具有以下几个特点：①维护了《公约》和《议定书》确立的"共同但有区别的责任"原则，坚持了"巴厘路线图"的授权，坚持并维护了《公约》和《议定书》"双轨制"的谈判进程，反映了各方自"巴厘路线图"谈判进程启动以来取得的共识，包含了包括中国在内的各方的积极努力。②在"共同但有区别的责任"原则下，最大范围地将各国纳入了应对气候变化的合作行动，在发达国家实行强制减排和发展中国家采取自主减缓行动方面迈出了新的步伐。《公约》附件一的《议定书》缔约方将继续减排，美国等《公约》附件一的非《议定书》缔约方将承诺履行到 2020 年的量化减排指标。发达国家的减排行动及向发展中国家提供的资金将根据有关的准则进行测量、报告和核实。《公约》非附件一缔约方，即发展中国家在可持续发展框架下采取减缓行动，最不发达国家和小岛屿发展中国家可以在自愿和获得支持的情况下采取行动。③在发达国家提供应对气候变化的资金和技术支持方面取得了积极的进展。在资金方面，要求发达国家根据《公约》的规定，向发展中国家提供新的、额外的、可预测的、充足的资金，帮助和支持发展中国家进一步减缓行动，包括大量针对降低毁林排放、适应、技术发展和转让以及能力建设的资金，以加强《公约》的实施。在资金的数量上，要求发达国家集体承诺在 2010～2012 年提供 300 亿美元的额外资金。在采取实质性减缓行动和保证实施透明度的情况下，发达国家承诺到 2020 年每年向发展中国家提供 1000 亿美元，以满足发展中国家应对气候变化的需要。同时，将建立具有发达国家和发展中国家公平代表性管理机构的多边基金。这些资金中的适应资金将优先提供给最易受气候变化影响的国家。虽然发达国家在资金上的这些承诺与发展中国家应对气候变化的资金需求相比尚有一定差距，但毕竟提出了一个量化的、可预期的目标。在技术开发与转让行动方面，决定设立一个"技术机制"加速技术开发与转让，支持适应和减缓行动。④在减缓行动的测量、报告和核实方面，维护了发展中国家的权益。作为《公约》非附件一国家的发展中国家，只有获得国际支持的国内减缓行动才需要根据缔约方大会通过的指导方针，接受国际的测量、报告和核实。自主采取的减缓行动只接受国内的测量、报告和核实，有关结果每两年一次以国家通报的方式予以通报，通过明确界定的准则和确保国家主权得到尊重方式进行国际磋商及分析。⑤根据政府间气候变化专门委员会（Intergovernmental Panel on Climate Change，简称

IPCC）第四次评估报告的科学观点，提出了将全球平均温升控制在工业革命以前2℃的长期行动目标。为了确保长期目标和相应的应对行动得到最新气候变化相关科学研究成果的支持，对《哥本哈根协议》执行情况以及对包括长期目标在内的共同愿景的综合评估，将与IPCC已正式启动的第五次评估报告的出台时间相衔接。

2012年6月，在里约会议20年后，世界各国领导人再次聚集在里约热内卢，参加联合国可持续发展大会。本次会议由三个目标和两个主题构成。第一个目标是重拾各国对可持续发展的承诺；第二个目标是找出目前我们在实现可持续发展过程中取得的成就与面临的不足；第三个目标是继续面对不断出现的各类挑战。大会集中讨论了两个主题：绿色经济在可持续发展和消除贫困方面的作用，以及可持续发展的体制框架。大会最终通过了题为《我们憧憬的未来》的成果文件。最终文件重申了"共同但有区别的责任"原则。大会取得的积极成果还包括：肯定绿色经济是实现可持续发展的重要手段之一，鼓励各国根据不同国情和发展阶段实施绿色经济政策；大会决定建立高级别政治论坛，取代联合国可持续发展委员会，加强联合国环境规划署的职能等。会议最终文件还敦促发达国家履行官方发展援助承诺，要求发达国家以优惠条件向发展中国家转让环境友好技术，帮助发展中国家加强能力建设。[1]

二、各国国内环境资源法的发展

国内环境资源立法的发展路径大致与国际环境资源法相同，即从最初的对污染预防和自然资源保护的关心发展到对整个人类的可持续发展问题的关心。但由于国家间发展程度和法律传统的不同，发展中国家和发达国家在环境资源法的发展上表现出不同的特点。我们知道，多数发展中国家是在第二次世界大战后获得民族独立和国家主权的，所以其环境资源法律制度多是在1945年以后建立和发展起来的。1945年以后恰巧是国际环境运动发展和高涨时期，所以多数发展中国家的关于环境资源保护的法律制度都不同程度地受到国际环境运动的影响，其在立法的表现形式上有着一些共同的属性。而发达国家的环境资源法律制度由于其固有的法律传统和环境问题的不同，差异比较大。

（一）发展中国家环境资源立法的发展

在斯德哥尔摩会议之前，尽管许多发展中国家已有关于环境的某些方面的立法，如在非洲有关于野生动物保护的法律，但大多数环境立法仍局限于自然和自然资源保护以及保护公众健康。斯德哥尔摩会议之前的环境资源立法有三个突出的特点：①法律的范围大都是部门法；②大都"重在利用"（use-oriented）；③都"重在规则"（rule-oriented）。

发展中国家环境资源立法的发展可分为两个时期：第一个时期，即前斯德哥尔摩时期，主要以"重在利用"的自然资源法为特征。第二个时期见证了"重在资源"

---

〔1〕　参见刘彤："'里约+20'峰会顺利闭幕，通过题为《我们憧憬的未来》的成果文件"，载环境保护部网站，http://www.ccied.net/dxhd/qthd/ly20/hyxw/20160714_71277.html，2015年1月18日访问。

的立法、反污染法和最后的"重在系统"及统一的法律制度的出现，其原因是这个时期的立法从 20 世纪 70 年代的环境觉醒中获得了动力。这些类型的立法在不同时期出现于各区域，例如，当"重在系统"的法律制度开始在非洲和亚太区域的一些国家出现的时候，它在拉丁美洲已经出现；在非洲，"重在资源"的立法于 20 世纪 70 年代中期出现，而在拉丁美洲这一发展出现的更早。

在前斯德哥尔摩时期，发展中国家都存在针对具体的自然资源部门的部门法，如关于土地、森林、水、矿产、野生动物、渔业等部门的法律。这些立法在很大程度上主要关注自然资源的分配和利用而非它们的可持续管理。

由于这种固有的"重在利用"倾向，这种部门法律制度含有极为有限的关于管理资源利用的有害环境后果的规定。水法主要关心的是水权的分配（建设水利工程和发放取水证）而非水保护和预防、控制水污染。著名的例子有：1926 年马拉维《水利工程法令》、1940 年苏丹《尼罗河抽水控制法令》、斐济 1955 年《供水法》和 1961 年《疏浚法》。森林立法几乎无一例外地集中在建立国家对森林资源的垄断权和森林开发的许可证制度。如苏丹 1932 年的《森林控制法令》、肯尼亚 1942 年的《森林法令》和马拉维 1942 年的《森林法令》。关于土地资源的立法主要针对土地使用权问题而非土地利用和土地保养问题。环境与自然保护的成分只是在其后作为对环境退化的尖锐事件的反映而零碎地嵌入这些法律。

因此，在 20 世纪 50 年代到 20 世纪 70 年代之间，在一些发展中国家出现了被称为"重在资源"的立法。大多数国家对环境资源加速开发和利用，引起了巨大的环境压力，包括可更新自然资源不可逆转的退化和不可更新资源的消耗。"重在资源"的立法基本上注重自然资源的长期管理和可持续利用。新的法律制度不仅要求资源利用要注意考虑环境承受能力方面，而且强调制订自然资源管理计划。赞比亚 1970 年的《国家资源法》包含有制订自然资源保护计划、整治和恢复措施，预防土壤侵蚀和控制水污染的规定。肯尼亚 1955 年的《农业法令》规定为特定的土地区域制订水土保养计划和为对付突然侵蚀和森林减少问题管理土地利用的规定。野生动物立法逐渐包含了通过保护易受伤害物种来保持安全的最小数量的概念。博茨瓦纳 1961 年的《动物保护法》在其附录二中列举了"受保护的狩猎物种"。对这些物种的狩猎许可证只有为有限的目的才予以颁发。这种野生动物立法的趋势在肯尼亚 1976 年的《野生动物（保护和管理）法》中得到了最好的说明。该法不仅包含受保护的动物和鸟类的名单，而且按照《濒危野生动植物种国际贸易公约》的管理制度严格管理猎获物种和标本的贸易。在坦桑尼亚 1974 年《野生动物保护法》和津巴布韦 1975 年《公园和野生动植物法案》中也可发现同样的规定。

除了"重在资源"的立法和反污染法的发展之外，后斯德哥尔摩时期还见证了"重在系统"的法律制度的出现。近年来，由于对生态系统内部的相互关系和环境压力之间的联系之认识的提高，人们日益认识到：即便是"重在资源"立法和反污染立法得到很好的结合也无法保证环境质量和可持续发展。于是，发展中国家开始从整个法律系统入手解决环境问题。这种转变首先开始于拉丁美洲。哥伦比亚 1974 年的《可再生自然资源和环境保护国家法典》和委内瑞拉 1976 年的《委内瑞拉环境法》是这种转变的代表。"重在系统"的法律制度的目标是在所有的生态政策和环境管理方案的基础上对环境进行综合的规划和管理。这成为发展中国家环境资源立法的一个重要趋势。[1]

（二）发达国家环境资源立法的发展

1. 英国。众所周知，工业革命首先发生在英国，因此，大工业生产对英国的影响最早，其环境问题的出现在世界上也是较早的。

在英国，"污染问题很早就引起了政府、财产所有者以及市民的关注。为了应对环境污染，一些污染防治的法律相继出台。从 14 世纪开始，法律就禁止市民扰乱泰晤士河，禁止向流经城墙内的河段抛掷动物尸体。"[2]在专门的环境行政机构成立之前，环境事务大多数被当作公共健康问题来处理。

英国以法律形式公开关注环境问题源自 19 世纪对公共健康问题的关注。大规模城镇化的到来和肮脏的、不卫生的贫民窟、雨后春笋般出现的工厂共同催生了 1875 年的《公共卫生法案》。这部法的立法目的在于保护公众健康和确保住房的最低标准。但是，1875 年的死亡率依旧同前 40 年相当，婴儿死亡率高得令人毛骨悚然、不寒而栗。直到 19 世纪末，这种现象也没有明显的改善。

1875 年《公共卫生法案》的实施取得了合理的成效，并促成了卫生和健康法律的法典化，但是这部法律仅仅是居高不下的死亡率开始下降的一个信号。实质上，将公共卫生问题法典化在英国经历了一个较复杂的过程。1838 年埃德温·查德威克（Edwin Chadwick）委派《贫民法》（Poor Law）医疗调查组深入到伦敦的贫民窟进行实地调查。1842 年，这个调查组发表了它的调查报告——《大不列颠劳动人口卫生状况研究》（Report on the Sanitary Condition of the Labouring Population of Great Britain）。随后，议会在适当的时候（1848 年），出台了《公共卫生法案》。但是由于这部法中很少有强制性条款，因此，19 世纪五六十年代，公共卫生的行政效率并不高。1848 ~ 1872 年，有关公害、污水净化、疫苗、疾病和一般公共健康及普通住宅问题的大量成文法律出台并实施。在这个时期，尽管公共健康法产生了，但是其令人迷惑和复杂的实施方式连训练有素的专业人员都难以驾驭，更不消说是普通公众；同时，城市和乡村权力部门责任的区分为实施这项法律增添了不必要的障碍。此外，这些法律中的条款多为选择性规范而非强制性规范。公共健康法的这些缺陷使其无法发挥应有的功能。英国 19 世纪 60 年代开始的改革对环境资源法的发展起到了举足轻重的作用。这个时期的改革确立了地方政府的责任。1868 年，政府同意成立皇家

---

[1]　参见王曦主编/译：《联合国环境规划署环境法教程》，法律出版社 2002 年版，第 19 ~ 21 页。

[2]　Sue Elworthy, Jane Holder, Environmental Protection: Text and Materials, Butterworths, London, Edinburgh, Dublin, 1997, p. 47.

卫生委员会全面执行卫生法律。1871 年，皇家卫生委员会建议出台《公共卫生法》。最终，国会于 1875 颁布了这部法律。1875 年以后，有关公共卫生的法规和法典相继出台，主要包括 1936 年的《公共健康法》、1961 年《公共健康法补充规定》及 1969 年《公共健康（二次公害）法》。后来，议会还颁布了另一些相关法律来处理影响公共健康和社会中的特殊行业的健康问题。这些特殊性的法律涉及废物处理、水、空气清洁、垃圾处理以及工作场所健康安全问题等。例如，1993 年的《清洁空气法案》就强化了早期的特殊性法律的内容。1974 年颁布的《污染控制法》在公众健康立法方面取得了更进一步的发展。这部法律力图通过设定环境保护标准保护公众健康。随着有关垃圾收集、储存和处置以及固体有毒废物的处置、废水处理、噪音、空气清洁和工业废气排放的相关机构做了大量系列性的报道和调查，污染控制法被列入成文法中。1990 年《环境保护法》的出台是英国环境法发展进程中的关键事件。这部法律明确其宗旨不仅在于保护公众健康，还在于进行环境保护。[1]

2. 美国。20 世纪六七十年代，由于环境问题的严重化和国家加强环境管理的迫切需要，美国加快了环境立法的步伐，环境保护的专门法规涉及极其广泛的领域，从反映国家环境政策到大气污染控制、水污染控制、固体废物处置、噪音控制、核废物处置、农药管理、有毒化学品的污染防治、资源保护及恢复、能源重组、濒危物种保护、海洋哺乳动物保护等问题。1969 年颁布并于 1970 年生效的《国家环境政策法》是联邦国会第一部反映美国国家环境政策以保证环境质量的重要立法。它在美国环境法体系中，具有最高的基本法的地位。该法第 2 条第 1 节规定，美国的各项政策、条例和公法的各种解释与执行，均应与本法规定的政策相一致。

《国家环境政策法》明确了政府环境公共权力的合法性。这部法的"国会国家环境政策宣言"（第 4331 条）明确规定："鉴于人类活动对自然环境一切构成部分的内在联系具有深远影响，尤其在人口增长、高度集中的都市化、工业发展、资源开发以及技术日益进步所带来的深远影响，并鉴于恢复和保持环境质量对于全人类福利与发展所具有的重要性，国会特宣布：联邦政府将与各州、地方政府以及有关公共和私人团体合作采取一切切实可行的手段和措施，包括财政和技术上的援助，发展和增进一般福利，创造和保持人类与自然得以共处与和谐中生存的各种条件，满足当代国民及其子孙后代对于社会、经济以及其他方面的要求。为了执行本法规定的政策，联邦政府有责任采取一切切实可行、并与国家政策的其他基本考虑一致的措施，改进并协调联邦政府的计划、职能、方案和资源，以达到如下目的，即国家应当：①履行每一代人都作为子孙后代的环境保管人的责任；②保证为全体国民创造安全、健康、富有生命力并符合美学和文化上的优美的环境；③最大限度地合理利用环境，不得使其恶化或者对健康和安全造成危害，或者造成其他不良的和不应有的后果；④保护国家历史、文化和自然等方面的重要遗产，并尽可能保持一种能为

---

[1]　David Hughes, Environmental Law, Butterworths, London, Dublin, Edinburgh, 1996, pp. 3～4.

每个人提供丰富与多样选择的环境……""总统府设立环境质量委员会……按照本章第 4331 条规定的政策对联邦政府的计划和活动进行评价；对国家的科学、经济、社会、美学与文化等方面的需要和利益具有清晰的认识和责任感，并能就促进环境质量的改善提出各项政策。"（第 4342 条）。[1] 委员会具有以下责任和职能：①在总统依照本节第 4341 条制作环境质量报告时，提供帮助和建议；②适时收集关于当前和未来环境质量的状况以及发展趋势的正确资讯，并对该资讯进行分析和解释，以确定这种状况与发展趋势是否妨碍本节第 4341 条所规定政策的贯彻执行。编辑关于此项情况与发展趋势的研究报告并向总统提出建议；③按照本章第一节所规定的政策，对联邦政府的各项计划和活动进行审查和评价，以确定这些计划和活动有助于该政策贯彻执行的程度，并就此向总统提出建议；④研究促进环境质量的改善问题，并向总统提出各项国家政策的建议，以达到环境保护和国家社会、经济、卫生及其他方面的需要与目的；⑤对生态系统与环境质量进行调查、研究、考察、探讨与分析；⑥记录并确定自然环境的变化（包括植物系统和动物系统的变化），并积累必要的数据资料及其资讯，以便对这些变化与发展趋势进行持续的分析研究，并对其原因作出解释；⑦就环境的状态和情况每年至少向总统汇报一次；⑧根据总统的要求，提出有关政策与立法等事项的研究、报告与建议。

美国 1972 年制定的《联邦水污染控制法》确认了联邦环境保护局局长的个人负责制（第 1251 条第 4 款），并明确规定了其职责：局长应当通过出版或其他适当的方式制定预防、减少和消除污染的国家计划并被授权行使下列权力：①收集第 1 款第 1 项规定的研究或其他活动的结果以及其他信息，包括局长本人与之有关的适当的建议，并使之可以获得；②与其他联邦部门和机构、州水污染控制机构、州级机构、其他公共和私人机构、团体、组织、有关企业和个人合作，准备并从事第 1 款第 1 项规定的研究和其他活动；③向州水污染控制机构、州级机构、其他公共或非营利性私人机构、团体、组织和个人提供补助。

3. 德国。德国一直很重视保护自然生态系统，维护生态平衡。1976 年，总理施密特（Schmidt）在议会发表政府声明时就提出，联邦共和国的环境应成为一个使人感到是"值得住的""舒适的"国家。联邦共和国经济合作部长说："保护自然环境是德国发展政策的重点。"随着工业的发展，联邦德国开发利用自然资源的范围越来越广。为了保护自然环境和生态系统，德国《矿山还原法》规定，凡是被破坏的土地（包括农田和草地等）必须还原再造，以恢复原来的自然景观。实际上，在还原再造的过程中，人们并不满足于仅仅恢复原来的自然景观，而是根据需要重新全面规划，还原后，不仅有森林、农田、草地和人工湖泊，而且有游览、休假地和新建的村镇，从而大大改善了原来的自然景观和生态系统。

为了便于土地还原再造，联邦德国在开矿时将表层按剥离的先后顺序堆放在一

---

〔1〕　赵国青主编：《外国环境法选编》（第 1 辑，上册），中国政法大学出版社 2000 年版，第 216 页。

边，开采后还原土地时，先填底土和无害垃圾，然后再按顺序回填各层表土。土地还原后，按规定，第1年种绿肥，第2年种甜菜，从第3年开始种植粮食作物。5年后，也就是待土地充分成熟化后，采矿公司才能把土地移交给农民耕种。

20世纪60年代以前开始提出保护环境的要求，到1959年底，联邦议会通过了《自然保护法》《原子能法》等环境法律和法规。进入20世纪60年代以后，环境污染成了重大的社会问题。除了对以前通过的一些环境法律、法规进行了修订外，又增订了《水资源管理法》《植物保护法》等，把环保法律规范扩大到工业、交通、城建和水域管理等许多个领域。20世纪70年代以来，又制定了《环境保护基本法》《消除废物法》《防止飞机噪声法》《滴滴涕法、洗涤剂法》等，把环保法律规范扩大和深入到生产和生活的各个方面。20世纪90年代，又颁布了《环境监测法》《环境信息法》《循环经济和废物清除法》《联邦侵扰防护法》等，使环境保护法律规范渗透的面更广。

这些法律法规中，均确立了政府在不同的环境领域中的权力和职责。以1990年《环境监测法》为例，该法第2条第1款规定："环境监测是政府执行管理的一部分，为制定计划服务……"第3条规定，根据《环境监测法》提出的设备计划应当处在环境监测之下。联邦政府通过联邦参议院同意的法律条款对下列事项授权：①将可能对环境造成重大影响的设备纳入计划之内；②考虑到欧洲共同体议会或委员会法律文件，计划不包括那些担心对环境造成重大影响的设备。在授权基础上的法律条款需要联邦议院同意。如果联邦议院接到法律条款后不在3周内拒绝给予批准，则视为承认对该法律条款的批准。当有紧急的防务理由或履行国家间义务时，联邦国防部长可以根据与联邦环境自然保护和核安全部长达成一致意见后制定的原则，同意为国防服务的计划不适用本法或不适用本法的具体要求。但是，应考虑环境免受有害的影响。其他涉及审批程序的法律条款不受影响。联邦国防部长每年向联邦环境、自然保护和核安全部长报告本款的实施情况。第5条规定，当计划的承办者向主管部门报告计划时，主管部门应立即根据计划承办者提供的材料就环境监测的现状、范围和方法以及其他执行环境监测可能出现的问题进行说明……主管部门应将环境监测的范围以及根据第6条所附材料的种类和范围通知计划承办者。第11条规定，主管部门的工作要在第6条材料基础上，根据第7、8条的主管部门的意见以及根据第9条公众的意见，对计划给予第2条第1款所指保护对象的影响及相互作用进行说明。自己调查的结果要包括进去。第12条规定，主管部门在第11条总说明的基础上对计划的环境影响作出评估，并在批准计划的决定中考虑依据本法第1条、第2条第1款第2、4项有效的环境预防措施。

4. 日本。日本曾被称为"公害列岛"，随着一系列环境措施的实施，这个被称为"公害先进国"的国家成了公认的"公害治理先进国"。

从20世纪50年代初开始，日本相继发生了富山骨痛病事件、新泻水俣病事件、熊本水俣病事件和四日市烟害事件等震惊世界的"四大公害事件"，公害受害者及其遗属在日本律师团的声援和支持下，纷纷向法院提起损害赔偿的诉讼请求。公害问题作为一种法律现象，在日本首先是以司法救济的形式出现的。

通过民事裁判追究加害者的损害赔偿责任，是以对受害者的事后救济为目的的，但不能从根本上解决日益严重的公害问题。所以，日本从 20 世纪 50 年代后期开始加强了环境立法，并于 1967 年颁布了《公害对策基本法》。1970 年日本召开了第六十四届国会（被称为"公害国会"），历时一个多月，专门讨论公害问题，修订了《公害对策基本法》《大气污染防治法》《噪声防治法》《下水道法》《道路交通法》《毒品和剧毒品管理法》和《自然公园法》，新制定了《水污染防治法》《海洋污染和海上灾害防治法》《农田土壤污染防治法》《防治公害事业费企业主负担法》《关于危害人体健康公害犯罪制裁法》《废弃物处理与清扫法》等，这次国会会议制定和修订了 14 部环境保护的法律，开创了世界环境法制史上的先河，堪称日本环境法制建设上的一个里程碑。1971 年，日本又制定了《自然环境保护法》《恶臭防治法》《国家对公害防治事业财政特别措施法》和《环境厅设置法》等重要法律，形成了一个以《公害对策基本法》为基本法的相当完备的环境法体系。

根据《环境厅设置法》，日本政府于 1971 年 7 月撤销了 1954 年建立的中央公害对策特别委员会，设立了统管全国环境保护工作的环境厅，由内阁总理大臣直接领导。环境厅长官则以内阁大臣身份参加内阁，从而结束了长达 6 年的由五大臣，即大藏大臣、厚生大臣、农业大臣、通商产业大臣及运输大臣联合执政的那种政出多门、互相推诿扯皮的环境管理状态。《环境厅设置法》的实施理顺了环境行政管理体制，开创了环境保护工作的新局面。日本政府依法成立了具有准司法性质的中央公害调整委员会和都、道、府、县公害审查会，建立了一套行之有效的环境纠纷处理制度。这种具有准司法性质的行政执法机构，拥有行使职权调解、仲裁和裁定的权力。他们对环境纠纷案件的处理，具有程序简单、案件审结时间短、诉讼费用低等优点。现在日本所发生的环境纠纷案件，绝大部分都是经过公害审查会和公害调整委员会处理的，从而大大减轻了各级法院的负担。公害调整委员会和公害审查会的办案人员一般都是环境保护专家、法律专家，业务熟练，办案效率高、质量好。对公害调整委员会和公害审查会的处理结果不服的，可依法向法院起诉。

日本环境法既是基本法，又是一部授权法。它赋予了政府公共权力很大的行动空间。日本环境法授权政府行使的公共权力主要包括：①制定环境质量标准，明确国家环境质量目标；②制定污染物排放标准，实行污染物总量控制；③控制国土的开发利用，建立健全环境监督、监测制度；④制定公害防治规划，采取环境综合整治措施；⑤建立公害防治事业费企业主负担制度；⑥建立健全环境影响评价制度；⑦制定公害防治事业国家财政税收上的特别措施和优惠政策；⑧建立公害纠纷处理制度，惩治公害违法犯罪行为；⑨建立公害病的认定和公害受害者的补偿制度。

日本《环境基本法》第 6 条规定，国家拥有制定和实施有关环境保护的基本的且综合性的政策和措施的职责。第 7 条规定，根据基本理念，地方公共团体拥有制定和实施符合国家有关环境保护政策的地方政策,以及其他适应本地方公共团体区域自然社会条件的政策和措施。第 12 条规定,政府应当每年向国会提交一份有关环境状况和政府采取的有关环境保护政策和措施的报告。政府每年应当在考虑前款报告中有关环境状况的基础上,作出明确将要采取的政策和措施的文件,并将其提交国会。第 15 条规定,为了谋求综合而有计划地推进有关环境保护的政策,政府应当制定有关环境保护的基本规划……内阁总理大臣在听取了中央环境审议会的意见后,应该编制环境基本政策方案,并提请内阁会议作出决定。内阁总理大臣在内阁会议作出前款规定的决定后,应当立即公布环境基本规划。

(三)中国环境资源法发展概况

中国环境资源法的发展经历了四个阶段。

1. 环境资源法的产生阶段。从中华人民共和国成立到 1973 年中国第一次环境保护会议召开,是中国环境保护事业兴起和环境资源法孕育和产生阶段。这一阶段的环境资源法律主要以自然资源法为主。1950 年颁布了《矿业暂行条例》,1953 年颁布了《国家建设征用土地办法》,1956 年颁布了《矿产资源保护试行条例》和《工厂安全卫生规程》,1957 年颁布了《水土保持暂行纲要》,1959 年颁布了《生活饮用水卫生规程》。这个时期中国制定的有关环境与资源保护管理的法规和标准已经涉及环境保护的主要方面,但它还归属于经济行政和卫生行政,在总体上还没有形成完整的环境保护概念,环境立法也非常零散,并且这些规定中的义务性规范也没有法律责任制裁作保障,对规定的执行完全依赖于党和政府的政治、行政压力以及行为主体的“革命自觉性”和对革命工作的政治热情。

从政府环境行政权看,1973 年,成立了国务院环境保护领导小组。其主要责任是:制定环境保护方针、政策和行政规章,拟定国家环境保护规划,组织协调和监督检查各地区、各部门的环境保护工作。

2. 环境资境法的艰难发展阶段。从 1973 年 8 月中国召开第一次全国环境保护会议至 1978 年十一届三中全会,是我国环境保护工作和环境资源法艰难发展的阶段。这个阶段,由于国内政治形势混乱,我国的环境法制建设发展相当缓慢。1973 年,国务院召开了第一次全国环境保护会议,把环境保护提上了国家管理的议事日程。1974 年,国家颁布了《防止沿海水域污染暂行规定》,1978 年修订的《宪法》第一次对环境保护作了如下规定:“国家保护环境和自然资源,防治污染和其他公害。”这一时期,还颁布了《工业三废排放试行标准》《生活饮用水卫生标准》《食品卫生标准》。

3. 环境资源法的初步完善阶段。十一届三中全会以来,我国的政治、经济形势发生了重大变化,国家的环境保护和法制建设也进入了一个蓬勃发展的时期,并初步建立了完整的环境法律体系。这一时期的标志性事件是 1979 年《环境保护法(试行)》的颁布。1982 年,我国开始了经济体制改革。为了适应经济发展的需要,也对国家机构进行了调整。国务院撤销了国务院环境保护领导小组,其业务并入新建的城乡建设环境保护部，成为该部内设的一个局，称环境保护局。随后，绝大多数地方人民政府也将原设置的环境保护局与城乡建设部门合并。这种调整意在将不上编制的原国务院环境保护领导小组，并入一个较高级别（部级）的常设机构城乡建设环境保护部，以加强环境保护监督管理工作。但是，由于认识不足，合并后反而削弱了环境保护监督管理工作效率。为了改变这种现象，国务院于1984年成立环境保护委员会，以加强对全国环境保护的统一领导和部门间的协调工作。同年年底，原城乡建设环境保护部内的环境保护局对外称"国家环境保护局"，享有相对独立性，随后，一些地方的环境保护监督管理机构也做了相应的调整。

4. 环境资源法的全面发展阶段。1988年，国务院决定将原城乡建设部中的环境保护局独立出来，成为国务院直属机构，同时作为国务院环境保护委员会的办事机构，称"国家环境保护局"。1989年12月，《环境保护法》经修订后颁布施行。根据该法，建立起了符合我国国情的环境保护监督管理体制，即统一监督管理与分级、分部门监督管理相结合的体制。20世纪90年代后，我国的环境资源立法迅速发展，出台了一系列环境资源法律法规。污染治理方面的法律法规主要有：《海洋环境保护法》《防止船舶污染海域管理条例》《水污染防治法》《大气污染防治法》《环境噪声污染防治条例》《固体废物污染环境防治法》《放射性污染防治法》等；在自然资源保护方面，这一时期颁布了《水产资源繁殖保护条例》《水土保持工作条例》《水土保持法》《渔业法》《矿产资源法》《森林法》《土地管理法》《水法》《野生动物保护法》等。在1998年和2008年的国务院两次机构改革中，国家环境保护局先后升格为国家环境保护总局、环境保护部，其环境保护的职能进一步扩大。2012年中共十八大报告提出要把生态文明建设放在突出地位，融入经济建设、政治建设、文化建设、社会建设各方面和全过程，由此中国特色社会主义事业总体布局由经济建设、政治建设、文化建设、社会建设"四位一体"拓展为包括生态文明建设的"五位一体"。2014年4月24日，第十二届全国人民代表大会常务委员会第八次会议修订了《环境保护法》，《环境保护法》从2015年1月1日开始实施。

第四节　环境资源法的体系

一、环境资源法体系概述

环境资源法体系，是指由一国有关保护和改善环境、合理开发利用自然资源、防治污染和其他公害的所有法律规范组成的一个相互联系、相辅相成、有机联系的规范统一体。这个体系是内外协调一致的，它对外与其他法律部门相互协调，以保证整个法律体系的和谐统一；对内各法律规范之间协调互补，以保证发挥环境资源法的整体功效，维系环境资源法的独立存在。

环境资源法的体系是一个历史的、动态的范畴。在 20 世纪 60 年代以前，尽管世界上尚未出现整合性环境保护的概念，但各国已针对局部的环境污染、妨害和自然破坏问题制定了一些污染防治和自然保护的法律。直到 20 世纪 60 年代以后，伴随着环境保护的全球化趋势，各国才意识到通过立法对环境领域存在和面临的共同性问题进行综合整治的重要性，这时用统一的指导思想和原则方法来构建和完善环境资源法体系的共识才开始在各国形成。所以说，环境资源法体系也是国家在环境保护领域为促进环境与资源的可持续发展和利用而制定的相关法律的集群。[1]

环境资源法体系是由环境资源法的调整对象决定的，调整对象的独立性决定了法律规范的独特性，从而决定了整个环境资源法体系的独特性。从调整对象上看，环境资源法是对现代社会中的污染防治关系、自然资源保护关系和自然灾害防治关系进行调控的法，因而它应当包含污染防治、自然资源保护和自然灾害防治这三个方面的法律规范，并由一个综合性的基本法加以全面规定。这些独立的法律规范具有自己的特殊性，与构成其他传统法律部门的法律规范并不发生重叠或矛盾，从而可以避免环境资源法与其他法律部门的冲突，保持整个法律体系的协调一致与相对和谐统一。环境资源法调整对象也决定了环境法律体系中各个子法律部门的构成。这些子法律部门可以分为三类：一类是由有关污染防治的法律规范构成，可称之为污染防治法，主要包括水污染防治法、大气污染防治法、海洋污染防治法、噪声污染防治法、有毒有害物质控制法、放射性污染防治法等；一类是由自然资源保护的法律规范构成，可称之为自然资源法，主要包括森林保护法、草原保护法、风景名胜区保护法等；一类是由有关自然灾害防治的法律规范构成，可称之为灾害防治法，主要包括防洪法等。这三类性质相同的法律规范紧密地交织在一起，从而使各个部门法密切相关、协调共处。

二、我国现行环境资源法的体系

我国现行环境资源法体系中包括污染防治、自然资源保护和自然灾害防治三类法律规范，主要由以下八个方面组成：

（一）《宪法》中有关环境资源的法律规范

早在中华人民共和国成立初期起草的具有临时宪法作用的《共同纲领》中，就设有环境保护规范。[2]在 1978、1982 年颁布的《宪法》中，也都设有环境保护规范。现行的 1982 年《宪法》（2018 年修正）第 9 条第 2 款、第 10 条第 5 款、第 22 条第 2 款和第 26 条的规定都涉及环境保护问题。在这些宪法条文中明确了环境保护的任务、内容和范围，体现了我国保护和改善环境的基本国策，是开展环境保护工作，进行环境监督管理和环境司法，制定环境资源法律、法规和规章的根本依据。

---

〔1〕 汪劲：《环境法学》，北京大学出版社 2006 年版，第 114 页。

〔2〕 参见《共同纲领》第 32、33 条的规定。

（二）综合性环境资源基本法

这一类的环境保护法律，是适应环境要素的相关性、环境问题的复杂性、环境保护的综合性和科技性的需要而出现的，是国家环境保护方针、政策、原则、制度和措施的基本规定。其法律规范的特点是原则性和综合性。美国的《环境政策法》、俄罗斯联邦的《环境保护法》、日本的《环境基本法》和我国的《环境保护法》均属于这一类。这类环境保护法在整个环境资源法体系中，具有重要的地位和不可代替的作用。其效力仅次于《宪法》和国家基本法，是制定环境资源体系中的自然资源和污染防治单行法、环境保护行政法规、规章的基本依据。

（三）环境资源单行法律、法规、规章

从内容上看，环境资源单行法包括污染防治、自然资源保护和自然灾害防治三类单行法律。它们的共同特点是：从立法宗旨上看，都是为了防治某一类污染物或者保护某一类自然资源而制定的，因而称之为环境资源单行法，而与上一层次的综合性基本法相区别；从立法模式上讲，环境污染防治法律所组成的法律规范基本上是污染防治条款，但也包含个别的自然资源保护条款，而自然资源单行法，其中也含有个别环境污染防治的法律法规。可见，这三类环境资源单行法之间均存在相互交叉的法律规范。

1. 环境污染防治单行法律、法规、规章。我国已颁布了《大气污染防治法》《水污染防治法》《放射性污染防治法》《固体废物污染环境防治法》《环境噪声污染防治法》《土壤污染防治法》《环境影响评价法》《清洁生产促进法》《海洋环境保护法》。前六部污染防治单行法，是防治某类污染物牵头的综合性单行法，后三部单行法律则有所不同，它们均包含防治环境污染和自然资源保护规范，只是适用的对象和范围与《环境保护法》不同。为了使上述单行法具体化和便于实施，国务院和有关部（委）还相应制定了配套的实施细则、条例和办法，如《国家大气污染物排放标准制订技术导则》《大气污染防治资金管理办法》《土壤污染防治专项资金管理办法》《建设项目环境保护管理条例》《化学危险物品安全管理条例实施细则》《农药管理条例》等。

2. 自然资源保护单行法律、法规、规章。这类单行法的突出特点是，在立法模式上采用与自然资源管理法律法规合并在一个法律文件中的方式。也就是说，这类法律文件中，既包括自然资源管理法律规范，又包括自然资源保护法律规范。因此，从立法目的上看，既是为了保护作为环境要素的自然资源，也是为了经营管理作为财富的自然资源。从法律性质看，具有双重性，既属于环境保护法体系中的自然资源保护单行法，也属于经济法中的自然资源管理法，故可将这类法律文件称为自然资源法。这一类法律主要有：《水法》《土地管理法》《农业法》《渔业法》《矿产资源法》《森林法》《草原法》《野生动物保护法》《水土保持法》《防沙治沙法》《种子法》《深海海底区域资源勘探开发法》《节约能源法》《核安全法》《野生植物保护条例》《自然保护区条例》《风景名胜区条例》等。此外，为了贯彻实施上述法律、法规，国务院以及国务院有关部委还制定了配套实施的细则、条例和办法，如《取水许可和水资源费征收管理条例》《土地管理法实施条例》《基本农田保护条例》《矿产资源法实施细则》《森林法实施条例》《水土保持法实施条例》《陆生野生动物保护实施条例》《水生野生动物保护实施条例》《森林和野生动物类型自然保护区管理办法》和《全国生态环境保护纲要》等。

这类环境保护法规中，2005年12月3日颁布的《国务院关于落实科学发展观加强环境保护的决定》是环境保护方面综合性的行政法规，既含有自然资源保护的法规，又含有环境污染防治的法规，还包括新形势下做好环境保护工作的任务、目标、总体思想和主要措施的规定。

3. 自然灾害防治单行法律、法规、规章。我国已先后颁布了《水土保持法》《防沙治沙法》《防洪法》《防震减灾法》《气象法》《地质灾害防治条例》等。

（四）环境资源纠纷解决程序的法律、法规、规章

这一类法律、法规和规章是有关追究污染或者破坏环境者的行政责任、民事责任和刑事责任的程序性法律规范。这类规范在现代各国一般都沿用国家颁布的有关行政诉讼、民事诉讼和刑事诉讼以及调解、仲裁的有关法律规定。专门制定环境纠纷解决程序的国家，仅见于日本1970年颁布的《公害纠纷处理法》。

我国在环境纠纷的解决程序上也沿用国家有关法律、法规和规章，如《行政诉讼法》《民事诉讼法》《刑事诉讼法》以及《仲裁法》《行政复议法》《监察法》和《环境保护法》中的相关规定。在海洋污染损害民事诉讼方面，还可以根据《中国海事仲裁委员会仲裁规则》的有关规定。

此外我国还有大量的规范环境监督管理部门的行政处罚与行政处分行为的法律、法规和规章。如《行政处罚法》《环境行政处罚办法》《环境保护违法违纪行为处分暂行规定》《林业行政处罚程序规定》《渔业行政处罚规定》和《农业行政处罚程序规定》等。这些自然资源纠纷的解决程序，具有双重性。它们不仅是自然资源保护纠纷解决程序，而且是自然资源管理纠纷的解决程序。另外，上述部门规章，除了原国家环境保护总局发布的处罚办法和处分暂行规定之外，大多在《行政处罚法》颁布实施前就制定了，因此均面临着修订的任务。在其未修订之前，凡与该法矛盾的条款应当不再有效。

（五）环境标准中的环境资源规范

环境标准，也称作环境保护标准和环保标准。它是为了保护人体健康、社会物质财富和维持生态平衡，对大气、水、土壤等的环境质量、污染源、检测方法等，按照法定程序制定和批准发布的各种标准的总称。环境标准包括环境质量标准、污染物排放标准、环保基础标准、环保方法标准和标准样品标准。

根据《标准化法实施条例》第18条第1~2款的规定，环境标准中的环境质量标准和污染物排放标准"属于强制性标准"。环境强制性标准具有法律约束力，是环境资源法体系中的一部分。目前，我国已初步建立了以国家环境质量标准和国家污

染物排放标准为主体，以环境方法标准、标准样品标准和基础环境标准相配套，以地方环境标准和行业标准为补充的环境标准体系。截至"十二五"末期，累计发布国家环保标准 1941 项（其中"十二五"期间发布 493 项），废止标准 244 项，现行标准 1697 项。现行标准体系由两级五类标准组成，分别为国家级标准和地方级标准，标准类别包括环境质量标准、污染物排放标准、环境监测规范（环境监测方法标准、环境标准样品、环境监测技术规范）、管理规范类标准和环境基础类标准（环境基础标准和标准制修订技术规范）。截至"十二五"末期，在现行环保标准中，环境质量标准 16 项，污染物排放（控制）标准 161 项，环境检测类标准 1001 项，管理规范类标准 481 项，环境基础标准 38 项。[1] 近年来，我国正在编制资源节约的综合利用标准发展计划，将在节能、节水、节材、环境管理、废旧产品回收利用、清洁生产、循环经济、矿产资源综合利用、可再生新能源等方面，建立标准体系框架。资源节约标准有着广阔的发展空间，也是建设生态文明型国家的必由之路。但这类标准的性质、实施主体、监督管理部门，以及与环境质量标准、污染物排放标准的关系等问题，还亟待进一步研究。

（六）地方环境资源法规、规章

《立法法》第 72 条第 1 ~ 2 款规定，省、自治区、直辖市的人民代表大会及其常务委员会根据本行政区域的具体情况和实际需要，在不同宪法、法律、行政法规相抵触的前提下，可以制定地方性法规。设区的市的人民代表大会及其常务委员会根据本市的具体情况和实际需要，在不同宪法、法律、行政法规和本省、自治区的地方性法规相抵触的前提下，可以对城乡建设与管理、环境保护、历史文化保护等方面的事项制定地方性法规，法律对设区的市制定地方性法规的事项另有规定的，从其规定。第 82 条第 1 款规定，省、自治区、直辖市和设区的市、自治州的人民政府，可以根据法律、行政法规和本省、自治区、直辖市的地方性法规，制定规章。省、自治区、直辖市人大及其常委会或省、自治区、直辖市人民政府制定的地方性环境资源法规和规章是我国环境资源法体系中的重要组成部分。环境问题的地方性特点和我国地域广阔、人口众多的国情，决定了这类环境资源法规、规章的重要性。20世纪 80 年代以来，全国各地在立法权限内制定了大量的地方性环境资源法规和规章。这些法规和规章具有内容广泛、规定详细、操作性强的特点，是地方环境资源保护和管理中不可或缺的法律依据。有些地方性法规和规章的成功制定和实施，还为国家环境资源立法的完善提供了经验。但不足之处是，发展不平衡、地方特色不足以及自然资源保护立法滞后。今后，在地方一级贯彻环境发展战略思想，克服地方保护主义、加强环境保护的监督管理等是地方人大和政府环境立法的主要努力方向。

---

〔1〕　数据引自环境保护部："国家环境保护标准'十三五'发展规划"，载生态环境部网站，http：// www. mee. gov. cn/gkml/hbb/bwj/201704/W020170414581772760139. pdf，2019 年 5 月 11 日访问。

（七）其他部门法中的环境资源规范

其他部门法中的环境资源规范也是我国环境资源法律体系的有机组成部分。如《行政许可法》《行政复议法》和《行政处罚法》中关于行政执法的效力、特点、种类和程序的规定；《民法总则》和《物权法》中关于自然资源使用中的保护、合理利用义务的规定；《民法总则》中关于相邻关系以及污染、破坏环境资源民事责任的构成要件、形式、免责条件和诉讼时效的规定；《刑法》中关于环境资源犯罪的概念、刑事责任年龄、犯罪者心态的形式、犯罪的追诉时效等规定；经济法中关于指导外商投资方向和防止污染转嫁的规定，以及前面提到的有关行政、民事和刑事诉讼的规定等。

（八）国际公约和条约中的环境资源规范

我国参加、批准的专门性环境国际公约、条约以及其他国际公约和条约中关于环境保护的条款是我国环境资源法体系中的一个组成部分。这些国际环境保护规范，除我国申明保留的条款之外，在我国具有法律约束力，如果公约和条约中的内容与我国国内法规定不相同的，国际条约和公约的适用具有优先性，但我国申明保留的条款除外。目前，我国参加、批准的和环境保护有关的国际公约和条约主要有：《联合国海洋法公约》《控制危险废物越境转移及其处置巴塞尔公约》《保护臭氧层维也纳公约》及其《议定书》《联合国气候变化框架公约》《生物多样性公约》《联合国湿地公约》和《关于持久性有机污染物的斯德哥尔摩公约》等。

第五节　环境资源法的性质和地位

一、环境资源法的性质

现代法学发展和理论研究的结果表明，在公法和私法之外，还存在界乎公法和私法之间的法律规范，这些法律规范不仅涉及公共事务，还涉及私人事务，这一类规范属于第三法域，是以保护社会公共利益为目的的规范，被称作社会法规范，环境资源法规范从立法目的和法律规范的内容构成等角度看，就是这种法律规范。环境资源法具有社会法的属性。

1. 以保护公共利益为立法目的。从立法目的看，环境资源法是为了保护和改善环境，防治污染和其他公害，保障公众健康，推进生态文明建设，促进经济社会可持续发展而制定的法律规范。我们知道，环境是人类赖以生存的物质基础，环境质量的好坏不仅直接影响着每个人的身体健康，还影响作为一个群体的人类的继续发展问题，所以，环境资源法保护的法益中包括了个体利益和公共利益两部分。在这两种法律权益中，公共利益居于核心位置。也就是说，环境资源法保护人类群体的可持续发展，确保了作为个体的人在当下和未来的生存质量。实质上，环境资源法正是人类修正狭隘的个人观念，重视宏观利益、群体利益和长远利益的结果，是人类突破传统发展观念的重大法律成果。

从成因上看，工业革命以来的不可持续发展观和将个人权利极端化的观念是环境问题的始作俑者。工业革命之后，由于商品货币支配地位的获得，发展的目的被异化，突出表现在金钱本位思想的出现。因为"资本主义是一种经济发展的自我扩张系统，其目的是无限增长，或者说'钱滚钱'。利润既是资本进行扩张的手段，又是其扩张的目的。每个资本主义的机构和每一种资本主义的文化活动，其目的都是赚钱和资本积累，经济增长还被指认为社会问题的重要解决方法，它能消除贫困、失业、财富和收入的不平等分配等"[1]。"它反映的是近代工业化'财富至上'和片面经济增长的不可持续发展观。19 世纪以来，人类把本属于诗人的浪漫和艺术夸张纳入到自己的日常行为中，非理性地、无节制地向自然界开战，使人类面临双重危机，即人与自然关系的生存危机和人与人关系的社会危机。技术理性造成的'全球问题'，现代性使人丧失内心向度而成为单面人就是这种写照。"[2]利润扩张在社会、政治、文化各领域的全面渗透，使物质财富成了人们普遍甚至唯一追求的对象。这种现象虽然在客观上起到了推动一些国家和地区经济增长的效果，但由于为了实现资本扩张的目的而不择手段，许多社会问题因此而产生，其中最为严重的就是生态环境的恶化问题。因为自然并不能像资本那样进行自我扩张，"森林资源已经处在其顶点的状态；淡水资源受到地理和气候条件的限制；矿物燃料和矿石的储量是由自然法则所决定的。自然界虽说在限制人类生产的同时，对人类来说远不是吝啬的，它的确给人类生产提供了基本的条件，但是，自然界本身发展的节奏和周期是根本不同于资本运作的节奏和周期的"[3]。因此在 20 世纪六七十年代，西方主要的工业化国家都出现了相当严重的环境问题，闻名世界的"八大污染事件"，使世人震惊。"20 世纪 60 年代以后，一些发展中国家在模仿西方工业化国家的发展过程中，也出现了所谓'无发展的增长'（Growth without Development）。主要表现为一味追逐经济规模的扩大却没有质的变化，结果社会系统失调、贫富两极分化、本土价值失落以及生态环境恶化等问题接踵而至。"[4]

这些事实使人们逐渐认识到增长和发展是不同的范畴，增长仅仅是质量的增长，发展应包括一系列社会目标。以此为基础出现了各种替代发展战略，1976 年国际劳工组织在日内瓦就业大会上提出的"基本需求发展战略"，标志着发展观的转变。随后"以人为中心的综合发展观"主张发展是整体的、综合的和内生的，经济只是发展的手段，发展的目的是满足社会和人的需要，而且这种需要不仅仅是物质需要，

---

〔1〕 ［美］詹姆斯·奥康纳：《自然的理由：生态学马克思主义研究》，唐正东、臧佩洪译，南京大学出版社 2003 年版，第 16 页。

〔2〕 焦坤："'以人为本'与生产力概念的语境转换"，载《中国社会科学文摘》2004 年第 2 期。

〔3〕 ［美］詹姆斯·奥康纳：《自然的理由：生态学马克思主义研究》，唐正东、臧佩洪译，南京大学出版社 2003 年版，第 16～17 页。

〔4〕 胡鞍钢、熊义志："中国的长远未来与知识发展战略"，载《中国社会科学》2003 年第 2 期。

还包括和各个民族的价值及传统相一致的社会、文化和精神的需要。[1]从 1990 年开始，联合国发展计划署（United Nations Development Programme，简称 UNDP）每年发表的《人类发展报告》在人类发展概念上取得了共识：①发展必须把人处于所关心的一切问题的中心位置；②发展的目的是扩大人类的选择范围，而不仅仅是增加其收入。它所关心的是整个社会，而不是仅仅是经济；③人类发展既与扩大人的能力有关，也与充分利用这些能力有关；④人类发展建立在生产力、公正、持续性和享有权利之上。1992 年在里约热内卢召开的联合国环境与发展大会把"环境"和"发展"问题联系起来，指出"人类处在普受关注的可持续发展的中心，他们应享有与自然相和谐的方式过健康而富有生产成果的生活的权利"。保护人类过健康而富有生产成果的生活的权利成为当代法学的新使命，环境资源法适时地承担起了这个神圣的使命。

2. 私法规范和公法规范兼而有之。从法律规范的内容构成来看，环境资源法律规范中既包括公法规范，又包括私法规范。这种公私法交错的状况是第二次世界大战后社会发展的结果。我们知道，环境问题是在私法秩序下产生的，它表明私法在环境保护中的无能。而科学技术的发展所带来的新的环境问题又使环境与生态保护成为人类社会经济发展的必要条件，它的社会公共利益性使其作为独立利益形态的要求日趋突出。这种情况下，环境问题的解决当然不能指望私法，而必须采用新的法律手段。在国家这个"有形之手"的介入下，环境问题的解决才是有希望的。[2]

正基于此，法律必须对导致环境污染和生态破坏的绝对化所有权和无限制的契约自由原则进行必要的限制。这种限制一方面表现在约束私权，对权利人科以不损害他人和公共利益的民事义务；另一方面，赋予国家机关一定的公共权力，以保障环境公共利益不受到侵害。所以，现代社会的私法规范和公法规范中都出现了以预防污染和保护环境为目的的法律规范，这些规范是环境资源法律规范的有机组成部分。

二、环境资源法的地位

环境资源法是一个独立的法律部门。

环境资源法律规范既包括私法规范，又包括公法规范。从表现形式上看，这些规范除了专门性的环境保护和污染防治规范外，还有很多规范分散在各传统法律部门之中。在传统法学学科看来，环境资源法律规范似乎只是各类法律部门为应对环境问题而采取的变通措施，但是，由于传统部门法在解决环境问题上存在着固有缺陷，它们为应对环境问题作出的变通措施不能全面应对现代环境风险对社会的挑战。为此，从人类整体利益和控制环境风险的目的出发，结合传统部门法在环境问题上

---

〔1〕 参见胡鞍钢、熊义志："中国的长远未来与知识发展战略"，载《中国社会科学》2003 年第 2 期。

〔2〕 参见吕忠梅：《环境法学》，法律出版社 2004 年版，第 44 页。

的立法成果，形成了一个运用综合法律方法预防和控制环境风险的独立法律部门——环境资源法。

目前，我国已经制定了二十余部环境与资源保护单行法律和数百部相关行政法规、规章或环境标准。一个全面调整环境利用社会关系的法律体系已经基本形成。

在我国，法律部门划分的主要依据是法的调整对象，一般通过法所调整的社会关系或法在调整社会关系时所适用的方法来判断。根据这个标准，结合我国的环境资源领域的法律实践，我国法学界的主流观点认为，环境资源法是一个独立的法律部门。[1]

1. 环境资源法的调整对象具有独立性。环境资源法的调整对象是人们在保护和改善环境、防治污染和其他公害过程中形成的社会关系，即保护和利用环境的社会关系，它是一种人与人之间的关系。这种社会关系既区别于民法的调整对象——平等主体间的人身关系和财产关系，又区别于行政法的调整对象——国家干预关系。我们知道，在环境资源法产生以前，法律早已对环境中的物质归属和环境品质问题作过规定。比如说，民法在土地、水、矿产资源的所有权和使用权问题上的规定，以及行政法在城市环境卫生问题上的规定。但这些法律规定，并不是基于维护人类发展利益和预防、控制环境风险的目的，而是从私权和疫病防治等角度解决物的归属和公共卫生问题。环境问题凸现之后，环境资源法专门承担起调整保护和利用环境的社会关系，因此形成了环境资源法律关系，这种法律关系的核心问题是环境资源使用过程中的保护义务和污染防治义务。环境资源法也涉及环境中的土地、水以及矿产资源等问题，但环境资源法关心的核心问题是这些环境要素的合理、持久利用以及其品质等问题，而不像民法那样关心这些环境要素的权属问题。另外，环境资源法关注公共卫生问题是通过确定排放标准等手段确保环境品质以保证可持续发展，而不是基于疫病防治的目的。环境资源法对环境问题的关注视角和目的都与民法、行政法等传统部门法不同，它的调整对象——环境保护和利用关系，是明显区别于传统部门法的调整对象的。

2. 环境资源法的调整方法具有特殊性。本章已经提到，环境资源法具有综合性的特点，这里所谓的综合性包括了调整方法的综合性。由于环境问题是多种因素共同作用的结果，仅靠单一的手段是无法彻底预防和控制环境问题的。因此，环境资源法调整方法的使用既包括了传统法学方法的综合使用，也包括了环境科学等相关学科方法的使用。"综合传统法律部门方法以及将环境科学新成果、新方法运用于环境立法和执法之中这一点，便体现了环境法在其方法论上的综合性特点，也是其他任何法律部门所不能及的。这是因为，环境法的公益性使得对环境的保护和改善带来的恩泽与环境的污染和破坏带来的祸患不分国别、阶层而由全社会共同享受和承担，需要综合运用法律的各种方法；另外，环境法的技术性使得原有的各种法律方

---

[1]　汪劲：《环境法学》，北京大学出版社 2006 年版，第 123 页。

法都不能满足这种需要，而必须结合各种相关学科的发展创建新的、综合性的方法对环境与资源进行整体、全面保护以满足这种需要。"[1]

第六节　环境资源法的目的和作用

一、环境资源法的目的

（一）环境资源法目的概述

从法哲学的角度出发，法的目的有两层含义：第一，它是主导法的形成、实现与之相关因素而拟依靠制定法而达成的实际目的。由于它是指导和实现一定的法律制度以及形成法律方法的原因，所以在学理上它又被称为"动机上的法的目的"。第二，它是需要依靠法来实现的基本价值和法的基本使命，及作为法的正当与否、合理与否的评价规则和基准，所以它又具有法的形成、实现之指导原理上的意义。因此，通常在法理学界也将法的目的称为法的理念（或价值理念、目的理念）、法的价值。[2]

我国 1989 年《环境保护法》在确立其目的时，侧重于"动机上的法的目的"，即该法要达成的实际目的。1989 年《环境保护法》第 1 条规定："为保护和改善生活环境与生态环境，防治污染和其他公害，保障人体健康，促进社会主义现代化建设的发展，制定本法。"20 世纪 90 年代之后，随着可持续发展理念的深入，我国在制定和修改环境资源法律规范时，将作为价值理念的"可持续发展观"在法律中确立了下来。如《环境影响评价法》（2018 年修正）第 1 条规定："为了实施可持续发展战略，预防因规划和建设项目实施后对环境造成不良影响，促进经济、社会和环境的协调发展，制定本法。"《固体废物污染环境防治法》（2016 年修订）第 1 条规定："为了防治固体废物污染环境，保障人体健康，维护生态安全，促进经济社会可持续发展，制定本法。"2014 年修订的《环境保护法》第 1 条规定："为保护和改善环境，防治污染和其他公害，保障公众健康，推进生态文明建设，促进经济社会可持续发展，制定本法。"也就是说，我国环境资源立法的目的涵盖了两层含义，体现了"动机上的法的目的"和法的价值理念的结合。从动机上的法的目的来看，我国环境资源法要实现的实际目的是通过环境保护和污染防治，保障人体健康和经济发展。从法的价值理念的角度看，环境资源法在实现实际立法目标时贯彻了可持续发展的理念。

（二）环境资源法目的的二元性

纵观世界各国环境资源法关于目的的规定，可以从理论上把环境资源法的目的分作两种：一是基础的直接的目标，即协调人与环境的关系，保护和改善环境；二

---

[1]　汪劲：《环境法学》，北京大学出版社 2006 年版，第 125 页。
[2]　汪劲：《环境法律的理念与价值追求——环境立法目的论》，法律出版社 2000 年版，第 11 页。

是最终的发展目标，即保护人体健康和保障经济社会持续发展。在保护和改善环境这一直接目的方面，世界各国并无不同；在最终的目的方面，各国规定则有差别。多数国家主张环境资源法的最终目的，首先是保护人的健康，其次是促进经济社会可持续发展，即"目的二元论"。也有如日本、匈牙利等国家法律规定，环境资源法的唯一目的是保护人群健康，即"目的一元论"。[1]

"目的一元论"和"目的二元论"实质上反映出了人们对环境保护和经济发展关系的认识。在环境问题刚刚突显的 20 世纪 60 年代，人们认为环境保护和经济发展之间具有不可协调的对立关系，著名的罗马俱乐部甚至认为只有抑制经济发展，环境保护才是有希望的。所以，提出了限制经济增长的"零增长"理论，这种理论反映了人们对环境保护和经济发展关系的悲观情绪，其在法律中的表现结果就是"目的一元论"。但是，随着理论研究的深入和可持续发展观的形成，人们意识到只要改变传统的发展模式，环境保护和经济发展都是有希望的。特别是对一些发展中国家，经济发展是环境保护的前提条件。我们知道，发达国家的环境问题主要是由生产方式和消费方式造成的，而发展中国家的环境问题是由发展不足引起的，解决这两类环境问题，应该采取不同的方法。发达国家环境问题解决的重点在于改变其不可持续的生产和消费模式；发展中国家环境问题则需要通过大力发展经济来解决。因为在发展中国家，经济增长不仅是实现社会目标、改善公众生活、满足社会需要的基本手段，还是环境保护的基本物质保障。近年来，虽然还存在一些限制发展的论调，但经济发展和环境保护之间具有协调关系的国际共识已经达成，这种共识的法律表现是多数国家在环境资源法的目的确立中采用了"目的二元论"，即环境资源法的目的不仅在于保护和改善环境，维护人体健康，还在于保障经济、社会持续发展。

法律确认"目的二元论"是基于对环境和发展关系的正确认识。发展经济和保护环境之间既相互制约，又相互依存。首先，二者具有相互制约和矛盾的一面，例如，经济发展不仅要消耗能源和资源而且要向环境排放废弃物；而环境保护需要强有力的物质保障，当一国物质保障不足时，保护环境与发展经济之间的矛盾可能会很突出。其次，更重要的是发展和环境之间具有相互依存、相互促进的关系，这主要表现在：①环境保护的任务就是保护自然资源，保护生产力，维持生态平衡，这就为经济健康发展提供了必要条件和物质基础；②环境保护要求尽可能综合利用资源和能源，要求技术革新以减少污染，这样就促进了技术革新和资源节约，从而有利于经济发展；③环境质量的改善会获得直接的经济效益并有助于现代经济特别是高科技经济的发展。反过来，经济发展又会促进环境保护事业的发展：①它可以为环境保护提供雄厚的物质基础和污染防治资金；②为环境保护提供现代科学技术手段。

把环境和发展对立起来，认为非此即彼，不论强调哪一面，在实践中都是有害

---

[1]　参见汪劲：《环境法律的理念与价值追求——环境立法目的论》，法律出版社 2000 年版，第 55 页。

的。如果以环境为代价发展经济，必然要重蹈发达国家的覆辙——先污染后治理模式，在这种模式下，经济发展是不具有可持续性的；如果只强调环境保护，而对经济发展进行抑制，则会削弱社会发展的物质基础，那么环境保护的物质保障也将会被削弱。正确处理发展与环境的关系，必须衡量与环境相互制约的临界线，把发展带来的环境问题限制在一定的限度内，在不降低环境质量的要求下使经济能够持续发展。环境保护的"目的二元论"，就是建立在正确认识发展与环境的关系的基础上的。[1]

我国环境资源法确立了"目的二元论"的合法性。1989 年《环境保护法》第 1 条规定："为保护和改善生活环境与生态环境，防治污染和其他公害，保障人体健康，促进社会主义现代化建设的发展，制定本法。"《环境保护法》（2014 年修订）第 1 条修改为："为保护和改善环境，防治污染和其他公害，保障公众健康，推进生态文明建设，促进经济社会可持续发展，制定本法。"也就是说，我国环境资源法确立了该法的基本目标是协调人与自然关系，保护和改善环境；最终目标是保障公众健康、推进生态文明建设和促进经济社会可持续发展。

二、环境资源法的作用

作为一种社会规范，环境资源法也具有法的一般作用，即告知、指引、评价、预测、教育和强制的作用。但作为专门以保护环境和防治污染为目的的社会规范，环境资源法还具有一些特殊的作用（或曰功能），具体表现在：

1. 环境资源法是国家进行环境管理的法律依据，是推动我国环境保护事业和环境资源工作发展的强大力量。环境资源法对环境管理部门及其职责、环境监督管理措施和制度、环境管理范围和管理关系以及各项环境保护工作作了全面规定。环境资源法是环境行政管理的依据和保障，是环境保护事业发展的有力保障。

2. 环境资源法是防治污染和其他公害、保护生活环境和生态环境、合理开发和利用环境资源、保障人体健康的法律武器。环境资源法规定了开发、利用、保护、改善环境的各种行为准则，对各级人民政府及其所属部门、一切单位和个人规定了环境资源保护方面的权利和义务以及相应的法律责任和补救措施，是他们享受权利、履行义务，与污染环境、破坏自然资源的行为作斗争的有力武器。

3. 环境资源法是协调经济、社会发展和环境保护的重要调控手段。环境资源法把协调经济、社会发展和环境保护的经济手段、行政手段和科学技术手段提升到法律高度，既确定了环境规划、布局、价格、税收、信贷等宏观调控方式的地位，又规定了现场检查、申报登记、行政处罚等调控方式的地位，是在社会主义市场经济体制下协调经济、社会发展和环境保护的有效手段。

4. 环境资源法是提高公众环境意识和环境法制观念，促进公众参与环境管理，倡导良好的环境道德风尚，普及环境科学知识和环境保护政策的法律平台。环境资源法向社会提出保护环境的行为规范和政策措施，明确了法律提倡什么、禁止什么，

---

〔1〕　汪劲：《环境法律的理念与价值追求——环境立法目的论》，法律出版社 2000 年版，第 56 页。

以法律为准绳在环境资源工作领域树立起了判断是非善恶的标准，是最好的环境保护宣传材料和法律平台。

5. 环境资源法是处理我国与外国的环境关系、维护我国环境权益的重要工具。我国环境资源法协调了与其相关的国际条约，纳入了有关国际环境资源法律规范，宣布了我国的基本环境政策，明确了环境资源法的适用范围，有利于防止外国向我国转嫁污染以及侵犯我国环境权益的事件发生。[1]

第七节　环境资源法的适用范围

环境资源法的适用范围，就是环境资源法的效力范围，是指环境资源法在哪些地方和在什么时间对哪些人有效的问题。从内容上说，包括环境资源法的空间效力、时间效力和对人效力。

只有确定了环境资源法的效力范围，环境资源法实施的空间、时间和对象才能够明确。

一、适地范围

环境资源法的适地范围，是环境资源法在哪些地方、区域有效力，也称对地域的适用范围或者对地域的效力范围。

（一）全国性环境资源法律、法规，在全国范围内有效

由全国人大及其常委会制定的环境保护法律和由国务院制定的环境资源行政法规，以及由国务院各部、委（局）制定的环境资源规章，一般在全国范围内（不包括我国台、港、澳地区）有效。我国《环境保护法》适用于我国全部领域，包括我国的领陆、领海、领空和延伸意义上的其他领域。其中，延伸意义上的其他领域指的是我国领土法律意义上的延伸，包括我国驻外使馆、我国领域外的本国船舶、航空器等。《环境保护法》（2014年修订）第3条所规定的"其他海域"是指毗连区、专属经济区和大陆架等。此外，由于历史和政治等原因，全国性环境资源法律、法规的效力范围不包括香港、澳门以及我国台湾地区。需要注意的是，全国性环境资源法律、法规在全国范围内有效，并不是指在全国所有领域内有效，而是指在环境保护领域或是环境保护的某一领域内有效。如《环境保护法》在我国的环境保护领域具有法律约束力，而《海洋污染防治法》只适用于中华人民共和国内水、领海、毗连区、专属经济区、大陆架以及中华人民共和国管辖的其他海域的海洋环境保护。《水污染防治法》适用于环境保护领域的陆地水体污染防治。

（二）地方性环境保护法规、规章的效力及于该地区

地方立法机关、行政机关依法制定的地方性环境保护法规、规章（包括少数民

〔1〕 蔡守秋主编：《环境资源法教程》，高等教育出版社2004年版，第64页。

族地方自治法规），只在该辖区内的环境保护领域或者该领域的某一方面有效力。地方性环境资源法规、规章在其他区域内没有法律约束力。如《江苏省太湖水污染防治条例》（1996 年制定，2007 年、2010 年、2012 年、2018 年四度修订）就仅在江苏省内的太湖水体有效力，对其他省份的太湖水体是不具法律约束力的。

（三）我国某些环境资源法律具有"域外效力"[1]

上面所述有关我国环境资源法的效力及于国家主权所管辖的领域，被称为"域内效力"原则。根据该原则，意味着环境资源法在国家主权管辖领域内有效力，只是不同位阶的环境资源法律、法规、规章在空间上的具体适用范围有差别。

随着对外贸易的发展和国际交往的增多，为防止域外单位或者个人危害我国环境权益，国家的某些环境资源法律也适用"域外效力"原则，即可在本国领域外发生效力的原则。如《海洋环境保护法》和《刑法》就属于这类法律。《海洋环境保护法》（2017 年修正）第 2 条第 2 款规定："在中华人民共和国管辖海域内从事航行、勘探、开发、生产、旅游、科学研究及其他活动，或者在沿海陆域内从事影响海洋环境活动的任何单位和个人，都必须遵守本法。"也就是说，在我国管辖海域以外的单位或者个人（包括我国管辖海域以外的单位或者个人）实施了污染损害我国海洋环境的行为的，我国有关机关可依据该条法律规定追究其法律责任。又如《刑法》中有关破坏环境资源保护罪的规定也具有域外效力，但具备《刑法》第 7 条或者第 8 条规定情形的除外。[2]这种"域外效力"，国外法律也有类似的规定，且一般必须以同有关国家缔结了多边、双边协定为条件，才得以顺利实施。

（四）环境国际公约和国际条约的优先效力

根据国际法和国内法关系的有关原则，我国缔结或者参加的国际环境条约和公约是我国法律制度的有机组成部分。这些国际条约和公约在我国领土内具有法律约束力。当国际环境条约和公约的规定与国内环境资源法律、法规内容不同时，国际环境公约和条约具有优先效力，但我国在缔结和参加时申明保留的条款除外。

（五）国内跨行政区域环境资源法的适用

《行政处罚法》（2017 年修正）第 20 条规定："行政处罚由违法行为发生地的县级以上地方人民政府具有行政处罚权的行政机关管辖。法律、行政法规另有规定的除外。"根据该条规定，跨行政区域环境资源纠纷案件原则上应以环境资源违法行为发生地的法律给予行政处罚。对于环境污染赔偿纠纷案件，属于跨省界的"上游省份排污对下游省份造成污染事故的，上游省级人民政府应当承担赔付补偿责任，并依法追究相关单位和人员的责任"。

此外，现行《环境保护法》第 20 条规定，对于跨行政区域的重点区域、流域环

---

[1] 韩德培主编：《环境保护法教程》，法律出版社 2007 年版，第 52 页。

[2] 即在我国领域外犯《刑法》规定之罪，但对其刑罚最高刑为 3 年以下的我国公民，或者在我国领域外对国家或公民犯《刑法》规定之罪的外国人，但按犯罪地法律不受处罚的除外。

境污染和生态破坏，建立联合防治协调机制，实行统一规划、统一标准、统一监测、统一的防治措施。对于重点区域、流域以外的跨行政区域环境的污染和生态破坏，由上级人民政府协调解决，或者由有关地方人民政府协商解决。

二、适人范围

环境资源法的适人范围，是指环境资源法对谁有效力，适用于哪些人，包括对哪些单位和自然人有效。这里所说的单位，既包括具有中国国籍的单位，也包括不具有中国国籍的单位；既包括法人单位，还包括非法人的其他组织；自然人包括我国公民、在我国领域内的外国公民和无国籍人。

在世界各国的法律实践中先后采用过四种对人的效力原则：

1. 属人主义。属人主义，指法律只适用于本国人（具有本国国籍的自然人、法人和其他组织，下同），不论其身在本国内或者国外，本国法律都发生法律效力。根据这种原则，本国法律对本国境内的外国人不具有法律约束力。

2. 属地主义。属地主义，指一国法律对其管辖领域内的一切人，不论是本国公民还是外国公民、单位和无国籍人都具有效力。本国公民不在本国，则不受本国法律的约束和保护。

3. 保护主义。保护主义，是以维护本国利益作为是否适用本国法律的依据，任何侵害了本国利益的人，不论其国籍和所在地，都要受该国法律的追究。

4. 以属地主义为主，与属人主义、保护主义相结合。以属地主义为主，与属人主义、保护主义相结合的原则是近代以来多数国家所采用的原则，我国也是如此。采用这种原则的原因是，既保护本国利益，坚持国家主权，又尊重他国主权，照顾法律适用中的实际可能性。

根据我国《宪法》和环境资源法的规定，我国环境资源法对人的适用范围如下：

（一）对我国公民的效力

中国公民在中国领域内一律适用中国法律。《宪法》第5条第4款规定："一切国家机关和武装力量、各政党和各社会团体、各企业事业组织都必须遵守宪法和法律。一切违反宪法和法律的行为，必须予以追究。"第33条第2款规定："中华人民共和国公民在法律面前一律平等。"作为一个部门法，环境资源法适用于我国公民和单位，任何个人和单位都有保护环境的义务，不得享有超越《宪法》和法律的特权。

我国领域外的中国公民和单位，原则上仍受我国环境资源法的保护，同时也有遵守我国环境资源法的义务。如果由于不同国家间环境资源法规定的不同造成法律适用冲突，应本着维护国家、单位和公民合法利益和尊重所在国主权的原则，参照国际惯例或者根据我国参加、缔结的国际条约妥善予以解决。

（二）对外国人和无国籍人的效力

中国法律对外国人和无国籍人的适用问题，包括两种情况：一种是对在中国领域内的外国人和无国籍人的法律适用问题，另一种是对在中国领域外的外国人和无国籍人的法律适用问题。外国人和无国籍人在中国境内，除法律另有规定者外，适用中国法律。中国法律既保护他们在中国的法定权利和合法利益，又依法处理其违法行为，这是国家主权原则的必然要求。外国人在中国领域外对中国国家或者公民犯罪，按照《刑法》规定的最低刑为 3 年以上有期徒刑的，可以适用中国《刑法》，但是按照犯罪地法律的规定不受处罚的除外。

根据国际惯例和条约，外国代表和依国际条约享有外交特权和豁免权的人，我国法律一般对其不具有约束力，但如果严重污染或者破坏环境必须依法追究其刑事责任时，可通过外交途径解决。

三、适时范围

法的适时范围也称作法的时间效力范围，指法何时生效、何时终止效力以及法对生效以前的事件和行为有无溯及力的问题。因此，环境资源法的适时范围指的是环境资源法在什么时间生效和何时终止其效力，以及环境资源法对在其颁布之前的环境污染和生态破坏行为有无约束力的问题。

（一）环境资源法生效时间的确定方式

1. 从公布之日起生效。从公布之日起生效也就是通常所说的立即生效。在环境资源法律、法规中，采取立即生效方式的比较少见。1979 年的《森林法》和 1989 年的《环境保护法》在颁布时并没有确定生效时间，按照惯例应当认为是自公布之日起开始生效，之所以采取立即生效的形式，是因为当时实际生活中急需。但由于法律是一种具有强制力的行为准则，在其生效前应该留有必要的时间让遵守者学习。因此，采取这种生效形式的环境资源法律、法规并不多。

2. 自公布之日起一定期限后生效。这是最普遍的一种生效方式，其中包括原已颁布施行后经修订和新制定的法律文件。前者如 2000 年 4 月 29 日修订后颁布施行的《大气污染防治法》（2000 年 9 月 1 日施行）、1998 年 4 月 29 日经修订公布施行的《森林法》（1998 年 7 月 1 日施行）、2001 年 8 月 31 日公布的《防沙治沙法》（2002 年 1 月 1 日施行）、2014 年 4 月 24 日经修订公布施行的《环境保护法》（2015 年 1 月 1 日施行）等。之所以采取公布之后不立即生效，而规定在一定期限（一般在公布之日起 3~6 个月）之后生效，是因为这些法律、法规的贯彻实施，人们需要有一定时间做准备。在思想准备方面，如对广大干部、群众进行广泛、深入的宣传教育，以提高认识并熟悉法律的要求，为守法、执法和司法打好思想基础；业务准备方面，如由国家有关行政主管部门起草相配套的实施条例、细则和标准，建立各种必要的监督管理程序等；组织准备方面，如组建相关执法、司法和监督机构，培训执法、司法人员以适应法律文件生效后执法、司法的要求。

值得注意的是，对于已施行后修订实施的法律、法规，其生效时间的规定有两种形式：①在修订后颁布的法律文件中规定了生效时间，并同时在公布该法律文件的命令中作出明确的规定；②在修订后颁布施行的法律文件中对生效时间未作相应的更改，但在修改该法律文件的《决定》中规定了具体生效时间。如经第八届全国人大常委会第十九次会议于 1996 年 5 月 15 日修订后颁布施行的《水污染防治法》第 62 条规定："本法自 1984 年 11 月 1 日起施行。"而修订该法的《决定》中则规定，本法自 1996 年 5 月 15 日起施行。很明显，这就是根据该《决定》修订后《水污染防治法》的生效时间。因为，该《决定》实际上已经修改了《水污染防治法》第 62 条的内容。为了避免出现上述该法生效时间形式上的矛盾发生，今后，立法部门应当多采用第一种规定形式，各种环境资源法律汇编也应在登载该法律文件时一并将修改该法的《决定》刊出，以免对该法的生效时间发生误会。

3. 颁布试行之后经一定时间修改才正式生效。这是我国环境资源立法初期采用的生效形式，目前已不再使用。准确地说，这种生效形式是对应着改革开放初期发布的《环境保护法（试行）》和《森林法（试行）》等"试行法"而产生的，当时之所以采取"试行"的立法形式，主要是针对科技性比较强，又需要通过试行的实践积累经验后修订再行颁布使其正式生效。1989 年 12 月 26 日，第七届全国人大常委会第十一次会议和 1984 年 9 月 20 日第六届全国人大常委会第七次会议分别对上述两部"试行法"进行了修改后正式颁布施行。但是，试行的时间不宜过长，也不宜以"原则通过的方式公布，以免发生歧义，影响法律的权威性和稳定性"。

（二）环境资源法失效时间的确定方式

环境资源法的失效时间一般也有三种：

1. 经修订的法律明文规定在该法施行之日起相应的原法同时废止。1989 年《环境保护法》第 47 条规定："本法自公布之日起施行。《中华人民共和国环境保护法（试行）》同时废止。"

此外，在环境资源立法中，有将原由国务院发布的行政法规经全国人大常委会修改后制定为法律的做法，这是为了提高原行政法规的法律地位。通常情况下，这类行政法规在经全国人大常委会修订时往往在该法律文件中规定，原同一类型的行政法规从该法生效之日起同时废止。例如，1996 年 10 月 29 日公布的《环境噪声污染防治法》就属于这种立法形式。

2. 规定与新法相抵触的原法律规范失效。我国的环境资源法律规范中有一些法律规范采取这种方式。如 1982 年 8 月 23 日公布的《海洋环境保护法》。该法第 46 条规定："现行的有关海洋环境保护的规定，凡与本法抵触的，均以本法为准。"

3. 随着新法的施行原有同类法律自行失效。《水污染防治法》就属于这种情况。该法是根据 2008 年 2 月 28 日第十届全国人民代表大会常务委员会第三十二次会议《关于修改〈中华人民共和国水污染防治法〉的决定》修订的。在该法的内容和公布该法的命令以及在上述决定中，均没有规定从修订后的新法生效（或者公布）之日起，原同样内容的法律相应地失效。

上述三种法的失效情况，前两种是属于"明示废止"的情况，即由新法明文规定废止旧法的情况，是"以法废法"的做法，为当今世界大多数国家所采用。后者是"默示废止"的情况，即不是由法律明文规定废止与之相抵触的旧法，而是在实践中认定旧法与新法相抵触，依照"新法优于旧法"的原则或者依照"后颁布的法优于前颁布的法"的原则确认旧法失效。从有利于法律的稳定性和连续性考虑，今后，立法部门宜多采取"明示废止"的失效形式。[1]

（三）环境资源法的溯及力问题

法的溯及力，也称法溯及既往的效力，是指法对其生效以前的事件和行为是否适用。如果适用，就具有溯及力；如果不适用，就没有溯及力。可见，环境资源法的溯及力就是环境资源法对其生效以前的行为和事件是否适用的问题。如果适用，环境资源法就具有溯及力；如果不适用，就没有溯及力。

一般而言，法是否具有溯及力，世界各国一般比照刑法的相关规定来确定。这些规定，主要有以下五种：

1. 从旧原则。从旧原则是指新法对其生效以前的行为和事件没有溯及力。

2. 从新原则。从新原则指的是新法对其生效以前的行为和事件有溯及力。

3. 从轻原则。从轻原则指新法与旧法相比较，以对行为人处罚较轻的法律为处罚依据。

4. 从旧兼从轻原则。从旧兼从轻原则指新法原则不溯及既往，但新法对行为人处罚较轻的，从新法。

5. 从新兼从轻原则。从新兼从轻原则指新法原则上溯及既往，但旧法对行为人处罚较轻者，从旧法。

在法的溯及力上，现代各国大多数采用从旧兼从轻原则。我国也是如此。《刑法》第12条第1款规定："中华人民共和国成立以后本法施行以前的行为，如果当时的法律不认为是犯罪的，适用当时的法律；如果当时的法律认为是犯罪的，依照本法总则第四章第八节的规定应当追诉的，按照当时的法律追究刑事责任，但是如果本法不认为是犯罪或者处刑较轻的，适用本法。"由此可知，我国法律一般没有溯及力。

从环境资源法的总体情况看，环境资源法一般没有溯及力。

关于环境资源法产生的原因[2]：

环境资源法的产生，有其深刻的社会、经济原因，而且这些原因又是相互联系的。就经济原因而言，环境资源法是克服市场机制的外部不经济性或计划经济体制下对动态的经济运行作静态管理的缺陷的产物。就社会原因而言，环境资源法是转换人类环境观、转换社会发展模式的结果。法律作为社会关系的调节器，也有其自身的规律。下面重点分析环境资源法产生的法律原因。

1. 传统基本法的不足。按照现代的法治原则，国家承担环境保护责任和保护公

---

〔1〕　参见韩德培主编：《环境保护法教程》，法律出版社2007年版，第57页。

〔2〕　参见吕忠梅：《环境法学》，法律出版社2004年版，第37~39页。

民的环境权益都必须有宪法依据。否则,环境资源法无从产生。但在传统环境观和经济发展模式下,宪法是不可能对环境保护作出规定的。①传统宪法未将环境权作为一项公民权利加以确认,使得公民的环境权不能成为法定权利,更得不到充分的法律保障。法律当然不能为一种尚未得到确定的"权利"受到侵害而提供法律救济。而宪法作为现代法治国家的"母法",不对环境权作出规定,会使得其他有关公民环境权保护的立法缺乏宪法依据。②传统宪法未明确国家或政府在环境保护方面的责任或职责,与环境保护所需要的集中、统一的环境管理权有较大差距。

2. 传统民法的问题和缺陷。在市场经济条件下,调节经济社会关系的基本法是民法,传统民法以物权制度为核心。以契约自由、权利不可侵犯和过失责任为基本原则。而这些制度和原则,在环境保护方面暴露出了很多问题和缺陷:①传统民法的所有权理论无法保护环境。在传统所有权理论即绝对所有权原则下,所有权为绝对支配权,排斥一切干预,土地所有权的范围,上至天空,下至地心,毫无限制。同时,对无主物的取得实行先占原则,在这种原则下,土地所有权人有权支配所有的土地及地下的一切环境要素,污染和破坏环境也是所有权的组成部分,任何人无权干预。这种所有权原则根本无法保护环境。②传统民法的契约自由原则不利于保护环境。在契约自由原则下,个人取得权利,负担义务,完全取决于个人自由意志,契约的内容方式、成立及契约对方当事人的选择,听凭当事人自由,国家不作干预。照此理论,不承担环境保护义务,也是一种自由,国家不得干预。③传统民法的过失责任原则不足以保护环境。在过失责任原则下,侵权行为法以环境污染损害后果发生为前提,不能在预防环境损害后果的发生或消除致害根源方面发挥作用。更为重要的是,环境污染往往是社会物质生产部门的物质生产活动的"副产品"或"副作用",造成污染危害后果的企业或个人并无主观故意或过失。若按过失责任原则,受害者不能得到补偿,污染者无从受到制裁,保护环境也就无异于一句空话。

3. 传统行政法的问题与缺陷。传统行政法有"管理管理者之法"之称,是管理行政活动的部门法。传统行政法的内容和原则在环境保护方面有明显不足:①传统行政法以约束或控制行政权力为核心,对于行政机关的自由裁量权作出了较为严格的限制,而环境问题广泛复杂,各种因素相互作用,地区、时间、气候等差别甚大,使得国家的环境管理必须具备科学性、区域性和灵活性的特征,需要较大的视情置宜的权力,传统行政法在此时显得束权有余、赋权不足。②传统行政法以权力行使作为基本的行为方式,单方面干预相对人的权利义务且对相对人具有拘束力。而环境保护必须符合生态规律,运用价值规律以实现环境资源的优化配置。③传统行政法的手段大量运用于维护国家安全和社会秩序领域,一般是在发生了严重危害社会秩序或他人人身财产安全的后果时才对相对人施以管制,不主动介入相对人相互之间的民事法律关系,而环境问题具有污染破坏容易、治理恢复困难的特点,从而要求环境保护必须以预防为主,国家或政府要事先采取措施并且直接限制相对人之间不利于环境保护的民事法律行为。

4. 传统刑法的问题与缺陷。传统刑法在环境保护方面也存在明显不足：①传统刑法的立法指导思想或宗旨是对人身或财产权的保护，且这种保护立足于经济性判断之上，没有立足于环境利益或环境性的刑事法律制度，即使是有一些与资源或环境相关的罪名规定，也与环境保护的要求相去甚远。这种立法指导思想本身就是不利于环境保护的。②传统刑法所规定的罪行多为故意对人身或财产的直接侵害，而环境污染或破坏则主要不是针对具体的个人或财产进行，它是以环境为介质而产生危害的行为，过失行为居多。这种行为的犯罪与传统刑法规定的犯罪构成显然存在差别。③传统刑法所规定的刑罚多以人身刑为刑罚手段。而环境污染或破坏的后果都相当严重，使受害人遭受的损失巨大，且环境犯罪的目的多为牟取利益，因此，偏重于人身罚手段的刑罚本身就是不利于保护环境的。

以上各传统法律部门在环境保护面前暴露的问题和缺陷表明，必须要有专门的法律规范来适应和满足环境保护或国家环境管理的要求，这些规范应具有统一的原则和目标，承担共同的任务。我们认为，这一类专门的体现环境保护要求和特点的法律规范体系就是环境资源法。同时，传统的法律部门为了适应社会经济发展的变化也要及时做出反应，积极完善与环境保护相关的制度。各国的环境保护立法实践，也体现了这样的过程：一方面是环境资源法作为新的法律部门的出现，另一方面是宪法、行政法、民法、刑法的修订与完善，逐步建立起与环境保护要求相适应的法律制度。

理论思考与实务应用

一、理论思考

（一）名词解释

环境　环境资源问题　生态破坏

（二）简答题

1. 简述环境资源问题的种类。
2. 简述环境资源法的特征。
3. 简述环境资源法的目的。

（三）论述题

1. 论述环境资源问题的实质。
2. 论述环境资源法的性质。

二、实务应用

（一）案例分析示范

案例一　室内污染纠纷

A 某从 B 开发商处购得住房一套。入住后经常感觉室内有刺鼻异味，A 某及其家人在室内不通风时也常有流泪、咳嗽等症状发生。后经监测表明，室内氨气浓度严重超标是造成 A 某及家人发生不良症状的直接原因。据调查，该商品房建于冬季，C

施工方为了防止混凝土冻结影响建筑进度而在混凝土中添加了一种溶剂，而 A 某住房中的氨气则是这种溶剂不断挥发所致。[1]

问：A 某所受侵害是否属于环境污染侵害？

【评析】A 某所受侵害不属于环境污染侵害。A 某居住的室内环境不属于我国《环境保护法》上的"环境"的范畴，其所受侵害为室内空气污染所致，属于居室环境卫生问题而非大气污染。所以，A 某所受侵害不为环境污染侵害，因此也不能适用《大气污染防治法》的规定。该纠纷应当由 A 某、B 开发商、C 施工方三方根据合同的约定，按照《合同法》《产品质量法》以及《侵权责任法》的有关规定解决。

案例二　地震带上的房屋买卖之争

A 有一幢建筑物正好修建在一地震带上。过去 100 年来这里从来没有发生过大的地震。但是当 A 得知建筑物建在地震带上的信息后，便将该建筑物廉价卖给了 B，但未告知该建筑物修建在地震带之上。几年以后，建筑物所在地发生了一场地震，使得建筑物受到损坏。于是 B 以 A 没有事前告知该建筑物所在地存在环境问题的瑕疵为由，要求 A 承担建筑物损害的责任。[2]

问：A 与 B 之间的纠纷是否可以适用《环境保护法》的规定？

【评析】A 与 B 之间的纠纷不能适用《环境保护法》的规定。我们知道，从产生的原因看，环境问题有两类，一类原生性环境问题（即第一类环境问题），它是由自然现象引起的环境质量下降或者生态破坏，如地震、火山爆发、海啸、干旱、雷电等自然现象导致的有害环境影响。这一类环境问题是人类无法控制的，人类只能根据自然灾害发生的规律和特点，尽可能地降低这类环境问题带来的人身、财产损害和社会经济损失。另一类环境问题是次生性环境问题（即第二类环境问题），它是由人类活动引起的环境质量下降或者生态破坏，是人类违背自然规律、不恰当地开发和利用环境带来的环境损害。这一类环境问题是可以避免的。次生性环境问题是环境科学和环境法学研究的主要对象。

在本案中，A 和 B 之间的房屋问题之争和地震因素有关，由地震引起的房屋损害属于原生性环境问题。解决因原生性环境问题产生的纠纷，不能适用《环境保护法》。《环境保护法》针对的对象是次生性环境问题，即由人为因素引起的环境污染和生态破坏。

案例三　环保公益组织诉环保局案

B 是一家高尔夫球场投资公司，拟在一个国有山林中投资兴建一个大型高尔夫球场。经过对该公司提交的环境影响报告书的审查，环保部门决定批准该公司兴

---

〔1〕　案例来源：汪劲：《环境法学》，北京大学出版社 2006 年版，第 1 页。
〔2〕　案例来源：汪劲：《环境法学》，北京大学出版社 2006 年版，第 42 页。

建高尔夫球场。A 是一个以保护鸟类为宗旨设立的民间团体，A 认为高尔夫球场的兴建将会改变该森林地域的原生环境并影响鸟类的生存。于是 A 便以环保部门的决定侵害了 A 对鸟类的利用利益为由向法院提起行政诉讼，要求法院撤销环保部门的决定。[1]

问：A 是合格的原告吗？

【评析】A 是否为合适的原告，至少取决于如下几个方面的因素：

1. A 与鸟类之间是否存在合法的利用（保护）关系？这一点，通常需要 A 提供证据（如 A 为政府批准的全国性或者地域性的保护鸟类团体）证明其与鸟类之间存在着合法的利用（保护）关系。

2. A 是否从鸟类保护行为中获得了某种利益？而这种利益是否会因高尔夫球场的兴建而丧失？这一点，通常需要 A 提供证据证明 A 及其会员从保护鸟类行动中所获得的实际利益（如观赏、投食以及其他享受鸟类活动带来的利益等）以及高尔夫球场的兴建会造成这些利益的损失。

3. A 是否具备法律规定的诉讼资格？这一点，世界各国的做法并不一致。在美国，判例表明环保团体可以与鸟类作为共同原告参加诉讼；在日本，环保团体可以依照法律规定作为利害关系人参加诉讼；在我国，符合法律规定的环保团体现在可以提起环境公益诉讼。

（二）案例分析实训

案例一 生活饮用水一级保护区内的高压线铁塔之争

我国《水污染防治法》（2008 年修订）第 58 条第 1 款规定，"禁止在饮用水水源一级保护区内新建、改建、扩建与供水设施和保护水源无关的建设项目"。某市人大常委会据此制定的有关引水渠环境保护条例也规定：引水渠一级保护区为非建设区和非旅游区，禁止在引水渠两侧各水平外延 100 米以内地区新建、改建、扩建除水利或者供水工程以外的工程项目。

然而，某市为了实施修建输电线工程的计划，需要在引水渠一级保护区 100 米内新建数十座高压线铁塔。对此，许多公众依法提出了反对意见。争议的焦点在于"高压线铁塔"是否属于法律和地方性法规禁止在引水渠两侧各水平外延 100 米以内地区的新建项目。

对此，某市人民政府依照条例的授权作出了这样的解释：该条例规定的禁止建设项目是指用于生产、经营、生活、工作、居住等对引水渠的水质产生污染的建设项目，不包括对水质不产生污染或污染威胁的市政基础建设项目。[2]

问：某市人民政府的上述解释正确吗？

---

[1] 案例来源：汪劲：《环境法学》，北京大学出版社 2006 年版，第 64 页。

[2] 案例来源：汪劲：《环境法学》，北京大学出版社 2006 年版，第 62 页。

案例二　山地建设项目之争

某投资商计划在靠近居民小区附近的山地旁兴建一个企业项目。为此，投资商依法进行了环境影响评价，并提供了 A、B、C 三个项目方案供评价选择。环境影响报告书的结论推荐采取 B 建设方案，但依旧认为存在着对周边居民小区造成污染的风险。为此，环保部门依法组织建设方和利害关系方举行了环境影响报告书审批听证会。

利害关系方认为，居民小区附近的山地空气清新、水质优良，建设企业会污染周边环境并给小区居民带来实际侵害的风险并降低小区房屋的舒适性和实用价值。因此，要求一旦政府批准建设，建设方就应当对可能直接受到污染的小区居民予以适当补偿。而建设方认为，既然政府批准建设，就说明建设项目合法。至于今后可能存在的水污染和大气污染造成的健康损害风险，不应当承担任何责任。[1]

问：如果政府批准项目建设，建设方是否应当给予利害关系方补偿？

案例三　水污染纠纷的法律适用问题

A 企业因向河流排放水污染物造成 B 通过网箱在河中饲养的鱼类和贝类受到了污染损害。A、B 双方向 C 环保部门请求处理这起污染损害所引发的赔偿问题。[2]

问：C 环保部门在处理 A、B 双方的水污染纠纷时，有哪些规范性法律文件可以适用？

 参考书目

1. 韩德培主编：《环境保护法教程》，法律出版社 2003 年版。
2. 汪劲：《环境法学》，北京大学出版社 2006 年版。
3. 吕忠梅：《环境法学》，法律出版社 2004 年版。
4. 金瑞林主编：《环境与资源保护法学》，北京大学出版社 2006 年版。

---

〔1〕　案例来源：汪劲：《环境法学》，北京大学出版社 2006 年版，第 71 页。
〔2〕　案例来源：汪劲：《环境法学》，北京大学出版社 2006 年版，第 59 页。

第二章

环境资源法基本原则

【本章概要】环境资源法的基本原则，是环境资源法在创制和实施中必须遵循的根本性准则，是贯穿环境资源法运行的灵魂。基本原则不仅体现在环境资源法立法的内容之中，其效力还全面贯穿在环境法律规范的始终，当环境资源法立法出现不足时，环境资源法的基本原则能起到弥补立法局限的作用。

环境资源法的基本原则包括经济、社会发展与环境资源保护相协调原则；预防为主、防治结合、综合治理的原则；环境资源有偿使用原则；政府、市场、社会混合调整原则；环境资源利益平衡原则。

【学习目标】通过本章学习，了解经济、社会发展和环境资源保护相协调原则与政府、市场、社会综合调整原则的内涵及确立这些原则的原因；需要重点掌握预防为主、防治结合、综合治理原则的含义及确立该原则的必要性，特别需要掌握该原则的新发展：风险预防原则；理解环境资源有偿使用原则和环境资源利益平衡原则的内涵及意义。

第一节　环境资源法基本原则概述

一、环境资源法基本原则的含义

环境资源法是一个独立的法学部门。作为一个独立的法学部门，自然有其基本原则。环境资源法基本原则是指环境资源法确认的、适用于环境资源法一切领域的基本方针、准则。环境资源法的基本原则是环境资源法所确认的，而非可以任意确定的，或与其他部门法共有的原则；是在环境资源法领域具有普遍的指导意义，即适用于环境资源法领域的原则，而不是指其他一般立法原则、司法原则等；是贯穿整个环境资源法领域、具有普遍意义和指导意义的规范，是各项环境保护制度和规范的基础。只有满足了这三个方面的法律原则，才构成环境资源法基本原则。

我国环境资源法基本原则的内容存在一定的差别，但更多的是形式和表述方面的。现行《环境保护法》第5条规定："环境保护坚持保护优先、预防为主、综合治理、公众参与、损害担责的原则。"我们认为，环境资源法基本原则包括经济、社会发展与环境资源保护相协调原则；预防为主、防治结合、综合治理的原则；环境资源有偿使用原则；政府、市场、社会混合调整原则和环境资源利益平衡原则。

二、我国环境资源法基本原则的意义

环境资源法的基本原则是对环境资源法规范的概括和提升。因此，把握环境资源法的基本原则一方面有助于更好地理解环境资源法规范的实质精神，为环境保护守法和执法提供保障；另一方面，由于任何成文法都具有一定的局限性，在法律无明文规定时，环境资源法的基本原则能为处理新的环境问题提供指导，从而实现环境保护的任务和目的。

第二节 经济、社会发展与环境资源保护相协调原则

一、经济、社会发展与环境资源保护相协调原则的概念

经济、社会发展与环境资源保护相协调原则（以下简称协调发展原则），是环境资源法的首要原则，在我国早期一般称为"三项建设三同步和三统一"。它是指经济建设、城乡建设和环境建设同步规划、同步实施和同步发展，实现经济效益、社会效益和环境效益的统一。其实质是平衡好发展和保护的关系，实现发展与保护的内在统一，相互促进。该原则是在针对环境资源问题的特点和总结国内外环境保护经验的基础上发展出来的，对于环境资源保护具有不同寻常的意义。

协调发展原则反映人类的活动不仅要遵循社会经济规律，也要尊重生态规律。人类经济活动不能超出环境资源承载能力，要以可持续的方式利用自然资源，对于可再生资源要在保持它的最佳再生能力前提下利用，对于不可再生资源要保存和以不使其耗尽的方式利用。改变环境利用中只顾发展经济却不履行保护环境的义务的现象，解决环境保护与经济发展之间的"矛盾"。协调发展原则通过法律将保护环境规定为一项义务，使对环境的保护具有可能性，在一定程度上能对抗片面的经济的发展。

二、协调发展原则的形成

协调发展原则是在对以前观念的批判的基础上形成的，其中最为明显的是环境库兹涅茨曲线理论、环境承载能力无限论和经济发展优先论。

（一）环境库兹涅茨曲线理论

环境库兹涅茨曲线理论（Environmental Kuzents Curve，简称 EKC）通过人均收入与环境污染指标之间的演变模拟，说明经济发展对环境污染程度的影响。该理论认为，就经济增长与环境质量的关系而言，各国在经济发展的不同阶段都不同程度地呈现出倒"U"形曲线，即环境库兹涅茨曲线规律。当经济增长从较低水平向较高水平增加时，污染指数也随之增加；当经济增长达到一定水平后，污染指数才随经济增长而下降。这个转折点大致在 8000～10000 美元（1985 年美元值）。因此，在经济发展过程中，产生环境污染是必然的，等经济发展到一定程度后，环境污染自然会减少。

环境库兹涅茨曲线事实上为环境污染是经济发展的必要代价的观点提供了经济学理论支撑，即为以牺牲环境为代价的经济增长提供理论上的支持，抵制日益高涨的环境保护运动。

（二）环境承载能力无限论

二战以前，人类对环境的污染和破坏没有从根本上达到环境的承载能力的上限，或者说没有超过环境能承受的人类活动的阈值，结果却使人们误认为环境的承载能力是无限的。罗马俱乐部于1972年发表的《增长的极限》的研究报告，无疑从心理上打破了环境承载能力无限论的神话。该报告指出："地球的自然系统能支撑（环境污染）这种巨大的侵入吗？我们没有概念……我们不知道，地球吸收一种污染的能力的确切上限，更不必说地球吸收各种污染相结合的能力了。可是，我们确实知道存在一个上限。"[1]

实际上，环境具有一定的自我调节能力或缓冲能力。只要外界或内部的变化不超过生态系统的缓冲能力，在被冲击之后，其平衡会逐步得到恢复。这就是生态学的基本规律之一——负载有额规律，即一个生态环境只能供养一定的生物量和承纳一定的污染物。当向生态系统排放的污染物超过其自净能力时，生态环境会被污染；当对生态环境施加的外界冲击的周期短于它的自我恢复周期时，生态系统也将因不能自我恢复而被破坏。

（三）经济发展优先论

环境库兹涅茨曲线和环境承载力无限理论的存在，无疑助长了一维的经济增长观——经济优先论。

经济优先论是由于传统认识所致，经济增长被视为人类社会的至高目标，国家都以追求经济增长作为至高的目标。这反映在经济学上是将国民生产总值作为一国经济的判断标准，把国民经济的增长作为社会进步的唯一标志。结果，普遍认为增长等同于发展。在这种观念的支配下，凡是有利于国民生产总值增长的措施，都得到采纳，包括不顾自然资源的恢复能力而最大限度地加以开采和利用，不顾环境的自净能力将大量废弃物排入自然环境，以致形成"资源无价、原料低价、产品高价"的自然资源观和"环境是免费的垃圾倾倒场"的观点。

任何环境都有一定的承载能力，当对自然资源的需求超过环境的承载能力时，环境问题就产生了，表现为环境破坏和环境污染，并对经济的发展构成威胁。但在环境问题产生后，并没有当然地受到关注和引起人们的重视。所以在相当长的时间内，经济增长等同于发展的观点仍占据支配地位，环境问题作为经济发展的必要代价的观点在对待环境问题的态度上自然占据支配地位。于是出现了"先污染后治理"的观念，主张先发展经济，再进行治理。即使有对环境问题采取的措施，那也游离

---

〔1〕 ［美］丹尼斯·米都斯等：《增长的极限——罗马俱乐部关于人类困境的报告》，李宝恒译，吉林人民出版社1997年版，第55页。

于经济之外。环境保护的措施与经济发展的措施形成一条"平行线"，永远无法交叉。这就是经济发展优先论。

这种经济优先论存在的先决理论前提便是环境的承载力是无限的，即人类可以使用的资源是无限的，其能源也是用之不竭的。不仅发达国家要把经济发展放在优先的位置，发展中国家更应该把经济发展作为优先的目标加以追求。经济发展是中心，是一切行为的指南，一切都应该服从和服务于经济发展。正因为这样，库兹涅茨曲线才有了存在的市场，"环境的承载力是无限的"理论得到了大范围的运用。

这种经济发展优先的观点到 20 世纪 60 年代后，遭到了越来越多的批评。随着环境问题的严重化和环境质量的恶化，以及由此给社会造成的巨大的经济损失和社会动荡，环境对经济发展的"瓶颈"作用越发明显，如一般认为，20 世纪 70 年代全球经济步伐的放慢与 1973 年的石油危机有关。环境问题的恶化使人们逐渐意识到，环境问题不单纯是技术问题，更是社会经济问题，环境问题得不到解决会影响和制约经济的发展。总体来看，环境对经济发展的制约作用，一方面在于环境是经济发展的物质基础。因为经济发展需要资源、能源，这些资源和能源如森林、土地、矿产都是作为环境要素存在的，是经济发展必不可少的。另一方面，从消极的角度看，避免环境污染和破坏造成的经济损失也等于在促进经济的发展。因为环境污染和破坏造成的经济损失是巨大的，有时甚至超过经济增长的速度。如世界银行在《2020年的中国》的研究报告中指出："从总体上看，中国每年的污染的经济损失大约占国内生产总值的 3%～8%。"

所以，必须坚持环境保护与经济、社会发展相协调的原则。一方面，要在社会经济的发展过程中注意保护环境，不能以牺牲环境为代价；但另一方面也要注意，不能为了追求单纯的环境保护，不考虑社会经济代价，不能以"零增长"作为环境保护的目标。协调发展原则要求将环境保护与经济发展统一起来。关于这一点，1972 年通过的《斯德哥尔摩人类环境宣言》已经指出过："为这一代和将来的世世代代，保护和改善人类环境已成为人类一个紧迫的目标，这个目标将同争取和平、全世界的经济与社会发展这两个既定的基本目标共同和协调地实现。"

三、协调发展原则与可持续发展

任何环境的承载力都是一定的。经济要得到发展，便不能超出环境的承载力，环境污染也不是经济发展的必要和必然的代价，应摒弃"经济发展优先论"和"零增长论"，坚持环境保护与经济协调发展的可持续发展。人类社会的发展的内涵是多层面的，不单指经济增长。人类社会对幸福的追求，不仅要通过经济的增长来实现，也依赖于环境保护的实现。所以，环境问题的解决与否会影响到社会经济的发展，这便要求环境保护的措施应当同社会的经济措施联系在一起，将环境保护措施纳入社会经济政策的制定和实施当中。

我国早在 1973 年就肯定经济与环境要协调发展，即国务院在批转原国家计委（现为发改委）《关于全国环境保护会议情况的报告》的批文中强调指出，"经济发展和环境保护，同时并进，协调发展"。1983 年第二次全国环境保护会议将协调发展称为"三项建设三同步和三统一"："经济建设、城乡建设和环境建设要同步规划、同步实施、同步发展，实现经济效益、社会效益、环境效益的统一。"1984 年国务院《关于环境保护工作的决定》也明确指出"保障环境保护和经济建设协调发展"。1989 年的《环境保护法》间接肯认了协调发展原则。该法第 4 条规定："……国家采取有利于环境保护的经济、技术政策和措施，使环境保护工作同经济建设和社会发展相协调。"现行的《环境保护法》第 4 条规定："保护环境是国家的基本国策。国家采取有利于节约和循环利用资源、保护和改善环境、促进人与自然和谐的经济、技术政策和措施，使经济社会发展与环境保护相协调。"从"使环境保护工作同经济建设和社会发展相协调"到"使经济社会发展与环境保护相协调"，反映了环境保护地位的上升，这是协调发展原则的一个重要发展标志。

在协调发展原则的论述上，涉及协调发展原则与可持续发展的关系问题。有学者主张用可持续发展原则替代协调发展原则；[1]有学者依然认为，可持续发展原则的基础依然在于协调，协调发展原则非常概括地阐明了环境与经济和社会发展的相互关系，可持续发展理论为协调发展原则作了一个非常完美的解释。[2]

我们认为，厘清可持续发展与协调发展原则的关系，应从可持续发展的概念本身入手。可持续发展的概念是在 1987 年《我们共同的未来》的报告中正式提出来的，它要求既满足当代人的需要，又不损害后代人满足需要的能力。它包括两个核心的概念：需要和制约。需要指的是满足人类的需要，尤其是发展中国家的需要。这种需要包括基本的生存需要和生活需要，如洁净的饮用水、清洁的空气；也包括发展的需要，如由森林公园提供的美妙绝伦的大自然使人类获得精神上的满足。就人类基本的生存和生活需要而言，其要得到一定的满足，必须有一定的物质环境作为保证。如假设不采取遏制沙漠化的措施，具有生产力的旱地变成无用的沙漠，人类对粮食的需求就得不到满足。可持续发展的概念中包含着制约的因素，但"不是绝对的制约，而是由目前的技术状况和环境资源方面的社会组织造成的制约以及生物圈受人类活动影响的能力造成的制约"[3]。因此，这种制约要求尊重环境规律，追求发展不能超出环境的承载能力，要通过社会管理机制和科学技术，限制过多地向自然界排放污染物和过多地索取环境资源，保持对环境资源的可持续利用。

可持续发展的实质是要求在环境的承载力范围内满足人类的需要，这与协调发展原则要求不超出环境承载力的上限来追求经济的发展的要求是一致的。两者的根

---

[1]　彭彦："对我国环境法中的'协调发展'原则的认识与反思"，载《湖北大学成人教育学院学报》2005 年第 5 期。

[2]　汪劲：《环境法学》，北京大学出版社 2006 年版，第 163 页。

[3]　世界环境与发展委员会：《我们共同的未来》，王之佳、柯金良等译，吉林人民出版社 1997 年版，第 10 页。

本目的都在于实现保证社会的良性发展，一方面，经济发展不能以牺牲环境为代价；另一方面，环境保护也不能脱离经济过程来考虑。这样，"为了实现可持续发展，环境保护工作应是发展进程的一个整体组成部分，不能脱离这一进程来考虑"〔1〕。

四、生态保护优先的协调发展原则

协调发展原则是从宏观和终极目的上解决了环境保护与经济发展的关系问题，但实际上，在具体的个案中，环境保护与经济发展产生冲突的情形不在少数。当这种冲突产生以致不能协调时该如何解决，这是上面的协调发展原则力所不能及的，同时也是应由协调原则给出答案的。因此，必须对协调原则加以发展。发展了的协调发展原则可以表述为：生态保护优先的协调发展原则。如我国台湾学者认为，台湾地区的协调发展原则"经济与科学技术发展，应与环境及生态保护兼筹并顾"，应修改为"环境保护须在宪法秩序下与其他法益为衡平之考量。但其他法益之维护对环境有重大不良影响时，应以环境保护为优先考虑"〔2〕。

我国很多立法和政策中早已凸显出发展了的协调发展原则，即生态保护优先。如《环境影响评价法》。如果环境影响评价结论是建设项目可能对环境造成重大不利影响，环境保护行政主管部门将作出不予批准的决定。我国《自然保护区条例》关于自然保护区的核心区、缓冲区不得开展经济活动的规定，显然是以生态保护优先为理念的。这一点在2000年时得以明确，即原国家环保总局（已撤销）在2000年作出了《关于转发安徽省委书记王太华在考察自然保护区工作时的讲话的通知》，该通知明确指出，"当经济效益与生态效益发生冲突时，要服从生态效益，做到开发与保护并重，以保护为主，在保护的前提下开发，通过开发来促进保护……我局认为，这体现了政府领导坚持预防为主、保护优先的原则"。2003年《中共中央国务院关于加快林业发展的决定》指出，（林业）基本方针之一为"坚持生态效益、经济效益和社会效益相统一，生态效益优先"。

2005年国务院《关于落实科学发展观加强环境保护的决定》在谈及协调发展原则时，依据环境容量的不同情况，提出了禁止开发利用环境、环境优先和科学合理利用环境的观点，"在环境容量有限、自然资源供给不足而经济相对发达的地区实行优化开发，坚持环境优先……在环境仍有一定容量、资源较为丰富、发展潜力较大的地区实行重点开发，加快基础设施建设科学合理利用环境承载能力……在自然保护区和具有特殊保护价值的地区实行禁止开发"。

2006年的《风景名胜区条例》从法律层面肯定了生态保护优先的理念。该法第13条第1款规定，"风景名胜区总体规划的编制，应当体现人与自然和谐相处、区域协调发展和经济社会全面进步的要求，坚持保护优先、开发服从保护的原则，突出风景名胜资源的自然特性、文化内涵和地方特色"，2016年修订后该条保持不变。现

---

〔1〕　参见《里约环境与发展宣言》原则4（1992年）。

〔2〕　陈慈阳：《环境法总论》，中国政法大学出版社2003年版，第193页。

行《环境保护法》第5条正式规定了保护优先原则。

现行生态文明体制改革总体方案规定："发展必须是绿色发展、循环发展、低碳发展，平衡好发展和保护的关系，按照主体功能定位控制开发强度，调整空间结构，给子孙后代留下天蓝、地绿、水净的美好家园，实现发展与保护的内在统一、相互促进。"这也体现了保护优先的理念。

生态保护优先的协调发展原则也不仅是法理上利益平衡原则的体现。生态保护优先的协调发展原则，从终极目的看是实现整体经济利益与环境利益的协调。就一般个案而言，能实现具体的经济利益与环境利益的协调；但就特殊个案而言，则呈现出二元的局面：经济利益与环境利益协调的结果有时是经济利益优先，有时候是环境利益优先，达成社会公正和实质正义。

五、协调发展原则的贯彻

协调发展原则作为环境资源法的首要原则，其贯彻自然受到特有的关注。前面指出过，该原则解决的是环境保护与社会、经济发展的关系问题。因此，该原则对环境保护和经济、社会发展的要求应该是双向的、互动的。也就是说，经济、社会发展中要考虑环境保护，抛弃以牺牲环境来获取经济的发展的经济发展优先论；同时在环境保护中也应该考虑经济和社会的发展，不能坚持零增长观，从经济发展优先论的极端走向环境保护优先论的极端。前者要求建立和完善环境保护与经济、社会发展的综合决策机制，即在社会、经济决策的制定和实施中考虑环境保护的要求；后者要求在采取环境保护措施时，应该考虑其社会经济影响，所采取的措施应当具有社会经济可行性。

（一）建立并完善环境保护与经济、社会发展综合决策机制

1. 环境与经济、社会综合决策机制建立的必要性。"经济和生态能够相互起破坏作用，进而导致灾难。"[1]环境保护与经济、社会相协调原则要求将保护环境措施的制定和执行纳入经济和社会的决策之中，实现环境与发展的综合决策。这是因为：

（1）在传统的发展模式中，环境保护的决策通常游离于经济和社会的决策之外，经济和社会发展决策与环境保护决策是两套决策，环境污染甚至被当成是经济发展的必要代价，以致大部分经济部门不愿意或者不能考虑经济发展过程可能导致的环境污染或破坏，加大经济发展过程中生态成本的支出，这一点成为我国环境问题没有得到有效控制的主要原因之一。[2]因此，必须实行环境与经济、社会综合决策的机制，把环境保护的要求纳入各级政策、规划和管理进程之中。

（2）环境的整体性决定了环境保护是一项跨地区、跨部门的系统工程，需要从全局的高度采取措施，并将其纳入到国民经济和社会发展等综合性规划之中，实现

---

〔1〕 世界环境与发展委员会：《我们共同的未来》，王之佳、柯金良等译，吉林人民出版社1997年版，第7页。

〔2〕 钱俊生主编：《可持续发展的理论与实践》，中国环境科学出版社1999年版，第5页。

综合决策。多年来，由于在经济和社会决策之外采取保护环境的措施，没做到统一规划、统筹安排，往往导致缺乏统筹规划、综合平衡的保障，不能从源头上预防生态成本的产生，出现"头痛医头、脚痛医脚"的问题。

（3）建立环境保护与经济、社会发展的综合决策，这也是可持续发展的要求。前面指出过，良好的环境不仅是人类生存的条件，更是人类发展的基础，环境保护应成为发展的一部分。如1992年在巴西里约热内卢召开的人类环境与发展大会通过的《里约环境与发展宣言》原则4提出："为了实现可持续的发展，环境保护工作应是发展进程的一个整体组成部分，不能脱离这一进程来考虑。"

因此，协调发展原则的实现，有赖于环境与经济、社会的综合决策机制的建立和完善。这种环境与经济、社会综合决策的机制要求：各种社会、经济等规划考虑环境保护，将环境保护规划纳入国民经济和社会发展计划当中，避免宏观决策失误导致战略环境问题的发生，改变目前环境保护与经济和社会发展两张皮的现象，从根本上预防环境危害的发生。通过在各种社会、经济综合性规划中全面考虑环境保护的要求，改变目前大部分经济部门不愿意考虑控制环境保护的局面，从战略上预防环境问题的产生。

2. 我国环境保护与经济、社会发展综合决策机制的完善。

（1）我国环境与经济、社会发展综合决策机制的现状。鉴于环境保护与经济、社会综合决策机制对于实现协调发展原则的重要性，我国的环境资源法应当建立并完善这种机制。事实上，综合决策机制在我国已经建立起来。如我国1989年《环境保护法》第4条原则上规定，"国家制定的环境保护规划必须纳入国民经济和社会发展计划"。《中国21世纪议程》中的不少项目已纳入国民经济和社会发展"九五"计划。2014年《环境保护法》第13条第1款进一步予以强调，"县级以上人民政府应当将环境保护工作纳入国民经济和社会发展规划"。

（2）提高环境与发展综合决策机制的法律地位。我国环境与发展的综合决策存在的最大的和最突出的问题，是其法律地位不高，因为《环境保护法》是由全国人大常委会通过的。综合决策机制地位不高带来的问题是，很难要求其他部门在能对环境产生影响的宏观战略、政策、计划、决策等的制定和实施中，考虑对环境的影响，或者将环境保护的要求纳入这些宏观战略、政策、计划和政策等的制定或实施之中。结果，环境保护的要求对于各个部门而言，仍然是"软指标"，而不是"硬指标"，不能对其产生相应的约束力，以致控制环境保护的意识非常低、保护环境的责任心极为不强。

因此，应当将这种综合决策机制规定在具有更高法律效力的法律之中，使环境保护决策内化于经济和社会发展决策之中。同时，提高保护环境与经济的综合决策水平，防止经济发展措施与环境保护措施互不相干的现象，将保护环境内化于经济发展之中，纳入主要的议事日程。此外，还应将环境保护目标的实现与各个经济部门的政绩联系起来，促使其高度重视保护环境，甚至在关系重要区域环境的保护时，还可以实行环境保护一票否决制。

同时，我国的综合决策还存在程序不规范、不科学，没有形成统一的综合决策程序，也没有相应的措施保证其实施的问题，这些都有待于从立法上加以完善。

（二）编制全国主体功能区规划，合理利用环境

经济、社会发展要实现协调发展，以及在一定程度上实现生态保护优先的发展，应建立在对环境承载能力的科学认识基础上。2011年6月8日，国务院正式发布《全国主体功能区规划》。该规划根据不同区域的资源环境承载能力、现有开发密度和发展潜力、统筹谋划未来人口分布、经济布局、国土利用和城镇化格局等，将我国国土空间分为优化开发区域、重点开发区域、限制开发区域和禁止开发区域四类。

优化开发区域是经济比较发达、人口比较密集、开发强度较高、资源环境问题比较突出的区域。重点开发区域是有一定经济基础、资源环境承载能力较强、发展潜力较大、集聚人口和经济的条件较好的区域。限制开发区域分为两类：一类是农产品主产区，即耕地较多、农业发展条件较好，必须把增强农业综合生产能力作为发展的首要任务的区域；一类是重点生态功能区，即生态系统脆弱或生态功能重要，资源环境承载能力较低，必须把增强生态产品生产能力作为首要任务的区域。禁止开发区域是依法设立的各级各类自然文化资源保护区域，以及其他禁止进行工业化城镇化开发、需要特殊保护的重点生态功能区。

实施《全国主体功能区规划》的意义在于，通过确定主体功能定位、明确开发方向、控制开发强度、规范开发秩序、完善开发政策，逐步形成经济、环境相协调的空间开发格局，实现环境、经济和社会的协调发展。

（三）采取环境保护措施时考虑经济和技术的可行性

协调发展原则要求双向地、互动地考虑环境保护与社会、经济发展的关系。一方面，在经济、社会发展中要考虑环境保护的要求，采取有利于环境保护的经济、技术政策和措施；另一方面，在环境保护中也应该考虑经济和社会的发展。这一点在我国环境资源法当中有很多具体的规定，如在污染源和污染物上实行重点治理，如"三河""三湖""两区""一市"和"一海"治理目标的确定，就是因为国家经济、技术条件的限制，只能根据轻重缓急治理污染，确定目前污染治理的重点，而不能关闭所有的污染源和治理所有的污染。在对自然资源的保护上也一样，最严格的措施也只能针对重点的保护对象如国家级自然保护区、国家重点保护动物等采取。

必须说明的是，在环境保护措施的制定和执行中，对经济和技术可行性的考虑并不是变相的经济优先论。因为环境保护只是社会追求的目标之一，而不是社会追求的唯一目标。整个社会是由许多的利益组成的，包括经济的、环境的利益等。因此，对环境的保护并不能替代保护其他的利益，必须与其他的利益共同得到平衡。并且，社会并不追求环境零风险的要求，这决定了在采取环境保护措施时，应当考虑对社会经济的影响，所采取的措施应当是经济和技术上都是可行的。

（四）建立资源节约利用、综合利用和循环利用法律制度

1. 节约利用。对自然资源的节约利用，是从源头上提高自然资源效率、减少对自然资源实际需求的重要途径。节约利用自然资源，并不意味着影响社会经济发展活力，降低生产和生活水平，而是要用同样数量的自然资源，获得更多可供消费的产品，以实现社会可持续发展的目标；或者是在生产同样数量产品的前提下，把自然资源的消耗量降到最低，并获得最大的经济效果。节约利用自然资源并不等于对自然资源的消费施加不合理的限制，其本意在于对自然资源更加有效的集约使用。换句话说，节约利用自然资源就是在不增加其他成本投入而满足相同需要或者达到相同目标的条件下使自然资源的实际消耗量减少。节约利用自然资源的主要目标在于，减少社会发展和经济增长对自然资源的实际需求。那种认为节约利用自然资源就是限制自然资源开发利用的看法，是对节约利用自然资源消极和片面的理解。

2. 综合利用。对自然资源的综合利用，它反映了自然资源赋存的关联性及自身功能多样性的客观要求。概括而言，综合利用主要包括两方面的基本要求：一是加强对相互关联的自然资源开发利用的统筹规划，提高对自然资源利用的充分性，比如，我国《矿产资源法》第 30 条明确规定："在开采主要矿产的同时，对具有工业价值的共生和伴生矿产应当统一规划，综合开采，综合利用，防止浪费……"〔1〕二是要做到对自然资源的多目标开发，尽量保证一种自然资源不同功能的同时发挥，实现对某一种自然资源开发利用的效益最大化，比如，我国《水法》第 21 条第 1 款规定："开发、利用水资源，应当首先满足城乡居民生活用水，并兼顾农业、工业、生态环境用水以及航运等需要。"〔2〕

3. 循环利用。发展循环经济，并在此基础上逐步建立循环型社会，是当前实现社会经济发展模式生态化转向及实施可持续发展战略的必然选择和保证。与传统的经济形态不同，循环经济是要把经济活动组织为"自然资源——产品和用品——再生资源"的反馈式流程。可见，建立在循环经济基础之上的循环型社会在根本上是以自然资源的循环利用为前提的。因此，对自然资源的循环利用将成为目前乃至今后贯彻最优利用原则的重要实现方式。对自然资源的循环利用包含有丰富的思想内涵，概括而言，它主要是在减量化、再利用、再循环的基本思想指导下，从源头上减少在生产和消费过程中的自然资源数量，并尽可能延长自然资源的使用周期，加强对终端产出废弃物的资源化处理，将其重新利用。加强对自然资源的循环利用，将逐渐从根本上引发自然资源开发利用方式的变革，是今后自然资源法相关法律制度设计的基本发展趋势。对此，我国在 2002 年修订的《水法》就有明确的体现。在水资源的配置和节约使用方面，现行《水法》第 51 条第 1 款明确规定："工业用水

---

〔1〕　参见《矿产资源法》第 30 条。
〔2〕　参见《水法》第 21 条。

应当采用先进技术、工艺和设备，增加循环用水次数，提高水的重复利用率。"[1]在今后自然资源法立法发展的过程中，类似上述的法律规定所占的比重将越来越大。

第三节　预防为主、防治结合、综合治理原则

一、预防为主、防治结合、综合治理原则的含义

（一）预防为主、防治结合、综合治理原则的含义

预防为主、防治结合、综合治理的原则（以下简称预防为主原则），通常认为包含三层含义：

1. 在环境问题上，要采取预防为主的对策，采取各种预防措施防止环境问题的产生或者恶化，做到防患于未然，尽量避免环境损害的产生。

2. 在环境污染问题产生后，要采取综合的措施加以治理；在环境被破坏后，要采取综合的措施进行恢复和建设，不能"头痛医头、脚痛医脚"。环境污染没有地域限制，一种环境介质被污染、破坏后会加剧其他环境介质的污染或破坏。如森林资源遭到破坏后会加剧水的恶化和水土流失的严重化，固体废物得不到处理会污染大气和水。以前那种单一的措施显然只是转移了污染，并没有真正减少和消除污染。

3. 在预防和治理的关系上，要坚持预防为主。预防为主并不意味预防可以取代治理，或者治理并不重要，而只是强调在环境问题上，应优先考虑预防。预防是防止今后可能发生的环境损害的重要手段。对于那些已经发生的环境污染或者危害，则强调治理的重要作用，实行治理为主。因此，预防和治理分别有其适用领域，两者是相结合的关系。英文中，实行预防和治理的要求，一般被称为预期性的和反应性的环境政策。如联合国环境规划署在1980年制定的《世界自然资源保护大纲》里指出，要实行"预期的环境政策"，"这种预期性的环境政策……并非企图代替反应性或治理性的政策"。

（二）确立预防为主原则的必要性

1. 环境问题的特点要求环境保护应以预防为主。环境问题的下列特点决定在环境问题上应当实行预防为主的原则。

（1）环境危害一旦发生，往往难以消除和恢复，甚至具有不可逆转性。如生物多样性一旦消失后，就永远消失了，没有办法补救。

（2）治理环境问题所花费的费用非常巨大，如果等到环境问题产生后再采取措施，往往得不偿失。据计算，预防污染费用和事后治理的费用的比例为1∶20；欧共体曾经作过估算，治理环境问题支付的总费用占国民生产总值的3%。

（3）环境问题的危害具有很强的潜伏性，即危害的产生与受污染和后果显现之

---

[1]　参见《水法》第51条。

间的间隔相当长。如许多化学品致癌的潜伏期达二三十年，化学品的致变后果可能在几代之内也不会显现出来，所以承受环境风险后果的人就可能不是享受使用该化学品的受益人。人类难以及时发现和认识环境问题的长远影响，为代内公平和代际公平起见，必须防患于未然。我国 2007 年实施的《生活饮用水卫生标准》以生活饮用水应保证人群终身饮用安全为原则，规定生活饮用水标准不得产生急性或慢性中毒及潜在的远期危害。

环境问题的这些特点要求采取预防性的政策和措施，而且发达国家"先污染后治理"的道路也表明了在环境问题上采取预防原则的重要性。

2. 实行预防为主是国内外环境保护的经验使然。在环境保护史上，由于认识不足，即认为环境污染或破坏是经济发展的必要代价，因此，大多数西方国家走的大都是先污染后治理的道路。这种对待环境问题的态度，不仅使事后的治理代价巨大，而且成效很差。随着人类认识的丰富，先污染后治理的事后环境保护策略的局限性已被世界各国所承认，环境保护策略已从原来的事后治理向事前控制转变，预防为主的原则成为各国环境法共同的原则。如美国于 1990 年通过了《污染预防法》，并认为实行预防是美国 20 世纪 90 年代的一大进步。

我国在环境保护策略上，一开始便将预防为主的原则作为防治工业污染的方针政策。1973 年《关于保护和改善环境的若干规定（试行草案）》要求贯彻"预防为主"方针，1989 年的《环境保护法》中的"防治"指的便是"预防"和"治理"。现行《环境保护法》第 5 条规定："环境保护坚持保护优先、预防为主、综合治理、公众参与、损害担责的原则。"将预防为主原则正式写入《环境保护法》，明确了其在法律上的地位。

预防为主、保护优先的原则对于我国这样一个发展中国家而言更具有重大的意义。因为我国是发展中国家，综合国力有待进一步增强，难以筹集到大量的资金去治理污染，采取预防为主、防治结合的原则可以尽量避免环境损害的发生，取得投资小、收效大的效果，实现经济效益、社会效益和生态效益的统一。

3. 环境的整体性要求实行综合性的环境治理。环境是一个整体，这种观点得到了环境科学和环境法的共同认可，通常所说的"污染无国界"反映了这点。生态学也认为，环境具有整体效应律，即环境的整体功能大于环境诸要素的个体之和。因此，对污染和破坏的预防应从整体的角度入手，避免对单个环境介质的规制可能导致的低效甚至无效的状态。

以前的环境保护法将环境分割成不同的介质，针对每一个介质单独立法，于是构成了《大气污染防治法》《水污染防治法》《环境噪声污染防治法》等针对某一个环境介质制定一部法律的做法，并没有将环境作为一个整体来对待。而事实上环境是一个整体，环境科学称之为环境系统，生态学称之为生态系统。因此，对环境污染和破坏的治理，也只能从整体上加以把握，不能孤立地进行。对环境的治理应该是综合性的，使之更符合环境的特点。正因为这样，流域立法、区域立法等根据环境的整体性特点立法已成为环境保护立法的趋势之一。

二、预防为主原则的新发展：风险防范原则（precautionary principle）[1]

（一）风险防范原则的含义

这里将"precautionary principle"译为"风险防范原则"，是因为：首先，从风险防范原则的国际和国内立法可以看出，该原则适用的前提都包括"风险"的同义词"威胁"（threat），这一点从有关的法律文件中可知。因此，定义应反映该原则依赖于"风险"的某一概念，[2]译文应该体现"风险"一词。其次，国外尤其是欧盟国家在吸收"风险防范原则"的精神后，对"preventive principle"与"precautionary principle"作了区分，前者在对环境问题有了肯定性的认识时适用，后者则适用于存在不确定性的场合。这样，"preventive principle"译为"防止原则"更为合适。但鉴于目前国内将"preventive principle"译为"预防原则"，不能再将"precautionary principle"翻译为"预防原则"，从而使这两个原则很好地区分开来。需注意的是，我们不是在唯一的意义上使用"预防原则"的，我们的"预防原则"包括"预防原则"和"风险防范原则"在内。最后，其他部门中针对风险采取的措施一般都用风险防范来表达，如金融风险防范。鉴于此，我们认为用防范来表达针对环境风险采取的措施可能更为合适，并能从字面上区分"风险防范原则"和"预防原则"。

风险防范原则的形成，源于环境资源法面临科学不确定性。传统的环境问题之所以引起人们的注意，并成为应当予以解决的问题，原因在于人类没有按照环境的规律行事，或者向环境索取太多，或者向环境排放太多。但无论怎样，污染物都是环境中本身存在的，环境系统因此也能够消化。因此，人们对环境问题的性质和环境问题产生之原因以及其危害后果等，都有确定性的认识。环境资源法对传统的环境污染和环境破坏问题的规制，自然也是在确定性的基础上进行的。这就是通常所说的环境资源法所具有的科学性特点，即环境资源法规范依赖于科学对环境问题有确定性的认识。但是，新型的环境问题即环境风险正在出现。环境风险问题作为新技术的副产品，是环境中根本不存在的，如基因改良产生了自然本身没有的基因，

---

[1] 国内对此译法不一，有的称之为"风险预防原则"（王曦编著：《国际环境法》，法律出版社1998年版，第116页）；有的将其称为"预防原则"（杨国华、胡雪编著：《国际环境保护公约概述》，人民法院出版社2000年版，第39页）；有的称之为"警惕原则"（金瑞林主编：《中国环境法》，法律出版社1998年版，第70页）；有的称之为"预防和预警原则"（经济合作与发展组织编：《环境管理中的经济手段》，张世秋、李彬译，中国环境科学出版社1996年版，第45页）；还有的称之为"警惕预防原则"（金瑞林、汪劲：《20世纪环境法学研究评述》，北京大学出版社2003年版，第171页）；同时被称为"谨慎原则"或"谨慎预防原则"皆有（汪劲：《环境法学》，北京大学出版社2006年版，第155页）。

[2] 由于"precautionary principle"包括环境威胁词语，而威胁又是风险的同义词。因此，"precautionary principle"依赖于风险的某一概念。转引自 G. Charnley & E. D. Elliott，"Risk versus precaution: A false dichotomy", in M. P. Cottam, D. W. Harver, R. P. Page & J. Tart（eds），Foresight and Precaution, A. A. Balkema/Rotterdam/Brookfield, 2000, p. 209.

散布在环境中的基因如果没有回归到它们本来的自然地方，就应当被认为是不需要的，不能释放到环境中，否则形成"基因污染"。现实中，由于利益的驱动，引起环境风险的各种技术很多是在没有充分论证，甚至没有论证其有害影响（包括环境影响在内）的情况下，就大规模地应用，使得很多的环境问题带有太多的科学不能确定的因素。

从理论上看，科学能提供环境资源法所需要的知识和结论，但科学并不总是能满足环境资源法的这种需要。许多环境资源法规范的运行是在科学不确定性的条件下进行的，如果等到科学确实能够提供这些知识时才采取措施，物种灭绝等不可逆转的灾难性后果可能就已经发生了。因此，环境资源法要求在依赖科学的基础上又应当超越科学，强调在采取预防行动之前不必等待科学上的确定性，克服因为科学不确定性而导致环境不利的局面。这种精神就是风险防范原则。

（二）风险防范原则的形成

1976年，联邦德国以"Vorsoergeprizip"为标题宣布了风险防范原则："环境政策并非是与避免危机的灾难、消除已经发生的损害相伴随的，风险防范的环境政策要求保护自然资源，对自然资源的需求是认真作出的。"20世纪80年代，第二届国际北海保护会议在会后发表的《伦敦宣言》中第一次明确、系统地论述了风险防范原则。

风险防范原则一经提出，就得到了国际社会的青睐，其适用范围从区域海洋环境扩大到全球海洋环境，并被推广到一般的环境保护领域。1985年《保护臭氧层维也纳公约》在前言中提到了风险防范措施。1992年里约环境与发展大会通过的《里约宣言》《联合国气候变化框架公约》等文件全面吸收了风险防范原则，使风险防范原则获得了广泛的国际基础。2000年的《卡塔赫纳生物安全议定书》要求以风险防范原则为基础，规范生物安全。

不仅如此，风险防范原则也成为许多国家，如澳大利亚、英国、德国、美国等的环境资源法的指导原则之一。如在澳大利亚，风险防范原则成为与可持续发展原则、代际公平等原则并列的一个原则。风险防范原则体现着这些国家环境资源法的发展趋势。

（三）风险防范原则与我国的"预防为主"原则的区别

"预防为主"原则和风险防范原则都主张不应事后修补损害，两者在这一点上是共同的。但风险防范原则与我国的"预防为主"原则应区别开来，[1]两者在关键的方面存在不同之处。[2]尽管可以认为，科学知识可能永远是无法完全下定论的，因此"科学确定性"是一个错误的概念。但是，完全确定与完全不确定之间出于实际

---

〔1〕　See John Alder and David Wilkinson, Environmental Law and Ethics, Michilian Press Ltd. , 1999, p. 149.

〔2〕　Antonios Sifakis, "Precaution, Prevention and the EIA Directive", in European Environmental Law Review, December 1998.

的原因可以在某一点上加以区分。

1. 两者存在的前提不同。风险防范原则以科学不确定性为前提，即在科学知识无法确定某一特定事件是否发生或者能否导致环境损害等不确定性的情况下，仍有必要采取行动预防损害发生的义务。强调在遇有科学知识对某一环境问题的认识未达成一致意见或存在冲突时采取措施的必要性，它关注的是采取措施的必要性和时间，将采取措施的时间提前。预防为主原则以科学知识对某一环境问题的危害等因果关系有了相当程度的了解为基础。防止是指某一事件的发生及损害能被确定时采取行动防止损害发生的义务，即某一事件是否可能发生及导致的损害是人们能根据一定的知识加以判断确定的。

2. 两者在国际环境法中的地位不一样。预防为主原则是在 1972 年的《斯德哥尔摩人类环境宣言》中被提出的，已经成为国际环境法中的一项习惯法原则，这一点无需多加证明。而风险防范原则提出的时间比较晚，在国际环境法中的地位仍然是争论中的问题，激进的学者认为风险防范原则已经是国际环境法的原则之一，但也有学者反对将风险防范原则作为国际环境法的原则。

两者不同的法律地位决定两者的法律效力存在一定的差别。一般而言，预防为主原则已经是一项具有法律约束力的原则，各国如果在确定损害可能发生的情况下，必须采取一定的措施加以预防，不行动是违法的，会引发一定的法律责任。目前大多认为风险防范原则是一项指导性的原则，不具有约束力，不按照风险防范原则行动只能认为是不正当的，并不是非法的，但风险防范原则已成为国内法律原则的除外。

（四）我国对风险防范原则的借鉴与吸收

风险防范原则要求不能再像传统做法那样，直到科学能确切地证明的确存在环境危害或者说消除了科学不确定性之后才采取措施，相反，必须采取"安全比后悔好"的价值观，事先采取预防措施，防患于未然。因为如果等到科学能够提供这些证明时才采取措施，可能会导致不被希望的灾难性或者不可逆转的后果。风险防范原则要求当对有些环境问题的认识存在科学不确定性时，不得以这种科学不确定性为理由，推迟或者延迟采取预防措施防范可能出现的环境危害。

我国已经签署了很多吸收和规定了风险防范原则的国际法文件，风险防范原则已为我国所承认，对环境资源法的发展必将产生深远的影响。但我国将"precautionary principle"和"preventive principle"同时译为"预防原则"，未对两者加以区分。虽然我国一直倡导在环境保护领域实行"预防为主"原则，但后一原则是以对环境问题有确定性的认识为前提的，我国并未确立风险防范原则的法律地位。因此，在对风险防范原则的吸收上，由于我国目前的"预防为主"原则并未体现出对环境风险的防范，要使"预防为主"原则能预防有确定性认识的和没有确定性认识的环境危害，便须拓展对"预防为主"原则的理解，将风险防范原则包括在内。只有这样，才能在更大程度上预防环境危害的发生。

三、预防为主原则的贯彻

贯彻预防为主、保护优先、防治结合、综合治理的原则，对于预防而言，最重要的是从源头上预防环境危害的发生；对于治理而言，采取的治理措施要直接针对环境危害产生的原因，通过由点带面的途径达到综合治理的效果。具体而言，可以采取下列措施贯彻该原则。

（一）全面规划、合理布局

很多环境污染或破坏的产生都是因为不合理的决策造成的，在城市工农业布局时，没有进行统筹安排，考虑保护环境的需要。如在江河的中上游建设污水处理厂、在城市上风向建设污染严重的工厂。因此，为预防环境危害的产生，除了实行坚持综合决策外，还应当全面规划、合理布局。《人类环境宣言》曾指出，"为了实现更合理的资源管理从而改善环境，各国应该对他们的发展计划采取统一和协议的做法，以保证为了人民的利益，使发展同保护和改善人类环境的需要相一致"；"合理的计划是协调发展的需要和保护与改善环境的需要相一致的"。

全面规划要求以全国主体功能区规划为基础，制定各种规划，包括经济和社会发展规划、国土整治规划、专业性的环境规划等，在工农、城乡、生产生活等方面进行综合规划，做到统筹安排，在考虑经济效益的同时考虑环境效益。合理布局要求在安排工业生产、农业生产和资源开发时，除了方便生产和生活外，还要考虑对环境的影响。如严禁在人口稠密区、城市上风向、水源保护区建立污染型工业。在对一个区域进行全面规划和合理布局时，必须按照该地区的环境功能进行。

（二）制定和完善预防性的环境法律制度

预防性的环境法律制度包括环境影响评价制度、许可制度、三同时制度、清洁生产制度、淘汰制度和环境责任保险制度。它们是防止产生新的环境污染和破坏的重要保障。

环境影响评价制度是具有预防性的法律制度，其要求在进行任何活动之前，必须在可行性阶段考虑对环境的影响，为在决策上选择对环境影响最小的方案提供依据，如果对环境的影响超过了法律的规定，则就会被禁止或者要求采取相应的预防措施。

许可制度要求，在从事可能污染或破坏环境的活动之前，必须向有关部门申请并征得同意，否则便不能将相关的产品投入市场或进行相关的活动。通过许可制度来预防环境危害的发生，通常表现为制定各种"黑名单"，许多事先被认定为污染或破坏环境的行为、产品的生产或使用会遭到限制或者禁止，从而从源头上控制环境危害的发生。

三同时制度通过要求环境保护设施与主体工程的同时设计、同时施工和同时投产使用，保证不因为缺乏环境保护设施或者建成后不使用而产生的污染，从而达到防止产生新的污染和破坏的目的。

清洁生产制度和淘汰制度是为了预防环境污染产生的制度。清洁生产要求原材料的选取、加工等过程都考虑整个过程对环境的影响，坚持从"从摇篮到坟墓"整个生命周期的环境管理，将污染控制在源头上；而淘汰制度通过禁止或限制严重污染环境设备的使用，达到少产生或不产生环境污染的目的。

环境责任保险制度，是为了在环境污染事故上降低生产者的经营风险以及迅速补偿受害人的损失。我国现行《环境保护法》第 52 条规定："国家鼓励投保环境污染责任保险。"目前购买环境污染责任保险的企业很少，为了建立环境风险管理的长效机制，我国近几年已经开始强制责任保险试点相关工作。[1]

第四节　环境资源有偿使用原则

一、环境资源有偿使用原则的含义

（一）环境资源有偿使用原则的含义

环境资源有偿使用原则是指直接利用环境的单位和个人应当依法缴纳法律规定的税费，提高利用环境的行为的成本，增加保护环境的行为的收益，以利于自然资源和环境容量的恢复、整治、再生和养护，实现环境的可持续利用。这里，直接利用环境的单位和个人可以称为利用者，利用者不仅包括环境的使用者，还应包括环境的受益者。环境利用者应依法支付相应的税费，以补偿因利用环境所造成的环境减损，或补偿因保护环境所增加的成本。环境资源有偿使用以税费的形式出现，包括自然资源使用费、自然资源补偿费或税、生态补偿费以及排污费，如土地出让金、水资源费、矿产资源补偿费和矿产税、排污费。

环境资源有偿使用原则是分配环境费用的原理，是就利用环境的单位和个人应承担的义务而言，不包括"谁主管谁负责"[2]的内容。环境资源有偿使用原则源于"污染者付费原则"（Polluter Pays Principle）。污染者付费原则由经济合作与发展组织（Organization for Economic Cooperation and Development，简称 OECD）在 1972 年 5 月的《在关于环境政策的国际经济方面的控制原则》一文中提出，并向成员国推荐了这一原则。经济合作与发展组织将污染者付费原则界定为："污染者应该承担由政府决定的控制污染措施的费用，以保证环境处于可接受的状态。换言之，在生产过程或消费过程中产生污染的产品和服务的成本中，应当包括这些控制污染措施的费用。"这项原则以实现社会公平为目标，得到了国际社会的广泛认同，许多国家将其确定为

---

〔1〕　关于是否建立环境污染强制责任保险，目前存在争议。支持方认为有利于促进企业加强环境风险管理，减少事故发生，也有利于及时有效地补偿受害人。反对方认为：①普遍增加企业的负担；②并非所有企业的排污行为都是高度危险作业（参见袁杰主编：《〈中华人民共和国环境保护法〉解读》，中国法制出版社 2014 年版，第 184 页）。

〔2〕　有学者认为，环境资源有偿使用原则包括"谁主管谁承担责任"（参见蔡守秋主编：《环境法学教程》，科学出版社 2003 年版，第 107 页）。

环境资源法的基本原则。1992 年《里约环境与发展宣言》原则 16 规定："考虑到污染者原则上应承担污染费用的观点，国家当局应该努力促使内部负担环境费用，并且适当地照顾到公众利益，而不歪曲国际贸易和投资。"不过，污染者付费原则已经得到了发展，包括了自然资源利用的付费在内，成为内涵更丰富的原则。

（二）环境资源有偿使用原则、环境责任原则、污染者负担原则

环境资源有偿使用原则的叫法很多，如"谁污染谁治理的原则""损害环境者付费原则""开发者养护、污染者治理原则"和"环境责任原则"。我们认为，尽管这些叫法的含义可能相同，但从严谨的角度出发，应当予以厘清。

"环境责任原则""损害环境者付费原则"，从责任是第二性义务和责任自负的原理看，两者若作为环境法的基本原则之一，是没有什么特殊性的，充其量是法律责任在环境法领域的适用，不符合作为环境法基本原则的条件。从环境资源有偿使用原则的目的看，该原则在于厘清环境是否有价值以及对环境价值的利用是否有偿，通过确定环境是"公共财产"而非"自由财产"的地位，使治理环境的外部费用由污染者承担，实现外部费用内部化。因此，我们认为，环境资源有偿使用原则有别于环境责任原则，[1] 环境资源有偿使用原则的目的是改变环境无偿使用的局面，并不以刺激功能为主，即通过对环境利用者征收一定的税费，能激励环境利用者减少对环境的破坏或污染，以起到预防的作用。污染损害赔偿费用、预防费用等不包括在环境资源有偿使用原则的范围内，污染损害的赔偿适用于国家民事法律的规定。我国《排污费征收使用管理条例》对此作了明确规定。在最早提出"污染者负担原则"的经济合作与发展组织那里，"污染者负担原则"也绝对不是"污染损害的赔偿原则"。因此，环境资源有偿使用原则不宜以环境责任原则表达。

"污染者负担、谁污染谁治理原则"，涉及的是预防、治理污染义务的承担主体问题。谁污染谁治理指的是污染者应采取措施，减轻或消除其行为造成的污染后果。谁污染谁治理显然强调事后的治理环境污染的义务。污染者负担指预防和治理污染的义务应由污染者承担，而不应转嫁给国家、社会。根据"责任自负"的法谚，污染者负担应不包括因环境污染对他人人身或财产造成损失应承担法律责任。无论是谁污染谁治理还是污染者负担，其中的污染者是法律意义上的，而不限于事实上的。如根据《固体废物污染环境防治法》，如果找不到污染者，收集危险废物的人也属于污染者的范畴。无论是谁污染谁治理还是污染者负担，其履行义务的形式很多，既包括行为，如限期安装、限期治理；也包括金钱，如交纳一定费用委托他人进行集中治理。

---

[1] 有的学者用"环境责任原则"表达环境资源有偿使用原则，并认为两者无实质区别（蔡守秋主编：《环境法学教程》，科学出版社 2003 年版，第 104 页），有的学者将"污染者负责原则"与"污染者付费原则"区别开来，认为"污染者负责原则源自于污染者付费原则"（陈慈阳：《环境法总论》，中国政法大学出版社 2003 年版，第 175 页）。

二、环境资源有偿使用原则的意义

（一）环境是有价值的，对环境的利用应是有偿的

很长一段时间，环境的价值并没有被人们认识到，对环境的利用自然是无偿的。如认为矿藏、森林、草原等是大自然的恩赐，可以无代价或者无偿地开发利用；自然环境是容纳人类生产和生活活动排泄物的广阔接受地，是免费的垃圾倾倒场。

环境资源有偿使用原则肯定了环境是有价值的，对环境的利用应是有偿的。环境是有价值的包括两个方面的内容：第一，是作为环境要素的自然资源的价值。空气、水、矿藏、森林、草原等环境是大自然的恩赐，并不因其没有凝结人类劳动而不具有价值。环境要素中的自然资源的价值很多，其中最主要的是直接使用价值，直接使用价值反映的是环境的直接利用，如海洋中的鱼类、森林提供的木材、河流的水用于灌溉。自然资源的其他价值包括间接使用价值、选择价值等，间接使用价值类似于生态学中的生态服务功能，如森林减少空气污染、调节气候的价值。目前，法律制度一般涉及自然资源的直接使用价值，少数涉及自然资源的间接使用价值，如生态补偿问题，不涉及选择价值。第二，是环境容量的价值。在环境经济学那里，由自然资源组成的环境具有一定的容量，此容量是有限的，因此环境容量也是资源，具有价值。环境容量具有价值是排污收费制度建立和运行的基础。

（二）环境资源有偿使用原则的意义

为了生存和保持尊严所必需，我们必须将环境保持在一定的良好状态下。在环境承载能力有限的情况下，人们对环境的利用必然会增加环境的负担，使自然资源的数量和质量下降，环境容量降低。如果环境利用者不支付消除其所造成环境负担之费用，就会产生外部不经济性现象。由国家治理环境污染和环境破坏，或者由全社会承担治理环境污染和环境破坏的费用，显然有悖公平，需将这种外部不经济性内部化。这种外部不经济性内部化的费用应由环境利用者承担，因为对环境的利用不是免费的，而是有偿的。

确立环境资源有偿使用原则，通过征收税费等经济手段，可以保障环境资源的可持续利用。过去人们认为自然资源是大自然的恩赐，可以免费利用，结果形成"资源无价、原材料低价、产品高价""免费的垃圾倾倒场"等现象。我国的经济增长方式以增加资源投入为主，即资源型经济，以环境资源的"高投入、高消耗、高污染、低效率"为特征。《中国 21 世纪议程》曾明确地指出："不合理的资源定价方法导致了资源市场价格的严重扭曲，表现为自然资源无价、资源产品低价以及资源需求的过度膨胀。"环境资源有偿使用原则的贯彻，必然会提高经济增长的资源代价，从而促使经济增长向提高资源利用效率转变，保留环境资源的禀赋和承载力，实现环境资源的可持续利用。

三、我国环境资源有偿使用原则的确立

在我国，环境资源有偿使用原则最初限于环境污染领域。该原则最初被规定在 1979 年《环境保护法（试行）》（现已失效）中，为"谁污染谁治理原则"。考虑到

"谁污染谁治理原则"的欠科学性，1989年《环境保护法》（已被修改）和其他污染防治方面的法律没有直接使用"谁污染谁治理"的语言，但不少规定还是体现了此项原则的精神。1989年《环境保护法》第28条第1款规定："排放污染物超过国家或者地方规定的污染物排放标准的企业事业单位，依照国家规定缴纳超标准排污费，并负责治理……"

1990年国务院《关于进一步加强环境保护工作的决定》提出了自然资源利用中的费用负担原则，即"谁开发谁保护，谁破坏谁恢复，谁利用谁补偿"。1996年国务院《关于环境保护若干问题的决定》提出了"污染者付费、利用者补偿、开发者保护、破坏者恢复"原则。正因如此，环境资源有偿使用原则有时被表述为"开发者养护、利用者补偿、污染者治理、破坏者恢复原则"。至此，环境资源有偿使用原则不仅适用于环境的污染，也适用于自然资源的利用。

土地、矿产资源等自然资源利用，经历了从无偿利用到有偿利用的变化。从生产资料的社会主义改造完成到1980年开始国有土地使用制度改革，我国国有土地使用制度忽视价值规律，采用行政调拨手段配置土地，土地使用权人可以无偿无期限地使用土地。传统国有土地的无偿利用，不利于土地的节约和集约利用，为此开始了国有土地使用制度的改革，确立土地使用的原则。国有土地有偿使用分三步推行：①收取城市土地使用费，如1982年深圳开征了城市土地使用费，1984年抚顺市全面开征土地使用费。②征收城镇土地使用税。国务院通过《城镇土地使用税暂行条例》，确立土地有偿使用的形式是土地使用税。③实行城市土地使用权有偿出让。1994年《城市房地产管理法》第一次明确规定土地有偿出让是土地使用权取得的主要形式。

环境资源有偿使用原则在很多政策文件中被表述为"开发者养护、利用者补偿、污染者治理、破坏者恢复"原则。我们认为，两者不能等同，后者的内涵较前者丰富得多。

环境资源有偿使用原则表明对环境的利用应是有偿的，并不涉及环境利用中其他相应的义务，如"开发利用环境，必须采取措施保护生态环境"等方面的"开发者养护"义务；"破坏者恢复"是指在环境利用者在利用环境过程中，由于没有尽到保护环境的义务，使环境向更恶劣的状态发展，必须采取措施将其恢复到原有状态的义务。鉴于在我国民事法律责任中，恢复原状和赔偿是作为两种独立的方式存在的，因此，"破坏者恢复"与环境资源有偿使用也应当区别开来。有偿使用环境一般以金钱形式为主，主要形式是排污费或税、自然资源补偿费或税。"开发者养护"与"破坏者恢复"可以说是恢复原状的法律义务，都要求采取各种措施保持自然资源的原状，如根据《森林法》，砍伐森林时应承担更新造林的义务；根据《土地管理法》，占用耕地时必须补充同等数量和质量的耕地。

四、环境资源有偿使用原则的贯彻

（一）实行环境资源有偿利用的税费制度

环境资源有偿利用的税费，主要是自然资源使用费/税、自然资源补偿费、排污费。

1. 自然资源开发使用费/税。自然资源开发使用费/税是自然资源使用权人按照自然资源法的规定，向自然资源所有权人支付的开发使用自然资源费，如土地出让金、水资源费、野生动物资源保护管理费，以提高利用自然资源的成本。目前，我国有针对矿产资源和盐开征的资源税。自然资源开发使用费是针对自然资源的直接使用价值的。

2. 自然资源补偿费。自然资源有消耗性开发使用与非消耗性开发使用之分。消耗性的自然资源的有偿利用，其形式为自然资源补偿费，以弥补、恢复、更新自然资源的减少、流失或破坏。自然资源补偿费在我国很多，如育林费、森林植被恢复费、耕地开垦费、新菜地开发建设基金等。

3. 排污费是为利用环境容量而支付的相应对价，是向环境排放污染物的单位或个体工商户按照排放污染物的种类、数量或浓度向国家交纳一定的费用。为了科学地征收排污费，应开展环境容量的核定。环境容量核定还是实行"污染物总量控制"的基础。缴纳的排污费纳入财政预算，列入环境保护专项资金进行管理，全部专项用于环境污染防治，主要用于重点污染源防治、区域性污染防治、污染防治新技术、新工艺的开发、示范和应用、国务院规定的其他污染防治项目的拨款补助或者贷款贴息。目前，我国排污费征收存在的最大问题是没有环境容量的一级市场，环境容量没有像土地那样实行竞争性的公开取得。

（二）实行生态效益补偿制度

自然资源有偿使用包括自然资源直接使用价值的有偿使用、间接使用价值的有偿使用。前面的自然资源使用费、自然资源补偿费或税，是针对自然资源的直接使用价值而言。生态效益补偿则是就自然资源的间接使用价值而言。生态效益补偿费区别于自然资源使用费、补偿费等。

法律意义上的生态补偿源于环境科学上的自然生态补偿。根据《环境科学大辞典》，自然生态补偿是"生物有机体、物种、群落或生态系统受到干扰时，所表现出来的缓和干扰、调节自身状态使生存得以维持的能力，或者可以看作生态负荷的还原能力。"[1]后来，生态补偿这一概念被引入社会经济活动和生态保护建设，演变成促进生态环境保护的经济手段和机制。这里的生态补偿是狭义上的，是指生态功能的补偿，即通过制度创新实行生态保护外部性的内部化，让生态保护成果的受益者支付相应的费用，提高保护环境的行为的收益。如森林生态效益补偿制度，使无偿使用森林生态效益向有偿使用森林生态效益转变。

现行《环境保护法》将生态补偿制度纳入其中，弥补了生态补偿制度立法依据的缺失。《环境保护法》第31条规定："国家建立、健全生态保护补偿制度。国家加大对生态保护地区的财政转移支付力度。有关地方人民政府应当落实生态保护补偿

---

[1] 《环境科学大辞典》编辑委员会编：《环境科学大辞典》，中国环境科学出版社1991年版，第326页。

资金，确保其用于生态保护补偿。国家指导受益地区和生态保护地区人民政府通过协商或者按照市场规则进行生态保护补偿。"

我国现有的生态补偿实践表明，构建实现个人与社会之间的利益平衡的制度体系，尚存在两个主要方面的不足：第一，欠缺以生态系统服务为中心构建的统一的公共性支付模式，使得生态补偿的立法与实践缺乏核心架构；第二，对自然物质资源财产的利用限制没有体现到相应财产的登记制度中，使得对财产利用的调整缺乏长久性保障。当前，以生态系统服务为中心建立生态补偿基金制度是我国生态补偿立法所需要考虑的首要问题。[1]

（三）建立科学的环境价值核算制度

自然资源有偿使用制度包括两个层次：自然资源直接使用价值的有偿利用和自然资源间接使用价值的有偿利用。科学的自然资源有偿使用制度有赖于环境价值的核算和估价。如何来计算环境资源价值，目前还存在不少问题。这一问题若不解决，环境的有偿使用将面临许多困难。自然资源的价值包括直接使用价值、间接使用价值和选择价值。自然资源的直接使用价值因有市场价格较容易估算，间接使用价值的评估在少数领域得到了推行，如森林吸收二氧化碳的价值，存在评估方法是否科学的问题，其他自然资源的间接使用价值还几乎没有加以开展。自然资源的选择价值更多是一种道德意愿，还没有评估过。因此，自然资源税费征收的合理性经常遭到质疑。环境容量价值的评估在我国更为迫切。我国污染控制已经从单个向单个与总量控制相结合的方向发展，并推行了排放配额交易制度。环境容量价值的评估直接涉及排污许可有偿取得的费用高低，以及排污许可取得费用的合理性问题。加大环境价值核算和估价的研究力度和广度，使环境资源有偿使用税费的征收标准、征收数额更加科学，才能真正实现环境的有续利用。

第五节　政府、市场和社会混合调整原则

一、混合调整原则的含义

混合调整原则是指综合运用政府管制、市场调节、社会调整等不同法律机制对环境资源社会关系进行系统性调整，具体内涵体现为：①法律机制的运作不再是以政府一元化的模式为前提，而是以包括政府在内的社会多元主体的参与为基础；②多种法律手段的协同与配合，综合运用强制、指导、经济刺激、市场调节、社会参与等法律手段，对涉及环境资源社会关系的法律调整由强制的直接介入转变为直接的管制与间接的促进和引导相结合、由消极被动的救济与修复转向积极主动的引导和鼓励。

---

〔1〕　秦玉才、汪劲主编：《中国生态补偿立法：路在前方》，北京大学出版社 2013 年版，第 31 页。

二、混合调整原则确立的理论基础

混合调整原则确立的理论基础是政府管制、市场调节、社会调整等不同法律机制在解决环境资源问题上各有利弊和自己的功能空间。

1. 市场机制。市场机制可以有效率地在消费者之间分配产品，有效率地配置生产要素于企业与产品之间，从而实现帕累托效率。但是，实现帕累托效率，隐含着一系列严格的假定条件，主要有：完全竞争的假设、完全信息的假设、完全理性的假设、不存在外部性的假设、不存在交易费用的假设、不存在规模报酬递增的假设等。当市场价格机制的某些障碍造成资源配置缺乏效率，或者说价格体系在保证资源有效配置方面是不完全时，就出现"市场失灵"。在市场经济条件下，由于某些特定原因造成市场机制在配置资源时不能充分发挥作用，资源配置效率达不到帕累托最优状态，这种情况被称为"市场失灵"。在环境资源问题上，其主要表现在：①由于产权不存在或不安全，导致人们的预期不足，引起广泛的短期行为；②环境资源市场竞争不足，没有价格或价格偏低，使市场价格机制在发挥引导资源优化配置的信号作用上表现不出应有的作用；③外部性问题，使得完全依赖市场价格机制来谋求资源高效利用是不现实的选择，而且很多环境资源是"公共物品"，其使用和消费不具有排他性，在环境资源领域建立排他性的产权和市场的交易费用太高而至无法由市场自发提供，同时在使用上易形成"公地的悲剧"，使市场机制的作用发挥不出来；④不确定性和短期计划会使人们在依赖市场机制配置资源的活动中，过分追求眼前利益和当代人利益，而忽视长远利益和资源的代际分配，从而导致环境和资源利用可能带来的不可逆后果。同时应该注意的是市场机制的运用也受政府的制约，因为政府在产权的界定和保护以及行为的规范上起着关键的作用。

2. 政府管制。政府能否比市场做得更好取决于以下条件：①各级政府部门的立场协调一致，不存在地方保护行为；②政治体制比较完善，不会因政府干预导致利益寻租；③政府拥有足够的信息判断外部影响的大小。如果上述条件不能基本满足，则很可能产生"政府失灵"。在环境资源问题上政府失灵主要指政府在环境资源问题上采取的行动不能增进环境公平的实现和促进经济社会环境可持续发展。具体表现为部门政策和宏观经济政策对生态和环境重视不够，以及管理中各种政策在部门之间协调不足；缺乏足够强的手段和强制措施以达到政策目标；管理中出现"寻租"行为和信息失灵等。

3. 社会机制。社会机制特别是以非政府非营利组织为代表的社会组织形式，不会因政治考虑或行政服从放弃环境保护，也不会因经济利益放弃环境保护，当然也有自己的弱势，因而其同政府管制、市场调节相比有自己的特点，在政府、市场双失灵领域或其他领域发挥自己的作用。

社会机制已具备发挥作用的基础。其主要表现为：

（1）理论基础。

第一，环境保护的公益性理论。各国的环境资源法都肯定了公众参与环境保护的重要性。社会调整原则的理论基础可以从环境保护的公益性和环境权理论两个方面来寻找。在以市场为主配置资源的社会中，各种物品能够交易和成功交易的前提是该物品具有明确的产权，并且市场能够通过供给与需求的波动反映出该物品的价值和价格。但在现实经济中，存在大量不具备明确产权特征的公共物品。在环境经济学上，环境便被认为是一种典型的公共物品或具有很强的公共物品性质，如大气质量、河流和公共土地。环境作为公共物品，形体上难以分割和分离，其消费不具备专有性和排他性，这表现在：①环境是一个整体，没法界定产权，这产生了供给的普遍性。即在给定的生产水平下，向一个额外的消费者提供商品或服务的边际成本为零。如某城市空气质量改善后，居民甲呼吸到清洁的空气，不会减少其他居民呼吸的清洁空气量。②消费具有非排他性。即任何人都不能因为自己的消费而排除他人对某一环境物品的消费，如某人出资治理了城市的大气污染，也不能阻止其他居民免费享受清洁的空气，也就是说存在其他人"搭便车"的行为。环境的这种供给的普遍性和消费的非排他性，决定了环境保护具有很强的公益性；相应地，环境私人市场缺乏动力，不能有效地提供商品和服务，以致出现"公有的悲剧"。这就决定了环境保护的利益是以社会公共利益为本位的，惠及每一个人。即每个人不会因为所处的阶级或阶层不同、所从事的职业不同、所信仰的宗教不同、所处的社会地位不同而有所差别。因此，环境质量的好坏与每个人的生活息息相关，环境保护可以说是一项全民事业，需要作为社会的每一个成员的共同关心和爱护。甚至可以说，"环境保护、人人有责"，而公众参与是每个人负起责任来的有效途径之一。

　　第二，环境权理论。公众参与不仅包括消极的参与，即要求公众参与环境保护和管理；更重要的在于公众的积极参与，即公众主动参与环境的保护和管理。积极的公众参与才是真正的公众参与。而公众积极参与环境保护和管理，必须有正当的理由和根据，这种正当的理由和根据就是环境权，因为公众包括自然人、法人和其他组织可以为能呼吸到清洁的空气和饮用到清洁的水等环境权利的实现，去参与环境事务。所以，环境权成为公众参与原则的理论基础。各国对环境权的规定不一，但可以从两个角度理解环境权：①环境权成为生存权的一部分。环境权是兴起的权利，在宪法没有明确规定环境权之前，依据生存权并对之作扩大解释作为环境权的宪法基础，应当是自然的事情，因为环境为人类提供了生存的物质基础，人类的生存和生活是直接建立在衣食住行等物质与文化基础上的，而只有有了良好的环境，这样的基础才能得到保证。②环境权是幸福权，因为环境不仅为人类提供了生存的物质基础，也提供了发展的基础，愉快地度过闲暇时间自然要求有更清洁的、更优美的、更舒适的、更安静的环境。环境质量的好坏直接影响幸福权的实现。因此，无论从生存权还是幸福权的角度看待环境权，环境权都是与每个人的利益密切相关的，不保护环境等于损毁自己的生存条件和破坏自己享受幸福的机会。这样，为了自己能够生存下去和能够生活得更好，每个人都应该积极参与环境保护，环境权便是每个人参与的法律依据。

（2）政治基础。中国早期政府实际上是一种威权主义的政府：政府是万能的；政府的权力和权威是理性的授予，是至高无上的；政府扮演的主要角色是对社会实施控制；公民必须服从政府的管制。在这种政府理念治理之下，中国社会形成了一个高度"单位化"的社会。改革开放政策实施之前，政府依靠对单位的全面控制来实施对全社会的管理。政府权力的触角延伸到社会每一个角落，个人依附于单位，单位依附于国家，一个外在于国家的自主独立的公民社会不可能存在。党的十一届三中全会以后，我们逐渐认识到秉承威权主义的传统政府治理模式的弊端，紧接着市场化导向的经济体制改革使中国"单位化社会"开始瓦解。同时，"异乎寻常的20年的经济的持续发展产生了引进民主体制所需的经济和社会基础"。政府的"万能神话"开始逐步破灭，经济体制的改革不可避免地推动着政治体制的松动，使新一轮的改革提上了议事日程。而此时，在地球的另一端，资本主义国家也经历了从残酷的自由竞争到福利社会的广泛实践，这使我们逐步认识到市场的缺陷未必能够通过政府调控来弥补，而政府的缺陷同样未必可以通过市场机制来解决。我们自身"摸着石头过河"的改革实践也促使我们发觉把改革中政府触角所缩回的空间全部交给营利性组织（包括企业等）也未必是明智之举；要么营利性组织因为无利可图而不愿意去弥补；要么人们不希望由追求自身利益最大化的营利性组织去做。于是，各类民间非营利性组织应运而生，随着政府神话和市场神话在未来的进一步褪色和公民社会的发育、成长，人们对非营利性组织的兴趣日趋强烈。特别是开始于20世纪末叶的新一轮从中央到地方的各级机关的以下放权力与精简机构为主要内容的机构改革，更是为中国非营利性组织的发展开辟了广阔空间，带来了新的机遇。"政府机构改革为社会组织的发展创造了政治条件，反过来，社会组织的发展为政府机构改革的深入创造了社会条件。"可以说，中国的改革目前已经进入了一个攻艰期和深水区，在这个时期，社会领域成为最主要的改革对象。而且，如果没有社会领域的深刻变革，经济领域的市场化改革和政治领域的民主建设都不可能顺利前进。当社会领域的改革成为中国改革的"瓶颈"的时候，非营利性组织的发展便成为理所当然。

（3）组织基础。数量繁多、形式多样、功能发达且覆盖面广、渗透性强的社会中介组织已成为成熟的市场经济机制的重要组成部分。这些社会中介组织在政府与企业之间，进行沟通协调，承上启下，起到政府功能的放大效应，使政府宏观管理措施在微观的企业层次得以贯彻。与此相关联的是，建立在国家控制全部社会资源基础上的政府供给（公共产品）模式开始向多元的社会供给模式发展，这一模式无疑为各种中介组织、社团协会、民间自治组织等第三部门的崛起提供了合法性和活动空间。

（4）现实基础。众所周知，市场在提供公共产品、解决其外部性等方面有其难以克服的缺陷（市场失灵）。当人们转而求助政府干预时，又容易发生政府失灵。而正是市场失灵与政府失灵的同时存在，为第三部门提供了广阔的发展空间。可以说，

第三部门发挥着政府、市场所不可替代的作用。于是，政府的职能正在被重新认识、重新定位，公共服务中，政府独占的分量越来越小，具有竞争性的领域在不断扩大，政府不再是公共服务的唯一提供者，政府与民间的合作日益增多，民间的力量在国家治理中正发挥着越来越重要的作用，其中各种社会中介组织在西方各国尤为发达。

（5）法律基础。公众参与早在我国环境保护的"三十二字方针"就得到了规定："……依靠群众、大家动手。"随着立法的推进，很多的法律、政策的规定都体现了公众参与原则。如1989年《环境保护法》第6条规定："一切单位和个人都有保护环境的义务，并有权对污染和破坏环境的单位和个人进行检举和控告。"国务院《关于环境保护若干问题的决定》要求"建立公众参与机制，发挥社会团体的作用，鼓励公众参与环境保护工作，检举和揭发各种违反环境保护法律法规的行为"。我国其他法律中也有有关公众参与原则的规定，但主要集中在环境影响评价方面，环境影响评价领域的公众参与原则的规定是最为健全的，国家还专门通过了《环境影响评价公众参与暂行办法》。该暂行办法目的是把圆明园经验制度化，以部门规章的形式，将公众参与引入环境评价工作中去[1]，是"公众参与公共事务管理领域的第一部规范性文件"[2]。《环境保护法》专门设立了"信息公开和公众参与"一章，就公众参与保障、政府信息公开、企业信息公开、公众参与建设项目环境影响评价、举报和对举报人的保护以及公益诉讼作出了明确的规定。公众参与在国际环境法的理论和实践上也具有非常重要的地位。如具有里程碑意义的1992年《里约宣言》规定，环境问题的特点决定了公众应当参与的重要性，即"环境问题最好是在全体有关市民的参与下，在有关级别上加以处理。在国家一级，每一个人都应能适当地获得公共当局所持有的关于环境的资料，包括关于在其社区内的危险物质和活动的资料，并应有机会参与各项决策进程。各国应通过广泛提供资料来便利及鼓励公众的认识和参与。应让人人都能有效地使用司法和行政程序，包括补偿和补救程序"。该规定将公众参与作为实现可持续发展的重要保证之一。欧盟经济委员会还通过了著名的《在环境问题上获得信息、公众参与决策和诉诸法律的公约》。

上述分析表明，无论是市场机制还是政府管制手段、社会调整手段，在环境资源问题上都不是万能的，三种机制并不相互排斥，而是可以取长补短、相互配合使用。将环境资源制度的选择与创新建立在既要防止"市场失灵"又要防止"政府失灵"，从而谋求市场机制、政府干预与社会调整的有机结合上。

三、混合调整原则的有效运作

1. 要在环境资源领域贯彻混合调整原则，关键是合理确定三种机制各自的功能

---

〔1〕 "（原）环保总局发布《环境影响评价公众参与暂行办法》"，载中国政府门户网站，http：∥www.gov.cn/jrzg/2006 - 02/22/content_2079073_2.htm，2006年2月22日访问。

〔2〕 "（原）环保总局发布《环境影响评价公众参与暂行办法》"，载中国政府门户网站，http：∥www.gov.cn，2006年2月22日访问。

空间。三种机制在环境资源领域有 A（政府、市场双有效），B（政府有效、市场失灵），C（政府失灵、市场有效），D（政府、市场双失灵）四种组合。政府调整在 B 情形下发挥作用，市场调整在 C 情形下发挥作用，社会调整在 A、B、C、D 情形下都可发挥作用，重要的是在 D 情形下发挥作用。

　　关键问题是在 A 情形下政府（庇古手段）和市场（科斯手段）之间如何选择。在其他条件不变，特别是效益相同的情况下，选择什么手段主要取决于边际管理成本和边际交易费用的大小。边际管理成本（Marginal Cost of Management，简称 MMC）是指增加一个资源利用者所带来的政府管理总成本的增量。边际交易成本（Marginal Cost of Transaction，简称 MTC）是指增加一个资源利用者所带来的企业与企业之间交易费用的增量。MMC 和 MTC 都包括管理机构运行成本和监测成本，但这些成本在两类手段中占的比例不同。当资源利用者数量较少时，MMC 较高，而 MTC 较低；当资源利用者数量较多时，情况则相反。图 2.1 表示了这两种成本随资源利用者数量的增加而变化的情况。

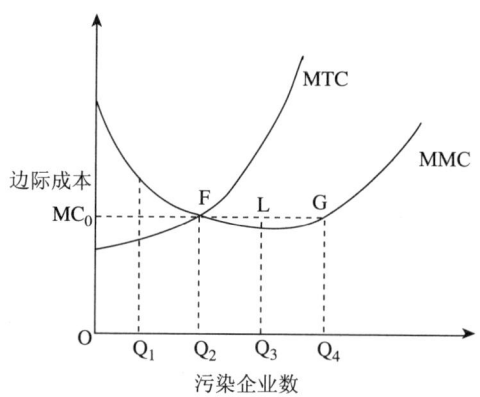

图 2.1　边际管理成本与边际交易成本

　　图中，当 MTC 与 MMC 交于 F 点，对应的边际成本和资源利用者数分别为 MC_0 和 Q_2。此时，两种手段都可以采用。当 $Q < Q_2$ 时，MMC > MTC，应选择科斯手段。当 $Q > Q_2$ 时，MTC > MMC，应选择庇古手段。进一步分析可知，MMC 到达最低点 L，然后又回升。L 点以后采取什么手段不仅取决于 MTC 与 MMC 的比较，还涉及庇古手段与命令控制型手段的比较。但在 G 点以左，即在 $Q_2 < Q < Q_4$ 时，政府还可以继续选择庇古手段。而在 G 点以右，即 $Q > Q_4$ 时，由于 MMC 急剧回升，所以应考虑采用命令控制型手段。

　　但是，随着市场化程度的提高，MTC 会向右移，交点 F 也移至 F′，决定管理手段的临界资源利用者数也由 Q_2 移到 Q'_2，这时科斯手段的活动区间增加（图 2.2）。

　　同理，如果提高政府工作效率，则 MMC 会下降到 MMC′，交点 F 降为 F″，相应地，Q_2 降为 Q''_2，这时庇古手段的活动区间增加。但在有些情况下，市场化程度和政

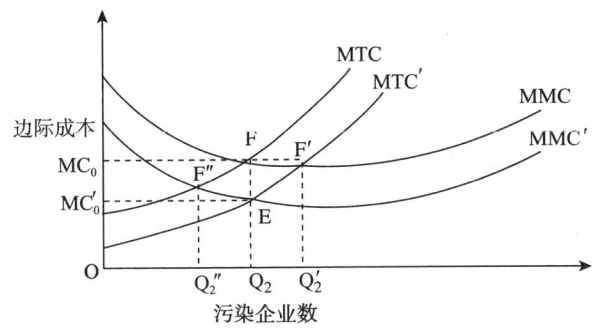

图 2.2 市场化程度与政府效率

府工作效率会同时提高，此时有可能找到图 2.2 中的新的临界点 E。E 点与 F 点所决定的手段的选择区间基本一致，但边际成本由 MC_0 下降到 MC_0'。因此努力完善市场机制，提高政府工作效率是值得期望的。[1]

2. 在合理确定三种机制各自的功能空间基础上，要注重综合运用。这里以有效的资源利益分配机制为例。有效的资源利益分配机制是建立规划机制和市场机制并行的利益分配机制：①规划机制是根据国民经济和社会发展需要、资源供需现状及发展趋势、资源整治和环境保护等要求，通过编制各个层次和各种类型的规划，来对资源在时间上、空间上、部门间、产业间的占有、使用进行分配。它是国家宏观调控和产业政策的基础，指导一定时期内资源占有和使用的分配。当前要加大资源规划刚性约束，增强规划的法律地位，提高规划的科学性，充分发挥规划机制在资源利益分配尤其是代际间分配的宏观调控效能。②市场机制是价值规律发生作用的自发形式，是市场主体进行相互联系和相互制约的方式。在资源利益分配中，市场机制主要是以价格、利润和需求等经济信息为主，决定资源在各领域、产业及部门间的分配。要充分发挥市场机制在资源利益分配方面的调节作用，彻底改变资源无偿无限期的占有和使用，激活资源一级市场与二级市场，提高资源配置效率。我国资源在空间分布上不均衡，具有多用途性，并在开发利用中受技术经济条件的影响程度较大。如果运用单一的规划机制或市场机制来配置资源，会不可避免地出现一些极端现象，而规划机制与市场机制的并行，既可以弥补规划机制的信息不灵、市场不活等缺点，又可以防止市场机制配置资源的各种不良现象的出现，使资源的配置在完备的配置机制下运行。

四、政府管制机制

（一）政府管制的概念、特征和分类

1. 概念。政府管制，是指管制主体为了特定目的，依据一定的规则，对构成特定社会的个人和构成特定经济的经济主体的活动进行限制的行为。管制制度是指国

---

〔1〕 沈满红：《环境经济手段研究》，中国环境科学出版社 2001 年版，第 186～188 页。

家为了实现资源的最优配置和合理利用，促进社会经济与环境协调发展，综合运用强制、指导、经济刺激等多种价值判断与取向各不相同的法律手段，对环境资源开发利用进行监督、检查、跟踪管理直至追究法律责任的一种法律制度。管制目的是引导环境资源合理开发和利用，促进经济、社会和环境的协调持续发展。具体包括以下方面：排除不当的环境资源利用，避免资源利用外部不经济现象的发生，有效、有序控制环境资源利用及开发速度从而提高人们居住和生活的环境水准，确保健康、安全等目标的实现。

2. 特征。政府管制特征包括以下方面：

（1）特定性。特定性包括三个方面：①主体特定性。管制的主体是国家，具体的权力行使者是各级政府及其相关行政主管部门。②管制依据特定。管制的依据，包括环境资源规划、环境标准、环境法规等。③对象特定。管制的直接对象是环境资源利用方向、利用程度和利用效益。利用方向管制，是指把有限的环境资源配置到最需要的地方；利用程度管制，是指挖掘资源利用潜力，提高资源节约利用率；利用效益管制，是指对环境资源的社会、经济、生态效益进行分析、评估与管制，以实现环境资源利用综合效益最优化。

（2）管制行为的归责特殊性。管制在性质上是一种行政行为，当管理方因不良行政行为造成被管理方不应有的经济损失，是否要负行政赔偿责任？对于一般行政行为，应依国家赔偿法规定，适用国家赔偿原则。部分管制行为是一种特殊行政行为，与上述规定不同，不适用国家赔偿原则，应实行利益衡量原则。这已成为各国执行的通例。如美国的警察权，因警察权而影响一部分人的经济利益时，只要因管制而使其社会价值增大或高于其降低或减少的经济利益，即表明其管制是必要的、正确的，对此不负赔偿责任。执行环境资源管制必然要涉及被管制者的权益，有时甚至会使当事人受经济损失，由于环境资源管制是为了实现社会公共利益，如果该项管制确实是实现了社会公共利益或者由此带来的收益大于利益损失，国家对此不负任何赔偿责任。

（3）手段综合性。相对于传统的行政强制手段而言，管制手段具有综合性的特点。管制制度采取综合运用各种不同法律手段对环境资源开发、利用关系进行系统性调整的法律实施模式。通过多种法律手段的协同与配合，对环境资源开发、利用关系的法律调整由消极被动的救济与修复转向积极主动的引导和鼓励，逐步增强制度运作对多变社会利益格局的适应性，通过综合运用强制、指导、经济刺激等多种价值判断与取向各不相同的法律手段，促使法律制度功能的多样化，改善和优化国家在城市土地利用不同阶段与领域介入的作用方式。

3. 分类。对管制行为进行相应的分类不仅是理论研究的需要，也是认识各类管制行为的具体特征，分析管制行为是否合法有效，确定行政救济机制的需要。从不同角度出发，可有多种不同的分类，本书根据研究需要，依据管制手段性质、适用条件、功效的不同，分为强制性制度、经济激励制度、非强制性制度三类。

　　强制性制度是世界各国在环境资源问题上首选的法律手段，它主要以国家的命令与制裁为政府介入的基本方式，以相对人的无条件服从为政府干预目标实现的基本前提，通过对社会个体私益的限制，强行确认各法律关系主体行为方式和利益格局。它是以行政权力为主导，以公共利益为基本价值取向的法律调整与实施模式。

　　经济激励制度是通过经济手段的运用，从影响成本和效益入手，推动环境资源问题解决过程中私人成本与社会成本的重合与对应，建立价格与成本之间相对准确的反映机制，并以此为前提引导当事人进行行为选择，纠正或公平分配外部性所带来的利益损失。它是实现个体利益与公共利益相互促进的法律调整与实施模式。

　　非强制性制度，是指在国家行政机关的管辖范围内，行政主体基于国家法律、政策规定的精神，运用非强制的手段，通过相对人的同意或协助，引导相对人自愿采取一定的作为或不作为，从而实现特定的行政管理目的。它是以行政主体与相对人对城市土地利用问题的主动认同和合意为基础，实现个体利益与公共利益相互协调的法律调整与实施模式。这三类制度处于一个相互支持、相互配合、相互补充的动态系统中。但每一种制度各有其产生和存在的基础，也有其独特的作用方式与空间。每一种制度的良好运行都有助于提高和优化其他制度的运行效果。[1]

　　（二）政府管制的功能空间

　　市场机制在资源配置中具有难以替代的基础作用，但市场机制的缺陷使得资源的配置不能趋向"帕累托最优状态"，不能实现完全的配置效率。为弥补和矫正市场机制的不足，政府必须进行干预。政府干预有法律的、行政的和经济的手段，这些手段的综合应用构成政府调控的有力工具。

　　1. 市场失灵的类型。市场失灵由于产生原因的基本性质不同，分为以下三种基本类型：

　　（1）局限性市场失灵。这里指的是由于超越了市场作用的限度，在市场处于不能发挥作用的领域里所产生的市场失灵，即使在理想市场条件下也会出现的市场失灵。所谓理想市场条件，是指完全自由竞争（perfect competition）的市场条件，它包括四个方面：①市场没有一个成员能够单独影响价格；②各厂商生产的产品均应为同质的；③各种经济资源具有完全的流动性（unrestrained mobility of economic factors）；④消费者、企业和资源拥有者具有充分完整的信息。市场理论通常假定，只要满足了以上条件，市场机制就可以充分地发挥作用，使资源配置达到"帕累托（A. Pareto）最优状态"和实现最高效率。[2]但是，即使在这种理想的条件下，也会出现市场失灵。局限性市场失灵具体表现为：市场机制不能提供公共物品；市场机制不能解决资源利用的外部性问题。在理想条件下，市场调节还会产生一些消极作用，从而成为理想条件下市场失灵的另一层含义。这又包括两种情况：一方面，市

---

〔1〕　参见张璐："论环境资源法混合调整机制的形成"，载于 2002 年武汉大学环境法研究所基地论文集。
〔2〕　卢现祥：《西方新制度经济学》，中国发展出版社 1996 年版，第 9 页。

场调节会引起资源投资等经济活动的自发性和盲目性，给经济活动带来消极后果。因为市场机制的作用，意味着经济主体多元化和经济决策分散化，意味着每个资源利用者和市场经营者都从自己的利益出发，根据价格的波动做出决策。这样，在经济主体并不了解全部市场信息和其他经济主体决策的情况下，它的决策就不可避免地带有盲目性。同时，各经济主体在其经济利益上存在竞争性和排他性，使市场自身的力量不能经常保证总供给和总需求在充分利用社会资源的基础上达到平衡。市场虽然能引导资源的配置方向，但却难以确定资源的投放量，导致资源浪费。另一方面，单纯的市场机制调节不能解决资源利益分配中的不公平问题。因为市场是按照投入生产的要素的贡献来分配的，不同的要素所有者，由于他们所拥有的要素的数量和质量不同，他们的竞争机会也就不均等，从而他们的收入也就不平等。可见，理想条件下的失灵不是产生于市场机制的不完善，而是产生于市场天生固有的功能局限。因而，这种类型的市场失灵也被称为市场局限。

（2）缺陷性市场失灵。缺陷性市场失灵是指由于现实市场条件正常偏离理想市场条件而产生的市场失灵，即"不完全竞争"条件下的市场失灵。当关于完全竞争的假设条件中任何一条不成立时，就意味着出现了某种形式的"不完全竞争"（imperfect competition），导致市场失灵。完全竞争的四个假定条件和资源市场的现实都是不一致的。对于市场来说，在完全竞争的市场条件下，价格由市场供求决定，价格能充分反映供求状况，价格信号是经济主体行动的主要依据，市场正是通过价格调整来调整人们的资源配置行为。但是，现实经济生活中，存在支配市场供需的外部力量或非市场力量，接近实际的市场结构是垄断竞争市场和寡头市场，垄断是市场中的常见现象。价格往往不能正常反映市场供求状况，对垄断者来说，价格不再是他们据以调节自己行为的信号，反而成为他们操纵市场的工具。现实的市场条件对理想市场条件的偏离在现代市场经济中不可避免，因此，称为对理想市场条件的正常偏离。这种正常偏离的存在，必然使市场机制在一定程度上和一定范围内发生失灵。

（3）负面性市场失灵。负面性市场失灵是指由于现实市场条件非正常偏离理想市场条件而产生的市场失灵，即市场自身不发育或市场在运行过程中发生功能障碍而导致的市场失灵，包括以下两种情况：①市场自身不发育造成的市场失灵。这种现象主要表现在市场经济体制建立的初期，如发展中国家和向市场经济转轨的社会主义国家。在发展中国家，由于市场的发育程度是和市场经济的发展程度密切联系在一起的，若发展中国家的经济不发展必然导致市场的不发育，或者说市场不发育是发展中国家经济的基本特征。美国经济学家雷诺兹在其著作《经济学的三个世界》中分析发展中国家市场的不完全性时指出："在大多数欠发达国家，市场的重要性正在增强。但它们还远远没有达到教科书所说的标准，按照这一标准，应该形成完整而独立的市场网，市场上应有许许多多消息灵通的买者和卖者，价格应趋于一致，并可以灵活变动，从而为经济决策提供正确的信号。不发达的一个主要特征，就是缺少这样的机制。"在我国，改革开放前，资源的配置长期依赖高度集中的计划经济体制，排斥市场机制的作用。人为地压制市场的发育，致使市场发育迟缓。市场的不发育必然导致市场的应有功能得不到充分和完全的发挥，表现出市场功能的弱化或市场失灵。②市场在运行过程中发生功能障碍造成的市场失灵。这主要是指市场机制在运行过程中遭到了非正常的干扰和破坏。例如，我国资源初始配置中的"双轨制"造成企业资源取得成本的差异，造成对市场秩序的破坏；宏观经济政策失误导致资源供需总量失衡对市场机制的破坏等，都会弱化市场应有的功能，造成市场失灵。

2. 市场失灵的矫正措施。基于三种市场失灵产生的根本原因不同，只有根据不同原因采取不同的矫正方法与矫正措施，才能较好地解决市场失灵问题。

（1）局限性市场失灵的克服和矫正。局限性市场失灵是由于市场机制天生固有的功能局限，因而它的克服和矫正只能主要通过政府调节来完成。可以说，这种类型市场失灵的存在，为政府对市场的调节或干预提供了令人信服的必要理由。针对这种类型市场失灵的两种不同形式，政府调节将采用相应的不同形式。对于市场失灵的第一种形式，即市场机制对某些资源的配置和利用不具有调节作用，政府就应该承担起调节这类活动的责任。例如，对于由资源利用引起的负外部效应如环境污染等，由政府运用经济手段，甚至行政手段加以解决等。对于市场失灵的第二种形式，即市场机制调节的消极作用，政府调节不能简单地取代市场调节，因为市场调节的消极作用是与市场调节的积极作用（即功能）相伴而生的，它们共同构成市场调节的二重性。如果为了克服市场调节的消极作用，采取政府取代市场进行调节的方式，也就同时取消了市场调节的积极作用，市场调节也就不存在了。因此，政府应采取对市场失灵进行矫正的形式：①矫正市场行为；②矫正市场后果。矫正市场行为是指政府采取措施限制和影响经济主体的行为，以达到克服市场调节的消极作用的目的。例如，政府根据所掌握的资料和政府的经济政策对国民经济的发展前景进行预测，从而把资源供需现状，如产业发展与资源供需状况等的基本走向提供给每一个经济主体，提高市场的透明度，以提高各个经济主体决策的正确性，政府还可以采取措施改变市场机制调节的结果，以达到克服市场调节的消极作用的目的。

这里有必要指出，政府运用各种手段虽然能够在一定程度上克服市场调节的消极作用，但是，如果认为政府能够完全克服市场调节的消极作用，恐怕只能是天真的幻想，而且还会导致政府调节的滥用，否定充分发挥市场机制作用的可能和必要。由于市场调节的积极作用和消极作用是并存的，因而政府对市场的调控和干预只能是：在充分发挥市场调节积极作用的同时，运用各种手段尽可能减少市场调节的消极作用。或者说，尽可能将市场调节的消极作用降到最低限度，并且应该把这种最低限度的市场调节消极作用看作是市场机制发挥积极作用所必须付出的成本。

（2）缺陷性市场失灵的克服和矫正。对于缺陷性市场失灵，由于它不是因市场机制不完善、不成熟而产生的，而是完善和成熟市场机制的现实正常状态，因而如果依靠市场条件使其恢复到理想状态来克服这种类型的市场失灵，只能是徒劳的、不切实际的幻想，这就决定了只能通过政府调节或干预来弥补市场机制的缺陷。

（3）负面性市场失灵的克服和矫正。负面性市场失灵，主要由于市场发育本身的不完善、不成熟造成的，因而这种类型的市场失灵或市场缺陷就只能通过完善和发育市场条件使其达到正常偏离状态来加以克服，这里不存在由政府的调节或干预来替代和补充市场调节的问题。[1]例如，政府通过制定各种形式的法规和制度，建立起市场秩序，从而消除和减少不正当竞争对市场机制的破坏，促进市场机制有效地发挥作用。当务之急就是积极实施制度改革以及市场制度创新，尽快促进市场的发育和规范，从而在市场的不断发育和成熟中克服市场失灵。但是由于我国市场起步较晚，市场的发育和成熟不可能在短期内完成，因此，需要在采取措施培育和完善市场机制的同时，运用政府调节弥补市场失灵，然后，随着市场的不断发育和成熟，逐步由市场调节取代这些弥补性的政府调节。

综上所述，各种类型市场失灵的克服与矫正，主要是通过实施政府调节和发育、完善市场条件两条基本途径来实现。虽然三种类型市场失灵的矫正措施的侧重点有所不同，但是也有一个共同点，那就是无论是矫正哪一种类型的市场失灵都需要政府发挥作用，只是政府作用的方式和作用的强度有所不同而已。同时，政府的干预有一个限度，有一个范围，市场机制的运行边界构成了政府干预的最大限度和范围，即政府干预应以不损害市场机制正常运行基础为限。也就是说，市场的自我调节有时候会失灵，但并非所有"市场失灵"的领域都需要政府干预。如果说，政府对市场的干预有一定张力的话，那么这种张力的基点则建立在对市场的认知和制度之上。[2]

五、市场调整机制

（一）市场调整的概念与特点

所谓市场调整，就是指通过价格等市场手段对环境资源进行配置，使环境资源流向最需要的地方，争取最高效率地使用有限的资源。市场机制在不同社会形态下表现出不同特点，然而它们又具有共同的特点：①关联性，即市场机制任何一方面的作用都引起其他方面的连锁反应；②利益制约性，即市场机制的作用直接与每个经济主体的利益连在一起；③市场机制的作用与一定的市场环境相联系，受一定环境条件制约；④市场机制的作用来自市场的内在力量而非外部力量；⑤盲目性，即市场机制的作用受各经济主体利益牵引表现出相对无规则状态；⑥迂回性或时滞性，即市场机制的作用过程和效果不是直接的，而是迂回和曲折的。

社会主义市场经济条件下商品货币关系的特点决定了社会主义市场机制具有以下新的特征：①受计划机制的影响，因而其作用的盲目性、迂回性或时滞性得到一定程度的克服；②作用的范围和程度受到一定限制；③其调节作用以生产和消费的

---

〔1〕　张海如："论市场失灵与政府失灵"，载《山西财政税务专科学校学报》2000年第5期。

〔2〕　李曙光："行政许可、政府干预与政府转型"，载《开放导报》2004年第6期。

统一、国家和企业利益、长远利益和短期利益相结合为最终目标。在向市场经济体制转换过程中，要求市场机制具有普遍的或基础性的调节功能。

（二）市场调整的功能

市场机制在降低成本、提高行政效率、减少政府补贴和扩大财政收入等诸多方面，具有行政命令手段无法取代的显著优点。实行市场调控机制的原理是建立足够的激励机制和约束机制，促使人们节约资源，充分合理地利用环境资源，努力提高环境资源的使用效率。这就要求培育发达的环境资源市场体系，通过公平、公正、公开的市场竞争，实现环境资源的优化配置。

（三）市场调整的手段

将市场机制引入环境资源管理，具体体现为一系列经济手段的利用。但这里的经济手段并非指经济学领域中的所有手段，而是指那些符合外部成本内部化要求的，能够体现有效利用资源，适应可持续发展的经济手段。结合我国国情，在市场调节方面，应当逐步建立有关环境资源有偿使用机制和价格形成机制，探索建立环境利益经济补偿机制，培育和规范环境资源市场机制，逐步形成有利于资源节约和环境保护的市场运行机制。

六、社会调整机制

（一）社会调整的概念和特点

社会调整是相对于行政调整、市场调整而言的，是指通过非政府、非营利性民间组织和社会大众等调整环境资源法律关系，其主要的功能在于防止国家公权力对市民社会的不当膨胀与扩张。社会调整原则的叫法不一，有的称之为"环境民主原则"；有的称之为"公众参与原则"；有的称之为"依靠群众保护环境原则"或"依靠群众的原则"；有时也称之为"依靠群众，大家监督原则"。各种称呼的基本精神在于强调环境保护是一项公益性很强和涉及面很广的事业，是一项全民事业。在做出对环境有重大影响的决策和行为时，需要利害关系人的参与，但从法律调整机制的角度分析，社会调整原则的表达更为合适。

社会调整主体是非政府、非营利性民间组织和社会大众，它们所包括的组织范围非常广大。大型的非政府组织、工会、共青团、妇联、非正式的自助团体以及为数众多的各种民间组织等都属于该范畴。依1998年《在环境问题上获得信息、公众参与决策和诉诸法律的公约》（简称《奥尔胡斯公约》，the Aarhus Convention），社会调整主体是指一个或多个自然人、法人以及其他依法成立的组织和团体。

社会调整，相对于政府组织和市场组织而言，具有以下特性：①非营利性。非营利组织并不意味着在运作过程中不会盈利，而是说这些组织不以营利为目的，法律也禁止将组织的盈利分配给组织的经营者。②私立性。这些社会组织机构独立于政府之外。它既不是政府的组成部分也不受政府的管制。它只服从于法律。③自我治理性。社会组织实行自我管理的原则，具有自我管理的规章制度，不受组织外管理程序的影响。④志愿性。社会组织的所有成员的所有活动都是在自愿原则下展开的。⑤公共利益性。社会组织的目标是公益性的，组织成员的活动同样也是为公共利益服务的。

社会调整原则具有非常重要的意义：①使有关环境保护的决策和措施民主化、科学化，增加有关环境保护决策和措施的公众可接受度，从而使之容易得到贯彻和实施，能够保证其有效性。原国家环保总局曾在 2005 年举行了圆明园防渗工程环境影响听证会。听证会不仅大幅度提高了公众的环境意识，也有效地提高了政府决策的质量和公信度。②减少利益冲突，避免纠纷的产生。公众通过直接参与行政过程或者其他过程的方式，来表达自己的利益要求，避免或减少行政权力、其他建设项目对其合法权益的侵扰，能减少或避免环境纠纷的产生。我国作为社会主义国家，强调人民当家作主。因此，更应该发挥群众在保护环境上的作用，依靠公众的智慧和力量，做到群策群力、集思广益。

（二）社会调整的范围、形式和后果

1. 社会调整的范围。社会调整的范围直接体现和反映出环境保护领域中民主的广度。因此，社会调整的范围尤为引人关注。但社会调整有很多类型，如合作型的社会调整、监督型的社会调整。此外，环境保护是一项技术性很强的工作，这决定了并不是任何环境领域都适合全面的社会调整。

（1）环境公共事务的社会调整。社会调整依其参与的领域存在不同，分为环境公共事务的社会调整和非环境公共事务的公共参与。社会调整不限于"参与政府公共政策的权利"[1]，也包括非环境公共事务。

环境公共事务的社会调整，直接与公共权力的行使相关，如环境立法、环境执法，其与公共利益直接相关，是实行间接民主的政治模式下的必然要求。现代国家一般采取间接民主的政治模式，社会成员并不直接参与政治生活和决策形成过程。但主权在民的理念所致，对于直接或间接影响公众利益的环境事项，应听取利害关系人的意见，让其利益有表达的机会。正因如此，我国很多立法中对社会调整予以了规定。如《立法法》第 5 条规定，立法应当体现人民的意志，发扬社会主义民主，坚持立法公开，保障人民通过多种途径参与立法活动。第 67 条第 1 款更具体规定，行政法规在起草过程中，应当广泛听取有关机关、组织、人民代表大会代表和社会公众的意见。听取意见可以采取座谈会、论证会、听证会等多种形式。此外，《行政许可法》第 46 条也规定："法律、法规、规章规定实施行政许可应当听证的事项，或者行政机关认为需要听证的其他涉及公共利益的重大行政许可事项，行政机关应当向社会公告，并举行听证。"

可见，公共事务由于直接关系公共利益的分配和实现，我国法律特别重视公共事务领域的社会调整。环境公共事务是公共事务之一，环境公共事务中的社会调整可直接适用立法、执法等有关社会调整的规定。

---

[1]　潘岳："环境保护与公众参与"，载《中国改革》2004 年第 6 期。

（2）非环境公共事务的社会调整。从目前有关规定看，环境法中的社会调整立法主要集中在非环境公共事务的社会调整。如被认为是社会调整的典型条款——《环境保护法》第57条第1款"公民、法人和其他组织发现任何单位和个人有污染环境和破坏生态行为的，有权向环境保护主管部门或者其他负有环境保护监督管理职责的部门举报"，实际上是针对非公共权力的，属于社会监督的规定。体现了社会调整原则的其他法律也都作了此种规定。

确定社会调整的范围，应当厘清社会调整同对违法行为的社会监督的关系。社会调整虽然也可以实现社会监督的功能，但社会调整不同于社会监督。因为社会调整的目的在于通过参与，表达其利益需求，从而使有关环境保护的决策和措施民主化、科学化，增加有关环境保护决策和措施的公众可接受度。社会调整的目的决定了其从根本上区别于对违法行为的社会监督。就违法行为的社会监督而言，公众可以就其认为违法的一切事务，向有关机关反映情况，公众反映的情况有时候可能与其切身利益毫无关系，这并非环境资源法所特有。社会调整的目的决定了社会调整的领域或者范围，必然涉及切身利益，可能不与违法行为产生联系。如早在2006年就通过了《环境影响评价公众参与暂行办法》（现已失效），该暂行办法的第15条第2款规定，"被征求意见的公众必须包括受建设项目影响的公民、法人或者其他组织的代表"；第19条第3款更是规定，"问卷的发放范围应当与建设项目的影响范围相一致"。2018年4月16日生态环境部又审议通过了《环境影响评价公众参与办法》，原暂行办法自本办法施行之日起废止。

综上，我们认为，社会调整的范围不是无限的、无条件的，而是相对的、有条件的。对那些与公众没有利害关系的环境事务，可以不实行社会调整，如环境行政机关的设置等。社会调整的范围为：在环境公共事务领域为涉及重大的环境公共利益的分配和实现的事项，在非环境公共事务领域为环境利益受到直接影响的事项。这些事项都包括规划和建设项目在内。但无论是环境公共事务还是非环境公共事务的社会调整，要实现公众的全面参与是不可能的，对于技术、专业知识等要求各不相同的环境事务，应当采取不同的社会调整形式。

2. 社会调整的形式和后果。

（1）社会调整的形式。社会调整的形式有调查公众意见、咨询专家意见、座谈会、论证会、听证会等形式。前四种形式对公权力机关或建设单位的程序约束较小，其程序简单，操作方便，被调查的工种、被咨询的专家以及座谈会、论证会的参与人员由会议主持者事先选定。听证会程序较为正规，是在有规则、秩序的程序中进行，其参会人员具有开放性，公众可主动申请参与，其对公权力机关或建设单位的约束要多一些。

社会调整具体采用哪种形式，由公权力机关或建设单位决定，这也是由社会调整的实质决定的。社会调整是以其他行为的实施为主导的。在公共事务的参与下，社会调整以公共权力的行使为主导；在其他事务的参与下，社会调整以其他决策的形成过程为主导。无论在行政权的行使还是其他决策的形成过程中，社会调整原则的实质，在于充分尊重公众的自主性、自立性和创造性，明确公众的程序权利，明确公权力机关和其他决策者的程序义务，让公众表达其利益需求，实现公权力机关、其他决策者与公众的良性互动。

（2）社会调整的后果。在实行间接民主的政治模式下，社会调整是没有直接约束力的。但社会调整是环境保护决策和行为科学化、民主化的一种程序保障，必然有程序上的后果。以环境影响评价为例，其后果主要表现在：①在建设项目环境影响报告书中，编制公众参与篇章，否则环境保护行政主管部门不得受理环境影响报告书；②建设单位或者其委托的环境影响评价机构，应当认真考虑公众意见，并在环境影响报告书中附对公众意见采纳或者不采纳的说明；③建设单位或者其委托的环境影响评价机构、环境保护行政主管部门应当将所回收的反馈意见的原始资料存档备查；④建设单位或者其委托的环境影响评价机构征求公众意见，有一定的期限，如不得少于10日。

（三）社会调整原则的贯彻

1. 公开环境信息。公开环境信息是社会调整原则实现的基础，同时也强化了环境民主。社会调整环境保护，首先依赖于公众对影响环境的决策和行为、周边环境状况等有一定的了解和知悉。环境信息是社会调整环境决策的基础和保障。现代社会是信息社会。政府通过定期、不定期的环境监测、排污申报登记、环境行政许可等手段，收集并掌握着主要的环境信息。较其他信息来源而言，政府公布的环境信息的准确度和真实性较高。这些环境信息对于单位和个人参与环境决策至关重要。

环境信息公开还能强化环境民主，在公众与政府之间架起沟通的桥梁。监督政府的行为，了解政府做了什么，为什么这样做，这种做法是否准确，为评价环保部门行政行为提供信息基础。通过环境信息公开，公众也能监督排污企业的行为，化解公众与排污企业的矛盾。因此，环境信息公开能有效维护公民、法人和其他组织获取环境信息的权益，推动公众参与环境保护。但事实上，"环境信息下情上达的不通畅位居公众最不满意的环境问题之首"[1]。为此，必须加强环境信息的公开。

2. 鼓励专业团体的社会调整。在社会调整的主体中，自然人是最主要的。如《世界自然宪章》第23条规定，"人人都应当有机会按照本国法律个别地或者集体地参加拟定与环境直接有关的决定"。但我们更应鼓励专业团体的公众参与。环境保护涉及很多专业知识，一般公众知之较少，从而影响到参与的效果。专业团体拥有专业知识，容易沟通、交流和协调，能有效地参与到环境立法、环境决策中。专业团体作为利益较为独立的社会团体，能将一般公众的要求、愿望和建议集中起来，在公权力机关和企业之间发挥中介与桥梁作用，既避免纠纷的产生，又能有效地促进社会调整。

---

〔1〕 "（原）环保总局发布《环境影响评价公众参与暂行办法》"，载中国政府门户网站，http：//www.gov.cn/jrzg/2006_02/22/content_2079073_2.htm，2006年2月22日访问。

3. 建立社会调整的司法保障制度。社会调整原则的目的，在于在做出环境决策时，公众享有一定的知情权，并能通过一定的途径参与到环境决策中，表达其利益需求。当社会调整的权利被剥夺，环境决策中公众的意见没有被考虑或者没有被充分考虑时，公众可以请求法院予以救济。合理、有效的社会调整的司法保障制度，是社会调整原则得到有效贯彻的前提。2014 年修订的《环境保护法》第 58 条新增加了有关环境公益诉讼的条款，对污染环境、破坏生态，损害社会公共利益的行为，依法在设区的市级以上人民政府民政部门登记、专门从事环境保护公益活动连续 5 年以上且无违法记录的社会组织可以向人民法院提起诉讼。

第六节 环境资源利益平衡原则

一、环境资源利益平衡原则的概念

环境资源利益平衡原则是指在对环境资源的开发、利用、保护、改善等一系列社会活动的过程中，应该由国家在充分结合考虑环境自然资源的分布状况、承载能力及社会经济需求的基础上，对环境自然资源开发利用的范围、方式和程度等方面的问题作出合理的安排和规划，并以此为前提着力解决围绕环境资源而产生的不同利益主张的冲突，在环境资源的配置过程中统筹兼顾其自身特点及不同的利益需求，确保环境资源配置公平的实现。

二、环境资源利益平衡原则确立的理论基础

（一）环境公平理论

1. 环境公平理论的提出。20 世纪 80 年代，以美国黑人为主发起了一场新的民权运动，反对把黑人和少数民族社区用作污染严重的危险化学品工厂厂址和有毒废物填埋场。1987 年《必由之路：为环境正义而战》一书，首次使用了"环境正义"（environmental justice）来称呼这场运动，提出了环境公平问题。1990 年，美国国家环保局设立了"环境公平工作组"，促使环境公平概念为公众所接受。1996 年，大卫·E. 牛顿在《环境正义——参考手册》一书中提出了环境非正义、环境不公平、环境民主、环境种族主义和环境歧视等概念，它表达了黑人和其他少数民族对环境公平的要求，有力地推动了这场环境正义运动向纵深发展，引发了环境正义立法。环境公平概念在美国产生以后，很快在世界各国传播开来，中国也不例外。但迄今为止，环境公平理念没有在中国的环境法制中得到很好的体现。

2. 环境公平的界定。公平的基本内涵就是社会在人和人之间分配利益问题上所坚持的一种无偏无私的原则。环境公平理论在美国产生以后，各国学者从不同角度进行了阐述。美国国家环保局为加强环境执法，将环境公平界定为："在环境法律、法规、政策的制定、遵守和执行等方面，全体人民，不论其种族、民族、收入、原始国籍和教育程度，应得到公平对待并卓有成效地参与；公平对待是指，无论何人

均不得由于政策或经济困难等原因，被迫承受不合理的负担，这些负担包括工业、市政、商业等活动以及联邦、州、地方和部族项目及政策的实施所导致的人身健康损害、污染危害和其他环境后果。"[1]一个法国环境法学家将环境公平内容概括为三个方面："首先，它意味着在分配环境利益方面今天活着的人之间的公平；其次，它主张代际尤其是今天的人类与未来的人类之间的公平；最后，它引入了物种之间公平的观念，即人类与其他生物物种之间的公平。"[2]

我国学者分别从伦理学、政治学、法学和经济学等视角进行了释义。笔者认为，随着法学的不断发展，环境公平概念将不断得到补充和完善。传统法学从强调个人利益的个人中心主义，发展到强调人类整体利益的人类中心主义，从而实现人的利益的协调；从强调人的利益的人类中心主义，发展到强调人与环境共同利益的人类生态系统中心主义或生态中心主义，从而实现人与自然利益的协调。从法学发展现阶段来看，环境公平是指在环境资源的使用和保护上所有主体一律平等，享有同等的权利，负有同等的义务，从事对环境有影响的活动时，负有防止对环境的损害并尽力改善环境的责任；除有法定和约定的情形，任何主体不能被强加以环境费用和环境负担，任何主体的环境权利都有可靠保障，受到侵害时能得到及时有效的救济，对任何主体违反环境义务的行为都要予以及时有效的纠正和处罚。这里所谓的"所有主体"，在国际范围内，是指世界各国和各民族的人民；在一国范围内，包括国内各种族、各民族和各阶层的人民；在时间范围内，除当今世代，还应包含未来世代，这已为某些国际环境法文件和某些国家的司法判例所确认。从法理来看，虽然未来世代不能承受当今人类设定的法律权利和法律义务，但当今世代可以并且应当为未来世代承担法律和道德的义务，并担任他们的法定代理人，保护其环境权利。

当今时代应该合理使用和努力改善环境、保护资源，并将从使用中获得的知识和财富尽可能完整地留给未来世代，使未来的人们得到更优美的环境资源、更丰富的物质和精神财富和更全面的发展。这里的环境权利，是权利和义务的统一体。从享有的主体来分，包括个人环境权、单位环境权、国家环境权和人类环境权。个人环境权分为清洁空气权、清洁水权、风景权、环境美学权、宁静权、眺望权、通风权、日照权等。单位环境权则是单位有享用适宜环境的权利，也有保护环境的义务；"享用适宜环境"包括依法合理开发、利用环境资源，依法享受适宜的环境条件。国家环境权是指国家有享用适宜环境的权利，也有保护环境的义务，而人类环境权是人类作为整体有享用适宜环境的权利，也有保护环境的义务。

3. 环境公平的分类。根据不同的标准，环境公平有多种分类。

（1）从时间角度，分为代内环境公平和代际环境公平。代内环境公平是指：处

---

[1]　Institute of Medicine, Toward Environmental Justice, Washington, D. C.: National Academy Press, 1999, p. 1.

[2]　[法]亚历山大·基斯：《国际环境法》，张若思编译，法律出版社 2000 年版，第 3 页。

于同一代的人们和其他生命形式对来自资源开发以及享受清洁和健康的环境这两方面的利益都有同样的权利。代内公平既体现在一个国家内也体现在国际社会中。在一个国家内，是指同一代的人公平地获得共有的自然资源、当地大气中的清洁的空气、国家水流和领海中的清洁的水；同时，也提出了一个对私有财产的政府限制问题。在国际社会，代内公平是指公平地分配国际空气、水、海洋资源和其他公有资源。代际环境公平是指：全人类在过去、现在和将来共同拥有这个星球的环境；当代人和后代人对其赖以生存发展的环境资源有相同的选择机会和相同的获取利益的机会；不要求当代人为后代人作出巨大牺牲，也不允许当代人的消费给后代人造成高昂的代价；当代人有权使用环境并从中受益，也有责任为后代保护环境；在人与自然的关系中，每一代人都有相同的地位，没有理由偏袒当代人而忽视后代人；人类所有成员都具有平等的权利，每一代人都希望能继承至少与他们之前的任何一代人一样良好的地球环境，并能同上代人一样获得地球的资源；由于无法准确地预测后代人的喜好与能力，当代人应提供健康的环境以供后代人满足他们自己的喜好和能力。代际公平体现了当代为后代代为保管、保存地球资源的观念。为了将后代人的利益与政府决策联系起来，法国已成立后代人委员会。

（2）从内容角度，环境公平包括环境权利公平、环境机会公平、环境分配公平和环境人道主义公平等内容。环境权利公平，是指每一个人都具有平等的生存权、发展权、环境权和其他环境权益，主要是指公民环境权平等。环境机会公平，是指满足人对环境资源的不同层次的需要和不同的人对环境资源的不同层次的需要，以利于发挥每个人的潜能。环境分配公平，是指法律在配置环境资源时或政府在分配环境资源时，必须公平。环境人道主义公平，是指对于弱势群体、弱者，要实行照顾弱者、扶持弱者的政策，为其生存发展提供基本的环境资源条件。

（3）从空间角度，环境公平包括社会个体之间的公平、社会群体或集团之间的公平以及国家、区域之间的公平。其中区际公平包括：①在国际上，发达国家、地区和发展中国家、地区之间要实现公平；西方国家和东方国家之间、北方国家和南方国家之间要实现公平。②在国内，东部沿海地区和中、西部地区之间要实现公平；城市和乡村之间要实现公平。

（4）从要素角度，它包括资源开发利用的公平、环境资源收益的公平和环境保护责任的公平等问题。

（5）从伦理角度，它包括不同物种之间的公平，即人和非人类的其他自然体一样都有平等生存和发展的权利。这里的种际公平最能体现环境公平特色的内容。

（二）自然资源属性理论

1. 自然资源分布的地域性差异。自然资源的分布具有巨大的地域性差异，这种地域性差异不仅表现在不同类型的自然资源在不同地区的分布情况各不相同，而且就同一类型的自然资源而言，也往往在不同的地区有着不同的分布。比如，以我国的水资源为例，其分布状况明显地表现为南多北少、东多西少。受自然资源分布的地域性差异制约，不同地区自然资源满足该地区社会经济发展需要的程度是不同的，而且这种分布的差异性还必将对自然资源满足国家发展的总体需求产生不可忽视的影响。因此，自然资源分布地域性差异的客观事实，决定了需要在结合考虑其分布状况及社会总体需求的基础上，对其开发、利用、保护、管理等活动作出合理的规划和全面的安排，既在一定程度上保证经济与社会发展的区域性需求，更要通过总体上的制度设计着眼于满足国家发展战略的全局性需要。这一点对于我国而言具有特别的现实意义。这是因为在我国，自然资源的主要赋存地区与主要的开发利用地区并不一致，中西部地区蕴藏了丰富的自然资源但开发利用的水平和能力相对较低，东部地区自然资源相对匮乏但开发利用水平较高而且对自然资源的需求量巨大。客观形成的这种需求和供给在地区分布上的脱节，尤其需要通过在总体上的合理规划来填补不同地区之间自然资源需求与供给之间的巨大落差，促进和维持一国之内自然资源的总体供求平衡。

2. 自然资源多功能性及开发利用的多目标性所导致的潜在利益冲突。自然资源具有多种不同的社会经济和自然生态功能，比如森林资源，既可以防风固沙、保持水土，同时也可以供人们休憩观赏，或者为工业生产提供木材原料。自然资源的多功能性使其能满足社会不同方面的实际需求，这就决定了围绕自然资源展开的各种开发利用活动的主要目标也必然是不同的，目标的差异性实际上是针对自然资源形成的各种不同利益主张的主要外在表现，这也是产生潜在利益冲突的基本原因。由于自然资源社会关系的广泛性和复杂性，在自然资源开发利用过程中形成的利益冲突格局也是相当复杂的，它既可能表现为不同法律主体之间利益主张的对立，例如国家、集体、个人之间及其相互之间在某些方面和领域形成的利益对立的局面；也可能表现为同一生态区域之内不同地区之间利益主张的矛盾，例如在河流的上游与中、下游之间围绕水量分配、污染排放份额等问题产生的矛盾；还会表现为在上文中提及的自然资源供给地区与需求地区之间在既得利益分配上产生的矛盾等。这些冲突和矛盾是在自然资源的开发利用和保护管理过程中很难避免的，因此必须通过合理的规划逐步促成该问题的解决。促成自然资源在总体上的供求平衡只是对自然资源社会配置问题做出的初步解决，更为重要的是要在合理分配自然资源的同时协调和平衡各种不同的利益主张，在最大限度上实现自然资源配置的社会公平，该目标的实现从根本上有赖于利益平衡原则的全面贯彻与实施。

三、环境资源利益平衡原则的贯彻

1. 环境政策的制定过程要体现环境公平。在制定环境政策时，应弄清各不同利益主体的利益要求，然后加以系统地分析，使之进入决策者的视野。任何一项环境政策，不应该只由专家和管理者来完成。所有利益相关者都参与公正的、有序的决策过程，有助于解决共有的问题，而不会导致不同利益群体之间的激烈冲突。公众的广泛参与是实现环境公平的基础。参与能够促进政府与公众间的对话，使政府与公众之间协同一致，这一点将在环境政策具体制定与执行中体现得更为充分。

2. 合理规划与利益补偿。从我国现行的各部自然资源法律来看，绝大多数都以专门的法律条文甚至专章对制定自然资源规划作出了明确的规定。自然资源规划，主要是指根据经济社会发展需要和自然资源开发利用现状编制的开发、利用、节约、保护、管理自然资源的总体部署及特定专业领域的长期发展计划，大致可分为综合规划和专业规划两类。根据我国现行的法律规定，自然资源规划主要包括土地利用总体规划、水资源规划、林业长远规划、水土保持规划、防沙治沙规划、草原建设保护利用规划等方面的内容。无论对任何类型的自然资源，其规划编制所遵循的根本原则基本上是一致的，基本上体现在提高自然资源的利用效率和水平、加强对自然资源的生态保护、保障自然资源的可持续利用等方面。从其规定的主要内容来看，主要包括自然资源基础信息系统的建设及动态监测、自然资源开发利用的基本目标与措施、自然资源开发利用的范围方式和程度、相关自然资源规划之间的协调等方面。除此之外，我国现行的关于自然资源的法律大多都明确规定了各自然资源规划编制的基本程序和责任主体，从组织上保证了自然资源规划编制中全局性目标与局部性要求的协调一致，并为自然资源规划在现实中的贯彻与实施奠定了坚实的基础。

在整体上对自然资源的开发利用进行规划，难免会导致区域性或局部性对自然资源开发利用的利益要求受到限制，从而产生潜在的利益冲突。这个问题可能体现在自然资源开发利用的多个不同方面，比如水利工程建设中的移民问题、水量分配方案的确定问题、土地的用途管制问题、自然资源的征用问题、跨区域的自然资源调用问题等。基于这些问题产生的利益冲突如果没有得到很好地解决，各种自然资源规划的贯彻和实施势必举步维艰。因此，有关利益平衡的问题是对自然资源进行合理规划的重要环节，也是在编制各种自然资源规划时首先需要解决的基础性问题之一。当然，针对不同性质的矛盾，解决问题的方式也是不一样的。有些问题涉及基本的国计民生和社会的长远发展，需要采取强制措施保证公共利益的实现，比如对耕地采取的特殊保护措施；也有些方面涉及既得的局部或个体利益，那么在协调利益冲突的过程中就需要采取适当的补偿措施，比如"禁伐令"颁布之后中央和地方对林区职工的财政补贴等。比较而言，除了特定领域之外，通过建立适当的利益补偿机制协调和平衡各种利益主张的冲突和对立，是今后在该方面进行相关法律制度设计的重点领域。目前，在我国自然资源立法中，这方面的内容主要集中在各种财政优惠措施的运用上，今后应在此基础上逐步发展和形成以市场机制为基础的利益补偿机制。

3. 建立环境信息公开制度，确保环境知情权的实现。环境知情权是指全体社会成员包括公民、法人、其他社会组织及行政机关依法享有获取、知悉与环境问题和环境政策有关的环境信息的权利，是社会各主体参与环境保护、行使环境监督权的前提和基础。环境信息包括公共信息和个别信息，前者指有关单位向全社会发布的环境信息；后者指只有在特定主体提出要求的情况下才提供的个别信息。环境知情权不仅指公众对现行与环境保护有关的环境信息在宏观层面的知情，包括对与环境有关的政策和法律法规以及政府宏观发展规划基本情况的了解和掌握，对拟制定的有关政策和法律法规及规划可能对环境造成影响的认识和了解，对所处国家、地区、区域环境状况的资料的了解等，还指公众对与自身环境权益密切相关的环境信息在微观层面的知情，包括公众对在其所处区域从事各种危害或可能危害环境的开发建设活动的了解，对各种生产经营活动可能对周边环境造成不利影响及其预防对策的资料掌握等。

4. 建立自然资源贮备制度。自然资源代际转移是实现可持续发展的根本保证。当代人是未来几代人的资源和财富的代管者，当代人应考虑后代人的需要，由当代人确定对自然资源利用的社会贴现率和私人贴现率必然不可能表达下代人的愿望，从而也不能体现资源分配的代际公平原则。针对这种情况，我们要努力借鉴发达国家的成熟技术和经验。同时还要把目光转向可再生能源，即对核能、太阳能、风能、沼气的利用，通过替代品或技术来满足后代的需求。此外，还要改变以往粗放的经济模式，对于已经产生的环境废物，要循环利用，既能减少垃圾污染，又能产生经济效益，实现循环经济，促进人类与自然的协调与和谐发展。

5. 建立环境基金制度。在我国发展过程中，东部与西部、城市与农村发展的不平衡，使得东部地区和城市占有较多的环境收益。在市场经济条件下，这些地区是不会自动将收益返还给西部地区和农村的。国家通过强制性地征收环境税费，建立环境基金，实行转移支付，不仅有助于环境收益在地区间的公平分配，而且能够有效地防止落后地区的环境破坏。在保证当代人与后代人合理占有环境收益，促进代际公平方面，环境基金也可以发挥重要作用。

建立基金，关键要解决好基金规模、来源、使用、分配、管理等问题。公益基金的规模确定需要综合考虑国家宏观的环保目标、环保投资成本和运行成本分析、可能的基金融资渠道、相关利益方的态度、对相关产业部门的影响、基金的配置使用方式、适当的规模要求等多种因素，由政府部门在综合考虑上述各种因素的基础上，与各相关利益方协商确定最终规模；基金融资渠道的选择需要综合考虑融资渠道的可行性、资金来源的稳定性、可能的集资规模、对相关产业和部门的影响等多种因素；公益基金使用模式的选择应在借鉴国际经验的基础上，结合我国的具体情况，根据基金的支持目标、基金规模、发展潜力等因素来决定；公益基金分配应特别注重应用竞争性招标方式；公益基金管理模式需要在政府和独立机构模式中总结经验，特别是需要考虑和设计一种符合我国实际情况的管理模式。这种管理模式应取两者之长、避两者之短，是一种既能利用政府部门宏观调控作用，又能发挥不同专业机构管理特长的模式，即这种管理模式是一个由多个机构组成的、在管理上相互合作又相互监督的、体现公平、高效的管理模式。

6. 建立和完善生态补偿机制。建立和完善生态补偿机制，必须认真落实科学发展观，以统筹区域协调发展为主线，以体制创新、政策创新和管理创新为动力，坚持"谁开发谁保护、谁受益谁补偿"的原则，因地制宜选择生态补偿模式，不断完善政府对生态补偿的调控手段，充分发挥市场机制作用，动员全社会积极参与，逐步建立公平公正、积极有效的生态补偿机制，逐步加大补偿力度，努力实现生态补偿的法制化、规范化，推动各个区域走上生产发展、生活富裕、生态良好的文明发展道路。

7. 建立环境责任保险制度。对现有的相关法律、法规体系进行全面评估，完善现有环境污染责任立法，切实贯彻污染者付费原则和严格责任制度，并增加环境责任保险的内容，促使污染企业积极承担赔偿责任。

8. 警惕生态移民，加强国际环境合作。

（1）在国际交往中，我国要从维护环境安全出发，要警惕国外的"洋垃圾"打入国内，合理限制一些外商企业的活动，合理限制进口和入境外资企业，要求发达国家对敏感环境项目进行援助，让其承担治理环境污染的责任，尤其是在环境政策方面要严把关，禁止污染性强的产业进入国内，要处理好经济效益和环境资源使用之间的矛盾。同时我们自身更不要过度开采自然资源以偿还巨额债务或出口创汇，造成经济发展的恶性循环。

（2）积极参与国际环境合作，争取发达国家的资金援助和技术转让。

预防为主原则的新发展——风险防范原则

风险防范原则是环境资源法原则的发展成果，它是建立在现代工业生产的潜在风险之上的。我们知道，现代科学技术在生产领域的广泛利用，大大提高了生产效率，也创造出了种类繁多的新产品。但由于很多技术如转基因技术是首次应用于生产领域，它对整个地球环境的影响到底如何，我们既没有现成的经验可以参考，科学研究也还无法给出确定的答案，但由于这些技术在预防农业病虫害和提高粮食产量方面发挥着十分积极的作用，它在短时间内就得到了广泛的应用。这种情况的存在，使得地球环境面临着某种可能的风险，一旦不确定的危害发生，这种危害对整个地球环境的影响有可能是灾难性的！

我们知道，"风险"与"危险"是两个不同的概念，"危险"是只要条件具备，就必然会发生的一种危害；而"风险"是条件具备，是否发生并不能确定的一种危害，也就是说，可能发生也可能不发生的一种危害，即不确定的危害。风险的这种特性常会使得预防的政策也处于不确定状况之中，但为了避免风险危害发生后的财产、生命损害甚或是灾难性的后果，我们要求，凡是存在风险的技术，必须在该技术运用于生产领域之前，制定好预防这种危害发生的技术、政策和法律措施，以备不时之需。

一、理论思考

（一）名词解释

环境资源法的基本原则　协调发展原则　环境资源有偿使用原则　风险预防原则

（二）简答题

1. 简述环境资源有偿使用原则的意义。

2. 简述确立预防为主原则的必要性。

（三）论述题

1. 论述协调发展原则与可持续发展的关系。

2. 论述环境资源利益平衡原则的理论基础。

二、实务应用

（一）案例分析示范

案例一   电力公司输电线路的选择之争

A 电力公司拟架设一条 220KV 的输电线路以将周边地区的电能输送到城市内。有两种方案可供选择：第一方案是通过架设铁塔的方式将输电线架空，这种方案成本较低、容易操作，但输电线铁塔的架设不仅会直接影响沿线优美的自然景观，而且输电线产生的电磁辐射还可能会影响沿线科研单位电子仪器的正常使用，以及可能导致沿线数万居民的身体健康发生损害；第二方案是采用铺设管道的方法，将该输电线路通过地下埋设的管道予以隐蔽，此方案虽可以完全避免第一方案各种可能的危害发生，但建设成本比第一方案高出 3/4。[1]

问：环境政策以采取哪种方案为优？

【评析】根据预防原则，环境决策应当选择的最优方案是第二方案。因为无论从成本—效益分析，还是从环境风险的预防角度分析，选择第一方案的结果不仅将会对沿线的自然风景造成实质的损害，而且发生危害风险极高的电磁辐射将可能危及沿线科研单位精密仪器的正常使用，并且还存在着因此而导致沿线数万居民俱患疾病的可能。而所有这些危害一旦成为现实，其带来的社会成本将会更高。至于成本的提高，电力公司可以从供电收益中回收。但如果一旦风险出现或者危害已经造成，则电力公司还可能承担巨额赔偿费用以及将架空电线重新铺设和电线入地的费用。

案例二   地铁线路选择之争

为了缓解道路交通的压力，A 市政府决定以城市南北两大著名风景旅游景点作为基点投资兴建一条贯穿南北的地铁。但是，在项目的环境影响报告书编制过程中，编制人员发现设计方案中地铁线路将从位于城市北部理工大学校园的地下穿过，地铁产生的振动可能对教学科研使用的精密仪器产生影响以及影响正常的教学活动。于是编制人员提出了两个减缓环境影响的方案：①维持设计方案但必须采用减振措施；②修改设计方案使地铁通行线路绕开大学校园的地下。相比之下，第一方案较之于第二方案投入较少，但运用现有减振技术可以使地铁运行振动达到 A 市政府在 20 年前的振动标准，而不能满足精密电子仪器对周边振动环境的要求。而采用第二

---

〔1〕   案例来源：汪劲：《环境法学》，北京大学出版社 2006 年版，第 153 页。

种方案则会大大增加地铁的建设成本。[1]

问：如何选择一个既能使地铁项目正常兴建，又能够满足学校从事教学科研活动要求的方案？

【评析】在本案中，兴建地铁的目的是减缓道路交通的压力，提高 A 市市民的通行能力和满足人们对旅游景点的观光需要，如果兴建地铁的环境影响只涉及振动对学校的教学科研活动产生的不良影响，那么 A 市政府可以在核算各类成本及比较的基础上，采用两种方案促成地铁项目的兴建：①与学校协商并给予补偿，将可能受到振动影响的电子精密仪器实验室、学生宿舍和教学楼等搬离地铁线路的地上部分；②修改地铁线路设计方案绕开学校的校园。

案例三　造纸厂污染农户案

农户 A 和 B 从 20 世纪 80 年代开始分别从事水产品养殖和蔬菜种植业，养殖和种植用水均取自流经本村的 H 河流，他们的收益一直比较稳定。但从 20 世纪 90 年代开始，在 H 河流的上游建立了一个 C 造纸厂，造纸厂的废水直接排向了 H 河流，自此，A 和 B 的养殖和种植收益开始逐年递减。A 和 B 将 C 诉诸法院，要求 C 造纸厂赔偿逐年的经济损失并请求法院判令 C 从 H 河的上游搬走。

问：法院将如何判决？

【评析】按照"污染者负担原则"，农户 A 和 B 的养殖和种植损失应由 C 造纸厂赔偿。

根据有关环境侵权的法律规定，只要 A 和 B 能证明环境损害的存在，而 C 造纸厂又无法证明该损害不是由其排污行为造成的，法院就应当判令 C 造纸厂赔偿农户 A 和 B 的经济损失；另外，C 造纸厂作为一家严重的污染型企业，其选址不应当位于河流的上游，法院应当在实地调查及综合评估的基础上，作出是否搬迁 C 造纸厂的决定。

（二）案例分析实训
案例一　美国大西洋水泥公司案

美国大西洋水泥公司（Atlantic Cement Co. Inc.）附近的居民不满水泥公司所造成的灰尘、噪音和震动，诉请纽约州法院颁布禁令（injunction），勒令公司停止生产，进行赔偿。法院认定该公司确实构成了妨害（nuisance），原本已经符合判发禁令的要件，但是法院在本案件的审理中，运用利益衡量（interest balancing）解决污染纠纷，希望将环境价值和其他的价值作总的价值衡量妥协，因为被告人已经投资该工厂 4500 万美元，而且雇用了 300 多名工人，而原告的噪音损害不过 18.5 万美元，经济利益显然不相当，所以最终只判决被告人给付一定的安慰金，而拒绝颁布

---

〔1〕　案例来源：汪劲：《环境法学》，北京大学出版社 2006 年版，第 161 页。

禁令勒令水泥公司停工。

　　赞成法院判决的人有之，反对者也有之。反对者指出，法院的判决无异于颁发了一个允许污染的许可证给被告，使其从此以后的污染行为变得名正言顺了。[1]

　　问：你对该法院的判决如何评价？

案例二　牧场污染案

　　A 牧场于 1996 年开始养牛，3 年后，B 公司在牧场的北方开始兴建老人退休中心。A 牧场和 B 公司非常接近，由于 A 牧场所产生的臭气和灰尘随着南风吹进 B 公司的老人退休中心，严重影响了老人们的退休生活，更令老人们难以忍受的是 A 牧场招来的苍蝇，所以 B 公司诉请法院判令 A 牧场迁往他处。法院认定 A 牧场确实构成相邻侵害，但是由于 A 牧场在 B 公司兴建多年以前就已经存在于这个地方了，B 公司是自行迎向公害（coming to nuisance），所以除非 B 公司支付所有的搬迁费用，否则 A 牧场仍然有权在当地继续经营活动。[2]

　　问：你是否赞同法院的判决？说明原因。

案例三　大坝建设资料之争

　　地方政府 A 拟批准电力公司 B 在所辖的一条以风景优美闻名的河流上修建一个拦水大坝蓄水发电，公民 D 是在 C 地方注册的一个保护河流环保团体的成员，他在来该河流旅游的途中听导游介绍了 A 拟批准 B 在河流上游修建大坝的情况。为此，D 以保护河流环保团体的名义找到了 A 的主管机关 E，请求提供拟建大坝的环境影响等信息资料，但被 E 以保密为由予以拒绝。[3]

　　问：D 是否有权请求 A 或者 E 提供拟建大坝的信息资料？当 A 或者 E 未提供法定保密理由的证据予以拒绝时，D 是否可以向法院提起诉讼？

 参考书目

1. 韩德培主编：《环境保护法教程》，法律出版社 2003 年版。
2. 汪劲：《环境法学》，北京大学出版社 2006 年版。
3. 吕忠梅：《环境法学》，法律出版社 2004 年版。
4. 金瑞林主编：《环境与资源保护法学》，北京大学出版社 2006 年版。

---

[1]　案例来源：汪劲：《环境法学》，北京大学出版社 2006 年版，第 186 页。
[2]　案例来源：汪劲：《环境法学》，北京大学出版社 2006 年版，第 186 页。
[3]　案例来源：汪劲：《环境法学》，北京大学出版社 2006 年版，第 175 页。

第 三 章

环境资源法律制度

【本章概要】环境资源法律制度是指为了实现环境资源法的目的和任务，根据环境资源法的基本原理和基本原则所制定的，调整特定环境资源社会关系的一系列法律规范的总称。它是环境资源管理制度的法律化和规范化，是具有自身特征的一类环境资源法律规范。根据制度保护对象不同，可分为：环境资源法基本制度、污染防治制度、自然资源制度、灾害防治制度等。环境资源法基本制度主要包括环境资源权属制度、环境资源监督管理组织制度、环境影响评价制度、"三同时"制度、规划制度、许可制度、税费制度、奖励制度等；污染防治制度主要包括清洁生产促进制度、环境标准制度、环境监测制度、环境标志制度、生产者责任延伸制度、总量控制、排污交易制度、环境保护目标责任制度、环境事故报告和应急处理制度、城市环境综合整治定量考核制度、环境信息公开制度、淘汰落后工艺和设备制度、排污申报登记制度、现场检查制度、防止污染转嫁制度等；自然资源制度主要包括自然资源产权制度、自然资源调查制度、自然资源流转制度、自然资源档案制度、自然资源综合利用制度等；灾害防治制度主要包括防范与预警制度、恢复重建制度等。

【学习目标】通过对本章的学习使学生认识、理解环境资源法律的各项制度，获得治理和防止新的环境问题产生的基础知识和技能。通过对理论知识的学习，使学生了解实施环境影响评价制度、"三同时"制度、税费制度等环境资源法律制度对环境保护、维护生态平衡的意义和作用。

第一节　环境资源法律制度概述

一、环境资源法律制度的概念、特征和发展

环境资源法律制度是指为了实现环境资源法的目的和任务，根据环境资源法的基本原理和基本原则所制定的，调整特定环境资源社会关系的一系列法律规范的总称。它是环境资源管理制度的法律化和规范化，是具有自身特征的一类环境资源法律规范，主要具有以下特征：①环境资源法律制度具有特定性。环境资源法律制度不像环境资源基本原则那样具有适用上的广泛性，而是只适用于环境资源管理的某一方面，只调整在开发、利用、保护、改善环境资源过程中发生的某一特定部分或方面的社会关系。因此其适用的对象、范围、程度以及所采取的措施、法律后果都是特定的，在一定程度上避免了适用法律的随意性。②环境资源法律制度具有系统

性和相对完整性。环境资源法律制度通常不是由某一个法律条文或某一个法律规范所组成，而是由一系列的法律规范所组成。这些规范之间相互关联、相互补充、相互配合，共同构成一个相对完整的系统。如果把整个环境资源体系作为一个大系统的话，那么每一个环境资源基本法律制度都可以构成一个小的子系统。这一点是区别环境资源基本法律制度与环境资源法律原则和措施的主要标志。正因为环境资源法律制度有系统性的特征，所以环境资源法律制度的健全与完善对于促进环境资源法律规范的系统化、条理化以及环境资源体系的完善都有着重要的意义。同时，环境资源法律制度的健全和完善也可以为规范化的环境管理提供法律保证。③环境资源法律制度具有较强的可操作性。由于环境资源法律制度具有特定的适用对象和具体而完整的规则系统，因而便具有较强的可操作性，容易得到有效的贯彻实施。④环境资源法律制度具有较强的约束性。环境资源法律制度规范多属于强制性规范，而且环境资源法律制度对环境资源法律关系主体的权利义务和承担法律后果规定的很明确，因而具有较强的约束性。

　　我国的环境资源法律制度，自1979年《环境保护法（试行）》中规定了环境影响评价制度、征收排污费制度和"三同时"制度以来，经过几十年的发展，环境资源中的管理制度日益丰富和完善，特别是1992年巴西里约热内卢联合国环境与发展大会召开以来，我国的环境资源基本法律制度建设取得了巨大的成绩。目前，比较成熟的环境资源基本法律制度主要有环境影响评价制度、环境资源计划与规划制度、"三同时"制度、限期治理制度、环境事故报告和应急措施制度、环境监测制度、排污申报登记、排污许可制度、环境标准制度、环境保护设备正常运转制度、环境保护目标责任制度、城市环境综合整治定量考核制度、清洁生产制度、自然资源产权制度、自然资源调查制度、自然资源利用许可制度、自然资源流转制度、综合利用制度等。目前，结合市场经济和环境保护的实践，正在建立和发展的环境资源基本法律制度有环境与发展综合决策制度、环境标志制度、落后工艺设备限期淘汰制度、公众参与制度、环境信息制度、风险预防制度、环境基金和责任保险制度、污染集中处理制度、落后设备与工艺的淘汰制度、污染物的总量与浓度控制结合的制度、环保税制度、排污权交易制度、生态补偿制度、生态损害赔偿制度、生态保护红线制度等新的制度。这些具体的环境资源基本法律制度虽然已逐渐组合成体系比较完备，结构比较严密，内外比较衔接的环境资源基本法律制度体系，但仍面临着进一步市场化以及与国际接轨的挑战，尤其是制度本身设计受我国政治经济体制的约束而存在一定问题。因此，我国环境资源法律制度仍需进一步完善。

　　二、环境资源法律制度的分类

　　环境资源法律制度是由多项制度组成的制度体系，每一种制度的对象、功能、性质和适用阶段也不同，从不同角度，可以对环境资源法律制度进行如下分类：

　　1. 根据制度保护对象不同，可分为环境资源法基本制度、环境保护制度、自然资源保护制度、灾害防治制度等。环境资源法基本制度主要包括环境资源权属制度、环境资源监督管理组织制度、环境影响评价制度、"三同时"制度、规划制度、行政许可制度、税费制度、奖励制度等；环境保护制度主要包括限期治理制度、环境事故报告和应急措施制度、环保税制度、排污申报登记、环境标准制度、环境保护设备正常运转制度、环境保护目标责任制度、城市环境综合整治定量考核制度、清洁生产制度、排污权交易制度、废弃物综合利用制度等；自然资源保护制度主要包括自然资源产权制度、自然资源调查制度、自然资源流转制度、自然资源档案制度、自然资源综合利用制度等；灾害防治制度主要包括防范与预警制度、恢复重建制度等。

2. 根据制度的功能不同，可分为预防性制度、基础性制度、治理性制度等。预防性制度主要包括规划制度、行政许可制度、环境影响评价制度、"三同时"制度、生态环境破坏事故防范与预警制度等；基础性制度主要包括监测制度、排污申报登记、环境标准制度、自然资源调查制度、自然资源档案制度等；治理性制度主要包括限期治理制度、生态环境建设制度等。

3. 根据制度的性质不同，可分为经济性制度、技术性制度、行政性制度、社会性制度等。经济性制度主要包括税费制度、奖励制度等；技术性制度主要包括环境资源监测制度、环境标准制度、清洁生产制度等；行政性制度主要包括行政许可制度、限期治理制度、现场检查制度等；社会性制度主要包括公众参与制度等。

4. 根据制度的适用阶段不同，可分为行为前适用制度、行为过程中适用制度、行为后适用制度、行为全过程适用制度等。行为前适用制度主要包括环境资源规划制度、环境影响评价制度、"三同时"制度等；行为过程中适用制度主要包括环境资源监测制度、环保税制度、排污申报登记制度等；行为后适用制度主要包括环境事故报告和应急措施制度、限期治理制度、生态环境恢复和建设制度等；行为全过程适用制度主要包括清洁生产制度等。

本章按照第一种分类方法介绍主要的环境资源法律制度。

第二节 环境资源基本法律制度

一、环境产权制度

（一）环境权的概念和性质

1. 环境权的概念。环境权是指环境法律关系主体享有健康、良好环境和合理利用环境资源的基本权利。根据环境法律关系主体的不同，环境权包括公民环境权、单位环境权、国家环境管理权、自然体环境权等内容；根据环境权利内容的不同，环境权包括适宜环境享有权、开发利用环境资源权、参与环境管理权，以及环境检举权、控告权、监督权、知情权、诉讼权等各种具体权利；根据法律规范形式的不同，环境权包括宪法中的环境权、行政法中的环境权、民法中的环境权、诉讼法中的环境权等。

2. 环境权的性质。环境权是一项新型的人权，是每个人、每一个公民赖以维持其生存和发展的与生俱来的不可剥夺的基本权利，它既是一项法律权利，同时也是一项自然权利，是不能剥夺的。环境权是一项主体广泛的权利，它既是一项个人权利，也是一项集体权利，同时还是一项代际权利。权利主体很广泛，它不仅包括公民、法人及其他组织、国家乃至全人类，还包括后代人，实现代内平等和代际公平。环境权是一项价值取向多重的权利，它既体现人的权利，也反映自然的权利，希望实现人与自然的和谐。

3. 环境权的提出与确立。从人权条约来看，享有良好健康的环境是一个公民不可剥夺的与生俱来的基本人权。人人享有生命、健康的权利，有追求舒适、幸福生活的权利，人人有生存权、发展权。公民的环境权是公民生存、发展的基础和先决条件。联合国《经济、社会及文化权利国际公约》第 7 条宣告："缔约国承认人人有权享有公正和良好的工作条件"，缔约国特别要保证"安全卫生的工作条件"。第 12 条要求缔约国"改善各个方面的环境卫生和工业卫生"。

但单独对"环境权"的提出、讨论和研究始于 20 世纪 60 年代初。环境权作为一种基本而迟来的法律权利，是 20 世纪六七十年代世界性环境危机和环境保护运动的产物。20 世纪 50 年代以后，不断出现震惊世界的"八大公害事件"，当时面临着十分严峻的环境问题，严重影响了人的生命、健康、生存等权利。环境权便作为环境危机时代全面协调人类与环境关系的产物而形成和发展。

环境权概念最初是由西德的一位医生提出的。1960 年，西德一位医生向欧洲人权委员会提出控告，认为向北海倾倒放射性废物属于侵犯人权的行为，违反了《欧洲人权条约》中关于保障清洁卫生的环境的规定。但由于《欧洲人权条约》中没有明确规定环境权的内容，该医生的控告被驳回。尽管该医生的控告遭到失败，但它却引发了是否要把环境权追加进欧洲人权清单的讨论。

1960 年环境权主张的提出引起了争论，即公民要求保护环境，要求在良好环境中生活的宪法根据是什么？因为按照传统的宪法及民法理论，公民无权对与自己无关的财产提出权利要求，所以公民对作为无主物的空气、水、阳光等环境要素是不能提出权利要求的。于是有的学者在"公共财产论""公共委托论"的基础上，认为环境权是公民最基本的权利之一。在这场争论中，1969 年美国密歇根州立大学一位教授以"公共信托理论"为依据，提出了公民享有环境权的理论。密执安大学的萨克斯（Sax）教授提出了"环境公共财产论"和"环境公共委托论"。他认为，空气、水、阳光等人类生活所必需的环境要素，在当今受到严重污染和破坏，不应再视为"自由财产"而成为所有权的客体，环境资源就其自然属性和对人类社会的重要性来说，它应该是全体国民的"共享资源"，是全体国民的"公共财产"，任何人不能任意对其占有、支配和损害。为了合理支配和保护这一"共有财产"，共有人委托国家来管理。

1970 年 3 月，国际社会在日本东京举行了由 13 个国家参加的 "公害问题国际座谈会"，在会后发表的《东京宣言》第 5 项指出："我们请求，把每个人享有其健康和福利等要素的环境的权利和当代传给后代的遗产应是一种富有自然美的自然资源的权利，作为一种基本人权，在法律体系中确定下来。"

1970 年 9 月召开的 "日本律师联合会第 13 届人权拥护大会" 上，日本的两位律师也作了题为《"环境权"的法理》的报告。该报告倡议将各种有关环境的权利称为"环境权"，并指出，"为了保护环境不受破坏，我们有支配环境和享受良好环境的权利；基于此项权利，对于那些污染环境、妨害或将要妨害我们的舒适生活的行为，我们享有请求排除妨害以及请求预防此种妨害的权利"。从而更为具体地提出了环境权的概念。关于环境权的研究讨论和立法实践引起了国际社会的高度重视。

1969 年公布的美国《国家环境政策法》与日本的《东京都公害防止条例》，都明确规定了"环境权"。

美国的《国家环境政策法》第一篇中，对国家及公民在保护环境方面的权利与义务作了具体规定，该篇第 3 条强调，"国会认为，每个人都应当享受健康的环境，同时每个人也有责任对维护和改善环境作出贡献"。

当时被称为"公害大国"的日本亦在 1969 年制定的《东京都公害防止条例》序言中明确规定："所有市民都有过健康、安全以及舒适的生活的权利，这种权利不能因公害而滥受侵害。"这些立法实践不仅对于环境权的形成和发展起到了极大的推进作用，同时还将环境权的讨论和研究引向深入。

环境权首次得到国际上的承认是在 1972 年 6 月在瑞典首都斯德哥尔摩召开的联合国人类环境会议及通过的《人类环境宣言》。这是第一次人类环境会议，113 个国家和一些国际机构 1300 多名代表参加了会议。会议普遍接受了环境权的观点，并在会议所发表的《人类环境宣言》中确认，"人类有权在一种能够过尊严的和福利的生活的环境中，享有自由、平等和充足的生活条件的基本权利，并且负有保护和改善这一代和将来的世世代代的环境的庄严责任"。"按照联合国宪章和国际法原则，各国有按照自己的环境政策开发资源的主权，并有责任保证在各自管辖和控制之内活动，不该损害其他国家的环境或本国管辖范围以外地区的环境"。这样《人类环境宣言》把环境权作为基本人权规定下来。环境权是具有人权属性的，同样是不可代替、不可剥夺、不可转让的基本权利。有些学者认为将环境权作为一项新的人权，是继法国《人权宣言》、苏联《宪法》、《世界人权宣言》之后人权历史发展的第四里程碑。

1992 年 6 月，联合国环境与发展会议在巴西的里约热内卢隆重举行。参加会议的有来自 158 个国家及国际性、地区性组织的 1500 名代表，其中有 118 位国家元首和政府首脑。环境会议通过的纲领性文件——《里约环境与发展宣言》原则 1 指出"人类处于环境关系的中心，环境质量取决于人类基本需要的满足，人类应该过着一种健康的生活，免于饥饿，疾病和贫困之苦"。从 1972 年斯德哥尔摩人类环境会议，到 1992 年巴西里约热内卢会议，再到 2002 年南非约翰内斯堡全球环境峰会，全球各国人民共同致力于改善地球环境，旨在保护地球环境，维护人类的环境权，提高人类生存质量。

从 20 世纪 70 年代初，欧洲人权会议组成 80 人的专家委员会，致力于将"人类在免受环境危害的这个星球上继续生存下去的权利"作为新的人权原则进行国际法编纂。在 1973 年维也纳欧洲环境部长会议上制定的《欧洲自然资源人权草案》中已经肯定环境权是一项新的人权，并将其作为《世界人权宣言》的补充。

欧洲人权会议还为环境权的确立进行了广泛的工作，旨在引起全世界对环境权的重视，使其成为世界性的而不是为欧洲所特有的概念。从此，环境权的人权学说开始流传，并在事实上使环境权借助于富有革命性的人权而获得了发展。欧洲人权会议历经 10 年的讨论和研究，终于 20 世纪 70 年代接受了环境权的主张。同时，《非洲宪章》宣示："各民族有权享有有利于其发展的普遍良好的环境。"

从此，环境权作为一项人类应当享有的基本人权，得到国际社会的普遍认可，不但在国际重要法律文件中有关于环境权的规定，而且许多国家进入环境权立法实践，在各国《宪法》和相关法律中确立、肯定环境权。

目前我国在宪法中还未对公民环境权予以规定，但是在相关环境资源立法中已逐步开始重视环境权的立法工作。如 2014 年《环境保护法》和 2015 年《最高人民法院关于审理环境民事公益诉讼案件适用法律若干问题的解释》对环境请求权、环境诉讼权予以规定；2019 年《政府信息公开条例》对环境知情权和环境决策和参与权予以规定；2018 年《最高人民法院、最高人民检察院关于检察公益诉讼案件适用法律若干问题的解释》以下简称《解释》对环境检举、控告权予以规定；2019 年 6 月 5 日施行的《最高人民法院关于审理生态环境损害赔偿案件的若干规定（试行）》对环境损害赔偿权予以规定。

（二）不同环境权的保护制度

根据环境权利内容的不同，国际环境法律针对不同的环境权利规定了相应的具体的法律保护原则、制度与措施，这里分类说明如下：

1. 健康（良好）环境享有权的保护。它是指公民合法享有适宜良好健康环境的权利。它具体包括日照采光权、眺望权、景观权、通风权、清洁水权、清洁空气权、宁静权、嫌烟权、环境美学权、环境资源共享权、环境福利权、享有自然权等。

联合国《21 世纪议程》第六章要求："6.5. 各国政府和地方当局，在相关的非政府组织和国际组织资助之下，应当根据各国具体的情况，加强其卫生部门方案，特别要注意乡村的需要，以便：（a）建立卫生基础设施、监测和规划系统：①发展和加强切实可行的、立足于社区的、科学上可靠的、可被社会所接受的和适合各国需要的基本保健制度，以及满足清洁用水、安全食品和卫生方面的基本保健需要……"第七章"促进人类住区的可持续发展"要求："7.16.（d）制订下列方面的地方性战略：改善生活素质和环境，综合作出关于土地使用和土地管理的决定，向公共部门和私营部门投资，以及动员人力和物质资源，从而促进在无害环境和保护人类健康的情况下制造更多的就业机会"。

2. 环境请求权的保护。公民和单位有权请求政府部门保护、维护自己的生产环境、生活环境免受破坏、损害，有权要求政府部门改造、保护自己的生产、生活环境，使其更加优美、舒适，公民和单位在自己的环境权受到损害后，有权向政府主管部门请求保护，要求引起损害发生的人或单位停止侵害，消除危险，恢复良好环境。

联合国《人类环境宣言》宣布："保护和改善人类环境是关系到全世界各国人民的幸福和经济发展的重要问题，也是全世界各国人民的迫切希望和各国政府的责任。""各地方政府和全国政府，将对在他们管辖范围内的大规模环境政策和行动，承担最大的责任。"这要求政府部门向公民承担因其大规模环境政策和行动应负的环境决策领导责任。

1992 年联合国《里约环境与发展宣言》原则 10 要求："……应让人人都能有效地使用司法和行政程序，包括补偿和补救程序。"这要求政府部门对公民的环境损害请求处理提供行政救济，政府有提供补偿或补救的义务。

3. 环境损害赔偿权的保护。它是指一切单位和个人对来自外界的不利公民的生命健康、生活环境的因子，如恶臭、毒气、辐射、噪声、脏物、脏水、病毒原、粉尘等对公民身体、健康及生活环境造成损害，有权要求引起损害发生的人、单位、国家予以赔偿的权利。如我国 2019 年 6 月 5 日起施行的《最高人民法院关于审理生态环境损害赔偿案件的若干规定（试行）》明确规定：①发生较大、重大、特别重大突发环境事件的以及在国家和省级主体功能区规划中划定的重点生态功能区、禁止开发区发生环境污染、生态破坏事件等情形，省级、市地级人民政府及其指定的相关部门、机构或者受国务院委托行使全民所有自然资源资产所有权的部门可以作为原告提起诉讼。②首次将"修复生态环境"作为生态环境损害赔偿责任方式，明确生态环境能够修复时应当承担修复责任并赔偿生态环境服务功能的损失，生态环境不能修复时应当赔偿生态环境功能永久性损害造成的损失，并明确将"修复效果后评估费用"纳入修复费用范围。赔偿资金应当按照法律法规、规章予以缴纳、管理和使用。③将磋商确定为提起诉讼的前置程序，原告在与损害生态环境的责任者经磋商未达成一致或者无法进行磋商的，可以提起生态环境损害赔偿诉讼。

4. 环境检举、控告权的保护。它是指一切单位和个人对一切破坏环境资源、污染环境的活动和行为有向政府部门反映、检举、控告的权利。

不少国际条约、软法文件规定了环境检举、控告权，但较原则，缺乏操作性，可以从下列方面完善环境检举、控告权：①检举控告的方式、途径、权利保障；②对检举、控告的处理；③对检举、控告人的奖励；④赋予检举、控告人诉权。如《解释》对检察公益诉讼案件的规定有以下几处亮点：①更加合理、明确地界定了检察机关提起诉讼的身份，规定人民检察院以公益诉讼起诉人身份提起公益诉讼，依照《民事诉讼法》、《行政诉讼法》享有相应的诉讼权利，履行相应的诉讼义务，但法律、司法解释另有规定的除外。②在民事公益诉讼和行政公益诉讼的基础上，增加了刑事附带民事公益诉讼这一新的案件类型，明确规定人民检察院对破坏生态环境和资源保护、食品药品安全领域侵害众多消费者合法权益等损害社会公共利益的犯罪行为提起刑事公诉时，可以向人民法院一并提起附带民事公益诉讼，由人民法院同一审判组织审理。检察院提起的刑事附带民事公益诉讼案件由审理刑事案件的人民法院管辖。③进一步完善了检察公益诉讼的诉前程序，规定在提起民事公益诉讼前，检察机关应当以公告的方式告知法律规定的机关和有关组织提起诉讼，并且规定检察机关已履行诉前公告程序的，法院立案后不再进行公告。在提起行政公益诉讼前，检察机关应当向行政机关提出检察建议，督促其依法履行职责，行政机关应当在2个月内依法履行职责，并书面回复。④细化了检察公益诉讼案件的受理条件和程序。一是落实立案登记制要求，规定检察院提起的诉讼符合《民事诉讼法》《行政诉讼法》及本解释规定的起诉条件的，法院应当登记立案。二是明确检察院提起公益诉讼的条件，包括诉前程序和应当提交的起诉材料等。⑤明确了行政公益诉讼的裁判方式，强调检察院撤回起诉的，法院应当裁定准许；检察院变更诉讼请求，请求确认原行政行为违法的，法院应当判决确认违法。同时，《解释》还以列举的方式规定了行政公益诉讼案件的裁判方式。

5. 环境诉讼权的保护。环境诉讼权是指公民或单位的生产、生活环境，公民的生命、健康受到外界环境的损害时有权向司法部门提起诉讼，要求引起损害发生的人承担停止侵害、排除妨碍、赔礼道歉、赔偿损失等民事责任。

环境诉讼救济是保护公民环境权的最后手段，也是其他救济的后盾和关键，必须进行完善的规定，尤其是扩大公民、单位的环境诉权。在欧盟，为了保障欧盟环境法的实施，公民可以提起司法诉讼。例如，绿色和平组织已经提起和进行过多次诉讼，以保障欧盟环境法规和指令的实施。如我国2014年《环境保护法》第58条规定：对污染环境、破坏生态，损害社会公共利益的行为，符合下列条件的社会组织可以向人民法院提起诉讼：①依法在设区的市级以上人民政府民政部门登记；②专门从事环境保护公益活动连续5年以上且无违法记录。符合前款规定的社会组织向人民法院提起诉讼，人民法院应当依法受理。提起诉讼的社会组织不得通过诉讼牟取经济利益。2015年《最高人民法院关于审理环境民事公益诉讼案件适用法律若干问题的解释》第1条规定法律规定的机关和有关组织依据《民事诉讼法》第55条、《环境保护法》第58条等法律的规定，对已经损害社会公共利益或者具有损害社会公共利益重大风险的污染环境、破坏生态的行为提起诉讼，符合《民事诉讼法》第119条第2项、第3项、第4项规定的，人民法院应予受理。

6. 环境知情权的保护。环境知情权又称环境信息权，是公民有关心和了解本单位、本地区、本国乃至世界的环境状况、国家的环境管理活动以及自身的环境状况等有关环境的信息的权利。与公民的环境知情权相对应的则是环境信息公开，又称环境信息披露。环境信息公开一般来说有两个方面的含义：①有关公民环境权利行使和运作的过程和结果向社会和公众公开；②国家机关拥有和掌握的环境信息向社会公开。

联合国《里约环境与发展宣言》原则 10 规定："……在国家一级，每一个人都应能适当地获得公共当局所持有的关于环境的资料，包括关于在其社区内的危险物质和活动的资料，并应有机会参与各项决策进程。各国应通过广泛提供资料来便利及鼓励公众的认识和参与……"

联合国《气候变化框架公约》第 6 条要求"……各缔约方应：（a）在国家一级并酌情在次区域和区域一级，根据国家法律和规定，并在各自的能力范围内，促进和便利：……公众获取有关气候变化及其影响的信息……"

欧洲环境部长级会议于 1998 年 6 月 25 日在《欧盟关于一定公共和私人项目环境影响评价指令》第 6 条第 2 项规定："成员国应保证将开工批准申请和根据第 5 条规定收集的信息在一定的合理时间之内向公众公开，以便有关公众有机会在该项目开工批准之前提出他们的意见。"第 9 条规定："在批准或不予批准开工申请决策之后，主管当局应根据适当的程序将此事宜通知公众，并向公众提供下列信息：决策的内容以及附带的条件；决策时考虑的主要事项及其原因；必要时，对避免、削减和消除重大负面影响的主要措施所作的说明。"

联合国《21 世纪议程》第五章"人口动态与可持续能力"："（c）编制资料和提高公众意识"要求："5.12. 应当使人们更加认识到提高妇女地位与人口动态之间的基本联系，特别是使妇女有接受教育、利用初级和生产保健方案、实现经济独立的机会以及有效、公平地参与各级决策。""5.13. 应通过技术性报告、科学杂志、新闻媒介、讲习班、论坛或其他途径，将与可持续发展问题有关的研究结果予以传播，使各级决策者可以利用这种资料，并提高公众意识"。

"5.10. 应以适当格式编制社会人口资料，把物质、生物、社会经济数据贯穿起来。应编制相容的空间和时间尺度、跨国资料和时间序列资料以及全球行为指标，并且要了解当地社会的观念和态度。""5.11. 应在各级上使人们更加认识到有必要通过有效的资源管理，使资源的可持续使用达到最佳效果，同时考虑到发展中国家的人口的发展需要。"《21 世纪议程》第五章中"建立和加强国家信息库"规定："应该建立和（或）加强关于人口趋势和因素与环境的国家数据库，按生态地区分列数据（生态系统法），并应按区域编制人口/环境概览。"

1998 年，35 个来自欧洲和中亚的国家在丹麦奥尔胡斯签署了《奥尔胡斯公约》，随后又有 39 个国家也加入了该公约。核心内容是强调保护公众的环境信息知情权：要求签约国每隔 3~4 年出版一份《环境状况公报》。明确规定了政府部门对公众提供环境信息的义务：除非公民请求的环境信息会对国防或者公共安全或其他法定的保密事项造成不利影响，政府部门应在公众获取环境信息的请求提交后 1 个月内予以答复；政府部门应具备并不断更新与其自身职能相关的环境信息。

　　环境状况知情权在环境法的一些基本制度如环境影响评价、污染权交易、环境标准等多项制度中也有所反映。环境状况知情权主要是由法定程序来加以保障的一项权利。有关获得环境信息的程序立法在此就尤为重要，国民如何获得信息，获得何种信息，对于获得的信息的反馈有无途径等。如 2019 年《政府信息公开条例》（以下简称《条例》）有助于更好推进政府信息公开，切实保障人民群众依法获取政府信息：①扩大主动公开的范围和深度。《条例》规定：设区的市级、县级人民政府及其部门，乡（镇）人民政府应当根据本地方的具体情况主动公开与基层群众关系密切的政府信息。建立健全政府信息管理动态调整机制，要求行政机关对不予公开的政府信息进行定期评估审查，对因情势变化可以公开的政府信息应当公开；建立依申请公开向主动公开的转化机制，行政机关可以将多个申请人申请公开的政府信息纳入主动公开的范围，申请人也可以建议行政机关将依申请公开的政府信息纳入主动公开的范围，以此推动公开工作深入开展。②明确政府信息公开与否的界限。《条例》明确政府信息公开与否的界限，推动政府信息依法公开。根据《条例》，除不予公开的政府信息外，政府信息应当公开。不予公开的政府信息包括：依法确定为国家秘密的政府信息，法律、行政法规禁止公开的政府信息，公开后可能危及国家安全、公共安全、经济安全、社会稳定的政府信息。涉及商业秘密、个人隐私等公开会对第三方合法权益造成损害的政府信息行政机关不得公开。但是，第三方同意公开或者行政机关认为不公开会对公共利益造成重大影响的，予以公开。根据《条例》，行政机关内部事务信息、过程性信息、行政执法案卷信息可以不予公开。③完善依申请公开的程序规定。《条例》完善了依申请公开的程序规定，明确了公开申请提出、补正申请内容、答复形式规范、征求意见程序等内容，并要求行政机关建立健全政府信息公开申请登记、审核、办理、答复、归档的工作制度，加强工作规范。

　　7. 环境决策和参与权利的保护。环境决策和参与权利是指公众有参加有关对环境有影响的决策活动和环境保护活动的权利，即公众有要求政府在制定有关环境与发展的政策、法律、法规，确定有关环境与发展战略计划，确定开发建设项目的环境可行性，有关部门的环境决策行为时，通过各种途径，听取公众意见，接受公众监督，取得公众认可的权利。

　　1972 年《联合国人类环境宣言》申明了共同的信念："人类有权在一种能够过着尊严和福利的生活的环境中，享有自由、平等和充足的生活条件的基本权利，并且负有保护和改善这一代和将来的世世代代的环境的庄严责任。""为了保证不使生态环境遭到严重的或不可挽回的损害，必须制止在排除有毒物质或其他物质以及散热时其数量或集中程度超过环境能使之无害的能力。应该支持各国人民反对污染的正义斗争"。

　　为了纪念联合国人类环境会议召开 10 周年，促使世界环境的好转，1982 年 5 月国际社会 105 个国家和 149 个国际组织的代表 3000 多人，在肯尼亚首都内罗毕召开了人类环境特别会议，并通过了《内罗毕宣言》。宣言号召"应通过宣传、教育和训练，提高公众和政界人士对环境重要性的认识。在促进环境保护工作中，必须每个人负起责任并参与工作"。

1992 年里约环境与发展大会通过的《里约环境与发展宣言》原则 10 宣告："环境问题最好是在全体有关市民的参与下，在有关级别上加以处理。在国家一级，每个人都应能适当地获得公共当局所持有的关于环境的资料，包括关于在其社区内的危险物质和活动的资料，并应有机会参与各项决策进程……"

里约大会通过的联合国《21 世纪议程》强调："要实现可持续发展，基本的先决条件之一是公众的广泛参与决策。"《21 世纪议程》第三编"加强各主要群组的作用"用了一整编共 10 章节的篇幅专门论述了包括公众参与问题在内的环境民主问题，特别强调加强个人、团体和非政府组织在履行已商定的计划中的作用，认为公众的广泛参与和社会团体的真正介入是实现可持续发展的重要条件之一。《21 世纪议程》第二十三章序言"23.1. 为求有效落实《21 世纪议程》所有方案领域内各国政府所同意的目标、政策和办法，所有社会群组的赞助和真正的参与将是极其重要的。""23.2. 要实现可持续的发展，基本的先决条件之一是公众广泛参与决策。此外，在环境和发展这个较为具体的领域，需要新的参与方式，包括个人、群组和组织需要参与环境影响评价程序以及了解和参与决策，特别是那些可能影响到他们生活和工作的社区的决策。个人、群组和组织应有机会取得国家当局掌握的有关环境和发展的资料，包括关于对环境有或可能有重大影响的产品和活动的资料和关于环境保护措施的资料"。《21 世纪议程》第八章"将环境与发展问题纳入决策进程"要求："8.3. 总目标在于改进或改变制订决策程序，以期使社会经济和环境问题可以全面结合，并保证大众更广泛地参与。认识到各国将根据其普遍条件、需求、国家计划、政策和方案来制定本身的优先次序，提出下列各项目标：……（c）建立或改善机制，促使有关个人、团体和组织参与所有各级的决策……"《21 世纪议程》要求所有国家都应制定政策，以提高分配资源方面的效率，并充分利用全球经济环境改变而出现的机会。特别是，各国应斟酌情况，并考虑到国家战略和目标：（b）促进行政和决策方面的透明度。《21 世纪议程》强调妇女和社区的权利与作用，其第三章"消除贫穷"提出："必须在社会各阶层都实现可持续发展。各种人民组织、妇女团体和非政府组织是创新和在地方一级采取行动的重要泉源，它们对推动可持续生计有强烈的兴趣和已经证实的能力。各国政府应同有关的国际和非政府组织合作，支持由社区推动的迈向可持续性的办法，除别的以外，其中包括：（a）通过让妇女充分参与决策来增强她们的能力；（b）尊重原住民及其社区的文化完整和各种权利；（c）推广或建立基层机制，使社区之间能够分享有关的经验和知识；（d）使各社区大量参与对当地自然资源的可持续管理和保护，以增强他们的生产能力；（e）建立基于社区的学习中心网，以推动能力建设和可持续的发展。"

8. 环境结社权利及相关活动权利的保护。在现代社会中，结社权通常被视为公民的政治权利，实际上就是参与政府管理与影响公共政策的权利，其最终目的是取得社群成员及其利益相关人实现利益分配的资格。所谓环境结社，简言之，就是组织成立环境社会团体的意思。我们对环境结社这种作为公民的政治权利给出一个定义：即环境结社是为了影响环境政策的制定与实施最终达到社群成员及其利益相关人实现环境权益分配的群体行为。欧洲人权法院认为，《欧洲人权公约》所保障的"结社自由"中的"社团"概念，是指由人民自发组织而非法律规定必须组织的团体。公法人、法定组织和非法组织，不在其内。

结社自由是国际公约所规定的公民享有的一项基本宪法权利和自由。《公民权利和政治权利国际公约》《经济、社会和文化权利国际公约》，这两个国际人权公约都强调要保障公民的结社权利。如《公民权利和政治权利国际公约》第22条规定"人人有权享受与他人结社的自由，包括组织和参加工会以保护他的利益的权利……"国际社会对公民结社自由的宪法和法律保障措施也日益完善。

行使环境结社权利主要表现为环保组织（环保社团）及其发动和领导的环境保护运动。

（1）环境保护组织。环境保护组织的相关概念有不少。比如"非营利组织""第三部门""非政府组织"等。"非政府组织"（Non-Governmental Organization，简称NGO）最早是指得到联合国承认的国际性非政府组织，后来发达国家中以促进第三世界发展为目的的组织也被包括进来，现在主要指发展中国家里以促进国家经济和社会发展为己任的组织，尤其是那些草根层次的组织。民间组织作为政府与企业之外的第三种存在，我国的习惯叫法则是"民间环保组织"。"非营利组织"（non-profit organization）是指在政府部门和以营利为目的的企业（市场部门）之外的一切志愿团体、社会组织或民间协会。凡符合组织性、民间性、非营利性、自治性和志愿性等五个特性的组织都可被视为非营利组织。"第三部门"（the third sector），与政府部门、市场部门共同构成现代社会的三大支柱。

目前，有较大影响的国际性环保组织主要有：

世界自然基金会（World Wide Fund For Nature，简称WWF），是世界上最大的、经验丰富的独立性非政府环境保护机构，成立于1961年。目前世界自然基金会通过一个由27个国家级会员、21个项目办公室及5个附属会员组织组成的全球性的网络在北美洲、欧洲、亚太地区及非洲开展工作。它有着自己的办公大楼、刊物及研究人员，并吸纳了大批环保学家、经济学家、动物学家等专业人士，被称为"环境经济学的摇篮"。它在六大洲的153个国家发起或完成了12 000个环保项目。世界自然基金会将致力于巴西亚马逊河、美国里奥格兰德河（Rio Grande）和中国的长江流域等世界三大河流系统的生态恢复，保护鱼类和其他淡水物种，保障数以百万的人的淡水饮用。在英国，WWF将按照新的欧盟法规对淡水资源地进行保护和恢复，并开办一个水资源及其利用的公众意识项目。

全球环境基金（Global Environment Facility，简称GEF），于1991年启动，是关于生物多样性、气候变化、持久性有机污染物和土地荒漠化的国际公约的资金机制。

GEF 通过其业务规划，支持发展中国家和经济转型国家在生物多样性、气候变化、国家水域、臭氧层损耗、土地退化和持久性有机污染物的重点领域上开展活动，取得全球效益。

国际爱护动物基金会（International Fund for Animal Welfare，简称 IFAW），于 1969 年，为了制止对白毛幼海豹残酷的商业猎杀而创立，是世界最大的动物福利组织之一。它认为动物在商业剥削、栖息地毁坏和不必要的残酷虐待中遭受了极大的痛苦；并致力于在全球范围内通过减少动物的商业剥削和野生动物交易，保护动物栖息地及救助陷于危机和苦难中的动物来提高野生动物的福利。IFAW 积极寻求途径，唤起公众参与保护动物，制止对动物的残酷虐待，推动政府机构制定使人与动物和谐共处的动物福利和保护政策。今天，国际爱护动物基金会的办事处遍布全球 12 个国家，拥有超过 200 名经验丰富的项目专员、法律和政策专家，及享有国际盛誉的科学家，全球超过 180 万的支持者。

"绿色和平"组织（Green peace），是国际性的非营利群众环保组织，1972 年在荷兰独立注册，总部设在荷兰阿姆斯特丹的国际绿色和平委员会（Stichting Greenpeace Council），在欧美、亚洲及太平洋等区域的 41 个国家或地区有绿色和平办事处。该组织至今拥有 43 个分部、1300 多名工作人员及 280 多万名会员。绿色和平组织主要分为两个部分：国际绿色和平和设立在 40 多个国家的分支机构，比如在德国，称为德国绿色和平。该组织采取非暴力直接行动，揭露环保问题，并推广解决办法，达至一个绿色与和平的未来。绿色和平的使命便是确保地球生态环境不会因人类的发展而受到破坏。作为一个国际环保组织，绿色和平致力于阻止任何威胁地球环境和生物多样性的活动，并发起了一系列的环保运动，如制止气候转变、保护原始森林、停止海洋污染、阻止捕鲸、反对基因工程、停止核子威吓、减少有毒物质和促进可持续贸易。

绿色和平组织的活动范围越来越大，它的装备也较精良：船队、直升机、摩托快艇、随时随地可以监测环境的特殊汽车、装备齐全的活动实验室以及可以监测大气的热气球；特别是它的摄制组，可以潜在南太平洋水下拍摄到流网伤害海洋生物的情景，并在世界各国的电视屏幕上播放这些录像。

环境保护民间组织作为环境保护与发展领域的一支独立力量，与各级政府、政府性群众组织共同构成保护环境的完整的组织系统；他们的相互支持、补充、制约和促进，有利于形成对环境的全面保护、提高全社会的整体环境保护效益。

（2）环境保护运动。环境保护运动是不同的个人和团体为了在环境保护问题上的共同的利益，旨在改变环境政策和实践而采取的集体行动。

1962 年，美国海洋生物学家卡逊发表了著名的《寂静的春天》一书，指出过量使用农药对环境和生物具有巨大破坏作用，这是现代环保思想的开端。1970 年 4 月 22 日，美国 2000 万群众参加了环保游行，这一天被称为"地球日"而得到永久性纪念，这是现代环保运动的开端。

环境保护运动最初是在 20 世纪 60 年代在工业发达国家兴起的。急剧的经济发展，造成资源的浪费、环境的恶化，为环境保护运动提供了背景，出现两种不同类型的环境保护运动：污染驱动模式和世界观模式。

第一种类型的污染驱动模式环境保护运动是由于环境恶化造成了环境污染事件和环境争端增加。经济的高速增长通常带来的是环境的污染和退化，特别是全球"八大公害"事件，引起大规模的环境抗议运动。这种抗议运动多由特殊的污染事件所引发。我们称其为"污染驱动型"的环境运动。这类抗议运动的目标一般是短期的、直接的、激烈的，主要是要消除污染源，改变环境污染现状。

第二种类型的世界观模式的环保运动则与生活水平的提高和后现代价值观点的出现相关联。人们的生活水平的提高使得人们对生活质量提出了较高要求，公众尤其是知识分子和青年人关心地球的健康，关心自然状态的平衡，认为人类只是自然的一部分而应该与之和谐相处。这类环境运动主要是源于一种以自然生态为中心的世界观。我们称之为"世界观主导型"的环境运动。

因此，我们认为目前世界上存在两种类型的环境保护运动。在发展中国家，人们要求的是生存的问题。而在发达国家，环保运动关注更多的是要求高品质的生活，要求更加健康长寿。

二、自然资源权属制度

(一) 自然资源权的内涵

自然资源权是环境资源法重要的理论范畴之一，它是与自然资源权属相关的法律制度安排在理论上的抽象和概括。自然资源权主要是通过对自然资源权属的界定，从而明确对自然资源的归属、支配以及由此产生法律后果的分配。自然资源权是围绕自然资源开发利用、保护和管理进行相关法律制度设计的逻辑起点。根据现行有关法律、法规的规定，我国的自然资源权主要包括两个层次的权利形态：自然资源所有权和自然资源使用权。

自然资源权理论与传统的民法物权理论既有联系又有区别。从联系的角度来看，自然资源权所包含的所有权和使用权来自传统民法物权理论的概念，而且自然资源权和民法物权在规范对象上也有一定的重合，比如土地资源，就是最早进入民法物权调整领域的自然资源类型，直到目前为止，土地权属依然是民法中不动产物权的基本组成部分。但从区别的角度来看，自然资源权与传统的民法物权又存在明显的差异。首先，在权利客体的定位上是不一样的，自然资源权要求从生态功能、财产价值等不同角度全面理解和把握自然资源的属性，而传统的民法物权依然是把自然资源当作民法思维中的"物"，只强调以其财产价值为基础的社会经济属性。另外，基于自然资源自然赋存的整体性和关联性，使其无法满足传统民法物权理论中对"物"的特定化要求，因此，从目前的情况来看，自然资源权的具体权利类型与物权还是难以兼容的。

所以，自然资源权与传统的民法物权相比较而言，有共性的一面，但也有个性的一面。这决定了自然资源权的理论构建应以传统的民法物权理论为基础，但不能局限于传统理论的禁锢，自然资源权的功能定位和内容设计应以自然资源的开发利用和保护管理的实际需要为出发点，基于现实需求的理论创新，不仅是自然资源权的生命力和价值所在，而且也必将推动传统民法物权理论的进化与发展。

另外，在自然资源权的理解上，还必须对自然资源与资源产品进行明确区分。自然资源与资源产品是既相互联系又有明显区别的两个概念。一般来说，自然资源是指处于自然赋存状态下的各种自然要素，比如森林、矿藏、河流、草原等；而资源产品则专指那些通过人力介入对自然资源开发利用而形成的产物，比如通过对矿藏发掘出来的矿产品、采伐森林所得到的木材、从天然河流中取得的水等。尤其对自然资源权的研究而言，对自然资源和资源产品的区分必须引起特别的注意，因为在法律的有关规定中，自然资源和资源产品的权属主体范围是不同的。在我国，大多数自然资源的所有权都是属于国家的，而且禁止流转，但资源产品的所有权主体却是可以多元化的，并且还是可以流转的，所以，必须对自然资源和资源产品进行明确的区分。

（二）自然资源所有权

自然资源所有权，是所有权人依法占有、使用、收益、处分自然资源的权利。在我国公有制的条件下，自然资源的所有权是为公有所垄断的，包括国家所有和集体所有，不存在严格意义上的个人自然资源所有权，国家和集体之外的权利主体，只可能享有资源产品的所有权，而不可能享有对自然资源的所有权。

在我国，国家自然资源所有权的客体是没有限制的，国家可以取得任何类型自然资源的所有权。但集体自然资源所有权的客体是有限制的，根据现行的有关法律规定，矿产资源、水资源、海域资源、野生动物资源、城市土地资源是被明确排除在集体自然资源所有权客体之外的。

1. 自然资源所有权的取得。自然资源所有权的取得，是指自然资源的权利主体根据一定的法律事实取得某类自然资源的所有权，从而行使对该自然资源占有、使用、收益、处分的各项权能。自然资源所有权的取得是一个权利从无到有的创设过程，是自然资源理论与实践的起点。根据我国现行的法律规定，虽然国家和集体都可以成为自然资源所有权的主体，但各自权利取得的方式是有明显差异的。

（1）国家所有权的取得。在我国，自然资源国家所有权的取得有法定取得、强制取得、天然孳息和自然添附三种方式。

第一，法定取得。法定取得是指国家根据法律规定直接取得自然资源的所有权。在我国，法定取得是国家取得自然资源所有权的主要方式。我国与自然资源相关的立法中大多都明确规定了自然资源的国家所有权。我国《宪法》中对自然资源的国家所有权作出了概括性的规定，《矿产资源法》《水法》《海域使用管理法》《野生动物保护法》等自然资源单行立法也都各自在总则中明确规定了矿产资源、水资源、海域资源、野生动物资源，属于国家所有。

第二，强制取得。强制取得是指在法律规定的特定的场合下，国家从社会公共利益出发，不顾及所有人的意志和权利，直接采用没收、征用、国有化等强制手段取得所有权的方式。其中实行国有化和没收主要是国家在中华人民共和国成立初期取得自然资源所有权的主要形式。对于征用，现行立法也对此有明确的规定，比如《土地管理法》第2条规定：国家为公共利益需要，可以依法对集体所有的土地实行征用。那么征用之后，国家就取得了对征用土地的所有权。

第三，天然孳息和自然添附。天然孳息是指按照物质的自然生长规律而产生的果实与动物的出产物。[1] 天然孳息主要是针对那些可再生资源而言的，比较典型的如树木的自然生长导致森林资源木材蓄积量的增加，野生动物在自然条件下通过自身生殖繁衍导致野生动物种群数量的扩大等，这些都属于自然资源的天然孳息。根据民法所有权的有关理论，除非法律另有规定或当事人另有约定，天然孳息所有权的归属，一般应由原物所有权人享有。所以，国家在拥有这些资源的前提下，也相应地取得对这些天然孳息的所有权。自然添附是指自然资源在自然条件的作用下而使自然资源产生或增加的情形。这种情况较为典型地体现在土地资源上，比如，由河流冲积而形成的成片土地，这些土地都使得国家所有的土地面积增加，从而成为自然添附物。

（2）自然资源集体所有权的取得。在我国，自然资源集体所有权的取得有法定取得、天然孳息、劳动生产取得三种方式。

第一，法定取得。法定取得是指集体组织根据法律的规定直接取得自然资源所有权。在我国的相关立法中大多都是在规定自然资源国家所有权的同时，通过列举或排除的方式明确规定集体可以取得的自然资源所有权的范围。在我国《宪法》中，明确规定了集体可以依法取得森林、山岭、草原、荒地、滩涂等自然资源的所有权，还明确规定了农村和城市郊区的土地，除由法律规定属于国家所有的以外，属于集体所有，宅基地和自留地、自留山也属于集体所有。为落实《宪法》的规定，各相关的自然资源单行法，如《土地管理法》《森林法》《草原法》也都分别对集体对土地、森林、草原的所有权作出了进一步的详细规定。另外，在所有权取得的确认方式上，国家自然资源所有权与集体自然资源所有权也不一样。国家依法取得的自然资源所有权不需要登记注册确认，而集体自然资源所有权的取得，必须按照法定的程序，由一定的政府机构登记注册并核发证书。对此，《土地管理法》有明确的专门的规定：农民集体所有的土地，由县级人民政府登记造册，核发证书，确认所有权。类似的规定也同样存在于《森林法》《草原法》《渔业法》等相关立法之中。

第二，天然孳息。集体组织作为自然资源的原所有人，同样可以依法取得其所有的自然资源天然孳息的所有权。

第三，劳动生产取得。劳动生产主要是指集体组织通过投入劳动而新产生的自

---

[1] 王利明等：《民法学》，法律出版社2005年版，第404页。

然资源，比如集体组织通过植树造林而新产生的森林资源，这些自然资源是集体组织开发利用行为的劳动成果，集体组织当然取得这些自然资源的所有权。通过劳动生产取得所有权是一种基本的所有权取得方式，对自然资源的集体所有权而言，这种取得方式有着尤其重要的意义。因为它从制度安排上鼓励和保障了集体组织对自然资源的劳动投入，这对于我国广大农村地区生态环境和自然资源状况的改善发挥了积极的促进作用。

2. 自然资源所有权的变更。自然资源所有权的变更，是指自然资源所有权主体的变化，亦即自然资源从一主体转移给另一主体的过程。自然资源所有权可因征用、所有权主体的分立与合并、依法转让、对换或调换等原因而变更。[1]

3. 自然资源所有权的消灭。自然资源所有权的消灭，是指因某种法律事实致使所有权人丧失其所有权的情形。自然资源所有权的消灭，基于两种情况：所有权客体的消灭和强制消灭。

（1）所有权客体的消灭。由于自然或人为的原因导致某种自然资源的消灭，该自然资源的所有权也就随之消灭。比如，某种野生动物资源因滥捕滥猎而导致种群的灭绝，森林资源因火灾而不复存在，那么在上述自然资源上设定的所有权也就随之消灭。

（2）强制消灭。这是指国家依法采用强制手段，致使原自然资源所有权消灭。比如，上文所提到的国家对集体所有的土地资源进行征用，征用后国家就取得了征用土地的所有权，而原集体的土地所有权也就随之消灭。

（三）自然资源使用权

自然资源使用权是指在自然资源开发利用中，自然资源的非所有权人对自然资源享有的以开发利用为主要内容的各种权利的统称。如前文所述，我国自然资源所有权是为公有所垄断的，在这种情况下，对自然资源的合理开发利用及自然资源要素市场的建立必须是以对自然资源的非所有使用为基础，这一现实国情是自然资源使用权理论研究和实践的一个基本前提。从传统民法物权理论发展与变迁的基本趋势来看，随着物权法从"归属"到"利用"的重心转变，以使用权为核心的用益性权利更受到法律的重视，出现了他物权优位与所有权虚化的倾向，用益性的物权类型逐步取代所有权而成为物权法的中心。这样的发展趋势实际上反映了这样的基本思路：权利的行使并不等同于权利的归属，权利归属的单一性也并不妨碍权利行使方式的多样性和灵活性。对自然资源使用权的研究也应遵循这样的基本思路，主要着眼于对自然资源的有效利用及其权利的实际运作，在强化"使用"的过程中，不断丰富和发展我国的自然资源权的理论与实践。

1. 自然资源使用权在相关立法中的体现。根据自然资源单行法的有关规定，我国现行的自然资源使用权主要有以下几种：《土地管理法》中所规定的土地使用权，

---

〔1〕　金瑞林主编：《环境与资源保护法学》，高等教育出版社2006年版，第158页。

《水法》中所规定的取水权,《森林法》中所规定的林地、森林、林木的使用权和承包经营权,《矿产资源法》中所规定的探矿权和采矿权,《渔业法》中所规定的养殖权和捕捞权,《草原法》中所规定的草原使用权和承包经营权,《海域使用管理法》中规定的海域使用权,野生动植物保护法中所规定的狩猎权、采集权和驯养繁殖权等。单从立法上来看,对自然资源使用权的规定还是较为全面的。

2. 自然资源使用权的取得。自然资源使用权的取得,是指自然资源的有关权利主体通过一定的方式取得对自然资源开发利用的权利。自然资源使用权的取得是在我国自然资源公有垄断的前提下,实现对自然资源实际利用的重要环节。根据现行的有关立法以及实践的基本情况,自然资源使用权的取得有法律授权取得、许可或承包经营取得、转让取得、开发利用取得等方式。

(1)法律授权取得。授权取得是指自然资源权利主体通过法律规定的授权取得自然资源的使用权。比如,《土地管理法》第10条规定,国有土地和农民集体所有的土地,可以依法确定给单位或者个人使用。《草原法》规定,全民所有的草原,可以固定给集体长期使用。需要引起注意的是,通过授权获得的自然资源所有权需要通过一定的法律程序予以确认,比如《土地管理法》在上述规定之后还规定,单位和个人依法使用的国有土地,由县级以上人民政府登记造册,核发证书,确认使用权。针对该问题,《草原法》和《森林法》中也有类似的规定。

(2)许可或承包经营取得。许可取得是由有关的行政主管部门颁发许可证赋予相对人自然资源的使用权,比如通过向地质矿产行政主管部门申请采矿许可,相对人取得采矿权,通过向水行政主管部门申请取水许可,相对人取得取水权等。承包经营取得则是依据法律的规定,通过承包经营合同的方式由承包经营者取得一定期限内某类自然资源的使用权。比如,《土地管理法》第13条规定,农民集体所有和国家所有依法由农民集体使用的耕地、林地、草地,以及其他依法用于农业的土地,采取农村集体经济组织内部的家庭承包方式承包,不宜采取家庭承包方式的荒山、荒沟、荒丘、荒滩等,可以采取招标、拍卖、公开协商等方式承包,从事种植业、林业、畜牧业、渔业生产。家庭承包的耕地的承包期为30年,草地的承包期为30年至50年,林地的承包期为30年至70年;耕地承包期届满后再延长30年,草地、林地承包期届满后依法相应延长。

国家所有依法用于农业的土地可以由单位或者个人承包经营,从事种植业、林业、畜牧业、渔业生产。发包方和承包方应当依法订立承包合同,约定双方的权利和义务。承包经营土地的单位和个人,有保护和按照承包合同约定的用途合理利用土地的义务。

(3)转让取得。转让取得是指单位或者个人通过自然资源所有权的买卖取得其使用权。转让取得是在我国市场化取向改革进程中,实现自然资源的市场化流转,优化自然资源配置的重要途径。各自然资源单行立法中结合自然资源自身的特点,并从实际操作的现实需要出发,对自然资源所有权转让的途径、方式、范围、条件等问题作出了相应的规定。但是，基于自然资源的社会性和公益性特点，决定了自然资源使用权的转让不同于一般物的买卖，法律对自然资源使用权的流转规定了诸多限制性的条件。比如，《矿产资源法》第 6 条第 3 款规定，禁止将探矿权、采矿权倒卖牟利。《森林法》第 15 条规定，森林、林木、林地使用权可以依法转让，也可以依法作价入股或者作为合资、合作造林、经营林木的出资、合作条件，但不得将林地改为非林地。

（4）开发利用取得。开发利用取得是指权利主体通过对自然资源的开发利用活动取得对该自然资源的使用权。比如，《土地管理法》第 41 条规定，开发未确定使用权的国有荒山、荒地、荒滩从事种植业、林业、畜牧业、渔业生产的，经县级以上人民政府依法批准，可以确定给开发单位或者个人长期使用。

3. 自然资源使用权的变更。自然资源使用权的变更，是指自然资源使用权的主体或内容所发生的变化。它通常因主体的合并或分立、使用权的转让、破产或抵债、合同内容变更等原因而变更。[1]

4. 自然资源使用权的消灭。自然资源所有权的消灭，是指自然资源使用权因为某种法律事实的出现而丧失的情形。自然资源使用权的消灭，主要基于三种情况：使用权客体消灭、出现特定的法律事由、使用权期限届满。

（1）使用权客体消灭。由于自然或人为的原因导致某种自然资源的消灭，该自然资源的使用权也就随之消灭。比如，由于水流侵蚀而导致的土地面积减少，减少部分的土地的使用权也就随之消灭，矿产资源因为开发利用耗竭而导致采矿权的消灭等。

（2）出现特定的法律事由。这种情况是指出现了约定或法定的事由，导致自然资源使用权的消灭。比如，《土地管理法》第 38 条规定，已办理审批手续的非农业建设占用耕地，连续 2 年未使用的，经原批准机关批准，由县级以上人民政府无偿收回用地单位的土地使用权。

（3）使用权期限届满。我国大多自然资源的使用权都是有期限的，在使用期限届满后，原使用权随之消灭，原权利人如果需要继续使用自然资源，必须重新依法取得自然资源使用权。

（四）土地资源权

1. 土地资源权概述。土地资源是一种基础性的自然资源类型，不仅其自身是社会经济发展和日常生活的基本物质前提，而且土地资源也是其他类型自然资源得以赋存的物质载体。因此，土地资源权在整个自然资源权理论与实践中具有基础性的地位，土地资源权的制度设计在一定程度上决定了其他类型自然资源权制度设计的主要内容和发展趋势。土地资源权是一个概括性的理论归纳，从权利客体上来看，不仅是指一般意义上的土地，而且还包括林地、草地等具有一定形态特征的土地

---

〔1〕　金瑞林主编：《环境与资源保护法学》，高等教育出版社 2006 年版，第 160 页。

资源。

土地资源权包括土地资源所有权和土地资源使用权两个层次的权利形态。

2. 土地所有权。《土地管理法》第 2 条第 1 款明确规定，中华人民共和国实行土地的社会主义公有制，即全民所有制和劳动群众集体所有制。因此，我国的土地所有权可分为国家土地所有权和集体土地所有权两种，两种所有权在主体的范围、客体的范围、取得方式、权利变动方面各有不同。

（1）国家土地所有权。根据有关法律规定，城市市区的土地属于国家所有，农村和城市郊区的土地在具有相应法律规定的情况下也属于国家所有。

国家所有土地的所有权由国务院代表国家行使，地方各级人民政府不是国家土地所有权的代表，无权擅自处置国有土地，只能依法根据国务院的授权处置国有土地。国务院作为国家土地所有权的代表，有权决定国有土地收益的分配办法。

（2）集体土地所有权。根据有关法律规定，集体所有土地的范围为：①除由法律规定属于国家所有以外的农村和城市郊区土地，也就是说，农村和城市郊区的土地原则上属于集体所有，但如果法律规定由国家所有的，则属于国家所有。②宅基地和自留地、自留山。"农民集体所有的宅基地，主要是指农民用于建造住房及其附属设施的一定范围内的土地，自留地是指我国农业合作化以后农民集体经济组织分配给本集体经济组织成员（村民）长期使用的土地，自留山是指农民集体经济组织分配给其成员长期使用的少量的柴山和荒坡。"[1]

在所有权的主体范围上，集体土地所有权不同于国家土地所有权。国家所有的土地的所有权主体只有一个即国家，其代表为国务院，而农民集体所有的土地则为三级所有。第一级所有是村内两个以上农村集体经济组织的农民集体所有，即原来实行人民公社时期内以生产队为核算单位的农民集体所有；第二级所有是村农民集体所有，即原来实行人民公社时期以生产大队为核算单位的农民集体所有；第三级所有是乡（镇）农民集体所有，即原来实行人民公社时期以人民公社为基本核算单位的农民集体所有。对此三级所有的体制，法律是有明确的规定的。[2]

另外，法律还授权国家为了公共利益的需要可以依法对集体所有的土地实行征用。这是为保证社会公共事业或公益事业发展，体现全社会长远利益，而建立的一种使集体土地转为国有土地以满足公用需要的特殊取得制度。土地被征用后，该土地的集体所有权变动为国家所有权。土地征用制度具有强制性和补偿性特征，为了保护集体土地所有权人的合法权益，国家的土地征用权也不能滥用，必须依照法律规定的条件和程序行使。

3. 土地使用权。《土地管理法》第 10 条规定，国有土地和农民集体所有的土地，可以依法确定给单位或个人使用。这是关于土地使用权的概括性规定，根据该规定，

---

〔1〕　卞耀武、李元主编：《中华人民共和国土地管理法释义》，法律出版社 1998 年版，第 60 页。

〔2〕　参见《土地管理法》第 11 条。

土地使用权分为国有土地使用权和农民集体所有土地使用权。

根据土地使用权的目的不同，可以将国有土地使用权和集体土地使用权分为：承包经营从事农业生产的土地使用权和建设用地土地使用权。对于建设用地的土地使用权，因使用权主体不同，可以进一步细分为：国有土地使用权包括单位个人的使用权，比如全民和集体所有制单位对国有土地的使用权、社会团体对国有土地的使用权、外商投资企业对国有土地的使用权、境内外个人对国有土地的使用权等；农民集体土地的使用权包括全民所有制单位、建设单位对农民集体所有土地的临时使用权、农民对宅基地的使用权、乡镇企业对农民集体土地的使用权、乡（镇）和村公共设施公益事业建设对农民集体所有土地的使用权等。

单位和个人依法使用的国有土地，由县级以上人民政府登记造册，核发证书，确认使用权，其中，中央国家机关使用国有土地的具体登记发证机关，由国务院确定。农民集体所有的土地依法用于非农业建设的，由县级人民政府登记造册，核发证书，确认建设用地使用权。

根据现行的有关法律规定，取得土地使用权的方式主要有：承包经营、土地使用权出让、土地使用权划拨、土地使用权转让等。

（1）承包经营。农民集体所有和国家所有依法由农民集体使用的耕地、林地、草地，以及其他依法用于农业的土地，采取农村集体经济组织内部的家庭承包方式承包，不宜采取家庭承包方式的荒山、荒沟、荒丘、荒滩等，可以采取招标、拍卖、公开协商等方式承包，从事种植业、林业、畜牧业、渔业生产。家庭承包的耕地的承包期为30年，草地的承包期为30年至50年，林地的承包期为30年至70年；耕地承包期届满后再延长30年，草地、林地承包期届满后依法相应延长。

国家所有依法用于农业的土地可以由单位或者个人承包经营，从事种植业、林业、畜牧业、渔业生产。发包方和承包方应当依法订立承包合同，约定双方的权利和义务。承包经营土地的单位和个人，有保护和按照承包合同约定的用途合理利用土地的义务。

（2）国有土地使用权出让。土地使用权出让，是指国家将国有土地使用权在一定年限内出让给土地使用者，由土地使用者向国家支付土地使用权出让金的行为。针对土地使用权的出让，法律规定了一系列具体的条件和程序。

土地使用权的出让，必须符合土地利用总体规划、城市规划和年度建设用地计划。

土地使用权出让，由市、县人民政府有计划、有步骤地进行。出让的每幅地块、用途、年限和其他条件，由市、县人民政府土地管理部门会同城市规划、建设、房产管理部门共同拟订方案，按照国务院的规定，报经有批准权的人民政府批准后，由市、县人民政府土地管理部门实施。

土地使用权出让，可以采取拍卖、招标或者双方协议的方式。商业、旅游、娱乐和豪华住宅用地，有条件的，必须采取拍卖、招标方式；没有条件，不能采取拍卖、招标方式的，可以采取双方协议的方式，但采取双方协议方式出让土地使用权的出让金不得低于按国家规定所确定的最低价。

土地使用权出让的最高年限由国务院规定。不同用途的土地，土地使用权的最高年限也不一样：居住用地70年，工业用地50年，教育、科技、文化、卫生、体育用地50年，商业、旅游、娱乐用地40年，综合或者其他用地50年。

土地使用权出让，应当签订书面出让合同。土地使用权出让合同由市、县人民政府土地管理部门与土地使用者签订。

土地使用者需要改变土地使用权出让合同约定的土地用途的，必须取得出让方和市、县人民政府城市规划行政主管部门的同意，签订土地使用权出让合同变更协议或者重新签订土地使用权出让合同，相应调整土地使用权出让金。

国家对土地使用者依法取得的土地使用权，在出让合同约定的使用年限届满前不收回，在特殊情况下，根据社会公共利益需要，可以依照法律程序提前收回，并根据土地使用者使用土地的实际年限和开发土地的实际情况给予相应的补偿。

土地使用权出让合同约定的使用年限届满，土地使用者需要继续使用土地的，应当至迟于届满前1年申请续期，除根据社会公共利益需要收回该幅土地的，应当予以批准，经批准准予续期的，应当重新签订土地使用权出让合同，按照规定支付土地使用权出让金。土地使用权出让合同约定的使用年限届满，土地使用权未申请续期或者虽申请续期但未获批准的，土地使用权由国家无偿收回。

（3）土地使用权划拨。土地使用权划拨，是指县级以上人民政府依法批准，在土地使用者缴纳补偿、安置等费用后将该幅土地交付其使用，或者将土地使用权无偿交付给土地使用者使用的行为。与土地使用权出让在时间限制方面不同，依法以划拨方式取得土地使用权的，除法律、行政法规另有规定外，没有使用期限的限制。

根据有关法律规定，下列建设用地的土地使用权，确属必要的，可以由县级以上人民政府依法批准划拨：国家机关用地和军事用地；城市基础设施用地和公益事业用地；国家重点扶持的能源、交通、水利等项目用地；法律、行政法规规定的其他用地。

为保证通过划拨取得土地使用权的土地能够真正用于社会公益目的，法律规定，以划拨方式取得的国有土地使用权不得擅自转让，确实需要转让的，必须依法报有批准权的人民政府审批，并办理有关法定手续。

（4）土地使用权转让。《土地管理法》明确规定，土地使用权可以依法转让。土地使用权转让是我国市场化改革以来，在土地使用制度方面的重大举措。通过土地使用权的转让，有力推动了土地所有权和使用权的分离，为土地商品属性的实现奠定了坚实的法律基础。通过土地使用权转让，实现土地使用权在不同权利主体之间的市场化流转，有利于土地资源的优化配置，有利于形成和树立土地公有制的有效实现方式，有利于国有土地资产的保值增值。通过土地使用权转让取得土地使用权，将成为在市场化条件下土地使用权取得的基本方式。

（5）集体经营性建设用地流转。集体经营性建设用地在符合规划、依法登记，并经本集体经济组织 2/3 以上成员或者村民代表同意的条件下，通过出让、出租等方式交由集体经济组织以外的单位或者个人直接使用。同时，使用者取得集体经营性建设用地使用权后还可以转让、互换或者抵押。这一规定是重大的制度突破，它结束了多年来集体建设用地不能与国有建设用地同权同价同等入市的二元体制，为推进城乡一体化发展扫清了制度障碍。

（五）矿产资源权

1. 矿产资源权概述。矿产资源权主要是从矿产资源权属的意义来说的，主要是指包括矿产资源所有权和矿业权两个层次的权利形态，其中矿业权包括探矿权和采矿权。矿产资源是一种典型的不可再生资源，而且是国民经济发展的重要物质基础，因此，在法律上明确界定矿产资源的权属，是形成和建立有序的矿产资源开发秩序的基本前提。

2. 矿产资源所有权。《矿产资源法》第 3 条第 1 款规定，矿产资源属于国家所有，由国务院行使国家对矿产资源的所有权。地表或者地下的矿产资源的国家所有权，不因其所依附的土地的所有权或者使用权的不同而改变。因此，我国现行立法确立的是矿产资源的一元所有权，即矿产资源的国家所有权。

矿产资源国家所有权的特征为：①主体的唯一性。不像我国土地、草原、森林等自然资源那样，所有权主体除了国家之外还有农业集体经济组织。矿产资源所有权的唯一主体是国家，其他任何组织和个人都不能成为矿产资源所有权的主体，未经国家授予一定的矿业权，任何单位和个人都不得进行矿藏勘探和采掘，也不得任意侵占、买卖、出租或以其他形式转让矿产资源。②客体的无限性。我国《矿产资源法》未对矿产资源的种类加以列举，而是概括性地规定"矿产资源属于国家所有。"因此，无论何种矿产资源，包括已探明的或者未探明的矿产资源，现在可以采掘的或者是将来可以采掘的矿产资源，均为国家所有。③权利的独立性。矿产资源虽然附着于地面或赋存于地下，但不因土地的所有权或者使用权的不同而改变其国家所有的属性，无论是集体所有的土地还是各种社会主体所使用的土地，其地面或者地下蕴藏的矿产资源均属于国家所有，矿产资源的所有权与所依附的土地的权属是互相独立的两项权利。[1]

3. 矿业权。

（1）探矿权。探矿权，是指在依法取得的勘查许可证规定的范围内，勘查矿产资源的权利。取得勘查许可证的单位或者个人称为探矿权人。

探矿权人享有下列权利：按照勘查许可证规定的区域、期限、工作对象进行勘查；在勘查作业区及相邻区域架设供电、供水、通讯管线，但是不得影响或者损害原有的供电、供水设施和通讯管线；在勘查作业区及相邻区域通行；根据工程需要

---

[1] 肖乾刚主编：《自然资源法》，法律出版社 1992 年版，第 124 页。

临时使用土地；优先取得勘查作业区内新发现矿种的探矿权；优先取得勘查作业区内矿产资源的采矿权；自行销售勘查中按照批准的工程设计施工回收的矿产品，但是国务院规定由指定单位统一收购的矿产品除外。探矿权人应当履行下列义务：在规定的期限内开始施工，并在勘查许可证规定的期限内完成勘查工作；向勘查登记管理机关报告开工等情况；按照探矿工程设计施工，不得擅自进行采矿活动；在查明主要矿种的同时，对共生、伴生矿产资源进行综合勘查、综合评价；编写矿产资源勘查报告，提交有关部门审批；按照国务院有关规定汇交矿产资源勘查成果档案资料；遵守有关法律、法规关于劳动安全、土地复垦和环境保护的规定；勘查作业完毕，及时封、填探矿作业遗留的井、硐或者采取其他措施，消除安全隐患。

（2）采矿权。采矿权，是指在依法取得的采矿许可证规定的范围内，开采矿产资源和获得所开采的矿产品的权利。取得采矿许可证的单位或者个人称为采矿权人。

采矿权人享有下列权利：按照采矿许可证规定的开采范围和期限从事开采活动；自行销售矿产品，但是国务院规定由指定的单位统一收购的矿产品除外；在矿区范围内建设采矿所需的生产和生活设施；根据生产建设的需要依法取得土地使用权；法律、法规规定的其他权利。采矿权人应当履行下列义务：在批准的期限内进行矿山建设或者开采；有效保护、合理开采、综合利用矿产资源；依法缴纳资源税和矿产资源补偿费；遵守国家有关劳动安全、水土保持、土地复垦和环境保护的法律、法规；接受地质矿产主管部门和有关主管部门的监督管理，按照规定填报矿产储量表和矿产资源开发利用情况统计报告。

（3）探矿权和采矿权的取得。国家对矿产资源的勘查、开采实行许可证制度。勘查矿产资源，必须依法申请登记，领取勘查许可证，取得探矿权；开采矿产资源，必须依法申请登记，领取采矿许可证，取得采矿权。

国家实行探矿权、采矿权有偿取得的制度，开采矿产资源，必须按照国家有关规定缴纳资源税和资源补偿费。但是，国家对探矿权、采矿权有偿取得的费用，可以根据不同情况规定予以减缴、免缴。具体办法和实施步骤由国务院规定。

（4）探矿权和采矿权的转让。

第一，探矿权和采矿权转让的法定情形。根据我国现行的法律规定，探矿权和采矿权可以转让，但必须按照下列规定：探矿权人有权在划定的勘查作业区内进行规定的勘查作业，有权优先取得勘查作业区内矿产资源的采矿权。探矿权人在完成规定的最低勘查投入后，经依法批准，可以将探矿权转让给他人；已经取得采矿权的矿山企业，因企业合并、分立，与他人合资、合作经营，或者因企业资产出售以及有其他变更企业资产产权的情形，需要变更采矿权主体的，经依法批准，可以将采矿权转让给他人。

第二，探矿权与采矿权转让的审批。国务院地质矿产主管部门和省、自治区、直辖市人民政府地质矿产主管部门是探矿权、采矿权转让的审批管理机关。国务院地质矿产主管部门负责由其审批发证的探矿权、采矿权转让的审批。省、自治区、直辖市人民政府地质矿产主管部门负责国务院地质矿产主管部门负责审批的以外的探矿权、采矿权转让的审批。

第三，转让探矿权应当具备的条件。自颁发勘查许可证之日起满 2 年，或者在勘查作业区内发现可供进一步勘查或者开采的矿产资源；完成规定的最低勘查投入；探矿权属无争议；按照国家有关规定已经缴纳探矿权使用费、探矿权价款；国务院地质矿产主管部门规定的其他条件。

第四，转让采矿权应当具备的条件。矿山企业投入采矿生产满 1 年；采矿权属无争议；按照国家有关规定已经缴纳采矿权使用费、采矿权价款、矿产资源补偿费和资源税；国务院地质矿产主管部门规定的其他条件。

国有矿山企业在申请转让采矿权前，应当征得矿山企业主管部门的同意。

另外，探矿权或者采矿权的受让人，也应当符合法律中有关探矿权或者采矿权申请人条件的规定。

三、环境资源监督管理组织制度

（一）环境资源监督管理的概念和类型

环境资源监督管理有广义和狭义之分。狭义的环境资源监督管理是指环境资源行政监督管理，即国家环境资源行政监督管理部门，运用行政、法律、经济、科学技术、宣传教育等手段，对各种影响环境资源的行为进行规划、调控和监督，以促进经济社会与环境的可持续发展。广义的环境资源监督管理包括环境资源立法监督管理、环境资源行政监督管理、环境资源司法监督管理、环境资源社会监督管理、对环境资源监督管理行为实施的监督等。

环境资源监督管理根据不同标准，可有不同的分类。

1. 根据管理主体不同，环境资源监督管理可分为环境资源立法监督管理、环境资源行政监督管理、环境资源司法监督管理、环境资源社会监督管理（即公共团体、社会组织、非政府机构和个人所进行的环境资源保护活动）等。

2. 根据管理范围不同，环境资源监督管理可分为环境监督管理、资源监督管理等。其中环境监督管理又分为区域环境管理和专业环境管理。区域环境管理主要包括城市环境管理、农村环境管理、流域环境管理、地区环境管理、自然保护区建设和管理、生态示范区建设和管理、风沙区建设和管理等；专业环境管理主要包括：大气、水、固体废弃物、噪声、电磁辐射、放射性、海洋、土壤、地质、湿地、滩涂、生物多样性、野生动植物环境管理等。资源监督管理主要包括：土地、水、森林、草原、矿产、能源、海洋等资源的合理开发与利用、保护。

3. 根据管理性质不同，环境资源监督管理可分为环境资源规划和计划管理、环境资源质量管理、环境资源技术管理等。

4. 根据对环境资源有影响的活动的性质不同，环境资源监督管理可分为对生产活动、生活活动、流通服务活动的监督管理等。

（二）环境资源监督管理体制

1. 环境资源监督管理体制的概念。环境资源监督管理体制有广义和狭义之分。狭义的环境资源监督管理体制是指环境资源行政监督管理体制，即国家环境资源行政监督管理机构的设置、机构之间环境资源监督管理权限的划分及其运行协调机制的总称。其中，机构的设置是环境资源监督管理的组织保障，权限的划分是环境资源监督管理的职能保障，运行协调机制是环境资源监督管理的实施保障。广义的环境资源监督管理体制包括环境资源立法监督管理体制、环境资源行政监督管理体制、环境资源司法监督管理体制、环境资源社会监督管理体制、对环境资源监督管理行为实施监督的体制等。这里主要介绍环境资源行政监督管理体制。

2. 世界各国环境资源监督管理体制模式。世界各国的环境资源行政监督管理体制各不相同，具有代表性的环境资源行政监督管理体制主要有：①环境资源行政监督管理由不同部门分工负责。如美国国家环保局负责环境污染防治工作，其他环境资源行政监督管理工作分别由有关政府部门负责。②环境资源行政监督管理一体化体制。如德国的环境、自然资源与核安全部。③环境资源统一监督管理与分工监督管理相结合的体制。如日本设立环境省实施统一监督管理，同时还在通产省、运输省等15个省厅设立了环境保护机构实施分工监督管理。

3. 中国环境资源监督管理体制。党的十八大以来，我国生态文明制度建设有序推进。中共中央、国务院发布的《关于加快推进生态文明建设的意见》和《生态文明体制改革总体方案》，确立了我国生态文明建设总目标和生态文明体制改革总体思路，陆续出台的《生态文明建设目标评价考核办法》《环境保护公众参与办法》《建立国家公园体制总体方案》等一系列法律文件和配套政策，标志着我国生态文明制度体系已初步建成。但是，生态环境保护中暴露出的一些突出问题仍没有从根本上解决，这在很大程度上与生态环境监管体制不健全有直接关系。为落实党的十九大提出的改革生态环境监管体制，加强对生态文明建设的总体设计和组织领导，实现"三个统一"等要求，党的十九届三中全会审议通过了《中共中央关于深化党和国家机构改革的决定》《深化党和国家机构改革方案》，《国务院机构改革方案》也提交十三届全国人大一次会议审议并通过。国务院依法实施机构改革，组建了自然资源部、生态环境部和国家林业和草原局，标志着改革自然资源和生态环境管理体制，设立国有自然资源资产管理和自然生态监管机构的重大任务得以落实。新组建的"两部一局"，职责涵盖了自然资源管理和保护利用、生态环境保护和治理、生态系统保护和修复等涉及生态文明建设三大关键领域，必将对构建"权责明晰、协同高效、监管有力"的生态文明新体制新机制产生深远影响。

组建自然资源部，统一行使全民所有自然资源资产所有者职责，统一行使所有国土空间用途管制和生态保护修复职责。从法律视角看，国家作为自然资源所有权人的法律地位是确定的。我国《宪法》明确规定，我国矿藏、水流、森林、山岭、草原、荒地、滩涂等自然资源属国家所有。但是，代替国家行使自然资源管理权却因行政管理部门多个、职责分散、政出多门，出现了有好处各部门互相争抢，出现问题就相互避责推诿的现象，在这种分散的管理体制下自然资源管理的缺位和不到位问题不可能从根子上得到解决。这次机构改革遵循了所有者和监管者分开和一件事情由一个部门负责的原则，将原国土资源部的职责，国家发展和改革委员会的组织编制主体功能区规划职责，住房和城乡建设部的城乡规划管理职责，水利部的水资源调查和确权登记管理职责，原农业部的草原资源调查和确权登记管理职责，原国家林业局的森林、湿地等资源调查和确权登记管理职责，原国家海洋局的职责，原国家测绘地理信息局的职责等全部整合一并划归到新组建的自然资源部，并授权自然资源部作为自然资源管理的唯一代理人，统一来行使全民所有的自然资源资产所有权人的职责。自然资源部作为一个机构统一行使自然资源所有权并承担相应管理职责的法律地位得到明确，可以从运行体制上彻底消除过去分散管理体制下出现的各种弊端，而且随着主体功能区规划、城乡规划管理等职责划归自然资源部行使，将很快实现国土空间规划的统一、用途管制的统一和管理事权的统一。这既有助于解决空间规划重叠，导致资源开发使用无序、分散、过度开发等问题，也有利于通过自然资源高效利用，实现自然资源资产资源价值最大化，进而解决自然资源长期得不到有效保护等问题，把资源开发使用和保护从总体上进行统筹协调。

组建生态环境部，统一行使监管城乡各类污染排放和行政执法职责。长期以来，有关部门在水污染防治、陆海环境保护、大气减排、农村面源污染治理、环境监测执法等方面职责交叉、缺乏治理协同，加之生态环境领域行政执法监管力量相对分散、执法能力不强等原因，环境污染治理整体效能表现不佳。为整合分散的生态环境保护职责，统一行使生态和城乡各类污染排放监管与行政执法职责，加强环境污染治理，保障国家生态安全，建设美丽中国，这次机构改革将原环境保护部的职责，国家发展和改革委员会的应对气候变化和减排职责，原国土资源部的监督防止地下水污染职责，水利部的编制水功能区划、排污口设置管理、流域水环境保护职责，原农业部的监督指导农业面源污染治理职责，原国家海洋局的海洋环境保护职责，原国务院南水北调工程建设委员会办公室的南水北调工程项目区环境保护职责等一并整合，划归到生态环境部由其统一行使。同时，还赋予了生态环境部制定并组织实施生态环境政策、规划和标准，统一负责生态环境监测和执法工作，监督管理污染防治、核与辐射安全，组织开展中央环境保护督察等多项职能。今后，生态环境部将统一制定出台环境保护法规、政策和排放标准，依法确定政府、企业的环境治理所应承担的法定责任，可以综合运用法律、行政、市场等多种手段，实现严明、精准、高效的环境督察执法，确保排污许可、生态损害赔偿、破坏生态责任终身追究等一系列法律制度得到有效落实，不断推动生态环境治理体系和治理能力实现现代化。

组建国家林业和草原局，行使生态系统保护和管理职责。党的十九大报告明确提出，要"构建国土空间开发保护制度，建立以国家公园为主体的自然保护地体系"。为落实这一要求，国务院机构改革一方面是将草原监督管理职责从原农业部划出来，与原林业局的森林、湿地等监督管理职责进行了整合，另一方面是将原国土资源部、住房和城乡建设部、水利部、原农业部、原林业局、原海洋局等部门的自然保护区、风景名胜区、自然遗产、地质公园、森林公园、湿地公园等管理职责整合，两方面职责一并划入新组建的国家林业和草原局，并明确国家林业和草原局加挂国家公园管理局牌子，由自然资源部管理。这种由"一部一局"统一行使全民所有各类自然资源资产管理、统一行使所有国土空间用途管制和生态保护修复的工作格局，既有利于加强森林、草原、湿地监督管理的统筹协调，也有效推动实现山水林田湖草的整体保护、系统修复和综合治理，保障国家生态安全。

四、环境资源规划制度

（一）环境资源规划制度的概念与分类

环境资源规划是根据一个国家或地区环境状况、自然资源本身的特点以及国民经济发展的要求，在一定规划期内对管辖区域内生态环境保护、生态环境恢复建设以及各种自然资源的开发、利用、保护、恢复与管理所作的总体安排。环境资源规划制度是关于环境资源规划的制定、规划的基本内容、规划的实施等问题的基本规定。

环境资源规划按照不同的分类标准，可划分为不同的类型：①按规划内容可以划分为环境保护规划、自然资源规划、城市规划、村庄和集镇规划、生态环境建设规划等。②按规划范围可以划分为国家规划、地方规划、部门规划、流域规划和区域规划等。③按规划期可以划分为长期规划、中期规划和短期规划。

（二）环境资源规划的法律规定

1. 环境保护规划制度。环境保护规划是国家和地方各级人民政府根据一个国家或地区的环境状况以及国民经济发展的要求，在一定规划期内对管辖区域内环境保护目标、实现环境保护目标的手段和措施所作的总体安排。环境保护规划制度是关于环境保护规划的制定、规划的基本内容、规划的实施等问题的基本规定。1989年制定的《环境保护法》规定了这一制度。环境保护规划制度主要包括环境保护规划种类，环境保护规划编制与审批，环境保护规划的实施管理等内容。

环境保护规划按照不同的分类标准，可划分为不同的类型：①按规划内容可以划分为综合规划和专项规划。专项规划包括：污染防治规划、生态环境保护规划和其他专项规划。②按规划范围可以划分为全国环境保护规划、地方环境保护规划、流域环境保护规划和区域环境保护规划。③按规划期可以划分为长期规划、中期规划和短期规划。

县级以上人民政府生态环境主管部门，应当会同有关部门对管辖范围内的环境状况进行调查和评价，拟订环境保护规划，经计划部门综合平衡后，报同级人民政府批准实施。

2. 自然资源规划制度。自然资源规划是根据一个国家或地区自然资源本身的特点以及国民经济发展的要求，在一定规划期内对管辖区域内各种自然资源的开发、利用、保护、恢复和管理所作的总体安排。自然资源规划制度是关于规划的制定、规划的基本内容、规划的实施等问题的基本规定。我国已颁布的各项自然资源法都规定了这项制度。如《土地管理法》规定的土地利用总体规划制度，《水法》规定的水资源规划制度，《矿产资源法》规定的矿产资源规划制度，《渔业法》规定的渔业资源规划制度，《森林法》规定的林业资源规划制度，《草原法》规定的草原资源规划制度等。这里主要介绍前三种制度。

（1）土地利用规划制度。土地利用规划是指人们为了改变并控制土地利用方向，合理组织土地利用结构，提高土地生产力，根据社会发展要求和当地自然、经济、社会条件对一定区域范围内的土地利用进行空间上的组合和时间上的安排。目前，世界各国土地利用规划模式各不相同，联合国粮食与农业组织将土地利用规划分为国家、区域和地方三个层次。不同的层次上，规划的方法和内容有所不同。各层规划之间是连续的，而且越是低一层次，规划的内容越详细，越有更多的公众参与。我国根据土地利用规划范围和任务的不同，将土地利用规划分为土地利用总体规划、土地利用详细规划、土地利用专项规划三种类型。①土地利用总体规划属于宏观土地利用规划，是在一定区域内，根据国民经济和社会发展对土地需求以及当地的自然、社会经济条件，对这一地区范围内的土地开发、利用、整治、保护在时间和空间上所做的总体安排和战略布局。我国土地利用总体规划分为国家、省（自治区、直辖市）、市（地区）、县（市）、乡（镇）五级，并相应编制了《全国土地利用总体规划纲要》《省级土地利用总体规划编制要点》和《县级土地利用总体规划编制要点》。②土地利用详细规划是在土地利用总体规划的框架控制和指导下，详细规定各类用地的各项控制指标和规划管理要求，或直接对某一土地使用单位的土地利用作出具体的安排或规划设计。根据我国目前的土地使用情况，土地利用详细规划包括居民点用地规划、交通运输用地规划、水利工程用地规划、耕地规划、园地规划、林地规划、牧草地规划、水产用地规划等。③土地利用专项规划。土地利用专项规划是在土地利用总体规划的控制和指导下，针对土地资源开发、利用、整治和保护过程中的某一专门问题而进行的规划。这类规划主要包括基本农田保护区规划、土地复垦规划、土地整治规划以及开发区用地规划等。目前开展较多的主要是土地利用总体规划，下文主要介绍土地利用总体规划制度。

土地利用总体规划制度是关于规划的制定、规划的基本内容、规划的实施等问题的基本规定。主要包括土地利用总体规划编制依据、编制原则与编制要求，土地利用总体规划的编制与审批，土地利用总体规划的修改，土地利用总体规划的规划期限等。

土地利用总体规划的编制依据：国民经济和社会发展规划、国土整治和资源保护的要求、土地供给能力以及各项建设对土地的需求。

土地利用总体规划的编制原则：落实国土空间开发保护要求，严格土地用途管制；严格保护永久基本农田，严格控制非农业建设占用农用地；提高土地节约集约利用水平；统筹安排城乡生产、生活、生态用地，满足乡村产业和基础设施用地合理需求，促进城乡融合发展；保护和改善生态环境，保障土地资源的可持续利用；占用耕地与开发复垦耕地数量平衡、质量相当。

土地利用总体规划的编制要求：下级土地利用总体规划应当依据上一级土地利用总体规划编制，地方各级人民政府编制的土地利用总体规划中的建设用地总量不得超过上一级土地利用总体规划确定的控制指标，耕地保有量不得低于上一级土地利用总体规划确定的控制指标；省、自治区、直辖市人民政府编制的土地利用总体规划，应当确保本行政区域内耕地总量不减少；县级土地利用总体规划应当划分土地利用区，明确土地用途；乡（镇）土地利用总体规划应当划分土地利用区，根据土地使用条件，确定每一块土地的用途，并予以公告。

土地利用总体规划的编制与审批：土地利用总体规划实行分级编制与审批，土地利用总体规划一经批准，必须严格执行。全国土地利用总体规划，由国务院土地行政主管部门会同国务院有关部门编制，报国务院批准；省、自治区、直辖市的土地利用总体规划，由省、自治区、直辖市人民政府组织本级土地行政主管部门和其他有关部门编制，报国务院批准；省、自治区、直辖市人民政府所在的城市、人口在100万以上的城市以及国务院指定的城市的土地利用总体规划，由各该市人民政府组织本级土地行政主管部门和其他有关部门编制，经省、自治区人民政府审查同意后，报国务院批准；上述规定以外的土地利用总体规划，由有关人民政府组织本级土地行政主管部门和其他有关部门编制，逐级上报省、自治区、直辖市人民政府批准，其中，乡（镇）土地利用总体规划，由乡（镇）人民政府编制，可以由省、自治区、直辖市人民政府授权的设区的市、自治州人民政府批准。

土地利用总体规划的修改：经批准的土地利用总体规划的修改，由原编制机关根据国务院或者省、自治区、直辖市人民政府的批准文件修改。修改后的土地利用总体规划应当报原批准机关批准。上一级土地利用总体规划修改后，涉及修改下一级土地利用总体规划的，由上一级人民政府通知下一级人民政府作出相应修改，并报原批准机关备案。未经批准，不得改变土地利用总体规划确定的土地用途。其中，经国务院批准的大型能源、交通、水利等基础设施建设用地，需要改变土地利用总体规划的，根据国务院的批准文件修改土地利用总体规划；经省、自治区、直辖市人民政府批准的能源、交通、水利等基础设施建设用地，需要改变土地利用总体规划的，属于省级人民政府土地利用总体规划批准权限内的，根据省级人民政府的批准文件修改土地利用总体规划。

土地利用总体规划的规划期限一般为15年。

（2）水资源规划制度。水资源规划是对以水资源为核心的系统，在未来时期的发展目标、实现目标的行动方案和保障措施预先进行的统筹安排和总体设计。通过水资源规划的编制和组织实施，对各项水事活动进行控制、对不同的水资源功能进行协调，实现政府的水资源管理目标。

水资源规划按照不同的分类标准，可划分为不同的类型：①按规划内容可以划分为综合规划和专项规划。综合规划，是指根据经济社会发展需要和水资源开发利用现状编制的开发、利用、节约、保护水资源和防治水害的总体部署。专业规划，是指防洪、治涝、灌溉、航运、供水、水力发电、竹木流放、渔业、水资源保护、水土保持、防沙治沙、节约用水等规划。综合规划是专项规划的基础，专项规划是综合规划的深入和细化，二者相辅相成，不可或缺。②按规划范围可以划分为全国水资源战略规划、流域水资源规划和区域水资源规划。流域规划包括流域综合规划和流域专业规划；区域规划包括区域综合规划和区域专业规划。全国水资源规划范围最大，涉及整个国家，是对全国水资源开发、利用、治理和保护的战略安排，对其他各级水资源规划具有重要的指导意义。流域水资源规划是在水资源自然形成的基本单元——江河流域范围内进行的水资源规划，按照流域大小又可分为大型江河流域规划和中小型江河流域规划，不同的流域水资源规划，其复杂性和规划重点也各不相同。区域水资源规划通常是在行政区或经济区范围内进行的水资源规划，在做区域水资源规划时，既要把重点放在本地区，同时又要兼顾流域或更大范围的水资源规划要求。③按规划期可以划分为长期规划和近期规划。对全国水资源规划、大型江河流域水资源规划等范围较大的水资源规划而言，长期规划的规划期通常在20～30年或更远一些，即与国家战略规划、国土规划等的规划期一致，以利于水资源长期规划的实施；近期规划则在10～15年。对小范围的水资源规划，规划期则根据实际情况略短一些。

水资源规划制度的内容主要包括水资源规划的编制原则与要求，水资源规划的编制与审批，水资源规划的修改，水资源规划的实施管理。

水资源规划的编制原则与要求：开发、利用、节约、保护水资源和防治水害，应当按照流域、区域统一制定规划，流域范围内的区域规划应当服从流域规划，专业规划应当服从综合规划，流域综合规划和区域综合规划以及与土地利用关系密切的专业规划，应当与国民经济和社会发展规划以及土地利用总体规划、城市总体规划和环境保护规划相协调，兼顾各地区、各行业的需要；制定规划，必须进行水资源综合科学考察和调查评价。水资源综合科学考察和调查评价，由县级以上人民政府水行政主管部门会同同级有关部门组织进行。

水资源规划的编制与审批：国家制定全国水资源战略规划；国家确定的重要江河、湖泊的流域综合规划，由国务院水行政主管部门会同国务院有关部门和有关省、自治区、直辖市人民政府编制，报国务院批准；跨省、自治区、直辖市的其他江河、湖泊的流域综合规划和区域综合规划，由有关流域管理机构会同江河、湖泊所在地的省、自治区、直辖市人民政府水行政主管部门和有关部门编制，分别经有关省、自治区、直辖市人民政府审查提出意见后，报国务院水行政主管部门审核，国务院水行政主管部门征求国务院有关部门意见后，报国务院或者其授权的部门批准；上述规定以外的其他江河、湖泊的流域综合规划和区域综合规划，由县级以上地方人民政府水行政主管部门会同同级有关部门和有关地方人民政府编制，报本级人民政府或者其授权的部门批准，并报上一级水行政主管部门备案。专业规划由县级以上人民政府有关部门编制，征求同级其他有关部门意见后，报本级人民政府批准。其中，防洪规划、水土保持规划的编制、批准，依照《防洪法》《水土保持法》的有关规定执行。

水资源规划的修改：经批准的规划需要修改时，必须按照规划编制程序经原批准机关批准。

建设水工程，必须符合流域综合规划。在国家确定的重要江河、湖泊和跨省、自治区、直辖市的江河、湖泊上建设水工程，其工程可行性研究报告报请批准前，有关流域管理机构应当对水工程的建设是否符合流域综合规划进行审查并签署意见；在其他江河、湖泊上建设水工程，其工程可行性研究报告报请批准前，县级以上地方人民政府水行政主管部门应当按照管理权限对水工程的建设是否符合流域综合规划进行审查并签署意见。水工程建设涉及防洪的，依照《防洪法》的有关规定执行；涉及其他地区和行业的，建设单位应当事先征求有关地区和部门的意见。

（3）矿产资源规划制度。矿产资源规划是各级人民政府依法管理和保护矿产资源的指导性文件，其主要规划目标纳入同级国民经济与社会发展规划中实施。矿产资源规划是国家加强矿产资源勘查、开发宏观调控的重要手段，是各级人民政府地质矿产主管部门依法对矿产资源勘查、开发利用与保护进行监督管理的依据。

矿产资源规划由全国性矿产资源规划、地区性矿产资源规划和行业性矿产资源开发规划构成。全国性矿产资源规划包括全国矿产资源总体规划和专项规划。其中专项规划主要包括地质矿产调查评价与勘查规划、矿产资源开发利用与保护规划、矿山生态环境保护规划等。地区性矿产资源规划包括省级、市（地）级、县级和跨行政区域的矿产资源规划。行业性矿产资源开发规划指有关矿产资源开发产业行业管理部门编制的相关矿产资源开发规划。

矿产资源规划制度主要包括矿产资源规划编制原则与要求，矿产资源规划内容，矿产资源规划编制与审批，矿产资源规划修改，矿产资源规划实施管理等。

矿产资源规划编制原则与要求：矿产资源规划应当贯彻"控制人口增长，保护自然资源，保持良好的生态环境"的基本国策，坚持"在保护中开发，在开发中保护"的总原则；符合我国国情、地情和矿产资源实际，密切结合国民经济和社会发展的需要，遵循客观规律，切实可行；综合考虑经济效益、社会效益、资源效益和环境效益，正确处理好矿产资源开发利用与地区经济发展、其他自然资源利用和生态环境保护的关系；开发与保护并重，开源与节流并举，注重提高资源利用水平；统一规划，合理布局，综合勘查，合理开采，综合利用；符合法律法规的规定，执行国家有关标准和规范；矿产资源规划自上而下编制，下级矿产资源规划服从上级矿产资源规划，专项规划服从总体规划，行业规划和地区性规划服从全国性规划。

　　矿产资源规划的内容：矿产资源总体规划的主要内容应当包括编制规划的依据；矿产资源调查评价、勘查、开发利用与保护现状和问题；矿产资源及矿产品市场供需形势分析；规划目标和主要任务；矿产资源调查评价、勘查、开发利用的总体部署和发展重点，特别是法律法规规定和上级地质矿产主管部门委托审批和颁发勘查许可证、采矿许可证权限范围内的矿产资源勘查与开发利用的总体部署和发展重点；矿产资源保护和合理利用；矿山生态环境保护与治理；保证规划实施的措施。

　　专项矿产资源规划的内容应突出重点，有较强的针对性，目标明确具体，措施得力，注重实效。

　　矿产资源规划的编制与审批：国务院地质矿产主管部门组织编制国家矿产资源总体规划，报国务院批准后施行。国务院地质矿产主管部门根据全国矿产资源总体规划，组织编制全国地质矿产调查评价与勘查规划、矿产资源开发利用与保护规划、矿山生态环境保护规划等专项规划。国务院地质矿产主管部门根据需要，可以组织编制跨省、自治区、直辖市的区域矿产资源规划、重要的特大型矿产资源基地和国家规划矿区矿产资源开发利用与保护规划；国务院有关部门可以依据全国矿产资源总体规划，组织编制矿业资源开发规划，报国务院地质矿产主管部门备案；省级、市（地）级人民政府地质矿产主管部门应当根据上一级矿产资源总体规划，组织编制本行政区的矿产资源总体规划，经同级人民政府同意，报上一级人民政府地质矿产主管部门批准后实施。省级、市（地）级人民政府地质矿产主管部门根据需要，可以组织编制本行政区的矿产资源专项规划，报上一级人民政府地质矿产主管部门批准后实施；县级人民政府地质矿产主管部门根据需要，可以编制本行政区的矿产资源总体规划和专项规划，经县级人民政府同意，逐级上报省级人民政府地质矿产主管部门批准后实施。

　　矿产资源规划的修改：矿产资源规划在实施过程中，因特殊情况确实需要调整或者修改，由原编制机关按照有关程序和规定，提出规划调整或者修改方案，报原审批机关批准。

　　矿产资源规划的实施管理：国家规划矿区和国家规定实行保护性开采的特定矿种的设立、变更或者撤销及其开发利用，应当符合全国矿产资源总体规划；各级人民政府地质矿产主管部门审批颁发勘查许可证、采矿许可证应当符合矿产资源规划。

　　3. 生态环境建设规划制度。生态环境建设规划制度，是关于规划的制定、规划的基本内容、规划的实施等问题的基本规定，是指导生态环境建设、促进生态系统良性循环、保障人与自然环境协调发展的重要依据。

　　生态环境建设规划是一项系统工程，涉及部门众多，应由计划行政主管部门组织有关部门共同拟定，报各级人民政府批准实施。生态环境建设规划，要根据各区域的不同特点、规律、目标、容量等因素，提出生态环境建设的基本任务、分阶段目标及主要措施。

　　编制生态环境建设规划，要体现生态系统的特点。生态系统，小到一片土壤、一个池塘、一条小溪，大到森林、草原、湿地、流域，以至于海洋、大气。由于生态系统的这种复杂性，生态环境建设规划是一种超行政区域界限的规划；编制生态环境建设规划，要以生态学原理为指导，对生态系统的各项开发和建设以及生态环境保护作出科学的决策。要体现以人为本、以自然为本的原则，强调人与自然的和谐共存，使经济发展建立在环境容量、自然资源承载能力和生态适宜的基础上。即把生态环境建设规划的内容和措施融于经济发展规划中，使之成为经济发展规划的约束、限定条件和依据。

1998年11月7日，国务院发布的《全国生态环境建设规划》从我国生态环境保护和建设的实际出发，对全国陆地生态环境建设的一些重要方面进行了规划，主要包括：天然林等自然资源保护、植树种草、水土保持、防治荒漠化、草原建设生态农业等。2011年3月全国人大通过了"十二五"规划纲要，该纲要将"绿色发展 建设资源节约型、环境友好型社会"作为第六篇，主要内容包括积极应对全球气候变化、加强资源节约和管理、大力发展循环经济、加大环境保护力度、促进生态保护和修复和加强水利和防灾减灾体系建设等六个方面。2011年6月国务院正式发布了《全国主体功能区规划》，目的是构建高效、协调、可持续的国土空间开发格局，主要内容包括：战略目标、优化开发区域、重点开发区域、限制开发区域（农产品主产区）、限制开发区域（重点生态功能区）、禁止开发区域、能源与资源、区域政策等。

五、环境影响评价制度

（一）环境影响评价的概念

环境影响评价的概念据称最早是于1964年在加拿大召开的一次国际环境质量评价的学术会议上提出来的。根据《环境影响评价法》的规定，环境影响评价，是指对规划和建设项目实施后可能造成的环境影响进行分析、预测和评估，提出预防或者减轻不良环境影响的对策和措施，进行跟踪监测的方法与制度。主要包括以下五个方面：①评价的对象是拟订中的政府有关的经济发展规划和建设单位兴建的建设项目；②评价单位要分析、预测和评估所评价对象在其实施后可能造成的环境影响；③评价单位通过分析、预测和评估，提出具体而明确的预防或者减轻不良环境影响的对策和措施；④环保部门对规划和建设项目实施后的实际环境影响，要进行跟踪监测和评价；⑤环境影响评价是指指导环境影响评价工作的方法和制度。

（二）环境影响评价立法

环境影响评价作为一项环境资源法的基本制度，最早为1969年的美国《国家环境政策法》所确立。此后，瑞士、瑞典、法国、澳大利亚、加拿大、英国、德国、日本等国也通过立法采纳了这一制度。我国1979年颁布的《环境保护法（试行）》引进了该项制度。1986年颁布的《建设项目环境保护管理办法》对此作了具体规定。1989年颁布的《环境保护法》再次确认了该项制度。另外，《海洋环境保护法》《大气污染防治法》《水污染防治法》《固体废物污染环境防治法》等单行法也对该项制度作了规定。1998 年对《建设项目环境保护管理办法》作了修改，颁布了《建设项目环境保护管理条例》，全面规定了环境影响评价的范围、内容、程序及法律责任等。2002 年我国颁布了《环境影响评价法》，自 2003 年 9 月 1 日起施行。《环境影响评价法》共 5 章 38 条，全面规定了环境影响评价的原则、范围、内容、程序及法律责任等。2009 年我国颁布了《规划环境影响评价条例》，全面规定了规划环境影响评价的范围、内容、程序和法律责任等。2014 年修订的《环境保护法》第 56 条第 2 款规定，负责审批建设项目环境影响评价文件的部门在收到建设项目环境影响报告书后，除涉及国家秘密和商业秘密的事项外，应当全文公开。另外，有学者认为，鉴于实施战略环境评价对生态文明制度的顶层设计具有基础性、重要性以及对经济部门和地方政府的敏感性，2014 年《环境保护法》采用折中的方式隐晦地将战略环境评价写入该法第 14 条，国务院有关部门和省、自治区、直辖市人民政府组织制定经济、技术政策，应当充分考虑对环境的影响，听取有关方面和专家的意见。[1]

2016 年 9 月 1 日起施行的《环境影响评价法》对原第 14、17、22、25、29、31、32、33 条进行了新增、修订和删减。修订后主要有以下几方面改动：

第一，环评审批不再作为建设项目审批、核准的前置条件。2018 年修正《环境影响评价法》将第 25 条修改为："建设项目的环境影响评价文件未依法经审批部门审查或者审查后未予批准的，建设单位不得开工建设。"删除了原条文中关于"建设项目的环境影响评价文件未经法律规定的审批部门审查或者审查后未予批准的，该项目审批部门不得批准其建设"的规定。这就意味着今后环评审批不再作为可行性研究报告审批或项目核准的前置条件，将环评审批与可行性研究报告审批或项目核准由原来的"串联审批"变为"并联审批"同时进行。

第二，将环境影响登记表由审批改为备案。2016 年《环境影响评价法》第 22 条规定，建设项目的环境影响评价文件，由建设单位按照国务院的规定报有审批权的环境保护行政主管部门审批。修改后的《环境影响评价法》第 22 条规定，建设项目的环境影响报告书、报告表，由建设单位按照国务院的规定报有审批权的环境保护行政主管部门审批。同时规定，国家对环境影响登记表实行备案管理。这项修改表明，新规施行后，建设项目的环境影响评价文件中，环境影响报告书、报告表，仍然实行审批制，由建设单位按照国务院的规定报有审批权的环境保护行政主管部门审批；对于环境影响登记表则改为实行备案制管理。

第三，增加了根据规划环评结论和审查意见对规划草案进行修改完善等规定。为了进一步突出环境影响报告书结论以及审批小组修改意见在规划的环境影响评价中的作用和地位，修改后的第 14 条增加了一款作为第 1 款："审查小组提出修改意见的，专项规划的编制机关应当根据环境影响报告书结论和审查意见对规划草案进行修改完善，并对环境影响报告书结论和审查意见的采纳情况作出说明；不采纳的，

---

〔1〕　参见汪劲著：《环境法学》（第三版），北京大学出版社 2014 年版，第 138 页。

应当说明理由。"也就是说，今后编制机关向审批机关提交专项规划审批时，除了专项规划草案、环境影响报告书结论和审查意见外，还应当提交专项规划草案对环境影响报告书结论和审查意见的采纳情况以及进行的修改完善情况，供审批机关审批时作为决策依据。

第四，对规划环评与建设项目环评的关系作出了重新调整。修改后的第 18 条第 3 款，对规划与建设项目有包含关系的，要求规划的环境影响评价结论应当作为建设项目环境影响评价的重要依据，建设项目环境影响评价的内容应当根据规划的环境影响评价审查意见予以简化。修改后的条文删除了原"作为一项整体建设项目的规划，按照建设项目进行环境影响评价，不进行规划的环境影响评价"的规定。这些修改，既突出了规划环评的宏观性、整体性特点，又强调了其对建设项目环评的指导、统率作用，从而摆正了两者之间的主次关系，提高了规划环评的地位，对于某些地方以建设项目环评替代规划环评从而降低环评标准的短视行为具有较大的抑制作用。

第五，处罚数额由相对固定改为比例幅度，取消了"责令限期补办手续"的规定。对于建设项目环境影响报告书、报告表，建设单位未报先建或未批先建的，修改后的《环境影响评价法》第 31 条第 1 款、第 2 款规定，由县级以上环境保护行政主管部门责令停止建设，根据违法情节和危害后果，处建设项目总投资额 1% 以上 5% 以下的罚款，并可以责令恢复原状；对建设单位直接负责的主管人员和其他直接责任人员，依法给予行政处分。修改主要有三个方面，一是罚款数额由原来的"5 万元以上 20 万元以下"，改为项目总投资额的 1% 至 5%，极大地增加了违法者的违法成本；二是取消了"责令限期补办手续"的规定，有效避免了实践中"先上船再补票""上了船也不补票"的情形，免除了该项措施在实践中遇到的诸多问题；三是增加了可以责令恢复原状的处罚措施，既与环保法等法律法规相衔接，又增强了对违法行为的处罚力度。针对环境影响登记表，法律规定建设单位未依法备案建设项目环境影响登记表的，由县级以上环境保护行政主管部门责令备案，处 5 万元以下的罚款。

第六，其他重要修改。一是不再将水土保持方案的审批作为环评的前置条件。原《环境影响评价法》第 17 条规定，涉及水土保持的建设项目，环境影响报告书中必须有经水行政主管部门审查同意的水土保持方案。为进一步简政放权、优化审批流程，修改后，这一规定被删除。也即意味着今后开展环境影响评价审批，不再将水行政主管部门对水土保持方案的审批作为前置条件。二是取消了环境影响报告书、环境影响报告表的行业预审。原《环境影响评价法》第 22 条规定，建设项目有行业主管部门的，其环境影响报告书或者环境影响报告表应当经行业主管部门预审后，报有审批权的环境保护行政主管部门审批。《环境影响评价法》修改后，这项行业预审制度被取消。行业预审的取消，极大地简化了环评流程，缩短了建设项目审批的时间，从而减轻了项目审批的负担。三是把规划编制机关"未组织环境影响评价"认定为违法行为。修改后的《环境影响评价法》第 29 条关于规划编制机关违反本法规定的情形时，增加了一项"未组织环境影响评价"，有利于规划编制部门增强环评意识，强化了环境影响评价制度的约束力。

2018 年 12 月 29 日，在第十三届全国人大常委会第七次会议上修订了《环境影响评价法》，将法条中涉及的环境保护行政主管部门修改为生态环境主管部门。并对原第 19、20、28、32 条进行了修改。修改内容主要是取消了环评资质，建设单位可自行委托技术单位编写环评报告。具体内容见（四）建设项目环境影响评价制度。

（三）规划环境影响评价制度

1. 规划环境影响评价的范围。国务院有关部门、设区的市级以上地方人民政府及其有关部门，对其组织编制的土地利用的有关规划，区域、流域、海域的建设、开发利用规划，工业、农业、畜牧业、林业、能源、水利、交通、城市建设、旅游、自然资源开发的有关专项规划（以下简称专项规划），应当组织进行环境影响评价。进行环境影响评价的规划的具体范围，由国务院生态环境主管部门会同国务院有关部门规定，报国务院批准。

2. 规划环境影响评价的内容。《环境影响评价法》第 10 条规定，专项规划的环境影响报告书应当包括下列内容：①实施该规划对环境可能造成影响的分析、预测和评估；②预防或者减轻不良环境影响的对策和措施；③环境影响评价的结论。根据《规划环境影响评价条例》第 8 条规定，规划的环境影响评价应当包括下列内容：规划实施可能对相关区域、流域、海域生态系统产生的整体影响；规划实施可能对环境和人群健康产生的长远影响；规划实施的经济效益、社会效益与环境效益之间以及当前利益与长远利益之间的关系。

3. 规划环境影响评价的程序。

（1）专项规划的编制机关对可能造成不良环境影响并直接涉及公众环境权益的规划，应当在该规划草案报送审批前，举行论证会、听证会，或者采取其他形式，征求有关单位、专家和公众对环境影响报告书草案的意见。编制机关应当认真考虑有关单位、专家和公众对环境影响报告书草案的意见，并应当在报送审查的环境影响报告书中附具对意见采纳或者不采纳的说明。有关单位、专家和公众的意见与环境影响评价结论有重大分歧的，规划编制机关应当采取论证会、听证会等形式进一步论证。编制机关在报批规划草案时，应当将环境影响报告书一并附送审批机关审查；未附送环境影响报告书的，审批机关不予审批。但是，国家规定需要保密的情形除外。

（2）设区的市级以上人民政府在审批专项规划草案，作出决策前，应当先由人民政府指定的生态环境主管部门或者其他部门召集有关部门代表和专家组成审查小组，对环境影响报告书进行审查。审查小组应当提出书面审查意见。审查小组的专家，应当从按照国务院生态环境主管部门的规定设立的专家库内的相关专业的专家名单中，以随机抽取的方式确定。由省级以上人民政府有关部门负责审批的专项规划，其环境影响报告书的审查办法，由国务院生态环境主管部门会同国务院有关部门制定。

设区的市级以上人民政府或者省级以上人民政府有关部门在审批专项规划草案时，应当将环境影响报告书结论以及审查意见作为决策的重要依据。在审批中未采纳环境影响报告书结论以及审查意见的，应当作出说明，并存档备查。

（3）对环境有重大影响的规划实施后，编制机关应当及时组织环境影响的跟踪评价，并将评价结果报告审批机关；发现有明显不良环境影响的，应当及时提出改进措施。

（4）规划实施区域的重点污染物排放总量超过国家或者地方规定的总量控制指标的，应当暂停审批该规划实施区域内新增该重点污染物排放总量的建设项目的环境影响评价文件。

4. 违反规划环境影响评价制度的法律责任。

（1）规划编制机关组织环境影响评价时弄虚作假或者有失职行为，造成环境影响评价严重失实的，对直接负责的主管人员和其他直接责任人员，由上级机关或者监察机关依法给予行政处分。

（2）规划审批机关对依法应当编写有关环境影响的篇章或者说明而未编写的规划草案，依法应当附送环境影响报告书而未附送的专项规划草案，违法予以批准的，对直接负责的主管人员和其他直接责任人员，由上级机关或者监察机关依法给予行政处分。

（3）审查小组的召集部门在组织环境影响报告书审查时弄虚作假或者滥用职权，造成环境影响评价严重失实的，对直接负责的主管人员和其他直接责任人员，由上级机关或者监察机关依法给予处分。

（4）规划环境影响评价技术机构弄虚作假或者有失职行为，造成环境影响评价文件严重失实的，由国务院环境保护主管部门予以通报，处所收费用1倍以上3倍以下的罚款；构成犯罪的，依法追究刑事责任。环境影响评价机构、环境监测机构以及从事环境监测设备和防治污染设施维护、运营的机构，在有关环境服务活动中弄虚作假，对造成的环境污染和生态破坏负有责任的，除依照有关法律法规规定予以处罚外，还应当与造成环境污染和生态破坏的其他责任者承担连带责任。

（四）建设项目环境影响评价制度

建设项目环境影响评价的范围：根据《环境影响评价法》第3条规定，在中华人民共和国领域和中华人民共和国管辖的其他海域内建设对环境有影响的项目，应当进行环境影响评价。

建设项目环境影响评价的分类管理：国家根据建设项目对环境的影响程度，对建设项目的环境影响评价实行分类管理。具体内容包括：①可能造成重大环境影响的，应当编制环境影响报告书，对产生的环境影响进行全面评价；②可能造成轻度环境影响的，应当编制环境影响报告表，对产生的环境影响进行分析或者专项评价；③对环境影响很小、不需要进行环境影响评价的，应当填报环境影响登记表。

建设项目的环境影响评价分类管理名录，由国务院生态环境主管部门制定并公布。

1. 建设项目环境影响评价的内容。建设项目的环境影响报告书应当包括下列内容：①建设项目概况；②建设项目周围环境现状；③建设项目对环境可能造成影响的分析、预测和评估；④建设项目环境保护措施及其技术、经济论证；⑤建设项目对环境影响的经济损益分析；⑥对建设项目实施环境监测的建议；⑦环境影响评价的结论。

涉及水土保持的建设项目，还必须有经水行政主管部门审查同意的水土保持方案。

环境影响报告表和环境影响登记表的内容和格式，由国务院生态环境主管部门制定。

2. 建设项目环境影响评价的程序。

（1）建设单位可以委托技术单位对其建设项目开展环境影响评价，编制建设项目环境影响报告书、环境影响报告表；建设单位具备环境影响评价技术能力的，可以自行对其建设项目开展环境影响评价，编制建设项目环境影响报告书、环境影响报告表。任何单位和个人不得为建设单位指定对其建设项目进行环境影响评价的机构。接受委托为建设单位编制建设项目环境影响报告书、环境影响报告表的技术单位，不得与负责审批建设项目环境影响报告书、环境影响报告表的生态环境主管部门或者其他有关审批部门存在任何利益关系。

（2）建设单位应当对建设项目环境影响报告书、环境影响报告表的内容和结论负责，接受委托编制建设项目环境影响报告书、环境影响报告表的技术单位对其编制的建设项目环境影响报告书、环境影响报告表承担相应责任。设区的市级以上人民政府生态环境主管部门应当加强对建设项目环境影响报告书、环境影响报告表编制单位的监督管理和质量考核。负责审批建设项目环境影响报告书、环境影响报告表的生态环境主管部门应当将编制单位、编制主持人和主要编制人员的相关违法信息记入社会诚信档案，并纳入全国信用信息共享平台和国家企业信用信息公示系统向社会公布。

（3）除国家规定需要保密的情形外，对环境可能造成重大影响、应当编制环境影响报告书的建设项目，建设单位应当在报批建设项目环境影响报告书前，举行论证会、听证会，或者采取其他形式，征求有关单位、专家和公众的意见。建设单位报批的环境影响报告书应当附具对有关单位、专家和公众的意见采纳或者不采纳的说明。

（4）建设项目的环境影响评价文件，由建设单位按照国务院的规定报有审批权的生态环境主管部门审批；建设项目有行业主管部门的，其环境影响报告书或者环境影响报告表应当经行业主管部门预审后，报有审批权的生态环境主管部门审批。国务院生态环境主管部门负责审批下列建设项目的环境影响评价文件：核设施、绝密工程等特殊性质的建设项目;跨省、自治区、直辖市行政区域的建设项目;由国务院审批的或者由国务院授权有关部门审批的建设项目。前述规定以外的建设项目的环境影响评价文件的审批权限,由省、自治区、直辖市人民政府规定。建设项目可能造成跨行政区域的不良环境影响,有关生态环境主管部门对该项目的环境影响评价结论有争议的,其环境影响评价文件由共同的上一级生态环境主管部门审批。海洋工程建设项目的海洋环境影响报告书的审批,依照《海洋环境保护法》的规定办理。

(5)审批部门应当自收到环境影响报告书之日起60日内,收到环境影响报告表之日起30日内,收到环境影响登记表之日起15日内,分别作出审批决定并书面通知建设单位。

《环境保护法》第56条规定,负责审批建设项目环境影响评价文件的部门在收到建设项目环境影响报告书后,除涉及国家秘密和商业秘密的事项外,应当全文公开。2013年原环保部(2018年国务院进行机构改革,现已分设为自然资源部和生态环境部)发布的《建设项目环境影响评价政府信息公开指南(试行)》对此作出了更为具体的规定。

(6)建设项目的环境影响评价文件经批准后,建设项目的性质、规模、地点、采用的生产工艺或者防治污染、防止生态破坏的措施发生重大变动的,建设单位应当重新报批建设项目的环境影响评价文件。

建设项目的环境影响评价文件自批准之日起超过5年,方决定该项目开工建设的,其环境影响评价文件应当报原审批部门重新审核;原审批部门应当自收到建设项目环境影响评价文件之日起10日内,将审核意见书面通知建设单位。

(7)在项目建设、运行过程中产生不符合经审批的环境影响评价文件的情形的,建设单位应当组织环境影响的后评价,采取改进措施,并报原环境影响评价文件审批部门和建设项目审批部门备案;原环境影响评价文件审批部门也可以责成建设单位进行环境影响的后评价,采取改进措施。

(8)生态环境主管部门应当对建设项目投入生产或者使用后所产生的环境影响进行跟踪检查,对造成严重环境污染或者生态破坏的,应当查清原因、查明责任。对属于建设项目环境影响报告书、环境影响报告表存在基础资料明显不实,内容存在重大缺陷、遗漏或者虚假,环境影响评价结论不正确或者不合理等严重质量问题的,依照该法第32条的规定追究建设单位及其相关责任人员和接受委托编制建设项目环境影响报告书、环境影响报告表的技术单位及其相关人员的法律责任;属于审批部门工作人员失职、渎职,对依法不应批准的建设项目环境影响报告书、环境影响报告表予以批准的,依照该法第34条的规定追究其法律责任。

3. 违反建设项目环境影响评价制度的法律责任。

(1)规划编制机关违反本法规定,未组织环境影响评价,或者组织环境影响评价时弄虚作假或者有失职行为,造成环境影响评价严重失实的,对直接负责的主管人员和其他直接责任人员,由上级机关或者监察机关依法给予行政处分。

（2）规划审批机关对依法应当编写有关环境影响的篇章或者说明而未编写的规划草案，依法应当附送环境影响报告书而未附送的专项规划草案，违法予以批准的，对直接负责的主管人员和其他直接责任人员，由上级机关或者监察机关依法给予行政处分。

（3）建设单位未依法报批建设项目环境影响报告书、报告表，或者未依照该法第 24 条的规定重新报批或者报请重新审核环境影响报告书、报告表，擅自开工建设的，由县级以上生态环境主管部门责令停止建设，根据违法情节和危害后果，处建设项目总投资额 1% 以上 5% 以下的罚款，并可以责令恢复原状；对建设单位直接负责的主管人员和其他直接责任人员，依法给予行政处分。建设项目环境影响报告书、报告表未经批准或者未经原审批部门重新审核同意，建设单位擅自开工建设的，依照前款的规定处罚、处分。建设单位未依法备案建设项目环境影响登记表的，由县级以上生态环境主管部门责令备案，处 5 万元以下的罚款。海洋工程建设项目的建设单位有本条所列违法行为的，依照《中华人民共和国海洋环境保护法》的规定处罚。

（4）建设项目环境影响报告书、环境影响报告表存在基础资料明显不实，内容存在重大缺陷、遗漏或者虚假，环境影响评价结论不正确或者不合理等严重质量问题的，由设区的市级以上人民政府生态环境主管部门对建设单位处 50 万元以上 200 万元以下的罚款，并对建设单位的法定代表人、主要负责人、直接负责的主管人员和其他直接责任人员，处 5 万元以上 20 万元以下的罚款。接受委托编制建设项目环境影响报告书、环境影响报告表的技术单位违反国家有关环境影响评价标准和技术规范等规定，致使其编制的建设项目环境影响报告书、环境影响报告表存在基础资料明显不实，内容存在重大缺陷、遗漏或者虚假，环境影响评价结论不正确或者不合理等严重质量问题的，由设区的市级以上人民政府生态环境主管部门对技术单位处所收费用 3 倍以上 5 倍以下的罚款；情节严重的，禁止从事环境影响报告书、环境影响报告表编制工作；有违法所得的，没收违法所得。编制单位有该条第 1 款、第 2 款规定的违法行为的，编制主持人和主要编制人员 5 年内禁止从事环境影响报告书、环境影响报告表编制工作；构成犯罪的，依法追究刑事责任，并终身禁止从事环境影响报告书、环境影响报告表编制工作。

（5）负责审核、审批、备案建设项目环境影响评价文件的部门在审批、备案中收取费用的，由其上级机关或者监察机关责令退还；情节严重的，对直接负责的主管人员和其他直接责任人员依法给予行政处分。

（6）生态环境主管部门或者其他部门的工作人员徇私舞弊，滥用职权，玩忽职守，违法批准建设项目环境影响评价文件的，依法给予行政处分；构成犯罪的，依法追究刑事责任。

六、"三同时"制度

（一）"三同时"制度的概念

"三同时"制度是我国首创的一项环境资源法基本制度，它是指一切新建、改建和扩建的基本建设项目、技术改造项目、区域开发建设项目、自然开发利用项目以及其他可能损害环境的项目，其中防治污染和生态破坏的设施，必须与主体工程同时设计、同时施工、同时投产使用的制度。

"三同时"制度与环境影响评价制度是相辅相成的。如果没有环境影响评价制度，"三同时"的工作内容就失去了科学依据。没有"三同时"制度，环境影响评价制度的环境预防效果就没有保障。只有把"三同时"制度和环境影响评价制度结合起来，才能做到合理布局，最大限度地消除和减轻污染和生态破坏，防止环境质量恶化。

（二）"三同时"制度立法

早在20世纪60年代初，国务院在《防止矽尘危害工作管理办法》中就提出了"三同时"的要求。1972年国务院批转的《国家计委、国家建委关于官厅水库污染情况和解决意见的报告》中，提出"工厂建设和三废利用工程要同时设计、同时施工、同时投产"的要求。1973年经国务院批准的《关于保护和改善环境的若干规定（试行）》中，要求"一切新建、扩建和改建的企业，防治污染项目，必须和主体工程同时设计、同时施工、同时投产"。我国1979年颁布的《环境保护法（试行）》将"三同时"制度确立为环境资源法的基本制度。1986年颁布的《建设项目环境保护管理办法》对此作了具体规定。1989年颁布的《环境保护法》再次确认了该项制度。另外，《海洋环境保护法》《大气污染防治法》《水污染防治法》《固体废物污染环境防治法》等单行法也对该项制度作了规定。1998年对《建设项目环境保护管理办法》作了修改，颁布了《建设项目环境保护管理条例》，全面规定了"三同时"制度的适用范围、内容、法律责任等。

（三）"三同时"制度的适用范围

"三同时"制度的适用范围包括：一切新建、改建和扩建的基本建设项目、技术改造项目、区域开发建设项目、自然开发利用项目以及其他可能损害环境的项目。

（四）"三同时"制度在不同阶段的要求

1. 初步设计阶段。建设项目的初步设计，应当按照环境保护设计规范的要求，编制环境保护篇章，并依据经批准的建设项目环境影响报告书或者环境影响报告表，在环境保护篇章中落实防治环境污染和生态破坏的措施以及环境保护设施投资概算。

2. 施工阶段。建设与施工单位应将环境资源保护工程纳入施工计划、建设进度，做好环境资源保护工程施工组织工作，保证环境资源保护工程施工所需的资金、材料供应。建设项目施工过程中，应当保护施工现场周围的环境，防止造成不应有的破坏和危害。建设项目竣工后，施工单位应当恢复在建设过程中受到破坏的环境。

3. 竣工验收阶段。2014年修订的《环境保护法》第41条规定，防治污染的设施应当符合经批准的环境影响评价文件的要求，不得擅自拆除或者闲置。在此次环境保护法修订调研过程中，不少企业反映目前环保领域审批环节多，耗时长，难以适应瞬息万变的市场形势。为了贯彻党的十八届三中全会关于深化行政审批体制改革，规范管理、提高效率的精神，回应企业减少审批环节的呼声，考虑到目前环保单行法中对"三同时"验收已作出明确规定，提出了"防治污染的设施应当符合经批准的环境影响评价文件的要求，不得擅自拆除或者闲置"的要求，以便给今后整合环保审批环节、简化审批程序留下余地。根据该法第 45 条的规定，国家依照法律规定实行排污许可管理制度。今后可考虑将"三同时"验收与排污许可管理制度进行衔接。对已实行排污许可管理的，"三同时"验收可以纳入排污许可管理。对未实行排污许可管理的，可以根据环保单行法律的相关规定进行"三同时"验收。无论是否实行排污许可管理，防治污染的设施都应当符合经批准的环评文件的要求，不得擅自拆除或者闲置。[1]

（五）违反"三同时"制度的法律责任

1. 试生产建设项目配套建设的环境保护设施未与主体工程同时投入试运行的，或者建设项目投入试生产超过 3 个月，建设单位未申请环境保护设施竣工验收的，由审批该建设项目环境影响报告书、环境影响报告表或者环境影响登记表的生态环境主管部门责令限期改正；逾期不改正的，责令停止试生产，可以处 5 万元以下的罚款。

2. 建设项目需要配套建设的环境保护设施未建成、未经验收或者经验收不合格，主体工程正式投入生产或者使用的，由审批该建设项目环境影响报告书、环境影响报告表或者环境影响登记表的生态环境主管部门责令停止生产或者使用，可以处 10 万元以下的罚款。

3. 生态环境主管部门的工作人员徇私舞弊、滥用职权、玩忽职守，构成犯罪的，依法追究刑事责任；尚不构成犯罪的，依法给予行政处分。

七、环境资源许可制度

（一）环境资源许可的概念与种类

环境资源许可，是指生态环境主管部门根据当事人的申请，准许其从事某种活动的一种行政行为。在法律上，许可表现为认可、登记、承认等，并通常以证书的形式表现。许可证，既是国家对行政管理相对人从事某种活动的一种法律上的认可，又是行政管理相对人得到法律保护的凭证。

环境资源许可证的种类，根据许可内容不同，主要有环境保护许可证、自然资源许可证、建设规划许可证三大类。环境保护许可证主要有排污许可证，海洋倾废许可证，核设施建造、运行许可证，化学危险物品生产、经营许可证，危险废物经营、转移许可证，放射性药品生产、经营、使用许可证等；自然资源许可证主要有取水许可证、采矿许可证、林木采伐许可证、渔业捕捞许可证、野生动物资源许可证（包括特许猎捕证、狩猎证、运输携带批准文件、进出口证明书）等。建设规划许可证主要有建设用地规划许可证和建设工程规划许可证。

---

〔1〕　袁杰主编：《〈中华人民共和国环境保护法〉解读》，中国法制出版社 2014 年版，第 144～145 页。

环境资源许可证制度，是指有关许可证的申请、审核、颁发、中止与废止和监督管理等方面所作规定的总称。许可证制度，是加强对排污者监督管理的有效手段，是保护自然资源的合理利用和维护生态平衡的重要途径。

（二）环境资源许可立法

1. 环境保护许可制度立法。环境保护许可制度中最主要的是排污许可制度，这里仅对排污许可制度立法进行介绍。排污许可制度最早在瑞典实行，后来为多数发达国家所采用，美国、法国、澳大利亚、加拿大均有规定，该制度并且已成为环境管理的基础性制度。

我国 1989 年制定的《环境保护法》没有规定排污许可制度，但 2014 年修订的《环境保护法》明确了排污许可证制度的法律地位。修订的《环境保护法》第 45 条规定："国家依照法律规定实行排污许可管理制度。实行排污许可管理的企业事业单位和其他生产经营者应当按照排污许可证的要求排放污染物；未取得排污许可证的，不得排放污染物。"该项制度主要规定在环境保护单行法、行政法规及规章之中。这里根据排放污染物的种类不同，分别介绍其立法情况。

（1）水污染物排放许可。我国于 1987 年开始在水污染防治领域进行排污许可证制度的试点工作。1988 年 3 月，原国家环保局发布了《水污染物排放许可证管理暂行办法》，并在上海、北京等 18 个市（县）开展"水污染物排放许可证"试点工作。该办法相对完整地规定了水污染物排放许可制度，包括排污申报登记制度，许可审核、决定以及许可后的监督管理，还包括罚则。国务院发布的《水污染防治法实施细则》（现已失效）较为详细地规定了水污染物排放许可制度和总量控制制度。国家建设部（已撤销）发布的《城市排水许可管理办法》（现已失效）规定向城市排水设施排水的许可制度，包括废水、污水及雨水。原国家环保总局发布的《淮河和太湖流域排放重点水污染物许可证管理办法（试行）》，明确了"双达标"的法定要求，并详细列出提出申请需要提交的文件，规定了公开的许可监督程序。除此之外，很多地方规章也都规定了排污许可制度。

（2）大气污染物排放许可。原国家环保局于 1991 年 4 月决定在上海、天津等 16 个城市进行排放大气污染物许可证制度的试点工作。2018 年《大气污染防治法》规定，国务院和省、自治区、直辖市人民政府对尚未达到规定的大气环境质量标准的区域和国务院批准划定的酸雨控制区、二氧化硫污染控制区，可以划定为主要大气污染物排放总量控制区。大气污染物总量控制区内有关地方人民政府依照国务院规定的条件和程序，按照公开、公平、公正的原则，核定企业事业单位的主要大气污染物排放总量，核发主要大气污染物排放许可证。有大气污染物总量控制任务的企业事业单位，必须按照核定的主要大气污染物排放总量和许可证规定的排放条件排放污染物。

（3）固体废弃物排放许可。《固体废物污染环境防治法》并无规定向环境排放固体废弃物的许可制度，而是确立了禁止向环境排放工业固体废弃物和危险废物的原则，并将禁排的要求与鼓励对固体废弃物的资源化利用和强制处置的制度措施结合起来，而对于无法利用的固体废物实施无害于环境的最终处置。但是，不少地方政府环保部门文件却规定了固体废弃物排放的许可制度。

（4）噪声排放许可。《环境噪声污染防治法》没有规定向环境排放噪声须获得许可，只在第19条规定，在城市范围内从事生产活动确需排放偶发性强烈噪声的，必须事先向当地公安机关提出申请，经批准后方可进行。不少地方政府环保部门文件却规定了噪声排放的许可制度。

（5）海洋排污许可。《海洋环境保护法》第3条规定，国家建立并实施重点海域排污总量控制制度，确定主要污染物排海总量控制指标，并对主要污染源分配排放控制数量。另外，向海洋倾倒废弃物的单位则需要向海洋行政管理部门申请许可证，方可倾倒。

总体来看，各项污染物排放许可制度法律依据不同，发展水平参差不齐，亟须作统一、全面的整理。《行政许可法》的出台为排污许可制度的整合提供了良好的契机，现在必须根据《行政许可法》的规定对有关排污许可的部门规章、地方性法规、地方规章以及规范性文件进行清理或废止。

2. 自然资源许可制度立法。《森林法》《渔业法》《水法》《矿产资源法》《野生动物保护法》等自然资源法分别规定了取水许可、采矿许可、林木采伐许可、渔业捕捞许可、野生动物资源许可（包括特许猎捕许可、狩猎许可、运输携带批准文件、进出口证明书）等自然资源许可制度。

3. 建设规划许可制度立法。《城乡规划法》《土地管理法》《房地产管理法》《建筑法》等规定了建设用地规划许可制度和建设工程规划许可制度。

（三）环境保护许可制度

环境保护许可制度中最主要的是排污许可制度，这里仅对排污许可制度进行介绍。

排污许可制度的内容主要包括：①排污申报登记。排污者在试产前3个月内申报排污登记。排污有重大变化时，应提前15天履行变更登记手续。②环保行政主管部门确定本地区污染物排放总量控制指标和分配污染物总量削减指标。③排污许可证的审核和发放。环保行政主管部门收到排污者填报的《排污申报登记表》后，应当对其申报登记的内容进行审查、核实。对不超过排污总量控制指标的排污者，颁发《排放许可证》（有效期限最长不超过5年）；对超出排污总量控制指标的排污单位，颁发《临时排放许可证》（有效期限最长不得超2年）。④排污许可证的监督与管理。排污者必须严格按照排污许可证的规定排放污染物，必须按规定向当地环保行政主管部门报告本单位的排污情况。持有《临时排放许可证》的单位，必须定期向当地环保行政主管部门报告消减排放量的进度情况，经削减达到排污总量控制指标的单位，可向当地环保行政主管部门申请《排放许可证》。违反《排放许可证》规定额度超量排污的，视情节中止或吊销《排放许可证》。

（四）自然资源许可制度

自然资源许可制度的主要法律规定有：

《森林法》第32条第1款规定："采伐林木必须申请采伐许可证，按许可证的规定进行采伐……。"《森林法》第37条第1款规定："从林区运出木材，必须持有林业主管部门发给的运输证件……"《渔业法》第23条第1、3款规定："国家对捕捞业实行捕捞许可证制度……捕捞许可证不得买卖、出租和以其他形式转让，不得涂改、伪造、变造。"《水法》第48条第1款规定："直接从江河、湖泊或者地下取用水资源的单位和个人，应当按照国家取水许可制度和水资源有偿使用制度的规定，向水行政主管部门或者流域管理机构申请领取取水许可证，并缴纳水资源费，取得取水权。但是，家庭生活和零星散养、圈养畜禽饮用等少量取水的除外"1988年《矿产资源法》第3条第3款规定："勘查、开采矿产资源，必须依法分别申请、经批准取得探矿权、采矿权，并办理登记；但是，已经依法申请取得采矿权的矿山企业在划定的矿区范围内为本企业的生产而进行的勘查除外……"《野生动物保护法》第21条规定："因科学研究、种群调控、疫源疫病监测或者其他特殊情况，需要猎捕国家一级保护野生动物的，应当向国务院野生动物保护主管部门申请特许猎捕证；需要猎捕国家二级保护野生动物的，应当向省、自治区、直辖市人民政府野生动物保护主管部门申请特许猎捕证。"第22条规定："猎捕非国家重点保护野生动物的，应当依法取得县级以上地方人民政府野生动物保护主管部门核发的狩猎证，并且服从猎捕量限额管理。"第23条规定："猎捕者应当按照特许猎捕证、狩猎证规定的种类、数量、地点、工具、方法和期限进行猎捕。持枪猎捕的，应当依法取得公安机关核发的持枪证。"

（五）建设规划许可制度

建设规划许可制度主要有建设用地规划许可和建设工程规划许可。

建设用地规划许可制度的主要法律规定有：①建设单位或者个人持建设项目批准文件向城市规划行政主管部门提出定点申请，由城市规划行政主管部门核定建设项目用地位置和界限，提供规划设计条件。②建设单位或者个人提交总平面布置图或者初步设计方案，经城市规划行政主管部门审查同意，核发建设用地规划许可证。建设单位或者个人取得建设用地规划许可证后，方可向县以上人民政府土地管理部门申请用地。

建设工程规划许可制度的主要法律规定有：①在城市规划区内新建、扩建和改建建筑物、构筑物、道路、管线和其他工程设施，必须持有关批准文件向城市规划行政主管部门提出申请；②由城市规划行政主管部门根据城市规划提出的规划设计要求，核发建设工程规划许可证件；③建设单位或者个人在取得建设工程规划许可证件和其他有关批准文件后，方可申请办理开工手续。

八、环境资源税费制度

（一）环境资源税费制度概念

环境资源税费是指国家依法对污染物排放者、自然资源开发利用者所征收的税费。环境资源税费，按征收对象不同分为环境税费和自然资源税费。环境税费是指国家依法对污染物排放者所征收的税费。自然资源税费是指国家依法对自然资源开发利用者所征收的税费。环境资源税费，按征收性质不同分为环境资源税和环境资源费。环境资源税是指国家为保护环境资源而凭借其主权对特定对象征收的税种。环境资源费是指根据"污染者负担"原则和环境资源有偿使用原则，由国家向开发、利用环境资源的单位或个人依照其开发、利用量以及供求关系所收取的相当于其全部或部分价值的货币补偿，包括排污收费和资源补偿费两种。

环境资源税费制度是关于环境资源税费的征收对象、范围、标准、方法、程序、使用和管理的法律规范的总称，其目的是通过经济手段促进环境保护和自然资源的合理开发利用。

（二）环境资源税费制度立法

目前，我国已开征的环境资源税主要有：城镇土地使用税、耕地占用税、土地增值税、资源税、林特产品税、水产品税、环保税等，《城镇土地使用税暂行条例》《耕地占用税暂行条例》《土地增值税暂行条例》《资源税暂行条例》《环境保护税法实施条例》等法规对上述税种分别作了规定。已开征的环境资源费主要有：水费、水资源费、育林费、森林生态效益补偿基金、森林植被恢复费、耕地开垦费、基本农田保护区耕地占用费、土地闲置费、新菜地开发建设基金、国有土地出让金、水土流失防治费、矿产资源勘探开采与补偿费、陆生野生动物资源保护管理费、渔业资源增值保护费等。《环境保护法》《水法》《森林法》《土地管理法》《水土保持法》《矿产资源法》《野生动物保护法》《渔业法》《渔业资源增值保护费征收使用办法》《陆生野生动物资源保护管理费收费办法》《矿产资源补偿费征收管理规定》《育林基金管理暂行办法》等法律法规对上述费种分别作了规定。

（三）环保税制度

环保税也称环保关税（Environmental tariff），亦作绿色关税（green tariff）或生态关税（eco‐tariff），是一种为保护自己本国环境，对有污染行为的国际贸易收取的一项税款。十二届全国人大常委会第二十五次会议于2016年12月25日表决通过了《环境保护税法》，这是十八届三中全会和修改后的立法对税收法定有明确要求之后，全国人大常委会审议通过的第一部单行税法。《中华人民共和国环境保护税法》（以下简称《环保税法》）于2018年1月1日起施行。2018年10月进行了修正。

1. 纳税人范围。《环保税法》第2条规定：在中华人民共和国领域和中华人民共和国管辖的其他海域，直接向环境排放应税污染物的企业事业单位和其他生产经营者为环境保护税的纳税人。此规定在纳税义务上对两种情况做了排除：①不直接向环境排放应税污染物的，不缴纳环境保护税；②居民个人不属于纳税人，不缴纳环境保护税。

2. 税额标准。根据《环保税法》要求，应税大气污染物的税额幅度为每污染当量1.2元至12元，水污染物的税额幅度为每污染当量1.4元至14元。具体税额可由各地在法定税额幅度内提出。

其中，一档税额标准为：大气中的主要污染物执行每污染当量9.6元，水中的主要污染物执行每污染当量11.2元，大气和水中的其他污染物分别执行每污染当量4.8元和每污染当量5.6元。一档税额执行区域包括：与北京相邻的固安、大厂、香河、廊坊市广阳区和安次区等13个县（市、区）；以及雄安新区及相邻的12个县（市、区）。

石家庄、保定、廊坊和定州、辛集市（不含执行一档税额的区域）执行二档税额标准，即大气中的主要污染物执行每污染当量6元，水中的主要污染物执行每污染当量7元，大气和水中的其他污染物分别执行每污染当量4.8元和5.6元。

唐山、秦皇岛、张家口等地（不含执行一档、二档税额的区域）执行三档税额标准。税额标准为：大气污染物中的主要污染物和其他污染物均执行每污染当量4.8元，水污染物中的主要污染物和其他污染物均执行每污染当量5.6元。

除北京、河北税额较高之外，山东也将执行较高的大气污染物税额，但将对不同种类的大气污染物区别对待。根据该省确定的方案，应税大气污染物中的二氧化硫、氮氧化物税额为每污染当量6元，其他大气污染物每污染当量1.2元。

综合来看，北京、上海、天津、河北、山东等地公布的税额标准处于相对较高的标准区间，西部地区则处于较低区间。辽宁、吉林、安徽、江西、陕西、甘肃、青海、宁夏和新疆等地明确应税大气污染物和水污染物适用税额根据《环保税法》确定的最低限额征收，即每污染当量分别为1.2元和1.4元。而浙江、湖北、湖南、广东、广西和西南地区的贵州、云南等地制定的税额均略高于环保税法规定的最低税额。江苏、海南和四川确定的税额适中。其中，江苏规定大气污染物和水污染物征收税额分别是每污染当量4.8元和5.6元，四川为3.9元和2.8元。

3. 应纳税额。环境保护税应纳税额按照下列方法计算：

①应税大气污染物的应纳税额为污染当量数乘以具体适用税额；

②应税水污染物的应纳税额为污染当量数乘以具体适用税额；

③应税固体废物的应纳税额为固体废物排放量乘以具体适用税额；

④应税噪声的应纳税额为超过国家规定标准的分贝数对应的具体适用税额。

4. 环保税的征税对象和《环境保护税法实施条例》做的细化规定。《环保税法》第3条把环境保护税征税对象分为四类：大气污染物、水污染物、固体废物和噪声。具体应税污染物依据税法所附《环境保护税税目税额表》《应税污染物和当量值表》的规定执行。

《环保税法实施条例》主要从以下三个方面进行了细化：①明确《环境保护税税目税额表》所称其他固体废物的具体范围依照《环境保护税法》第6条第2款的规定确定，即由省、自治区、直辖市人民政府提出，报同级人大常委会决定，并报全国人大常委会和国务院备案。②明确了"依法设立的城乡污水集中处理场所"的范围。环保税法规定，依法设立的城乡污水集中处理场所超过排放标准排放应税污物的应当缴纳环境保护税，不超过排放标准排放应税污染物的暂予免征环境保护税。为明确这一规定的具体适用对象，实施条例规定依法设立的城乡污水集中处理场所是指为社会公众提供生活污水处理服务的场所，不包括为工业园区、开发区等工业聚集区域内的企业事业单位和其他生产经营者提供污水处理服务的场所，以及企业事业单位和其他生产经营者自建自用的污水处理场所。③明确了规模化养殖缴纳环境保护税的相关问题，规定达到省级人民政府确定的规模标准并且有污染物排放口的畜禽养殖场应当依法缴纳环境保护税；依法对畜禽养殖废弃物进行综合利用和无害化处理的，不属于直接向环境排放污染物，不缴纳环境保护税。

5. 暂予免税的情况。①农业生产（不包括规模化养殖）排放应税污染物的；②机动车、铁路机车、非道路移动机械、船舶和航空器等流动污染源排放应税污染物的；③依法设立的城乡污水集中处理、生活垃圾集中处理场所排放相应应税污染物，不超过国家和地方规定的排放标准的；④纳税人综合利用的固体废物，符合国家和地方环境保护标准的；⑤国务院批准免税的其他情形。

6. 纳税人怎样进行申报缴纳。①环境保护税按月计算，按季申报缴纳。不能按固定期限计算缴纳的，可以按次申报缴纳。纳税人申报缴纳时，应当向税务机关报送所排放应税污染物的种类、数量，大气污染物、水污染物的浓度值，以及税务机关需要纳税人报送的其他纳税资料。②纳税人按季申报缴纳的，应当自季度终了之日起 15 日内，向税务机关办理纳税申报并缴纳税款。纳税人按次申报缴纳的，应当自纳税义务发生之日起 15 日内，向税务机关办理纳税申报并缴纳税款。

纳税人应当依法如实办理纳税申报，对申报的真实性和完整性承担责任。

（四）自然资源税制度

《城镇土地使用税暂行条例》《耕地占用税暂行条例》《土地增值税暂行条例》《资源税暂行条例》等分别对城镇土地使用税、耕地占用税、土地增值税、资源税等自然资源税制度作了具体规定，这里分别介绍如下：

1. 城镇土地使用税。《城镇土地使用税暂行条例》对土地使用税纳税人、计税依据、计税标准、减免条件、纳税期限、征收管理等作了具体规定。

（1）城市、县城、建制镇、工矿区范围内使用土地的单位和个人，为城镇土地使用税纳税人。

（2）土地使用税以纳税人实际占用的土地面积为计税依据。

（3）省、自治区、直辖市人民政府，应当在条例所列税额幅度内，根据市政建设状况、经济繁荣程度等条件，确定所辖地区的适用税额幅度。市、县人民政府应当根据实际情况，将本地区土地划分为若干等级，在省、自治区、直辖市人民政府确定的税额幅度内，制定相应的适用税额标准，报省、自治区、直辖市人民政府批准执行。

（4）下列土地免缴土地使用税：国家机关、人民团体、军队自用的土地；由国家财政部门拨付事业经费的单位自用的土地；宗教寺庙、公园、名胜古迹自用的土地；市政街道、广场、绿化地带等公共用地；直接用于农、林、牧、渔业的生产用地；经批准开山填海整治的土地和改造的废弃土地，从使用的月份起免缴土地使用税5-10年；由财政部门另行规定免税的能源、交通、水利设施用地和其他用地。

（5）土地使用税按年计算，分期缴纳。

2. 耕地占用税。《耕地占用税暂行条例》对耕地占用税纳税人、计税依据、计税标准、减免条件、纳税期限、征收管理等作了具体规定。

（1）占用耕地建房或者从事其他非农业建设的单位和个人，是耕地占用税的纳税人。

（2）耕地占用税以纳税人实际占用的耕地面积计税，按照规定税额一次性征收。

（3）各地适用税额，由省、自治区、直辖市人民政府在条例规定的税额范围内，根据本地区情况具体核定。

（4）下列经批准征用的耕地，免征耕地占用税：部队军事设施用地；炸药库用地；学校、幼儿园、敬老院、医院用地。

（5）耕地占用税由地方税务机关负责征收。

3. 土地增值税。《土地增值税暂行条例》对土地增值税纳税人、计税依据、计税标准、减免条件、纳税期限、征收管理等作了具体规定。

（1）转让国有土地使用权、地上的建筑物及其附着物（以下简称转让房地产）并取得收入的单位和个人，为土地增值税的纳税义务人。

（2）土地增值税按照纳税人转让房地产所取得的增值额和条例规定的四级超率累进税率计算征收。

（3）有下列情形之一的，免征土地增值税：纳税人建造普通标准住宅出售，增值额未超过扣除项目金额20%的；因国家建设需要依法征用、收回的房地产。

（4）土地增值税由税务机关征收。土地管理部门、房产管理部门应当向税务机关提供有关资料，并协助税务机关依法征收土地增值税。

4. 资源税。《资源税暂行条例》对资源税的征收范围、税目、税额、纳税人、应纳税额、减免条件、纳税期限等根据作了具体规定。

（1）自然资源税征收范围包括矿产品和生产盐。矿产品包括原油、天然气、煤炭、其他非金属矿原矿、黑色金属矿原矿、有色金属矿原矿。盐包括固体盐和液体盐。

（2）境内从事开采资源税应税矿产品及生产盐的单位和个人为纳税人。

（3）资源税实行的是地区差别、分类分级和幅度相应的定额税率，条例规定了具体征税幅度。

（4）有下列情形之一的，减征或者免征资源税：开采原油过程中用于加热、修井的原油，免税；纳税人开采或者生产应税产品过程中，因意外事故或者自然灾害等原因遭受重大损失的，由省、自治区、直辖市人民政府酌情决定减税或者免税；国务院规定的其他减税、免税项目。

（5）资源税由税务机关征收。

九、循环经济促进制度

（一）循环经济的概念

循环经济（circular economy），是对物质闭环流动型（closing materials cycle）经济的简称。循环经济是与传统工业经济相比较而言的。传统工业经济是一种物质单向流动的经济模式，其特征为"资源—生产—消费—废弃物排放"。在这种经济模式中，人们在生产加工和消费过程中把污染和废弃物大量排放到环境中去，对资源的利用常常是粗放的、一次性的。循环经济则要求运用生态学规律，将人类经济活动组织成为"资源—生产—消费—再生资源"的循环流动过程，实现"低开采、高利用、低排放"，最大限度地利用进入生产和消费系统的物质和能量，使得整个经济系统从生产到消费的全过程不产生或少产生废弃物，提高经济运行的质量和效益，达到经济发展与节约资源、保护环境相协调。传统工业经济的生产观念是最大限度地开发利用自然资源，最大限度地创造社会财富，最大限度地获取利润。而循环经济的生产观念是要充分考虑自然生态系统的承载能力，尽可能地节约自然资源，不断提高自然资源的利用效率，循环使用资源，创造良性的社会财富。循环经济要求经济活动操作以"3R"为原则，即"减量化（Reduce）"，减少进入生产和消费过程的物质和能量，从源头节约资源使用和减少污染物排放；"再利用（Reuse）"，提高产品和服务的利用效率，产品和包装容器以初始形式多次使用，减少一次用品的污染；"再循环（Recycle）"，即要求物品完成使用功能后能够重新变成再生资源。循环经济实质上就是一种生态经济，是一种与环境和谐的经济发展模式，是实施可持续发展战略必然的选择和重要保证。

根据《循环经济促进法》的规定，循环经济是指在生产、流通和消费等过程中进行的减量化、再利用、资源化活动的总称。其中，减量化是指在生产、流通和消费等过程中减少资源消耗和废物产生；再利用是指将废物直接作为产品或者经修复、翻新、再制造后继续作为产品使用，或者将废物的全部或者部分作为其他产品的部件予以使用；资源化是指将废物直接作为原料进行利用或者对废物进行再生利用。

（二）循环经济的立法

2008 年 8 月 29 日，第十一届全国人民代表大会常务委员会第四次会议通过《循环经济促进法》，2018 年 10 月 26 日修正。该法由 7 个部分组成。

第一部分为总则。该部分主要对事关发展循环经济全局的、重大的、原则性的事项进行规定，内容包括：立法目的、循环经济的法律定义、法律适用范围、基本方针和原则、管理体制、政府发展循环经济的职责、企业发展循环经济的权利义务、行业协会和中介机构的作用、循环经济的公众参与等。

第二部分为基本管理制度。该部分主要规定发展循环经济的基本法律制度。发展循环经济的基本法律制度应包括：循环经济规划制度、循环经济绩效评价与考核制度、标准、计量和标识、标志、认证制度、统计制度、以生产者为主的责任延伸制度、循环经济重点企业定额管理制度等。

第三部分为减量化。该部分主要针对生产、流通、消费等阶段存在的资源浪费和污染严重的突出问题，分两节规定体现减量化要求的各项法律制度。第一节为生产过程中的减量化，主要包括产业政策和名录；对产品和包装物设计的一般要求；工业节水、工业节油、矿产资源开采的减量化和共伴生矿等综合利用；对建材和建筑产业的要求；发展循环农业等方面的制度和措施。第二节为流通、消费过程中的减量化，主要包括对政府机构的资源节约要求、抑制城市水电气等资源浪费；服务业节约；限制一次性消费品等方面的制度和措施。

第四部分为再利用和资源化。该部分分别从如何处理产业废物和流通、消费后的废物这两个方面规定了再利用和资源化的主要措施。第一节为产业废物的再利用和资源化，主要包括发展区域循环经济；工业固体废物综合利用；工业用水循环利用；余热余压等综合利用；建筑废物综合利用；农业综合利用；产业废物交换等。第二节为流通、消费后的废物再利用和资源化，主要包括建立再生资源回收体系、再生资源利用的资质管理、废电器电子产品回收利用、报废机动车船回收拆解、机电产品再制造、生活垃圾和污泥的资源化等。

第五部分为激励措施。循环经济法要建立有利于循环经济发展的政策与经济扶持措施。这些措施主要包括循环经济专项资金、税收优惠、国家投资倾斜、价格收费押金、政府绿色采购、表彰奖励等内容。

第六部分为法律责任。该部分对违反义务性和禁止性要求的行为，规定了严格的制裁措施。

第七部分为附则。

（三）循环经济主要法律制度

1. 循环经济规划制度。国务院循环经济发展综合管理部门会同国务院环境保护等有关主管部门编制全国循环经济发展规划，报国务院批准后公布施行。设区的市级以上地方人民政府循环经济发展综合管理部门会同本级人民政府环境保护等有关主管部门编制本行政区域循环经济发展规划，报本级人民政府批准后公布施行。

循环经济发展规划应当包括规划目标、适用范围、主要内容、重点任务和保障措施等，并规定资源产出率、废物再利用和资源化率等指标。

2. 循环经济评价制度。国务院循环经济发展综合管理部门会同国务院统计、环境保护等有关主管部门建立和完善循环经济评价指标体系。

上级人民政府根据前款规定的循环经济主要评价指标，对下级人民政府发展循环经济的状况定期进行考核，并将主要评价指标完成情况作为对地方人民政府及其负责人考核评价的内容。

3. 以生产者为主的责任延伸制度。生产列入强制回收名录的产品或者包装物的企业，必须对废弃的产品或者包装物负责回收；对其中可以利用的，由各该生产企业负责利用；对因不具备技术经济条件而不适合利用的，由各该生产企业负责无害化处置。

对规定的废弃产品或者包装物，生产者委托销售者或者其他组织进行回收的，或者委托废物利用或者处置企业进行利用或者处置的，受托方应当依照有关法律、行政法规的规定和合同的约定负责回收或者利用、处置。

对列入强制回收名录的产品和包装物，消费者应当将废弃的产品或者包装物交给生产者或者其委托回收的销售者或者其他组织。

4. 重点企业资源节约和循环利用的定额管理制度。国家对钢铁、有色金属、煤炭、电力、石油加工、化工、建材、建筑、造纸、印染等行业年综合能源消费量、用水量超过国家规定总量的重点企业，实行能耗、水耗的重点监督管理制度。

5. 鼓励、限制、禁止名录制度。国务院循环经济发展综合管理部门会同国务院环境保护等有关主管部门，定期发布鼓励、限制和淘汰的技术、工艺、设备、材料和产品名录。

禁止生产、进口、销售列入淘汰名录的设备、材料和产品，禁止使用列入淘汰名录的技术、工艺、设备和材料。

6. 循环经济统计制度。国家建立健全循环经济统计制度，加强资源消耗、综合利用和废物产生的统计管理，并将主要统计指标定期向社会公布。

国务院标准化主管部门会同国务院循环经济发展综合管理和环境保护等有关主管部门建立健全循环经济标准体系，制定和完善节能、节水、节材和废物再利用、资源化等标准。

7. 循环经济标识制度。国家建立健全能源效率标识等产品资源消耗标识制度。

8. 资源节约及循环利用产品的优先准入制度。凡是利用各种废物生产的再生产品，市场优先准入。对企业利用余热、余压、生物质能、垃圾热能、沼气等所发的电力，电网必须无条件收购，并给予一定时期的幅度不同的价格优惠；国家对利用生产、建设和生活中产生的废物生产循环利用产品的项目，给予优先立项、财政补贴、投资倾斜等优惠政策。

9. 循环经济的激励制度。

（1）专项资金。设立发展循环经济的有关专项资金，支持循环经济的科技研究开发、循环经济技术和产品的示范与推广、重大循环经济项目的实施、发展循环经济的信息服务等；国务院和省、自治区、直辖市人民政府及其有关部门应当将循环经济重大科技攻关项目的自主创新研究、应用示范和产业化发展列入国家或者省级科技发展规划和高技术产业发展规划，并安排财政性资金予以支持。

（2）税收优惠。国家对促进循环经济发展的产业活动给予税收优惠，并运用税收等措施鼓励进口先进的节能、节水、节材等技术、设备和产品，限制在生产过程中耗能高、污染重的产品的出口；企业使用或者生产列入国家清洁生产、资源综合利用等鼓励名录的技术、工艺、设备或者产品的，按照国家有关规定享受税收优惠。

（3）投资信贷支持。县级以上人民政府循环经济发展综合管理部门在制定和实施投资计划时，应当将节能、节水、节地、节材、资源综合利用等项目列为重点投资领域。对符合国家产业政策的节能、节水、节地、节材、资源综合利用等项目，金融机构应当给予优先贷款等信贷支持，并积极提供配套金融服务。对生产、进口、销售或者使用列入淘汰名录的技术、工艺、设备、材料或者产品的企业，金融机构不得提供任何形式的授信支持。

（4）价格政策。国家实行有利于资源节约和合理利用的价格政策，引导单位和个人节约和合理使用水、电、气等资源性产品。国务院和省、自治区、直辖市的人民政府的价格主管部门应当按照国家产业政策，对资源高消耗行业中的限制类项目，实行限制性的价格政策。对利用余热、余压、煤层气以及煤矸石、煤泥、垃圾等低热值燃料的并网发电项目，价格主管部门按照有利于资源综合利用的原则确定其上网电价。省、自治区、直辖市人民政府可以根据本行政区域经济社会发展状况，实行垃圾排放收费制度。收取的费用专项用于垃圾分类、收集、运输、贮存、利用和处置，不得挪作他用。

（5）政府采购政策。国家实行有利于循环经济发展的政府采购政策。使用财政性资金进行采购的，应当优先采购节能、节水、节材和有利于保护环境的产品及再生产品。

（四）循环经济法律责任

1. 县级以上人民政府循环经济发展综合管理部门或者其他有关主管部门发现违反本法的行为或者接到对违法行为的举报后不予查处，或者有其他不依法履行监督管理职责行为的，由本级人民政府或者上一级人民政府有关主管部门责令改正，对直接负责的主管人员和其他直接责任人员依法给予处分。

2. 生产、销售列入淘汰名录的产品、设备的，依照《产品质量法》的规定处罚。使用列入淘汰名录的技术、工艺、设备、材料的，由县级以上地方人民政府循环经济发展综合管理部门责令停止使用，没收违法使用的设备、材料，并处5万元以上20万元以下的罚款；情节严重的，由县级以上人民政府循环经济发展综合管理部门提出意见，报请本级人民政府按照国务院规定的权限责令停业或者关闭。

违反《产品质量法》规定，进口列入淘汰名录的设备、材料或者产品的，由海关责令退运，可以处10万元以上100万元以下的罚款。进口者不明的，由承运人承担退运责任，或者承担有关处置费用。

3. 违反规定，对在拆解或者处置过程中可能造成环境污染的电器电子等产品，设计使用列入国家禁止使用名录的有毒有害物质的，由县级以上地方人民政府产品质量监督部门责令限期改正；逾期不改正的，处2万元以上20万元以下的罚款；情节严重的，由县级以上地方人民政府产品质量监督部门向本级工商行政管理部门通报有关情况，由工商行政管理部门依法吊销营业执照。

4. 违反《产品质量法》规定，电力、石油加工、化工、钢铁、有色金属和建材等企业未在规定的范围或者期限内停止使用不符合国家规定的燃油发电机组或者燃油锅炉的，由县级以上地方人民政府循环经济发展综合管理部门责令限期改正；逾期不改正的，责令拆除该燃油发电机组或者燃油锅炉，并处 5 万元以上 50 万元以下的罚款。

5. 违反《产品质量法》规定，矿山企业未达到经依法审查确定的开采回采率、采矿贫化率、选矿回收率、矿山水循环利用率和土地复垦率等指标的，由县级以上人民政府地质矿产主管部门责令限期改正，处 5 万元以上 50 万元以下的罚款；逾期不改正的，由采矿许可证颁发机关依法吊销采矿许可证。

6. 违反《产品质量法》规定，在国务院或者省、自治区、直辖市人民政府规定禁止生产、销售、使用黏土砖的期限或者区域内生产、销售或者使用黏土砖的，由县级以上地方人民政府指定的部门责令限期改正；有违法所得的，没收违法所得；逾期继续生产、销售的，由地方人民政府工商行政管理部门依法吊销营业执照。

7. 违反《产品质量法》规定，电网企业拒不收购企业利用余热、余压、煤层气以及煤矸石、煤泥、垃圾等低热值燃料生产的电力的，由国家电力监管机构责令限期改正；造成企业损失的，依法承担赔偿责任。

8. 违反《产品质量法》规定，有下列行为之一的，由地方人民政府工商行政管理部门责令限期改正，可以处 5000 元以上 5 万元以下的罚款；逾期不改正的，依法吊销营业执照；造成损失的，依法承担赔偿责任：①销售没有再利用产品标识的再利用电器电子产品的；②销售没有再制造或者翻新产品标识的再制造或者翻新产品的。

9. 违反本法规定，构成犯罪的，依法追究刑事责任。

十、生态环境损害赔偿制度

（一）生态环境损害赔偿制度的概念

生态环境损害，是指因污染环境、破坏生态造成大气、地表水、地下水、土壤、森林等环境要素和植物、动物、微生物等生物要素的不利改变，以及上述要素构成的生态系统功能退化。生态环境损害不同于环境污染或生态破坏导致的人身、财产损害，是环境污染或生态破坏行为引发的区域环境质量下降或生态功能退化等重大不利改变，其实质是个体经济利益对公共环境利益的侵蚀所造成的"外部不经济性"。生态环境损害赔偿是使"外部不经济性内部化"的过程，需采用公法手段综合利用政府、市场和社会三种方式使责任者承担修复或赔偿相应修复费用的责任。生态环境损害赔偿的核心在于赋予特定主体代表公共环境利益进行索赔的权利，并以此为逻辑起点构建生态环境损害赔偿的制度框架。

（二）与相关概念的辨析

与生态环境损害有关的概念主要有"环境侵权""环境侵害""环境损害""自然资源损害"等。

"环境侵权"的概念有广义与狭义之分，广义的环境侵权包括环境污染和生态破坏的原因行为，狭义环境侵权仅限环境污染原因行为。学界一般将"环境侵权"定义为因产业活动或其他人为原因，导致环境的污染或生态破坏，从而对他人人身权、财产权造成损害或有造成损害之虞的事实，侵权后果不包括环境污染或生态破坏造成的生态环境损害。因此，一般认为，"环境侵权"所侵犯的是人身权和财产权，而不包括环境权，虽然也有观点认为环境侵权可扩大解释为包括侵犯环境权，但这种观点并非主流。

环境侵权仍属民事权益的侵犯，但由于其通过环境媒介产生侵权后果，体现出环境侵权区别于其他一般民事侵权的特殊性，但是，将环境侵权限定为人身财产权利的侵害忽略了生态环境的保护，因而有学者提出了"环境侵害"或"环境损害"的概念。环境侵害或损害不仅包括环境污染或生态破坏造成的人身、财产权利的侵害或损害，也包括了对生态环境的侵害或损害，是对人身财产权利和环境权益的侵害或损害。"环境侵害"的概念与"环境损害"类似，但前者侧重从行为角度进行说明，后者侧重从损害的后果方面进行说明，也有学者将两者等同使用。"环境损害"也被用来专指生态环境损害，但这种用法主要见于欧盟的相关法律。

"自然资源损害"是美国法律中表述生态环境损害的概念，我国也有学者直接用此概念表述生态环境损害，但是这种借用并未获得国内学界认可。因为在我国法律体系中，"资源"与"环境"是紧密联系但有区别的概念，使用"自然资源损害"难以全面反映出生态环境损害既包括"环境"损害又包括"资源"损害的事实。而且，在我国法律体系中，"自然资源"一词主要强调自然资源的经济属性，关注资源的有效利用和其市场资源配置功能，而对自然资源本身的生态属性不够重视。尽管自然资源因与人类经济生活的关系较为密切而首先受到法律的重视，但它首先表现为生态环境的要素，其次才表现为对人类社会经济发展的有用性，自然资源内在的生态价值理应得到法律的明确保护。另外，由于自然资源可能存在所有权主体，对于国家或集体所有的自然资源而言，其损害后果既可能是其作为财产所具有的经济价值的损失，又可能是其作为生态环境要素所具有的生态价值的损失，与典型的无主生态环境损害并不相同。因此，在我国的语境下使用"自然资源损害"难以有效体现出生态环境损害的特殊性。

（三）生态环境损害的特征

第一，生态环境损害原因行为的经济价值性。本文所指生态环境损害由人为因素而非自然原因导致，但其原因行为多具有经济效用性。生态环境损害往往是生产生活过程的附随产物，既可能由长期污染累积导致，也可能由突发环境事件引发，致害的原因行为在价值判断上具有社会、经济等效用，且在生产生活中难以完全避免。因而，需要找到能够权衡经济、社会和环境等各种利益的"平衡点"，预防和控制致生态环境损害的行为，针对严重的生态环境损害进行责任追究，并在适当限度内保存一定的社会生产力。

第二，生态环境损害结果的公共性。环境资源承载的是不特定多数人的公共环境利益，而非特定个体的人身财产权利，其作为公共物品，任何人都有权进行非排他性的享有和利用，因此生态环境损害中存在的是抽象和间接的"人的利益的损害"，而非具体和直接的"人的权利的损害"。生态环境损害引发的法律问题对传统民事侵权法律理论提出了巨大挑战，赔偿内容、索赔主体、责任的社会化分担等问题都难以通过传统的个体化调整方式予以有效解决。

第三，是生态环境损害的技术性。生态环境损害致害原因行为复杂多样，致害空间广泛、时间长久，且致害的多种因素叠加或具有连锁反应，其因果关系的追踪需借助科学的方法予以确定。同时，由于生态环境损害造成环境质量下降、生态功能退化等重大不利后果，这种损害难以通过市场价格机制得到反映且需要及时采取控制或恢复措施，生态环境损害性质、范围、程度的确定，生态环境损害的量化，生态环境损害的修复或恢复等都需要借助专业技术力量。

第四，是生态环境损害救济的局限性。生态环境损害一旦发生即可能造成严重且不可逆转的损害，甚至可能在事实上无法救济，在损害发生后进行修复或赔偿不如事前更加积极主动地采取预防措施。而且，仅依靠生态环境损害赔偿无法解决全部的生态环境损害问题，法律的作用并非万能，其能够解决的生态环境损害需具有可量化性、损害程度的严重性与救济的有效性等特征。

（四）生态环境损害赔偿责任的实质

环境资源是典型的公共物品，具有稀有性、多用途性、共享性和非排他性等特征，在使用环境容量、开发利用资源的过程中任何个体都享有环境资源的使用权，但同一要素承载着不同主体的用途要求，其享有者或使用者之间不具备排他关系。环境资源的任何利用主体都没有权利阻止其他人使用，且个体利用环境资源的行为主要关注于经济利益的获取而忽视其生态利益的保护，通过利用行为获得经济收益而将污染、破坏的成本转嫁给社会承担，这种外部不经济性不仅导致公共环境资源的过度使用、质量严重下降和数量急剧减少，还引发个人、单位的个体利益与环境公共利益的严重冲突。

生态环境损害由个体经济利益对公共环境利益的侵蚀引发，要消除"外部不经济性"必须使外部成本内部化，即要使个体承担起其本应承担的环境使用外部成本。生态环境损害赔偿责任的实质是"外部性内部化"的过程，通过追究加害人的生态环境损害赔偿责任，使其承担治理、修复或赔偿生态环境损害的责任。

需说明的是，生态环境损害赔偿责任是责任人对公共环境利益损失的填补，虽然实现法律责任的手段具有公、私法混合的性质，但本质仍归于民事责任范畴。金钱赔偿与恢复原状是生态环境损害法律责任承担的最主要形式，其中恢复原状是生态环境损害救济的核心，金钱赔偿的目的是治理与改善环境、恢复区域环境质量及生态功能。由于治理和恢复生态环境的技术性与复杂性，大多数情况下由责任人委托专业机构完成赔付金钱，通过金钱赔偿方法谋求与恢复原状相同的效果。

（五）生态环境损害赔偿的总体思路

生态环境损害赔偿责任的实质是将生态环境损害的外部成本内部化的过程，这种内部化的过程需将环境利益作为独立的保护对象，采用公法方式解决个体利益与公共利益的冲突。因为区域环境质量下降、生态功能退化等生态环境损害后果往往体现为公众对环境资源的享有、利用等利益受损而非基于公众对环境资源的所有权或人格权关系所遭受的具体的人身、财产损害，虽然生态环境损害可能进一步导致人身财产权利损害，但公共环境利益的损害与人身、财产权利的损害并无直接关系，传统的民事法律无法有效应对生态环境损害的公共性问题。

解决个体经济利益与公共环境利益冲突的外部不经济性问题主要有政府调整、市场调整和社会协商三种途径和方式。政府调整强调通过政府干预解决外部不经济性问题，市场调整强调通过明晰产权解决环境资源利用的非排他性问题，社会协商强调由环境资源的共同享有利用者通过合作协商的行为形成治理机制和力量。政府调整易产生管理僵化、权力寻租等弊端，市场调整易导致公共环境资源的国有或私有化等问题，社会协商易存在非理性和非专业性等问题。

因此，需超脱于传统民事法律体系，综合运用政府、市场和社会调整方式，通过公法手段解决生态环境损害问题，其核心在于明确政府、企业、公众在生态环境损害赔偿中的地位与作用。

第一，政府负责提供环境资源公共物品与服务，是生态环境损害索赔的主导者，应赋予政府代表受损生态环境进行索赔的权利，包括开展生态环境损害赔偿协商、提起生态环境损害赔偿诉讼，以及指导或监督损害评估、损害赔偿或修复等，在必要情况下政府可进行损害修复的代履行。

第二，企业是生态环境损害赔偿责任的承担者，根据"损害担责原则"赔偿生态环境损害或修复生态环境。企业应在政府指导或监督下积极履行损害预防义务，在损害发生后积极配合政府开展赔偿或修复工作。

第三，公众作为环境利益的享有者，在生态环境损害评估、赔偿或修复等过程中享有知情权、参与权与救济权。

第四，由于造成生态环境损害的行为往往具有经济正当性，而且生态环境损害赔偿往往数额巨大，为及时救济公共环境利益并在合理限度内保存社会生产力，需要在责任者灭失、责任者无法确认或者赔偿超过责任者承担能力的情况下，采用责任保险或赔偿基金等社会化的责任分担机制。

十一、生态保护红线制度

(一) 生态保护红线的概念

生态保护红线是指在生态空间范围内具有特殊重要生态功能、必须强制性严格保护的区域，是保障和维护国家生态安全的底线和生命线，通常包括具有重要水源涵养、生物多样性维护、水土保持、防风固沙、海岸生态稳定等功能的生态功能重要区域，以及水土流失、土地沙化、石漠化、盐渍化等生态环境敏感脆弱区域。

生态保护红线制度是我国生态环境保护工作的一项重要制度创新。自2012年起，原环境保护部开始探索生态保护红线划定的理论和方法，逐步开始试点工作。2017

年 2 月，国务院印发《关于划定并严守生态保护红线的若干意见》，标志着全国生态保护红线划定与制度建设正式全面启动。2017 年 5 月，原国家环境保护部、发展改革委员会发布《生态保护红线划定指南》，为划定生态保护红线提供技术性指导规范，全国范围内生态保护红线划定工作全面展开。

生态保护红线的划定工作立足于我国现有的自然保护区，并按照《生态保护红线划定指南》中的要求，纳入了其中生态保护级别较高的区域，通过综合考虑生态系统的服务功能进行划区保护。生态保护红线也并不是新的自然保护区，而是具有严格边界和管理职能的管理红线。因此自然保护区是生态保护红线的基础；划定生态保护红线，是对我国现有的各类自然保护区的有效整合。

（二）生态保护红线的特征

1. 复杂性。生态系统是一个涉及多种因素和多方面相互作用的复杂系统，而我国国土广袤、地域类型和自然环境多样，导致我国生态系统层次较多、结构复杂。生态保护红线更是一个蕴含时间、空间、生物多样性和生态服务功能的综合载体。因此，划定生态保护红线是一项涉及面广、复杂而系统性的工作。

2. 不可替代性。生态保护红线是生态系统中具有重要生态功能或生态环境敏感脆弱的区域，其生态功能一旦遭到破坏，往往无法弥补。同时生态系统的多样性和特殊性也导致特定区域的生态系统服务功能难以被复制和替代，以耕地或其他功能空间来替代遭破坏的生态保护红线是不可行的。

3. 强制性。《环境保护法》《关于划定并严守生态保护红线的若干意见》等法律法规、政策制度赋予生态保护红线制度刚性约束力和强制性。生态保护红线一旦划定，则要实施严格的环境准入制度与管理措施，禁止开展城镇化和工业化建设，从而达到保护生态环境的目的。

4. 长期性。生态环境保护是一项长期性的工作，生态保护红线也将在我国生态环境保护领域长期执行。因此，生态保护红线的划定、管理和政策的制定，需要适应我国社会经济中长期发展需求，并需要随着社会经济的发展、环保工作的要求不断进行完善。

（三）划定并严守生态保护红线的意义

党的十九大报告对生态文明建设进行了多方面的深刻论述，明确指出，"建设生态文明是中华民族永续发展的千年大计"，要加大生态系统保护力度，完成生态系统保护红线、永久基本农田、城镇开发边界三条控制线划定工作。划定并严守生态保护红线，是基于我国长远发展和管理的迫切需求。

1. 划定并严守生态保护红线，是贯彻落实主体功能区制度、实施生态空间用途管制的重要举措。生态保护红线作为生态空间的管控线，是构建国土空间布局体系的基础。生态保护红线制度是在主体功能区规划指导下实施生态空间保护和管控的具体制度，也是落实主体功能区规划的重要举措。划定并严守生态保护红线，同时有利于健全国土空间用途管制制度，推动形成以空间规划为基础、以用途管制为主要手段的国土空间开发保护制度。

2. 划定并严守生态保护红线，是提高生态产品供给能力和生态系统服务功能、构建国家生态安全格局的有效手段。随着我国经济规模的快速增长，生态承载力总量的增长远远赶不上人均生态足迹的增长速率。划定并严守生态保护红线，对重要生态系统实施精准保护，加强自然生态系统保护与修复，就是保障国家生态安全的底线和生命线。

3. 划定并严守生态保护红线，是健全生态文明制度体系、推动绿色发展的有力保障。划定生态保护红线，将进一步深化生态保护管理体制改革，使各类保护区域得到科学有效地整合，各分管部门职责得到明确，从而推进建立协调统一的生态保护管理体制和机制，提高生态保护与管理成效。

（四）划定生态保护红线的程序

总体上来说，划定生态保护红线采取自上而下和自下而上相结合的方式。由生态环境部等有关部门开展国家生态保护红线顶层设计，指导各省（区、市）开展生态保护红线划定工作，并做好跨省域生态保护红线的衔接与协调。各省（区、市）依据国家生态保护红线空间格局和分布建议方案，结合本地实际情况，制定本地区生态保护红线划定方案，并报送生态环境部等有关部门进行技术审核。审核通过后由生态环境部等有关部门将方案报送到国务院进行审批，审批通过后由各省（区、市）人民政府发布实施。生态环境部等有关部门在各省（区、市）生态保护红线划定方案的基础上进行汇总，形成全国生态保护红线划定方案，经国务院审批通过后，向社会发布。划定生态保护红线是一项系统工程，按照定量与定性相结合的原则，通过科学评估、校验划定范围、确定红线边界、形成划定成果、开展勘界定标五个步骤来实施。

在此基础之上，划定生态保护红线遵循以下原则：

1. 科学性原则。以构建国家生态安全格局为目标，采取定量评估与定性判定相结合的方法划定生态保护红线。在资源环境承载能力和国土空间开发适宜性评价的基础上，生态功能重要性、生态环境敏感性识别生态保护红线范围，并落实到国土空间，确保生态保护红线布局合理、落地准确、边界清晰。

2. 整体性原则。统筹考虑自然生态整体性和系统性，结合山脉、河流、地貌单元、植被等自然边界以及生态廊道的连通性，合理划定生态保护红线，应划尽划，避免生境破碎化，加强跨区域间生态保护红线的有序衔接。

3. 协调性原则。建立协调有序的生态保护红线划定工作机制，强化部门联动，上下结合，充分与主体功能区规划、生态功能区划、水功能区划及土地利用现状、城乡发展布局、国家应对气候变化规划等相衔接，与永久基本农田保护红线和城镇开发边界相协调，与经济社会发展需求和当前监管能力相适应，统筹划定生态保护红线。

4. 动态性原则。根据构建国家和区域生态安全格局，提升生态保护能力和生态系统完整性的需要，生态保护红线布局应不断优化和完善，面积只增不减。

（五）生态保护红线管理制度

目前全国范围的生态保护红线划定工作正有序开展，生态保护红线制度体系正处于快速发展的阶段，国家层面尚未出台生态保护红线相关的管理办法，但部分省、市已开始积极推动相关管理办法的制定。已有沈阳、吉林、海南、湖北、广西、天津、贵州等省、市发布生态保护红线管理办法或规定。其中，《沈阳市生态保护红线管理办法》是全国第一个生态保护红线地方性政府规章，《海南省生态保护红线管理规定》是唯一由省级人大常委会通过的地方性法规，其余均为地方政府规章或地方规范性文件。

1. 管理体制。已发布生态保护红线制度的省市，均建立由各级人民政府为责任主体，其他有关部门按照职责分工，分别负责生态保护红线监督和管理工作的管理体制。一般由市级或县级人民政府作为生态保护红线的责任主体，其他有关部门，如环境保护、发展改革、土地规划、水务、林业、财政、行政执法等其他有关部门，根据具体职责，协商共同研究决定生态保护红线区内的重大事项。

2. 管控方式。各省市均施行了生态保护红线分级管控，即依据生态系统脆弱性、敏感性和服务功能的重要程度，将生态保护红线分为一级（类）管控区和二级（类）管控区。例如，《江苏省生态红线区域保护规划》规定，生态红线区域实行分级管理，划分为一级管控区和二级管控区。一级管控区是生态红线的核心，实行最严格的管控措施，严禁一切形式的开发建设活动；二级管控区以生态保护为重点，实行差别化的管控措施，严禁有损主导生态功能的开发建设活动。同时在分级管理的基础上，按照自然保护区、风景名胜区、森林公园等 15 种不同类型实施分类管理。《沈阳市生态保护红线管理办法》规定，将生态保护红线区按照重要程度分为一类区、二类区。自然保护区的核心区和缓冲区、重要生态保护地的红线区、饮用水水源保护区的一级保护区等具有重要保护意义的区域划为一类区，其他具有较重要保护意义的区域划为二类区。一类区内，除市人民政府批准建设的重大基础设施工程和公共服务设施工程外，禁止建设与生态保护无关的项目。二类区内，除上述工程与不破坏主体生态功能的生态农业、旅游等设施外，禁止建设其他项目。

3. 配套机制。在施行分级管控的基础上，还需建立配套制度，完善严守生态保护红线的补偿激励和约束机制。

（1）构建信息化监管体系。为了保障生态保护红线制度落实，根据《关于划定并严守生态保护红线的若干意见》中关于建立监测网络和监管平台的规定，各省市积极构建信息化的监管信息体系，全面掌握生态系统构成、分布与动态变化，及时评估和预警生态风险，并及时作出应对策略，为生态红线的管理调整等措施提供决策依据，进一步提高生态保护红线管理决策科学化水平。目前，吉林、湖北、海南、贵州均对建立生态环境管理信息系统，开展生态环境遥感监测提出了具体要求。

（2）生态保护红线绩效考核。建立生态保护红线绩效考核评价体系能够进一步保证生态保护红线工作取得实效。例如，沈阳市要求市人民政府建立生态保护红线区生态功能评价和管理成效评估制度。广西要求以年度为周期，对生态保护红线的保护成效开展绩效考核，考核结果作为确定自治区生态保护红线生态补偿资金的直接依据，并纳入领导干部政绩考核。海南省要求将生态保护红线的监督管理工作作为政府及其负责人环境保护考核评价的内容。

（3）生态补偿机制。多个省市在生态保护红线相关管理办法中均提出了建立生态补偿机制的要求。例如，广西要求县级以上人民政府应当建立生态保护红线生态补偿机制，补偿标准达到同类地区中等以上水平。生态补偿资金重点用于红线区生态保护与恢复、自然保护区和风景名胜区等原真性和完整性保护、历史遗留生态环境问题治理、能力建设和损失补偿等方面。同时要求财政部门要加大对生态保护红线区生态补偿资金的监管。

（4）法律责任追究机制。生态保护红线的法律依据主要为《环境保护法》第29条、《国家安全法》第30条以及《海洋环境保护法》第3条和第24条。生态保护红线制度正处于起步阶段，逐渐由政策层次向法律层次转变，专门性的生态保护红线法律法规尚未出台。已发布的部分省市生态保护红线管理办法中，对于违反生态保护红线管理规定、导致生态保护红线内生态功能退化、生态安全受到威胁、生态资源遭受严重破坏的行为及责任人，均要求要追究其法律责任，由环境保护、海洋、规划、国土资源、住房和城乡建设、林业、水务、农业等有关主管部门或者综合执法部门按照各自职责依法处理。同时，部分省市还规定对相关行政区域党政领导干部负责人要追究其生态环境损害责任。

除此之外，其他法律法规中有关保护性区域法律责任的规定，也可援引到生态保护红线中。如《水污染防治法》《饮用水水源保护区污染防治管理规定》中关于饮用水水源保护区的规定，要求违法单位及其责任人需承担罚款、强制拆除、停业或行政处分等法律责任。《自然保护区条例》《风景名胜区条例》《森林法》《森林法实施条例》等法律法规对违法行为的法律责任做出了较为详尽的规定。《刑法》中也针对破坏环境资源保护规定了污染环境罪，非法处置进口的固体废物罪，非法捕捞水产品罪，非法狩猎罪，非法采矿罪，非法采伐、毁坏国家重点保护植物罪等，其刑罚根据犯罪情节的轻重有罚金、拘役、有期徒刑、无期徒刑等。

第三节　环境保护法律制度

一、清洁生产促进制度

（一）清洁生产制度的概念

清洁生产在不同的地区和国家有不同的叫法。例如，欧洲国家有时称之为"少废无废工艺""无废生产"；日本多称"无公害工艺"；美国则称之为"废料最少化""污染预防""减废技术"。此外，还有"绿色工艺""生态工艺""环境无害工艺""与环境相容（友善）工艺""预测和预防战略""避免污染战略""环境工艺""过程与环境一体化工艺""再循环工艺""源削减""污染削减""再循环"等叫法。

国际上清洁生产的概念最早可追溯到 1976 年欧洲共同体在巴黎召开的"无废工艺和无废生产的国际研讨会",提出协调社会和自然的相互关系应主要着眼于消除造成污染的根源,而不仅仅是消除污染引起的后果。

1989 年联合国环境规划署(United Nations Environment Programme,简称 UNEP)对清洁生产的定义是:"清洁生产是指将综合预防的环境策略持续地应用于生产过程和产品中,以便减少对人类和环境的风险性。对生产过程而言,清洁生产包括节约原材料和能源,淘汰有毒原材料并在全部排放物和废物离开生产过程以前减少它的数量和毒性。对产品而言,清洁生产策略旨在减少产品在整个生产周期过程(包括从原料提炼到产品的最终处置)中对人类和环境的影响。清洁生产不包括末端治理技术,如空气污染控制、废水处理、固体废弃物焚烧或填埋,清洁生产通过应用专门技术,改进工艺技术和改变管理态度来实现。"

1994 年《中国 21 世纪议程》对清洁生产的定义是:"清洁生产是指既可满足人们的需要又可合理使用自然资源和能源并保护环境的实用生产方法和措施,其实质是一种物料和能耗最少的人类生产活动的规划和管理,将废物减量化、资源化和无害化,或消灭于生产过程之中。同时对人体和环境无害的绿色产品的生产亦将随着可持续发展进程的深入而日益成为今后产品生产的主导方向。"

2002 年《清洁生产促进法》对清洁生产的定义是:"清洁生产,是指不断采取改进设计、使用清洁的能源和原料、采用先进的工艺技术与设备、改善管理、综合利用等措施,从源头削减污染,提高资源利用效率,减少或者避免生产、服务和产品使用过程中污染物的产生和排放,以减轻或者消除对人类健康和环境的危害。"这一定义包括五方面的内容:①清洁的能源。包括常规能源的清洁利用;可再生能源的利用;新能源的开发;各种节能技术等。②清洁的生产过程。包括尽量少用、不用有毒、有害的原料;保证中间产品的无毒、无害;减少生产过程中的各种危险性因素,如高温、高压、低温、低压、易燃、易爆、强噪音、强振动等;采用少废、无废的工艺和高效的设备;进行物料再循环(厂内、厂外);使用简便、可靠的操作和控制;完善管理等。③清洁的产品。清洁产品指节约原料和能源,少用昂贵和稀缺的原料的产品;利用二次资源作原料的产品;产品在使用过程中以及使用后不致危害人体健康和生态环境;易于回收、复用和再生的产品;合理包装的产品;具有合理使用功能(以及具有节能、节水、降低噪声的功能)和合理使用寿命的产品;报废后易处置、易降解等产品。④清洁生产的全过程控制。组织工业生产的全过程控制,包括资源和地域的评价、规划设计、组织、实施、运营管理、维护改扩建、退役、处置以及效益评价等环节;物料转化生产全过程的控制,包括原料的采集、贮运、预处理、加工、成型、包装、产品的贮运、销售、消费以及废品处理等环节。⑤清洁生产的目标。通过资源的综合利用、短缺资源的代用、二次资源的利用以及节能、省料、节水,合理利用自然资源,减缓资源的耗竭;减少废料和污染物的生成和排放，促进工业产品在生产、消费过程中与环境相容，降低整个工业活动对人类和环境的风险。[1]

清洁生产是一个相对的概念，所谓清洁的工艺和清洁的产品、以至清洁的能源是和现有的工艺、产品、能源比较而言的。因此，推行清洁生产本身是个不断完善的过程，随着社会经济的发展和科学技术的进步，需要适时地提出更新的目标，争取达到更高的水平。

清洁生产制度是指有关清洁生产的目的、任务、适用范围、内容、推行、实施、鼓励措施等法律规范的总称。

（二）清洁生产立法

1976 年欧洲共同体召开的"无废工艺和无废生产的国际研讨会"提出协调社会和自然的相互关系应主要着眼于消除造成污染的根源，而不仅仅是消除污染引起的后果。此后，许多国家都推行了清洁生产这一政策。1989 年联合国环境规划署工业与环境计划活动中心（UNEPIE/PAC）根据 UNEP 理事会会议的决议，制订了《清洁生产计划》，在全球范围内推行清洁生产。1990 年 9 月，在英国坎特伯雷举办了首届"促进清洁生产高级研讨会"，会上提出了一系列建议，如支持世界不同地区发起和制定国家级的清洁生产计划，支持创办国家级的清洁生产中心等。此后，这一高级研讨会每两年召开一次，以便定期评估进展、交流经验、发现问题、提出新的目标。1998 年在韩国汉城举行了第五届会议，会上制定和签署了《清洁生产国际宣言》。

我国从 20 世纪 90 年代初开始推行清洁生产。1992 年 8 月，经党中央和国务院批准的《中国环境与发展十大对策》明确提出，新建、改建、扩建项目的技术起点要高，尽量采用能耗物耗小、污染物排放量少的清洁工艺；1993 年原国家环保局与经贸委联合召开的第二次全国工业污染防治工作会议，明确提出了工业污染防治必须从单纯的末端治理向对生产全过程控制转变，实行清洁生产的要求；1994 年，我国制定的《中国 21 世纪议程》把清洁生产列入可持续发展战略与重大行动计划；1995 年 10 月，全国人大常委会通过的《固体废物污染环境防治法》对清洁生产作了比较明确、全面的规定；1996 年国务院作出的《关于环境保护若干问题的决定》再次强调要推行清洁生产；1997 年原国家环保局《关于推行清洁生产的若干决定》，明确提出了"九五"期间推行清洁生产的总体目标以及实现该目标的 9 个方面措施的意见；1999 年国家经济贸易委员会发布《关于实施清洁生产示范试点计划的通知》，确定在全国 10 个城市和 5 个行业开展清洁生产试点、示范工作；2002 年 6 月 29 日，第九届全国人大常委会第二十八次会议通过了《清洁生产促进法》（已被修改），于 2003 年 1 月 1 日起正式实施，这是一部旨在动员各级政府、有关部门、生产和服务行业推行和实施清洁生产的专项法律。此后，第十一届全国人民代表大会常务委员

---

[1]　佚名：第六章清节生产与可持续 PPT，http：//max. book118. com/html/2016/0616/45758543. shtm. 2019 年 11 月 10 日访问。

会第二十五次会议于 2012 年 2 月 29 日通过《关于修改〈中华人民共和国清洁生产促进法〉的决定》，至此，我国清洁生产立法工作又迈上一个新的台阶。

（三）清洁生产的范围[1]

《清洁生产促进法》第 3 条规定，在中华人民共和国领域内，从事生产和服务活动的单位以及从事相关管理活动的部门依照本法规定，组织、实施清洁生产。

（四）清洁生产的推行

《清洁生产促进法》规定了各级政府及有关部门推行清洁生产的职责，主要规定如下：

1. 国务院应当制定有利于实施清洁生产的财政税收政策。国务院及其有关部门和省、自治区、直辖市人民政府，应当制定有利于实施清洁生产的产业政策、技术开发和推广政策。

2. 国务院清洁生产综合协调部门会同国务院环境保护、工业、科学技术部门和其他有关部门，根据国民经济和社会发展规划及国家节约资源、降低能源消耗、减少重点污染物排放的要求，编制国家清洁生产推行规划，报经国务院批准后及时公布。国家清洁生产推行规划应当包括：推行清洁生产的目标、主要任务和保障措施，按照资源能源消耗、污染物排放水平确定开展清洁生产的重点领域、重点行业和重点工程。国务院有关行业主管部门根据国家清洁生产推行规划确定本行业清洁生产的重点项目，制定行业专项清洁生产推行规划并组织实施。县级以上地方人民政府根据国家清洁生产推行规划、有关行业专项清洁生产推行规划，按照本地区节约资源、降低能源消耗、减少重点污染物排放的要求，确定本地区清洁生产的重点项目，制定推行清洁生产的实施规划并组织落实。

3. 中央预算应当加强对清洁生产促进工作的资金投入，包括中央财政清洁生产专项资金和中央预算安排的其他清洁生产资金，用于支持国家清洁生产推行规划确定的重点领域、重点行业、重点工程实施清洁生产及其技术推广工作，以及生态脆弱地区实施清洁生产的项目。中央预算用于支持清洁生产促进工作的资金使用的具体办法，由国务院财政部门、清洁生产综合协调部门会同国务院有关部门制定。县级以上地方人民政府应当统筹地方财政安排的清洁生产促进工作的资金，引导社会资金，支持清洁生产重点项目。

---

[1]《清洁生产促进法》第 4 条和第 5 条作出修订。第 4 条规定，国家鼓励和促进清洁生产。国务院和县级以上地方人民政府，应当将清洁生产促进工作纳入国民经济和社会发展规划、年度计划以及环境保护、资源利用、产业发展、区域开发等规划。第 5 条规定，国务院清洁生产综合协调部门负责组织、协调全国的清洁生产促进工作。国务院环境保护、工业、科学技术、财政部门和其他有关部门，按照各自的职责，负责有关的清洁生产促进工作。县级以上地方人民政府负责领导本行政区域内的清洁生产促进工作。县级以上地方人民政府确定的清洁生产综合协调部门负责组织、协调本行政区域内的清洁生产促进工作。县级以上地方人民政府其他有关部门，按照各自的职责，负责有关的清洁生产促进工作。

4. 国务院和省、自治区、直辖市人民政府的有关部门，应当组织和支持建立促进清洁生产信息系统和技术咨询服务体系，向社会提供有关清洁生产方法和技术、可再生利用的废物供求以及清洁生产政策等方面的信息和服务。

5. 国务院清洁生产综合协调部门会同国务院环境保护、工业、科学技术、建设、农业等有关部门定期发布清洁生产技术、工艺、设备和产品导向目录。国务院清洁生产综合协调部门、环境保护部门和省、自治区、直辖市人民政府负责清洁生产综合协调的部门、环境保护部门会同同级有关部门，组织编制重点行业或者地区的清洁生产指南，指导实施清洁生产。

6. 国家对浪费资源和严重污染环境的落后生产技术、工艺、设备和产品实行限期淘汰制度。国务院有关部门按照职责分工，制定并发布限期淘汰的生产技术、工艺、设备以及产品的名录。

7. 国务院有关部门可以根据需要批准设立节能、节水、废物再生利用等环境与资源保护方面的产品标志，并按照国家规定制定相应标准。

8. 县级以上人民政府科学技术部门和其他有关部门，应当指导和支持清洁生产技术和有利于环境与资源保护的产品的研究、开发以及清洁生产技术的示范和推广工作。

9. 国务院教育部门，应当将清洁生产技术和管理课程纳入有关高等教育、职业教育和技术培训体系。县级以上人民政府有关部门组织开展清洁生产的宣传和培训，提高国家工作人员、企业经营管理者和公众的清洁生产意识，培养清洁生产管理和技术人员。新闻出版、广播影视、文化等单位和有关社会团体，应当发挥各自优势做好清洁生产宣传工作。

10. 各级人民政府应当优先采购节能、节水、废物再生利用等有利于环境与资源保护的产品。各级人民政府应当通过宣传、教育等措施，鼓励公众购买和使用节能、节水、废物再生利用等有利于环境与资源保护的产品。

11. 省、自治区、直辖市人民政府负责清洁生产综合协调的部门、环境保护部门，根据促进清洁生产工作的需要，在本地区主要媒体上公布未达到能源消耗控制指标、重点污染物排放控制指标的企业的名单，为公众监督企业实施清洁生产提供依据。列入前款规定名单的企业，应当按照国务院清洁生产综合协调部门、环境保护部门的规定公布能源消耗或者重点污染物产生、排放情况，接受公众监督。

（五）清洁生产的实施

《清洁生产促进法》规定了生产经营者实施清洁生产的要求，主要规定如下：

1. 新建、改建和扩建项目应当进行环境影响评价，对原料使用、资源消耗、资源综合利用以及污染物产生与处置等进行分析论证，优先采用资源利用率高以及污染物产生量少的清洁生产技术、工艺和设备。

2. 企业在进行技术改造过程中，应当采取以下清洁生产措施：①采用无毒、无害或者低毒、低害的原料，替代毒性大、危害严重的原料；②采用资源利用率高、污染物产生量少的工艺和设备，替代资源利用率低、污染物产生量多的工艺和设备；③对生产过程中产生的废物、废水和余热等进行综合利用或者循环使用；④采用能够达到国家或者地方规定的污染物排放标准和污染物排放总量控制指标的污染防治技术。

3. 产品和包装物的设计，应当考虑其在生命周期中对人类健康和环境的影响，优先选择无毒、无害、易于降解或者便于回收利用的方案。企业对产品的包装应当合理，包装的材质、结构和成本应当与内装产品的质量、规格和成本相适应，减少包装性废物的产生，不得进行过度包装。

4. 生产大型机电设备、机动运输工具以及国务院工业部门指定的其他产品的企业，应当按照国务院标准化部门或者其授权机构制定的技术规范，在产品的主体构件上注明材料成分的标准牌号。

5. 农业生产者应当科学地使用化肥、农药、农用薄膜和饲料添加剂，改进种植和养殖技术，实现农产品的优质、无害和农业生产废物的资源化，防止农业环境污染。禁止将有毒、有害废物用作肥料或者用于造田。

6. 餐饮、娱乐、宾馆等服务性企业，应当采用节能、节水和其他有利于环境保护的技术和设备，减少使用或者不使用浪费资源、污染环境的消费品。

7. 建筑工程应当采用节能、节水等有利于环境与资源保护的建筑设计方案、建筑和装修材料、建筑构配件及设备。建筑和装修材料必须符合国家标准。禁止生产、销售和使用有毒、有害物质超过国家标准的建筑和装修材料。

8. 矿产资源的勘查、开采，应当采用有利于合理利用资源、保护环境和防止污染的勘查、开采方法和工艺技术，提高资源利用水平。

9. 企业应当在经济技术可行的条件下对生产和服务过程中产生的废物、余热等自行回收利用或者转让给有条件的其他企业和个人利用。

10. 企业应当对生产和服务过程中的资源消耗以及废物的产生情况进行监测，并根据需要对生产和服务实施清洁生产审核。有下列情形之一的企业，应当实施强制性清洁生产审核：①污染物排放超过国家或者地方规定的排放标准，或者虽未超过国家或者地方规定的排放标准，但超过重点污染物排放总量控制指标的；②超过单位产品能源消耗限额标准构成高耗能的；③使用有毒、有害原料进行生产或者在生产中排放有毒、有害物质的。污染物排放超过国家或者地方规定的排放标准的企业，应当按照环境保护相关法律的规定治理。实施强制性清洁生产审核的企业，应当将审核结果向所在地县级以上地方人民政府负责清洁生产综合协调的部门、环境保护部门报告，并在本地区主要媒体上公布，接受公众监督，但涉及商业秘密的除外。县级以上地方人民政府有关部门应当对企业实施强制性清洁生产审核的情况进行监督，必要时可以组织对企业实施清洁生产的效果进行评估验收，所需费用纳入同级政府预算。承担评估验收工作的部门或者单位不得向被评估验收企业收取费用。实施清洁生产审核的具体办法，由国务院清洁生产综合协调部门、环境保护部门会同国务院有关部门制定。

11. 本法第 27 条第 2 款规定以外的企业，可以自愿与清洁生产综合协调部门和环境保护部门签订进一步节约资源、削减污染物排放量的协议。该清洁生产综合协调部门和环境保护部门应当在本地区主要媒体上公布该企业的名称以及节约资源、防治污染的成果。

12. 企业可以根据自愿原则，按照国家有关环境管理体系等认证的规定，委托经国务院认证认可监督管理部门认可的认证机构进行认证，提高清洁生产水平。

（六）清洁生产的鼓励措施

《清洁生产促进法》规定了清洁生产的鼓励措施，主要规定如下：

1. 国家建立清洁生产表彰奖励制度。对在清洁生产工作中做出显著成绩的单位和个人，由人民政府给予表彰和奖励。

2. 对从事清洁生产研究、示范和培训，实施国家清洁生产重点技术改造项目和本法第 28 条规定的自愿节约资源、削减污染物排放量协议中载明的技术改造项目，由县级以上人民政府给予资金支持。

3. 在依照国家规定设立的中小企业发展基金中，应当根据需要安排适当数额用于支持中小企业实施清洁生产。

4. 依法利用废物和从废物中回收原料生产产品的，按照国家规定享受税收优惠。

5. 企业用于清洁生产审核和培训的费用，可以列入企业经营成本。

（七）违反清洁生产制度的法律责任

《清洁生产促进法》规定了违反清洁生产制度的法律责任，主要规定如下：

1. 清洁生产综合协调部门或者其他有关部门未依照本法规定履行职责的，对直接负责的主管人员和其他直接责任人员依法给予处分。

2. 违反本法第 17 条第 2 款规定，未按照规定公布能源消耗或者重点污染物产生、排放情况的，由县级以上地方人民政府负责清洁生产综合协调的部门、环境保护部门按照职责分工责令公布，可以处 10 万元以下的罚款。

3. 违反本法第 21 条规定，未标注产品材料的成分或者不如实标注的，由县级以上地方人民政府质量技术监督部门责令限期改正；拒不改正的，处以 5 万元以下的罚款。

4. 违反本法第 24 条第 2 款规定，生产、销售有毒、有害物质超过国家标准的建筑和装修材料的，依照产品质量法和有关民事、刑事法律的规定，追究行政、民事、刑事法律责任。

5. 违反本法第 27 条第 2 款、第 4 款规定，不实施强制性清洁生产审核或者在清洁生产审核中弄虚作假的，或者实施强制性清洁生产审核的企业不报告或者不如实报告审核结果的，由县级以上地方人民政府负责清洁生产综合协调的部门、环境保护部门按照职责分工责令限期改正；拒不改正的，处以 5 万元以上 50 万元以下的罚款。违反本法第 27 条第 5 款规定，承担评估验收工作的部门或者单位及其工作人员向被评估验收企业收取费用的，不如实评估验收或者在评估验收中弄虚作假的，或者利用职务上的便利谋取利益的，对直接负责的主管人员和其他直接责任人员依法给予处分；构成犯罪的，依法追究刑事责任。

二、环境标准制度

(一) 环境标准的概念

环境标准的概念因国内法和国际法的不同而有不同的界定。国内法上的环境标准是指国家为了维护环境质量、控制污染，从而保护人群健康、社会财富和生态平衡，按照法定程序制定的各种技术规范的总称，包括环境质量标准、污染物排放标准、环保基础标准和方法标准。国际法上的环境标准是指环境条约规定的人类活动对环境的影响和干扰不得突破的限度，它包括环境质量标准、产品环境标准、排放标准和工序标准。此外，它还包括国际标准化组织制定的自愿性的 ISO14000 系列环境管理标准。[1]比如，我们国内法上的饮用水标准、大气质量标准、室内装饰标准等都属于国内法上的环境标准；进出口贸易中的产品环境标准、甚至有争议的 PPM 标准[2]等属于国际法上的环境标准，绿色贸易壁垒所采取的措施很多是依据国际环境标准来推行的。

(二) 环境标准的功能

环境标准不仅仅是一般的技术指标，其还具有法律性质，为实施环境管理、环境执法，判断违法及责任承担等方面发挥法律价值。

1. 环境质量标准为确认环境污染是否存在、排污者应否承担责任的重要依据。环境标准是国家环境政策和环境质量目标的体现，是衡量环境质量是否符合当前标准的尺度，如果低于这个尺度，表示环境质量没有达到应有的要求，可能会对人体和动植物的生命健康、安全造成不利影响，或者对生态环境带来损害，因此应当承担否定性的评价和相应的法律责任。

2. 污染物排放标准是认定排污行为是否违法以及应否承担相应责任的法律依据，比如《大气污染防治法》第 99 条规定：违反本法规定，超过大气污染物排放标准或者超过重点大气污染物排放总量控制指标排放大气污染物的，由县级以上人民政府生态环境主管部门责令改正或者限制生产、停产整治，并处 10 万元以上 100 万元以下的罚款；情节严重的，报经有批准权的人民政府批准，责令停业、关闭。

3. 违反环境监测方法所规定的采样、分析测试、数据处理等所作的统一规定，其检测结果将不能作为法律证据使用。

4. 违反国家环境标准样品所规定的环境监测仪器和环境保护设备的性能、功能的标准的，利用该仪器和设备所得出的结果也不能作为合法使用的数据。

---

〔1〕　江伟钰、陈方林主编：《资源环境法词典》，中国法制出版社 2005 年版，第 194 页。

〔2〕　PPM（Processing & Product Method），是对产品的加工和生产过程所制定的特定的环境标准。

5. 环境基础标准是制定其他环境标准的基本依据之一，没有统一的名词、符号、单位等基础标准，其他环境标准也将难以发挥其法律作用。

（三）环境标准体系

我国的环境标准体系分为国家环境保护标准、地方环境保护标准和国家环境保护行业标准。其中，国家环境保护标准分为国家环境质量标准、国家污染物排放标准、国家环境监测方法标准、国家环境标准样品标准和国家环境基础标准；地方环境保护标准分为地方环境质量标准和地方污染物排放标准；国家环境保护行业标准在不断制定和完善中。图例如下：

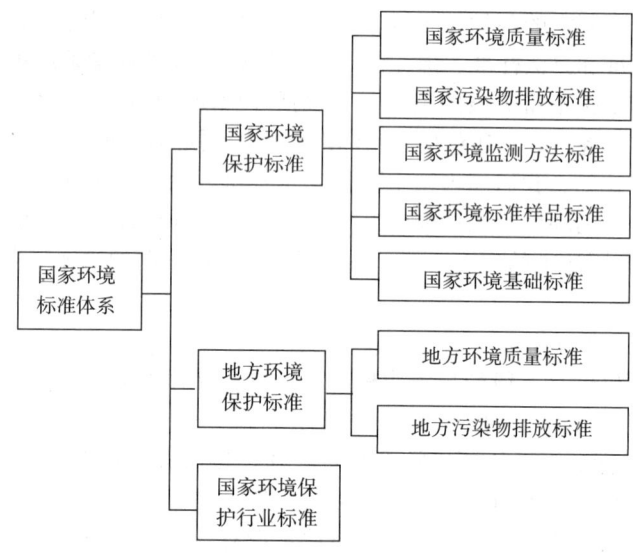

图 3.1　环境标准体系

1. 国家环境保护标准。国家环境质量标准是为保障人群健康、维护生态环境和保障社会物质财富，并考虑技术、经济条件，对环境中有害物质和因素所作的限制性规定。国家环境质量标准是一定时期内衡量环境优劣程度的标准，从某种意义上讲是环境质量的目标标准。国家污染物排放标准（或控制标准）是根据国家环境质量标准，以及适用的污染控制技术，并考虑经济承受能力，对排入环境的有害物质和产生污染的各种因素所作的限制性规定，属于对污染源控制的标准。国家环境监测方法标准是为了监测环境质量和污染物排放，规范采样、分析测试、数据处理等所作的统一规定（是指对分析方法、测定方法、采样方法、试验方法、检验方法、生产方法、操作方法等所作的统一规定，环境中最常见的是分析方法、测定方法、采样方法）。国家环境标准样品标准是为了保证环境监测数据的准确、可靠，对用于量值传递或质量控制的材料、实物样品，而制定的标准物质。标准样品在环境管理中起着甄别的作用，可用来评价分析仪器、鉴别其灵敏度，评价分析者的技术，使操作技术规范化。国家环境基础标准是为了对环境标准工作中，需要统一的技术术语、符号、代号（代码）、图形、指南、导则、量纲单位及信息编码等所作的统一规定。

2. 地方环境保护标准。地方环境标准是对国家环境标准的补充和完善，由省、自治区、直辖市人民政府制定。近年来为控制环境质量的恶化趋势，一些地方已将总量控制指标纳入地方环境标准。其中，地方环境质量标准有两层含义：①国家环境质量标准中未作规定的项目，可以制定地方环境质量标准；②依据2014年《环境保护法》第15条第2款，对国家环境质量标准中已作规定的项目，可以制定严于国家环境质量标准的地方环境质量标准。地方污染物排放（控制）标准包括三层含义：①国家污染物排放标准中未作规定的项目可以制定地方污染物排放标准；②国家污染物排放标准已规定的项目，可以制定严于国家污染物排放标准的地方污染物排放标准；③省、自治区、直辖市人民政府制定机动车船大气污染物地方排放标准严于国家排放标准的，须报经国务院批准。

3. 国家环境保护行业标准。除上述环境标准外，在环境保护工作中对还需要统一的技术要求制定国家环境保护行业标准（包括执行各项环境管理制度、监测技术、环境区划、规划的技术要求、规范、导则等）。

环境保护行业标准分为强制性环境标准和推荐性环境标准。环境质量标准和污染物排放标准和法律、法规规定必须执行的其他标准为强制性标准。强制性环境标准必须执行，超标即违法。强制性标准以外的环境标准属于推荐性标准。国家鼓励采用推荐性环境标准，推荐性环境标准被强制性标准引用，也必须强制执行。

4. 环境保护标准之间的关系。国家环境保护标准与地方环境保护标准的关系：执行上，地方环境保护标准优先于国家环境保护标准执行。

国家污染物排放标准之间的关系：国家污染物排放标准又分为，跨行业综合性排放标准（如污水综合排放标准、大气污染物综合排放标准、锅炉大气污染物排放标准）和行业性排放标准（如火电厂大气污染物排放标准、合成氨工业水污染物排放标准、造纸工业水污染物排放标准等）。综合性排放标准与行业性排放标准不交叉执行，即有行业性排放标准的执行行业排放标准，没有行业排放标准的执行综合排放标准。

（四）环境标准的制定

根据我国环境标准的体系规定，环境标准的制定也分为国家和地方两种模式。需要在全国环境保护工作范围内统一技术要求而又没有国家环境标准时，应制定国家环境保护总局（2018年国务院进行大部制改革，现已分设为自然资源部和生态环境部）标准。省、自治区、直辖市人民政府对国家环境质量标准中未作规定的项目，可以制定地方环境质量标准；对国家污染物排放标准中未作规定的项目，可以制定地方污染物排放标准；对国家环境质量标准中已作规定的项目，可以制定严于国家环境质量标准的地方环境质量标准；对国家污染物排放标准已作规定的项目，可以制定严于国家污染物排放标准的地方污染物排放标准。但是，地方环境标准必须自发布之日起 2 个月内报原国家环境保护总局备案。违反国家法律和法规规定，越权制定的国家环境质量标准和污染物排放标准无效。

环境标准的制定应遵循下列原则：①以国家环境保护方针、政策、法律、法规及有关规章为依据，以保护人体健康和改善环境质量为目标，促进环境效益、经济效益、社会效益的统一；②环境标准应与国家的技术水平、社会经济承受能力相适应；③各类环境标准之间应协调配套；④标准应便于实施与监督；⑤要借鉴适合我国国情的国际标准和其他国家的标准。

在环境标准需要修改的时候，要及时修订，原国家环境保护总局应根据环境管理的需要和国家经济技术的发展适时进行审查，发现不符合实际需要的，应予以修订或者废止。省、自治区、直辖市人民政府生态环境主管部门应根据当地环境与经济技术状况以及国家环境标准、国家环境保护总局标准制（修）订情况，及时向省、自治区、直辖市人民政府提出修订或者废止地方环境标准的建议。

（五）环境标准的实施

环境标准由县级以上人民政府生态环境主管部门实施。在实施环境质量标准时，应结合所辖区域环境要素的使用目的和保护目的划分环境功能区，对各类环境功能区按照环境质量标准的要求进行相应标准级别的管理。应按国家规定，选定环境质量标准的监测点位或断面。经批准确定的监测点位、断面不得任意变更。各级环境监测站和有关环境监测机构应按照环境质量标准和与之相关的其他环境标准规定的采样方法、频率和分析方法进行环境质量监测。承担环境影响评价工作的单位应按照环境质量标准进行环境质量评价。对于跨省河流、湖泊以及由大气传输引起的环境质量标准执行方面的争议，由有关省、自治区、直辖市人民政府生态环境主管部门协调解决，协调无效时，报原国家环境保护总局协调解决。

在实施污染物排放标准时，县级以上人民政府环境保护行政生态环境主管部门审批建设项目环境影响报告书（表），应根据建设项目所属的行业类别、所处环境功能区、排放污染物种类、污染物排放去向、建设项目环境影响报告书（表）批准的时间、已有地方污染物排放标准的区域排放污染物、排污单位应执行的污染物排放总量控制指标以及从国外引进的建设项目的特殊情况等因素，确定该建设项目应执行的污染物排放标准。建设项目的设计、施工、验收及投产后，均应执行经生态环境主管部门在批准的建设项目环境影响报告书（表）中所确定的污染物排放标准。企事业单位和个体工商业者排放污染物，应按所属的行业类型、所处环境功能区、排放污染物种类、污染物排放去向执行相应的国家和地方污染物排放标准生态环境主管部门应加强监督检查。

对于国家环境监测方法标准的实施，若被环境质量标准和污染物排放标准等强制性标准引用的方法标准具有强制性，必须执行。在进行环境监测时，应按照环境质量标准和污染物排放标准的规定，确定采样位置和采样频率，并按照国家环境方法标准的规定测试与计算。对于地方环境质量标准和污染物排放标准中规定的项目，如果没有相应的国家环境监测方法标准，可由省、自治区、直辖市人民政府生态环境主管部门组织制定地方统一分析方法，与地方环境质量标准或污染物排放标准配套执行。相应的国家环境监测方法标准发布后，地方统一分析方法停止执行。因采用不同的国家环境监测方法标准所得监测数据发生争议时，由上级生态环境主管部门裁定，或者指定采用一种国家环境监测方法标准进行复测。

三、环境监测制度

（一）环境监测的概念

环境监测是指依法从事环境监测的机构及其工作人员，按照有关法律法规规定的程序和方法，运用物理、生态学和生物学等学科的方法、知识，对环境要素及其指标或变化进行经常性的监测或长期跟踪测定的科学活动。包括研究性监测、预防性监测、特种目的监测等。它是进行环境资源保护工作、合理开发利用自然资源和进行环境科学研究、制定环境资源规划及进行环境资源信息化管理的基础。

（二）环境监测立法

我国的环境监测的法律规定主要集中在环境保护法律规定及污染防治的法律规范之中，如1983年《全国环境监测管理条例》、2006年《环境监测质量管理规定》、2007年《环境监测管理办法》、2004年《地方环境质量标准和污染物排放标准备案管理办法》、2007年《全国环境监测站建设标准》《环境保护法》等法律规范。《环境保护法》第17条规定："国家建立、健全环境监测制度。国务院环境保护主管部门制定监测规范，会同有关部门组织监测网络，统一规划国家环境质量监测站（点）的设置，建立监测数据共享机制，加强对环境监测的管理。有关行业、专业等各类环境质量监测站（点）的设置应当符合法律法规规定和监测规范的要求。监测机构应当使用符合国家标准的监测设备，遵守监测规范。监测机构及其负责人对监测数据的真实性和准确性负责。"该法第18条还规定："省级以上人民政府应当组织有关部门或者委托专业机构，对环境状况进行调查、评价，建立环境资源承载能力监测预警机制。"《全国环境监测管理条例》（已失效）第3条规定："环境监测工作在各级环境保护主管部门的统一规划、组织和协调下进行。各部门、企事业单位的环境测试机构参加环境保护主管部门组织的各级环境监测网。"《环境监测管理办法》第2条规定，本办法适用于环境质量监测、污染源监督性监测、突发环境污染事件应急监测、为环境状况调查和评价等环境管理活动提供监测数据的其他环境监测等活动。

目前，我国环境监测工作已基本做到了组织机构网络化、监测分析技术体系化、监测能力建设标准化，形成了以环保部门监测为主，其他资源部门环境监测为辅的体系构架。但是，环境监测管理工作还存在以下几个问题：①环境监测网络缺乏统一规划、合理布局；②环境监测技术规范、评价方法不统一；③环境监测信息发布不一致；④环境监测数据质量缺乏有效保障。[1]

〔1〕 袁杰主编：《〈中华人民共和国环境保护法〉解读》，中国法制出版社2014年版，第62~63页。

（三）环境监测的范围及任务

根据我国目前的环境监测技术，环境监测主要集中在环境质量监测、污染物排放监测，以及环境科研和服务监测三个方面。环境质量监测涉及大气质量监测、水体质量监测、土壤质量监测等方面，目的是掌握环境质量的状况及其发展趋势，为环境立法、决策及环境执法提供依据；污染物排放监测涉及各种污染源的固定情况、流动情况、排放程度等方面进行经常性的监测，及时采取措施减少对环境和生命体的损害；环境科研和服务的监测涉及提高环境监测技术、提供监测数据和进行数据分析等方面，目的是不断提高环境监测水平和监测效果。

（四）环境监测机构设置

国务院生态环境主管部门对环境监测质量管理工作实施统一管理。地方生态环境主管部门对辖区内的环境监测质量管理工作具有领导和管理职责。2007年9月1日开始施行的《环境监测管理办法》第4条规定，县级以上环境保护部门对本行政区域环境监测工作实施统一监督管理，履行制定并组织实施环境监测发展规划和年度工作计划、组建直属环境监测机构、建立环境监测工作质量审核和检查制度、组织编制环境监测报告并发布环境监测信息、依法组建环境监测网络、组织开展环境监测科学技术研究和国际合作与技术交流职责。

环境监测管理部门采取设立环境监测站的方式实施环境监测。国家环保总局2007年组织制定了《全国环境监测站建设标准》，规定了省、市、县三级环境监测机构人员标准及机构、监测经费、监测用房、基本仪器配置、应急环境监测仪器配置和专项监测仪器配置。该标准实行分级设置，分为一级、二级、三级。一级标准为各省（自治区、直辖市）设置的环境监测站、由国家环保总局批准的专业环境监测站；二级标准为各地级市（自治州、直辖市所辖区县）设置的环境监测站执行；三级标准为各地级市（自治州）所辖区、县（自治县）设置的环境监测站执行。该标准为最低配置标准，有能力的地区可以适当提高标准。三级监测机构的设置形成了环境监测网，全国环境监测网分为国家网、省级网和市级网；各大水系、海洋、农业环境监测网属于国家网内的二级网。

（五）环境监测机构的管理

1. 工作职责。根据环境保护部发布的《环境监测质量管理规定》，各级环境监测机构应对本机构出具的监测数据负责。应主动接受上级环境监测机构对环境监测质量管理工作的业务指导，并积极参加环境监测质量管理技术研究、监测资质认证、持证上岗考核、质量管理评比评审、信息交流和人员培训等工作，持续改进、不断提高环境监测质量。监测机构和人员的职责包括：①负责监督管理本环境监测机构各类监测活动以及质量管理体系的建立、有效运行和持续改进，切实保证环境监测工作质量；②组织和开展质控考核、能力验证、比对、方法验证、质量监督、量值溯源及量值传递等质量管理工作，并对其结果进行评价；③负责本环境监测机构环境监测人员持证上岗考核的申报与日常管理，国家级和省级环境监测机构组织和实施对下级环境监测机构人员的持证上岗考核工作;④建立环境监测标准、技术规范和规定、质量管理工作的动态信息库;⑤组织和实施环境监测技术及质量管理的技术培训和交流;⑥组织开展对下级环境监测机构监测质量、质量管理的监督与检查;⑦负责本环境监测机构质量管理的信息汇总和工作总结;⑧参与环境污染事件、环境污染仲裁、用户投诉、环境纠纷案件、司法机构的委托监测等涉及争议的监测活动。

2. 人员管理。国家环境监测机构适用环境监察员制度,环境监察员是国家在各级环境监测站设立的经过专业培训并具有上岗资格证的专门从事环境监察工作的人员,是环境监测站对各单位及个人排放污染物情况和破坏或影响环境质量的行为进行监测和监督检查的代表。环境保护系统各级环境监测中心(站)和辐射环境监测机构中一切为环境管理和社会提供环境监测数据和信息的监测、数据分析和评价、质量管理以及与监测活动相关的人员需通过持证上岗考核。持有合格证的人员,方能从事相应的监测工作;未取得合格证者,只能在持证人员的指导下开展工作,监测质量由持证人员负责。

持证上岗考核工作实行分级管理。原国家环境保护总局负责国家级和省级环境监测机构监测人员持证上岗考核的管理工作,其中国家级环境监测机构监测人员的考核工作由原国家环境保护总局组织实施,省级环境监测中心(站)和辐射环境监测机构监测人员的考核工作由原国家环境保护总局委托中国环境监测总站和原国家环境保护总局辐射环境监测技术中心组织实施。省级环境保护局(厅)负责辖区内环境监测机构监测人员持证上岗考核的管理工作,省级环境监测机构在省级环境保护局(厅)的指导下组织实施。

监测人员取得合格证后,违反操作规程,造成重大安全和质量事故、编造数据、弄虚作假、调离环保系统环境监测机构的人员应当取消持证资格,收回或注销合格证。

3. 环境监测报告制度。环境监测方法标准,是为了监测环境质量和污染物排放,规范采样、分析测试、数据处理等技术而制定的技术规范。《环境监测管理办法》第6条规定,原国家环境保护总局负责依法制定统一的国家环境监测技术规范。省级环境保护部门对国家环境监测技术规范未作规定的项目,可以制定地方环境监测技术规范,并报原国家环境保护总局备案。

根据环境监测技术规范所作的监测结果应当发布,即环境监测报告制度。根据原国家环境保护总局《环境监测报告制度》(环监[1996]914号)的规定,环境监测报告分为数据型和文字型两种;数据型报告是指根据监测原始数据编制的各种报表、软盘等;文字型报告是指依据各种监测数据及综合计算结果进行文字表述为主的报告。环境监测报告按内容和周期分为环境监测快报、简报、月报、季报、年报、环境质量报告书及污染源监测报告,特殊情况下还有环境监测快报,是报告重大污染事故、突发性污染事故和对环境造成重大影响的自然灾害等事件的应急监测情况,以及在环境质量监测、污染源监测过程中发现的异常情况及其原因分析和对策建议。

各省、市环境保护局每年应至少两次组织所属环境监测站，向同级人民政府或有关政府部门汇报本辖区环境质量和污染源排放情况，每次汇报的重点内容分别由各级环境保护局确定。中国环境监测总站每年至少两次向国家环境保护局汇报全国环境质量和重点污染源排放情况。

四、环境标志制度

(一) 环境标志的概念

环境标志是指由政府部门或公共、私人团体依据一定的环境标准向自愿的申请者颁发以表明其产品或服务符合要求的特定标志并颁布证书，证明其产品的生产使用及处置过程全部符合环保要求，对环境无害或危害极少，同时有利于资源的再生和回收利用。标志获得者可将此标志印在所申请的产品及其包装上。它向消费者表明该产品或服务与其他同类产品或服务相比，从开发、生产、使用、回收、利用到处置的整个过程符合环境保护的要求。

(二) 环境标志的称谓

世界各国对环境标志的称谓有所不同，比如常见的称谓：生态标志、绿色标志、环境标签等。还有很多其他称谓，其存在和建立时间也有所不同，列表如下：[1]

表 3.1 世界各国对环境标志的称谓

国家 (地区)	建立年份	环境标志制度名称
德国	1977	蓝色天使制度
加拿大	1988	环境选择方案
日本	1989	生态标志制度
北欧四国	1989	白天鹅制度
美国	1989、1990	绿色签章制度、科学证书制度
印度	1991	生态标志制度
奥地利	1991	奥地利生态标章
法国	1991	NF 环境
葡萄牙	1991	生态产品
欧盟	1992	欧洲联盟制度
瑞典	1992	良好环境选择

---

[1] 参见"若干国家和地区的环境标志制度"，载搜狐网环保课堂，http://health.sohu.com/49/83/harticle16888349.shtml，2007 年 11 月 17 日访问。

国家（地区）	建立年份	环境标志制度名称
新西兰	1992	环境选择制度
韩国	1992	生态标章制度
新加坡	1992	绿色标章制度
荷兰	1992	Stichting Milieukeur
克罗地亚	1993	环境友好
中国	1994	环境标志制度

（三）环境标志的性质、图形及作用

环境标志的性质表现为：①证明性，即环境标志能证明产品符合要求，故具有证明性质；②权威性，环境标志由商会、实业或其他团体申请注册，并对使用该证明的商品具有鉴定能力和保证责任，因此具有权威性；③时限性，考虑环境标准的提高，标志每 3~5 年需重新认定，又具时限性；④限制授予性，为了起到鼓励和推动作用，有标志的产品在市场中的比例不能太高，故还有比例限制性，通常列入环境标志的产品的类型为：节水节能型、可再生利用型、清洁工艺型、低污染型、可生物降解型、低能耗型等。

环境标志一般是由具有明显特征的图形构成，环境标志的图形示例如下：

环境标志产品是随着全球环境保护意识的提高而不断发展的，生产者在产品的生产过程中，对周围环境的污染物排放必须达到国家或地方要求的标准，其产品的质量性能和安全性能必须符合一定的质量和安全标准。对全球环境的保护、区域环境的保护、人体健康的保护、节能及低噪声都起到积极的作用。实施环境标志可以使公众清楚地看出产品在环境保护方面的差异，提高公众的环境保护意识，还可以增强企业在市场上的竞争能力。对协调经济发展与环境保护的关系有积极的影响，是加强和改善政府对企业的环境管理和引导行为的有效方式，是我国建设生态文明社会的必要措施和保障。

（四）环境标志的立法

原国家环保局于 1993 年 7 月 23 日向国家技术质量监督局申请授权原国家环保局组建"中国环境标志产品认证委员会"，1993 年 9 月，国家技术质量监督局正式批复同意申请。经过半年多的酝酿和筹备，中国环境标志产品认证委员会于 1994 年 5 月 17 日成立，它标志着我国环境标志产品认证工作的正式开始。随后，《中国环境标志产品认证委员会章程（试行）》《环境标志产品认证管理办法（试行）》《中国环境标志产品认证证书和环境标志使用管理规定（试行）》《中国环境标志产品认证收费办法（试行）》等一系列规范性文件也相继出台。近年来，原国家环保总局陆续出台一

森林认证

中国I型环境标志

中国II型环境标志

中国III型环境标志

绿色之星

有机产品标志

绿色食品标志

无公害农产品标志

中国节能产品标志

中国节水标志

能源之星

回收标志

北欧白天鹅

图 3.2　环境标志图形

系列的公告、通知、实施意见、复函等，对环境标志的规范性建设方面起到一定的作用。比如，原国家环境保护总局公告 2007 年第 70 号——《关于发布〈环境标志产品技术要求　胶印油墨〉等两项国家环境保护标准的公告》（2007 年 11 月 2 日），原国家环境保护总局公告 2007 年第 59 号——《关于发布〈环境标志产品技术要求　太阳能集热器〉等两项国家环境保护标准的公告》（2007 年 9 月 7 日），原国家环境保护总局公告 2007 年第 52 号——《关于发布国家环境保护标准〈环境标志产品技术要求　生态住宅（住区）〉的公告》（2007 年 7 月 23 日），《财政部、国家环境保护总局关于调整环境标志产品政府采购清单的通知》（2007 年 3 月 14 日），原国家环境保护总局公告 2006 年第 71 号——《关于发布〈环境标志产品技术要求　打印机、传真机和多功能一体机〉等 15 项国家环境保护行业标准的公告》（2006 年 11 月 22 日），原国家环境保护总局公告 2006 年第 67 号——《关于发布〈环境标志产品技术要求　房间空气调节器〉等 10 项国家环境保护行业标准的公告》（2006 年 11 月 15 日），《财政部、（原）国家环境保护总局关于环境标志产品政府采购实施的意见》（2006 年 10 月 24 日），原国家环境保护总局公告 2006 年第 42 号——《关于发布〈环境标志产品技术要求　卫生陶瓷〉等两项国家环境保护行业标准的公告》（2006 年 8 月 23 日），《（原）国家环境保护总局办公厅关于中国环境标志有关事项的复函》（2006 年 5 月 8 日），（原）国家环境保护总局公告 2006 年第 1 号——《关于发布〈环境标志产品技术要求　节能灯〉等 10 项国家环境保护行业标准的公告》（2006 年 1 月 6 日），原国家环境保护总局公告 2005 年第 53 号——《关于发布〈环境标志产品技术要求　水性涂料〉等 11 项国家环境保护行业标准的公告》（2005 年 11 月 22 日），（原）国家环境保护总局公告 2005 年第 43 号——《环境保护行业标准〈环境标志产品技术要求轻型汽车〉》（2005 年 9 月 2 日），《（原）国家环境保护总局关于中国环境标志认证有关事项的声明》（2005 年 8 月 26 日），标志着我国环境标志立法的逐渐建立过程。但是目前关于环境标志的立法效力、立法级别等总体情况还不够乐观，需要进一步加强。

（五）环境标志的授权机构

根据《中国环境标志产品认证委员会章程（试行）》第 1 条的规定，中国环境标志产品认证委员会是由国务院标准化行政主管部门授权国务院生态环境主管部门负责设立，代表国家对环境标志产品实施认证的唯一机构，英文名称为 "China Certification Committee for Environmental Labelling Products"（简称 CCEL）。因此，中国环境标志产品认证的机构只有一家，即中国环境标志产品认证委员会，它是代表国家对产品环境行为进行认证、授予产品环境标志的唯一机构。认证委员会的工作受国务院生态环境主管部门领导、国务院标准化行政主管部门指导，接受社会各方的监督。认证委员会由环保、经济、科研、质监等有关部门的专家组成。认证委员会设主任 1 名，副主任 4 名（其中常务副主任 1 名）；秘书长 1 名，副秘书长 2 名；委员若干名，审查可开展环境标志产品种类可行性报告时，可聘请 3～5 名有关部门的专家参加。开展认证工作的检验机构、检查员、评审员都必须符合《中国环境标志产品认证委员会章程（试行）》的规定。

（六）申请环境标志产品认证的条件

根据《环境标志产品认证管理办法（试行）》的规定，申请认证的产品（以下简称"产品"）应具备以下条件：属国家公布可开展认证的环境标志产品种类名录，如节能、低污染、清洁生产工艺等；符合国家颁布的环境标志产品标准或技术要求，比如炼钢的清洁生产标准、原国家环境保护总局公告 2005 年第 43 号的轻型汽车标准等；能正常批量生产，各项技术指标稳定，即要求企业申请认证的产品的质量和各技术指标的连续性和固定性。

申请认证产品的企业，必须具备的条件有：中华人民共和国境内企业应持有工商行政主管部门颁发的《企业法人营业执照》，境外企业应持有有关机构的登记注册证明；具有产品质量认证证书，或产品生产许可证证书，或省级以上标准化行政主管部门认可的检验机构出具的 1 年内产品质量合格证明。结合前述产品的认证申请，可以看出，一般情况下，产品认证在前，企业认证在后；污染物排放应符合国家或地方污染物排放标准，这里需要指出的是，有地方标准的，必须遵守地方标准；申请日前 1 年内，未受到地方生态环境主管部门的处罚。可以看出，环境标志产品认证的申请，产品本身和申请者两方面都要达到应有的要求。

（七）环境标志产品认证的申请程序

环境标志的获得必须经过中国环境标志认证委员会的认证程序，认证是有期限的，环境标志在初次获得认证时，必须经过严格的程序。凡申请认证的企业，向所在省（自治区、直辖市）生态环境主管部门领取《环境标志产品认证申请书》。省（自治区、直辖市）生态环境主管部门于 30 日内对申请书进行审核并提出初审意见。企业将经审核后的申请书报认证委员会秘书处。境外企业认证程序，另行规定。认证委员会秘书处组织检查组，依据相应的环境标志产品检查大纲，对申请认证的产品及其生产过程进行现场检查。检查组人数一般为 2~4 名，由国家注册的主任检查员任组长。在企业检查的时间一般为 1~2 天。检查组应在 15 天内完成检查报告的编写，报认证委员会秘书处。现场检查通过后，对需要进行检验的产品，经送检、抽样检验后，检验机构必须在规定时间内，向认证委员会秘书处提交检验报告一式两份，抄送省（自治区、直辖市）生态环境主管部门一份。认证委员会秘书处根据企业申请材料、检查报告、产品检验报告撰写评价意见，报认证委员会审查。认证委员会召开全体委员会议审查认证材料，批准认证合格的产品及企业名单。国务院生态环境主管部门、国务院标准化行政主管部门发布通过认证的产品及其企业名单公告。对未通过认证的产品，由秘书处向企业发出认证不合格通知，并说明理由。同时抄送省（自治区、直辖市）生态环境主管部门。

（八）环境标志的使用与管理

根据《环境标志产品认证管理办法（试行）》的规定，环境标志产品认证证书和环境标志使用有效期为 3 年。有效期满，愿继续认证的企业应在有效期终止前 3 个月重新提出申请。不重新认证的企业，不得继续使用认证证书和环境标志。通过认证的企业，允许在认证的产品、包装、说明书及广告宣传中使用环境标志。环境标志图形应按照国务院生态环境主管部门发布的式样制作。

根据《中国环境标志产品认证证书和环境标志使用管理规定》（环科〔1996〕319 号）的规定，生产环境标志产品的企业应在环境标志产品及包装物上使用统一的环境标志。生产环境标志产品（如低值易耗产品）有特殊印制要求的企业，经认证委员会秘书处批准，可在环境标志使用合同中增加特殊条款，允许企业交纳环境标志使用费后，在产品上自行印制环境标志。环境标志使用合同有效期内，企业应及时申报环境标志产品的尺寸和使用环境标志的数量，以及在产品说明书和出厂合格证、广告宣传中使用环境标志图形的要求，遵守认证委员会秘书处对环境标志尺寸、数量和使用要求的批准意见。生产环境标志产品的企业不得私自仿制秘书处统一制作的环境标志，不得转让、出售环境标志，不得将环境标志使用于没有取得环境标志认证的产品中，不得拒绝在产品上使用统一的环境标志，如有违反，认证委员会视其情节轻重分别给予停用、撤销环境标志产品认证资格的处罚。

五、生产者延伸责任制度

（一）生产者延伸责任概述

1. 生产者延伸责任的内涵。生产者延伸责任是英文 "Extend Producer Responsibility"（简称 EPR）的译文，其英文直译原本是 "延伸生产者责任"。目前，在我国的环境资源法研究和资源管理中，通常把它称作"生产者延伸责任"。

生产者延伸责任，是环境资源法研究和立法发展的新成果。它是指生产者应对其产品整个生命周期产生的环境影响负责，特别是应承担起产品的回收（Take back），循环利用（Recycling）与最终处理（Disposal）的责任。生产者环境延伸责任的重心在于产品的消费后阶段的责任。

2. 生产者延伸责任的提出。生产者延伸责任最早是由瑞典环境经济学家托马斯·林赫斯特（Thomas Lindhqvist）教授提出的。1988 年瑞典环境保护机构在一个报告中最早使用了 EPR 这个表达方法。1992 年，在林赫斯特教授倡议组织的专家会上，林赫斯特教授系统地介绍了 EPR 这个概念。[1]生产者延伸责任提出后，各工业化国家先后把它作为一种制度在法律上确立了下来。

众所周知，环境资源法已有一个污染者负担原则，为什么还要提出并确立生产者延伸责任呢？从制度设计的角度看，污染者负担原则主要针对生产过程中的环境损害，对产品使用过程中（即消费过程）的环境损害（如汽车尾气污染，废旧家电污染）没有规制能力。随着消费时代的到来，消费型污染日益严重，必须建立一种专门针对消费型污染的法律机制。生产者环境延伸责任机制应运而生。根据全过程治理的原则，只有控制了整个产品生命周期的环境损害，环境问题的预防和解决才是有希望的。生产的外部不经济性是产生环境问题的主要经济原因，环境资源法是利用制度手段内化环境成本的有效手段。污染者负担原则是内化生产环节中环境成本的有效机制，但无法将产品消费过程中产生的环境成本内化。为了贯彻全过程治理原则和防治环境问题，必须寻找新的法律机制，这种机制的重心是产品消费后阶段的责任，即将生产者的环境责任从生产领域延伸至消费领域，要求生产者对产品的回收、循环利用与最终处理负责。

（二）生产者延伸责任的意义

1. 为循环经济提供了制度保障。生产者延伸责任为循环经济模式的实现提供了具体制度保障，这是因为：

（1）生产者延伸责任引导生产者在整个产品的生命周期担负起产品回收、处置等法律义务，否则要承担相应的法律责任（强制性），这从源头上保证了循环经济"3R"原则的实现。

（2）生产者在生产环节中使用的资源和能源越少，其在消费阶段的回收、处置义务就越小，在利益驱动下，生产者会自动采用资源和能源消耗少的先进工艺，从而在客观上起到推动循环经济发展的效果。

（3）生产者延伸责任制度的建立，会在整个社会形成一个示范效应——"废弃物的产生者"要对废弃物的处理承担法律责任这一事实会促使全社会成员主动形成

---

[1] 辜恩臻："延伸生产者责任（EPR）制度的法律分析"，载梁慧星主编《民商法论丛》（第 30 卷），法律出版社 2004 年版，第 605 页。

资源和能源的节约和循环利用意识，从而为循环经济法的实现奠定思想基础。

2. 内化了消费后阶段的环境成本。如上所述，生产过程中产生的主要环境成本通过污染者负担原则得以内化，产品消费过程以及消费后阶段的环境成本，也必须通过制度手段得以内化。否则，无法防治消费领域的环境损害。生产者延伸责任要求生产者承担起其产品的回收、处置等义务，这就迫使生产者从产品设计和生产阶段就考虑产品废弃物的回收、拆解和循环利用问题。我们知道，在传统法律模式中，消费和消费后阶段的污染治理费用主要是由政府公共财政承担的。在这种治理模式下，生产者在产品设计和生产阶段根本不考虑或是很少考虑到产品的回收、拆解和循环利用的成本问题，这不仅不利于回收成本的降低，还会造成大量的资源浪费。另外，从源头上来说，产品废弃物是生产者生产活动的结果，因此产品回收等环节的成本是产品成本的一部分，这部分成本理应由生产者来承担。然而，传统法律模式中，回收、拆解和循环利用的成本成为社会成本的一部分，这不仅有悖于公平原则，还不利于能源和资源的节约。生产者延伸责任的确立和实施，内化了消费后阶段的环境成本，促使企业在产品设计和生产阶段就考虑整个产品周期的费用问题，达到能源、资源节约和循环利用的目的。

3. 为解决环境污染和资源能源浪费问题提供了有效的法律途径。依靠资源、能源的大量消耗发展经济，不仅会造成巨大的资源、能源浪费，还会带来严重的环境污染，如直接排放废水和废气，不仅会导致水体、土壤和大气污染，还会导致热能、稀有金属等的浪费；废弃物处置不当也会带来水体、土壤污染和资源浪费。以电子废弃物为例，废弃的电视、洗衣机、冰箱、空调、电脑、手机等电子废弃物中含有铅、镉、汞、六价铬、聚合溴化联苯（PBB）、聚合溴化联苯乙醚（PBDE）等多种有毒有害材料。资料显示，每一台电视机或电脑显示器中平均含有 4~8 盎司铅。而铅一旦进入土壤会严重污染水源，最终将危害人类、植物和微生物，还会对儿童的脑发育造成极大的影响。一粒纽扣电池泄漏之后就可污染 60 万升水，等于一个人一生的饮水量。而我国每年生产的 14 亿只电池中，回收利用的不足 1%。与此同时，铅、镉、汞等物质又是某些工业生产的重要资源，这些资源多数是不可再生的，为了勘探、开发这些资源要耗费大量的人力、物力和财力。如能建立起资源、能源的回收利用机制，不仅有利于环境污染的防治，还可以充分利用资源和能源，达到双赢的效果。

生产者延伸责任以制度方式确立了生产者在产品回收、利用中的法律义务和责任，从而确保了资源性污染的防治和资源能源的循环再利用，为环境污染和资源、能源的浪费问题提供了有效的法律解决途径。

（三）生产者延伸责任立法

在生产者延伸责任的立法方面，很多发达国家已作出了有益的尝试，并产生了许多立法成果。

1. 德国。德国是第一个将生产者延伸责任制度化的国家，其在生产者延伸责任的设计上比较有经验。目前，德国已经形成了包括法令、产业自愿以及法令和产业自愿相结合的不同法律模式。

为了避免或减少废弃物的产生，德国在 1986 年制定的《废物管理法》中要求使用节省资源的工艺技术和可以循环的包装系统。1991 年 6 月 12 日，德国通过了《包装物条例》。根据当时的德国环境部长的说法，《包装物条例》彻底终结了抛弃型社会。该条例规定制造者必须负责回收包装材料或者委托专业公司回收，实现了包装材料上所附的充分使用的义务不随商品流转而转移的目标，从法律上确保了包装材料的充分回收利用。以该条例为契机，德国逐步建立起了生产者延伸责任制度。1992 年通过的《限制废车条例》规定汽车制造商有义务回收废旧汽车。1994 年 7 月，德国联邦议院通过了《循环经济及废弃物法》。该法案明确了在废弃物管理方面的新措施，其中心思想就是实现资源闭路循环的循环经济理念，从包装推广到所有的生产部门，促使更多的物质资料保持在生产圈内。该法要求生产商、销售商以及个人消费者，从一开始就要考虑废弃物的再生利用问题。在生产和消费的初始阶段不仅要注重产品的用途和适用性，而且还要考虑该产品在其生命周期终结时如何回收的问题。生产者要对废弃物的避免产生、回收利用、重复使用和环境妥善处理等负责。1996 年 10 月，德国的《循环经济法》生效，该法要求生产者要对其产品承担从"摇篮到坟墓"的责任，在研制新产品时就要考虑废物的清除问题，产品必须寿命长、维修便利、可拆除或者重新利用。生产者要承担废物利用或清除的费用。

2. 瑞典。前面已经提到，生产者延伸责任的概念最早是由瑞典学者于 20 世纪 80 年代提出的。瑞典国会 1993 年 5 月通过的《生态循环议案》中提到了生产者延伸责任，这虽不是一项法律规定，但却是该制度首次在瑞典政府议案中出现，也包含着修正既有法律的建议。1993 年 11 月的一项法令要求对玻璃和包装物适用生产者延伸责任，此后，该法令被 1994 年 8 月的法令替代。1994 年的法令要求对所有材质的包装物必须实行生产者延伸责任制度，这标志着该制度在瑞典立法中正式出现。2000 年，瑞典通过了《电子电器生产者责任条例》，该条例明确界定了生产者的范围。根据该条例的规定，生产者为制造商、进口商、产品配件商以及零售商。此外，该条例明确了生产者的法律义务包括：在消费者购买新产品时免费回收旧产品、告知消费者强制回收要求、向市政机构提交回收计划并在市政机构要求的情况下参与回收计划的讨论、以环保方式处理电子电器产品、告知循环利用者产品的成分、向环境保护机构提交所需数据等。[1]

3. 日本。日本是最早接受并推行生产者延伸责任制度的亚洲国家。为了走出"公害列岛"的阴影，日本 20 世纪 60 年代以后通过了大量的环境立法。日本近十年来有影响力的 17 部环境立法中，10 部与废物处理有关。其中有两部法是以生产者延

---

[1]　梁慧星主编：《民商法论丛》（第 30 卷），法律出版社 2004 年版，第 626～627 页。

伸责任制度为基础制定的，这两部法分别是 1995 年《容器和包装物的分类与循环法》和 1998 年《特种家用电器循环法》。2000 年出台的《建立循环型社会基本法》更是集中体现了生产者延伸责任制度。该法明确规定了国家、地方政府、企业和公众在资源循环利用中的义务与责任，明确了社会不同主体在资源循环利用中的法律角色和责任分工。

4. 美国。美国在立法上向来都不乏革新意识，但在生产者延伸责任立法上却一直很消极，甚至很排斥。美国至今都没有针对生产者延伸责任的联邦立法或政策性规定。1992 年美国《资源保持与再利用法案》试图在包装物上引入生产者延伸责任，但该法案未获得通过。有学者认为，这次努力的失败预示着：在可以预见的未来，生产者延伸责任在联邦立法中是难以确立下来的。[1]

5. 我国的生产者责任延伸立法。为了避免和减少废弃物产生，促进资源循环利用，我国在近年来的立法中也逐步确立了生产者延伸责任制度。这些立法主要体现在废弃物立法中。2004 年修订的《固体废物污染环境防治法》第 16 条规定："产生固体废物的单位和个人，应当采取措施，防止或者减少固体废物对环境的污染。"第18 条第 2 款规定："生产、销售、进口依法被列入强制回收目录的产品和包装物的企业，必须按照国家有关规定对该产品和包装物进行回收。"第 31 条规定："企业事业单位应当合理选择和利用原材料、能源和其他资源，采用先进的生产工艺和设备，减少工业固体废物产生量，降低工业固体废物的危害性。"2008 年 8 月 29 日第十一届全国人民代表大会常务委员会第四次会议通过的《循环经济促进法》，又进一步确立了生产者责任延伸制度。尽管我国的立法已确立了生产者延伸责任制度，但由于各种因素的制约，我国在资源能源回收和循环利用方面的立法还严重不足，如缺乏大宗废物的专业性循环利用法律制度，这致使废包装、废塑料、废旧家电、废旧电子产品、废旧汽车及其配件等的回收利用处于无序状态，这种现状不仅不利于缓解我国资源、能源短缺的状况，也不利于治理资源性污染。

（四）生产者延伸责任主体

生产者延伸责任的责任主体，是指对消费后阶段的产品负有回收和循环利用义务的当事人。

根据各国法律的规定，生产者延伸责任的责任主体除了产品的制造者外，还包括销售者和进口者。在我国《固体废物污染环境防治法》第 16、17、18 条的规定中，可知我国的延伸责任主体包括了产品的制造者、销售者和进口者。瑞典 2000 年通过的《电子电器生产者责任条例》，也确定了生产者的范围。根据该条例的规定，生产者为制造商、进口商、产品配件商以及零售商。

（五）生产者延伸责任的内容

1. 产品责任。是指生产者对已经证实的由产品导致的环境或安全损害负有责任。

---

[1]　梁慧星主编：《民商法论丛》（第 30 卷），法律出版社 2004 年版，第 631 页。

产品责任不但存在于产品使用阶段，而且存在于产品的最终处置阶段。

2. 经济责任。意味着生产者支付管理产品（使用后）废弃物的全部或部分成本。这包括废弃物的收集、分类和处置等方面。

3. 行为责任。即在产品使用期后（消费后阶段）直接或间接的产品物质管理责任。产品生产者直接参与废弃产品的管理，负责产品回收以及限期淘汰有毒有害危险材料的使用等。

4. 信息责任。在产品的不同生命周期，生产者被要求提供产品及其环境影响的信息，例如，环保标志、能源信息或噪声。信息责任中应包括产品如何以环境可接受的方式再利用或再生等信息。

信息责任设立的目的是为了指导消费者购买环境友好产品以及正确处置其废弃的产品。如要求计算机生产商告知消费者其生产的计算机含有哪些对环境和人体健康有害的物质，计算机废弃后对环境有哪些危害，如何以环境可接受的方式再生利用等。"信息责任"成本低，易推广，有利于社会各界了解产品的环境性能，提高环保意识，从而通过选择对环境更友好的产品，激励和推进环境友好产品的发展。

5. 所有权责任。在产品的整个生命周期中，生产者保留产品的所有权，该所有权牵连产品的环境问题。这里所谓的所有权其实质是将产品的使用权和所有权相分离。生产者生产出产品，通过产品服务系统（PSS）来满足客户对产品的使用需求。生产者出售产品的使用权但保留对产品的所有权，客户购买的是产品的使用权。生产者彻底对其产品负责。

上述各种形式的责任中，将废物管理责任与生产者（厂商）挂钩，要求生产商对他们的产品在使用寿命终结之后对环境产生的负面影响承担经济和具体的责任，是生产者延伸责任的重要内容。解决产品废弃后对环境和人体健康的危害，最根本的措施是在产品生产中尽量避免甚至禁止使用有毒有害物质。生产者对"废物管理"负责，将刺激生产者在产品设计中更多地考虑较少使用材料并增大其可回收利用的可能性，考虑使用对环境更友好的材料，是实现产品环保化（或无害化）的一种强有力的激励机制。

（六）生产者延伸责任的实现方式及实施对象

根据实施的强度和政府的参与程度，生产者延伸责任有三种不同的实施方式：

1. 自愿方式。指生产者自愿采取措施解决他们的产品在整个生命周期对环境的影响，而不是在政府强制的法律要求下进行。如企业自愿回收产品计划。

2. 强制方式。指由政府对社会中的各有关方面施加要求来实施。如政府强制企业回收废弃产品，禁止使用某种危险物质和材料，等等。

3. 经济手段。经合组织（OECD）实施生产者延伸责任常用的经济手段包括产品费、生态税、预付处置费、抵押金返还计划等。

一般认为，对所有的产品实施生产者延伸责任不可行。当前，生产者延伸责任主要的实施对象是在废物流通中问题突出的产品，其特点是：①产生量大，如包装物；②环境风险较大，如高汞电池；③二者兼而有之，如电子电器产品、汽车等。

（七）实施中应注意的问题

1. 生产者延伸责任制度和项目的设计应当注重激励生产者在上游设计阶段进行改变以实现对环境更友好的目标。

2. 政策应当更关注结果而不是实现手段，要激励创新，给生产者在实施方面更大的灵活性。

3. 生产者延伸责任制度必须充分考虑产品的特性及其多样性。所制定的政策措施应具有灵活性，以个案为基础，而不是对所有的产品设定同一个政策。

4. 要充分论证实施生产者延伸责任的目标、成本和效益，分析比较自愿方法和强制方法的优劣，确保实施生产者延伸责任制度在获得环境效益的同时，避免国内经济的混乱。

六、总量控制制度

（一）总量控制的概念

总量控制是指对在一定区域和时间范围内的排污量的总和与一定时间范围内某个企业的排放量之和予以控制，包括三个主要内容：污染物的排放总量、排放污染物的地域的环境容量、排放污染物的时间。总量控制这一概念最早是由美国国家环保局提出的。总量控制制度是总量控制方法在法律上的表现，是国际上广泛采用的污染控制的方式，具有较强的科学性和实用性，如对温室气体排放的削减和对消耗臭氧层物质的淘汰均属于此。体现了预防为主的原则，它不仅包括通常所说的从技术上着眼的总量控制规划，而且更加注重从政策着眼进行整体和全局的考虑，为实现环境保护从末端治理向源头削减和全过程控制转变，提供了有力的法律保障。

（二）总量控制立法

西方国家从 20 世纪 60 年代开始研究污染物排放总量控制，制定出一整套总量控制制度及其实施机制。美国于 1983 年 12 月正式立法，实施以水质限制为基点的排放总量控制，采取了季节总量控制的方法。日本、联邦德国、欧洲共同体各国、瑞典、韩国、罗马尼亚、波兰等国家也采用该制度且进一步发展，取得了一定的效果。在我国现行法律体系中没有专门的有关总量控制的统一法规。1989 年颁布的《水污染防治法实施细则》（已失效）第 9 条规定"超过国家规定的企业事业单位污染物排放总量指标的，应当限期治理"，这是我国最早涉及总量控制的法律规定，但仅仅提出了总量控制的原则。2008 年修订后颁布的《水污染防治法》（现已被修改）第 18 条规定"省、自治区、直辖市人民政府应当按照国务院的规定削减和控制本行政区域的重点水污染物排放总量，并将重点水污染排放总量控制指标分解落实到市、县人民政府"。2000 年 4 月颁布的《大气污染防治法》，以法律的形式规定了大气污染总量控制制度，并陆续在地方性环境法规中得到体现。2003 年 7 月起施行的《排污费征收标准管理办法》更加强化了对这一制度的实施力度。我国现行环保法律法规已对实行污染物排放总量控制制度作了规定。目前，国家将化学需氧量、二氧化硫、烟尘、工业粉尘、石油类、氰化物、砷、汞、铅、镉、六价铬、工业固体废物等12种主要污染物列为总量控制指标，有关部门正在开展环境容量、总量指标的设定和总量分配方法的科学研究。但是作为基本法的1989年《环境保护法》并没有就总量控制作出具体的规定，这就使得我国的排污总量控制法律保障明显不足，从而经常出现无法可依。而2014年修订的《环境保护法》第44条规定："国家实行重点污染物排放总量控制制度。重点污染物排放总量控制指标由国务院下达，省、自治区、直辖市人民政府分解落实。企业事业单位在执行国家和地方污染物排放标准的同时，应当遵守分解落实到本单位的重点污染物排放总量控制指标。对超过国家重点污染物排放总量控制指标或者未完成国家确定的环境质量目标的地区，省级以上人民政府环境保护主管部门应当暂停审批其新增重点污染物排放总量的建设项目环境影响评价文件。"可以说，2014年《环境保护法》正式将总量控制制度确立为环境保护的一项基本制度。而且，还将逐渐发展起来的"区域限批"明确为环保部门的一项重要监管职能。此外，以《海南省环境保护条例》《上海市环境保护条例》《秀洲区水污染物排放总量控制和排污权有偿使用管理试行办法》、江苏省《二氧化硫排污权交易管理暂行办法》等为例的一些地方法规在总量控制制度的建立方面进行了大胆的尝试。

（三）总量控制的种类和层次

总量控制可分为目标总量控制、容量总量控制、行业总量控制三种类型。目标总量控制以排放限制为控制基点，从污染源可控性研究入手，进行总量控制负荷分配（简称总量分配）；容量总量控制以环境质量标准为控制基点，从污染源可控性、环境目标可达性两个方面进行总量分配；行业总量控制以能源、资源合理利用为控制基点，从最佳生产工艺和实用处理技术两方面进行总量分配。我国目前的总量控制计划主要采用目标总量控制，同时辅以部分的容量总量控制。但目标总量控制只能被视为容量总量控制条件不成熟时的过渡阶段。总量控制的最终目标是实现容量总量控制。

我国的总量控制可分为三个层次。宏观层次即宏观目标的总量控制，是指国家或地区、城市，为了在宏观上控制污染发展的趋势，对污染物排放总量规定具体指标要求的控制方式；中观层次即流域或区域容量总量控制，具体指污染治理的重点流域区域，以环境质量为目标，考虑污染物排放与环境容量的关系，确定排放总量并将污染负荷分解到源的控制方式，通过中观层次的总量控制能达到环境容量优化使用，这正是目前应着重努力的方向；微观层次是针对上体污染源，从生产全过程控制污染物的产生、治理和排放以满足允许排放量的要求或达标排放要求的控制方式。总量控制的三个层次形成一个有机整体，上一层次指导下一层次，下一层次保证上一层次实现。

（四）总量控制程序

1. 污染源调查和环境质量监测。实行污染排放总量控制，要做的第一项基础工作就是了解本辖区内污染源的情况和环境质量状况，这就要求生态环境主管部门组织好本地的监测网络搞好调查和监测。一方面，调查辖区内污染源的数量，每个污染源排放污染物的种类、排放浓度、排放量、排放规律和排放方式；另一方面，搞好环境质量监测，详细记录辖区内环境污染程度和主要污染物。用科学全面的调查研究和大量监测数据，为环境管理部门制定总量控制规划方案提供决策依据。

2. 确立环境保护总量控制目标。

（1）确定总量控制的目标值，主要通过以下几种方式：①以维持某一时期污染物排放水平为基本目标，或以某一时期污染物排放水平为基数，确定削减污染物的比率；②维持某一时期或某一标准的水体，水质为控制目标确定的目标总量；③受经济投资约束的目标总量，如投资多少所能削减的最大污染物量，以控制污染源排放总量作为目标；④经济发展，维持污染物排放总量不增加的目标总量；⑤配合政府领导环境目标责任制的管理目标作为总量目标；⑥按工业行业确定总量目标。

（2）确定总量控制目标的范围。从污染源的可控性出发，依照削减污染物目标的技术路线，结合技术、经济特点，优化分配排污负荷，对环境的改善情况进行预测，确定重点控制对象。通常为了环境管理方便，环境管理部门可根据当地污染现状和管理实力，如管理力量、技术水平和财政支持能力，先对污染大户工厂和行业实行总量控制。

（3）确定总量控制目标的污染物项目。总量控制在污染物项目的选择上，往往是选择那些与目标直接有关的，当前迫切需要解决，经济上、技术上可实现的污染项目。总量控制目标在污染物项目的选择上应当针对性强、灵活性大，环境管理部门根据当地实际管理和监测力量确定项目，也可分期分批控制各种污染物，同时要考虑污染源可能削减能力和水平，既要抓住主要污染物，又要考虑控制代价。

3. 明确区域功能，结合环境保护目标，制定总量控制规划方案。作为政府的生态环境主管部门，要根据所辖区域的功能和实际情况，按照功能区域的划分原则，如居民区、工业区、商业区、自然保护区等进行科学划分，对环境技术、经济效益系统分析，制定出可供实施的规划方案，调整和控制排污，使之满足环境保护目标的要求。只要区域的功能区划分已定，就要根据功能区的划分制定环境保护规划方案。要严格依照区域当前环境质量、排污状况，制定辖区环境保护目标要求，根据目标要求，对排污企业提出治理、整改措施的总体方案，保证目标的全面落实。

4. 坚持排污许可证制度。许可证制度是一项排污控制的综合性管理措施，包括法律的、行政的、技术的、经济的、环境的等多方面。它是在总量控制的技术基础上，把要削减的污染物量进行优化分配的厂家，经环保部门协商与确认，提出总量排放规划方案，报经行政领导部门批准后，通过向排污单位发放排污许可证的形式使单位排污合法化。许可证要明确其应排放的污染物种类、数量、浓度、排污去向和有效时间等。许可证具有法律效力，排污受到法律的约束，同时又受到法律保护。排污许可证分两种：一种为许可证，对于其现在所排污染物量，要按照确认后分配的指标排污，并发给许可证，允许排放；另一种为临时许可证，这里考虑到排污单位在短期内难以实现分配给的排污量，现时实际排放量要超出这个分配指标，对这种情况先发给临时许可证，暂时承认这个实际现行排放量，但要对其进行限期治理，以实现许可证允许的排放量指标，过了这个期限，临时许可证作废，应按分配给的污染物排放量排放，并发给正式许可证。不论是许可证或临时许可证，在使用有效期内均有法律效力，受到法律保护。

许可证持有者或临时持有者必须履行以下义务：①按本证核准的污染物种类、浓度、数量、去向、方式排放污染物；②对单位排放的污染物进行监测，按规定报送监测结果；③接受环境保护部门的现场检查、监督、监测，如实提供有关资料和数据；④本单位排放污染物的种类、浓度、数量、有重大变化或改变排放方式、排放去向时，应向当地环保管理部门申请履行变更登记手续；⑤按国家规定缴纳排污费，同时并不免除承担法律规定的其他责任；⑥规定时限到期时，须主动向环境保护管理部门申请排污许可证。许可证制度实质上是环境目标管理的科学决策问题，也是污染物排放总量控制工作中必不可少的重要工作。

（五）总量控制制度的完善

1. 总量控制不等于单一地减少排污总量。人类社会的发展过程说明物质生活水平的不断提高必然伴随着污染物的产生，在适度的范围内，这些污染物的产生和净化也构成了生物圈的一个组成部分。在环保与经济发展不存在严重冲突的情况下，没有必要也不可能杜绝污染物的产生。而应当寻找环境保护与经济发展的最佳结合点，力求在环境代价最小的情况下获得最大的经济发展。

2. 建立科学的排污总量核算体系，科学确定区域环境容量。国家环境管理部门加大技术投入力量，制定全国污染物排放总量和地区分配规划，各地根据本地区经济发展特点和发展水平，考虑污染物种类、环境承受能力等多种因素。尤其是对噪声、气体等不易测量的污染物的测定标准应更加科学与合理。

3. 建立总量控制法规保障体系。这是实现总量控制目标的重要保证，但是我国目前现行环境法律体系中没有专门的有关总量控制具体实施的统一法规，零星的条文也十分少见，在现行环境法律中对排污总量控制的目标、总量设计、调查和检测、总量分布、适用程序等作出更加明确的规定已是当务之急。总的来看，总量控制的法律完善不仅应在《环境保护法》中明确规定国家实行污染物排放总量控制制度，还应当：一是尽快制定《污染物排放总量控制管理办法》，具体可考虑以下几个部分：①确定目标总量控制具体方案，包括总量控制指标分配和总量超标排污收费规定。②确定总量统计制度，包括排污申报登记核定制度、清洁生产及综合利用优惠政策。③确定具体污染行业总量控制目标，包括各地污染行业总量控制规定和工艺能耗限定规定。④确定总量分布机制，包括排污单位编码、污染物增减情况处理、城市环境综合整治定量考核、污染集中治理等具体规定。⑤建立总量控制追踪体系，包括总量控制统计、普查、调查、检测、计量标准等方面的污染物变动性法律评估。二是应确立配套的监督管理机制，以保证总量控制指标的全面落实。

七、排污权交易制度

（一）排污权交易制度概述

在我国，总量控制是实行排污权交易制度的基础，排污权交易制度正在成为实施总量控制的主要手段。总量控制规定了污染物排放总量的上限，明确了环境容量资源的稀缺性，把允许排放的污染物总量分配到各个污染源，借此明确排污单位对环境容量资源的排污权，使环境容量资源具备了经济物品的特性，为利用市场手段再配置容量资源提供了产权制度的基础，从而有了上市交易的可能，所以说，总量控制是排污权交易的基础。而排污权交易制度由于具有费用有效性、管理成本低、有利于达标、能够缓和环境与经济之间的矛盾等优点，现在正在成为我国实现总量控制的主要手段。

排污权交易制度是当前受到世界各国广泛关注的环境经济政策之一。它于20世纪70年代由美国经济学家戴尔斯（Paul Dales）在其《污染、产权、价格》一书中提出。它的理论来源于著名的"科斯定理"——只要产权得以明确界定，自发的市场交易可保证最优的资源配置状态的实现。依据这一定理，在排污权界定清晰的情况下，可通过排污权在企业间自发的交易实现排污量在企业间的最优分配。排污权交易的实质就是使治理污染的任务自动分配到治理成本低的企业中，这样必然可以降低整体的污染治理费用。如果排污权可以有偿转让，那些治理污染成本低的工厂就愿意通过治理，大幅度地减少排污，然后通过卖出多余部分许可而获益。只要对于有些工厂来说，安装治理设施比购买排污权成本高，就有动力去寻找排污权的卖方。只要治理责任的费用有效性未达到最佳配置状态，交易机会总是存在的。当所有的机会都得到充分利用，费用的配置就达到最佳。

排污权交易制度首先被美国环保署（Environmental Protection Agency，简称EPA）付诸实施，用于大气污染及河流污染管理。从20世纪70年代开始，美国联邦环保局逐步建立起以气泡、补偿、银行和容量节余为核心内容的排污权交易政策体系。在美国酸雨治理计划中，排污权交易制度对解决工业污染问题发挥了显著作用，被公认为成功的典范。美国运用交易的手段控制污染，不仅效果卓著，而且大大降低了治理成本和管理成本，1980～1999年全美发电量增加了20%以上，二氧化硫排放量却下降了20%。截至目前，其每年的二氧化硫排污权交易量高达3500万吨。而后德国、澳大利亚、英国等国家也相继进行了排污权交易制度的实践。1992年里约热内卢环境与发展大会后，排污权交易制度作为环境保护的一种有效手段开始在世界范围内被广泛采用。

1999年，排污权交易被引入中国。同年9月，美国环保协会与原中国国家环保总局签署协议，在中美合作框架下开展总量控制与排污权交易的研究和试点工作。

2002 年 3 月，以四省三市一企为试点的第二阶段试验，共达成 25 000 吨、总额超过 2000 万人民币的二氧化硫排污权交易，取得极大成功。目前，二氧化硫排污权交易第三阶段的试验正式启动，试点由第二阶段试点地区的点状分布转向长三角区域合作试验。作为一种新型环保制度，排污权交易在我国的成功试点预示着其广阔的发展前景。

（二）排污权交易制度的理论基础

戴尔斯认为环境是一种商品，政府是这种商品的所有者。作为环境的所有者，政府可以在专家的帮助下，把污染废物分割成一些标准的单位，然后在市场上公开标价出售一定数量的"污染权"。每一份污染权允许其购买者排放一单位废物。根据专家的计算和测定，每一水域或区域出售污染权利的数量要足以保证其清洁度使人们能够接受。如果一时难以达到，可以将权利数量的出售逐年减少，直到达到这一点。政府不仅应允许污染者购买这种权利，而且如果受害者或者潜在的受害者遭受了或将要遭受高于价格的损害，为了防止污染，政府也应允许其对污染权进行竞购，有的公司可能会出高于前者愿意支付的价格，甚至高于已经被购买的污染权的价格。在竞争中，一些能用最少的费用来处理自己污染问题的公司则都愿意自行解决，使外部性内部化。然而污染权将不会被完全使用，因为一些环境保护社团可能购买一些污染权利来保证环境质量高于政府规定的标准。政府则可以用出售污染权得到的收入来改善环境质量。政府有效地运用其对环境这个商品的产权，使市场机制在环境资源的配置和外部性的内部化问题上发挥最佳作用，这就是著名的排污权交易理论。

（三）排污交易制度的内容

在戴尔斯的污染权理论基础上建立起来的排污权交易制度的基本内容是：实行排污许可证制度，由政府向企业发放排污许可证，企业则根据排污许可证向特定地点排放特定数量的污染物；排污许可证及其所代表的污染权是可以买卖的，企业等经济主体和政府可以根据自己的需要，在市场上买进或卖出污染权。主要包括：

1. 目标符合总量控制标准。即由环保部门在总结多年环境管理经验的基础上，参考通过模拟实验所得的数据并考虑当地经济发展状况，提出总量控制目标，从而确定排污权发放量，并遵行两个原则：①该目标应小于当地目前的排放总量，不能因实施排污权交易而引起环境恶化；②该目标不能背离区域经济发展状况，对环境质量提出过高要求，从而构成对当地经济发展的不合理限制。

2. 选择排污权的初始分配方式。目前通行的分配方式有定价出售、拍卖和无偿分配三种。定价出售中管理机构不需要确定初始的分配比例，并且初始售价可以成为以后的排污权交易的价格信号，但是通常来说环境管理机构很难确定一个合理的实施价格；拍卖是与排污权交易目的最相一致的分配方式，但实际上却增加了企业的负担；无偿分配是一种比较方便的管理方式，环境管理机构可以根据各企业的产量或历史排放量来确定相应的排污权发放比例，但是这种方式又存在变相补贴、不公平竞争、不能反映环境资源价值的缺点。

3. 排污权交易。用以交易的必须是企业富余的排污权，有资格进行排污权交易的主体为一般主体，即任何根据自身需要的自然人、法人等排污者，与政府、环保组织等非污染者都有资格购买。除此之外，由于同样的排污数量在不同区域对环境会造成不同程度的损害，因此应该在同一区域内进行排污权交易，否则可能会出现某一区域内的企业从其他区域的企业购买排污权，而导致某一区域范围的排污超标问题。但完全禁止跨区域的排污权交易又不现实，因此，应在适当扩大各个排污权交易区域范围的同时，有条件地允许跨区域的排污权交易，即事先预留一定数量的排污权，并且在企业跨区域进行排污权交易时，应当取得购入排污权所在区域的环保部门审批，以确保不会使当地环境恶化。

4. 确保政府的职责。在排污权交易过程中，政府的职责尤为重要。由于排污权交易是无形的，因此政府应建立排污权交易系统，以方便企业交易，并且有利于政府监管。

（四）排污权交易制度中的几个重要政策

1. 抵消政策。指以一处污染源的污染物排放削减量来抵消另一处污染源的污染物排放增加量或新污染源的污染物排放量，或者指允许新建、改建的污染源单位通过购买足够的排放减少信用，以抵消其增加的排污量。该政策将未达标地区视为一个整体，允许有资格的新建或扩建污染源在未达标地区投入运营，条件是它们从现有的污染源购买足够的排放减少信用。其实质是通过新污染源单位购买排放减少信用为现有污染源单位治理污染提供资金。美国的《清洁空气法修正案》已经将抵消制度纳入其中，我国法律也可以将抵消制度规定在法律之中，明确规定有资格参加这一制度的企业、排放减少信用的购买和抵消的程序等等。

2. 气泡政策。最早在美国 1970 年制定的《清洁空气法》中出现。根据该法，在当地废气排放时，以一个工厂所排放的所有废气为一个气泡，只要在这个气泡内的总污染量不超过总量控制指标，就不必理会该工厂内各个设备的污染情况如何。这一制度使排污者在如何改善自己的污染行为方面有一定的自由决定权，之后制定的气泡计划有所改进。改进后适用气泡制度的主要条件是：气泡及气泡的大小只能由联邦环保局或经联邦环保局授权的州政府依法确定，污染源单位不能自行确立；申请适用气泡制度的单位必须向环保局证明，其已经达到环保局规定的将其排放总量削减至一定水平的先决条件，并证明其排放抵消或排放交易活动不会引起环境质量的下降，并保证不突破规定的气泡；适用排放抵消或排放交易活动的污染物只能依法确立，应以单项污染物为单位，不能以多种污染物的混合排放量从事排放抵消或排放交易活动；对人体和环境有严重危害的危险物质不能适用于气泡政策。我国要推行排污权交易计划，可以借鉴和吸收美国的经验，通过法律规定气泡政策的具体内容，包括气泡大小、申请适用气泡的程序、适用气泡政策的污染物范围等等。

3. 排污量存储政策。即将产生的削减量以信用证的形式进行确认并存储起来留作将来使用或用于交易、抵消新排放源的排放量增加。信用证一旦存起来就可转让给第三者。信用证可以通过有权机关指定的授权银行或机构存储，通过正式或非正式体系对信用证进行处理，在抵消政策、气泡政策等交易中使用。排污量存储制度的建立对抵消政策、气泡政策等交易是一个巨大的推动，一方面这种小范围的交易有了更加具体的量度——信用证，另一方面也加强了环保机构、流通机构对排污交易的监督和控制，使得大范围的排污交易变得更加合理和便于管理，其交易中超过要求的额外削减量可以信用证存储起来供下次交易用。

（五）排污权交易制度的作用

实践表明我国排污权交易确实起到了节省治理费用、保护环境质量的效果。①刺激企业进行技术革新和强化管理，积极防治污染，排污者通过治理污染、强化管理减少了污染物的排放，空出的排污指标可以在市场上出售，获得经济收益；②为实现环境要求提供更符合成本效益的方法，节约治理成本，由于排污者在治理污染方面的成本相差较大，排污权交易制度为排污者实现环境目标的方式提供了更多的选择，污染治理成本高于边际治理成本者，可以选择购买排污权来达到环境要求，污染治理成本低于边际治理成本者，可以选择治理污染，卖出排污指标，从而可以以一种最符合成本效益的方法实现环境目标；③节约环境管理成本，排污交易系统把信息负担转移到排污企业，而排污企业又是最有能力取得信息并根据信息采取对策控制的参与者，所以信息负担不仅减轻了，而且责任的分配也最为合理，大大降低了管理部门的管理成本；④有利于实施总量控制，在市场经济体制下，企业作为真正的法人实体，按照"污染者付费原则"，治理环境污染的责任完全由企业承担，在确保环境质量目标的前提下，通过排污权交易明确了企业的污染治理责任，实现环境容量资源的重新配置，更有效地实现总量控制手段；⑤促进社会经济的发展，一些经营状况不好的老企业通过关闭一些污染大的项目来节约排污权，并将多余的排污权转让给其他企业从而获得一部分资金来调节产业结构，使企业重新恢复活力，避免排污指标的浪费和闲置。

（六）排污权交易制度的立法完善

中国的排污权交易之所以未在实践中广泛开展，关键原因在于我们的政策、法律对排污权尚无明确规定。任何一项好的经济管理手段，倘若离开了法律的规范和保障，都将难以有效发挥其应有的作用。排污权交易是建立在市场经济体制和将环境容量作为一种资源管理基础上的，只有具备了完善的排污权交易和配套制度的立法，才能确保排污权的合法性、排污权分配的公平性及排污权交易的合法化，保障企业在排污权交易市场中自由买卖、信息共享，促进市场中的公平竞争。我国目前市场经济体制还不完善，政府还存在大量以政代企行为，法制体系和信用体系也不健全。尽快制定有关总量控制和排放许可证制度专门的法规、规章和技术规范，以法律形式明确环境是可利用的资源，同时出台排污权交易的具体操作细则，以此促进与保障排污权的交易，确保污染物排放总量控制和环境质量的改善，正是我国排污权交易实践中迫切需要解决的一个重要课题。2002 年 10 月江苏省已经推出了全国第一部《二氧化硫排污权交易管理暂行办法》，其他省市也陆续出台了类似的法律法规。

建立排污权交易的法律细则应坚持以下原则：①要以污染物申报登记为基础，即污染源应向主管部门申报登记自己所拥有的污染物排放设施、处理和在正常条件下排放污染物的数量和浓度，并提供防治污染的有关技术资料；②要以污染物总量控制为前提，有总量控制才能保证经济增长和环境保护能平衡；③排污许可证的作用、转让或买卖必须在政府的严格监督下进行，市场是一只看不见的手，它既有通过经济刺激促进环境保护的正面，也有追逐最大化经济利益而破坏环境的负面，因此，将市场机制引入环境保护领域必须慎之又慎，需要政府的宏观调控和监管。

我国在进行排污权交易立法时，除应坚持上述原则外，还应注意借鉴、吸收国外成功的立法技术和经验，将一些行之有效的制度移植到我国的立法中来，如在美国已经实施多年的"抵消制度"与"气泡制度"等。在立法过程中应该注重完善当前的排污收费制度，并逐步过渡到排污权交易制度上来，并在立法中确立相配套的经济激励机制，如征收环境税、采取补贴和优惠措施等。排污权交易的法定程序也应同时确立。

八、环保目标责任制

（一）环保目标责任制概述

环保目标责任制是指各级政府对所辖区域的环境质量负责，把环境保护目标、任务和措施以签订责任书及纳入国民经济及社会发展计划的形式，分解、落实到各级政府，有关部门、企业单位和个体工商户认真实施，并接受上级政府检查、考核和验收，使所辖区域的环境质量达到或优于国家和省规定的环境质量标准的法律规范体系。环保目标责任制将环境保护工作目标、内容、任务具体化、明确化、定量化，并据以进行考核奖惩，是加强环境保护工作，促进环境建设的一项行之有效的制度。

环保目标责任制具有以下三个特点：①显效性。行政首长环保目标管理以政府为中心，通过目标分解、分级传递，使环境管理工作环环相扣，把各方面的力量、积极性和可能的措施都集中起来，使环保工作最终得到落实，因而往往可以立竿见影，易见成效。②契约性。责任制是以责任书形式签订的，责任书一旦签订，便对当事人产生契约约束，它的约束力来自于考核结果的作用，即上级要按考核结果给予奖惩。③自费性。行政首长环保目标责任制是建立在自费原则基础上的，即签订行政首长环保目标不附带上级政府对下级政府环境保护投资的许诺。地方政府要根据国家环保的战略、方针政策、法律法规、目标和指令性要求，自主地确定环保措施，从而贯彻地方政府对本地环境质量负责的原则。

环境保护目标责任制是我国在环境保护实践中行之有效的经验总结与升华，是环境管理实践中创设的一项具有重大意义的制度。此制度在我国法律、法规中皆有明确规定。现行《环境保护法》第 26 条规定：国家实行环境保护目标责任制和考核评价制度。县级以上人民政府应当将环境保护目标完成情况纳入对本级人民政府负有环境保护监督管理职责的部门及其负责人和下级人民政府及其负责人的考核内容，作为对其考核评价的重要依据。考核结果应当向社会公开。第 28 条规定：地方各级人民政府应当根据环境保护目标和治理任务，采取有效措施，改善环境质量。未达到国家环境质量标准的重点区域、流域的有关地方人民政府，应当制定限期达标规划，并采取措施按期达标。在地方一级，2018 年《广东省环境保护条例》第 6 条第 1款规定，实行环境质量领导责任制和环境保护目标责任制，逐步开展和推行自然资源资产离任审计和生态环境损害责任终身追究制，落实任期及年度环境保护目标和任务，使本行政区域的环境质量达到规定的标准。2018 年《山东省环境保护条例》第 4 条规定："各级人民政府对本行政区域的环境质量负责。县级以上人民政府应当将环境保护工作纳入国民经济和社会发展规划，建立健全环境保护目标责任制和考核评价制度，制定落实有利于环境保护的经济、技术、税收等政策措施，加大财政投入，统筹解决环境保护中的重大问题，提升生态保护和污染防治能力，促进环境质量持续改善。"

（二）环保目标责任书的制定

1. 环保目标责任书的制定原则。环保目标责任制通常是由上一级政府对下一级政府签订环境目标责任书体现的，下一级政府在任期内完成了目标任务，上一级政府给予鼓励，没有完成任务的则给予处罚。因此，科学全面的环保目标责任书是实行目标责任制的基础和核心。制定环保目标编制责任书时必须遵循以下几点：①科学客观。环保目标的确定必须以客观规律为依据，充分考虑需要与可能，从实际出发，解决一些突出的环境问题。科学的环保目标责任书首先必须以环境质量目标为导向，决定环境建设、环境污染防治、自然保护和环境管理等项措施。我国各地区发展不平衡，经济、技术水平的多层次决定了解决环境问题的能力和措施的差异，因此制定目标责任书不能搞一刀切。②定量考核。环保目标责任书的契约性决定了它的目标必须是可定量考核的。在具体实践中，即使是那些不能用数据表示的，也要直观地提出项目的时限和进度要求，也就是说把定性目标具体化，使"软任务"变为"硬指标"，增强可操作性。③先进可行。环保目标要比照当前先进水平确定目标值，使之能充分发挥人的潜能。同时还必须全面分析各种客观条件和主观努力所能达到的程度，制定合理可行的目标。④均衡适当。即制定的环保目标必须与本地区当时或将来的经济技术和社会发展水平相适应，既不能超前，也不能滞后。⑤民主协商。环保目标的确定一般应遵循自上而下、自下而上、上下结合、民主讨论的基本程序，通过这一程序反复讨论协商确定目标，可以使责任者认识到目标并非是上级强加的，而是通过自己的意愿制定的。

2. 环保目标责任书的内容与指标。环保目标责任书的内容主要是根据各级政府或部门对环境保护工作的职责、义务及实现环境保护目标的条件，结合当地的环境质量及自然生态状况、环境污染和环境破坏的情况，有重点地将环境保护内容和指标进行加重或削减。环境保护目标责任书的内容通常包括四个方面：①明确提出保护环境是各级政府的职责，各级人民政府都要对其管辖的环境质量负责；②每届政府在其任期内，制定所要采取的措施，使环境质量达到某一预定的目标；③根据环境质量状况及经济技术条件，在经过充分研究的基础上确定环境目标与考核指标；④为了实现环境目标，各级政府进行目标分解，把目标所定的各项内容分解到各个部门，甚至下达有关企业逐一落实。通过这些主要内容的规定，对环境目标实行定量化管理，从而带动环境监管、污染治理、科研等各项工作的深入开展，切实把环境保护纳入各级政府的工作日程。吉林省《政府环境保护目标责任制方案（2003～2007 年）》第 3 条从环境质量、主要污染物排放总量控制、环境保护投入、环境污染防治、生态环境建设与保护、环境管理、环境与发展综合决策 7 个方面规定了考核的内容与指标。

另外，《环境保护法》第 42 条规定："排放污染物的企业事业单位和其他生产经营者，应当采取措施，防治在生产建设或者其他活动中产生的废气、废水、废渣、医疗废物、粉尘、恶臭气体、放射性物质以及噪声、振动、光辐射、电磁辐射等对环境的污染和危害。排放污染物的企业事业单位，应当建立环境保护责任制度，明确单位负责人和相关人员的责任。重点排污单位应当按照国家有关规定和监测规范安装使用监测设备，保证监测设备正常运行，保存原始监测记录。严禁通过暗管、渗井、渗坑、灌注或者篡改、伪造监测数据，或者不正常运行防治污染设施等逃避监管的方式违法排放污染物。"这一规定主要以企事业单位为对象，与各级政府的宏观环境质量负责制相呼应，构成环保目标责任制的重要环节。由政府直接与企业签订责任书或实行环境保护指标承包，并且将企业环境效益与城市经济总效益挂钩，以企业厂长、经理等为龙头，与其签订责任书。责任书内容主要关于进一步明确可能产生环境污染、生态破坏和其他公害的企业和单位、个体工商户的环境保护责任，提出明确的目标、指标、环保措施以及奖惩方案。如《南京市企业环境保护目标责任制试行办法》等都具体规定了企业环境保护目标责任书的内容与指标。

3. 环保目标责任书的签订。各级人民政府制定本行政区域内的环境资源保护目标责任书，规定具体的目标责任内容和指标，然后将其提交省级人民政府生态环境主管部门审核后报省级人民政府审定。其中经市级政府与省级人民政府双方法定代表人签字后生效的责任书为一级责任书，县级政府本辖区内重点污染源等单位以及省级人民政府所属有关部门与市级人民政府双方法定代表人签字后生效的责任书为二级责任书，乡（镇）人民政府、县级人民政府所属有关部门、本辖区内有关污染源单位与县级人民政府签订的责任书为三级责任书。企事业单位、个体工商户责任书的签订是由企事业单位与个体工商户根据环保部门下达的任务与指标，以及本企业拟定的环保年度计划，由企事业单位或个体工商户的法定代表人填写原环保局制发的《责任书》，经主管部门复核签署意见后，与环保部门正式签字生效。

（三）环保目标责任制度管理的程序

环境资源保护目标责任书签订后，各级政府、各部门、企事业单位、个体工商户应该履行在责任书中的承诺，依据责任书规定的考核内容和指标进行环境监测和环境统计，并定期自查。环境监测与统计由政府环境监测与环境统计部门进行，有能力的企事业单位也可自己进行监测，并详细记录监测情况与数据。各级政府应当每年对环境保护目标责任制工作的实施和完成情况进行自查，并向上一级政府作书面报告。如《海南省环境保护目标责任制实施办法》第13条规定："各级政府应当在每年3月底前对上年环境保护目标责任制工作的实施和完成情况进行自查，并向上一级政府作书面报告。在任期届满前3个月，应当对任期环境保护目标责任制工作进行自查，写出总结，向上一级政府和同级人民代表大会或其常务委员会报告。"各级环境保护目标责任部门、企业单位和个体工商户应当每年对环境保护目标责任制工作的实施和完成情况进行自查，并向当地政府报送书面报告。分级、分部门的自查工作，可以敦促责任人自觉履行责任书中的承诺。

在各级政府、企事业单位与个体工商户自查之后，环保部门或检查组应当按照签订的责任书的内容和指标，对其进行检查、考核、验收。如吉林省《政府环境保护目标责任制方案（2003～2007年）》中规定："本届政府环境保护目标责任制采取一签5年、项目一年一核定、一年一考核、一年一奖惩、5年进行总考评的办法。每年由上级政府组织检查组，对下级政府环境保护目标责任制的完成情况进行检查验收。检查验收结果进行通报，并在新闻媒体上发表。对完成目标责任制的政府给予表彰奖励，对未完成任务的政府通报批评。"考核成绩的评定有两种方式，一种为等级制，即考核成绩按优秀、良好、及格、不及格来评定；另一种则是打分制，如上述吉林省《政府环境保护目标责任制方案（2003～2007年）》中提出环境保护目标责任制检查验收采取百分制的办法，其中环境质量指标占15分，主要污染物排放总量控制指标占10分，环境保护投入指标占5分，环境污染防治占35分，生态环境建设与保护占15分，环境与发展综合决策占10分，环境管理占10分。

在环保目标责任制度的自查、考核基础上，定期（如每季度或半年）由政府牵头，邀请人大、政协和新闻单位对责任书工作落实情况进行监督检查，及时指出存在的问题，提出整改意见和措施，并对检查情况进行通报，表彰先进、鞭策后进；各级人事、监察部门要对环境保护目标责任制单位进行监督，促使其认真落实环境保护目标责任的各项工作；增加考核的社会性和透明度，完善社会监督机制，及时公布考核结果，使公众关心和参与这项工作。

九、环境事故报告与应急制度

（一）环境事故报告与应急制度的概念、作用与分类

环境事故是指由于违反环境保护法规的经济、社会活动与行为，以及意外因素的影响或不可抗拒的自然灾害等原因致使环境受到污染，国家重点保护的野生动植物、自然保护区受到破坏，人体健康受到危害，社会经济或者人民财产受到损失，

造成不良社会影响的突发性事件。

环境事故报告与应急制度是指因发生事故或者其他突然性事件，造成或者可能造成污染事故的单位，必须立即采取措施处理，及时通报附近可能受到污染危害的单位和居民，并向当地生态环境主管部门和有关部门报告，接受调查处理的法律制度。也称之为"污染事故报告制度""应急措施制度""自动应急措施和强制应急措施"。

这项制度对有效地控制和减轻污染事故的损失，防止危害后果的蔓延扩大起着重要作用。实施这一制度，可以使受到污染威胁的单位和居民提前采取防范措施，避免或减少对人体健康和生命安全的危害，避免或减轻国家、集体或个人的财产遭受重大损失，避免环境受到更大的污染和破坏。通过这一制度，促使有关部门和人民政府及时采取措施控制污染，防止事态扩大，也为查清事故原因、危害、影响以及顺利处理环境污染和破坏事件创造条件。同时及时消除或减缓由于污染事故带来的社会不安定因素，化解矛盾，有利于解决因事故给群众带来的生产、生活困难。

环境事故报告与应急制度有以下三个特点：①预防性。尽量在事故发生前发现并立即作出判断和采取防范措施，以避免造成损失。②时间性。发生事故后，必须按照法定要求和在法定时间内立即向有关方面通报和报告情况，并立即或及时采取措施，解除或减轻危害。③责任性。对肇事单位、环保部门或其他有关部门、人民政府都规定了明确的责任和应履行的职责义务。④目的性。实行这一制度要达到的直接目的就是把损失减至最小。

（二）我国环境事故报告与应急立法

《宪法》第26条规定了国家的环境保护和污染防治的义务。这就规定了国家在正常社会状态下有防止污染、应对污染事故的职责，同时也可视为紧急状态下为国家紧急应对环境事故提供概括性的授权。《宪法》第67、89条是关于"紧急状态"的规定，承认了紧急行政权的存在，为政府在发生突发性公共污染事故时的紧急行政权的启动提供了依据。因而宪法中的"紧急状态条款"仍可看作是环境事故强制应急措施制度的宪政基础。我国的环境基本法《环境保护法》和环境保护单行法中，对于环境事故的强制应急措施制度分别有相应的规定，是我国环境事故报告与应急处理的主要法律依据。

《环境保护法》作为我国的环境保护基本法，第47条对突发环境事件的应急处理作出了专门规定，为我国环境事故报告与应急制度的实施提供了环境基本法上的依据，《环境保护法》规定了污染责任人的通报、报告义务，生态环境主管部门的紧急报告义务以及应急处理过程中的政府的应急管理职责，评估结果的社会公开构成了我国环境事故报告与应急制度的基本框架。其他一些环境单行法中存在的大量的有关环境事故报告与应急制度的规定是各类环境事件应急处置的主要依据。如《水污染防治法》第69条，对水污染事故的应急处理规定了环保部门的报告义务。修订后的《海洋环境保护法》规定了污染发生地沿海县级以上人民政府的应急处理责任，这既是对海洋污染事故应急处理权的规定，更重要的是规定了地方人民政府应急处理的职责和法律责任。此外，就是"国家重大海上污染事故应急计划"制度的设立。作为我国突发性环境污染事故报告与应急制度中的应急预案制度的雏形，分部门分级别制定应急预案，并将应急预案制度化法律化，这是《海洋环境保护法》的一个重大贡献。同时大量行政法规和部门规章中涉及突发性环境污染事故的条款，从更为具体的方面例如时限、程序、强制措施种类等方面进行规定，更具有可操作性。如2011年修订的《核电厂核事故应急管理条例》和2011年修订的《淮河流域水污染防治暂行条例》。前者就核事故的应急管理工作的各个方面如组织机构、启动和终止程序、应急措施、物质保障和法律责任作了较为详细的规定；后者规定了事故责任人与环保行政主管部门的紧急上报义务、环保主管部门向污染可能相关的地区的通报义务以及当地人民政府的应急处理义务。涉及突发性污染事故应急处理的部门规章数量更加庞大，水利部《重大水污染事件报告暂行办法》原国家环保部的《突发环境事件信息报告办法》《突发环境事件调查处理办法》等都对所涉及领域的环境污染事故的应急措施有相应规定。此外，大量的地方性法规和地方性规章对突发性污染事故强制应急措施的具体实施起到了补充的作用。除上述法律法规以外，其他规范性文件涉及突发性污染事故应急处置的，也应该纳入考察我国突发性污染事故强制应急措施制度讨论的范围。其中最有代表性的，是2015年2月3日国务院正式发布的《国家突发环境事件应急预案》（2005年制定、2014年修订）。该预案较为详细地规定了应对突发性环境事件的应急程序、组织指挥体系、监测预警和信息报告、应急响应、后期工作和应急保障等应急管理的基本制度。作为政府应对突发性环境事故的纲领性文件，它的很多制度是根据已有的环境法律法规，总结以往突发环境事故应急管理经验，吸收国外先进制度的基础上编制出来的。《国家突发环境事件应急预案》在制度上具有六大亮点：明确了突发环境事件的定义和预案的适用范围，完善了应急组织指挥体系，完善了监测预警和信息报告机制，完善了事件分级和分级响应机制，完善了应急响应措施和调整了分级标准。这次修订是在《环境保护法》修订实施的背景下，落实党中央国务院对生态文明建设和环境保护新常态的要求，总结近年来突发环境事件应对工作实践经验，通过反复研究和论证完成的。

（三）环境污染事故的分级

污染事故主要包括一般污染事故和突发性污染事故两大类，环境事故报告与应急制度所针对的通常为突发性环境污染事故，即法律上所称的"突发环境事件"。依照2014年修订的《国家突发环境事件应急预案》，按照事件严重程度，突发环境事件分为特别重大、重大、较大和一般四级。

突发环境事件一般依照以下标准分级：

1. 特别重大突发环境事件。凡符合下列情形之一的，为特别重大突发环境事件：①因环境污染直接导致30人以上死亡或100人以上中毒或重伤的；②因环境污染疏散、转移人员5万人以上的；③因环境污染造成直接经济损失1亿元以上的；④因环境污染造成区域生态功能丧失或该区域国家重点保护物种灭绝的；⑤因环境污染造成设区的市级以上城市集中式饮用水水源地取水中断的；⑥Ⅰ、Ⅱ类放射源丢失、被盗、失控并造成大范围严重辐射污染后果的；放射性同位素和射线装置失控导致3人以上急性死亡的；放射性物质泄漏，造成大范围辐射污染后果的；⑦造成重大跨国境影响的境内突发环境事件。

2. 重大突发环境事件。凡符合下列情形之一的，为重大突发环境事件：①因环境污染直接导致10人以上30人以下死亡或50人以上100人以下中毒或重伤的；②因环境污染疏散、转移人员1万人以上5万人以下的；③因环境污染造成直接经济损失2000万元以上1亿元以下的；④因环境污染造成区域生态功能部分丧失或该区域国家重点保护野生动植物种群大批死亡的；⑤因环境污染造成县级城市集中式饮用水水源地取水中断的；⑥Ⅰ、Ⅱ类放射源丢失、被盗的；放射性同位素和射线装置失控导致3人以下急性死亡或者10人以上急性重度放射病、局部器官残疾的；放射性物质泄漏，造成较大范围辐射污染后果的；⑦造成跨省级行政区域影响的突发环境事件。

3. 较大突发环境事件。凡符合下列情形之一的，为较大突发环境事件：①因环境污染直接导致3人以上10人以下死亡或10人以上50人以下中毒或重伤的；②因环境污染疏散、转移人员5000人以上1万人以下的；③因环境污染造成直接经济损失500万元以上2000万元以下的；④因环境污染造成国家重点保护的动植物物种受到破坏的；⑤因环境污染造成乡镇集中式饮用水水源地取水中断的；⑥Ⅲ类放射源丢失、被盗的；放射性同位素和射线装置失控导致10人以下急性重度放射病、局部器官残疾的；放射性物质泄漏，造成小范围辐射污染后果的；⑦造成跨设区的市级行政区域影响的突发环境事件。

4. 一般突发环境事件。凡符合下列情形之一的，为一般突发环境事件：①因环境污染直接导致3人以下死亡或10人以下中毒或重伤的；②因环境污染疏散、转移人员5000人以下的；③因环境污染造成直接经济损失500万元以下的；④因环境污染造成跨县级行政区域纠纷，引起一般性群体影响的；⑤Ⅳ、Ⅴ类放射源丢失、被盗的；放射性同位素和射线装置失控导致人员受到超过年剂量限值的照射的；放射性物质泄漏，造成厂区内或设施内局部辐射污染后果的；铀矿冶、伴生矿超标排放，造成环境辐射污染后果的；⑥对环境造成一定影响，尚未达到较大突发环境事件级别的。上述分级标准有关数量的表述中，"以上"含本数，"以下"不含本数。

（四）环境污染事故的报告

根据《环境保护法》第47条的规定，对造成或可能造成事故的企事业单位实行污染事故报告制度，是确保尽可能地减少污染事故危害的基本措施，是有关事故单位应当履行的一项法定义务。有关单位必须立即采取防止环境污染的应急措施，及时通报可能受到污染危害的单位和居民，在法定期限内向当地生态环境主管部门和有关环境监督管理部门报告，并接受环保部门和人民政府对事故的调查和处理。

环境污染事故的报告依报告主体的不同分为：涉事企业事业单位或其他生产经

营者报告；环境保护部门报告；地方各级人民政府报告；其他的事故发现人报告。

1. 涉事企业事业单位或其他生产经营者报告。突发环境事件发生后，涉事企业事业单位或其他生产经营者必须采取应对措施，并立即向当地环境保护主管部门和相关部门报告，同时通报可能受到污染危害的单位和居民。因生产安全事故导致突发环境事件的，安全监管等有关部门应当及时通报同级环境保护主管部门。环境保护主管部门通过互联网信息监测、环境污染举报热线等多种渠道，加强对突发环境事件的信息收集，及时掌握突发环境事件发生情况。

2. 环境保护部门报告。事发地环境保护主管部门接到突发环境事件信息报告或监测到相关信息后，应当立即进行核实，对突发环境事件的性质和类别作出初步认定，按照国家规定的时限、程序和要求向上级环境保护主管部门和同级人民政府报告，并通报同级其他相关部门。突发环境事件已经或者可能涉及相邻行政区域的，事发地人民政府或环境保护主管部门应当及时通报相邻行政区域同级人民政府或环境保护主管部门。地方各级人民政府及其环境保护主管部门应当按照有关规定逐级上报，必要时可越级上报。接到已经发生或者可能发生跨省级行政区域突发环境事件信息时，原环境保护部要及时通报相关省级环境保护主管部门。对以下突发环境事件信息，原环境保护部应当立即向国务院报告：①初判为特别重大或重大突发环境事件；②可能或已引发大规模群体性事件的突发环境事件；③可能造成国际影响的境内突发环境事件；④境外因素导致或可能导致我境内突发环境事件；⑤省级人民政府和环境保护部（同上）认为有必要报告的其他突发环境事件。

3. 地方各级人民政府报告。突发环境事件已经或者可能涉及相邻行政区域的，事发地人民政府或环境保护主管部门应当及时通报相邻行政区域同级人民政府或环境保护主管部门。地方各级人民政府及其环境保护主管部门应当按照有关规定逐级上报，必要时可越级上报。对以下突发环境事件信息，省级人民政府应当立即向国务院报告：①初判为特别重大或重大突发环境事件；②可能或已引发大规模群体性事件的突发环境事件；③可能造成国际影响的境内突发环境事件；④境外因素导致或可能导致我国境内突发环境事件；⑤省级人民政府和原环境保护部认为有必要报告的其他突发环境事件。

4. 其他事故发现人报告。这主要是指在海洋上发生的污染事故，由于有关部门常常不能及时发现处理，因而借助公众参与污染防治。《海洋环境保护法》第72条规定，所有船舶均有监视海上污染的义务，在发现海上污染事故或违法行为时，必须立即向就近的行使海洋环境监督管理权的部门报告。民用航空器发现海上排污或者污染事件，必须及时向就近的民用航空空中交通管制单位报告。接到报告的单位，应当立即向行使海洋环境监督管理权的部门通报。

（五）环境污染事故的应急响应分级

根据突发环境事件的严重程度和发展态势，将应急响应设定为Ⅰ级、Ⅱ级、Ⅲ级和Ⅳ级四个等级。初判发生特别重大、重大突发环境事件，分别启动Ⅰ级、Ⅱ级应急响应，由事发地省级人民政府负责应对工作；初判发生较大突发环境事件，启动Ⅲ级应急响应，由事发地设区的市级人民政府负责应对工作；初判发生一般突发环境事件，启动Ⅳ级应急响应，由事发地县级人民政府负责应对工作。突发环境事件发生在易造成重大影响的地区或重要时段时，可适当提高响应级别。应急响应启动后，可视事件损失情况及其发展趋势调整响应级别，避免响应不足或响应过度。

（六）环境污染事故的应急预案与应急处置

1. 应急预案。各地区、各部门应该针对各种可能发生的突发环境污染事故制定应急预案，完善预测预警机制，建立预测预警系统，做到早发现、早报告、早处置。预案适用于我国境内突发环境事件应对工作。突发环境事件是指由于污染物排放或自然灾害、生产安全事故等因素，导致污染物或放射性物质等有毒有害物质进入大气、水体、土壤等环境介质，突然造成或可能造成环境质量下降，危及公众身体健康和财产安全，或造成生态环境破坏，或造成重大社会影响，需要采取紧急措施予以应对的事件，主要包括大气污染、水体污染、土壤污染等突发性环境污染事件和辐射污染事件。核设施及有关核活动发生的核事故所造成的辐射污染事件、海上溢油事件、船舶污染事件的应对工作按照其他相关应急预案规定执行。重污染天气应对工作按照国务院《大气污染防治行动计划》等有关规定执行。

2. 应急处置。

（1）地方层面应对工作。突发环境事件发生后，各有关地方、部门和单位根据工作需要，组织采取以下措施：现场污染处置、转移安置人员、医学救援、应急监测、市场监管和调控、信息发布和舆论引导、维护社会稳定和国际通报和援助。

（2）国家层面应对工作。①部门工作组应对。初判发生重大以上突发环境事件或事件情况特殊时，原环境保护部（2018年国务院进行大部制改革，组建生态环境部）立即派出工作组赴现场指导督促当地开展应急处置、应急监测、原因调查等工作，并根据需要协调有关方面提供队伍、物资、技术等支持。②国务院工作组应对。当需要国务院协调处置时，成立国务院工作组。主要开展以下工作：了解事件情况、影响、应急处置进展及当地需求等；指导地方制订应急处置方案；根据地方请求，组织协调相关应急队伍、物资、装备等，为应急处置提供支援和技术支持；对跨省级行政区域突发环境事件应对工作进行协调；指导开展事件原因调查及损害评估工作。③国家环境应急指挥部应对。根据事件应对工作需要和国务院决策部署，成立国家环境应急指挥部。主要开展以下工作：组织指挥部成员单位、专家组进行会商，研究分析事态，部署应急处置工作；根据需要赴事发现场或派出前方工作组赴事发现场协调开展应对工作；研究决定地方人民政府和有关部门提出的请求事项；统一组织信息发布和舆论引导；视情况向国际通报，必要时与相关国家和地区、国际组织领导人通电话；组织开展事件调查。

3. 响应终止。当事件条件已经排除、污染物质已降至规定限值以内、所造成的危害基本消除时，由启动响应的人民政府终止应急响应。

十、城市环境综合整治与定量考核制度

(一) 城市环境综合整治与定量考核制度概述

城市环境综合整治与定量考核是一套综合性的考核指标体系，涉及城市环境的多个方面。是指以规划为指导，以环境综合整治为基础，通过科学的定量化的指标体系把城市方方面面组织起来，开展以经济、社会、环境三个效益为目标的经济建设与环境建设，并使其定量化的制度。该制度是实行城市环境目标管理的手段，也是推动城市环境综合整治的有效措施，能够推动城市环境综合整治的深入发展，使城市环境保护工作逐步由定性管理转向定量管理。它的核心思想是把城市环境看作一个受多种因素影响和控制的系统，改善城市环境必须通过城市功能区的合理规划和城市基础设施的重大改进以及对城市污染进行集中治理等多种方式来实现。

1984 年《中共中央关于经济体制改革的决定》指出："城市政府应该集中力量做好城市的规划、建设和管理，加强各种公用设施的建设，进行环境的综合整治……"在这一精神指导下，1985 年 10 月，国务院环境保护委员会在河南省洛阳市召开了全国城市环境保护工作会议，吹响了城市环境综合整治的进军号。经过一段时间的努力，城市环境恶化的趋势已有所缓解。但由于城市工业和人口集中，长期积累下来的环境问题较多，城市环境污染的形势仍然十分严峻，城市环境综合整治还跟不上经济建设和环保形势发展的需要，特别是与推行科学管理、目标管理的需要还相差很远。一方面，环境综合整治的理论、规划、形式、内容、工作程序等不够完善，还没有做到法律化、程序化与定量化，各城市综合整治的进展也不够平衡；另一方面，市长负责、部门参加、环保部门监督管理、分工合作、各负其责的综合整治管理体制还没有建立起来，各部门参与综合整治还没有成为城市市长和各部门负责人的任期责任，仍然存在"定量管理少于定性管理，科学管理少于经济管理"的一般化管理倾向，目标不明、责任不清，综合整治的成果没有一个科学的定量评价。

在改革开放形势的推动下，吉林省吸收一些城市将工农业生产部门实行经济责任制和目标责任制，用于环境保护目标管理与定量考核的经验，率先实行了城市综合整治定量考核的管理办法，并取得了很好的效果。1988 年 9 月，国务院环境保护委员会在总结各地经验的基础上，作出了《关于城市环境综合整治定量考核的决定》(以下简称《决定》)，指出：环境综合整治是城市政府的一项重要职责。市长对城市的环境质量负责，把这项工作列入市长的任期目标，并作为考核其政绩的重要内容。《决定》要求，对城市的大气、水、噪声、固体废弃物、绿化等五个方面，共 20 项指标进行定量考核。国务院环境保护委员会决定，国家直接考核的城市有 32 个。其中有北京、天津和上海 3 个直辖市，省会和自治区首府（除拉萨市）26 个，此外还有桂林、苏州、大连 3 个城市。根据国务院有关规定和要求，原国家环保（总）局开始在全国重点城市实施城市环境综合整治与定量考核制度，有力地推进了城市环境保护工作。在城市政府的统一领导下，以城市环境综合整治规划为依据，通过科学的、定量化的城市环境综合整治指标体系，把城市各行各业、各个部门组织起来，

开展以环境、社会和经济效益统一为目标的环境建设、城市建设、经济建设，使城市环境综合整治定量化。1990 年《国务院关于进一步加强环境保护工作的决定》明确规定，省、自治区、直辖市人民政府环境保护部门对本辖区的城市环境综合整治工作进行定量考核，每年公布结果。各城市要逐步建立起在"城市政府领导下，各部门分工负责，广大群众积极参与，环保部门统一监督管理"的管理体制和"制定规划，分解落实，监督检查，考核评比"的运行机制。

国家环境保护"九五"计划和 2010 年远景目标中指出要继续开展城市环境综合整治。结合产业结构调整和城市建设与改造，把污染治理项目和基础设施项目纳入城市经济发展计划。要对城市环境综合整治实行分类指导。根据城市规模、性质、地理位置、经济发展水平和主要环境问题，提出分类指导原则和不同的环境保护要求，包括建设一批示范城市，保护一批风景名胜城市，重点治理一批污染严重的城市等。为此，建立一个科学的定量化的城市综合与整治定量考核制度成为搞好城市综合整治工作的关键。

（二）城市环境综合整治与定量考核体系

城市环境综合整治与定量考核实行分级定量考核制度。国家按统一指标体系对直辖市、省会城市、计划单列市、重点旅游城市、沿海开放和经济特区城市等 47 个城市进行市、计划单列市、重点旅游城市、沿海开放和经济特区城市等考核。省、自治区、直辖市则分别考核所辖地、县级城市。考核实行初审、会审和专家审核制度。对于国家级考核城市的考核，首先由城市自审，经省、自治区环保局审核后报国家环保（总）局。原国家环保（总）局首先组织各省、自治区和被考核城市环保局有关人员进行会审，然后组织有关专家进行审查和现场抽查，然后经国家环保（总）局（同上）审定后进行公布。地、县级城市的考核工作主要由各级环保部门执行，年度考核结果通过报刊、年鉴等各种媒体向社会公布。

（三）城市环境综合整治与定量考核的内容

城市环境综合整治与定量考核的对象是城市政府和市长，考核范围是城市地区、城市市区和建成区面积，内容涉及城市环境质量、城市污染控制、城市建设和城市环境管理等四个方面。根据 2006 年国家环境保护部（2018 年国务院进行大部制改革，组建生态环境部）制定的《"十一五"城市环境综合整治定量考核指标实施细则》的规定，定量考核内容包括：

1. 考核城市环境质量的指标。包括：API 指数≤100 的天数占全年天数比例、集中式饮用水水源地水质达标率、城市水环境功能区水质达标率、区域环境噪声平均值、交通干线噪声平均值等 5 项，计 44 分。

2. 考核城市污染控制的指标。包括：城市清洁能源使用率、机动车环保定期检测率、工业固体废物处置利用率、危险废物处置率、重点工业企业排放稳定达标率、万元 GDP 主要工业污染物排放强度等 6 项，计 30 分。

3. 考核城市建设情况的指标。包括：城市污水集中处理率、生活垃圾无害化处理率、建成区绿化覆盖率等3项，计20分。

4. 考核城市环境管理情况的指标。包括：环境保护机构建设、公众对城市环境保护的满意率等2项，计6分。

城市环境综合整治定量考核指标的制定体现了5项主要原则：①代表性原则。各项指标要分别反映城市环境质量、污染控制、环境建设、环境管理，从而使整个指标体系能够概括反映城市环境综合整治工作成效。②可比性原则。指标尽可能照顾到不同性质、不同地域、不同规模和不同发展水平的城市间的差异，使之具有可比性。③可行性原则。实现指标的基本条件具备，特别是经济、技术可行，而且经过努力可以得到或提高的指标。④可靠性原则。所设指标与相关部门的工作是一致的，指标的统计、测算可以通过正常渠道认证，从理论和实践上保障指标值的可靠性。⑤可分解性。指标能按实施的需要进行分解，便于落实。

（四）城市环境综合整治定量考核的基本做法

1. 制定考核规划和指标。由市政府出面组织城市各有关部门按规定编制市长任期城市环境综合整治规划，并按规划制定年度计划和措施，纳入国民经济和社会发展计划之中。

2. 层层分解考核指标、逐项落实综合整治任务。考核指标确立以后，城市环保局要协助政府按照部门分工和指标的内容范围，对指标进行层层分解。①根据综合整治内容和分工，将指标分解到各个部门。如一个城市可将环境建设项目分解给计委；三废资源利用、综合利用、污染源治理分解给经委和工业局；煤气化、污水垃圾处理、路桥建设、园林绿化分解给建委及城建公园局；集中供热分解给电力开发公司；型煤分解给燃料公司；汽车尾气、交通噪声分解给公安局等。各主管委、局再将本部门承担的指标和具体措施下达给基层企、事业单位。②根据区域管理原则，将一些区域性指标如烟尘控制区覆盖率、民用型煤普及率等指标分解给区（县），区（县）再具体分解到街道（乡镇），做到三级分解，层层落实。指标分解以后市长和各区（县）长、各主管局长签订"责任书"，主管局和企业、事业单位签订合同，明确权力和奖惩办法，实现"综合整治任务大家挑，人人身上有指标"。

3. 制定方案、组织实施。各部门、各区县和各基层单位，根据本单位承担的综合整治任务，制定实施方案，提出具体措施，然后按计划管理体制纳入本部门的长远规划和年度计划之中，逐项地组织实施。

4. 监督检查、考核评比。根据《城市环境综合整治定量考核监督管理规定》，各省市政府和环保局要对开展"定量考核"的城市进行经常性的监督，保证定量考核工作按规定执行，防止弄虚作假走过场。同时还要建立定量考核责任制及普查、抽查制，以保证"定量考核"的质量。

城市环境综合整治定量考核工作中应注意以下几点：①城市环境综合整治定量考核必须以规划为依据，按规划的目标和指标进行考核。没有目标和指标的考核是盲目的、无效的考核。②城市环境综合整治与定量考核必须建立市长负责、部门参加、环保部门监督、分工合作、各负其责的新的管理体制。只有建立了这样的体制，"定量考核"才能纳入市政府的议事日程，各部门才能将综合整治工作作为自己应尽的责任积极做好，环保部门才能理直气壮地抓好这项工作。③城市环境综合整治定量考核必须与环境保护目标责任制、排污许可证、限期治理、污染集中控制等制度紧密配合，纳入市长和部门领导的任期目标责任制之中，才能取得最佳的考核结果。④城市环境综合整治定量考核必须奖优罚劣，接受群众监督。只有建立严格的奖惩制度和群众监督制度，才能提高各部门、各单位领导和职工的责任感，确保定量考核的质量。

（五）城市环境综合整治定量考核的原则

由于各城市对这项工作的重视程度不同，环境监测、统计和其他管理工作水平不一，各城市的功能各异，因此，明确其定量考核的原则对于提高定量考核的质量有其重要作用。

1. 区域管理为主的原则。要明确城市政府在综合整治定量考核方面的责任与权力，要紧抓排污费的收、管、用，将监督管理、环境建设等权力逐步下放给城市，使城市政府真正有条件对城市环境质量负责。

2. "谁污染，谁治理"原则。要疏通综合整治资金渠道，国家原来规定的环保资金渠道，如国家投资、银行贷款、技改资金、自筹资金、环保补助资金、城市维护费等必须保证，还要本着"人民城市人民建"的精神，发动受益单位和社会赞助。

3. "三同步、三统一"的原则。为了在经济建设、城市建设同时解决城市环境问题，城市环境综合整治要体现五个结合：①与调整经济结构结合，对能源高、消耗大、经济效益低、污染严重的产品，企业应优先调整；②与城市基础设施建设结合，如与集中供热、型煤、燃气化、污水垃圾处理、园林绿化等建设相结合；③与企业的技术改造结合，在进行企业技术改造时注意工业污染的防治；④与经济开发建设相结合，新的开发项目都要按照保护城市环境的要求合理利用资源、能源、合理布局，有效地控制新污染；⑤与强化监督管理结合，以管促治、防止新污染。

（六）实施城市环境综合整治定量考核制度的意义及成效

实施城市环境定量考核制度实现了环境保护工作由定性管理到定量管理的根本性转变，提高了环境保护在城市环境与发展综合决策中的地位，使得各级地方政府部门对城市环境保护工作更为重视，促进了城市环境建设的快速发展，促进了城市环境状况的逐步改良。实施城市环境综合整治定量考核制度以来，城市环境基础设施建设得到了普遍的提高，各个城市的污水处理率、垃圾处理能力、城市气化率等环境基础设施水平逐年提高，对城市环境的改善起到了十分重要的作用。

城市环境综合整治定量考核可以量化城市政府工作人员的环保工作业绩，有利于监督环境保护目标责任制的执行情况。同时，城市可以根据考核结果进行历史对照和城市间的横向比较，激励城市政府的环境保护工作。事实上，通过实施城市环境综合整治，许多城市政府更加重视城市基础设施建设，提高了城市综合防治污染的能力，并使城市环境承载力不断提高，城市环境得以改善。因此，城市环境综合整治定量考核是激励城市政府工作人员不断改善城市环境的一项有效的政策措施。另外，城市环境综合整治定量考核制度旨在通过信息披露和评比，提高地方政府行政主管对城市环境保护和综合治理工作的重视，加强政府各部门之间在城市环境治理方面的协调和合作；同时，通过社会舆论监督，促进政府、企业和公众对保护城市环境重要性的认识。

十一、环境信息公开制度

（一）环境信息公开的概念

根据《环境信息公开办法（试行）》（2007 年 2 月 8 日经原国家环境保护总局 2007 年第一次局务会议通过，现已失效）的规定，环境信息，包括政府环境信息和企业环境信息。政府环境信息，是指环保部门在履行环境保护职责中制作或者获取的，以一定形式记录、保存的信息。企业环境信息，是指企业以一定形式记录、保存的，与企业经营活动产生的环境影响和企业环境行为有关的信息。环境信息是指以不同形式表现出来的，由政府部门、企业事业单位或者其他组织公开或者获取到的生态环境质量、各类污染物排放情况、污防设施运转情况等信息，随着科学技术的不断发展，信息呈现的形式也越来越多元，既有传统的书面、电子形式，也有阳光排污口、在线监测实时数据及卫星监测信息等。

环境信息公开既是维护公民的权利，同时也是公众参与环境治理的前提和基础。环境信息公开既要求县级以上环保部门公开本地相关环境信息，同时也要求重点排污单位如实向社会公开其主要污染物的名称、排放方式、排放浓度和总量、超标排放情况，以及防治污染设施的建设和运行情况，接受社会监督。

（二）我国环境信息公开立法

目前，由于我国还没有专门的环境信息公开法，有关环境知情权保护的法律规范大都零散地分布在各种法律文件中。我国《宪法》明确规定，"中华人民共和国公民对于任何国家机关和国家工作人员，有提出批评和建议的权利"；"一切国家机关和国家工作人员必须依靠人民的支持，经常保持同人民的密切联系，倾听人民的意见和建议，接受人民的监督"。这是赋予人民知情权和监督国家机关的权利、规定政府环境信息公开的宪法依据。2014 年修订的《环境保护法》在第 5 章专设了"信息公开和公众参与"章节，在第 53 条对环境信息公开做了原则性规定："公民、法人和其他组织依法享有获取环境信息、参与和监督环境保护的权利。各级人民政府环境保护主管部门和其他负有环境保护监督管理职责的部门，应当依法公开环境信息、完善公众参与程序，为公民、法人和其他组织参与和监督环境保护提供便利。"并在第 54 条第 1 款规定了政府公开环境状况公报的义务："国务院环境保护主管部门统一发布国家环境质量、重点污染源监测信息及其他重大环境信息。省级以上人民政府环境保护主管部门定期发布环境状况公报。"中国从 20 世纪 80 年代中期开始编发《中国环境状况公报》，并进行月、季空气质量综合分析。近年来，中国在环境信息公开方面进展迅速，继 2000 年 6 月 4 日开始在全国性媒体上公开发布重点城市空气质量日报后，又陆续开始发布长江、黄河、珠江、淮河、松花江、海河、辽河等全国7大流域和太湖、滇池、巢湖3个重点湖泊水质月报以及海水浴场水质报告。继续发布重点流域水质自动监测周报、地表水水质月报和重点城市饮用水源地水质月报，同时为配合国家重点建设工程，开展南水北调东线水质月报。第31条提到："因发生事故或者其他突然性事件，造成或者可能造成污染事故的单位，必须立即采取措施处理，及时通报可能受到污染危害的单位和居民，并向当地生态环境主管部门报告，接受调查处理。"第43条规定了法律责任："违反本法规定，造成重大环境污染事故，导致公私财产重大损失或者人身伤亡的严重后果的，对直接责任人员依法追究刑事责任。"2003年9月1日开始实施的《环境影响评价法》意义十分深远。中国公民的"环境权益"首次写入国家法律，它意味着群众有权知道、了解、监督那些关系自身环境的公共决策，意味着谁不让群众参与公共决策就是违法。同年，原国家环保总局下发的在于推动《清洁生产促进法》的《关于企业环境信息公开的公告》是我国第一部真正意义上的企业环境信息公开规章，这部规章的颁行将对环境知情权保护起到积极的作用。2004年第四次宪法修正案将"尊重和保障人权"写进《宪法》，进一步推动和发展社会主义人权事业；其中，公民的知情权是人权的组成部分。原国家环境保护总局2006年颁布了《环境影响评价公众参与暂行办法》（现已失效）（环发〔2006〕28号），通过程序制度设计了保障公众参与环境影响评价的实体权利。2007年我国新颁布的《政府信息公开条例》（2007年1月17日国务院第一百六十五次常务会议通过，2019年修订）明确规定了信息公开的主体、程序、内容、权利义务及法律责任等问题。2007年2月8日经原国家环境保护总局2007年第一次局务会议通过《环境信息公开办法（试行）》（现已失效），自2008年5月1日起施行。2014年12月15日，原环境保护部部务会议审议通过了《企业事业单位环境信息公开办法》，共计18条。

此外，我国一些地方也在环境信息公开立法和实践中取得了初步成果，主要有以下模式：①通过规定政府信息公开保障环境知情权。如《广州市政府信息公开规定》于2003年1月1日起实施。该《广州市政府信息公开规定》是由我国地方政府制定的第一部全面、系统规范政府公开行为的政府规章。②专门的政府环境信息公开规定。如湖北省出台了《湖北省环境保护局信息公开指南》，该指南对环境信息公开的范围、公开形式、公开时限甚至环保局办公地址、网址和办公时间等都作了详细的规定和说明。③以政府网站作平台全面公开企业环境信息。大同市环境保护局于2006年7月31日公布了《关于企业环境信息公开的通知》，该通知的创新点在于它不仅规定企业环境信息公开主要以大同市环境保护局网站为工作平台进行公布，同时还规定该网站将及时向公众公开企业环境保护方针、国家的环保政策法规、环境保护的相关办事程序，企业污染物排放情况、环境治理情况、环保守法及环境管理状况，且向公众宣传展示企业实行清洁生产和推行ISO14000所取得效果和经验，以及通过节能降耗构建节约型社会所取得社会、环境、经济等效益的先进经验，这就从单纯的企业环境信息公开延伸到企业、政府环境信息同步公开，极大地丰富了环境信息公开制度。

2019 年 4 月，国务院总理李克强签署国务院令，公布修订后的《政府信息公开条例》（以下简称《条例》），自 2019 年 5 月 15 日起施行。自 2008 年 5 月 1 日起施行的条例对于推进我国政务公开，保障人民群众依法获取政府信息，促进政府职能转变、建设法治政府，发挥了积极作用。随着改革的深入和社会信息化的快速发展，条例在实施过程中遇到一些新情况、新问题，有必要修改完善。此次对条例的修订，坚决贯彻落实党中央、国务院全面推进政务公开的精神，加大政府信息公开力度，既在公开数量上有所提升，也在公开质量上有所优化；积极回应人民群众对于政府信息公开的需求，体现近年来政府信息公开工作的新进展、新成果，解决实践中遇到的突出问题。条例修订主要包括以下几个方面内容：

1. 首次明确信息公开义务主体。《条例》进一步明确作为政府信息公开义务主体的"行政机关"的含义，强调行政性、独立性和外部性。同时将教育、医疗卫生等公共企事业单位的信息公开，作为主管部门的行政监管事项，交由其他相关法律法规和主管部门的文件进行调整，不再参照适用政府信息公开条例。

2. 扩大主动公开的范围和深度。《条例》对主动公开制度作了重要调整。一方面，将法定公开内容明确为履职依据、机关简介、规划信息、统计信息、行政许可、处罚/强制、预算/决算、收费项目、政府采购、重大项目、三类重大民生信息、招考录用和其他法定信息等 15 类，其中 10 项是所有行政机关的共性内容，5 项是作为一级政府的共性内容。同时，充分考虑立法的延续性和现实情况，现行条例列举的其他各项主动公开信息继续保留。

3. 厘清豁免公开情形，加大监督约束力度。《条例》在"以公开为常态、不公开为例外"的原则下，确立了若干豁免公开的情形，主要包括以下 6 类：依法确定为国家秘密和法律、行政法规禁止公开的信息；公开后可能危及国家安全、公共安全、经济安全、社会稳定的信息；涉及商业秘密、个人隐私等公开会对第三方合法权益造成损害的信息；人事管理、后勤管理、内部工作流程等方面的内部事务信息；行政机关在履行行政管理职能过程中形成的讨论记录、过程稿、磋商信函、请示报告等过程性信息；行政执法案卷信息。通过豁免条款，明确何种情形下可拒绝申请人的要求，在保障公众知情权与维护社会公共利益之间取得恰当的平衡。除豁免条款之外，《条例》赋予政府信息公开工作主管部门对于责任人的法定处分建议权。

此外，《条例》将政府信息公开处理方式法定化、规范化，明确了予以公开、不予公开、部分公开部分不予公开、无法提供、不予处理等 5 种法定处理决定类型，每种类型又分为若干种具体情况。

4. 改革年报发布制度，公布时间提至每年 1 月 31 日。根据《条例》，县级以上人民政府部门向本级政府信息公开工作主管部门提交本行政机关上一年度政府信息公开工作年度报告并向社会公布的截止时间，从原来的每年 3 月 31 日提前至 1 月 31

日。此外还增加规定，县级以上地方人民政府的政府信息公开工作主管部门应当在每年3月31日前向社会公布本级政府上一年度政府信息公开工作年度报告。《条例》将分散发布与集中发布相结合，行政机关除自行向社会发布外，还要向本级政府提交年度报告，由各级政府信息公开工作主管部门汇总后统一对社会发布。同时，授权全国政府信息公开工作主管部门发布年度报告格式模板，进一步规范年度报告。《条例》还增加政府信息公开工作主管部门的法定职责，如监督主动公开制度的落实等。

此外，《条例》取消现行条例中依申请公开需"根据自身生产、生活、科研等特殊需要"的"三需要"限制条件。取消关于依申请公开收费的规定，明确行政机关依申请提供政府信息不收取费用。同时完善了依申请公开的程序规定。《条例》还强化便民服务举措，要求各级政府提升政府信息公开在线服务水平，在政务服务场所设置政府信息查阅场所等。

（三）世界主要环境信息公开立法

建立信息公开制度，保障公民的知情权，已经成为世界现代民主发展的一个新趋势。环境信息公开也已经成为世界趋势，美、日等发达国家于20世纪70年代开始实施环境信息公开制度，一些国家将保护公民环境知情权编入法律强制执行。世界上几十个国家制定了信息公开法，规定除了涉及国家秘密、商业秘密和个人隐私等信息外，任何人都可以查阅政府信息。如果向政府请求信息被拒绝时，可以请求司法救济。政府需要负责对文件和信息进行保密的举证责任。

自20世纪中叶以来，世界经济的飞速发展引发了许多严重的环境问题，在一些国家相继出现了环境灾难事故，如由汽车尾气污染引起的美国洛杉矶光化学烟雾事件导致多人死亡，而20世纪60年代发生在日本熊本县的"水俣病"曾震惊世界：由于当地工厂肆意排放含汞的工业废水，数十万当地居民食用了被甲基汞污染的鱼虾，家破人亡。频频发生的恶性环境事故使西方国家民众的环境保护意识逐渐增强。美、日等发达国家于20世纪70年代开始实施环境信息公开制度，一些国家将保护公民环境知情权编入法律强制执行。

欧美一些国家的居民可以通过网络查到任意时刻城市内任意地区的空气质量实时情况。此外，在环境信息发布范围上也很广泛，西方国家除了提供空气、水质信息外，还提供噪声、土壤、放射性指数等环境要素信息，构成了一个全面综合的环境信息系统。

1. 美国的信息公开。美国的建国之父们似乎深知公民信息灵通的重要性，麦迪逊曾说过这样一句有名的话："一个受大众喜爱的政府，离开大众化的信息或获取大众化信息的手段，只能算是一场笑剧或悲剧的开场白；或者二者兼有。知识永远统治无知。期望掌握自己命运的人民，必须用知识赋予的力量武装自己。"1966年，美国国会通过了《信息自由法案》（Freedom of Information Act，又译为《情报自由法案》）。这一法律将及时、迅速地获得政府信息规定为公民的法定权利，将政府信息公开作为原则，不公开作为例外。它规定政府必须及时、迅速地提供公众要求的信息，除 9 项涉及国家秘密、企业商业秘密和个人隐私法定免除公开的情形外，一切政府文件必须对公众公开。《信息自由法案》确立了公民获取美国政府手中信息的规定。适用于美国联邦政府的行政部门持有的信息，包括环境保护署等的政府部门。美国 1969 年通过的《国家环境政策法》明确规定环境影响报告书及所征询的相关机关的意见，应按照《信息自由法案》的规定对外公开。除了《国家环境政策法》的规定以外，美国国家环境质量委员会制定的《关于实施国家环境政策法的条例》也要求联邦或者州机关在环境影响评价程序中不时地发布公告。公告包括范围界定公告、初步决定公告、意思通告、可获得环境影响报告书草案的通告、可获得最后的环境影响报告书的通告，以及做出决定记录的公告等。1976 年，美国国会通过了《阳光法案》（Sunshine Act，又译《阳光下的政府法案》），该法案经时任总统的杰拉尔德·福特（Gerald Ford）签署后成为联邦法律。该法规定合议制行政机关的会议必须公开举行，公众有权观察会议的进程，取得会议的信息和文件。这些法律构成了美国政府环境信息公开的主要法律依据，很快为世界许多国家和地区所仿效。

美国的环境信息公开的相关法律还有：《环境保护和恢复法》（The Resource Conservation and Recovery Act）和《综合环境应对、赔偿与责任法》（Comprehensive Environmental Response, Compensation and Liabilities Act）（简称《超级基金法》），这两部法律是为了规制有毒有害物质，主要关注废物管理、处置和回收，要求企业披露潜在的责任人，存在有害物质的数量、种类和地点，但是这些信息通常对公众来说不易获取。《应急计划和社区知情权法》（Emergency Planning & Community Right-to-Know Act）是推动企业环境信息公开的主要法律。

《应急计划和社区知情权法》的出台，缘起两个著名的案件，即 1984 年联合碳化公司在印度的工厂发生异氰酸甲酯泄露，导致六千多人死亡，数十万人受伤，之后不到一年，联合碳化公司在西弗吉尼亚州的研究所再次发生事故，一个 500 加仑的储气罐泄露，一种用于杀虫剂的化合物进入空气，周边三个社区约 150 个居民受害。为了减少和避免此类事故，美国国会 1986 年制订了《应急计划和社区知情权法》，立法的主要目的是确保社区了解有毒物质对他们的影响，并建立有毒化学品泄漏时的应急计划。该法要求公司填写《毒性化学品排放表》《材料安全数据表》和《应急和有害化学品清单表》，公开他们使用的有毒有害化学品。该法还规定，美国环保署必须根据公司提交的《毒性化学品排放表》，建立《毒性物质排放清单》并通过电子方式公开。

（1）美国环保署的准确定位。《应急计划和社区知情权法》在实施初期进展非常缓慢，由于当时的互联网信息技术尚不发达，实施一方面受制于信息技术，另一方面也遭受反知情权的工业界的抵制和抱怨，他们认为过多的科学数据对公众来说难以理解和使用，并且透露的信息可能导致行业机密或保密信息落入不该掌握信息的人手中。在该法的实施中，美国环保署给自己的定位是监管机构，而非信息机构，把"毒性物质清单"和公众知情权视为他们"改善环境保护工作最有效的策略",保障公众知情权是环保署使命的重要组成部分。

尽管一直有反对的声音,但是在实施后的15年间,多数人认为该法取得巨大成功,根据美国环保署的资料显示,340种化学品的排放下降了45.5%,生产相关的废物总量减少了20%,降低的原因有很多,比如生产的减少、化学品使用的减少、废物管理方法的改变(循环利用)等,这其中,《应急计划和社区知情权法》和《毒性物质排放清单》功不可没。

(2)环保人士积极参与。除此之外,环保人士和环保组织在实施过程中发挥了重要作用。环保人士不懈地为提高收集到的环境数据的质量、找到更好取得数据的方法,并且为确保在更大范围内使用数据而努力。由于当时的计算机在线服务昂贵,令大多数环保人士望而却步。鲍曼·帕特里夏(Bowman Patricia)先生创建了鲍曼基金会,该基金会为一家环保组织"OMB观察"提供技术,创建了"知情权网络",该网络获取《毒性物质排放清单》数据后,免费提供给公众,比环保署公开的信息简单很多。随着网络的发展和环保组织的压力,如今环保署提供的网上数据技术也大幅提高,公众可从环保署、"知情权网络"或另一家叫"记分卡"的环保组织那里获取环境信息。公众上网只需一个点击就能根据邮政区号、城市或地区名称,或根据工厂、公司名称,甚至化学品名称就能获知有毒物质的排放量了。

(3)环保署与证监会互通信息。美国环保署(EPA)在执法过程中与美国证监会(SEC)联手合作,互通信息。美国环保署向美国证监会提供存在潜在环境负债的企业名单,使证监会关注企业的环保责任和环境风险。证监会还要求上市公司在财务报告中说明环境问题对公司财务状况或竞争地位所产生的或可能产生的影响,以及与环境有关的成本和负债金额。如果证监会认为公司财务报告中的数据不准确或公开得不够充分,有权要求公司修订财务报告,或说明信息公开不充分的原因。同时,证监会还会将存在环境问题的公司名单提交给美国环保署,以便进行相应的管理或制裁。

美国企业环境信息公开的发展主要是源于法律法规的要求和资本市场的压力。在企业环境信息公开的过程中,美国国会、美国国家环保署、美国财务会计准则委员会(FASB)和美国证监会联手做了很多工作,发挥了极大的作用。

(4)环境信息用途广泛。《毒性物质排放清单》除了帮助大幅降低使用和释放有毒化学物质以外,还成为美国使用最为广泛的环保工具。美国国会指示,公开的环境数据不但可以作为公民获取进入环境的有毒化学品信息来源,而且还可以协助政府机构、研究人员,及其他人士开展研究和数据收集,以帮助完善适当的管理规定,指导方针和标准,及其他类似用途。

《毒性物质排放清单》被联邦政府、州、地方政府,企业和行业,顾问和行业协会,工会,卫生专业人员,公益组织和个人公民广泛应用。比如国会依据该清单将《清洁空气法》中原来只有两种释放到空气中的化学物质增加到25种。环保部门利用《毒性物质排放清单》上的数据监测企业的排放情况，监督企业的执法力度，评估污染防治方案的成效。企业使用《毒性物质排放清单》来帮助和减少自身使用和释放的有毒化学品，降低成本，提高运作效率。教育界人士和研究人员利用该清单研究和开发新技术，促进和防止有毒物质的排放。顾问、行业协会、工会、卫生机构利用该清单制定应急计划，争取更加安全的工作场所和防护措施，建立信息库。新闻媒体发现该清单是一个信息宝库，它提供潜在危害环境条件和社会的大量信息。国际组织利用该清单，确定哪些行业和化学品需要更大的监管，以该清单为蓝本建立国家污染物清单。

公益组织利用该清单对各个机构、组织和行业协会施加压力，要求制定有效的设施，帮助教育公民，编制企业和社区环境概况，"绿色和平"（Green Peace）经常根据清单发布各种统计数据。

公民作为清单的主要服务对象，经常利用清单中的数据与企业谈判，要求企业改变方法，遵守环境法规，采取适当的污染防治措施，比较典型的成功案例有1988年环保团体"艾伦市清洁环境公民"利用清单，监测俄亥俄州最大的有毒空气污染单位"BP美国化工"的有毒物质排放；该州的另一团体"公民行动"在1989年发表一份报告，根据清单确定"BP古德里奇"为头号有毒化学品污染公司，随后该公司邀请市议员、记者、消防官员、社区居民参观工厂，宣布在3年内减少70%以上的有毒物质排放。

2. 英国的信息公开。论及英国的环境信息公开立法，要先从欧盟立法开始。欧盟关于公民环境知情权的立法，现行有效的是一个公约两个指令，一个公约指1998年在丹麦的奥胡斯通过的《在环境问题上获得信息、公众参与决策和诉诸法律的公约》（简称"奥胡斯公约"），为联合国欧洲经济委员会所辖国家设置公众在环境领域获得信息、参与决策和诉诸司法的最低标准，依据该公约，欧盟2003年制定了《关于公众获取环境信息和废止90/313指令的2003/4指令》，对奥胡斯公约的条文进行具体化规定，另一个指令的制定时间较早，为1990年的《关于自由获取环境信息的90/313指令》，目的在于确保公众可以自由获取、自由传播由公共机关掌握的环境信息。

在欧盟的环境信息公开立法背景下，英国对环境信息的公开也有专门的立法转化，现行有效的是1992年制定、2004年最新修订的《环境信息条例》及英国污染物排放与转移登记（UK Pollution Release and Transfer Register，简称UK-PRTR）。为维护英国公民获取环境信息的权利，英国环境署 建立专门的PRTR网站和数据库，允许英国公民查询以下信息：生产与治污设施的地理位置，生产或活动产生的污染物或废弃物，每一种向环境排放的污染物，异地转移的废弃物及地点、异地转移废水中的污染物等。此外，英国环保署还有一个专门的污染物清单（Pollutant Inventory）网页，苏格兰的是污染转移清单，北爱尔兰的是污染清单，主要是为市民提供了解当地工业活动环境信息的方便途径，通过提供信息保护环境。英国的企业环境信息公开虽起步较晚，但也取得较好的效果，主要得益于以下几项措施：

（1）标准程序确定信息公开的范围。信息公开经常会遇到一个边界问题，即哪些信息属于不宜公开的信息，针对哪些信息可以豁免不予公开，英国采用两种测试方式，即公共利益测试（public interest test）和损害测试（prejudice test）。通过测试，①证明公开该信息会对法律保护的特定权利（如知识产权或商业秘密）造成实质性损害，或有明显造成损害的可能；②将不公开的公共利益和公开的公共利益进行权衡，证明公开对特定事项所涉公共利益造成的不利大于公开所带来的一般性公共利益。只有完成了这两个测试，才能确定是否属于公开的例外范畴。

（2）经济措施激励企业公开环境信息。英国设立了年度环境报告奖励机制，对企业的特定环境目标、遵守环境法规的情况、企业核心经营等进行评价，对评价结果较好的企业进行奖励，首次获得奖励的有英国航空公司和挪威水电公司，这对鼓励企业积极、自觉地公开环境信息起到了非常重要的作用，这一措施值得借鉴。

（3）制定信息公开指南。为指导和规范环境信息的公开，英格兰和威尔士注册会计师协会发起了披露环境信息的指南，英国环境、食品和农村事务部发布了针对商业企业的环境报告指南。

（4）多元的救济途径。为保障信息公开的执行，英国既设有专门的信息法庭，还有信息专员制度和信息裁判所制度。信息法庭专门审理信息公开案件，并培养专门的法官审理信息公开案件。信息裁判所，是一项英国特有的政府信息公开救济制度，是介于司法救济和行政救济之间的一种独立救济方式，其机构和成员相对独立，较好地避免外界对裁判的干扰，保证裁判的公正性。

3. 加拿大的信息公开。在加拿大，为保证公众的有效参与，《加拿大环境影响评价法》规定："为进行环境评价的每个项目开设公开档案室，方便公众获得该项目的档案资料。"项目环评档案包括：所有评价的报告；有关项目的公众意见材料；主管机构编制的材料；由于执行随后项目产生的材料；调解或审议小组审议的参照条款，以及要求实施削减环境影响措施的文件。

公众可以获得的信息的种类包括：①根据《加拿大环境影响评价法》进行环境评价时公众通过其他途径获得的资料以及通过其他途径可以获得的其他资料；②对于主管机构所掌握的材料或其中部分材料，或加拿大环境评价机构掌握的材料或其中部分材料，主管机构或环境部长认为，如果有人根据《信息公开法》的规定要求获得这样的资料，则应根据《信息公开法》的规定向公众公开的资料或其中部分资料，包括按照《信息公开法》的规定基于公众利益而公开的资料；③对于主管机构所掌握的材料或者其中部分材料，或加拿大环境评价机构掌握的材料或其中部分材料，主管机构或环境部长认为，其公开可以有利于公众积极有效地参与项目环境影响评价，因而符合公众利益的资料或其中一部分，但不包括含有第三方信息的资料。

4. 日、德等国的信息公开。公开相关信息资料也是日本公众参与环境影响评价的重要组成部分，而日本所采用的公开办法大多也是公告。日本《环境影响评价法》

也十分重视信息的公开，规定了从范围界定阶段、准备环境影响报告书草案阶段到最终环境影响报告书三个阶段的相关信息的公开。该法第 7 条名为"范围文件公布和公开复审"，规定"为了征求意见，从保护环境的角度出发，关于环境影响评价所需考虑的事项和所要采用的调查、预测和评价方法，根据总理府规定，项目提议者应公布范围文件已准备好的事实，可以在范围文件公布之日后的 1 个月内对范围文件进行公开复审"。

为了保护公民环境知情权，德国《环境信息法》，第 1 条规定："制定本法之目的是确保自由获取并传播由主管部门掌握的环境信息，规定获取环境信息的先决条件。"第 4 条对环境信息的要求规定："人人都有权从主管部门或其他法人获取环境信息。主管部门可以根据申请发布信息，允许保护环境的档案被查阅，开通多种信息渠道。"

5. 发展中国家的环境信息公开。强有力的法律是信息公开的保障。人们有权知道环境的真实状态，这一权利在立法中也得到了明确的承认，自 1992 年的里约"地球峰会"以来，发展中国家和经济转轨国家都引进了法律条款，并建立了环境信息公开的基础设施。其中，墨西哥和泰国有全面的处理信息公开的立法，包括公开的宪法保障、一般意义上信息公开的立法，以及具体的环境信息公开的立法。印尼、墨西哥和泰国从宪法上保障公众的信息获取权。智利、匈牙利、墨西哥、泰国实施《信息自由》立法。智利、印尼、墨西哥、泰国有具体支持环境信息公开的条文。泰国的《国家环境质量法》（1992 年）第 6 章，规定了一系列个人的权利和义务以鼓励公民参与保护和改善环境，其中包括知情权、要求国家赔偿由于政府行为造成损害的权利。在泰国，《官方信息法》出台的前 3 年内，有 50 多万的公民使用了该法。

（四）我国政府环境信息公开制度

1. 公开的范围。环保部门应当在职责权限范围内向社会主动公开以下政府环境信息：环境保护法律、法规、规章、标准和其他规范性文件；环境保护规划；环境质量状况；环境统计和环境调查信息；突发环境事件的应急预案、预报、发生和处置等情况；主要污染物排放总量指标分配及落实情况，排污许可证发放情况，城市环境综合整治定量考核结果；大、中城市固体废物的种类、产生量、处置状况等信息；建设项目环境影响评价文件受理情况，受理的环境影响评价文件的审批结果和建设项目竣工环境保护验收结果，其他环境保护行政许可的项目、依据、条件、程序和结果；排污费征收的项目、依据、标准和程序，排污者应当缴纳的排污费数额、实际征收数额以及减免缓情况；环保行政事业性收费的项目、依据、标准和程序；经调查核实的公众对环境问题或者对企业污染环境的信访、投诉案件及其处理结果；环境行政处罚、行政复议、行政诉讼和实施行政强制措施的情况；污染物排放超过国家或者地方排放标准，或者污染物排放总量超过地方人民政府核定的排放总量控制指标的污染严重的企业名单；发生重大、特大环境污染事故或者事件的企业名单，拒不执行已生效的环境行政处罚决定的企业名单；环境保护创建审批结果；环保部门的机构设置、工作职责及其联系方式等情况；法律、法规、规章规定应当公开的其他环境信息。

根据《企业事业单位环境信息公开办法》第 7 条的规定，设区的市以上环保部门应在每年 3 月底前公布本区域的重点排污单位名录，被列入名录的单位应依法公开环境信息，因此重点排污单位名录是确认环境信息公开主体范围的基础和前提，根据第 8 条的规定，具备下列条件之一的企业事业单位，应当列入重点排污单位名录：①被设区的市级以上人民政府环境保护主管部门确定为重点监控企业的（以下简称"市控以上企业"）；②具有试验、分析、检测等功能的化学、医药、生物类省级重点以上实验室（以下简称"实验室"）、二级以上医院（以下简称"医院"）、污染物集中处置单位（以下简称"污染处置单位"）等污染物排放行为引起社会广泛关注的或者可能对环境敏感区造成较大影响的；③3 年内发生较大以上突发环境事件或者因环境污染问题造成重大社会影响的（以下简称"环境事故企业"）；④其他有必要列入的情形。政府的该项公开职责，也是被列入名录企业事业单位公开环境信息的前提和基础。

2. 公开的方式。环保部门应当将主动公开的政府环境信息，通过政府网站、公报、新闻发布会以及报刊、广播、电视等便于公众知晓的方式公开。

属于主动公开范围的政府环境信息，环保部门应当自该环境信息形成或者变更之日起 20 个工作日内予以公开。法律、法规对政府环境信息公开的期限另有规定的，从其规定。

环保部门应当编制、公布政府环境信息公开指南和政府环境信息公开目录，并及时更新。

政府环境信息公开指南，应当包括信息的分类、编排体系、获取方式，政府环境信息公开工作机构的名称、办公地址、办公时间、联系电话、传真号码、电子邮箱等内容。

政府环境信息公开目录，应当包括索引、信息名称、信息内容的概述、生成日期、公开时间等内容。

3. 公开程序。公民、法人和其他组织依据规定申请环保部门提供政府环境信息的，应当采用信函、传真、电子邮件等书面形式；采取书面形式确有困难的，申请人可以口头提出，由环保部门政府环境信息公开工作机构代为填写政府环境信息公开申请。

对政府环境信息公开申请，环保部门应当根据下列情况分别作出答复：申请公开的信息属于公开范围的，应当告知申请人获取该政府环境信息的方式和途径；申请公开的信息属于不予公开范围的，应当告知申请人该政府环境信息不予公开并说明理由；依法不属于本部门公开或者该政府环境信息不存在的，应当告知申请人；对于能够确定该政府环境信息的公开机关的，应当告知申请人该行政机关的名称和联系方式；申请内容不明确的，应当告知申请人更改、补充申请。

环保部门应当在收到申请之日起 15 个工作日内予以答复；不能在 15 个工作日内

作出答复的，经政府环境信息公开工作机构负责人同意，可以适当延长答复期限，并书面告知申请人，延长答复的期限最长不得超过 15 个工作日。

4. 违法责任追究。根据《环境保护法》第 62 条规定，重点排污单位不公开或者不如实公开环境信息的，由县级以上地方人民政府环境保护主管部门责令公开，处以罚款，并予以公告。根据《政府信息公开条例》第 52 条规定，行政机关违反本条例的规定，未建立健全政府信息公开有关制度、机制的，由上一级行政机关责令改正；情节严重的，对负有责任的领导人员和直接责任人员依法给予处分。根据第 53 条规定，行政机关违反《政府信息公开条例》的规定，有下列情形之一的，由上一级行政机关责令改正；情节严重的，对负有责任的领导人员和直接责任人员依法给予处分；构成犯罪的，依法追究刑事责任：①不依法履行政府信息公开职能；②不及时更新公开的政府信息内容、政府信息公开指南和政府信息公开目录；③违反本条例规定的其他情形。

（五）我国企业环境信息公开制度

1. 公开内容。

（1）国家鼓励企业自愿公开下列企业环境信息：企业环境保护方针、年度环境保护目标及成效；企业年度资源消耗总量；企业环保投资和环境技术开发情况；企业排放污染物种类、数量、浓度和去向；企业环保设施的建设和运行情况；企业在生产过程中产生的废物的处理、处置情况，废弃产品的回收、综合利用情况；与环保部门签订的改善环境行为的自愿协议；企业履行社会责任的情况；企业自愿公开的其他环境信息。

（2）污染物排放超过国家或者地方排放标准，或者污染物排放总量超过地方人民政府核定的排放总量控制指标的污染严重的企业，应当向社会公开下列信息：企业名称、地址、法定代表人；主要污染物的名称、排放方式、排放浓度和总量、超标和超总量情况；企业环保设施的建设和运行情况；环境污染事故应急预案。企业不得以保守商业秘密为借口，拒绝公开前款所列的环境信息。

（3）重点排污单位应当公开的环境信息包括 5 类，即：基础信息，排污信息，防治污染设施的建设和运行情况，建设项目环境影响评价及其他环境保护行政许可情况，突发环境事件应急预案。国控企业还要公开自行监测方案，共需公开 6 类环境信息。基础信息包括单位名称、组织机构代码、法定代表人、生产地址、联系方式，以及生产经营和管理服务的主要内容、产品及规模；排污信息，包括主要污染物及特征污染物的名称、排放方式、排放口数量和分布情况、排放浓度和总量、超标情况，以及执行的污染物排放标准、核定的排放总量。

2. 公开方式。重点排污单位公开信息的方式，根据《企业事业单位环境信息公开办法》第 10 条的规定，重点排污单位公开环境信息的方式应当是以下 3 种：企业门户网站、企业事业单位环境信息公开平台、当地报刊等便于公众知晓的方式。

同时，可以采取以下一种或者几种方式予以公开：①公告或者公开发行的信息专刊；②广播、电视等新闻媒体；③信息公开服务、监督热线电话；④本单位的资料索取点、信息公开栏、信息亭、电子屏幕、电子触摸屏等场所或者设施；⑤其他便于公众及时、准确获得信息的方式。根据上述规定，企业事业单位的信息公开方式，必须采用 3 种强制公开方式中的一种公开，同时可以选择另外一种或几种。

根据文黎照 2015 年底对《企业事业单位环境信息公开办法》实施情况评估的结果显示，由于互联网的便捷性，目前重点排污单位的信息公开渠道，主要通过网络发布，并且主要通过环保部门搭建的信息平台公开，并且在办法规定公开方式之外还有创新。总的来说，主要方式有以下 7 种：①国控企业自行监测信息平台；②设区的市级环保局搭建的企业事业单位环境信息公开平台；③电子屏幕；④排污现场实时公开：⑤"阳光排污口"；⑥公示栏；⑦第三方平台。

3. 信息更新。《企业事业单位环境信息公开办法》第 11 条关于环境信息更新的时间要求是"环境信息有新生成或者发生变更情形的，重点排污单位应当自环境信息生成或者变更之日起 30 日内予以公开"。

4. 违法责任追究。关于环境信息公开法律责任，《企业事业单位环境信息公开办法》第 16 条规定，不公开，或者不按法律规定的内容公开，或不按规定的方式公开，或不按规定的时限公开，环保部门在责令公开的同时，处 3 万元以下的罚款。

5. 企业环境信息公开中的问题。根据文黎照 2015 年底对《企业事业单位环境信息公开办法》实施情况评估的结果，目前存在以下几类问题：

（1）环保部门执行不到位。根据《企业事业单位环境信息公开办法》中的相关规定，执行不到位的情况可以按不同的主体进行分类，一是环保部门，二是企事业单位。

环保部门执行不到位的情况又可分 3 种，①重点排污单位名录未及时公开，②应当列入重点排污单位的却未列入，如实验室和医院，③信息公开的平台未及时搭建及与国控自行监测平台重复问题。

第一，因重点排污单位名录未确定，导致企业事业单位无法公开环境信息。

第二，由于实验室和医院传统上未列入重点监管对象，因此对于这两类单位的环境信息公开，在实施中有一定的难度，除浙江省的杭州市西湖区和台州市外，其他地区都尚未将这两类单位列为首批要求公开的名单中。同时，由于医院的地址大都处在人口密度较大的居民区，未公开可能还有关于信息披露与当地社会稳定的关联因素的担心，事实上这种担心是没有必要的，如果污染物得到适当处置，公开的后果只能是增加与当地民众的信息互通与了解，还可以减少周围民众不必要的担忧。

第三，关于信息公开平台搭建问题，由于法律规定鼓励有条件的地方环保部门搭建信息公开平台，并非强制性要求，再加上受制于人力和财力，未及时推进。有条件的地方搭建了平台，但名称也各不相同，有的是"企业事业单位环境信息公开平台"，有的是"重点排污单位环境信息公开平台"。

（2）企事业单位执行不到位。企事业单位执行不到位，也可分为两种，第一种是已列入重点排污单位但是未公开环境信息，这类企业事业单位的信息公开意识还不够，对环境信息公开的法律规定认识不到位；第二种是列入重点排污单位名录，但是未依法公开完整的环境信息，也未及时更新环境信息。

在调研的 58 企业中，有 46 家企业公开，但是依法完整公开信息的只有 19 家，占 41%。因此，信息公开的形式主义倾向性比较明显，多数重点排污单位还存在应付和敷衍心理，尚未认识到环境信息公开的意义和法律责任。

此外，列入重点排污单位的企事业单位在执行中未严格依法公开环境信息，主要原因也可分为两个方面，一方面是对环境信息的用途不甚了解，认为只是环保部门要求的工作而应付了解，同时也担心因排污超标如果据实公开会招致处罚；另一方面可能与处罚责任较轻有关，因为违法责任仅为 3 万元以下罚款。

（3）公众参与度低。企事业单位公开环境信息的主要目的，即是为了维护公众获取环境信息的权利，但是该制度实施的第一年，调研结果显示，公众参与的积极性显得并不高。在企业环境信息公开做得较好的浙江省，经征询当地 3 家比较知名的环保组织，没有发现一例公众直接参与的案例。

综上，环境知情权是环境权的一项权能，是公众参与环境保护的前提和基础，也是促进企业事业单位合法排污、减少排放的一种倒逼机制，还是促进企业事业单位与公众互相了解、增加互信、减少社会矛盾的途径，与此同时，也可降低沟通成本，调节传统上仅依靠环境保护监督管理部门进行管理而产生的单一效应，调动公众参与环境保护工作的积极性，综合采用行政管制手段和社会治理手段，以实现环境保护的本意。总的来说，虽然重点排污单位的环境信息公开还不尽如人意，但是毕竟迈开了第一步，正视问题总结经验，客观分析原因，积极寻找解决方案。企业事业单位环境信息公开的工作任重而道远，但是终将会对环境治理产生重大影响。

十二、淘汰落后工艺、设备制度

这项制度是指国家对严重污染环境的落后生产工艺、生产设备，限期禁止生产、销售和使用，也不得转让给他人使用的法律规定。这项法律制度先由 1995 年发布的《固体废物污染环境防治法》（已被修改）作出规定，然后在颁布的其他污染防治法律中也都作出了规定。[1] 2014 年修订的《环境保护法》第 46 条也对此作出了规定，"国家对严重污染环境的工艺、设备和产品实行淘汰制度。任何单位和个人不得生产、销售或者转移、使用严重污染环境的工艺、设备和产品。禁止引进不符合我国环境保护规定的技术、设备、材料和产品"。

为了实施淘汰制度，要求国务院经济综合主管部门会同国务院有关部门公布限期禁止采用的严重污染环境的工艺目录和限期禁止生产、销售、进口、使用的严重污染环境的设备名录；生产者、销售者、进口者或者使用者，必须在规定的期限内

---

[1] 参见《固体废物污染环境防治法》第 28 条、《水污染防治法》第 41 条、《大气污染防治法》第 19 条、《环境噪声污染防治法》第 18 条、《海洋环境保护法》第 13 条和相关的法律条款。

分别停止生产、销售、进口或者使用列入名录中的生产工艺、设备；任何单位和个人不得将被淘汰的设备转让给他人使用，否则将依法收到惩处。

十三、排污申报登记制度

根据《环境保护法》第 43 条、《水污染防治法》第 21 条、《大气污染防治法》第 12 条、《固体废物污染环境防治法》第 31 条、1997 年 1 月 13 日发布的《关于全面推行排污申报登记的通知》的规定，向环境排放污染物者，必须向生态环境主管部门申报其污染物的排放和防治情况，并接受其监督管理。这一系列法律规范构成的规则系统，就是排污申报登记制度。实行这一制度，有利于生态环境主管部门及时准确地掌握有关污染物排放和污染防治情况的准确信息，为进行其他方面的环境管理提供依据。

该制度的基本要求是：排放污染物的单位，应向所在地的生态环境主管部门申报登记其拥有的污染物排放设施、处理设施和在正常作业条件下排放污染物的种类、数量和浓度，并提供防治污染方面的有关技术资料；排放污染物的种类、数量和浓度有重大改变的，应当及时申报。不执行这一制度，拒报或者谎报有关污染物排放申报登记事项的，由生态环境主管部门给予相应的行政处罚。

十四、现场检查制度

2014 年《环境保护法》第 24 条规定："县级以上人民政府环境保护主管部门及其委托的环境监察机构和其他负有环境保护监督管理职责的部门，有权对排放污染物的企业事业单位和其他生产经营者进行现场检查。被检查者应当如实反映情况，提供必要的资料。实施现场检查的部门、机构及其工作人员应当为被检查者保守商业秘密。"现场检查制度是关于环境保护部门和有关的监督管理部门对管辖范围内的排污单位进行现场检查的一整套措施、方法和程序的规定。它是环境管理的重要法律制度，也是环境执法的重要手段之一。它能够促使排污单位依法加强环境管理，积极采取污染防治措施，减少污染物的排放和消除污染事故隐患，并可以使环境管理机关及时发现和处理环境违法行为。

该制度区别于其他环境法律制度的特征主要有：①检查机关和内容的特定性。从事环境保护现场检查的机关只能是法定的行政机关，未经法律、法规授权的机构无权进行现场检查。其检查内容也必须是法定的与环境保护有关的事项，而不是对被检查单位的任何活动现场都能检查。②检查行为的强制性。环境保护现场检查是一种单方的行政行为，进行现场检查不需要取得被检查单位的同意。如果拒绝现场检查，将属于妨碍公务的行为，可以追究其法律责任。③检查范围的固定性。检查机关只能对其管辖范围内的单位和个人进行检查，而不能对管辖范围以外的单位和个人进行现场检查。④检查方式的多样性。检查机关可以采用单项检查、综合检查、普查、抽查、经常性检查、临时检查、事故性检查、调研性检查等等。⑤检查时间的随机性。检查机关可以随时对排污单位进行现场检查，而不必事先通知被检查单位。

十五、防止污染转嫁制度

防止污染转嫁是指防止国外、境外地区的厂商或我国企业事业单位,将污染严重的设备、技术工艺或者有毒有害废弃物,转移给没有污染防治能力的单位和个人进行生产、加工、经营或者处理,造成环境污染。

污染转嫁有许多不同的方式,主要有:将境外已经禁止生产、使用、销售的设备、工艺,委托或者以联合生产、合资经营甚至是独资经营等形式转移给境内无污染防治能力的企业事业单位生产、加工或者使用;将我国法律规定淘汰的设备、工艺,非法生产、销售、使用或者转移给无防治污染能力的单位生产、使用;以联合生产、设立厂甚至是以"支农"的名义将城市中淘汰的设备、工艺转移至郊区农村生产、经营、使用;在技术工艺、设备引进合同中不同时引进境内不能配套生产的相应的防治污染设施;等等。我国许多环境保护法律法规以及我国参加的《控制危险废物越境转移及其处置的巴塞尔公约》,均对防止污染转嫁作了严格规定。

第四节　自然资源法律制度

一、自然资源法律制度概述

（一）自然资源法律制度的概念和特点

自然资源法律制度,[1]是指在自然资源法中,调整特定自然资源社会关系,并具有相同或相似法律功能的一系列法律规范所组成的整合性的规则系统。它是自然资源法基本原则所蕴涵法律精神的具体化,是自然资源法的重要组成部分。但自然资源法律制度既不同于自然资源法的基本原则,也不同于单个的自然资源法规范,而是有着自身独特的质的规定性。对自然资源法律制度内涵的准确理解应把握以下四方面内容:

1. 调整对象特定性。虽然自然资源法的调整对象是统一的,都是事关自然资源的某类社会关系,但就在此同类社会关系内部,根据不同领域和层面社会关系所表现出来的不同特点,仍有必要对自然资源法的调整对象划分出不同的社会关系类型,以便于使法律的调整更具现实针对性,从而优化法律实施的实际效果。比如在自然资源法调整的社会关系中,有些需要对权属的问题作出规定,还有些则涉及政府的

---

〔1〕　一般而言,在论及法律制度时通常对其有广义和狭义两种解释。广义上的法律制度是指制度化的法律,主要是从宏观法制建设的角度出发,对社会运行的法律依据所作出的整体上的概括,在此意义上基本上与"法"或"法律"的含义相同;狭义上的法律制度特指对某些特定社会关系进行调整的法律规范的集合,是以现实的可操作性为基础,对符合要求的某类法律规范进行具体归纳的相对务实的理论范畴。此处所说的法律制度是从狭义的角度而言的。

管理权限和方式等。所以，必须以调整对象中不同类型环境社会关系的特点和需求为基础，在法律上作出针对性的回应，以使自然资源法的法律调整在最大程度上做到有的放矢。自然资源法律制度即是针对自然资源法调整对象中的不同社会关系类型，根据特定类型社会关系所表现出来的外在特征和对法律调整的内在需求，通过对同类法律规范的遴选而组成的规则系统。因此，自然资源法律制度具有明确的调整对象特定性。

2. 法律规范整合性。单个条文或法律规范无法组成法律制度，所以，自然资源法律制度是一系列有特定调整对象的法律规范的集合体。但构成自然资源法律制度的法律规范并非简单相加，而是相互关联、互相支持、互通有无，共同构成的一个相对独立但完整的规则系统。通过特定法律规范整合而成的自然资源法律制度，更能有效发挥法律调整的系统优势，它在实际上扩大和强化了单个或零散法律规范的功能。同时，从自然资源法整个法律系统的结构功能来看，正是以各个不同的自然资源法律制度为基础才形成了自然资源法的主干，自然资源法律制度对法律规范的整合作用，为整个自然资源法律部门系统化、条理化发展及法律体系的不断完善提供了不可或缺的结构上的支持。

3. 法律功能同质性。由于调整对象的特定性，自然资源法律制度只对某一类型的自然资源社会关系发生作用，之所以对自然资源法调整对象进行不同的类型划分，是因为不同类型社会关系的特点和对法律调整的要求是不一样的。自然资源制度只对那些外在特征相似、对法律调整内在需求相同的特定社会关系进行规范和调整，因此，构成自然资源法律制度的法律规范应具有同质的法律功能，也就是说，同一自然资源法律制度所统率的法律规范在价值判断的取舍方面以及发挥作用的方式上基本上是一致的，这在根本上取决于调整对象的特定性和法律规范的整合性。自然资源法律制度的法律功能同质性既是对法律规范进行选择和取舍的重要标准，同时也是体现法律制度"整体大于部分之和"，发挥其法律调整系统优势的根本保证。

4. 法律实施的可操作性。自然资源法律制度是一个相对务实的理论范畴，它和自然资源法基本原则最根本的区别就在于，自然资源法律制度并非理论上的抽象与概括，而是从现实中特定的调整对象出发，为增强法律调整的针对性和适应性由相关法律规范整合而成。特定而明确的调整对象和具体的法律规范，决定了自然资源法律制度在实施中必然具有较强的可操作性。自然资源法律制度的可操作性是自然资源法成熟与完善的重要标志。因为，任何部门法的理论研究和法律实践都是一个从粗略到精细的发展完备过程，只有比较完备的立法才具有较强的可操作性和现实针对性。自然资源法律制度健全和完善的过程实质上也是一个操作性不断强化的过程，自然资源法律制度的操作性越强，自然资源法也就越容易贯彻和实施，也就表明自然资源法的发展水平越高。

综上所述，自然资源法律制度因其对理论与实践的双重承载及其自身具有的系统优势，决定了其必然在整个自然资源法律系统中占据优越的地位。所以，有关自然资源法律制度的研究是自然资源法基本理论的重要部分。

（二）自然资源法的基本制度构成

对自然资源法律制度的研究，不同于其他部门法的制度研究，因为就目前的情况而言，在理论上并没有对自然资源法的法律制度作出明确的概括和归纳，学者们在此方面的相关研究也往往是针对某些特定方面，就某个具体法律制度所进行的理论分析。因此，总的来说，目前对自然资源法律制度的研究缺乏内在的联系性和理论的一致性，在自然资源法的基本理论中还没有形成稳定的自然资源法律制度体系，这是当前对自然资源法律制度研究的基本现状。这种局面的形成主要基于两方面的原因：首先，在当前的自然资源法律体系中，各单行立法发展迅速但综合性立法一直欠缺，这种体系上的缺陷决定了目前的自然资源法缺乏从基本法的角度对法律制度作出的总体性的归纳和设计，没有为自然资源法律制度的理论与实践提供一个可供参照的主导性指导思想；其次，再从单行法的角度来看，目前自然资源法的各单行法基本上是以不同的自然资源品种或行业为基础的，规范对象的差异性在一定程度上决定了自然资源各单行法之间的联系相对比较松散，因此，无论在理论上还是在实践中都很难形成较为一致的基本法律制度，而是各自根据自身不同的需求采用了不同的具体制度。这两方面原因所导致的自然资源法基本法律制度的不明确性，为从制度角度对自然资源法的研究带来了很大的困难。所以，对该问题的研究必须转换研究视角，形成新的研究思路。

基于上述原因，本章把主要研究对象确定为自然资源法的基本制度构成，此处所说的自然资源法的基本制度构成，主要是指自然资源法基本法律制度所应包括的主要方面及其应有的制度结构。确立这样的研究视角主要是基于以下两方面的考虑：①将研究着眼于自然资源法的基本制度构成，有效避免了因局限于各单行法具体法律制度而形成形而上的相对机械的研究思路，使对自然资源法的制度研究更具有内在的联系性和理论的一致性，从而突出自然资源法基本法律制度应有的理论特征；②对自然资源法基本制度构成的研究，具有较为明显的应然性，它是为构建自然资源法基本法律制度体系所进行的必要性和可行性的分析和论证，就目前的情况而言，这种研究带有一定的前瞻性，将为我国综合性自然资源立法对法律制度的设计及自然资源法律制度在总体上的发展与完善提供针对性的理论支持。

如何确定自然资源法的基本制度构成，是本章首先需要解决的基本问题。对这个问题的解决，还是需要从法律制度的基本内涵出发，为合理界定其基本构成寻求理论依据。如前文所述，自然资源法律制度，是指在自然资源法中，调整特定自然资源社会关系，并具有相同或相似法律功能的一系列法律规范所组成的整合性的规则系统。可见，相对一致的调整对象和法律功能是判断法律制度基本构成主要的在质的方面的规定性因素，其中，比较而言，调整对象的一致性将发挥更为明显的主导性作用，因为，法律制度所针对的同一类型的社会关系是其产生相同或相似法律功能的基本前提。根据自然资源法调整对象理论的有关内容，从理论上我们把自然资源法的调整对象分为了自然资源权属关系、自然资源流转关系、自然资源管理关系三类，与此相应，自然资源法的基本制度构成也应包括自然资源权属制度（在本章第一节已做介绍，这里不再论述）、自然资源流转制度、自然资源行政管理制度三个基本方面。

二、自然资源流转制度

（一）自然资源流转的概念和特点

自然资源流转是以自然资源有关权利的市场化交换和转让为主要表现方式的，也就是说，以交换和转让为主要内容的自然资源权利交易是自然资源市场化流转的基本实现途径，同时也构成了自然资源流转法律制度的主要内容。然而，自然资源与一般的物不一样，从宏观来讲，国家对其的控制是无可置疑的，从微观来看，对其开发利用的期望和效用也是有不同层次的，因此自然资源的权利交易必然是有层次性的，所谓权利交易的层次性主要指可交易的程度，换句话来说，也就是国家对权利交易干预的程度。与此同时，从逻辑的角度来说，对同一事物，依据不同的标准可以作出不同的分类，针对自然资源的权利交易而言，同样如此。之所以需要从不同的角度对其进行分类别的研究，主要目的在于根据不同种类权利交易的特点和要求，进行不同的法律制度设计和规范。所以，自然资源的权利交易表现出了明显的层次性和种类性特征。

（二）自然资源流转的指导思想和基本原则

1. 促进流转原则。促进流转，是构建自然资源流转制度在宏观方面的基本指导思想，它要解决的是一个必要性的问题。需要明确指出的是，此处所说的流转是以市场机制为基础的自然资源权属的市场化流动，之所以对这一点给予特别的强调，主要是因为，在我国传统的计划体制中，在自然资源的配置方面也表现出在一定程度上的流转性，但那种流转主要以无偿的行政划拨或委授为主要表现方式，缺乏平等自由、等价有偿等在权利交换过程中所本应具有的合理内核，因此，在严格意义上不能将其作为自然资源流转的外在表现形态。以我国目前市场化的条件，在自然资源法律制度的构建中及时形成促进流转的基本思路，其基本使命在于指导和促进形成我国的自然资源要素市场，在自然资源的社会配置模式选择方面，用以市场机制为基础的权利交换和转让取代以往的以行政命令为基础的无偿委授和划拨，从而使市场机制成为在自然资源配置过程中基本和主要的方式，形成以市场机制为主并有效发挥政府辅助和配合作用的自然资源配置模式，逐步实现在我国自然资源完全由政府供给向主要由市场供给的战略转变。

从目前的情况来看，对促进流转思路的贯彻和体现，至少应围绕两个基本方面展开：首先，扭转沿袭已久的传统观念，从理论和实践两个方面肯定自然资源的价值，确认自然资源的商品属性。这一点是有效促进自然资源市场化流转的基本起点，因为只有自然资源是有价值的商品，才能为价格、供求、竞争等市场机制的基本手段作用的发挥提供基本的对象和前提，如果依然将自然资源定位于无价的"天赐物"，市场机制作用的发挥也就根本无从谈起，更不用说自然资源的市场化流转了。其次，明确自然资源所有权及各种用益性权利的内容和边界，为自然资源的市场化流转的实现创造条件。从实践中来看，自然资源的市场化流转是以自然资源各种权利的市场化交换和转让为主要表现方式的，因此，不断完善与自然资源有关的权利体系并明确各种权利的内容和边界，是有效促进自然资源流转的重要保证。

2. 有限流转。有限流转，是构建自然资源流转制度在实施层面所要遵循的基本原则，它所解决的是一个可行性的问题。所以，有限流转的基本思路与上文中提到的促进流转并不矛盾，因为二者发挥作用的主要领域并不相同，如果从总体上来看，二者在功能上是互补的，共同作用于我国的自然资源要素市场的促进和形成。所谓有限流转，主要是指对于自然资源的市场化流转而言，不能一概而论，而必须充分考虑国家所有制形式、不同类型自然资源要素之间的差异以及社会对自然资源不同的功能需求等相关因素，对自然资源流转的层次和种类在法律上进行必要的限制，以保证自然资源市场化流转过程中，各种不同利益主张的兼顾和平衡，比如国家利益、社会利益和个体利益，当前利益与长远利益，经济利益与生态利益等。应该说，这一点也正体现了自然资源法不同于大多传统法律部门的相对独特的制度特征。

在前文强调促进流转思路的同时，提出了有限流转的思路，其原因概括而言主要在于以下两个方面：首先，基于目前我国自然资源所有权国有垄断的现实，主体的单一性实际上使得自然资源的所有权转让或者说自然资源的买卖成为不可能，而且在实践中我国也是禁止自然资源所有权的流动和转让的，尽管目前在自然资源某些特定的领域对于自然资源所有权的转让问题有所松动，但总体而言，在我国自然资源所有权的流动和转让是不现实的，这必然在客观上对自然资源的市场化流转形成一定的影响。其次，就自然资源自身的一些特点来看，在自然资源的市场化流转方面也不可能像一般的商品一样，不施加任何限制。比如，一些涉及国计民生的自然资源，或者涉及国防或国家安全的战略性自然资源，必然需要对其市场化流转的程度和范围进行必要的限制，以保证自然资源开发利用公共性、社会性及安全的实现。这从根本上是由自然资源自身的特点所决定的，也是世界各国通行的做法。

（三）自然资源权利交易的层次

1. 自然资源的所有权交易。所有权交易即通常所说的买卖，是最彻底的权利交易，这种交易是指随着物的转移，依附该物所设定的占有、使用、收益、处分等全部随之转移。这样的交易使交易主体在取得物的同时，取得该物最充分、最完整的处分权，而且只有这种充分的、完整的处分权转移才能使交易主体根据物的真实价值交付货款成为可能。这是所有权交易最一般的道理。

在我国，自然资源的所有权交易直到目前为止仍然是不允许的，传统的做法是由政府在自然资源上设定一些开发利用权利，并几乎是无偿委授于各种开发利用者，其目标是以此来促进国家所有权的实现。然而这种做法的效果是可想而知的，一方面，它使自然资源的开发利用缺乏经济和利益约束，造成资源的破坏浪费和国有资产的流失；另一方面，它也为行政权力的寻租和异化创造了条件。所以，为保证国家对自然资源的所有权能真正在经济上得以实现和自然资源真实价值在开发利用中全面体现，而且基于自然资源的商品属性，我国应在一定范围内允许自然资源的所有权交易，这种权利交易虽然不能代表交易的全部内容，但它是在我国建立自然资源市场，实现自然资源市场供给和配置的前提条件和重要组成部分。

当然，这种理论上的设想是与当前大多数法律规定不相符合的，可是，任何事物都是在不断发展变化之中的，都必须根据现实情况的改变而不断地调整和加以适应。在我国之所以禁止自然资源的所有权交易，一方面主要是传统计划经济的影响，另一方面则可能是怕对公有制基础形成冲击。可是，我们应该清醒看到的是，传统的计划经济模式已经一去不返，而且自然资源一部分私人所有权的存在并不等于私有化，更不等于私有制，公有制的判断标准并不主要着眼于公有经济所占比重，而关键在于公有经济的控制力和决定力。放开一部分市场，在一定范围内允许自然资源的所有权交易，不仅对公有制基础没有损害，而且有助于激活自然资源市场，提高自然资源开发利用效率，确保国家所有权在经济上真正得以实现，从而促进国有资产的保值增值。

在此方面，我国传统的法律制度已经表现出了一定的变革和创新。我国《宪法修正案》规定"在法律规定范围内的个体经济、私营经济等非公有制经济，是社会主义市场经济的重要组成部分"。[1]现行《森林法》虽然在形式上仅仅是森林、林木使用权交易制度安排，却包含了森林、林木所有权的交易，因为，"从流转的标的来看，有两种情况，第一是林木（活立木）的所有权，第二是林地使用权"。[2]据此，有理由认为，我国今后在一定范围内允许自然资源的所有权交易也并非绝无可能。

2. 自然资源用益物权交易。自然资源用益物权交易是当前及今后相当长一段时期内自然资源开发利用中最常见的权利交易行为，也是亟待深入研究并加以法律规范的一类行为。

自然资源用益物权交易之所以在实际中广泛和大量的存在，主要是基于国家管理体制和实际操作的需要。在我国，虽然宪法规定自然资源所有权只能由国家和集体行使，但同时几乎所有的自然资源单行法规都规定，国家所有和集体所有的自然资源可以由单位和个人开发利用（包括使用、收益、采伐、勘探、开采、捕捞等活动），并规定了各种自然资源开发利用权能，如使用权、承包经营权、矿业权、渔业权、林业权、狩猎权等。然后，国家就通过这些用益物权的运作和实施，来达到国家对自然资源所有权实现的目的。这样制度设计的初衷在于既维持了对自然资源的国有，又力图促使其在经济上得以实现。

---

〔1〕 参见《宪法修正案》（1999 年）第 16 条。
〔2〕 参见中国（原）国家林业局政策法规司法规处："森林法作了哪些重大修改"，载《中国绿色时报》1998 年 7 月 20 日第 1 版。

如果说在论及自然资源的所有权交易时,其侧重点在于理论观念的更新及权利交易体系的完备,那么对自然资源用益物权交易的研究则必须在充分肯定其存在的价值和作用的同时,着眼于其运作方式的改进以及交易效率的提高。就我国目前自然资源用益物权交易的现状而言,法律制度设计至少需要从以下几方面进行调整和完善:

(1) 从"管理的交易"向"买卖的交易"转变。[1]管理的交易带有强烈的行政干预的色彩,无法体现交易自身的特性与精神,其必须被买卖的交易所替代。要达到这一目标,首先,必须在交易形式上严格适用契约、招投标等方式,用法律的约束力去克服行政权力的干扰;其次,在市场准入方面不得采用歧视性原则,各方参与主体一律平等,只要具备相同资格,国有企业不比其他类型的主体具有当然的优先。

(2) 对自然资源进行科学定价。进行用益物权交易的初衷即在于资源价值在经济上得以实现,然而从现实情况来看,自然资源价格偏低已成为长期以来自然资源开发利用效率低下的主要原因之一。因此,必须科学看待自然资源的属性和价值,认真研究其价格构成,并尽快在法律规定中予以反映。

(3) 要理顺立法思路,树立新的交易观念。交易的最终目的在于牟利,只有牟利才能调动参与主体的积极性,才能激活交易市场。然而,基于传统观念的影响,我国当前经济转型时期的某些法律规定却体现出了前后不一致的指导思想。比如,我国《矿产资源法》一方面允许探矿权、采矿权进行交易,但另一方面又禁止牟利性交易,[2]这样的制度安排是前后矛盾的。当然,由于牟利交易所引起的投机市场的确是一个必须注意的问题,但也不能为此就从根本上杜绝牟利性的交易,积极的态度应该是在肯定牟利性交易正当性的前提下,通过相关的制度设计把由牟利性交易所引起的投机市场的可能性降到最低。

(四) 自然资源权利交易的种类

1. 设定性交易和传递性交易。根据参加权利交易双方主体不同,可将其分为设定性交易和传递性交易。所谓设定性交易是发生在国家和其他主体之间,国家以自然资源所有者的身份将从所有权定限而产生的开发利用权利与其他主体进行交易,此种交易是对各种开发利用权利进行初始的设定,使其从无到有的过程,一般将其称为自然资源权利交易的一级市场,土地使用权的出让即是其最典型的表现。所谓传递性交易是指在各种开发利用者之间进行的交易,这种交易是各种开发利用权利在不同主体之间传递的过程,一般是将其称为自然资源权利交易二级或二级以上市

---

[1] 参见[美]约翰·R.康芒斯:《制度经济学》,于树生译,商务印书馆1982年版,第74~81页。康芒斯认为"管理的交易用法律上的上级命令创造财富,买卖的交易通过法律上平等的人自愿的同意转移财富的所有权"。

[2] 参见《矿产资源法》第6条。

场，也是当前市场上最活跃的一种交易类型。

在我国目前并不允许自然资源所有权交易的情况下，设定性交易的存在是十分必要的，它为所有权的实现提供了一种法律允许的运作机制。在相关法律对策设计方面，其规范的重点是政府的行为，因为政府代表国家行使所有权，在此种交易中处于当然的优越地位，因此必须用法律去遏制政府在此寻租的倾向，应从交易的形式、交易的条件、交易的过程及交易的监管等各个环节进行可操作性的法律制度设计，而且有必要设立专门的单行法规。

2. 一般性交易和强制性交易。以是否以牟利为目的为标准，可把权利交易分为一般性交易和强制性交易。一般性交易是以牟利为目的的，而强制性交易则往往是基于社会公益和国家利益发生。

交易的主要目的就是牟利，从这一角度来看，我们可以把一般性交易与上文提及的传递性交易归为一类，这类交易是市场上最活跃的交易类型，也是自然资源权利交易的主体部分。对此类交易的法律规范应主要着眼于防止投机市场的形成以及在私利驱动之下有损公益的交易行为。因此，首先，应对各交易主体进行严格的资格审查，建立相应的市场准入制度；其次，强化国家的有效调控，如建立登记备案制度；最后，对交易的规模和种类划分不同的标准，建立相应的监管与保护机制等。

至于强制性交易，主要是处于非常时期或基于国家和社会的特殊需要，按照法律的规定，由政府采取强制性措施，使自然资源的相关权利从私人向公共发生的变动，其中最常见的就是政府各种类型的征用。此种交易主要基于社会公益，在自然资源的权利交易中并不占主流，其中为避免对合法权利的非法侵害，有效克服政府的主观任意性，需要法律对此种交易发生的条件、程序、补偿标准等作出明确规定。

三、自然资源行政管理制度

（一）自然资源资产管理体制

党的十八届三中全会明确提出要"健全国家自然资源资产管理体制，统一行使全民所有自然资源资产所有者职责"，这是健全自然资源资产产权制度的一项重大改革，也是建立系统完备的生态文明制度体系的内在要求。自然资源资产是指产权主体明确、产权边界清晰、可给人类带来福利、以自然资源形式存在的稀缺性物质资产。自然资源资产管理体制，是关于自然资源资产管理机构设置、管理权限划分和确定调控管理方式等方面的基本制度体系。它是指自然资源资产管理机构的结构及组织方式，即采用何种组织形式以及这些组织形式之间的分工与协调，并以何种方式完成其自然资源资产管理的职责。具体而言，自然资源资产管理体制就是划分中央、地方、相关部门、企业在自然资源开发利用和保护方面的管理范围、职责权限等相互关系的具体体现方式。自然资源资产管理体制的核心内容在于各管理机构的设置、职权划分以及不同管理机构之间的相互协调和配合。

我国自然资源资产管理体制演进大致经历了四个阶段。第一阶段（1949～1978年），自然资源资产管理体制缺失阶段。这一时期尚未出现资源资产管理理念，资源配置靠行政划拨，资源无偿使用。

第二阶段（1978~1990年），自然资源资产管理体制探索研究阶段。属于资产管理的萌芽期，尽管国家从制度上提出了所有权、使用权分离，提出了有偿使用制度，但在实际中并未真正实施。

第三阶段（1990~2010年），自然资源资产分散管理体制逐步形成阶段。这一时期初步形成了目前自然资源资产分类管理的体制，资源有偿使用制度得以全面推进，要素市场建设步伐加快；由于不同资源资产化步伐不一，因此体制呈现分类分级、相对集中、混合管理态势，但并未设立专门的资源资产管理机构。

第四阶段（十八大以后），自然资源资产管理体制进入全面深化改革阶段。十八届三中全会决定提出要"健全国家自然资源资产管理体制，统一行使全民所有自然资源资产所有者"，对我国自然资源资产管理体制改革提出了新要求。

科学高效的自然资源资产管理体制为强化自然资源保护和合理开发利用提供了可靠的组织保证，是国家贯彻落实可持续发展战略在制度安排方面的重要组成部分。一般认为，一个国家自然资源资产管理体制的现状直接反映了该国对自然资源问题的认识程度和水平，在很大程度上体现着该国可持续发展管理能力的强弱。因此，宏观而言，顺应我国政府提出的实施可持续发展战略的基本要求，不断健全和完善我国自然资源资产管理体制，是我国加强对自然资源的有效管理、保证自然资源的合理开发利用、在根本上改善和提高自然生态环境的整体质量，从而逐步实现对自然资源的可持续利用的重要途径。

基于"统筹山水林田湖草系统治理"的要求，2018年，自然资源部组建，实现自然资源管理机构由"分"到"统"的关键一跃。此次改革将国土资源部的职责，国家发展和改革委员会的组织编制主体功能区规划职责，住房和城乡建设部的城乡规划管理职责，水利部的水资源调查和确权登记管理职责，农业部的草原资源调查和确权登记管理职责，国家林业局的森林、湿地等资源调查和确权登记管理职责，国家海洋局的职责，国家测绘地理信息局的职责整合，组建自然资源部，作为国务院组成部门。自然资源部对外保留国家海洋局牌子。不再保留国土资源部、国家海洋局、国家测绘地理信息局。

"统一"，既是此次改革的总要求，又是改革的总路径。为着力解决自然资源所有者不到位、空间规划重叠等问题，实现山水林田湖草整体保护、系统修复、综合治理，改革方案明确自然资源部的主要职责定位为"两统一"，即统一行使全民所有自然资源资产所有者职责、统一行使所有国土空间用途管制和生态保护修复职责。

"两统一"，不只确立了由"分"到"统"的里程碑，而且为呵护生命共同体夯实了根基。

但仅仅组建一个新部门，并不能直接解决自然资源管理领域累积的深层次问题，改革还需在各个层面中不断推进。新组建的自然资源部需处理好以下几方面问题：首先，组建自然资源部是否跟强化生态环境保护有管理上的冲突，需要找到各自恰当的边界；其次，组建自然资源部需要进一步强化自然资源资产属性，适当在机构设置中增强资产管理力量；再次，组建自然资源部需要加快自然资源法律制度建设，充分发挥好法治的重要作用；再次，组建自然资源部需要加强不动产登记体制机制建设，为国家安全和稳定奠定坚实的数据基础；最后，组建自然资源部需要加强自然资源普查工作，充分发挥测绘和地质勘查行业管理职责。

在国家统一安排和地方自主探索下，浙江、福建、青海、吉林等地已经开展了自然资源资产统一监管和生态环境保护统一监管的试点。如福建省针对目前存在的权责划分不完善等问题，自然资源资产管理体制改革的重点在理顺四大关系，优化相关职能配置。包括理顺同级政府部门间关系、理顺不同层级政府间的关系、理顺政府与市场间的关系和理顺自然资源监管与环境治理的关系。

在具体的改革措施方面，福建省整合分散在国土、农业、林业、水利、海洋等各行业部门的全民所有自然资源资产所有者职责，设立自然资源资产管理机构，授权其对福建省国土空间内全民所有的各类自然资源统一行使占有、使用、收益、处置等所有者权利。同时，科学划分自然资源资产管理机构与自然资源监管机构的职责。保留现有自然资源监管机构，将本部门拥有的全民所有自然资源资产所有者管理职能划转到国有自然资源资产管理部门。划转后，现有自然资源管理机构主要承担自然资源区划、发展规划制定和监督落实，国土空间用途管控，自然资源可持续开发利用监管，自然资源监测和防灾减灾，自然资源开发利用中的公共基础设施建设、纠纷协调、公共服务、生态恢复和环境污染治理以及相关产业发展管理职能等。国有自然资源资产管理机构与有关自然资源资产监管部门在国土空间用途管制规划下，分别行使所有者职责和监管职责。

（二）自然资源行政管理的主要制度

自然资源的行政管理工作涉及面宽、内容复杂，很难在理论上对其进行一个面面俱到的概括和归纳。对于这个问题，只能以现行的有关法律规定为基础，对在实践中我国自然资源行政管理所涉及的主要领域进行概要性的介绍。概括而言，我国自然资源的行政管理工作较为集中地体现在以下几个方面：

1. 自然资源规划制度。依据一定的标准和程序，在充分考虑社会经济发展需求和自然资源开发利用现状的基础上，及时编制各种自然资源规划，是各自然资源管理机构日常管理工作的重要内容。科学合理的自然资源规划，是从宏观上保证对自然资源进行可持续开发利用的重要基础性措施，也是各项自然资源行政管理工作的主要依据和前提。从我国现行的各部自然资源法律来看，绝大多数都对自然资源规划以专门的法律条文甚至专章作出了明确的规定，具体而言，我国目前的自然资源规划主要包括土地利用总体规划、水资源规划、林业长远规划、水土保持规划、防沙治沙规划、草原建设保护利用规划等方面的内容。[1]

----

〔1〕 有关该问题的详细内容可参见本书第五章第三节的有关论述。

2. 自然资源调查与档案制度。

（1）自然资源调查制度。自然资源调查是指由法定机构对一个国家或地区的自然资源的分布、数量、质量和开发利用条件等进行全面的野外考察、室内资料分析与必要的座谈访问等项工作的总称。

自然资源调查根据资源调查对象的不同，可分为自然资源综合调查和单项资源调查；根据调查任务的不同，可分为自然资源数量调查、质量调查、开发利用条件调查；根据调查的详略程度不同，可分为自然资源概查和自然资源详查；根据调查的方法的不同，可分为自然资源实地调查和自然资源遥感调查。

（2）自然资源档案制度。自然资源档案是指对自然资源调查所获资料、成果按一定方式进行汇集、整理、立卷归档，并集中保管的各种文件资料的总称。

自然资源档案制度则是法律对自然资源档案的种类、级别、适用对象、内容、范围、资料更新时间、查阅和借阅方法、保管技术和实施与设备、保管机构及管理要求等所作的规定。如《森林法》《野生动物保护法》和《土地管理法》等均分别作了相应规定。

3. 自然资源权属确认制度。自然资源作为重要的社会资源，其相关权利的取得和变更必然会对社会经济的运行以及自然资源的生态保护产生不同程度的影响，这种影响的程度和范围将远远超出权利人自身。因此，需要有关的自然资源管理机构对自然资源权属的取得和变动进行必要的确认，通过登记、备案、公示等程序，使自然资源的权属处于一个明确和稳定的状态之中，既有利于自然资源权属取得和转让的公平和公正，同时也有利于社会公众的监督和自然资源管理机构对自然资源的宏观调控和日常管理。

2016 年 11 月 1 日，中央全面深化改革领导小组第 29 次会议审议通过了《自然资源统一确权登记办法（试行）》（以下简称《办法》），指出要坚持资源公有、物权法定和统一确权的原则，对水流、森林、山岭、草原、荒地、滩涂以及探明储量的矿产资源等自然资源的所有权统一进行确权登记，形成归属清晰、权责明确、监管有效的自然资源资产产权制度。要坚持试点先行，以不动产登记为基础，依照规范内容和程序进行统一登记。

（1）《办法》出台的背景。自然资源统一确权登记是深化生态文明制度改革、建设美丽中国、落实新发展理念的一项重要举措，党中央、国务院高度重视。十八届三中全会通过的《中共中央关于全面深化改革若干重大问题的决定》明确，对水流、森林、山岭、草原、荒地、滩涂等自然生态空间进行统一确权登记，形成归属清晰、权责明确、监管有效的自然资源资产产权制度。中共中央、国务院印发的《生态文明体制改革总体方案》要求，建立统一的确权登记系统，推进确权登记法治化。制定《办法》也是中央确定的 2016 年重要改革任务之一。

按照党中央、国务院的统一部署，原国土资源部全力以赴推进《办法》的制定工作。从 2014 年开始，结合建立和实施不动产统一登记制度，原国土资源部会同中央编办、财政部、原环境保护部、水利部、原农业部、原林业局等各参加单位，组织开展了相关研究，成立了专项工作组及办公室，拟定了工作计划，切实采取措施加快工作，报经中央审定后形成了《自然资源统一确权登记办法（试行）》《自然资源登记簿》和《自然资源统一确权登记试点方案》等改革成果。

（2）《办法》出台的意义。水流、森林、山岭、草原、荒地、滩涂等自然资源是建设美丽中国、深化生态文明制度改革的根本载体，是重要资源性资产。制定《办法》对水流、森林、山岭、草原、荒地、滩涂等自然资源进行统一确权登记有利于进一步推进产权制度改革、构建系统完整的生态文明制度体系、推进国家治理体系和治理能力现代化，是一项功在当代、利在千秋的工作，意义重大。

第一，支撑生态文明建设的重要基础。生态文明建设的关键是处理好人与自然的关系，使经济社会发展建立在资源能支撑、环境能容纳、生态受保护的基础上，使青山常在、清水长流、空气常新，让人民群众在良好生态环境中生产生活。要实现这一目标，首先就必须通过自然资源统一确权登记，全面摸清自然资源资产家底，夯实生态文明建设的基础。

第二，落实新发展理念的根本要求。党的十八大将生态文明纳入"五位一体"总体布局，十八届五中全会又把绿色发展列入五大发展理念。绿色发展就是在保护中发展，通过保护环境来保护生产力，通过改善环境来发展生产力。自然资源统一确权登记能够全面落实自然资源的权利主体，明确保护责任，并调动权利主体在保护自然资源中的积极性，推动自然资源的保护和监管，促进绿色发展，是落实五大发展理念的根本要求。

第三，自然资源分类施策、有效保护和开发利用的重要前提。对自然资源进行分类施策、有效保护，对可开发利用的自然资源进行合理开发利用，就是对环境的最好保护。通过自然资源统一确权登记，将各类自然资源的质量、数量和保护要求全面摸清，并通过登记的法律手段予以公示明确，落实到每一个产权人或者使用权人，为自然资源分类施策、有效保护和开发利用提供了重要前提。

（3）《办法》的主要内容。《办法》制定的总体思路是，以不动产登记为基础，构建自然资源统一确权登记制度体系，对水流、森林、山岭、草原、荒地、滩涂以及矿产资源等所有自然资源统一进行确权登记，逐步划清全民所有和集体所有之间的边界，划清全民所有、不同层级政府行使所有权的边界，划清不同集体所有者的边界，划清不同类型自然资源的边界，进一步明确国家不同类型自然资源的权利和保护范围等，推进确权登记法治化。《办法》包括总则、自然资源登记簿、登记一般程序，国家公园、自然保护区、湿地、水流等自然资源登记，登记信息管理与应用、附则共六章，以及《自然资源登记簿》样式、《自然资源统一确权登记试点方案》两个附件。

第一章总则。规定了自然资源登记的目的、原则、范围、与不动产登记的衔接关系、登记机构和属地登记原则。在登记的范围上，按照《生态文明体制改革总体方案》的表述，《办法》对需要登记的自然资源通过列举的方式予以明确，即规定对水流、森林、山岭、草原、荒地、滩涂以及探明储量的矿产资源等自然资源的所有权进行确权登记，并强调在不动产登记中已经登记的集体土地及自然资源的所有权不再重复登记。

第二章自然资源登记簿。规定了自然资源登记簿的统一、登记单元划分、登记簿的内容、登记簿附图和管理要求。登记簿（《办法》附件1）主要记载自然资源登记信息以及不动产权利关联信息，并实现与不动产登记的有效衔接。这里重点说明两个问题：

第一，关于自然资源登记单元的设定和划分。自然资源登记单元是开展自然资源登记的基本单位，设定和划分登记单元既要考虑与已经登记的集体土地所有权等不动产权利的边界和行政界线无缝衔接，还要考虑与自然资源的管理界线进行衔接。因此，在设定和划分时，既可以以一个完整的行政辖区为基础，按照不同自然资源种类和在生态、经济、国防等方面的重要程度以及相对完整的生态功能、集中连片等原则，划分一个或者多个登记单元，也可以以国家公园、自然保护区、湿地、水流等特定空间作为单独的登记单元。风景名胜区主要为旅游服务，相关设施已经在不动产登记中予以明确，自然资源统一确权登记不再涉及。

第二，关于国家自然资源所有权的权利主体。《宪法》第9条规定，"矿藏、水流、森林、山岭、草原、荒地、滩涂等自然资源，都属于国家所有，即全民所有"。《物权法》第45条规定，"国有财产由国务院代表国家行使所有权"。按照法律规定，国家自然资源所有权的权利人只能登记为"国家"或"全民"。同时，考虑在生态文明体制改革中，"健全国家自然资源资产管理体制"和"探索建立分级行使国家自然资源所有权的体制"这两项改革任务正在推进，为与上述改革工作做好衔接，在自然资源登记簿设计时，设置了"所有权代表行使主体"和"所有权代表行使内容"等栏目，待两项改革任务完成后，进行补充记载，为后续改革留下接口。

第三章自然资源登记一般程序。规定了登记的类型、登记的程序、通告和公告、自然资源调查、登记审核和登簿等内容。其中，自然资源的分类和调查是自然资源登记的重要基础。在目前的自然资源管理、保护等工作中，各部门形成了各自的自然资源分类体系，对自然资源类型的理解也不尽相同。但无论是哪种分类体系，都是以土地作为最基本的依托和基础，要么以土地的形态存在，如山岭、荒地、滩涂等，要么依附于土地而存在，如水流、森林、草原、矿产资源等。因此，对自然资源类型的登记，也应该以土地利用现状分类为基础。同时，考虑各部门的自然资源管理的特点、分类体系和需求，在不冲突、可衔接的情况下，可以同时在登记簿上记载其他自然资源分类的内容。对于登记单元内各类自然资源的调查工作，可以由所在地的县级以上人民政府统一组织，具体由国土资源主管部门（不动产登记机构）会同相关资源管理部门实施。

第四章国家公园、自然保护区、湿地、水流等自然资源登记。规定了国家公园、自然保护区、湿地和水流作为独立自然资源登记单元如何办理登记。

第五章登记信息管理与应用。规定了自然资源登记信息依法向社会公开并纳入不动产登记信息管理平台，实现与相关管理部门互通共享。自然资源统一确权登记的目的在于加强国家所有自然资源的保护与监管，只有将确权登记的结果向全社会公开，才能实现全民参与、社会监督、共同保护的根本目的。因此，《办法》要求除涉及国家秘密及不动产登记信息外，自然资源确权登记结果向社会公开，相关登记信息纳入不动产登记信息管理基础平台，并与农业、水利、林业、环保、财税等相关部门管理信息互通共享。

第六章附则。规定了《办法》的适用和解释。

4. 自然资源许可证制度。许可证既是国家对行政管理相对人从事某种活动的一种法律上的认可，也是行政管理相对人得到法律保护的一种凭证。通过审核和颁发各种许可证加强对自然资源的管理，是自然资源管理法治化的基本实现途径，也是今后自然资源管理方式改革和优化的重要方向。对自然资源进行许可证管理，不仅使各国家的自然资源主管机关能依法处于主动的地位，而且还有效保证了对自然资源的合理利用，并在此基础上维护生态系统的动态平衡。根据目前我国自然资源法的有关规定，自然资源管理中的许可证种类主要有：林木采伐许可证、捕捞许可证、采矿许可证、取水许可证、特许捕猎许可证、驯养繁殖许可证、建设用地许可证等。

5. 自然资源税费制度。依据有关法律规定，依法征收各种自然资源税费，是实现自然资源价值、体现自然资源有偿使用的重要措施。通过征收自然资源税费形成自然资源开发利用在经济上的约束和激励机制，不仅能有效提高自然资源的开发利用效率和水平，而且还有助于筹措自然资源养护和治理所需的资金，是市场化条件下加强自然资源管理的重要方面。对此，各自然资源的单行法基本上都有相应的原则性规定，有些还进一步通过制定专门的配套法规进行细化和明确，使自然资源税费的征收工作有法可依，有效增强了该项工作的可操作性。

6. 自然资源行业监管制度。围绕自然资源开发利用形成了牧业、林业、矿业、渔业等自然资源行业，这些行业的发展状况和水平将对自然资源的赋存状况和演化发展产生根本的影响，因此，对特定自然资源行业进行必要的监管，是自然资源管理的重要内容之一。在我国由计划体制向市场体制的转轨过程中，有关自然资源管理机构对自然资源行业监管的方式和范围也在不断地发生着变化，就目前的情况来看，对自然资源行业的监管主要应集中在两个方面：①行业准入的管理，主要通过对从事特定自然资源行业的企业所应具备的基本资质和能力的明确规定，从源头上为行业的良性发展把好关；②通过设立一定的标准，对行业发展过程中在自然资源开发利用的方式、范围以及程度等方面进行相应的规范。这些方面在我国目前的自然资源法中都有不同程度的体现。

7. 法律责任制度。对法律规定的落实情况进行经常性的监督检查，是各自然资源主管机关的重要职责，也是保证自然资源法在实践中能够得以有效贯彻实施的基本保证，在这个方面，大多自然资源单行法都有针对性的规定，甚至设专章详细规定了进行监督检查的主体、方式、程序等方面的内容，从立法上明确了各自然资源管理机关监督检查的职能。在监督检查的过程中，对于那些违反法律规定的行为，就需要通过法律责任的追究对违法的行为进行惩戒和矫正，以维护自然资源法制的权威性和严肃性。虽然在法律责任的种类上，包括民事责任、行政责任和刑事责任三种不同的方式，但综观各自然资源单行法中法律责任一章的有关规定，行政责任在自然资源法律责任中占据了很大的比重，对于自然资源的行政责任，当然还是由各自然资源行政主管部门予以认定并进行追究，这也是各主管机关的职责所在。

第五节　灾害防治法律制度

一、灾害防治法律制度概述

灾害防治法律制度是指在灾害防治法中，调整特定灾害防治社会关系，并具有相同或相似法律功能的一系列法律规范所组成的整合性的规则系统，主要由应急机构制度、应急预案制度、应急预警制度与紧急状态宣告制度、信息沟通与公开制度、公众报告与举报制度、紧急协商与强制措施制度、救助制度、灾后重建制度以及法律责任制度等一系列制度组成。它是灾害防治法基本原则所蕴涵法律精神的具体化，是灾害防治法的重要组成部分。

从现行的自然灾害防治法律规定来看，我国灾害应急法律制度有以下几个主要特点：

1. 坚持以人为本，把保障人民群众的生命和财产安全作为立法的根本宗旨。例如《防震减灾法》规定：地震灾害发生后，抗震救灾指挥机构应当立即组织有关部门和单位迅速查清受灾情况，提出地震应急救援力量的配置方案，并采取以下紧急措施：①迅速组织抢救被压埋人员，并组织有关单位和人员开展自救互救；②迅速组织实施紧急医疗救护，协调伤员转移和接收与救治；③迅速组织抢修毁损的交通、铁路、水利、电力、通信等基础设施；④启用应急避难场所或者设置临时避难场所，设置救济物资供应点，提供救济物品、简易住所和临时住所，及时转移和安置受灾群众，确保饮用水消毒和水质安全，积极开展卫生防疫，妥善安排受灾群众生活；⑤迅速控制危险源，封锁危险场所，做好次生灾害的排查与监测预警工作，防范地震可能引发的火灾、水灾、爆炸、山体滑坡和崩塌、泥石流、地面塌陷，或者剧毒、强腐蚀性、放射性物质大量泄漏等次生灾害以及传染病疫情的发生；⑥依法采取维持社会秩序、维护社会治安的必要措施。《防汛条例》规定，当洪水威胁群众安全时，当地人民政府应当及时组织群众撤离至安全地带，并做好生活安排。《地质灾害防治条例》规定，对出现地质灾害前兆、可能造成人员伤亡或者重大财产损失的区域和地段，县级以上人民政府应当组织有关部门及时采取工程治理或者搬迁避让措施，保证地质灾害危险区内居民的生命和财产安全。

2. 把防灾、减灾、救灾和灾后重建与经济社会发展紧密联系起来，纳入了国民经济和社会发展规划，并贯彻了预防为主，预防、应对和恢复相结合的方针。例如，我国有关灾害应急的法律、行政法规都要求把灾害防治工作纳入国民经济和社会发展规划以及各级政府的财政预算。在实践中，各级政府高度重视自然灾害的预防工作，已经建立了七大类自然灾害的监测网络，气象、水文等预报已经相当普及，准确率较高，并且不断进行大规模的水利建设，战胜了许多重大水旱灾害。

3. 对灾害防治采取单项立法的模式。为了适应我国自然灾害多发的特点，总结实践经验，在灾害应急立法中，采取了针对水灾、地震灾害、气象灾害、森林草原火灾等不同情况，分门别类立法的模式。单项立法模式的优点是针对性强，措施具体，便于准确适用。

4. 在灾害应急处置的管理体制方面，采取了统一领导、部门归口管理的方式。现有灾害应急法律、行政法规等确立的管理灾害应急体制，在横向关系上实行部门归口管理，即针对各种自然灾害，分别规定了归口管理部门，如地震主要由国家地震局管理，水旱灾害主要由水利部负责管理，等等；在纵向关系上实行集中管理，即由国务院集中统一指挥全国灾害应急工作，地方各级政府在国务院的统一领导下，负责本行政区域内的灾害应急工作。这种灾害管理体制符合国际上危机管理的发展趋势，有利于集中和协调各方面的力量，及时有效地应对各种自然灾害。

5. 高度重视科学技术在预防和应对自然灾害中的重要作用，强调依靠科学战胜自然灾害。各种自然灾害的预防和成功应对，都离不开科学技术的推广和应用。我国有关灾害应急的法律、行政法规，都重视有关科学技术的研究和科技成果的利用，要求各级政府鼓励和支持相关科学研究，积极推广研究成果，加大这方面的资金投入。

二、信息管理制度

（一）预警信息

1. 气象局的气象灾害预警信息，水利部的汛情、旱情预警信息，地震局的地震趋势预测信息，国土资源部的地质灾害预警信息，海洋局的海洋灾害预警信息，林业局的森林火灾和林业生物灾害信息，农业部的草原火灾和生物灾害预警信息，测绘地信局的地理信息数据及时向国家减灾委办公室通报。

2. 国家减灾委办公室根据有关部门提供的灾害预警预报信息，结合预警地区的自然条件、人口和社会经济情况，进行分析评估，及时启动救灾预警响应，向国务院有关部门和相关省（区、市）通报。

（二）灾害信息共享

减灾委办公室、全国抗灾救灾综合协调办公室及时汇总各类灾害预警预报信息，向国家减灾委领导、国家减灾委成员单位报告并向社会发布预警响应启动情况并向相关省份发出灾害预警响应信息，提出灾害救助工作要求。

（三）灾情信息管理

1. 灾情信息报告内容。县级以上人民政府民政部门按照民政部和国家统计局制定的《自然灾害情况统计制度》，做好灾情信息收集、汇总、分析、上报工作。

2. 灾情信息报告时间。

（1）对于突发性自然灾害，县级人民政府民政部门应在灾害发生后 2 小时内将本行政区域的灾情和救灾工作情况向地市级人民政府民政部门报告；地市级和省级人民政府民政部门在接报灾情信息 2 小时内审核、汇总，并向上一级人民政府民政部门报告。县级人民政府民政部门对于本行政区域内造成死亡人口（含失踪人口）10 人以上或房屋大量倒塌、农田大面积受灾等严重损失的自然灾害，应在灾害发生后 2 小时内同时上报省级人民政府民政部门和民政部。民政部接到灾情报告后，在 2 小时内向国务院报告。

（2）特别重大、重大自然灾害灾情稳定前，地方各级人民政府民政部门执行灾情 24 小时零报告制度；省级人民政府民政部门每天 12 时之前向民政部报告灾情。灾情稳定后，省级人民政府民政部门应在 10 日内审核、汇总灾情数据并向民政部报告。

（3）对于干旱灾害，地方各级人民政府民政部门应在旱情初露、群众生产和生活受到一定影响时，进行初报；在旱情发展过程中，每 10 日续报一次，直至灾情解除后上报核报。

3. 灾情核定。县级以上人民政府要建立健全灾情会商制度，减灾委或者民政部门要定期或不定期组织相关涉灾部门召开灾情会商会，全面客观评估、核定灾情数据。

三、预警响应制度

1. 启动条件。相关部门发布自然灾害预警预报信息，出现可能威胁人民生命财产安全、影响基本生活，需要提前采取应对措施的情况。

2. 启动程序。国家减灾委办公室根据有关部门发布的灾害预警信息，决定启动救灾预警响应。

3. 预警响应措施。预警响应启动后，国家减灾委办公室立即启动工作机制，组织协调预警响应工作。视情采取以下一项或多项措施：

（1）及时向国家减灾委领导、国家减灾委成员单位报告并向社会发布预警响应启动情况；向相关省份发出灾害预警响应信息，提出灾害救助工作要求。

（2）加强值班，根据有关部门发布的灾害监测预警信息分析评估灾害可能造成的损失。

（3）通知有关中央救灾物资储备库做好救灾物资准备工作，启动与交通运输、铁路、民航等部门应急联动机制，做好救灾物资调运准备，紧急情况下提前调拨。

（4）派出预警响应工作组，实地了解灾害风险情况，检查各项救灾准备及应对工作情况。

（5）及时向国务院报告预警响应工作情况。

（6）做好启动救灾应急响应的各项准备工作。

4. 预警响应终止。灾害风险解除或演变为灾害后，国家减灾委办公室决定预警响应终止。

四、灾害应急制度

（一）国家应急预案启动条件

发生自然灾害后，地方各级人民政府视情启动本级自然灾害救助应急预案。达到本预案响应启动条件的，启动本预案。

（二）组织指挥体系及职责任务

1. 国家减灾委员会。国家减灾委员会（以下简称国家减灾委）为国家自然灾害救助应急综合协调机构，负责组织、领导全国的自然灾害救助工作，协调开展特别重大和重大自然灾害救助活动。国家减灾委成员单位按照各自职责做好全国的自然灾害救助相关工作。国家减灾委办公室负责与相关部门、地方的沟通联络，组织开展灾情会商评估、灾害救助等工作，协调落实相关支持措施。

2. 专家委员会。国家减灾委设立专家委员会，对国家减灾救灾工作重大决策和重要规划提供政策咨询和建议，为国家重大自然灾害的灾情评估、应急救助和灾后救助提出咨询意见。

（三）应急准备

1. 资金准备。民政部、财政部、发展改革委等部门，根据《预算法》《自然灾害救助条例》等规定，安排中央救灾资金预算，并按照救灾工作分级负责、救灾资金分级负担，以地方为主的原则，建立和完善中央和地方救灾资金分担机制，督促地方政府加大救灾资金投入力度。

第一，县级以上人民政府应当将自然灾害救助工作纳入国民经济和社会发展规划，建立健全与自然灾害救助需求相适应的资金、物资保障机制，将自然灾害救助资金和自然灾害救助工作经费纳入财政预算。

第二，中央财政每年综合考虑有关部门灾情预测和上年度实际支出等因素，合理安排中央自然灾害生活补助资金，专项用于帮助解决遭受特别重大、重大自然灾害地区受灾群众的基本生活困难。

第三，中央和地方政府应根据经济社会发展水平、自然灾害生活救助成本及地方救灾资金安排等因素适时调整自然灾害救助政策和相关补助标准。

第四，救灾预算资金不足时，中央和地方各级财政通过预备费保障受灾群众生活救助需要。

2. 物资准备。

（1）合理规划、建设中央和地方救灾物资储备库，完善救灾物资储备库的仓储条件、设施和功能，形成救灾物资储备网络。设区的市级以上人民政府和自然灾害多发、易发地区的县级人民政府应当根据自然灾害特点、居民人口数量和分布等情况，按照合理布局、规模适度的原则，设立救灾物资储备库。

（2）制定救灾物资储备规划，合理确定储备品种和规模；建立健全救灾物资采购和储备制度，每年根据应对重大自然灾害的要求储备必要物资。按照实物储备和能力储备相结合的原则，建立救灾物资生产厂家名录，健全应急采购和供货机制。

（3）制定完善救灾物资质量技术标准、储备库建设和管理标准，完善全国救灾物资储备管理信息系统。建立健全救灾物资应急保障和补偿机制。建立健全救灾物资紧急调拨和运输制度。

3. 通信和信息准备。

（1）通信运营部门应依法保障灾情传送的畅通。自然灾害救助信息网络应以公用通信网为基础，合理组建灾情专用通信网络，确保信息畅通。

（2）加强中央级灾情管理系统建设，指导地方建设、管理救灾通信网络，确保中央和地方各级人民政府及时准确掌握重大灾情。

（3）充分利用现有资源、设备，完善灾情和数据产品共享平台，完善部门间灾情共享机制。

4. 救灾装备准备。

（1）中央各有关部门应配备救灾管理工作必需的设备和装备。县级以上人民政府应当建立健全自然灾害救助应急指挥技术支撑系统，并为自然灾害救助工作提供必要的交通、通信等设备。

（2）县级以上地方人民政府应当根据当地居民人口数量和分布等情况，利用公园、广场、体育场馆等公共设施，统筹规划设立应急避难场所，并设置明显标志。

5. 人力资源准备。

（1）加强自然灾害各类专业救援队伍建设、民政灾害管理人员队伍建设，提高自然灾害救助能力。培育、发展和引导相关社会组织和志愿者队伍，鼓励其在救灾工作中发挥积极作用。

（2）组织民政、国土资源、水利、农业、商务、卫生、安全监管、林业、地震、气象、海洋、测绘地信等方面专家，重点开展灾情会商、赴灾区的现场评估及灾害管理的业务咨询工作。

（3）推行灾害信息员培训和职业资格证书制度，建立健全覆盖中央、省、市、县、乡镇（街道）、村（社区、居委会）的灾害信息员队伍。村民委员会、居民委员会和企业事业单位应当设立专职或者兼职的灾害信息员。

6. 社会动员。

（1）准备完善救灾捐赠管理相关政策，建立健全救灾捐赠动员、运行和监督管理机制，规范救灾捐赠的组织发动、款物接收、统计、分配、使用、公示反馈等各个环节的工作。

（2）完善非灾区支援灾区、轻灾区支援重灾区的救助对口支援机制。

7. 科技准备。

（1）建立健全环境与灾害监测预报卫星星座、环境卫星、气象卫星、海洋卫星、资源卫星、航空遥感等对地监测系统，发展地面应用系统和航空平台系统，建立基于遥感、地理信息系统、模拟仿真、计算机网络等技术的"天地空"一体化的灾害监测预警、分析评估和应急决策支持系统。开展地方空间技术减灾应用示范和培训工作。

（2）组织民政、国土资源、水利、农业、卫生、安全监管、林业、地震、气象、海洋、测绘地信、中科院等方面专家开展灾害风险调查，编制全国自然灾害风险区划图，制定相关技术和管理标准。

（3）支持和鼓励高等院校、科研院所、企事业单位和社会组织开展灾害相关领域的科学研究和技术开发，建立合作机制，鼓励减灾救灾政策理论研究。

（4）利用空间与重大灾害国际宪章、联合国灾害管理和天基信息平台等国际合作机制，拓展灾害遥感信息资源渠道，加强国际合作。

（5）开展国家应急广播相关技术、标准研究，建立国家应急广播体系，提供灾情预警预报和减灾救灾信息的全面立体覆盖。加快国家突发公共事件预警信息发布系统建设，及时向公众发布自然灾害预警。

8. 宣传和培训组织。

（1）开展全国性防灾减灾救灾宣传活动，利用各种媒体宣传灾害知识，宣传灾害应急法律法规和预防、避险、避灾、自救、互救、保险的常识，组织好"防灾减灾日""国际减灾日""全国科普日""全国消防日"和"国际民防日"等活动，增强公民防灾减灾意识。积极推进社区减灾活动，推动减灾示范社区建设。

（2）组织开展地方政府分管领导、灾害管理人员和专业应急救援队伍、非政府组织和志愿者的培训。

（四）应急响应

根据自然灾害的危害程度等因素，国家减灾委设定四个国家自然灾害救助应急响应等级。Ⅰ级响应由国家减灾委主任统一组织、领导；Ⅱ级响应由国家减灾委副主任（民政部部长）组织协调；Ⅲ级响应由国家减灾委秘书长组织协调；Ⅳ级响应由国家减灾委办公室组织协调。国家减灾委各成员单位根据各响应等级的需要，切实履行好本部门的职责。

1. Ⅰ级响应。

（1）启动条件。某一省（区、市）行政区域内，发生特别重大自然灾害，一次灾害过程出现下列情况之一的：

①死亡200人以上；②紧急转移安置或需紧急生活救助100万人以上；③倒塌和严重损坏房屋20万间以上；④干旱灾害造成缺粮或缺水等生活困难，需政府救助人数占农牧业人口30%以上，或400万人以上。国务院决定的其他事项。

（2）启动程序。灾害发生后，国家减灾委办公室经分析评估，认定灾情达到启动标准，向国家减灾委提出进入Ⅰ级响应的建议；国家减灾委决定进入Ⅰ级响应状态。

（3）响应措施。由国家减灾委统一领导、组织自然灾害减灾救灾工作。

①国家减灾委主持会商，国家减灾委成员单位、国家减灾委专家委员会及有关受灾省份参加，对灾区抗灾救灾的重大事项作出决定。②国家减灾委领导率有关部门赴灾区指导自然灾害救助工作。③国家减灾委办公室组织灾情会商，按照有关规定统一发布灾情，及时发布灾区需求。有关部门按照职责，切实做好灾害监测、预警、预报工作和新闻宣传工作。必要时，国家减灾委专家委员会组织专家进行实时评估。④根据地方申请和有关部门对灾情的核定情况，财政部、民政部及时下拨中央自然灾害生活补助资金。民政部为灾区紧急调拨生活救助物资，指导、监督基层救灾应急措施的落实和救灾款物的发放；交通运输、铁路、民航等部门加强救灾物资运输组织协调，做好运输保障工作。⑤公安部负责灾区社会治安工作，协助组织灾区群众紧急转移工作，参与配合有关救灾工作。总参谋部、武警总部根据国家有关部门和地方人民政府请求，组织协调军队、武警、民兵、预备役部队参加救灾，必要时协助地方人民政府运送、接卸、发放救灾物资。⑥发展改革委、农业部、商务部、粮食局保障市场供应和价格稳定。工业和信息化部组织基础电信运营企业做好应急通信保障工作，组织协调救援装备、防护和消杀用品、医药等生产供应工作。住房城乡建设部指导灾后房屋和市政公用基础设施的质量安全鉴定等工作。卫生部及时组织医疗卫生队伍赴灾区协助开展医疗救治、卫生防病和心理援助等工作。⑦民政部视情组织开展跨省（区、市）或者全国性救灾捐赠活动，呼吁国际救灾援助，统一接收、管理、分配国际救灾捐赠款物。外交部协助做好救灾的涉外工作。中国红十字会依法开展救灾募捐活动，参与救灾和伤员救治工作。⑧灾情稳定后，国家减灾委办公室组织评估、核定并按有关规定统一发布自然灾害损失情况，开展灾害社会心理影响评估，并根据需要组织开展灾后救助和心理援助。⑨国家减灾委其他成员单位按照职责分工，做好有关工作。

（4）响应终止。救灾应急工作结束后，由国家减灾委办公室提出建议，国家减灾委决定终止Ⅰ级响应。

（5）由国务院统一组织开展的抗灾救灾，按有关规定执行。

2. Ⅱ级响应。

（1）启动条件。某一省（区、市）行政区域内，发生重大自然灾害，一次灾害过程出现下列情况之一的：

①死亡100人以上，200人以下；②紧急转移安置或需紧急生活救助80万人以上，100万人以下；③倒塌和严重损坏房屋15万间以上，20万间以下；④干旱灾害造成缺粮或缺水等生活困难，需政府救助人数占农牧业人口25%以上，或300万人以上。⑤国务院决定的其他事项。

（2）启动程序。灾害发生后，国家减灾委办公室经分析评估，认定灾情达到启动标准，向国家减灾委提出进入Ⅱ级响应的建议；国家减灾委副主任（民政部部长）

决定进入Ⅱ级响应状态。

（3）响应措施。由国家减灾委副主任（民政部部长）组织协调自然灾害救助工作。

①国家减灾委副主任主持会商，国家减灾委成员单位、国家减灾委专家委员及有关受灾省份参加，分析灾区形势，研究落实对灾区的救灾支持措施。②派出由国家减灾委副主任或民政部领导带队、有关部门参加的国务院救灾工作组赶赴灾区慰问受灾群众，核查灾情，指导地方开展救灾工作。③国家减灾委办公室与灾区保持密切联系，及时掌握灾情和救灾工作动态信息；组织灾情会商，按照有关规定统一发布灾情，及时发布灾区需求。有关部门按照职责，切实做好灾害监测、预警、预报工作和新闻宣传工作。必要时，国家减灾委专家委员会组织专家进行实时评估。④根据地方申请和有关部门对灾情的核定情况，财政部、民政部及时下拨中央自然灾害生活补助资金。民政部为灾区紧急调拨生活救助物资，指导、监督基层救灾应急措施的落实和救灾款物的发放；交通运输、铁路、民航等部门加强救灾物资运输组织协调，做好运输保障工作。卫生部门根据需要，及时派出医疗卫生队伍赴灾区协助开展医疗救治、卫生防病和心理援助等工作。⑤民政部视情向社会发布接受救灾捐赠的公告，组织开展跨省（区、市）或全国性救灾捐赠活动。中国红十字会依法开展救灾募捐活动，参加救灾和伤员救治工作。⑥灾情稳定后，国家减灾委办公室组织评估、核定并按有关规定统一发布自然灾害损失情况，开展灾害社会心理影响评估，并根据需要组织开展灾后救助和心理援助。⑦国家减灾委其他成员单位按照职责分工，做好有关工作。

（4）响应终止。救灾应急工作结束后，由国家减灾委办公室提出终止建议，由国家减灾委副主任（民政部部长）决定终止Ⅱ级响应。

3. Ⅲ级响应。

（1）启动条件。某一省（区、市）行政区域内，发生重大自然灾害，一次灾害过程出现下列情况之一的：

①死亡50人以上，100人以下；②紧急转移安置或需紧急生活救助30万人以上，80万人以下；③倒塌和严重损坏房屋10万间以上，15万间以下；④干旱灾害造成缺粮或缺水等生活困难，需政府救助人数占农牧业人口20%以上，或200万人以上。⑤国务院决定的其他事项。

（2）启动程序。灾害发生后，国家减灾委办公室经分析评估，认定灾情达到启动标准，向国家减灾委提出进入Ⅲ级响应的建议；国家减灾委秘书长决定进入Ⅲ级响应状态。

（3）响应措施。由国家减灾委秘书长组织协调自然灾害救助工作。

①国家减灾委办公室及时组织有关部门及受灾省份召开会商会，分析灾区形势，研究落实对灾区的救灾支持措施。②派出由民政部领导带队、有关部门参加的联合工作组赶赴灾区慰问受灾群众，核查灾情，协助指导地方开展救灾工作。③国家减

灾委办公室与灾区保持密切联系，及时掌握并按照有关规定统一发布灾情和救灾工作动态信息。有关部门组织领导新闻宣传工作。④根据地方申请和有关部门对灾情的核定情况，财政部、民政部及时下拨中央自然灾害生活补助资金。民政部为灾区紧急调拨生活救助物资，指导、监督基层救灾应急措施的落实和救灾款物的发放；交通运输、铁路、民航等部门加强救灾物资运输组织协调，做好运输保障工作。卫生部指导受灾省份做好医疗救治、卫生防病和心理援助工作。⑤灾情稳定后，国家减灾委办公室指导受灾省份评估、核定自然灾害损失情况，并根据需要开展灾害社会心理影响评估，组织开展灾后救助和心理援助。⑥国家减灾委其他成员单位按照职责分工，做好有关工作。

（4）响应终止。救灾应急工作结束后，由国家减灾委办公室提出建议，国家减灾委秘书长决定终止Ⅲ级响应。

4. Ⅳ级响应。

（1）启动条件。某一省（区、市）行政区域内，发生重大自然灾害，一次灾害过程出现下列情况之一的：

①死亡30人以上，50人以下；②紧急转移安置或需紧急生活救助10万人以上，30万人以下；③倒塌房屋和严重损坏房屋1万间以上，10万间以下；④干旱灾害造成缺粮或缺水等生活困难，需政府救助人数占农牧业人口15%以上，或100万人以上。⑤国务院决定的其他事项。

（2）启动程序。灾害发生后，国家减灾委办公室经分析评估，认定灾情达到启动标准，由国家减灾委办公室常务副主任决定进入Ⅳ级响应状态。

（3）响应措施。由国家减灾委办公室组织协调自然灾害救助工作。

①国家减灾委办公室视情组织有关部门召开会商会，分析灾区形势，研究落实对灾区的救灾支持措施。②国家减灾委办公室派出工作组赶赴灾区慰问受灾群众，核查灾情，指导地方开展救灾工作。③国家减灾委办公室与灾区保持密切联系，及时掌握并按照有关规定统一发布灾情和救灾工作动态信息。④根据地方申请和有关部门对灾情的核定情况，财政部、民政部及时下拨中央自然灾害生活补助资金。民政部为灾区紧急调拨生活救助物资，指导、监督基层救灾应急措施的落实和救灾款物的发放。卫生部指导受灾省份做好医疗救治、卫生防病和心理援助工作。⑤国家减灾委其他成员单位按照职责分工，做好有关工作。

（4）响应终止。救灾应急工作结束后，由国家减灾委办公室决定终止Ⅳ级响应，报告国家减灾委秘书长。

五、灾后救助与恢复重建制度

（一）过渡性生活救助

（1）重大和特别重大灾害发生后，国家减灾委办公室组织有关部门、专家及灾区民政部门评估灾区过渡性生活救助需求情况。

（2）财政部、民政部及时拨付过渡性生活救助资金。民政部指导灾区人民政府做好过渡性救助的人员核定、资金发放等工作。

（3）民政部、财政部监督检查灾区过渡性生活救助政策和措施的落实；定期通报灾区救助工作情况，过渡性生活救助工作结束后组织人员进行绩效评估。

（二）冬春救助

自然灾害发生后的当年冬季、次年春季，受灾地区人民政府为生活困难的受灾人员提供基本生活救助。

（1）民政部组织各地于每年9月下旬开始调查冬春受灾群众生活困难情况，会同省级人民政府民政部门，组织有关专家赴灾区开展受灾群众生活困难状况评估，核实情况。

（2）受灾地区县级人民政府民政部门应当在每年10月底前统计、评估本行政区域受灾人员当年冬季、次年春季的基本生活困难和需求，核实救助对象，编制工作台账，制定救助工作方案，经本级人民政府批准后组织实施，并报上一级人民政府民政部门备案。

（3）根据省级人民政府或民政、财政部门的请款报告，结合灾情评估情况，民政部、财政部确定资金补助方案，及时下拨中央自然灾害生活补助资金，专项用于帮助解决冬春受灾群众吃饭、穿衣、取暖等基本生活困难。

（4）民政部通过开展救灾捐赠、对口支援、政府采购等方式解决受灾群众的过冬衣被问题，组织有关部门和专家评估全国冬春期间中期和终期救助工作的绩效。发展改革、财政、农业等部门落实好以工代赈、灾歉减免政策，粮食部门确保粮食供应。

（三）倒损住房恢复重建

因灾倒损住房恢复重建由县（市、区）人民政府负责组织实施，尊重群众意愿，以受灾户自建为主。建房资金通过政府救助、社会互助、邻里帮工帮料、以工代赈、自行借贷、政策优惠等多种途径解决。重建规划和房屋设计要因地制宜，科学合理布局，充分考虑灾害因素。

（1）民政部根据省级人民政府民政部门倒损住房核定情况，视情组织评估小组，参考其他灾害管理部门评估数据，对因灾住房倒损情况进行综合评估。

（2）民政部收到受灾省（区、市）倒损住房恢复重建补助资金的申请报告后，根据评估小组的倒房情况评估结果，按照中央倒损住房恢复重建资金补助标准，提出资金补助建议，商财政部审核后下达。

（3）住房重建工作结束后，地方各级民政部门应采取实地调查、抽样调查等方式，对本地倒损住房恢复重建补助资金管理工作开展绩效评估，并将评估结果报上一级民政部门。民政部收到省级人民政府民政部门上报本行政区域内的绩效评估情况后，通过组成督查组开展实地抽查等方式，对全国倒损住房恢复重建补助资金管理工作进行绩效评估。

（4）住房城乡建设部门负责倒损住房恢复重建的技术支持和质量监督等工作。其他相关部门按照各自职责，做好重建规划、选址，制定优惠政策，支持做好住房重建工作。

（5）由国务院统一组织开展的恢复重建，按有关规定执行。

 **学术视野**

一、关于环境权客体的学说

目前学界对环境权客体的论述与争论主要集中在有关环境权客体具体内涵的界定上，总的看来，我国学者对环境权客体的观点大致分为两种：①一元论观点，即认为环境权的客体指环境要素，持这种观点的主要是持狭义公民环境权观点的学者；②多元论观点，即认为环境权的客体包括环境要素、防治对象和行为或者还有其他客体、其他权益等，多数学者持此观点。权利客体是权利行使所涉及的对象，它表明享受权利的主体在哪些方面可以对外在的客体做出某种行为或不做出某种行为。而环境权的客体是环境法律关系主体权利行使所指向的对象。环境权是环境法律关系主体享有的能够在适宜的环境中生存、生活的权利。环境法律关系主体在良好环境中生活的权利其指向应是具有良好生态性的自然要素，自然要素是人类应该享有的正常的生态功能。而可以使公民感受到愉悦心情的人为改造要素，如风景名胜区等则体现了环境权对环境要素更高层次的要求。此外，环境权所体现的生存的权利则基于权利所指向的环境资源要素，可以说良好适应的环境资源要素是公民生存发展的基础。[1]

二、关于排污权交易的法律性质

当排污权交易制度进入法学领域的视线时，主要是探讨其法律性质界定问题。目前学界对于排污权的法律属性分歧较大，但有一点是可以肯定的，那就是排污权是一种兼具公权属性与私权属性的权利，并且私权属性更为趋向突出。主要有以下几种有代表性的观点：崔建远教授认为排污权"以权利人对环境容量的使用和收益为权利内容，而不以担保债权的实现为权利内容，也不以担保债权的实现为目的，故排污权属于他物权；又因其与一般的用益物权在权利对象、行使方式、权利效力等诸方面存在着明显的不同，所以学者们一般将其定性为准物权"。这样他就认同了排污权具有"准物权"的性质。有的学者赞成并补充认为排污权是环境权这一"属权利"下的"种权利"，是一种丰富的人权，公民和企业法人对环境的使用权和依法排放其废物权就是建立在环境权这种"属权利"基础上的"种权利"或"子权利"。还有的学者认为，排污权应该为用益物权，它是一种环境容量使用权，是权利人对环境容量占有、使用和收益的权利。人类社会发展初期，环境资源更多地被用来获取物质利益，发挥其经济上的价值功能。随着人类生产和生态价值的矛盾日益突出，人们逐渐认识到环境资源的生态价值，不再追求单纯的物质财富，而是转向环境资源的生态价值，如森林对空气的净化，水流对物质循环的促进等，这就决定了具有生态价值的排污权必然走入物权法的世界。

---

〔1〕　王文筱："环境权研究"，载《新疆石油教育学院学报》2009 年第 6 期。

三、关于公众参与原则与环境权理论

有人以"公共财产论"和"公共委托论"为基础，提出了公民享有"环境权"的理论，认为每一个公民都有在良好环境下生活的权利，公民的环境权是最基本的权利之一，应该在法律上得到确认并受到法律的保护。该主张提出后，在法学界造成了轰动效应，引发了国际范围内对环境权理论的大讨论。尽管 1972 年的《联合国人类环境会议宣言》宣示了这样的原则："人类有权在能够过尊严和福利生活的环境中，享有自由、平等和良好生活条件的基本权利"；有些国家的法律也已将环境权确立为人的一项基本权利。但学界对环境权的认识是极不统一的。由于环境权的概念模糊，主体不确定，范围界限难以廓清，无法具体化，且环境权与传统法律权利，如生存权，存在着交叉和冲突的地方，很多学者对其能否成为法律权利提出了质疑。即使在对环境权持肯定意见的学者们之间，其认识也存在分歧。"就环境权的性质而言，就存在着四种主要学说，即人权说、人格权说、财产权说和人类权说。""尽管如此，这些学者对环境权的内容的认识比较一致，认为其大致包括环境使用权、知情权、参与权和请求权。"环境权要得到确实实现，需要这些权能的共同作用和相互协调。环境权的确立，无疑可以为公众参与环境管理及其相关事务提供权利基础，确立公众参与环境保护的资格，成为公众参与的桥梁。总之，环境权理论在公众参与方面，弥补了"环境公共财产论"和"环境公共委托论"的缺陷与不足，为环境公众参与奠定了坚实的理论基础。上述三种理论从不同的角度阐述了环境与个人利益的关系，表明环境问题不仅是一个社会公益性问题，而且还是与每个居民的安全和健康密切相关的私益问题，为公民广泛参与环境保护及其成为环境法的原则提供了理论依据。

四、论宪法环境权及其实施[1]

1. 宪法环境权立法回顾。随着世界各国工业化、城市化的发展，环境污染和生态破坏等环境资源问题日益突出，环境保护活动和生态运动经久不衰，现代环境法和境法学应运而生；自 20 世纪 60、70 年代开始，环境权逐渐成为法学界、立法机关和社会大众关注的重要问题，并逐步发展成环境资源领域和生态文明时代的核心权利。

根据蔡守秋教授在 1982 年撰写《环境权初探》时搜集的资料，当时约有 40 多个国家的宪法已经有环境保护方面的规定，但只有几个国家的宪法明确规定了环境权。根据 20 世纪 90 年代初很少有国家将环境权入宪入法的现实，以及环境权入宪在美国、日本、德国等国受阻的困境，学者认为环境权已经走到尽头或末路。[2]

---

〔1〕 蔡守秋：环境权实践与理论的新发展，载《学术月刊》2018 年第 11 期。

〔2〕 例如，叶俊荣教授在"宪法位阶的环境权：从拥有环境到参与环境决策"一文和《环境政策与法律》一书中，提出了"传统环境权理论的崛起背景及没落"的观点，他认为"在美国，宪法上环境权的讨论在 20 世纪 70 年代初经历了一次发展高峰，但进入 90 年代后，相关探讨逐渐减少，不再成为学者关注的中心"。(参见叶俊荣："宪法位阶的环境权：从拥有环境到参与环境决策"，载《台大法学论丛》1990 年第 19 卷第 1 期；参见叶俊荣：《环境政策与法律》，中国政法大学出版社 2003 年版)

　　二十年后，根据吴卫星教授的统计，截止到 1999 年已经有 55 个国家的宪法规定了环境权，据此他将 20 世纪 90 年代形象地称为环境入宪的"黄金十年"。[1]根据美国戴维．R. 博伊德（David R. Boyd）教授在 2012 年出版的《环境权革命：对宪法、人权和环境的全球研究》，[2]其中考察的 192 个国家，已经有 140 个国家的宪法纳入了环境保护的内容，有 86 个国家的宪法明确规定了环境权；在美洲、欧洲、非洲和中东等有 115 个国家参加的四项具有约束力的国际协定中，环境权已经得到承认。实际上，国际社会不时传来环境权入宪国家又增加新成员的消息。胡静博士在 2017 年发表的论文中指出，147 个国家的宪法中规定了环境保护，其中，92 个国家规定了公民的健康环境权。[3]吴卫星教授在 2018 年发表的《环境权入宪的比较研究》一文中，详细列出了环境权入宪的国家和入宪时期。这些国家在地理分布上横跨五大洲，既有发达国家，也有发展中国家；既有资本主义国家，也有社会主义国家；既有大陆法系国家，也有英美法系、伊斯兰法系、混合法系国家。在环境权没有入宪的国家，包括在反对环境权入宪调门最高的美国、日本和德国，其立法机关和法学界经常面对的一个重大问题就是环境权立法问题，或者说"环境权是否入宪入法"，这是过去、现在、将来都绕不开、甩不掉的一个议题；[4]在一些环境权没有入宪的国家，每逢重大环境事件或环保运动发生，往往伴随一场激烈而持久不衰的"环境权是否入宪入法"的大讨论，其结果便是某个新的关于环境权国家宪法的诞生。从总体上看，尽管在某些国家环境权入宪一波三折、障碍重重，也不时传来某些唱衰或否定环境权的声音，但环境权入宪的国家的数量一直处于有增无减的态势，环境权入宪越来越多地成为现代国家的自主选择。综合当代环境权立法的历程和实践，可以得出如下结论：

　　（1）当代宪法环境权的主流呈发展和扩展态势从 20 世纪 70 年代全球仅有几个国家的环境权入宪，到目前已经有 86 个国家的环境权入宪，这表明当代环境权立法已经取得重大进展和丰硕成果，呈现出蓬勃发展的趋势，那种唱衰甚至否定环境权或者将环境权视为伪命题[5]的论证是不符合环境权立法的实践和历史进程的。我们既不能否认 86 个国家宪法环境权规范（或条款）的事实，也不能小看或低估 86 个国家宪法环境权规范（或条款）的规模效应。作为一项体现共享利益的新型权利，

---

〔1〕　参见吴卫星："环境权入宪的比较研究"，载《法商研究》，2017 年第 4 期。

〔2〕　David Richard Boyd, The Environmental Rights Revolution: A Global Study of Constitutions, Human Rights, and the Environmen, Vancouver: UBC Press, 2012, p. 299.

〔3〕　参见胡静："环境权的规范效力——可诉性和具体化"，载《中国法学》2017 年第 5 期。

〔4〕　例如，美国分别在 20 世纪 70 年代和 90 年代，有过呼吁环境权入宪入法的两次高潮，其间不少环保人士、学者、议员甚至总统多次呼吁通过修改美国宪法、州宪法或者制定专门法律将环境权法定化。在日本也是这样，甚至在 2012 年日本众议院宪法审查会会议上，还有民主、自民、公明三党要求将环境权明文写入宪法。参见王曦、谢海波："论环境权法定化在美国的冷遇及其原因"，载《上海交通大学学报（哲学社会科学版）》2014 年第 4 期。

〔5〕　例如，彭运朋认为"环境权是一个伪命题"，主张果断摒弃环境权论。参见彭运朋："环境权辨伪"，载《中国地质大学学报（社会科学版）》2011 年第 3 期。

能够在短短的几十年内在 86 个国家入宪，即获得 86 个国家宪法的明确承认，其强大的生命力和发展前景不容低估，这本身是对否定环境权的各种"高论"的一种否定。值得注意的是，在环境权入宪时研究或借鉴美、日、德的经验教训确有必要，但不能用美、日、德等国家的法律历史和现状代替其他国家法律的历史和现状，不能被"美、日、德法律情结"束缚手脚。例如，《美利坚合众国宪法》（于 1787 年 9 月 15日通过，共经历了 27 次修正）虽然出现过 5 次"财产"，但没有明确提到"财产权"；整个宪法既没有出现环境、自然资源和生态等术语，也没有国家环境目标（或国家环境任务、环境政策）、政府环境责任（或政府环境义务、职责）和公民环境保护义务的规定，更没有实体性环境权和程序性环境权的内容。如果死板地以美国宪法为标准，许多国家的宪法不但不应规定环境权，而且还应将已经规定的国家环境目标（或国家环境任务、环境政策）、政府环境责任（或政府环境义务、职责）和公民环境保护义务等宪法环境规范从宪法中删除。

因此，我们应该具体分析环境权入宪在各国的境遇，虽然当代环境权立法的主流呈发展或扩展态势，但环境权立法反映的是不同国家的法律传统、法律实践和政治、经济、社会、文化、生态制度等国情，并且基本人权在宪法中有不同的立法模式和表达方式，那种期望各国统一实现环境权入宪甚至采用一致的环境权立法模式或表现形式的，在当代多元化世界是不现实的。

（2）当代宪法环境权规范，彰显了环境权的正当性分析 80 多个国家的环境权入宪的历史进程和环境权入宪的文献资料可知，任何一个国家的环境权入宪都具有重要的意义和作用，彰显了宪法环境权的正当性。没有哪一个国家的环境权入宪是偶然的、草率的或个别人拍脑袋决定的；作为一种新型权利，各国环境权入宪之前都进行了相当充分的理论准备、论证过程以及学界的甚至是全民的讨论和商谈。宪法在国家法治体系特别是在国家法律体系中的重要性决定了宪法环境权的重要性。例如，经过长期充分的研究和讨论，法国议会两院联席会议在 2005 年 2 月 28 日通过了《环境宪章》，该宪章明确规定，"人人都享有在一个平衡和不妨害健康的环境里生活的权利"。接着，法国前总统雅克·希拉克颁布了一条改革 1958 年宪法的法令，在宪法前言中加进了《环境宪章》。在法国《环境宪章》进入宪法序言之后，《环境宪章》与1789 年人权宣言和 1946 年宪法序言并列，共同构成法国权利法案的三个支柱，三个文件依次宣告了自由权与政治权、社会权和环境权三代人权。法国前总统希拉克认为，《环境宪章》是一次具有历史意义的进步，它将环境权奉为至高无上，使环境权取得了与 1879 年通过的政治和民事权利以及 1946 年通过的经济和社会权利同等的法律地位；宪章打开了通向"一场真正革命的道路，即人道的生态的道路"。[1]

---

〔1〕 关于《环境宪章》和前总统希拉克讲话内容，参见卢苏燕："法通过〈环境宪章〉草案，拟将环境保护写入宪法"，http：//www.people.com.cn/GB/huanbao/1072/1937634.html，2003 年 6 月 26 日访问。参见周训芳：《环境权论》，法律出版社 2003 年版，第 2~5 页。

毫无疑义，作为大陆法系发源国的法国，从宪法上确认环境权对整个世界都具有重要的意义和影响。另外，当代宪法环境权的诞生和发展，有力地回应和推动了环境权理论的发展。从某种意义上讲，法学理论总是灰色的，而"法治实践"之树常青，一页立法历史相当于一卷法理学书籍，一道立法流程抵得上一卷法律诠释的逻辑论证。以环境权入宪为核心的当代环境权立法，已经从实践上基本回应了环境权理论研究中一系列争论问题，并有力地促进了环境权理论的发展。

（3）当代宪法环境权规范，基本明确了环境权的内涵及其与其他权利的联系和区别某些学者反对环境权入宪的主要理由是环境权的主体不明、客体不明和内容不明。但是，在环境权已经入宪的国家，无论对立法机关还是对法学界而言，这个问题通过宪法规范已经基本解决。分析环境权已经入宪的 80 多个国家的宪法规范可知，宪法环境权的内涵（包括环境权的主体、客体和内容等）是基本明确的，宪法环境权的基本人权性质、新型权利性质是基本明确的，宪法环境权与人格权、物权（财产权、产权）、自然资源所有权（自然资源永久主权）等传统法律权利或既有法律权利的联系与区别也是基本明确的。这种基本明确主要体现在如下几个方面：一是宪法环境权属于人的权利、属于基本人权，宪法环境权的主体是人，这里的人涉及个人、公民、公众（不特定多数人）、民族、由自然人组成人的组织（或集体、单位）。例如，《哈萨克斯坦共和国宪法》（1993 年）在规定其他人权的同时，明确规定"共和国公民有享受有益于生活和健康的环境的权利"（第 12 条）。二是宪法环境权属于一种新型的、独立的权利，与具有排他性的私权具有本质的差别。分析 80 多个国家的宪法环境权规范可知，没有哪个国家的宪法因纳入环境权而将其他传统权利、既有权利从宪法中删除，也没有哪个国家的宪法将环境权规定为物权（财产权、产权）、自然资源所有权（自然资源永久主权）等传统的或既有的具有排他性的私权利中的一种具体权利，而是对环境权进行专门规定。这说明在环境权入宪的 80 多个国家，无论是立法机关还是主流的法学理论已经明确环境权是一种新型的、独立的权利，已经将环境权与物权（财产权、产权）、自然资源所有权（自然资源永久主权）等传统的或既有的具有排他性的私权利区别开来。例如，在葡萄牙、南非和韩国等国家宪法中，既规定了环境权，也规定了具有排他性的人身权、财产权、社会权等各种权利，这些不同性质和类型的多种权利在同一宪法中处于共存、互容、互补状态，并没有引起不可克服的权利冲突和导致权利体系的混乱。三是宪法环境权是对人享用适宜（如清洁、健康、生态平衡、没有污染、无害、安全、良好、和谐、舒适、适合人发展等）环境的资格、自由、权利和利益的法律确认；判断"适宜"环境的标准主要是国家法律认可的环境质量标准。例如：《智利共和国宪法》（1980 年）第 19 条规定："任何人都有权生活在一个无污染的环境中"；《俄罗斯联邦宪法》（1993 年）第 42 条规定，"每个人都有享受良好的环境和获得关于环境状况的信息的权利"。显然，上述各种表达方式的环境权是传统的或既有的宪法权利所无法涵盖的。

　　虽然当代宪法环境权规范，基本明确了环境权的内涵及其与其他权利的联系和区别，但这并不意味着不需要法律对其进一步具体定义或具体的法律解释。正如其他基本权利的主体、客体和内容都需要进一步法律定义和法律解释一样，也不意味着在环境权已经入宪的 80 多个国家，已经不存在对环境权的不同认识和理解。包括法学在内的所有人文社会科学（或学科）基本上属于价值科学，而不同的人对同一事物往往持有不同的价值观或价值判断。在法律和法学领域，即使是对已经定型数百上千年的法律权利（如财产权、人身权、自由权、国家所有财产权等）迄今仍然存在不同的认识和理解，环境权也不例外。

　　（4）当代宪法环境权规范，基本明确了宪法中实体性环境权与宪法环境规范的"五种关系"[1]分析 80 多个国家宪法环境权产生的进程和经验可知，纳入环境权的当代宪法已经基本理清或明确上述"五种关系"。宪法中的实体性环境权与国家环境目标（国家环境保护任务、政策）、政府环境职责（政府环境保护义务）、公民环境义务、程序性环境权等其他宪法环境规范既有区别也有联系。宪法实体性环境权规范的确立有利于在宪法中纳入国家环境目标（国家环境保护任务、政策）、政府环境职责（政府环境保护义务）、公民环境义务、程序性环境权等其他宪法环境规范，上述其他宪法规范的确立也有利于实体性环境权入宪入法。许多学者认为，人民（或公众）追求的目标、利益就是国家（政府）追求的目标和利益，从宪法（实体性）环境权可以推导出国家环境目标（或任务、政策）、政府保护环境职责（或责任、义务）、公民环境保护义务（或责任）、程序性环境权和其他宪法环境规范；从宪法确立的国家环境目标（或任务、政策）、政府保护环境职责（或责任、义务）、公民环境保护义务（或责任）、程序性环境权和其他宪法环境规范，也可以反推出（实体性）环境权存在的正当性。宪法中的实体性环境权与国家环境目标（国家环境保护任务、政策）、政府环境职责（政府环境保护义务）、公民环境义务、程序性环境权是同时入宪，还是有选择性地入宪，不存在全球统一的学说或标准，主要取决于各国具体的法律文化、法治实践和政治经济社会环境条件以及相关利益方和持不同价值观群体之间的博弈。在宪法纳入实体性环境权时，同时或有选择性地纳入国家环境目标（国家环境保护任务、政策）、政府环境职责（政府环境保护义务）、公民环境义务和程序性环境权，是一种有利于维护宪法环境权权威、便于实施的方式，也可以说是对宪法环境权的法律约束力和可实施性的"双保险"或"多保险"。这种方式不仅有利于加强宪法对环境生态资源的保护、对公众环境利益（环境公益）的维护，以及便于宪法实体性环境权的实施，也有利于防止持不同权利观或不同的法学学派对宪法实体性环境权的

─────────────────

[1]　有的学者将宪法环境规范分为如下 5 种：实体性的个人健康环境权、程序性环境权、政府保护环境的义务、个人环境责任，以及其他杂项（Five categories of environmental provisions were identified：a substantive individual right to a healthy environment；procedural environmental rights；government's duty to protect the environment；individual environmental responsibilities；and miscellaneous other provisions）。

淡化和随意性解释。根据博伊德博士（David R. Boyd）[1]、吴卫星博士[2]等学者对80 多个国家宪法环境权规范的研究：有 25 个国家的宪法在规定实体性环境权时，还规定了环境基本国策；有 34 个国家的宪法在规定实体性环境权时，还规定了环境基本国策和公民环保义务；有 5 个国家的宪法在规定实体性环境权时，还规定了环境基本国策和环境程序性权利；有 21 个国家的宪法在规定实体性环境权时，还规定了环境基本国策、公民环保义务和环境程序性权利。上述 80 多个国家宪法处理"5 种关系"的方式和经验说明，将实体性的环境权规范与其他宪法环境规范割裂开来甚至对立起来，认为有了国家环境目标（国家环境保护任务、政策）、政府环境职责（政府环境保护义务）、公民环境义务和程序性环境权等其他宪法环境规范，就宣告实体性宪法环境权的没落、衰弱甚至丧失了存在的正当性的论调是不成立的。

（5）当代宪法环境权规范，基本明确了宪法环境权的法律效力和可实施性不赞成环境权入宪的人认为宪法环境权没有法律效力和可实施性。但环境权已经入宪的80 多个国家的立法成果和经验说明，各国在将环境权纳入宪法时，都会考虑环境权的法律效力和可实施性，将环境权立法与环境权实施紧密结合起来，基本回应了甚至解决了环境权实施中的主要疑问。那种认为"宪法环境权没有法律效力和可实施性"的观点既经不起实践的检验，也缺乏理论的支撑。根据美国博伊德博士、吴卫星博士等学者对 80 多个国家宪法环境权规范的研究，环境权在宪法中的位置主要有 4 种情况，在这 4 种情况下，宪法环境权规范均具有不同程度的法律效力和可实施性。[3]

第一，位于宪法序言中的环境权规范，具有法律效力和可实施性。有的学者所否定的环境权主要指的就是这种环境权，其实规定这种环境权的只有两个国家，即喀麦隆和科摩罗。在当代法治国家，一般认为宪法序言体现该国法治体系的指导思想、基本价值观和带有根本性、基础性的事项，具有重要的意义和作用，位于宪法

---

〔1〕　See David Richard Boyd and T Satterfield, "The Environmental Rights Revolution: Constitutions, Human Rights, and the Environment," Human RightsQuarterly, Vol. 35, no. 35（2010）, pp. 1021 – 1042; David Richard Boyd, The Environmental Rights Revolution: A Global Study of Constitutions, Human Rights, and the Environment, UBC Press, 2012, p. 299. APPENDIX2 Online Database: All Current Environmental Provisions from National Constitutions http://hdl. handle. net/2429/36469http! /hdl. handle. net/2429/36469.

〔2〕　参见吴卫星："环境权入宪的比较研究"，载《法商研究》2017 年第 4 期。

〔3〕　对于包括宪法环境权在内的宪法规范（Constitutional norms，包括宪法序言、具体条文）的法律效力（legal validity）和可实施性（或可执行性，enforceability），不同学派或学者有不同的看法；从世界宪法制度的整体情况来看，各国宪法规范是否具有法律效力和可实施性，各国的宪法规定和法治实践也不尽相同。李林教授认为，我国宪法是治国安邦的总章程，具有最高法律地位、法律权威和法律效力；宪法序言是我国宪法的灵魂，同现行宪法各章节一样具有最高法律效力；"可诉性（Justiciability）的法律效力观"显然不符合我国法律体系和宪法法律效力的制度安排；用"规范性的法律效力（Normative Validities）观"来解释我国许多法律和现行宪法，是不能被接受甚至是荒谬的；对宪法规范法律效力的认识应当超越那种将法律文本机械地分割成不同部分的片面化理解，应当坚持在整体意义上理解和把握法律效力。[参见李林："习近平新时代宪法思想的理论与实践"，载《北京联合大学学报（人文社会科学版）》2018 年第 3 期]。

序言中的环境权也不例外；那种贬低或否定宪法序言（包括位于宪法序言中的环境权）的重要意义和法律效力的观点仅仅是一家之言。李林教授认为："宪法序言是我国宪法的灵魂，是宪法的重要组成部分，同现行宪法各章节一样具有最高法律效力。"[1]另外，位于宪法序言中的环境权不但不与宪法中的其他环保规范相互矛盾或抵触，而且对它们具有指导性。例如，喀麦隆在其宪法序言中规定环境权时，也规定了环境保护基本国策、公民环保义务等宪法规范；科摩罗在其宪法序言中规定环境权时，也规定了公民环保义务条款。

第二，位于宪法的权利法案中的环境权，具有法律效力和可实施性。将环境权置于宪法的权利法案中的，共有 67 个国家。这种位置的宪法环境权主要分为四种情况：一是将环境权置于一体化权利法案中有 47 个国家，如韩国、越南、芬兰、乌克兰、希腊、俄罗斯、墨西哥、智利、南非等；二是将环境权置于经济、社会与文化权利中有 13 个国家；三是将环境权置于集体权利中有 4 个国家；四是将环境权置于单独权利章节的有 3 个国家。上述四种情况中的环境权，都具有法律效力和相应的实施途径。

第三，将环境权置于宪法的国家政策、原则或目标中有 7 个国家（如菲律宾、西班牙、巴西、埃及等）。[2]

置于国家政策、原则或目标的宪法环境权，既有国家积极行为（如通过制定国家环保目标、任务、政策和规划等）保障其实施；也具有很强的指导性，有利于法院等司法机关能动司法。例如，菲律宾《宪法》（1987 年）的"第二章 关于原则和国家政策的宣告"第 16 条规定："国家保障和促进人民根据自然规律及和谐的要求，享有平衡健康的生态环境的权利。"在菲律宾著名的 Oposa v. Factoran 案（Juan Antonio Oposa and others v. The Honourable Fulgencio S. Factoran and another）中，宪法环境权获得了直接司法保护。

1990 年，45 名儿童代表他们自己以及尚未出生的后代起诉环境与自然资源部部长，指控菲律宾政府环境与自然资源部门所签发的木材许可证合同超出了森林的采伐能力，要求停止大规模地出租供采伐的森林、特别是原始森林，撤销环境与自然资源部已经发放的伐木许可证，并停止受理、更换和批准新的许可证。1991 年 7 月，第一审法院以起诉人没有原告资格、该案涉及政治问题等理由，驳回了起诉。1993 年 6 月 30 日，菲律宾最高法院推翻了原审判决，作出了支持上诉方的判决。针对原告提出的环境权，最高法院认为，尽管宪法第 16 条位于"原则和国家政策宣言"章节而非位于"权利法案"章节，但并不意味着其没有后者所规定的民事权利和政治

---

[1] 参见李林："习近平新时代宪法思想的理论与实践"，载《北京联合大学学报（人文社会科学版）》2018 年第 3 期。

[2] 例如，《斯洛文尼亚宪法》将环境权规定于第 3 章"经济与社会关系"而非第 2 章"人权与基本自由"；《菲律宾宪法》将环境权规定于第 2 条"关于国家原则和政策的宣言"而非第 3 条"人民的权利"；《巴西宪法环境权》将环境权规定于第 8 编"社会秩序"而非第 2 编"基本权利和保障"。

权利重要, 它们只是不同类型的权利。[1] 菲律宾最高法院首席法官戴维德 (David) 在向法院的报告中指出: "我们发现没有任何困难可以做出如下裁决: 他们可以为自己、为代内其他人、为子孙后代, 以享有平衡和健康的生态的权利 (the right to a balanced and healthful ecology) 为由, 提起一种诉讼。"[2]

第四, 其他情形, 有 10 个国家。[3] 规定这种宪法环境权的国情虽然比较复杂多样, 但大都是对环境权的内涵 (包括环境权的内容、性质、特点、功能等) 进行过充分讨论, 具有深刻认识的国家。其中有些国家, 如法国、秘鲁、厄瓜多尔等国, 对环境权和环境法治建设特别重视, 其宪法环境权具有很强的法律效力和可实施性 (包括可具体法律化和可诉性)。例如, 在法国《环境宪章》进入宪法序言之后, 经由宪法委员会的释宪机制, 环境宪章发展出一套日益细腻的规则体系, 基本克服了某些学者设想中的环境权缺乏法律效力和可实施性的弊病。

综上所述, 当代宪法环境权规范, 将环境权立法与环境权实施结合起来进行顶端设计, 基本回应了环境权的法律效力和可实施性 (包括可具体法律化和可诉性) 问题, 为环境权的有效实施和环境法律制度的建立健全提供了根本大法的依据。有些学者反对环境权入宪的主要理由是主观地将宪法环境权规范想象为或限定为只能是宣传性的、缺乏相应配套或保障措施的宪法规范, 并借此断定宪法环境权规范没有实际意义或法律效力。但是, 现实存在的各国宪法环境权及其相关宪法规范的内容却可以相当完备、与时俱进, 有些国家的宪法已经考虑与环境权实施有关的主要法律问题, 甚至在宪法本身中已经针对上述学者所描述的宪法环境权缺陷设置了应对措施即相应的宪法规范。

2. 环境权实施概述。在 20 世纪 80 年代以前, 有关环境权实施的信息、资料和案例很少, 要想找到一件真实的或典型的环境权诉讼案件非常困难, 毕竟环境权实施是指法律规定的环境权的实施, 而那时环境权入宪入法的国家很少。从 20 世纪 90 年代开始, 有关环境权实施的信息、资料和案例逐渐增多, 绝大多数环境权已经入宪的国家在环境法实施方面都取得了较好的绩效。根据美国博伊德博士和萨特菲尔德 (Satterfield) 发表的论文和著作[4], 他们通过对 192 个国家宪法的分析, 对全球 500 个环境法律专家的调查材料的归纳, 对 86 个国家的环境法律和法院判决的审查,

---

[1] 参见蒂姆·海沃德:《宪法环境权》, 周尚君、杨天江译, 法律出版社 2014 年版, 第 159 页; 参见特德·艾伦: "菲律宾儿童案例: 承认后代人的地位", 载《乔治城国际法律评论》第 6 卷, 第 713 ~ 719 页; 参见冈瑟·汉德尔编:《国际环境法年鉴》(第 4 卷) 克莱伦顿出版社 1994 年版, 第 430 页; Minors Oposa v. Factoran, 33 I. L. M. 184 (1994).

[2] 菲律宾最高法院 1993 年 6 月 30 日判决 (Juan Antonio Oposa et. cl. V. The Honourable Fulgencio Factoran, Jr., Secretry of the Department of the Environment and Natural Resource, et. Al)。

[3] 这是一些无法纳入前几种典型情况的特例, 如法国专门制定《环境宪章》来规定环境权;《秘鲁宪法》第 1 章 "人和社会" 将环境权条款列入第 1 节 "人的基本权利" 而非第 2 节 "社会和经济权利"。

[4] See DR Boyd and T Satterfield: "The Environmental Rights Revolution: Constitutions, Human Rights, and the Environment," Human Rights Quarterly, Vol. 35, no. 35 (2010), pp. 1021 - 1042; David Richard Boyd, The Environmental Rights Revolution: A Global Study of Constitutions, Human Rights, and the Environment.

以及采用三个综合指数和三个时间序列对有无宪法环境保护国家的环境绩效（the environmental performance）进行比较，得出了如下结论：宪法化的环境权呈现出重大的法律效果。在 86 个明确规定宪法健康环境权[1]的国家中，有 72 个国家的环境法得到加强，并纳入了环境权利的后宪法化 incorporated environmental rights post – constitutionalization，后宪法化是指在宪法规定环境权后，国家法律对宪法规定的环境权进一步具体化）；有 50 个位于拉丁美洲、欧洲、亚洲和非洲的国家，法院已经强制实施（enforced）健康环境的权利；阿根廷、巴西、哥伦比亚和哥斯达黎加为保护健康环境权开辟了简单而廉价的司法程序。国际法院和人权委员会越来越多地在人权案件中应用环境权。在一些国家，宪法环境权的实施已经呈现出如下贡献：加强环境法的执行；构成环境法的回滚障碍（a barrier to rollbacks in environmental law）[2]；加大政府问责（greater government accountability，增强政府的公信力或加大政府的责任）；有利于与其他权利的公平竞争（a level playing field with other rights）；减少环境不公；改善公众获取信息、参与决策和获得司法救济（access to justice）。博伊德和萨特菲尔德通过初步分析认为，宪法环境保护条款与环境绩效之间存在正相关关系。已经规定宪法环境权条款的国家有较小的生态足迹（ecologicalfootprints），在环境指标综合指数上排名更高，并且比没有这些规定的国家更快减少了空气污染物和温室气体的排放。为了进一步探讨宪法环境权规范对环境的影响和产出，有必要作进一步的定量研究。总之，宪法化的环境保护，特别是宪法规定的健康环境权，代表着一种能够重新配置法律制度、在生态可持续性方面具有前所未有的优越性的法律变革。[3]

鉴于某些学者对环境权的司法诉讼和可诉性情有独钟，他们往往以环境权缺乏可诉性作为反对或否定环境权入宪的理由。胡静博士在研究环境权可诉性时认为："在研究路径上跳脱我国学者惯有的美日中心主义，直面发展中国家中成功的环境权诉讼案例，在实证观察之后进行理论分析，将学者们热烈讨论的环境权在我国是否可诉的问题在对可诉性效力的实证观察和理论分析的基础上予以回答。"根据他的研究，在拉美和加勒比海规定了宪法环境权的 16 个国家中，有 13 个国家支持环境权诉

---

[1] 健康环境权，英文是"the right to a healthy environment"，是指对健康环境的权利。这是博伊德在其论文和著作中对环境权的一种简略性的概括。请读者注意，不要将"健康环境权"理解为健康权和环境权。

[2] 环境法的回滚障碍（a barrier to rollbacks in environmental law）是指环境法的倒退障碍，即阻止环境法倒退。目前有些国家的法律或法院判决，已经明确规定环境保护的"维持现状原则""禁止倒退规则"或"禁止倒退义务"，即要求政府必须按照客观标准进行高水平的环境保护，对现成环境法律和标准构成的环境保护的底线，政府只能提高而不能降低该底线；法律一旦设定了一定水平的环境保护，政府此后不得撤销或降低此种保护。

[3] DR Boyd and T Satterfield，"The Environmental Rights Revolution：Constitutions, Human Rights, and the Environment，" Human Rights Quarterly, Vol. 35, no. 35 (2010)，pp. 1021～1042.

讼，其中最活跃的是阿根廷、巴西、哥伦比亚和哥斯达黎加；拉美国家法院已经作出了 6000 多例与环境权有关的裁决；南非法院在 1996 年以来的至少三个判决，在解释和理解规定环境权的宪法第 24 条〔1〕上作出了努力。〔2〕

蔡守秋教授认为，通过对各国环境法实施资料的分析发现，法国、葡萄牙、荷兰、意大利、瑞典、俄罗斯、南非、肯尼亚、菲律宾、韩国、阿根廷、巴西、哥伦比亚、哥斯达黎加等国是宪法环境权实施得比较好的国家。例如，法国《环境宪章》规定的环境权作为宪法规范具有最高效力，2008 年修宪将原 "社会经济委员会" 改为 "社会经济与环境委员会"〔3〕，使其对环境方面的法律和法令草案提供咨询意见，此举可以视为环境立法理性化和专业化的措施。根据王建学博士的研究，在法国宪法委员会审查的案件中，环境法典被宣告违宪的频率最高；环境宪章并非 "纸老虎"，宪法委员会亦未采取完全谦抑的审查立场。法国宪法委员会围绕《环境宪章》中规定的环境权利、环境义务、风险预防原则、公共决策与可持续发展等问题都作出了宪法认定。《环境宪章》中规定的程序性和实体性环境人权已经成为具有直接效力的基本权利，拘束立法、行政和一切公权行为，并初步形成了相应审查标准。截至 2017 年 12 月 31 日，宪法委员会援引环境宪章的判决共 34 项，其中有 31 项适用宪法审查程序；在 31 项宪法审查判决中，17 项含有违宪或部分违宪认定。合宪性先决程序是 2010 年开始实施的新程序，据此，"公民得在普通诉讼中提出违宪抗辩"，这意味着环境宪章对个人具有直接效力，个人可以成为环境权宪法诉讼的主体。除宪法委员会在审理案件中援引《环境宪章》外，最高行政法院和最高司法法院也将《环境宪章》作为裁判规则，目前行政法院和司法法院系统援引《环境宪章》的判决已达 250 多项，这些案件涉及如何处理一系列复杂的现实问题，诸如贸易自由与环境缺陷产品的行政管制、环境民事侵权、环境相关的刑事责任和环境反抗压迫权等问题。〔4〕在 2017 年召开的 "中法宪法上的环境权" 国际学术研讨会上，法国最高行政法院大法官雅安·阿吉拉指出，很多宪法表述都是抽象的，但这种抽象性并不影响其可诉性，而且从宪法委员会和普通法院的实践来看，环境宪章的所有条文都具有可诉性，可以得到法官的援引和解释，只是法官在面对抽象的宪法表述时通常要表

〔1〕　1996 年南非宪法第 24 条（环境，Environment）规定：每人都有权（a）获得对其健康或福利无害的环境；（b）令环境获得保护，目的是为了当代和后代利益，手段是采取适当立法和其他措施，这些立法和其他措施能够：①防止生态和环境恶化；②促进环境的保护和管理；③在促进合理的经济和社会发展的同时，保护自然资源生态上的可持续发展和使用。

〔2〕　参见胡静："环境权的规范效力——可诉性和具体化"，载《中国法学》2017 年第 5 期。

〔3〕　V. la loi constitutionnelle n° 2008 – 724 du 23 juillet 2008 de modernisation des institutions de la Ve République.

〔4〕　以上参见王建学："法国的环境保护宪法化及其启示——以环境公益与环境人权的关系为主线"，《暨南学报（哲学社会科学版）》，2018 年第 5 期；王建学："'从宪法委员会'到'宪法法院'——法院合宪性先决程序改革述评"，载《浙江社会科学》，2010 年第 8 期。

现得较为谦卑，必须小心翼翼地尊重立法意图。[1]从总体上看，法国宪法中的环境权的实施机制相当丰富多样，既涉及宪法委员会的宪法审查，也涉及行政法院和司法法院的司法活动、议会的立法形成、社会经济与环境委员会的立法咨询活动、环境教育体制等一系列国家公权活动；可以说，法国宪法中的环境权已经形成一套多元和多层的实施机制。

综上所述，宪法环境权的实施已经取得重大进展和丰硕成果，呈现出健康发展的趋势，那种否定环境权的可实施性和实施效果的观点不符合环境权实施的真实情况，那种以环境权缺乏可实施性（包括可诉性）为由而反对或阻碍环境权入宪是缺乏说服力的。实践证明，解决环境权实施中所遇到的困难和问题的办法，比环境权实施中所遇到的困难和问题更多；环境权的法律效力和可实施性是明显的，越来越多的国家已经采取各种措施、开辟各种途径加强环境权的实施（包括行政实施、司法实施和公众实施），形成保障环境权实现的法律制度。

结合当代环境权实施的经验和教训，可以得出如下结论：

（1）宪法环境权的实施，已经取得重大进展和丰硕成果。判断和评价宪法环境权的法律效力、可实施性和实施绩效，应该由已经将环境权纳入宪法的那些国家进行自主评价，依靠已经将环境权纳入宪法的那些国家的自主评估报告、案例和有关统计资料，比较环境权入宪前后的环境保护绩效。根据上述86个明确规定宪法环境权的国家所公开的案例、评估报告和有关信息资料，这86个国家大都肯定了宪法环境权的法律效力、可实施性和实施绩效。总体上，86个明确规定宪法环境权的国家在实施环境权方面均取得了显著的成效，呈现出健全发展的趋势，支持和依据宪法环境权的司法判决一直处于有增无减的态势。值得指出的是，肯定宪法环境权的法律效力、可实施性和实施绩效与存在并承认宪法环境权在实施方面所存在的问题和困难，是两种不同性质的问题。宪法规定的任何权利，包括对其法律效力（特别是规范效力）、可实施性（特别是可诉性）已经确定无疑的主观私权利，在具体实施和案例中都不同程度地存在实施效果欠佳，以及某些缺陷、弊病、不足之处和需要进一步改进等问题，宪法环境权也不例外。

在宪法环境权实施方面所取得的成果和绩效，说明了有效实施宪法环境权的重要意义和作用。宪法环境权的有效实施，使纸面上的环境权转变为现实中的环境权、应然的环境权转变为实然的环境权、抽象的环境权转变为具体的环境权；环境权成为公众维护包括自身在内的环境公共利益（简称环境公益）的强大武器，即公众进行环境维权的强大武器，成为公众参与环境决策、监督、管理的法律依据，成为发展环境公益诉讼的权利依据。另外，宪法环境权的实施，也为建立系统完整的环境资源法学理论体系（包括环境资源法律解释学、环境资源法教义学等）创造了条件、

---

〔1〕　参见王建学、赖伟能："中法宪法上的环境权"国际学术研讨会成功召开，http：//www.calaw.cn/article/default.asp？id＝12205，2019年12月16日最后访问。

提供了丰富的实践资源，有利于促进环境资源法学理论（包括环境资源法律解释学、环境资源法教义学等）的健全和发展。

（2）理性、公正地对待有关宪法环境权的法律效力、可实施性（特别是可诉性）的案例，有利于促进宪法环境权的有效实施、提高其实施绩效。①坚持对涉及宪法环境权的的法律效力、可实施性（特别是可诉性）的案例进行具体而公正的分析。无论是赞成环境权入宪的人，还是反对环境权入宪的人，他们往往举出某些案例作为其根据和理由。但是，由于有些人用早已存在的先验观点对待案例，某些案例分析往往缺乏逻辑性和说服力，有的案例甚至给人们提供"虚假"的结论。蔡守秋教授认为，对如下三类案例，特别要注意进行具体而公正的分析和研究：第一是案例所涉"环境权"不是指宪法（或法律）规定的环境权，而是指自然法、道德方面的"环境权"或存在于现实生活中为人们追求的"环境权"。这种案例主要发生在环境权没有入宪入法的国家。在这类案件中，原告提起诉讼的理由是被告侵犯了"环境权"，提出的诉求是要求法院维护或救济其"环境权"，法官判决所支持或不支持的也是这种"环境权"。蔡守秋教授主张宪法和法律规定的环境权具有法律效力和可诉性，但是不主张环境权没有入宪入法的国家在司法案件中适用环境权。蔡守秋教授认为，在环境权没有入宪入法的国家所形成的有关环境权的案例，是法官不依法判案的表现，是没有法律依据、法律权威和法律效力的案例，但不妨碍其具有情理上的或道德上的意义，也可以从反面论证在宪法和法律中明确环境权的必要性和重要性。第二是案例所涉"环境权"不是真正的环境权，而是早已确立的具有排他性的私权利。例如，原告认为被告因造成环境污染或生态破坏而导致其人身和财产损害，要求法院维护和救济其环境权。在这类案件中，原告提起诉讼的理由表面上是被告侵犯了"环境权"，提出的诉求表面上是要求法院维护或救济其"环境权"，实际上都是指人身权和财产权。蔡守秋教授主张宪法和法律规定的环境权具有法律效力和可诉性，但是不赞同将环境权理解为早已确立的具有排他性的私权利，不赞同原告因私权利受到侵犯为由而提起环境权诉讼，不赞同法官将私权利受到侵犯当作环境权受到侵犯进行审理。蔡守秋教授认为，在这种诉讼中法官否定或不支持的是冒充环境权的私权利。有些人将这类案例作为法院不支持环境权的案例，并作为不赞成或否定环境权入宪的理由，是对这种案例的错误理解和错误运用。三是既要分析研究不支持或否定环境权及其可诉性的案例，也要研究分析支持或肯定环境权及其可诉性的案例。对这两类不同案例的存在及其争论，往往不是导向反对或否定环境权入宪，而是进一步说明了在宪法中规定环境权的必要性和重要性。因为只有在环境权入宪入法的前提下，才能最大限度地统一法官对涉及环境权案件的判决；而维持宪法没有环境权的现状，只会使这两类不同的案例及其争论长期拖延下去。对案例所涉环境权没有得到法院支持或肯定的理由，应该进行具体而公正的分析。有的法官之所以不愿意适用环境权进行判决，理由是适用环境权的条件目前还不够成熟，并认为将来有可能适用环境权。有的法官之所以不愿意适用环境权进行判决，理由是环保部门没有制定或健全明确、具体的环境标准，这不是根本否定或不支持环境权，而是意味着环境标准健全后可以适用环境权。②理性、正确地对待没有规定宪法环境权的国家有关宪法环境权的法律效力、可实施性和实施绩效的评价和案例。据蔡守秋教授所看到和搜集的文献资料，目前淡化和否定宪法环境权的法律效力、可实施性和实施绩效的评论和案例，主要来自美国、日本、德国等环境权没有入宪的国家，很少有已经规定宪法环境权的国家否定宪法环境权的法律效力、可实施性和实施绩效的评论和案例。在当代法治国家，特别是实行成文法的国家，确定各种法律权利（包括法律权力、法益和法律义务）的依据和形式是成文法、制定法。所谓宪法环境权的法律效力、可实施性和实施绩效，是指宪法已经明确规定的环境权的法律效力、可实施性和实施绩效，如果宪法没有规定环境权，也就根本不存在宪法环境权的法律效力、可实施性和实施绩效问题。在没有规定宪法环境权的国家，没有宪法环境权的实施绩效是常态，没有肯定和支持宪法环境权的案例也是常态；而存在宪法环境权的实施绩效和肯定、支持宪法环境权的案例，则是反常的、不符合法治法理的异常情况。在法治国家，对政府而言，依宪行政、依法治国、依法办事是基本要求，不能要求政府去执行、实施和维护宪法（和法律）没有规定的环境权，也不存在宪法（和法律）没有规定的环境权的实施绩效；对法官、法院等司法人员和司法机关而言，忠于宪法（和法律）、依照宪法（和法律）判案是基本要求，不能要求法官依据宪法（和法律）没有规定的环境权去判决案件。因此，有些学者列举美国、日本、德国等环境权没有入宪的国家的否定或不支持环境权及其可诉性的案例，作为否定或不赞成其他国家（包括中国）环境权入宪的证据和理由，是没有说服力的"多此一举"。在英美判例法系国家，早期曾经有通过判例形成某种权利的先例，但只有经过判例的反复而长期的适用才能确定某种权利，并且发展到现代这些通过判例形成的权利也已经得到成文法的确认。在当代大多数判例法国家，制定法越来越多，几乎所有的权利都已经纳入到制定法之中，已经很难举出仅由判例确定而没有得到制定法认可的权利。目前许多法官在其审理的案件中不愿意适用环境权，最主要的原因是因为宪法或法律中没有明确规定环境权，而不是他们反对或否定环境权。因此，企图通过法院判例确定宪法环境权是不现实的，即使某些法官通过"法官造法、法官立法"而形成确认环境权的先例，环境权的确立也决非一案之力、一案之功所能达成的。目前在英美判例法系国家，既有赞同和支持环境权的判例，也有不支持、不赞同环境权的案例；哪种案例可以成为反复适用的先例，还需假以时日；这两类案例的冲突，最好的解决方式是从宪法上明确规定环境权。因此，某些人仅仅列举美、英等国不支持或否定环境权及其可诉性的案例，作为不赞成或否定环境权入宪的根据和理由，不仅是片面的，而且也是难以令人信服的。

（3）宪法环境权作为一种新型权利，其执行、实施和实现具有不同于其他具有排他性的权利的特点。通过对宪法环境权规范及其实施的研究可知，宪法环境权的实施具有多元主体、多种途径、多种方式的特点。宪法环境权的实施（或执行）和可实施性（或可执行性）主要体现在立法实施（或具体法律化）、行政实施（或行政执法）、司法实施（或司法诉讼）、环境权主体自我实施（或公众实施）等方面。宪法环境权的立法实施，是指立法机关通过立法途径、制定具体的法律法规，将宪法环境权转变为法律环境权，即通过具体法律实现宪法环境权的法律化、程序化和制度化。宪法环境权的行政实施，是指政府机关通过制定行政规章（抽象行政行为）和行政执法（具体行政行为），实施和维护宪法（法律）环境权，这是宪法环境权最主要的实施途径。宪法环境权的司法实施，是指法院等司法机关通过司法诉讼，维护和实现宪法（法律）环境权，这是宪法（法律）环境权最有法律权威和法律效力的实施途径。宪法环境权实施的一个重要特点和重大突破，是对违反宪法环境权的宪法审查，对侵犯环境权行政行为的司法审查，是环境法专门法庭和环境公益诉讼的发展。宪法环境权主体自我实施，是指作为宪法（法律）环境权主体的公众，通过公众参与等方式自主维护、实施环境权，这是最普遍、基础的实施。宪法环境权既是一种积极的权利，又是一种消极的权利，其救济手段，既可以是私益诉讼，也可以是公益诉讼。另外，宪法环境权的实施，具有渐进性、开放性和发展性的特点。既不宜将环境权入宪初期的实施不够有效、绩效不够明显，视为环境权没有可实施性，也不宜将环境权实施过程中遇到的困难、障碍和存在的缺陷和不足，

作为否定环境权及其可实施性的理由。环境权的实施像其他传统权利的实施一样，都有一个逐渐健全、不断发展的过程。"

理论思考与实务应用

一、理论思考

（一）名词解释

环境监督管理体制　排污权交易　生产者延伸责任　环境标志　环境监测　环境资源规划

（二）简答题

1. 环境影响评价制度的适用范围和主要内容有哪些？
2. 简述环境权。
3. 三同时制度对建设项目的竣工验收有何要求？
4. 简述环境产权制度。
5. 简述自然资源产权制度。

（三）论述题

1. 论述总量控制制度。
2. 论述排污权交易制度。
3. 论述自然资源法律制度。

二、实务应用

（一）案例分析示范

案例水权交易案[1]

　　义乌市是全国最大的小商品流通中心，同时也是一个缺水的城市，在1997年以前，特别是1994年、1995年，义乌市居民吃水主要靠污染严重的义乌市江水。每到枯水季节，居民家中水管流出来的水都有一股刺鼻的怪味，许多义乌市居民只好买矿泉水做饭，说当时的义乌市"水比油贵"一点也不过分。根据当时义乌市的发展规划，在10年内义乌市将发展成为一个拥有50万人口的大城市，而其供水能力只能维持到2003年，水已经成为制约义乌市发展的瓶颈因素。而与义乌市相隔不远的东阳市水资源相对比较丰富，该市位于义乌市上游，人均水资源拥有量比义乌市多1倍，仅其境内的横锦水库的总库容就相当于义乌市全市大小水库的近2倍，而且水质优良，常年保持1类水质。东阳市除了保持正常的生活、灌溉用水外，每年要向下游弃水3000多万立方米。为了解决两市因水资源配置所产生的矛盾和纠纷，两市曾通过行政协调手段解决问题，但经过多年多轮谈判仍然是久议不决。2000年11月24日，东阳市和义乌市签订的有偿转让横锦水库的部分用水权的协议，不仅开创了我国首例水权交易的先河，也走出了采用市场机制解决跨行政区水环境资源纠纷的路子。根据东阳市义乌市签订的水资源使用权交易协议，[2]义乌市一次性买断了东阳市4999.9万立方米水的使用权，完成了国内第一宗水权交易。东阳人认为，转让给义乌的水其实是丰余的弃水，东阳实施节水工程后得到的丰余水相当于每立方米1元钱，转让给义乌后的回报却是每立方米4元钱，东阳市除获得2亿元水权费外，还获得每年500万元的水综合管理费（按每年实际供水0.1元/立方计算）。从表面上看，义乌买东阳的水资源花费了2亿元，但如果自己建水库则需要花费4亿多元。

　　问：1. 结合该案，讨论东阳市和义乌市水交易的性质、特点、好处和存在的问题。

　　2. 何谓自然资源使用权和所有权？

---

[1]　参见蔡守秋主编：《环境法案例教程》，复旦大学出版社2009年版，第130页。

[2]　参见王磊："两亿元买清水——国内第一笔水权交易详记"，载《人民日报》2001年2月20日华东版；水利部经济调节司、水利发展研究中心："关于浙江'东阳—义乌'水权转让的调研报告"，载中国水利报2002年2月10日版。甲方（东阳市人民政府）与乙方（义乌市人民政府）达成的协议包括用水权、运行费用、付款方式、管道工程、供水方式、违约责任等方面。其主要内容如下：义乌市一次性出资2亿元购买东阳横锦水库每年4999.9万立方米水的使用权；水库原所有权不变，水库运行管理、工程维仍由东阳负责，义乌市按当年实际供水量每立方米0.1元支付综合管理费（包括水资源费）；从横锦水库到义乌引水管道工程由义乌市负责规划设计和投资建设，其中东阳境内段引水工程的有关政策处理和管道工程施工由东阳市负责，费用由义乌承担；义乌市购买用水权的2亿元资金，根据引水工程进程分期付清。

（二）案例分析实例

案例宅基地使用权纠纷[1]

原告张某与被告陈某是同一村村民，双方于 2001 年 8 月口头达成"换地建房协议"，但该协议未实际履行。不久，被告陈某以其本人已与原告张某协商换地为由，在张某以前的旧房地上堆放石料、搭建简易猪栏及瓦房等，为此，双方发生宅基地纠纷，张某随即向当地镇人民政府申请处理。同年底，该镇人民政府作出"关于张某和陈某宅基地纠纷的处理决定"，认定张某对双方争议的宅基地享有合法的使用权，明确了争议的宅基地四至、面积等。此后，被告陈某未向其上级人民政府申请复议，也未向当地人民法院提起行政诉讼，仍占用该地搭建简易猪栏及瓦房。2002年初，原告张某向人民法院提起民事诉讼，要求被告陈某停止侵权，恢复土地原状，将争议的宅基地的使用权判决归其所有。

问：1. 乡镇人民政府对宅基地作出的确权决定是否合法？

2. 原告张某的诉讼请求能否得到支持？

 参考书目

1. 汪劲：《中外环境影响评价制度比较研究——环境与开发决策的正当法律程序》，北京大学出版社 2006 年版。

2. 韩广等：《中国环境保护法的基本制度研究》，中国法制出版社 2007 年版。

3. ［美］丹尼尔·H. 科尔：《污染与财产权：环境保护的所有权制度比较研究》，严厚福、王社坤译，北京大学出版社 2009 年版。

4. 俞金香等：《循环经济法制保障研究》，法律出版社 2009 年版。

5. 孟庆瑜、刘武朝：《自然资源法基本问题研究》，中国法制出版社 2006 年版。

6. 杨永杰主编：《环境保护与清洁生产》，化学工业出版社 2008 年版。

7. 钱光人主编：《国际城市固体废物立法管理与实践》，化学工业出版社 2009 年版。

---

[1]　黄锡生等编著：《环境与资源保护法学典型案例解析》，重庆大学出版社 2010 年版，第 149 页。

第四章

环境资源法律责任

【本章概要】环境资源的法律责任是环境主体因侵害国家、集体和个人的环境资源权利或者不履行环境资源法律义务而依法应承担的否定性的法律后果。环境资源法律责任本身不是一种单独的责任形式，而是一种责任体系，表现为环境资源行政责任、环境资源民事责任和环境资源刑事责任。环境资源法律责任具有以下特点：环境资源民事法律责任的承担不以违法为必要前提，环境资源民事法律责任的构成实行无过错责任制，违法处罚趋重化。承担环境资源行政责任的形式主要是行政处罚和行政处分；承担环境资源民事责任的具体方式主要有排除危害、恢复原状和赔偿损失等；我国刑法设专节"破坏环境资源保护罪"，规定了污染和破坏环境资源的15种犯罪，而且还在"渎职罪"一章中将负有法定环境资源监督管理职责的国家机关工作人员滥用职权或失职导致环境损害后果产生的行为从滥用职权罪中分离出来，设立违法发放林木许可证罪，环境监管失职罪，非法批准征用、占用土地罪和非法低价出让国有土地使用权罪。

【学习目标】通过本章学习，掌握环境资源法律责任的特点；熟练掌握环境资源民事法律责任的构成要件、内容及其运用；掌握环境资源行政法律责任的内容及其运用；掌握环境资源刑事法律责任的内容及其运用；学会用环境资源的三种责任形式综合分析案件。

第一节　环境资源法律责任概述

一、环境资源法律责任的概念和种类

环境资源法律责任是环境主体因不履行环境义务而依法应承担的否定性的法律后果。按其性质可分为环境行政责任、环境民事责任和环境刑事责任。

二、环境资源法律责任的特点

环境资源法律责任具有以下特点：

1. 环境资源法律责任具有自身的特殊性。从环境资源法律责任的构成要件来看，环境资源民事法律责任的承担不以违法为必要前提；环境资源民事法律责任的构成实行无过错责任制。

2. 环境资源法律责任的责任形式有其特殊性。在很多情况下，环境资源民事法律责任和环境资源行政法律责任对违反环境资源法律行为的责任承担中，恢复原状可能最能代表环境资源保护的目的。

3. 环境资源法律责任趋重化。其表现在于：①加重了行政处罚的程度。环境法中，有责令污染企业停产、搬迁、关闭的规定，这对企业来说是致命的处罚。另外，行政处罚加重的最明显标志是罚款金额的增加。②实行惩罚性损害赔偿。当环境污染损害发生以后，有关管理部门责令行为人向国家支付一定的环境损害赔偿费，其费用往往大于损害的实际价值。③制定特别刑法，严厉惩罚环境犯罪。④实行两罚或多罚制度。环境法中的两罚或多罚制度，是指对于违反环境法或造成环境污染破坏的行为，除了追究直接责任人的责任外，还要追究该行为人所属单位及其领导者或其雇主责任的法律责任制度。

第二节　环境资源行政责任

一、环境资源行政责任的概念及其特征

关于环境资源行政责任的概念有以下几种表述："环境行政责任是指违反环境法和国家行政法规所规定的行政义务或法律禁止事项而应承担的法律责任。"[1]"环境行政责任是指环境行政法律关系的主体违反环境行政法律规范或不履行环境行政法律义务所承担的否定性法律后果。它以当事人违法或不履行环境行政法律义务、主观上存在故意或过失为前提。"[2]上述观点强调了法律责任与违法性的联系。"环境行政责任是指违反了环保法，实施破坏或者污染环境的单位或个人所应承担的行政方面的法律责任。"[3]在此，强调了法律责任与环境损害后果的联系，即将违反程序法等规定而未造成环境损害的行为排除在外。我们认为环境资源行政责任是行政责任的一种，环境资源行政责任是指违反环境法和其他行政法律法规或因环境法及其他行政法律法规规定的事由而应当承担的法定的不利后果。环境资源行政责任具备一般行政责任的特点，但也有其特殊性：

1. 环境资源行政责任既包括环境行政机关及其工作人员、授权或委托的社会组织及其工作人员在行政管理中因违法失职、滥用职权或行政不当而产生的行政责任，也包括公民、法人或者社会组织等行政相对人违反行政法律产生的行政责任。但被追究环境资源行政责任者多为企业、事业单位、社会组织及其领导人员、直接责任人员。

2. 环境资源行政责任的构成要件中，行为违法和主观上有过错，是行为人承担行政责任所必须具备的条件，为"必要条件"；危害后果和违法行为与危害后果的因果关系，则只有在法律明文规定时才存在，所以是"选择条件"。在确认环境资源行

---

〔1〕　金瑞林主编：《环境法学》，北京大学出版社 1999 年版，第 206 页。

〔2〕　解振华主编：《中国环境执法全书》，红旗出版社 2000 年版，第 189 页。

〔3〕　韩德培主编：《环境保护法教程》（第 5 版），法律出版社 2007 年版，第 349 页。

政责任的构成要件时，要求行为人主观上有过错。实践中，对环境和资源的破坏多表现为故意，对环境的污染多表现为过失的心理状态。

3. 环境资源行政责任是一种否定性的法律后果。是行为人违反环境资源行政法律规范，或者因不履行环境资源行政法律规范所设定的义务或滥用权力（或权利），所应承担的否定性的法律后果。行政责任是行政制裁的基础，而行政制裁是行政责任的表现形式。

二、环境资源行政责任构成要件

环境行政责任构成要件是指依法追究行政责任时，违法者所必须具备的主、客观条件，这些条件是由环境资源法所规定的。

具体来说，环境行政责任构成要件如下：

（一）行为人的违法行为

环境违法行为是指行为人实施了环境法律禁止的行为或违反了环境法律规定的义务。环境违法行为是构成环境资源行政责任的必要要件之一。《环境保护法》第59条规定了企业事业单位和其他生产经营者违法排放污染物，受到罚款处罚且拒不改正的，作出处罚决定的行政机关可以自责令改正之日的次日起，按照原处罚数额按日连续处罚。从第60条至第63条规定了企业事业单位和其他生产经营单位有超过污染物排放标准或者超过重点污染物排放总量控制指标排放污染物的；未依法提交建设项目环境影响评价文件或者环境影响评价文件未经批准，擅自开工建设的；重点排污单位不公开或者不如实公开环境信息的；建设项目未依法进行环境影响评价，被责令停止建设，拒不执行的；未取得排污许可证排放污染物，被责令停止排污，拒不执行的；通过暗管、渗井、渗坑、灌注或者篡改、伪造监测数据，或者不正常运行防治污染设施等逃避监管的方式违法排放污染物的；生产、使用国家明令禁止生产、使用的农药，被责令改正，拒不改正等行为，可以给予不同的行政制裁。第65条规定了环境影响评价机构、环境监测机构以及从事环境监测设备和防治污染设施维护、运营的机构，在有关环境服务活动中弄虚作假，对造成的环境污染和生态破坏负有责任的，应当与造成环境污染和生态破坏的其他责任者承担连带责任。第68条规定了地方各级人民政府、县级以上人民政府环境保护主管部门和其他负有环境保护监督管理职责的部门具有对于不符合行政许可条件而予以行政许可；对环境违法行为进行包庇；依法应当作出责令停业、关闭的决定而未作出；对超标排放污染物、采用逃避监管的方式排放污染物、造成环境事故以及不落实生态保护措施造成生态破坏等行为，发现或者接到举报未及时查处；违反本法规定，查封、扣押企业事业单位和其他生产经营者的设施、设备的；篡改、伪造或者指使篡改、伪造监测数据；应当依法公开环境信息而未公开；将征收的排污费截留、挤占或者挪作他用等违法行为，应承担相应的行政违法责任。有关的自然资源法规还规定了更具体的应受行政制裁的行政违法行为。另外，某些违反《治安管理处罚法》损害环境的行为，如违反规定，破坏草坪、花卉、树木；违反规定，在城镇使用音响器材，音量过大，影响周围居民的工作或者休息，不听制止，也可以追究行政责任。

（二）行为人的主观过错

行为人主观上具有过错也是承担行政责任的必要条件之一。就过错而言，有故意和过失两种情形。故意属于明知不能为而为之，在实践中如破坏环境与资源的行为，界定较为容易；而过失则是因疏忽大意或过于自信而导致的行为，实践中确定较难，具体到环境违法行为上则难上加难，这是环境损害结果的滞后性造成的。在确定过失的标准上，有三种不同意见：①主观标准，即根据行为人的主观心理状态，以其预见能力作为判断过失的标准；②客观标准，即根据不同行业，确定该行业中等水平（即平均水平）的人应该预见的范围，作为判断过失的客观标准；③主观与客观标准相结合，以客观标准为主，并且根据每一特定案件的具体情况具体分析。我国一般实行过错推定的方法。[1]然而，在环境行政执法实践中，因利益的原因，有的管理部门在认定过错时要么徇私舞弊，使责任人得不到相应的惩罚；要么官僚主义，只为了多罚款，使应由民事法律调整的案件错为行政法律调整，有失公允。

过错的形式不同，对其惩罚的程度也有所区别。故意的心理状态表明行为人"明知故犯"，这比过失的心理状态的危害性要大，故在损害结果相同的条件下，对故意行为的惩罚要比对过失行为的惩罚重。

（三）行为的危害后果

此处危害后果是指违法行为造成了破坏或者污染环境、损害人体健康、农作物死亡等后果。行为的危害后果是否是承担环境资源行政责任的条件，应具体情况具体分析。《环境保护法》第 61、62、65 条未将危害后果作为承担环境资源行政责任的条件，而第 60、63、68 条将危害后果作为承担环境资源行政责任的条件之一。2017 年《海洋环境保护法》第 86 条则规定："违反本法第 55 条第 3 款的规定，将中华人民共和国境外废弃物运进中华人民共和国管辖海域倾倒的，由国家海洋行政主管部门予以警告，并根据造成或者可能造成的危害后果，处 10 万元以上 100 万元以下的罚款。"对于可能造成危害后果的行为进行处罚的规定，体现了"预防为主"的基本原则，具有积极的意义。所以，行为的危害后果并不是环境行政责任的必要条件之一。

（四）违法行为与危害后果之间的因果关系

即违法行为与破坏或者污染环境危害后果之间存在内在的、必然的因果关系。既然危害后果并不是构成环境资源行政责任的必要条件，相应的因果关系自然地成了"选择性条件"。

在环境资源行政执法实践中危害后果及因果关系非常复杂。环境危害后果有特殊性，这体现在其对环境与人的双重危害，危害既可以是直接的又可以是间接的，既可以是有形的也可以是无形的，等等。所以在确定因果关系时，就应考虑是直接

---

〔1〕　沈宗灵主编：《法理学》，北京大学出版社 2001 年版，第 355 页。

因果关系还是间接因果关系。在环境资源行政责任实践中，通常对直接的、现时的、有形的危害容易认定，这种情况常存在于环境资源破坏的案件中。对间接的、潜在的、无形的危害的认定则相当困难，它既需要科学的手段，又需要掌握该手段的专门机构与专门人才。我国目前因机构改革恐怕难以为此设立专门鉴定机构，所以我们认为可以借鉴国外通行的做法，即从大学或科研院所中遴选出具有国际先进水平的鉴定机构，确定其为具有法律效力的鉴定机构并加以规范，这样既具有权威性，又节省资金与人力，可谓一举数得。

三、承担环境资源行政责任的形式

（一）环境资源行政处罚

1. 环境资源行政处罚的概念及特征。行政处罚是国家特定行政机关依法惩戒违反行政管理秩序的个人、组织的一种行政行为，属行政制裁范畴。[1]环境资源行政处罚是环境行政监督管理机关对违反环境保护法而破坏或者污染环境，但又不够刑事惩罚的单位或者个人实施的一种行政制裁。其特点是：

（1）行政处罚的主体是依照法律、法规授权，享有环境行政处罚权的行政机关。另外，根据《行政处罚法》的规定，环境行政监督管理机关可以依据法律、法规或者规章的规定，授权给具有管理公共事务职能的组织，或者委托给符合法定条件的组织实施行政处罚权。法定授权机关、被环保机关授权或者委托的组织都必须在授权范围内行使行政处罚权，否则，即是越权无效。

（2）行政处罚的对象是行政相对人中的违法者，即因破坏或者污染环境而违反了环境保护法，应受到行政处罚的单位和个人。监督管理部门与行政处罚对象之间存在着监督管理与被监督管理的行政法律关系。

（3）行政处罚是一种法律制裁，是对违法者的惩戒，以使其今后不得重犯。行政处罚是因个人、组织不履行法定义务，或不正当行使权利，行政机关依法命其承担新的义务或使其权利受到相应损害的行为，因此，行政处罚以惩戒而不以实现义务为目的。

（4）行政处罚具有时效性。《行政处罚法》第29条规定："违法行为在2年内未被发现的，不再给予行政处罚。法律另有规定的除外。前款规定的期限，从违法行为发生之日起计算；违法行为有连续或者继续状态的，从行为终了之日起计算。"可以看出，环境行政监督管理机关在2年内未发现违法行为，超过此期限后即使再发现，也不得给予行政处罚；法律另有规定的除外。

2. 环境资源行政处罚的种类。依据不同的标准可以将环境资源行政处罚分为不同的种类。依据行政处罚所涉及的对象和作用，可以将环境资源行政处罚分为三种：

（1）精神罚。或称影响声誉的处罚。这是行政机关对违反行政法律规范的个人、组织的谴责和警戒。环境法中规定的精神罚只有警告。警告是指对违法者予以告诫

---

〔1〕 罗豪才主编：《行政法学》，中国政法大学出版社1999年版，第194页。

和谴责，申明其行为已经构成违法，要求其以后不再重犯。这是针对违法者声誉的一种处罚。警告是以影响行为人的声誉为内容的处罚，它不涉及行为人的财产权利、行为能力和人身自由，因而与其他种类的行政处罚相区别。警告一般适用于情节比较轻微的违法行为，惩罚的程度比较轻，而且其制裁作用对物质生活水平不同的违法者是不同的，正如美国学者詹姆斯·科尔曼（James Coleman）所说的，"有损社会声望的惩处对处于社会底层的人影响不大"，相反，对于富人而言，则是相当严厉的处罚。

（2）行为罚。或称能力罚，是限制或剥夺违法者特定行为能力的一种制裁。根据《环境保护法》的规定，行为罚主要包括：

第一，责令重新安装使用。是指环境行政监督管理部门对未经同意而擅自拆除或者闲置防治污染设施，污染物的排放又超过规定排放标准的单位，强令其重新安装使用。其中对擅自闲置者，则强令其重新使用。

第二，责令停止生产或者使用。是指环境行政监督管理部门，对建设项目的防治污染设施没有建成或者没有达到国家规定要求而投入生产或者使用的单位，强令其停止生产或者使用。其中，对生产部门的建设项目，是责令停止生产；对非生产部门的建设项目，则责令其停止使用。这种处罚必须由审批该建设项目环境影响报告书（含报告表和登记表）的生态环境主管部门科处，只能对污染防治设施没有建成或者虽已建成但未经验收，或者经验收不合格便投入生产或者使用的建设项目所在单位科处。且它是一种暂时性的行政处罚形式，只要建设项目防治污染设施建成并经验收已达到国家规定要求，或者原已建成但未经验收而现已验收合格，或者虽已建成但验收不合格，经努力达到国家规定要求，经环境行政监督管理部门验收合格后便可投入生产或者使用。

第三，限制生产、停产整治，责令停业或关闭。2014年《环境保护法》第60条对于限期治理制度进行了修改，增加了限制生产、停产整治两项措施，规定了企业事业单位和其他生产经营者超过污染物排放标准或者超过重点污染物排放总量控制指标排放污染物的，县级以上人民政府环境保护主管部门可以责令其采取限制生产、停产整治等措施；情节严重的，报经有批准权的人民政府批准，责令停业、关闭。在责令限制生产、停产整治期间，企业事业单位和其他生产经营者也不能违法排污，否则一样要处以罚款。这样才能解决限期治理制度变成违法排污者"保护伞"的问题。2014年12月15日原环境保护部（已撤销）部务会议审议通过了《环境保护主管部门实施限制生产、停产整治办法》，对于实施限制生产、停产整治的适用范围、实施程序等作出了具体的规定。

第四，责令恢复原状。2014年《环境保护法》第61条规定："建设单位未依法提交建设项目环境影响评价文件或者环境影响评价文件未经批准，擅自开工建设的，由负有环境保护监督管理职责的部门责令停止建设，处以罚款，并可以责令恢复原状。"这一条是在此次修订环境保护法时新增加的内容，此前对于未批先建的法律责任只在单行法和行政法规中有规定。建设单位未依法报批建设项目环境影响报告书、报告表，或者未依照《环境影响评价法》第24条的规定重新报批或者报请重新审核环境影响报告书、报告表，擅自开工建设的，由县级以上生态环境主管部门责令停止建设，根据违法情节和危害后果，处建设项目总投资额1%以上5%以下的罚款，并可以责令恢复原状；建设项目环境影响报告书、报告表未经批准或者未经原审批部门重新审核同意，建设单位擅自开工建设的，依照前款的规定处罚、处分。这次修订，堵住了现有规定中"限期补办"的漏洞，直接规定对于未评先建的，责令停止建设，处以罚款，并可以恢复原状。未评先建的违法项目，不能再通过补办手续的方式"补票"，可以直接处以罚款。[1]

第五，责令公开。这是《环境保护法》新增的一种行为罚。该法第62条规定，重点排污单位不公开或者不如实公开环境信息的，由县级以上地方人民政府环境保护主管部门责令公开，处以罚款，并予以公告。重点排污单位不公开或者不如实公开环境信息的，环保部门应首先责令其公开，并处以罚款，但单一的罚款难以有效威慑违法企业，实现惩戒目的，因此在此之外，还应当对企业的该违法行为予以公告，使公众知晓。[2]

第六，行政拘留。《环境保护法》增加了关于行政拘留的规定。该法第63条规定，企业事业单位和其他生产经营者建设项目未依法进行环境影响评价，被责令停止建设，拒不执行的；违反法律规定，未取得排污许可证排放污染物，被责令停止排污，拒不执行的；通过暗管、渗井、渗坑、灌注或者篡改、伪造监测数据，或者不正常运行防治污染设施等逃避监管的方式违法排放污染物的；生产、使用国家明令禁止生产、使用的农药，被责令改正，拒不改正的，由县级以上人民政府环境保护主管部门或者其他有关部门将案件移送公安机关，对其直接负责的主管人员和其他直接责任人员，处10日以上15日以下拘留；情节较轻的，处5日以上10日以下拘留。由于涉及对公民人身自由的限制，因此行政拘留权只能由县级以上公安机关才能行使，对本条规定的四种行为尚不构成犯罪的，县级以上人民政府环境保护主管部门或者其他有关部门无权直接拘留，应当将案件移送公安机关，由公安机关依法处以拘留。构成犯罪的，应当依法追究刑事责任。应当说明的是，本条规定的对四种行为实施行政拘留，并不排除依照有关法律法规规定对其予以处罚，而是在其他法律法规规定的处罚之上，新增加了行政拘留的法律责任，加重了对这些行为的处罚。[3]

（3）财产罚。指使被处罚人的财产权利和利益受到损害的行政处罚。这种处罚在于使违法者缴纳一定数额的金钱或者是剥夺其一定的财物，并不影响违法者的人身自由和进行其他活动的权利。财产罚的这种特性决定了它所适用的违法情况比较广泛，也是一种比较奏效的行政处罚。所以在环境法中对它有较详细的规定，如

---

〔1〕　袁杰主编：《〈中华人民共和国环境保护法〉解读》，中国法制出版社2014年版，第217～218页。

〔2〕　袁杰主编：《〈中华人民共和国环境保护法〉解读》，中国法制出版社2014年版，第221页。

〔3〕　袁杰主编：《〈中华人民共和国环境保护法〉解读》，中国法制出版社2014年版，第224页。

2010 年原环境保护部修订的《环境行政处罚办法》第 10 条规定，环境行政处罚的种类有：警告，罚款，责令停产整顿，责令停产、停业、关闭，暂扣、吊销许可证或者其他具有许可性质的证件，没收违法所得、没收非法财物，行政拘留，法律、行政法规设定的其他行政处罚种类。可见，环境行政处罚中的财产罚主要包括罚款和没收违法所得两种。

第一，罚款。所谓罚款是指环境行政监督管理部门强令违法者向国家缴纳一定数额的金钱。其作用在于强制剥夺违法者一定的财产权，促使其悔改，不再污染或破坏环境。因为它既不影响相对人的人身自由，也不限制或剥夺其行为能力，但是又起到一定制裁作用，所以成为运用最为广泛的一种行政处罚。几乎我国所有的环境法律法规都有罚款的规定，《环境保护法》第 59 条有按日计罚的规定；另外，环境保护单行法也有罚款规定，各种污染防治法的有关规定更详细，如《环境噪声污染防治法》第 48 ~ 60 条，《大气污染防治法》第 46 ~ 49、52 ~ 61 条等；同时，各种自然资源法也有类似规定，如《水法》第 65 ~ 72 条，《草原法》第 65 ~ 70 条等。

一直以来，"守法成本高、违法成本低"的现象普遍存在，企业宁愿违法也不愿承担相对高的污染治理成本。为了增强罚款处罚的威慑力以及提高罚款的起点和幅度，2014 年修订的《环境保护法》增加了关于按日计罚的规定。[1]该法第 59 条规定："企业事业单位和其他生产经营者违法排放污染物，受到罚款处罚，被责令改正，拒不改正的，依法作出处罚决定的行政机关可以自责令改正之日的次日起，按照原处罚数额按日连续处罚。前款规定的罚款处罚，依照有关法律法规按照防治污染设施的运行成本、违法行为造成的直接损失或者违法所得等因素确定的规定执行。地方性法规可以根据环境保护的实际需要，增加第 1 款规定的按日连续处罚的违法行为的种类。"2014 年 12 月 15 日，原环境保护部部务会议审议通过《环境保护主管部门实施按日连续处罚办法》，进一步细化了对于按日计罚的规定。

实践中，有些地方已经率先进行了"按日计罚"探索。原环保部环境监察局行政执法处罚处长姬钢介绍，按日计罚的实施效果，重庆做过统计，重庆市在实施按日计罚前，其企业违法行为自我纠正率不到 20%，实施了按日计罚后，企业自我纠正的比例逐年攀升，到目前已经达到 90% 左右。[2]"按日计罚"有效地遏制了企业环境违法行为，对排污企业起到了很好的震慑效果。

---

〔1〕 "按日计罚"大致有两种模式，秩序罚性质的"按日计罚"和执行罚性质的"按日计罚"。秩序罚性质的"按日计罚"，即对于持续的环境违法行为，直接从其发生之日至改正之日进行按日连续处罚。执行罚性质的"按日计罚"，即不论环境违法行为是否持续，先认定为"一次"违法进行处罚，并责令限期改正，逾期仍未改正再实施按日连续处罚直至改正完成。（参见"按日计罚怎么罚？"，载中国环境网，http://www.cenews.com.cn/sylm/hjyw/201404/t20140402_772313.htm，2014 年 4 月 2 日访问。）依据 2014 年修订的《环境保护法》，我国采用执行罚性质的"按日计罚"。

〔2〕 参见王硕、官志雄："专家：环保按日计罚使罚无上限 罚到违法企业心疼"，载中国环境网，http://www.cenews.com.cn/sylm/hjyw/201501/t20150109_786273.htm，2015 年 1 月 19 日访问。

　　罚款、缴纳排污费和缴纳滞纳金，均是强令污染者向国家缴纳一定数量的金钱，它们的区别是什么？

　　根据《国家环保局关于罚款和征收排污费能否同时执行问题的复函》，罚款与缴纳排污费的区别是：①性质不同。罚款是法律法规设定的一种环境资源行政法律责任，缴纳排污费则是一种环境行政管理手段，只是一种法定义务。②适用的对象不同。罚款是针对企事业单位某些特定违法行为而设立的，缴纳排污费则是针对企事业单位的排污行为设立的。在污染物排放标准内进行排污是合法行为，但也须缴纳排污费。二者既不能互相排斥，也不能互相代替。一方面，不能因为已对排污单位收取排污费而免除其依法应当承担的罚款及其他责任；另一方面，也不能因为已对排污单位处以罚款而免除其依法应当履行的缴纳排污费的法定义务。所以根据法律规定，如果排污单位不按规定缴纳排污费，环保部门也有权对其处以一定罚款，同时还应当按照规定征收排污费。

　　而滞纳金是指环境行政主体对负有金钱缴纳义务的相对人在不按时缴纳应缴款项时，从滞纳之日起按日并按滞纳款比例加收金钱，以促使相对人尽快履行缴纳金钱义务的行政强制措施。[1]其与罚款的行政处罚有相似之处，即都以环境行政违法为前提，都是科处相对人一定的金钱给付义务。但是二者有原则性区别：①性质不同。罚款是对已经发生的环境违法行为予以金钱制裁，是行政处罚的一种方式，滞纳金则是通过罚缴一定的金钱，迫使义务人履行其应当履行而逾期仍未履行的义务，是一种行政强制措施，属于执行罚。②功能不同。罚款不因环境违法者停止或纠正环境违法行为而中止或免除，滞纳金一俟义务人开始履行义务便终止。③适用原则不同。罚款遵循"一事不再罚"的原则，而滞纳金可以针对同一事项反复适用。

　　第二，没收。没收是指县级以上环境行政监督管理部门，强制将违反环境保护法、破坏环境和自然资源的单位或者个人的部分或者全部违法所得的财物收归国库的一种行政处罚形式。其中的违法所得财物包括非法猎取的猎获物、渔获物，倒卖采伐许可证、允许进出口证明或者出售、收购、运输、携带国家或者地方重点保护野生动物及其产品，或者非法转让土地的违法所得，在非法占用、转让的土地上新建的建筑物及其他设施，或者非法所得的木材、矿产资源，或者非法使用的猎捕工具、渔具等。[2]

　　此外，责令赔偿损失是运用行政手段解决民事赔偿纠纷的一种特殊行政处罚形式，其优点是可以较迅速地使受害者得到赔偿，及时制止环境污染和资源破坏的行为。但因为它违背了民法解决民事赔偿纠纷的原则和程序，同时可能因救济程序、时效等使当事人遭受损失，所以，近年修改的《森林法》《土地管理法》《防沙治沙

---

〔1〕　叶必丰：《行政法学》，武汉大学出版社1996年版，第201页。

〔2〕　韩德培主编：《环境保护法教程》（第5版），法律出版社2007年版，第369页。

法》等都采用依法赔偿损失的模式,[1]从而逐步取代责令赔偿损失这种行政处罚形式。

综合来看,我国环境资源法规定的行政处罚,具有两大特点:[2]

第一,多为预防性行政处罚。例如,责令重新安装使用、责令停止生产或者使用,责令停业或者关闭,责令停止开垦等处罚形式,大都是为了预防环境破坏或者污染的发生,或者是为了制止已经发生的环境破坏或者污染的继续加重。环境资源法中多设立预防性行政处罚形式,主要是环境破坏或者污染容易,治理和恢复难等特点以及环境资源法中"预防为主"的基本原则所要求的。

第二,多为行为罚。环境资源法中的行政处罚中责令重新安装使用、责令补种是行政机关依法责令违法者实施某一行为;责令停止开垦、责令停止生产是行政机关依法责令违法者禁止实施某一违法行为;责令限期改正、责令限期治理是行政机关责令违法者限期实施某一行为。诸如此类的行为罚占据了行政处罚形式的绝大多数,体现了保障人体健康,维持生态平衡,促进经济、社会、环保持续发展的精神。

(二) 环境资源行政处分

1. 环境资源行政处分的概念及特征。行政处分是指国家行政机关、企业事业单位,根据行政隶属关系,依照有关法规或内部规章对犯有违法失职和违纪行为的下属人员给予的一种行政制裁。实施行政处分的单位,必须是具有隶属关系和行政处分权的国家行政主管机关或者企业、事业单位。

环境资源行政处分是指国家机关、企业事业单位按照行政隶属关系,依法对在保护和改善生活环境和生态环境,防治污染和其他公害中违法失职,但又不够刑事惩罚的所属人员给予的一种行政制裁。

环境资源行政处分的特点是:

(1) 实施行政处分的主体必须是具有隶属关系和行政处分权的国家行政机关或企业、事业单位。

(2) 行政处分的相对人是行政机关、企业、事业单位内犯有违法失职和违纪行为的下属人员。

(3) 行政处分的法律依据是国家环境保护的法律、法规和企业、事业单位内部的规章,如2006年2月20日监察部 (已撤销) 和原国家环境保护总局 (已撤销) 联合发布并于同日生效的《环境保护违法违纪行为处分暂行规定》等。

2. 环境资源行政处分的对象。环境资源行政处分的对象有两种:

(1) 企业、事业单位中实施了破坏或者污染环境的行为,情节较重但又不够刑

---

〔1〕　最早在1991年制定的《水土保持法》中,就已率先摒弃了这一行政处罚形式,除此之外,还有近年修改颁布施行的如《森林法》第44条第2款、《防沙治沙法》第42条、《海洋环境保护法》第90条等。

〔2〕　韩德培主编:《环境保护法教程》(第5版),法律出版社2007年版,第363～364页。

事惩罚的有关责任人员。法律依据有：《水污染防治法》第 83 条、《大气污染防治法》第 61 条、《固体废物污染环境防治法》第 82 条等。这些规定加强了负有污染防治职责的领导人员和责任人的环保意识和责任心，有利于减少行政违法行为。

（2）环境行政监督管理部门的工作人员在执法活动中滥用职权、玩忽职守、徇私舞弊但又尚未构成犯罪的，给予行政处分。法律依据有：《环境保护法》第 68 条、《大气污染防治法》第 64 条、《固体废物污染环境防治法》第 67 条、《水法》第 64 条、《野生动物保护法》第 38 条等。这些规定对环境行政监督管理部门及其公职人员提出了严格的法律要求，它将有助于国家机关秉公执法和公众的监督。

3. 环境资源行政处分的种类。根据《环境保护法》、各种环境资源单行法律法规，以及《环境保护违法违纪行为处分暂行规定》可知，环境资源行政处分的形式共有以下七种：①警告。是对违反行政法律规范的个人、组织的谴责和警戒。是行政处分中最轻的一种处分形式。②记过。也是一种警戒性的处分，但将记入行为人的档案中。③记大过。是比记过更严厉的处分形式，除记入行为人档案中外，一般都用书面形式在单位内部公示。④降级。指降低受处分人工资级别的处分形式。⑤降职。即降低受处分人原担任的行政职务，是对负有行政领导职务的违法者的一种处分形式。⑥撤职。即撤销受处分人原担任的行政职务，其严重程度比降级、降职的处分形式严厉。⑦开除。是最严厉的处分形式，是将受处分人从原工作单位除名。

当然，我们也应该看到行政处分自身的局限性。在不同的历史条件下行政处分的作用是不同的。在计划经济时代，人员无法自由流动，在单位受到严重的行政处分就意味着没有了前途；而市场经济给人的生存方式提供了多种可能性，行政处分的震慑力也就相应地减弱了。另外，由于行政处分由违法者的行政领导机关作出，环保行政主管机关除建议权外无能为力，各种环保法规对此项也无明文规定。而且，出于地方保护主义或经济利益驱动，行政处分很少能得到执行。对于不属于该地区行政管辖的违法企业，环保执法者往往只能"望污兴叹"。这是在环保执法上"人治"还是"法治"斗争的典型表现。令人欣慰的是，在"依法治国"的大形势下，这种状况开始扭转。

但是，综观我国法律、法规关于行政处分的规定，只规定了处分的种类，对于各类行政处分适用的主体及适用的程序，没有具体规定，缺乏可操作性，造成法律执行的困难，应该对行政处分进行立法完善。比如，应明确规定何种情节适用警告、记过、记大过、降级、降职等处分；明确规定具体由谁来给予行政处分，依据什么程序处分，并且需要规定有关单位应当追究而不予追究的法律责任。

（三）环境资源行政处罚与行政处分的区别

行政处罚与行政处分都是因违法引起的行政制裁，但两者在实施处罚的机关、违法行为的性质、处罚的对象、处罚的形式等方面有着明显的区别：

1. 实施处罚的机关不同。行政处罚是由环保行政主管机关或依法对环保负有监督管理职责的其他行政机关科处；行政处分是由违法失职行为人从属的机关、企业、组织或者上级主管机关科处。

2. 处罚的对象不同。行政处罚是基于行政机关的社会管理职能，因而被处罚人是不特定的一般个人或组织；行政处分是基于行政机关、企业、事业单位内部的管理层级关系，因而被处分人是行政机关、企业、事业单位内部的工作人员。

3. 处罚和处分的形式不同。环境行政处罚一般有警告、罚款、责令重新安装使用、责令停止生产或者使用、责令停业或关闭等形式，而且行政处罚的形式一般由不同的法律依据被处罚行为的性质作出决定，并不统一，比如防治污染单行法与自然资源单行法规定的处罚形式就有很大不同；行政处分包括警告、记过、开除等形式，而且是统一的。

4. 适用的违法行为不同。行政处罚只适用于违反行政法规的行为；行政处分则是除了适用一般违法行为，还包括违反内部规章的违纪失职行为；根据环境法的规定，行政处分主要是对违反环境法"情节较重"的有关责任人员科处的。

5. 接受监督的途径不同。行政处罚针对的是个人或组织违反行政管理秩序的行为，因行政处罚引起的行政争议，可依法通过行政诉讼解决，当然也可提出行政复议；行政处分属于行政机关的内部行为，因此，因行政处分引起的争议，一般不得提起行政诉讼，而只能寻求行政救济，即向原处分机关或上级机关提出审查或复议。

（四）环境资源行政强制

2014年《环境保护法》首次将行政强制权赋予环境保护主管部门。《环境保护法》第25条规定，企业事业单位和其他生产经营者违反法律法规规定排放污染物，造成或者可能造成严重污染的，县级以上人民政府环境保护主管部门和其他负有环境保护监督管理职责的部门，可以查封、扣押造成污染物排放的设施、设备。结合2014年12月15日由原环境保护部部务会议审议通过的《环境保护主管部门实施查封、扣押办法》，介绍一下查封扣押制度。

1. 适用范围。环境保护主管部门可以对企业事业单位和其他生产经营者实施查封、扣押的情形有以下六种：①违法排放、倾倒或者处置含传染病病原体的废物、危险废物、含重金属污染物或者持久性有机污染物等有毒物质或者其他有害物质的；②在饮用水水源一级保护区、自然保护区核心区违反法律法规规定排放、倾倒、处置污染物的；③违反法律法规规定排放、倾倒化工、制药、石化、印染、电镀、造纸、制革等工业污泥的；④通过暗管、渗井、渗坑、灌注或者篡改、伪造监测数据，或者不正常运行防治污染设施等逃避监管的方式违反法律法规规定排放污染物的；⑤较大、重大和特别重大突发环境事件发生后，未按照要求执行停产、停排措施，继续违反法律法规规定排放污染物的；⑥法律、法规规定的其他造成或者可能造成严重污染的违法排污行为。

此外，企业事业单位和其他生产经营者有①、②、③、⑥情形之一的，环境保护主管部门可以实施查封、扣押；已造成严重污染或者有④、⑤情形之一的，环境保护主管部门应当实施查封、扣押。

当然，并非所有违法排污行为都可以予以查封扣押。环境保护主管部门可以在三种情形下不予实施查封、扣押：①城镇污水处理、垃圾处理、危险废物处置等公共设施的运营单位；②生产经营业务涉及基本民生、公共利益的；③实施查封、扣押可能影响生产安全的。

2. 实施程序。

（1）调查取证。环境保护主管部门实施查封、扣押前，应当做好调查取证工作。查封、扣押的证据包括现场检查笔录、调查询问笔录、环境监测报告、视听资料、证人证言和其他证明材料。

（2）审批。需要实施查封、扣押的，应当书面报经环境保护主管部门负责人批准；案情重大或者社会影响较大的，应当经环境保护主管部门案件审查委员会集体审议决定。

（3）决定。环境保护主管部门决定实施查封、扣押的，应当制作查封、扣押决定书和清单。查封、扣押决定书应当载明下列事项：①排污者的基本情况，包括名称或者姓名、营业执照号码或者居民身份证号码、组织机构代码、地址以及法定代表人或者主要负责人姓名等；②查封、扣押的依据和期限；③查封、扣押设施、设备的名称、数量和存放地点等；④排污者应当履行的相关义务及申请行政复议或者提起行政诉讼的途径和期限；⑤环境保护主管部门的名称、印章和决定日期。

（4）执行。实施查封、扣押应当符合下列要求：①由2名以上具有行政执法资格的环境行政执法人员实施，并出示执法身份证件；②通知排污者的负责人或者受委托人到场，当场告知实施查封、扣押的依据以及依法享有的权利、救济途径，并听取其陈述和申辩；③制作现场笔录，必要时可以进行现场拍摄。现场笔录的内容应当包括查封、扣押实施的起止时间和地点等；④当场清点并制作查封、扣押设施、设备清单，由排污者和环境保护主管部门分别收执。委托第三人保管的，应同时交第三人收执。执法人员可以对上述过程进行现场拍摄；⑤现场笔录和查封、扣押设施、设备清单由排污者和执法人员签名或者盖章；⑥张贴封条或者采取其他方式，明示环境保护主管部门已实施查封、扣押。情况紧急，需要当场实施查封、扣押的，应当在实施后24小时内补办批准手续。环境保护主管部门负责人认为不需要实施查封、扣押的，应当立即解除。

（5）送达。查封、扣押决定书应当当场交付排污者负责人或者受委托人签收。排污者负责人或者受委托人应当签名或者盖章，注明日期。实施查封、扣押过程中，排污者负责人或者受委托人拒不到场或者拒绝签名、盖章的，环境行政执法人员应当予以注明，并可以邀请见证人到场，由见证人和环境行政执法人员签名或者盖章。

（6）解除。排污者在查封、扣押期限届满前，可以向决定实施查封、扣押的环境保护主管部门提出解除申请，并附具相关证明材料。查封、扣押措施被解除的，环境保护主管部门应当立即通知排污者，并自解除查封、扣押决定作出之日起3个工作日内送达解除决定。

第三节 环境资源民事责任

一、环境侵权概述

（一）环境侵权概念

有学者认为，环境侵权行为是在环境活动和生产、生活等活动中发生的、不法侵害他人环境权益或财产、人身权益的行为。它包括四种情形：①环境活动侵害环境权益的侵权行为；②环境活动侵害财产、人身等其他权益的侵权行为；③环境活动以外的其他活动侵害环境权益的侵权行为；④环境活动以外的其他活动通过对自然环境的影响作用而侵害财产、人身等其他权益的侵权行为。[1]也有学者认为，应将环境污染和其他公害这种不法妨害行为定义为"环境侵权"，即因人为的活动，致使生活环境和生态环境遭受破坏和污染，从而侵害相当地区多数居民的生活权益或者其他权益的事实。首先，环境侵权是一种法律事实；其次，环境侵权是人类行为破坏或污染生活环境和生态环境的法律事实；最后，环境侵权是危害大众多种权益的法律事实。[2]这两个概念虽涉及的范围有所不同，但均说明环境侵权是一种特殊的侵权行为。它是因为人为活动而导致环境质量下降从而侵害他人人身、财产等合法权益的行为。

（二）环境侵权特征

环境侵权具有以下特点：

1. 间接性。环境侵权是人类活动排放的污染物和能量进入环境，使其质量下降之后，才对人体健康、生命安全造成危害，这种间接性以环境为媒介。

2. 利益冲突表现明显。它是一种"合法或适法侵权"，是在一定限度内可以容许的危险。[3]比如，深夜仍在营业的餐厅的噪声影响了附近居民的休息，从理论上讲，居民有不受噪声打扰的权利，而餐厅有利用其财产收益的权利，这两种权利是明显冲突的。如果判定餐厅停止营业，虽然保护了居民的休息权，但也剥夺了餐厅的经营收益权。

3. 当事人的不特定性。传统民事侵权中，通常是特定的加害人对特定的受害人的个别权益，如生命、身体、财产等权益的某一种或多种侵害；在环境侵权中，虽

---

[1] 沈建明："试论环境侵权行为"，载《法律科学》1991年第2期。

[2] 陈泉生："环境侵害概念初探"，载《科技与法律》1994年第2期。

[3] 所谓容许性危险，是指某行为或者活动虽侵害他人合法权益或者有侵害的可能，但基于其社会妥当性、有用性、必要性，性质上应受容许，在一定限度内，如在符合公法上标准或不超过私法上忍受限度的情况下，不认为是违法。

然存在特定当事人的情况，但在许多场合下，其表现为众多污染源的复合污染对不特定的多数人的多种权益的同时侵害。在后一种情况下，对谁是加害人、谁是受害人很难判定或无法判定。如城市汽车尾气排放严重造成大气污染就是典型的当事人不特定的情况。

4. 具有长期性、复合性。环境侵权造成的损害往往波及广阔的地域范围，延续长久的时间，甚至多种因素复合积累之后，才显现出来，所以被害人通常在毫无察觉中遭受损害。环境侵权并非总是由污染物直接作用人身或财产造成的，往往是在经过转化、代谢、富集等一系列中间环节后才起作用。

二、环境资源民事责任的定义和特征

（一）环境资源民事责任的定义

民事责任是指当事人在民事活动中违反民事法律规定的义务而应承担的民事法律后果。环境资源民事责任，是民事责任之一种。它是指当事人因污染或破坏环境而侵害了公共财产或他人合法权益而应当承担民事方面的法律后果。环境资源民事责任既包括行为人因污染环境致人损害应承担的责任，又包括行为人因破坏环境致人损害而应承担的责任。因破坏环境致人损害而应承担的责任属于一般的侵权行为责任，因为它们在责任的归责原则上采用过错责任原则。虽然，我国的《水土保持法》第58条就明确规定，"造成水土流失危害的，依法承担民事责任"，但这只是个别情况，绝大多数因破坏环境致人损害的民事责任仍然强调以主观过错为归责原则。所以，《民法通则》第124条规定："违反国家保护环境防止污染的规定，污染环境造成他人损害的，应当依法承担民事责任。"这里强调的特殊侵权责任也仅是指环境污染民事责任。因此，本节着重介绍环境污染民事责任。

（二）环境污染民事责任的特征

环境污染民事责任，与一般的民事责任不同，其主要法律特征有：

1. 它是一种侵权的民事责任。民事责任一般分为违约的民事责任和侵权的民事责任两类。在环境法上，因违约而承担环境民事责任的情况极为罕见，绝大多数情况都是因环境侵权而引起环境民事责任的产生。所以，环境污染民事责任主要是一种侵权责任，而不是违约责任。

2. 它是一种特殊的侵权行为责任。现代侵权行为责任分为一般的侵权行为责任和特殊的侵权行为责任两类。二者的区别主要在于责任所适用的归责原则不同。一般的侵权行为责任采用过错责任原则，即侵权行为人只有在其本人主观上具有过错而给他人造成损害的情况下，才承担责任。而特殊的侵权行为责任则适用无过错责任原则，也就是说，在侵权行为人本身无主观过错而给他人造成损害的情况下，行为人也应承担责任。环境污染民事责任不以致害人的过错为其构成要件，即适用无过错责任原则。

3. 它主要是财产责任。一般民事责任主要是财产责任，但不限于财产责任。比如对人格权、身份权的侵害，并非只靠承担财产责任就能消除侵害后果，还须承担诸如消除影响、恢复名誉、赔礼道歉等非财产责任形式。而因污染危害环境造成公私财产损失或造成他人人身伤害、死亡所应承担的民事责任主要是一种财产责任，是指污染危害环境行为造成他人人身伤害或伤亡导致财产损失的民事赔偿责任。

三、环境污染民事责任构成要件

一般民事责任的构成必须具备四个方面的要件：即行为人的行为具有违法性；有损害事实的存在；行为人的行为与损害事实之间具有因果关系；行为人主观上具有过错。而由环境民事责任的特点所决定，环境民事责任在构成上也与一般的民事责任有所不同，其构成并不要求行为人的行为具有违法性，也不要求行为人主观上必须具有过错。于是，环境污染民事责任的构成便具有其独特的构成要件。具体包括：

（一）有污染环境的行为

这种行为既包括具有违法性的行为，也包括不具有违法性的行为，即合法行为。简言之，只要行为人实施了污染环境的行为，即便这种行为合法，且具备了环境民事责任构成的其他要件，环境污染民事责任即可构成。比如，《环境保护法》第64条规定："因污染环境和破坏生态造成损害的，应当依照《中华人民共和国侵权责任法》的有关规定承担侵权责任。"《水污染防治法》第96条第1款规定："因水污染受到损害的当事人，有权要求排污方排除危害和赔偿损失。"

有学者认为，排污单位之所以必须承担赔偿责任，是因为"所排放的污染物违反国家规定的排放标准"，"未超过控制标准的，除有特别情形（如排污集中、超过环境容量造成损害的）之外，不承担民事责任"，[1]对此，原国家环保局1991年10月10日《国家环境保护局关于确定环境污染损害赔偿责任问题的复函》中已经作了明确的解释："承担污染赔偿责任的法定条件，就是排污单位造成环境污染危害，并使其他单位或者个人遭受损失。"并指出"至于国家或者地方规定的污染物排放标准，只是环保部门决定排污单位是否需要缴纳超标排污费和进行环境管理的依据，而不是确定排污单位是否承担赔偿责任的界限"。

有学者以《民法通则》第124条"违反国家保护环境防止污染的规定，污染环境造成他人损害的，应当依法承担民事责任"为依据，认为违法行为是追究环境污染民事责任的法律依据，但我们从《民法典（草案）》第八编第五章第31条"因污染环境侵害他人人身、财产的，有关单位或者个人应当承担侵权责任，但法律规定有免责情形的，依照其规定"，第32条"排污符合规定的标准，但给他人造成明显损害的，有关单位或者个人应当承担侵权责任"之规定，可以看出立法者对《民法通则》第124条的修改态度。

只要进行生产、生活就要从自然界里获取自然资源，然后把不用的废弃物抛入环境。正是在这个意义上，我们说自然资源和环境是人类进行生产和生活的前提和

---

〔1〕　李由义主编：《民法学》，北京大学出版社1988年版，第665页。

基础。排污就是正常生产和生活带来的副作用，且零污染是不可能的。因而，各国法律都允许生产性企业或团体将一定数量和浓度的污染物排入环境。但并非所有依法排污的行为都不造成损害，恰恰相反，只要某一地区有一个以上的排污者，那么这些排污者所排放的污染物经过反复持续的作用后都会在客观上造成一定的环境损害。如果对受害者不予赔偿，这是不公平的，也不利于企业治理污染。在司法实践中，我国对环境污染损害赔偿案件也没有要求行为违法为构成要件。例如四川省有一起环境污染案件，一条小河的两岸各有一个工厂。两厂的废水单独排放时，均不会对环境造成污染，但两股废水在一个厂排水沟混合，发生了化学反应，产生的有毒气体致使在河边劳动的 12 名搬运工人中毒。对这次事故的最后处理是：对两厂均不追究行政责任，但因此而造成的 12 名搬运工人的经济损失由两厂共同承担。

（二）有损害事实的存在

损害事实是构成一般民事责任的重要客观条件。行为人只有在其行为造成了损害事实的情况下，才应承担民事责任。如果行为人虽然实施了某种行为，但并没有对他人的人身或财产造成损害事实，行为人便不应承担民事责任。环境民事责任的构成也是如此。在这一要件上，它与一般民事责任的构成并无不同。有学者认为，环境资源法中的民事责任"不要求一般民事责任案件中通常意义上的损害事实，只要有危害或者妨碍的状态即可"[1]，对于环境民事赔偿责任来说，如果没有损害事实的存在，显然不妥。

一般将环境污染损害分为以下三种：

1. 人身伤害。一方面包括公民的健康权和生命权受到侵害而造成的身体伤害或死亡；另一方面则是精神损害，是指公民因其人身非财产权、其他非物质利益和财产权受到侵害所引起的精神或肉体痛苦。[2]

2. 财产损害。是指环境污染造成他人财物的减少或毁损。

3. 环境损害。表现为两个方面：①生活环境的损害，致使人们无法正常、舒适地生活。②生态环境的损害。生态系统作为一个整体，系统中任何一部分受到损害，都会造成生态系统的破坏。如德国《环境资源责任法》规定，在一定条件下满足权利人对生态破坏的赔偿要求。该法第 16 条规定，在环境侵权对财物造成损害的同时，使自然或风景也一同遭受不利影响的，受害人应当将之恢复至不利影响尚未发生前应有的状态，在此等情形下，恢复原状所需的费用，不能仅因为超过财物的价值而被认为不适当。对于恢复原状所需的费用，经赔偿权利人要求，加害人应当预先支付。也就是说，如果加害人由于无知损害了自身价值微小但却极具生态价值的物，权利人可以要

---

〔1〕 刘天齐主编：《环境保护通论》，中国环境科学出版社 1997 年版，第 409 页。

〔2〕 参见俄罗斯联邦最高法院全体会议《关于适用精神损害赔偿立法的若干问题的决议》（俄文版）第 2 条。

求加害人事先赔偿恢复原状的必要费用，即使这笔费用超过了物自身的价值。[1]

（三）污染环境的行为与损害事实之间具有因果关系

所谓的因果关系是指污染环境的行为与损害事实之间所存在的前因后果的联系。只有在行为与损害事实之间具有这种原因和结果联系的情况下，环境民事责任才能构成。应当指出的是，一般民事责任的构成同样要求行为与损害事实之间具有因果关系。但是，一般民事责任构成中要求的因果关系与环境民事责任构成中所要求的因果关系在认定的方法上有所不同。一般民事责任构成中因果关系的认定要求有极为严格的直接证明，而环境民事责任构成中因果关系的认定则不要求十分严密的、必然的因果关系证明，可采用"推定"的方法认定二者之间的因果关系。环境侵权的间接性导致因果关系的认定无论是原因的寻找，还是对原因与结果之间的联系性的确定都更为困难，按传统的直接因果关系认定也解决不了现实中的问题。为了解决实践中的难题，各国形成了一些因果关系推定的理论与做法。

1. 盖然性说，即相当程度的举证。该说认为，受害人只需证明侵害行为引起的损害可能性（盖然）达到一定程度，即可推定因果关系存在。或在加害行为与损害结果之间，只要有"如果没有该行为，就不会发生该损害结果"的某种程度的可能性，即可以认为存在因果关系。

2. 间接反证说，即如果被害人能证明因果链条中的部分事实，就推定其余事实存在，而由致害人负反证其不存在的责任。日本水俣病案件是早先运用该说的判例。

3. 疫学因果说，即根据临床医学判断一定区域内的受害人发生了某种疾病，而且预断其可能是由于某种污染物引起；然后，用医学方法确定该污染物能否导致受害人所发生的疾病，如果结论是肯定的，且受害人居住地附近一些污染源恰好排放了这些污染物，则可推定受害人的疾病与污染源排放污染物的行为之间存在因果关系。该说认为，构成因果关系须具备以下三个条件：①该污染物曾在发病前发生作用；②该污染物的作用与病情成正比；③该污染物足以引发某种疾病，与生物学上的规律并不矛盾。日本富山骨痛病诉讼案，就是运用疫学因果说的典范。

综上分析可以看出，环境污染民事责任较之一般的民事责任在构成上有两个十分显著的特点：①不要求引起损害事实发生的行为必须具有违法性；②不要求行为人主观上须有过错。即便行为人主观上没有过错，但只要他实施了污染环境的行为，且有该行为所引起的损害事实的存在，环境民事责任即可构成，行为人应承担环境民事责任。

四、"无过错责任"原则

（一）无过错责任原则概述

过错，是指行为人具有的一种应受非难的心理状态，包括故意和过失两种状态。所谓"无过错责任"，是指一切污染危害环境的单位和个人，只要对其他单位和个人

---

[1] 参见德国 1990 年《环境资源责任法》第 16 条，《德国民法典》第 251 条第 2 款。

客观上造成了损害，即使主观上没有过错，也应当承担民事责任。

传统民事责任的构成要件有 4 个，即行为的违法性、损害结果、违法行为与损害结果有因果关系、行为人有过错。其奉行的是过错责任原则，以行为人主观上的故意和过失，作为承担民事责任的必要条件。而在环境侵权行为中，却经常地存在"合法"行为损害他人人身或财产的情况。这主要是因为：

1. 随着科学技术的不断发展，企业的技术工艺和生产过程也越来越复杂，生产规模也越来越大，虽然企业采取了各种安全措施，但仍不能完全消除使他人遭受损害的危险。也就是说，企业即使没有过错，也有可能给他人造成巨大的财产和人身损害。如果坚持实行过错责任原则，显然不利于对无辜的受害人进行救济，也不利于保护环境。

2. 环境纠纷案件往往涉及复杂的科学技术问题，受害人由于科学技术水平的限制，无法准确了解企业的生产经营状况、性质及其排污情况。而环境污染损害后果严重，如果要求受害人提出加害人有无过错的证据，就必然使受害人陷入不利的境地。他们会因为缺乏这方面的知识而在诉讼中败诉。这实际上也等于承认加害人的"污染权"，这是很不公平的。

3. 在环境侵权案件中，加害方多为国家许可的具有特殊经济、科技、信息实力和法律地位的工商企业或企业集团，而受害人则多处于弱势地位。因此，环境侵权的主体往往具有不平等性，使得近代民法中的法律责任理论因无法提供有效的救济而基础动摇。在环境侵权中，如果继续恪守传统的过错责任原则，不仅个人的财产损害和人身伤害无法得到及时、充分的补偿，而且势必使高度社会化的生产秩序遭受破坏甚至会放纵现代科学技术从而给社会生产力的健康发展和人类生存带来某些危害因素。

综上所述，现代环境民事责任适用无过错责任原则的理由有：①确定侵权人的环境民事责任难度较大；②不应由无辜的受害者来承担风险，基于公平原则应由造成损害的一方来承担风险。[1]

无过错责任产生于 19 世纪末 20 世纪初，是资本主义大生产的产物，也是劳动人民斗争的结果，是大多数国家在环境侵权民事责任中实行的归责原则。例如，德国《环境资源责任法》专门规定了因设施所生环境侵权损害的赔偿责任。该法在附录 1 中列出了 96 种涉及热能生产、采矿、能源、建筑材料、金属加工、化学品等许多领域的设施，由于这些设施所引发的环境影响，导致他人死亡、伤害他人身体或健康或者损害他人财物的，设施持有人负有向受害人赔偿由此造成的损失的义务。这时，设施的持有人承担的是无过错责任，除了因不可抗力引起的环境损害可以免除责任外，设施持有人均须承担赔偿责任，即使设施是合法经营，设施持有人没有过错也

〔1〕 参见王泽鉴：《侵权行为法·基本理论·一般侵权行为》，中国政法大学出版社 2001 年版，第 182 页注释 2。

要承担责任。可见，这种设施责任是针对一个具体的设施产生的危险作为责任的连接点，它比行为责任要客观，而且更有利于受害人举证。日本《大气污染控制法》第四章"损害赔偿"第 25 条第 1 款规定："工厂或企业由于企业活动而排放……造成生命或健康的损害，该工厂或企业应对损害负赔偿责任。"[1]德国《水利规划法》中规定，将物质排入河流中以致河水产生物理上、化学上或生物学上的变化时，加害人必须赔偿因此所受的损失。《俄罗斯联邦民法典》第 454 条规定，其活动对周围有高度危险的组织和公民，如果不能证明高度危险来源所造成的损害是由于不可抗拒的力量或受害人的故意所致，应当赔偿所造成的损失。[2]此外，《海洋环境保护法》《大气污染防治法》《水法》等都对无过错责任原则作了进一步的规定。

但是，无过错责任原则主要适用于环境污染民事责任的归责原则中，不应当把它任意适用到环境破坏的民事责任，甚至行政责任和刑事责任中。当然，近年来对环境破坏民事责任中适用无过错责任原则有所突破，如《矿产资源法》第 39 条规定："违反本法规定，未取得采矿许可证擅自采矿的，擅自进入国家规划矿区、对国民经济具有重要价值的矿区范围采矿的，擅自开采国家规定实行保护性开采的特定矿种的，责令停止开采、赔偿损失，没收采出的矿产品和违法所得，可以并处罚款；拒不停止开采，造成矿产资源破坏的，依照刑法有关规定对直接责任人员追究刑事责任……"

（二）无过错责任的例外

无过错责任的例外，也称为免责条件，是指排污者造成了环境污染危害，由于不可归责的理由，法律规定可以不承担民事责任的情况。根据我国环境法律、法规的规定，免责条件归纳起来有：

1. 不可抗力。所谓不可抗力是人力不能抗拒的力量。《民法通则》第 153 条规定，本法所称的不可抗力，是指不能预见、不能避免并不能克服的客观情况。《海洋环境保护法》第 91 条规定，因战争、不可抗拒的自然灾害对海洋环境造成污染损害的，经过及时采取合理措施，仍然不能避免对海洋环境造成污染损害的，造成污染损害的有关责任者免予承担责任。可见，这里对不可抗力的范围加以限制，仅指自然灾害，把由社会原因引起的不可抗力排除在外。而且并非只要发生了不可抗力事件就必然导致免责，还需要查明当事人是否采取了及时、合理的措施。

2. 受害者自身的过错。《水污染防治法》第 96 条第 3 款规定："水污染损害是由受害人故意造成的，排污方不承担赔偿责任。水污染损害是由受害人重大过失造成的，可以减轻排污方的赔偿责任。"受害人对损害的发生具有故意或重大过失，足以表明受害人的行为是损害发生的直接原因，则应免除排污者的责任，但排污者应对受害人自身的过错举证。

---

[1]　韩德培主编：《环境保护法教程》（第 5 版），法律出版社 2007 年版，第 391 页。

[2]　吕忠梅主编：《环境法教程》，中国政法大学出版社 1996 年版，第 107 页。

3. 由第三者的故意或过失引起的。2016 年修正的《海洋环境保护法》第 89 条规定，"……完全由于第三者的故意或者过失，造成海洋环境污染损害的，由第三者排除危害，并承担赔偿责任"。但 2017 年修正的《水污染防治法》第 96 条第 4 款规定，"水污染损害是由第三人造成的，排污方承担赔偿责任后，有权向第三人追偿"。

两个领域的环境单行法的上述规定明显存在差别。对此，应根据 2009 年《侵权责任法》第 68 条的规定予以解决，即《侵权责任法》排除了第三人过错免责。《最高人民法院关于审理环境侵权责任纠纷案件适用法律若干问题的解释》第 5 条对实务操作中可否同时起诉加害人和第三人予以了解答。该条规定，"被侵权人根据侵权责任法第 68 条规定分别或者同时起诉污染者、第三人的，人民法院应予受理。被侵权人请求第三人承担赔偿责任的，人民法院应当根据第三人的过错程度确定其相应赔偿责任。污染者以第三人的过错污染环境造成损害为由主张不承担责任或者减轻责任的，人民法院不予支持"。

4. 战争行为。我国《海洋环境保护法》第 91 条规定，战争行为是海洋污染造成损害的免责条件。

只要具备上述条件之一的，排污者就可免予承担民事责任。免责条件在一定程度上限定了承担民事赔偿责任的范围，所以正确掌握无过错责任原则的例外情况，对提高行政部门和审判机关办案质量具有重大的意义。

五、环境资源民事责任的承担方式

环境资源民事责任承担方式是指实施了污染或破坏环境的行为，应当承担环境民事责任的人承担责任的具体方式。根据我国《民法通则》的有关规定，一般民事责任承担的具体方式为 10 种，即停止损害；排除妨碍；消除危险；返还财产；恢复原状；修理、重做、更换；赔偿损失；支付违约金；消除影响、恢复名誉；赔礼道歉。而关于环境民事责任承担的具体方式，我国目前并未作专门规定。从我国《环境保护法》及其他有关法律的规定来看，承担环境民事责任的具体方式主要有两种，即排除危害和赔偿损失。

（一）排除危害

所谓排除危害，是指由实施了环境污染侵权行为的人采取措施排除其行为对他人造成的环境污染危险或威胁。排除危害，主要是指排除已经造成的环境污染危害，但实践中，不仅指排除已经产生的环境污染危害，而且还指排除正在产生或实际可能产生的环境污染危害。因此，在我国的司法实践中，"排除危害"这种环境资源民事法律责任形式不仅适用于公民或法人的财产或人身因其他单位或个人的环境污染侵权行为已经受到环境污染危害的情形，而且也适用于公民或法人的财产或人身因其他单位或个人的环境污染侵权行为正在受到或可能受到环境污染危害的情形。

应当指出的是，"排除危害"这一环境资源民事法律责任形式，实质上是我国《民法通则》规定的停止侵害、排除妨碍和消除危险三种民事法律责任形式在环境资源民事法律责任形式中的综合体现。

《民法通则》中的所谓"停止侵害",指责令侵害人停止正在实施的侵害他人合法权益的行为,防止侵害后果的出现或损害后果的进一步扩大。这种责任形式以侵权行为正在进行或仍在继续进行为适用条件,受到一定的限制。它不能适用于侵权行为尚未发生或者侵权行为已经终止的情形。

所谓"排除妨碍",指排除阻碍权利人行使权利的违法行为。违法行为妨碍的既可能是权利人的财产权益,也可能是权利人的人身权益。排除妨碍中的行为人并没有直接侵害权利人的财产权和人身权,只是影响了权利人之权利的行使。排除妨碍所针对的既可以是已经实际存在的妨碍,也可以是即将必然出现的妨碍。

所谓"消除危险",是指一方的行为或其管理的财产具有造成危及他方之人身或财产安全的可能性时,他方有权要求致险人采取防止损害结果发生的预防性措施。其特点是危险后果尚未实际发生,但存在着现实的危险源和危险发生的极大可能性。危险既可来自人的行为,也可来自行为人管理下的物或动物。因而,消除危险主要适用于损害尚未实际发生,但行为人的行为又确有可能造成损害后果并对他人之财产或人身安全构成威胁的情况。

从以上对停止侵害、排除妨碍和消除危险三种一般民事法律责任形式的简要分析来看,"排除危害"正是这三种责任形式的综合。它既包括了对正在实施的环境污染行为的制止,对正在产生或已经产生了的环境污染危害的排除,又包括了对尚未实际发生,但具有发生的极大可能性的环境污染危害的预防。它是一种具有明显预防性的环境资源民事法律责任形式。它与具有事后补偿功能的"赔偿损失"这种责任形式相比,更适合环境保护工作的需要。这是因为,环境污染危害的产生具有累积性和复合性,原因相当复杂。并且,污染危害一旦产生,往往难以彻底清除。有些虽然能够清除,但要付出相当大的代价。与其在污染危害产生以后花费昂贵的代价进行清除或治理,不如一开始就采取措施防止污染危害的产生或在其产生之初就予以排除,以防患于未然。"排除危害"这种环境资源民事法律责任形式的存在,正是预防为主,防患于未然思想的具体体现。

实践中,常常存在着忽视"排除危害"责任形式的现象,这主要是因为排除危害往往危及环境侵权的根本原因——经济活动。因此,在适用这一方式时,应将造成环境危害的经济活动的社会效益或价值同受害者所受损害的社会效用或价值进行比较,并要考虑侵害行为的性质、形式,有无合理性,排除的可能性,侵害的严重程度,等等。如果进行利益衡量后,认为前者的效用大且合理,则不适用排除危害这种方式,反之,则应当适用这一责任形式。

(二)赔偿损失

这是承担环境民事责任的一种最常见的责任形式,指环境侵权行为人以自己的财产补偿其行为给他人所造成的人身伤害和财产损失。它既适用于环境污染侵权造成损害的情况,也适用于环境破坏侵权造成损害的情况。赔偿的范围主要是财产损失、人身伤害和精神损害。

1. 财产损害赔偿。

（1）实行"全额赔偿"的原则。所谓全额赔偿，就是指全部赔偿，即赔偿受害人的全部财产损失。损失多少，赔偿多少，完全以受害人的财产、财产利益所损失的价值为客观标准。

全部实际财产损失具体包括财产的直接损失和间接损失两个部分。直接损失是指受害人现有财产的直接减损，包括受害人财物的损坏、减少和灭失。间接损失是指在正常情况下，受害人未来应当得到的利益。这些利益只是由于加害人的侵害行为才未能得到，是受害人在一定范围内的未来财产利益的损失。间接损失有其明显的特征：①损失是一种未来的可得利益，而不是一种现实的利益。在加害人实施侵害行为时，它仅仅只是一种取得利益的可能性；②遭受损失的未来可得利益具有实际意义，而不是抽象的或者假设的利益；③遭受损失的未来可得利益是一定合理范围的利益，超出合理范围，不能算作间接损失。[1]

（2）只赔偿直接损失者原则。对因环境污染所造成的财产损失，只对直接受到损害的受害人进行赔偿，对间接受害人则不赔偿。"例如，某渔民在池塘里放养优质鱼苗，后与某餐厅签订供应优质鱼的合同，不久鱼苗因附近一工厂发生事故向池塘大量排放有毒废水而全部死亡。渔民因而未能供应优质鱼致使餐厅受损失。在这一污染案件中，渔民是直接受损失的人，餐厅则是间接受损失者，即环境污染危害行为非直接造成的受害者。"[2]工厂只应赔偿渔民的损失，而不应赔偿餐厅的损失。渔民与餐厅之间属于合同纠纷引起的损害赔偿，餐厅的损失可根据合同法获得赔偿。

2. 人身损害赔偿。对于人身伤害，一直以来在民法学界都有不同的认识。目前，较为普遍的看法是：人身伤害是指民事主体的生命、健康、身体权受到不法侵害，造成致伤、致残、致死的后果以及其他损害，其所概括的具体内容为：①侵害身体权所造成的损害；②人体致伤；③人体致残；④致人死亡；⑤侵害身体权、健康权、生命权所致的精神损害。[3]因环境污染所导致的人身伤害包括了以上一般人身伤害所概括的后四项内容。

（1）赔偿由此引起的财产损失原则，即只赔偿因环境污染损害致人伤残或者死亡所引起的财产损失，而不是赔偿伤残或死亡本身。我国《民法通则》第119条对此有明确的规定。该条指出："侵害公民身体造成伤害的，应当赔偿医疗费、因误工减少的收入、残废者生活补助费等费用；造成死亡的，并应当支付丧葬费、死者生前扶养的人必要的生活费等费用。"至于因环境污染危害导致他人人身伤害或死亡的，须根据《刑法》第338、339条追究其刑事责任。

（2）具体赔偿范围。根据这一规定及最高人民法院《关于贯彻执行〈中华人民

---

〔1〕 王利明、杨立新编著：《侵权行为法》，法律出版社1996年版，第342页。

〔2〕 韩德培主编：《环境保护法教程》（第5版），法律出版社2007年版，第398页。

〔3〕 王利明等：《侵权行为法》，法律出版社1996年版，第350页。

共和国民法通则〉若干问题的意见（试行）》（以下简称《民通意见》）中的有关规定，因环境污染致人伤残的，应当赔偿下列财产损失：医疗费，通常包括诊察费、治疗费、化验费、检查费、药费、住院费等医治人身伤害的费用；与医疗有关的交通费、住宿费、伙食补助费和营养费，这些是与治疗受害人密切相关而产生的必要费用，其中除营养费属受害人特有之外，交通费、住宿费及伙食补助费均包括受害人本人和必要的陪护人员所产生的费用；因误工减少的收入，也既包括受害人本人因误工减少的收入，又包括必要的陪护人员因误工所减少的收入。

因环境污染致人残废的，根据《民法通则》第119条和最高人民法院《民通意见》第146条之规定，侵害人除应赔偿上述致人体受伤所须赔偿的财产损失之外，还应赔偿残废者的生活补助费等费用和依靠受害人实际扶养而又没有其他生活来源的人的必要生活费。其中，"残废者的生活补助费等费用"具体应当包括：生活补助费，一般应补足到不低于当地居民基本生活费的标准；伤残用具费，指的是受害致残者购买必要的功能辅助器的费用；因伤残而增加的生活上必需的费用；因伤残生活不能自理而需要护理的伤残护理费用；因伤残不能胜任原来的工作而变更职业，所需支付的新职业学习费用。对于依靠受害人实际扶养而又没有其他生活来源的人的必要生活费的赔偿，其数额可根据实际情况确定。

因环境污染致人死亡的，应当赔偿下列损失：死者死亡前的抢救或医疗费、与医疗有关的其他费用和因误工减少的收入，即前述使人体致伤所应赔偿的财产损失；死者的丧葬费，这属于致人死亡特有的赔偿项目；死亡补偿费或者抚慰金，以维持死者家庭的正常生活和补偿死者近亲属的精神痛苦损害；死者生前实际扶养而又没有其他生活来源的人的必要的生活费。

3. 精神损害赔偿。目前我国关于精神损害赔偿的法律规定，主要是于2001年2月26日通过的《最高人民法院关于确定民事侵权精神损害赔偿责任若干问题的解释》（以下简称《解释》）。根据该《解释》的规定，自然人因其生命权、健康权、身体权，姓名权、肖像权、名誉权、荣誉权，人格尊严权、人身自由权，个人隐私或者其他人格利益受到侵害的，可以向人民法院起诉请求精神损害赔偿。法人或者其他组织以人格权利遭受侵害为由，向人民法院起诉请求精神损害赔偿的，人民法院不予受理。这些规定清楚表明，我国目前承认自然人因侵权而存在的精神损害，但法人不存在精神损害问题。

2001年某小学刘某等407位同校学生诉某化工厂环境污染引起精神损害赔偿案是我国国内因环境侵权行为承担精神损害赔偿责任的第一案。杭州市中级人民法院在审理中认为，虽然本案被告某化工厂的环境侵权行为尚未对原告刘某等407人的身体健康造成严重的损害，但被告污染环境之行为侵害的对象人数众多，且在一定程度上已经影响了原告正常的学习、生活秩序，故应视被告的侵权行为已构成严重的损害后果。因此，被告须承担相应的精神损害赔偿责任。

精神损害赔偿的方式，就其性质而言，既表现为对造成他人精神损害之加害人的制裁措施，又表现为对受害人所受精神或肉体痛苦的补偿或救济方法。目前，司法实践中，法院判令加害人以支付精神损害抚慰金的方式承担精神损害赔偿责任的较为常见。因为，"金钱是能够使精神损害的受害人获得必要利益的万能的财产的等价物"，[1] 它往往更容易为被害人所接受。所以，《解释》第8条第2款明确规定，"因侵权致人精神损害，造成严重后果的，人民法院除判令侵权人承担停止侵害、恢复名誉、消除影响、赔礼道歉等民事责任外，可以根据受害人一方的请求判令其赔偿相应的精神损害抚慰金。"杭州市中院根据《解释》第8条第2款和第9条的有关规定，判令被告某化工厂以向原告刘某等407人支付精神损害抚慰金的形式承担赔偿责任。

我国关于精神损害的赔偿数额，通常是根据下列因素来确定的：侵权人的过错程度，法律另有规定的除外；侵害的手段、场合、行为方式等具体情节；侵权行为所造成的后果；侵权人的获利情况；侵权人承担责任的经济能力；受诉法院所在地平均生活水平。上述案件中，法院最终判令被告某化工厂赔偿原告刘露等407人精神损害抚慰金20.35万元（500元1人×407人）的具体数额，就是法院在综合考虑上述各种因素的基础上确定的。

（三）环境损害赔偿的社会化

环境民事责任成立的条件如下：①必须有一个（或几个）可以查明的行为人（污染者）；②损害必须是具体的和可以计量的；③在损害和可以查明的污染者之间必须建立因果关系。[2] 在一般情况下，环境侵权的实施者是具有一定经济实力的企业或经济集团，有能力承担赔偿责任。然而，一旦发生重大的工业污染、核泄漏事故，巨额的甚至近乎天文数字的赔偿数额有可能致使侵权者破产或关闭，这将不利于社会的稳定和经济的发展。另外，由于加害人是不特定的多数人，如汽车的尾气造成的健康损害、由于城市排水及其他排水使海水污染发生赤潮引起渔业受害等情况下，几乎不知道污染者是谁。所以，为了避免因侵权人支付能力不足、已经破产、关闭或根本无法确定侵权责任人等缘故而使受害人实际无法获得赔偿金，保证环境侵权受害人获得及时和充分的救济，实现社会公平正义之理念，建立环境损害赔偿社会保障制度非常必要。目前，英、美、日、瑞士等发达国家都设有工业事故、航空器责任、公害事故等危险活动的责任社会化制度，具体在环境法中，如瑞典《环境保护法》的"环境损害保险"；美国《环境资源责任法》的危险物质信托基金和关闭后责任信托基金制度；日本《公害健康受害补偿法》的受害行政补偿制度等，这些制度通过"将环境侵权行为所生损害视为社会损害……由社会上多数人承担和消化损害，从而使损害填补不再是单纯的私法救济，既可及时、充分地救助受害人，

---

〔1〕 参见［俄］阿·姆·埃尔杰列夫斯基：《精神损害与痛苦之赔偿》（俄文版），БЕК 出版社 1997 年版，第7页。

〔2〕 蔡守秋主编：《欧盟环境政策法律研究》，武汉大学出版社 2002 年版，第 397 页。

维持社会稳定，又可避免加害人因负担过重而破产，保护经济发展"。[1]如此，就异化了个体责任，使其发生了向社会责任的转化。这些以集体对抗公害之保护环境制度中，补偿基金之预防制度与污染保险之消化公害制度，一属污染者付费原则之经济—法律措施；一属培养守法于保险之社会—法律制度，为环保民事救济法制之重要发展方向。[2]因此，借鉴国外经验，有学者建议我国应设立企业互助基金制度、寄存担保基金制度、环境损害保险制度等。[3]另有学者建议，在我国建立环境资源责任保险制度、企业自愿的财务保障制度、行政补偿制度等。[4]我们认为，我国环境立法应该充分研究此类环境侵权损害社会赔偿机制在国外颁布的社会时代背景、实施情况和执行效果，结合我国的实际情况来制定环境侵权损害社会赔偿机制，实现从个人损害赔偿机制向个人与社会损害填补的综合协调机制。

第四节　环境资源刑事责任

一、环境犯罪的概念及其特征

（一）环境犯罪的概念

关于环境犯罪的概念，众说纷纭。总结起来，有以下观点：

1. 第一类观点：以保护人的权益为出发点的环境犯罪概念。这类概念是从刑法保护人的生命健康和财产功能出发，通过对人的基本利益的保护而达到保护环境的目的。如危害环境罪是指通过恶化环境而危害人的生命、健康和财产等的犯罪。它要求产生一定的危害，至少对人类的根本利益存在抽象的危险，并以此证明行使刑事制裁的正当性。[5]比如台湾地区环境保护的目的在于对人本身利益的保护，凡对空气、水、土壤等自然环境的污染及破坏行为，侵害到人本身的生命、身体和财产等利益的时候，才可动用刑事制裁手段予以处罚。这类概念停留在对人的利益的保护上，是"人为万物之主"的人类利益至上的传统立法观的反映。在这种观念的指导下，必然导致对环境及资源的恣意污染及掠夺性开发，不利于保护环境。

2. 第二类观点：以侵害救济为出发点的环境犯罪概念。如危害环境罪是指自然人故意或过失、法人（包括特殊法人国家）无过失地污染、破坏环境及自然资源，从而严重损害环境要素及人类健康和生命或损害巨额公私财产的行为。[6]这一概念强调以情节恶劣或严重、后果重大或严重作为构成环境犯罪的前提条件，这是传统

〔1〕 王明远：《环境侵权救济法律制度》，中国法制出版社 2001 年版，第 124 页。

〔2〕 柯泽东：《环境法论》，台湾三民书局股份有限公司 1988 年版，第 183 页。

〔3〕 陈泉生：《可持续发展与法律变革》，法律出版社 2000 年版，第 320～321 页。

〔4〕 周珂等："论环境侵权损害填补综合协调机制"，载《法学评论》2003 年第 6 期。

〔5〕 参见 Annual Report for 1993 and Resource Material Series No. 45, Tokyo, Japan, 1994.

〔6〕 陈明义等编著：《环境保护法规与论文选编》，武汉大学出版社 1989 年版，第 694 页。

刑法救济的特点，即侵害救济，也就是判断其行为是否具有刑事违法性，原则上是以法律所保护的利益是否受到相当程度的侵害作为判断标准的。[1]这种概念势必将环境犯罪中的危险犯及行为犯排除在外，不符合环境犯罪的特征（如环境犯罪的伴生性、间接性、连续性和广泛性等），使法律上出现不应有的漏洞，同时也不符合环境保护法"预防原则"。

3. 第三类观点：以保护环境权益为出发点的环境犯罪概念。这类环境犯罪的定义突破了传统的刑法理念，加强了环境犯罪的独立性。如环境犯罪是指自然人或非自然人主体，故意、过失或无过失实施的污染大气、水、土壤或破坏土地、森林、草原、珍稀濒危动物等生态环境和生活环境，具有现实危害性或实际危害后果的作为或不作为行为。[2]这一概念从指导思想上发生了质的转变，将环境法益作为一种独立的法益看待。"生活环境本身即为刑法所应加以保护之法益，污染或破坏环境之重大行为，在刑法上之评价，即直认定为'刑事不法'而非'行政不法'。因此，环境刑法所保护之法益，并不只是生命法益、身体法益或财产法益，而且亦包括所谓之'环境法益'，由于生态环境之破坏，将足以导致生命、健康或财物之危险或灾害，故以刑法保护环境法益，亦属间接地保护个人之生命、身体或财产法益。"我们认为这种定义较之前两者更加科学，因为：①它适应了环境保护法作为独立部门法的需要。环境保护法由于其调整的社会关系的特殊性，决定了它是一个独立于经济法或行政法体系的部门法。对于严重的污染和破坏环境的行为追究刑事责任也属于环境保护法的内容，而环境立法不仅是对人身和财产的保护，更重要的是对生态系统的保护。所以在确定环境犯罪的定义时就不能仅仅局限于传统刑法保护的对象。②这是保护生态环境的需要。传统刑法中对犯罪及其刑罚的规定都偏重于对人身和经济利益的保护，即使是在环境犯罪的有关规定中对生态保护的力度也是不够的。如《刑法》对盗伐林木罪与盗窃罪适用刑罚的不同，充分反映了现行刑事立法对森林资源生态效益考虑的欠缺。[3]传统刑法的环境犯罪概念，局限了环境刑事责任追究的范围，不利于保护污染和破坏日益严重的生态环境。

环境犯罪是指违反环境法，故意或过失地造成或足以造成严重环境损害后果，应受到刑罚处罚的行为。环境犯罪非为个罪，而是包含数种犯罪的一类犯罪的统称，并且是一个综合型的犯罪类别。

（二）环境犯罪的特点

环境犯罪有以下特点：

1. 具有间接性，以环境为媒介。环境犯罪直接针对环境进行，一般是污染和破

---

〔1〕 ［日］井上正治：《过失的实证研究》，日本评论社 1950 年版，第 31 页。

〔2〕 付立忠：《环境刑法学》，中国方正出版社 2001 年版，第 180～195 页。

〔3〕 《刑法》对盗窃罪仍保留了死刑（第 264 条），而盗伐林木罪却降为"数量特别巨大的，处 7 年以上有期徒刑"（第 345 条第 1 款）。

坏环境，从而造成他人人身或财产的损害。

2. 环境犯罪行为后果严重，危险更大。环境犯罪侵犯的对象多表现为不特定的多数人，环境污染或破坏环境的行为的社会危害性已经达到依照《刑法》规定为犯罪并应处以刑罚的程度，这种社会危害性一般表现为各种具体犯罪行为的轻罪、重罪的程度，例如"数量较大""严重后果""情节严重""情节特别严重"等。

3. 环境犯罪的主体大多为法人。

二、环境犯罪构成的构成要件

环境犯罪构成是指《刑法》所规定的，为确定某一具体行为是犯罪所必需的客观、主观要件组成的具有特定社会危害性的有机整体。《刑法》规定的组成犯罪构成有机整体的主、客观要件，是环境犯罪必须具备的条件。具体包括：

（一）环境犯罪的客体

犯罪客体是犯罪行为所侵犯的为刑法所保护的社会关系。我国理论界和实务界对环境犯罪的客体均未形成一致的观点。主要有以下几种认识：①环境权说，即环境犯罪侵犯的是国家、法人和公民的环境权；[1]②环境保护制度说，即环境犯罪的客体为国家对环境保护及污染防治的管理制度；[2]③复杂客体说，即环境犯罪侵犯的是公民的所有权、人身权和环境权；[3]④双重客体说，即环境犯罪的客体是刑法所保护的、而为环境犯罪所直接侵犯的人与自然之间的生态关系和为环境犯罪所间接侵犯的人与人之间的社会关系；[4]⑤广狭义说，即狭义环境犯罪侵犯的客体是国家的环境保护管理秩序，广义环境犯罪侵犯的客体为环境权。[5]我们认为，环境犯罪所侵犯的客体是国家环境资源管理制度。这是因为环境犯罪具有行政从属性，即危害环境行为是否构成犯罪，全部或部分地决定于是否符合环境行政法上的要求，一般是环境行政违法行为具有的社会危害性已经达到刑法规定的犯罪的程度，依法追究刑事责任的行为即构成环境犯罪。

（二）环境犯罪的客观方面

环境犯罪的客观方面，是指环境犯罪行为的客观外在表现，是犯罪行为人在有意识、有意志的心理态度支配下表现在外的事实特征，主要涉及如下几个问题：环境犯罪的行为方式，环境犯罪的危害结果及其在环境犯罪构成中的地位，环境犯罪行为与结果之间的因果关系，等等。

依据不同的标准对环境犯罪行为可以有不同的划分：

---

〔1〕　陈明义等编著：《环境保护法规和论文选编》，武汉大学出版社 1989 年版，第 692 页。

〔2〕　王秀梅：《破坏环境资源保护罪的定罪与量刑》，人民法院出版社 1999 年版，第 64 页。

〔3〕　邹清平："论危害环境罪"，载《法学评论》1986 年第 3 期。

〔4〕　付立忠：《环境刑法学》，中国方正出版社 2001 年版，第 203 页。

〔5〕　杜澎：《破坏环境资源犯罪研究》，中国方正出版社 2000 年版，第 48 页。

1. 从犯罪手段上，可将环境犯罪行为分为污染环境行为和破坏环境行为两类。污染环境的行为，通常是指自然人或单位向环境排放大量污染物质，导致环境质量下降，造成或足以造成严重后果的危险行为。破坏环境的行为，是指自然人或单位在开发、利用自然环境资源的过程中，非法摄取环境资源，改变或破坏生态平衡，情节严重的行为。如非法采矿行为、破坏性采矿行为，非法捕捞水产品的行为等。

2. 从环境犯罪的行为状态上分析，环境犯罪行为有行为犯（举动犯和危险犯）和结果犯之分。其中，举动犯，是指行为人只要实施了法律禁止的行为，不管是否造成了现实的危害结果，也不论是否使犯罪对象处于某种危险之中，即可构成犯罪的情形。如现行《刑法》第339条规定："违反国家规定，将境外的固体废物进境倾倒、堆放、处置的，处5年以下有期徒刑或者拘役，并处罚金……"这一条就是典型的处罚举动犯的规定。结果犯，是指行为人实施了危害环境的行为，并对人体健康、生命和生态环境造成了实际的严重损害结果，才构成犯罪的情形。我国刑法关于环境犯罪的规定大多是以结果犯为处罚对象的，如非法捕捞水产品罪、非法占用耕地罪、非法采矿罪、破坏性采矿罪、环境监管失职罪、违法发放林木许可证罪等。

危险犯不同于结果犯，它是指行为人实施的足以造成某种危害危险的犯罪行为，虽然其结果尚未发生，但危险状态已造成即构成犯罪既遂，这种犯罪就是危险犯。其特征有三：①这里所说的"危险"是客观存在的，不是主观臆想或推测的；②"危险"是针对人类环境而言的，是使环境犯罪的对象处于危险状态；③"危险"的程度是较为严重的，即有可能造成范围广、程度深、难以恢复的环境污染或破坏，甚至危及人身安全或造成公私财产的重大损失。将某些环境犯罪规定为危险犯，主要是基于环境资源本身的价值考虑的。我国目前刑事立法中尚无危险犯的规定。现行《刑法》关于环境保护的刑事立法基本上是以结果犯为处罚对象的，并没有以危险犯作为处罚对象，这不符合环境法"预防为主"的基本原则。

3. 从行为人实际实施犯罪的行为形态看，可将环境犯罪行为分为作为犯罪和不作为犯罪。作为行为，是指行为人以积极的行动实施了环境保护法律法规所禁止的行为。在法律法规中涉及主体的作为义务时，一般以"严禁……"和"不准……"之类的条款出现，而当事人如果实施了这些行为，即构成作为犯罪。不作为，是指以消极的、抑制的形式表现的具有法律意义的行为。一般认为，不作为特定义务的来源有：法律上的明文规定；职业或业务上的要求；行为人先前的行为。不作为犯罪，则是指以不作为形式实现的犯罪，即负有特定法律义务，能够履行该义务而不履行，因而危害社会，依法应当受到刑罚处罚的行为，如环境监管失职罪，就是典型的不作为环境犯罪。而除此以外的环境犯罪行为，基本上都是作为犯罪。

（三）环境犯罪的主体

指实施了危害社会行为的单位和个人，个人是指达到法定年龄并具有责任能力的我国公民、外国人或者无国籍人。而对于单位能否成为环境犯罪的主体，《刑法》在第六章"妨害社会管理秩序罪"第六节"破坏环境资源保护罪"第 346 条专门规定了单位能够成为环境犯罪的主体。至于单位犯罪如何实施，即单位中的哪些人员可以代表单位实施犯罪，他们的行为与意志的关系如何，单位犯罪的罪过形式、犯罪目的如何，等等，法律并未明确规定。一般认为，单位犯罪的主体有两种：一种是单位，另一种是单位中的自然人。而单位中的自然人主体应是单位的代表人、代理人或单位其他成员。单位犯罪与单位自然人犯罪的主要区别即在于其主观方面，只要单位成员或其他自然人秉承单位的意志并为了单位的利益实施犯罪，即应视为单位犯罪。[1]

具有一定特殊身份的人才能构成的犯罪主体，是犯罪的特殊主体。这里的"身份"，是指刑法所规定的影响行为人刑事责任的行为人人身方面特定的资格、地位或状态。在我国刑法中，对行为类似的特殊主体的犯罪较一般主体的犯罪规定的刑罚相对重些。[2]我国《刑法》要求特殊主体的环境犯罪主要涉及如下几个条文和罪名：第 407 条"违法发放林木采伐许可证罪"、第 408 条"环境监管失职罪"、第 410 条"非法批准征用、占用土地罪"和"非法低价出让国有土地使用权罪"。这些犯罪的特殊主体是依法负有环境行政监督管理职责的国家机关工作人员。

（四）环境犯罪的主观方面

犯罪的主观方面是行为构成犯罪的必要条件，[3]是行为人承担刑事责任的主观基础，它是犯罪主体对自己行为的危害结果所持的心理态度。其罪过形式有两种：犯罪故意和犯罪过失。我国《刑法》第 14 条第 1 款和第 15 条第 1 款分别对犯罪故意和犯罪过失作出了明确规定："明知自己的行为会发生危害社会的结果，并且希望或者放任这种结果发生，因而构成犯罪的，是故意犯罪。""应当预见自己的行为可能发生危害社会的结果，因为疏忽大意而没有预见，或者已经预见而轻信能够避免，以致发生这种结果的，是过失犯罪。"此外，《刑法》分则一些条款还规定，特定的犯罪目的、动机是某一犯罪构成主观方面的组成部分，如非法收购盗伐、滥伐林木罪。但 2002 年第九届全国人大常委会第三十一次会议通过的《刑法修正案（四）》废除了"以牟利为目的"，所以在环境犯罪中，目的只能是与动机一样，属于量刑情节。

---

〔1〕　高铭暄主编：《刑法专论》（上编），高等教育出版社 2002 年版，第 235～236 页。

〔2〕　高铭暄主编：《刑法专论》（上编），高等教育出版社 2002 年版，第 204 页。

〔3〕　有学者主张环境犯罪应考虑采用无过失责任制，即在行为人无过失的情况下，只要造成了严重后果，就可以追究刑事责任。参见赵秉志主编：《刑法修改研究综述》，中国人民公安大学出版社 1990 年版，第 258 页。这种观点显然与我国刑法所要求的主客观相统一原则相违背，也与我国和世界绝大多数国家的刑事立法精神不相符合。

　　犯罪故意与犯罪过失之间存在着严格的区别：①在认识因素方面，犯罪故意是明确认识到自己的行为会发生危害社会的结果；而犯罪过失是没有认识到自己的行为会发生危害社会的结果，或虽已认识到，但又基于对抑制危害结果的有利条件的主观估计，而认为自己的行为不会发生危害社会的结果。②在意志因素方面，犯罪故意是希望或放任危害结果的发生；而犯罪过失则是主观上希望危害结果不发生或者说排斥危害社会结果的发生。由此可见，犯罪故意较之犯罪过失而言具有更为严重的主观恶性。

三、环境犯罪与其他类罪的区别

（一）与危害公共安全罪的区别

　　危害公共安全罪是指故意或过失地实施危害不特定多数人的生命、健康或重大公私财产安全的行为。[1]环境犯罪中的污染环境犯罪与危害公共安全罪中的放火、决水、投毒[2]、爆炸或者以其他方法破坏水源、森林，和违反爆炸性、易燃性、毒害性、腐蚀性物品管理规定的犯罪，都是对不特定多数人健康、生命以至公私财产的侵害。区别在于：首先，侵犯的客体不同。前者侵犯的是环境资源监督管理制度，后者侵犯的是公共安全。其次，犯罪主观方面不同。前者的故意形态只有间接故意，即明知自己的排放、倾倒、处置废物等行为会导致环境污染，造成或可能造成公私财产重大损失或者人员伤亡的严重后果，并且放任这种结果发生的心理态度；后者既可以是故意，也可以是过失。最后，犯罪客观方面不同。前者表现为间接性，即以环境为媒介，是通过环境质量下降从而危害人体健康、生命或者财物；后者表现为直接性，直接侵害公共安全。

（二）与侵犯公民人身权利罪的区别

　　侵犯公民人身权利罪是指非法侵犯公民的人身权利的行为。环境犯罪与此罪的共同点是：首先，客观上都可以造成人身伤亡；其次，主观上都可以表现为故意。区别在于：首先，侵犯的犯罪客体不同，前者侵犯的是环境资源监督管理制度，后者侵犯的是公民的人身权、生命权；其次，犯罪客观方面不同，前者具有间接性，后者则是直接侵害人的身体以至生命，具有直接性。

四、我国刑法关于环境犯罪的具体规定

　　《刑法》在第六章第六节设专节"破坏环境资源保护罪"规定了污染和破坏环境资源的15种犯罪，而且还在"渎职罪"一章中将负有法定环境资源监督管理职责的国家机关工作人员滥用职权或失职导致环境损害后果产生的行为从滥用职权罪中分离出来，设立违法发放林木许可证罪、环境监管失职罪、非法批准征用、占用土地罪和非法低价出让国有土地使用权罪。具体规定如下：

---

〔1〕　马长生主编：《新编刑法学》，湖南人民出版社1998年版，第369页。
〔2〕　《最高人民法院、最高人民检察院关于执行〈中华人民共和国刑法〉确定罪名的补充规定》，将《刑法》第114条、第115条第1款中的原罪名——"投毒罪"改为"投放危险物质罪"。

（一）破坏环境资源保护罪

破坏环境资源保护罪是指个人或者单位违反环境保护法、污染或者破坏环境资源造成或者可能造成公私财产重大损失或者人身伤亡的严重后果，依照《刑法》应受到刑事惩罚的行为。[1]根据《刑法》第338～346条的规定可知，破坏环境资源保护罪类包括下列15种具体犯罪：

1. 污染环境罪（第338条）。污染环境罪是指违反国家规定，排放、倾倒或者处置有放射性的废物、含传染病病原体的废物、有毒物质或者其他有害物质，严重污染环境的行为。

本罪的构成特征是：第一，本罪的客体是国家环境保护管理制度。犯罪对象是各种有毒有害危险废物。第二，本罪的客观方面表现为违法向环境排入危险废物的行为和造成的重大环境污染事故，致使公私财产遭受重大损失或者造成人身伤亡的严重后果。其中的排放，通常而言，是指将各种危险废物排入土地、大气、水体的行为，包括泵出、溢出、泄出、喷出等；倾倒是指通过使用船舶等装运工具将各种危险废物弃置于土地、水体等；处置是指以不符合环境保护要求的方式来处理各种危险废物的行为。根据2016年《最高人民法院、最高人民检察院关于办理环境污染刑事案件适用法律若干问题的解释》，严重污染环境是指以下情形：

①在饮用水水源一级保护区、自然保护区核心区排放、倾倒、处置有放射性的废物、含传染病病原体的废物、有毒物质的；

②非法排放、倾倒、处置危险废物3吨以上的；

③排放、倾倒、处置含铅、汞、镉、铬、砷、铊、锑的污染物，超过国家或者地方污染物排放标准3倍以上的；

④排放、倾倒、处置含镍、铜、锌、银、钒、锰、钴的污染物，超过国家或者地方污染物排放标准10倍以上的；

⑤通过暗管、渗井、渗坑、裂隙、溶洞、灌注等逃避监管的方式排放、倾倒、处置有放射性的废物、含传染病病原体的废物、有毒物质的；

⑥二年内曾因违反国家规定，排放、倾倒、处置有放射性的废物、含传染病病原体的废物、有毒物质受过两次以上行政处罚，又实施前列行为的；

⑦重点排污单位篡改、伪造自动监测数据或者干扰自动监测设施，排放化学需氧量、氨氮、二氧化硫、氮氧化物等污染物的；

⑧违法减少防治污染设施运行支出100万元以上的；

⑨违法所得或者致使公私财产损失30万元以上的；

⑩造成生态环境严重损害的；

⑪致使乡镇以上集中式饮用水水源取水中断12小时以上的；

⑫致使基本农田、防护林地、特种用途林地5亩以上，其他农用地10亩以上，

---

[1] 韩德培主编：《环境保护法教程》（第5版），法律出版社2007年版，第416页。

其他土地 20 亩以上基本功能丧失或者遭受永久性破坏的；

⑬致使森林或者其他林木死亡 50 立方米以上，或者幼树死亡 2500 株以上的；

⑭致使疏散、转移群众 5000 人以上的；

⑮致使 30 人以上中毒的；

⑯致使 3 人以上轻伤、轻度残疾或者器官组织损伤导致一般功能障碍的；

⑰致使 1 人以上重伤、中度残疾或者器官组织损伤导致严重功能障碍的；

⑱其他严重污染环境的情形。

第三，本罪的主体为一般主体。从司法实践来看，本罪绝大多数主体是从事生产或经营活动、能够产生危险废物的公司、企业、事业单位或个体经营者。第四，本罪的主观方面为间接故意。一般而言，行为人对自己排放、倾倒、处置危险废物造成重大环境污染事故的严重后果不可能持积极追求的心理态度，而往往表现为由于追求本人经济效益或其他盈利目的而放任了危害结果发生的心理态度。2016 年《最高人民法院、最高人民检察院关于办理环境污染刑事案件适用法律若干问题的解释》第 7 条规定："明知他人无危险废物经营许可证，向其提供或者委托其收集、贮存、利用、处置危险废物，严重污染环境的，以共同犯罪论处。"有学者认为，"有意"违反国家规定排放、倾倒或者处置危险废物，"主观目的"是追求经济利益……并不影响本罪"过失犯罪的性质"[1]，是值得商榷的。因为排污者在将危险废物排入环境之前，均存在管理不善或者违反操作规程的情况，还往往伴随着逃避治理污染义务或者牟取暴利的目的，而不可能是没有预见或者没有认识到会造成或者可能造成严重的环境污染危害后果的情况。况且排污造成重大污染事故者，大多数是因污染严重而经过限期治理，或者是属于"十五小"被取缔的企业。

2. 非法处置进口的固体废物罪（第 339 条第 1 款）。非法处置进口固体废物罪，是指违反《固体废物污染环境防治法》的规定，将境外的固体废物进境倾倒、堆放、处置，造成或者可能造成重大环境污染事故，致使公私财产遭受或者可能遭受重大损失或者严重危害人体健康，应当依法追究刑事责任的行为。

本罪的构成要件是：

第一，本罪的客体是国家关于固体废物污染环境防治的管理制度。犯罪对象必须是境外固体废物，包括固体废物、工业固体废物、城市生活垃圾和其他危险废物。[2]如果非法处置境内固体废物构成犯罪的，应以重大环境污染事故罪处断。此外，只能是可以进口或国家限制进口的固体废物，不包括国家禁止进口的固体废物。如果

---

〔1〕　赵秉志等：《环境犯罪比较研究》，法律出版社 2004 年版，第 119 页。

〔2〕　参见国家环境保护局（已撤销）、对外贸易经济合作部（已撤销）、海关总署、国家工商行政管理局（已撤销）和国家进出口商品检验局（已撤销）1996 年 3 月 1 日联合发布的《废物进口环境管理暂行规定》（失效）第 32 条。

非法处置的是国家禁止进口的废物，不构成本罪，而应按《刑法》第 155 条规定的"走私废物罪"[1]论处。

第二，本罪的客观方面表现为违反国家规定，将境外的固体废物进境倾倒、堆放、处置的行为。本罪为行为犯，行为人实施将境外的固体废物进境倾倒、堆放、处置的任何一种行为都是应当被禁止的。但是如果行为人进境倾倒、堆放、处置极少量的境外固体废物，情节显著轻微危害不大的；或者固体废物的特性决定其根本无法构成污染环境危险的；或者已经非法进境的废物尚未倾倒、堆放、处置，亦未逃避海关监管，由海关责令退运的，一般不宜按犯罪论处，应以其他行政手段来处罚。[2]

第三，本罪的主体是一般主体。

第四，本罪的主观方面为间接故意。

3. 擅自进口固体废物罪[3]（第 339 条第 2 款）。擅自进口固体废物罪，是指未经生态环境主管部门[4]许可，擅自进口固体废物用作原料，造成重大环境污染事故，致使公私财产遭受重大损失或者严重危害人体健康，应当追究刑事责任的行为。

本罪的构成要件是：

（1）本罪的客体是国家对废物的进口管理制度。犯罪对象具有特定性，只能是国家允许进口或者限制进口的可以用作原料的境外固体废物。如果行为人以原料利用为名，进口不能用作原料的固体废物、液态废物和气态废物的，应以《刑法》第 152 条第 2 款、第 3 款的规定按走私废物罪论。

（2）本罪的客观方面表现为行为人擅自进口固体废物的行为以及造成的重大环境污染事故，致使公私财产遭受重大损失或者严重危害人体健康。本罪为结果犯，擅自进口固体废物的行为必须造成了公私财产重大损失或者严重危害了人体健康的后果才可以本罪论处。

（3）本罪的主体是一般主体。

（4）本罪的主观方面为间接故意或者过失。

4. 非法捕捞水产品罪（《刑法》第 340 条）。非法捕捞水产品罪，是指违反保护水产资源法规，在禁渔区、禁渔期或者使用禁用的工具、方法捕捞水产品，情节严重触犯《刑法》构成犯罪的行为。

---

[1]　根据 2003 年 8 月 21 日公布实施的《最高人民法院、最高人民检察院关于执行〈中华人民共和国刑法〉确定罪名的补充规定（二）》，取消了《刑法》原第 155 条第 3 项 "走私固体废物罪" 罪名，确定为 "走私废物罪"。

[2]　王秀梅：《破坏环境资源保护罪的定罪与量刑》，人民法院出版社 1999 年版，第 144 页。

[3]　第九届全国人大常委会第三十一次会议通过的《刑法修正案（四）》，将《刑法》第 339 条第 3 款的 "固体废物" 修改为 "固体废物、液态废物和气态废物"。参见《全国人民代表大会常务委员会公报》2003 年第 1 期。

[4]　指市级以上环境保护行政生态环境主管部门，参见《废物进口环境保护管理暂行规定》（失效）第 9 条。

本罪的构成要件是：

第一，本罪的客体是国家对水产资源的管理制度。犯罪对象是指在我国内水、滩涂、领海以及我国管辖的一切其他海域内，除珍贵水生动植物以外的各种野生水生动物、水生植物等水产品资源。如果侵犯的对象是他人承包的湖塘、河段放养的鱼类以及他人养殖水体、养殖设施的，则应依照《刑法》第275条规定，以故意毁坏他人财物罪论处。

第二，本罪的客观方面表现为违反保护水产资源法律、法规，在禁渔区、禁渔期或者使用禁用的工具、方法捕捞水产品，情节严重的行为。本罪属情节犯，必须是行为人之行为属"情节严重的"，才构成本罪。所谓"情节严重"，是指：数量较大；以非法捕捞水产品为常业或者多次捕捞水产品屡教不改；以禁止使用的炸药、剧毒农药、电网等严重危害水产资源的方法捕捞；等等。

第三，本罪的主体是一般主体，包括自然人和单位。

第四，本罪的主观方面为故意。

5. 非法猎捕、杀害珍贵、濒危野生动物罪（第341条第1款）。非法猎捕、杀害珍贵、濒危野生动物罪，是指违反野生动物保护法律法规，猎捕、杀害国家重点保护的珍贵、濒危野生动物，应当追究刑事责任的行为。

本罪的构成要件是：

第一，本罪的客体是国家对珍贵、濒危野生动物的保护和管理制度。犯罪对象是国家保护的珍贵、濒危的陆生、水生野生动物和有益或者有重要经济、科研价值的陆生野生动物。珍贵、濒危野生动物是国家的一项宝贵自然资源，不仅具有重要的经济价值，而且具有重要的文化价值、社会价值以至政治价值。所谓"珍贵的野生动物"，是指在生态平衡、科学研究、文学艺术、经济发展及国际交往等方面具有重要价值的陆生、水生野生动物。所谓"濒危的野生动物"，是指品种、数量稀少且濒于灭绝危险的陆生、水生野生动物。1988年12月10日国务院批准并由原林业部（已撤销）和原农业部（已撤销）联合发布的《国家重点保护野生动物名录》中，共计258种国家重点保护野生动物。2000年11月17日通过的《最高人民法院关于审理破坏野生动物资源刑事案件具体应用法律若干问题的解释》第1条规定，《刑法》第341条第1款规定的"珍贵、濒危野生动物"，包括列入国家重点保护野生动物名录的国家一、二级保护野生动物、列入《濒危野生动植物种国际贸易公约》附录一、附录二的野生动物以及驯养繁殖的上述物种。

第二，本罪的客观方面，表现为非法猎捕、杀害国家重点保护的珍贵、濒危野生动物的行为。本罪属行为犯。

第三，本罪的主体为一般主体。

第四，本罪的主观方面为故意，过失不构成本罪。

6. 非法收购、运输、出售国家重点保护的珍贵、濒危野生动物及其制品罪（第

341 条第 1 款）。[1] 非法收购、运输、出售国家重点保护的珍贵、濒危野生动物及其制品罪是指违反国家野生动物保护法律法规，收购、运输、出售国家重点保护的珍贵、濒危野生动物及其制品的行为。

本罪的构成要件是：

第一，侵犯的客体是国家对珍贵、濒危野生动物资源的重点保护制度。珍贵、濒危野生动物具有不可替代性和难以恢复性，我国通过野生动物保护法规对其进行重点保护。违反国家野生动物保护法规，非法出售珍贵、濒危的野生动物及其制品，侵害了国家对珍贵、濒危野生动物资源的重点保护制度。本罪侵害的对象是国家重点保护的珍贵、濒危野生动物及其制品。所谓"制品"，是指将珍贵、濒危野生动物作原料加工制作的标本、食品、药品、服饰等产品。2000 年 8 月 1 日国家林业局（已撤销）发布《国家保护的有益的或者有重要经济、科学研究价值的陆生野生动物名录》（简称"三有"名录），共有 5 纲 46 目 177 科 1591 种及昆虫 120 属的所有种和另外 110 种野生动物纳入国家保护对象。该《名录》范围与《最高人民法院关于审理破坏野生动物资源刑事案件具体应用法律若干问题的解释》规定的"珍贵、濒危野生动物"范围不同。非法捕杀上述文件未载明的野生动物或非法收购、运输、出售上述文件未载明的野生动物及其制品的，不构成本罪。

第二，客观方面表现为行为人实施了非法收购、运输、出售国家重点保护的珍贵、濒危野生动物及其制品的行为。

第三，本罪的主体是一般主体。

第四，主观方面必须是故意，即行为人明知是国家重点保护的珍贵、濒危野生动物及其制品，而故意实施捕杀、收购、运输、出售等行为。

2014 年 4 月 24 日第十二届全国人民代表大会常务委员会第八次会议通过关于《刑法》第 341 条第 1 款规定的非法收购国家重点保护的珍贵、濒危野生动物及其制品的含义，知道或者应当知道是国家重点保护的珍贵、濒危野生动物及其制品，为食用或者其他目的而非法购买的，属于《刑法》第 341 条第 1 款规定的非法收购国家重点保护的珍贵、濒危野生动物及其制品的行为。

7. 非法狩猎罪（第 341 条第 2 款）。非法狩猎罪，是指违反狩猎法规，在禁猎区、禁猎期或者使用禁用的工具、方法进行狩猎，破坏野生动物资源，情节严重的行为。

本罪的构成要件是：

第一，本罪的客体是国家对野生动物保护的管理制度。犯罪对象是指除国家重点保护的珍贵、濒危野生动物以外的其他野生陆生动物。

第二，本罪的客观方面，表现为行为人实施了在禁猎区、禁猎期或者使用禁用的工具、方法进行狩猎，破坏野生动物资源，情节严重的行为。根据 2000 年 11 月

---

[1] 关于本罪的最新阐释，参见周训芳、谢国保、范志超：《林业法学》，中国林业出版社 2004 年版，第 151 ~153 页。

17 日通过的《最高人民法院关于审理破坏野生动物案件具体应用法律若干问题的解释》第 6 条的规定，具有下列情形之一的，属于非法狩猎"情节严重"：①非法狩猎野生动物 20 只以上的；②违反狩猎法规，在禁猎区或者禁猎期使用禁用的工具、非法狩猎的；③具有其他严重情节的。

第三，本罪的主体是一般主体。

第四，本罪的主观方面为故意，即明知是在禁猎区、禁猎期或者使用禁止的工具、方法进行狩猎而故意为之。

2014 年 4 月 24 日第十二届全国人民代表大会常务委员会第八次会议通过关于《刑法》第 341 条第 2 款规定的非法狩猎的野生动物如何适用刑法有关规定的问题，知道或者应当知道是刑法第 341 条第 2 款规定的非法狩猎的野生动物而购买的，属于刑法第 312 条第 1 款规定的明知是犯罪所得而收购的行为。

8. 非法占用农用地罪（第 342 条）。非法占用农用地罪，是指违反土地管理法规，非法占用耕地、林地等农用地，改变被占用土地用途，数量较大[1]，造成耕地、林地等农用地大量毁坏的行为。本罪在 1997 年《刑法》中为毁坏耕地罪，2001 年 8 月 31 日通过的《刑法修正案（二）》将其修改为非法占用农用地罪。

本罪的构成要件是：

第一，本罪的客体是国家的土地管理制度。这些制度规定于《土地管理法》《森林法》《基本农田保护条例》等法律、法规。本罪的犯罪对象是耕地、林地等农用地。

第二，本罪的客观方面为非法占用耕地、林地等农用地，改变被占用土地用途，数量较大，造成耕地、林地等农用地大量毁坏的行为。所谓非法占用，是指行为人未经国家有关土地管理部门批准或者采取欺骗、行贿等手段获取批准而占用农用地。改变用途，是指行为人将土地管理部门批准专用的农用地擅自改作他用。本罪属于结果犯，即行为人的行为造成了农用地大量毁坏才构成本罪。

第三，本罪的主体为一般主体。

第四，本罪的主观方面为故意。

9. 非法采矿罪，是违反矿产资源法的规定，未取得采矿许可证擅自采矿，擅自进入国家规划矿区、对国民经济具有重要价值的矿区和他人矿区范围采矿，或者擅自开采国家规定实行保护性开采的特定矿种，情节严重的行为。《刑法修正案（八）》第 47 条对本罪进行了修改）

本罪的构成要件是：

第一，本罪的客体是国家对矿产资源的管理制度。犯罪对象是矿产资源，是指在地质运动过程中形成的，蕴于地壳之中的，能为人们用于生产和生活的各种矿物质的

---

〔1〕 指非法占有基本农田 5 亩以上或者非法占用基本农田以外的耕地 10 亩以上，参见《最高人民法院关于审理破坏土地资源刑事案件具体应用法律若干问题的解释》。

总称。其中包括各种呈固态、液态或气态的金属，非金属矿产，燃料矿产和地下热能等。

第二，本罪的客观方面，表现为违反矿产资源法的规定，实施了三种擅自采矿的违法行为之一，[1]造成矿产资源破坏。所谓"造成矿产资源破坏"，是指非法采矿造成矿产资源破坏的价值，数额在 5 万元以上的。数额在 30 万元以上的，属于"造成矿产资源严重破坏"，[2]所以本罪是结果犯。

第三，本罪的主体为一般主体。

第四，本罪的主观要件为故意。

10. 破坏性采矿罪（第 343 条第 2 款）。破坏性采矿罪，是指违反矿产资源法的规定，采取破坏性的方法开采矿产资源，造成矿产资源严重破坏，应当追究刑事责任的行为。

本罪的构成要件是：

第一，本罪的客体是国家对矿产资源的管理制度。

第二，本罪的客观方面表现为采取破坏性开采方法开采矿产资源的行为和使矿产资源遭受严重破坏的危害结果。其中，"破坏性开采"是指行为人违反地质矿产主管部门审查批准的矿产资源开发利用方案开采矿产资源，并造成矿产资源严重破坏的行为。"破坏性开采方法"是指对具有工业价值的共生矿和伴生矿未采取综合性开采措施；对暂时不能综合开采或者必须同时开采而暂时不能综合利用的矿产，以及含有有用组分的尾矿未采取保护性措施而造成矿产资源破坏、浪费的严重后果。"造成矿产资源严重破坏"，是指破坏性采矿造成矿产资源破坏的价值，数额在 30 万元以上的。破坏性的开采方法以及造成矿产资源破坏或者严重破坏的数额，由省级以上地质矿产主管部门出具鉴定意见，经查证属实后予以认定。

第三，本罪的主体为一般主体。

第四，本罪的主观要件为故意。

11. 非法采伐、毁坏国家重点保护植物罪（《刑法》第 344 条）。非法采伐、毁坏国家重点保护植物罪，是指违反《森林法》和《野生植物保护条例》的规定，非法采伐、毁坏珍贵树木或者国家重点保护的其他植物，应当追究刑事责任的行为。

本罪的构成要件是：

第一，本罪的客体是国家对重点植物的管理制度。本罪的犯罪对象是珍贵树木

---

[1] 根据 2003 年《最高人民法院关于审理非法采矿、破坏性采矿刑事案件具体应用法律若干问题的解释》（失效），非法采矿的三种情形是：①未取得采矿许可证擅自采矿，具体包括：无采矿许可证开采矿产资源的；采矿许可证被注销、吊销后继续开采矿产资源的；超越采矿许可证规定的矿区范围开采矿产资源的；未按采矿许可证规定的矿种开采矿产资源的（共生、伴生矿种除外）；其他未取得采矿许可证开采矿产资源的情形。②擅自进入国家规划矿区、对国民经济具有重要价值的矿区和他人矿区范围采矿。③擅自开采国家规定实行保护性开采的特定矿种。

[2] 参见《最高人民法院关于审理非法采矿、破坏性采矿刑事案件具体应用法律若干问题的解释》（法释［2003］9 号）（失效）。

或者国家重点保护的其他植物。

第二，本罪的客观方面，表现为违反《森林法》《野生植物保护条例》等法律、法规，非法采伐、毁坏国家重点保护植物的行为。"非法采伐"，是指未经允许擅自采伐或者经过欺骗、行贿等手段取得采伐许可证，或者超过许可证规定的采伐株数、树种进行采伐。"毁坏植物"是指使珍贵树木的价值或使用价值部分丧失或者全部丧失。

第三，本罪的主体为一般主体。

第四，本罪的主观方面为故意。

12. 非法收购、运输、加工、出售国家重点保护植物、国家重点保护植物制品罪（《刑法修正案（四）》第 6 条）。非法收购、运输、加工、出售国家重点保护植物、国家重点保护植物制品罪，指违反国家规定，非法收购、运输、加工、出售珍贵树木或者国家重点保护的其他植物及其制品的行为。

本罪的构成要件是：

第一，本罪的客体是国家对重点植物及其制品的管理制度。本罪的犯罪对象是珍贵树木或者国家重点保护的其他植物及其制品。此处的"制品"是指对采伐的珍贵树木或者国家重点保护的其他植物通过某种加工手段而获得的成品或半成品。

第二，本罪的客观方面，表现为非法收购、运输、加工、出售珍贵树木或者国家重点保护的其他植物及其制品的行为。本罪为选择性罪名，只要行为人实施了上述四种行为之一，便可构成本罪。

（3）本罪的主体为一般主体。

（4）本罪的主观方面为故意。

13. 盗伐林木罪（第 345 条第 1 款）。盗伐林木罪，是指违反《森林法》及其他保护森林法规，以非法占有为目的，以秘密的方法砍伐国家、集体所有或者他人所有的森林或者其他林木，情节严重应当追究刑事责任的行为。

本罪的构成要件是：

第一，本罪的客体是国家对林木资源的管理制度和国家、集体或者公民的林木所有权。犯罪对象是森林和其他林木[1]。

第二，本罪的客观方面，表现为盗伐森林或者其他林木，数量较大的行为。具体而言包括三种情形：擅自砍伐国家、集体、他人所有或者他人承包经营管理的森林或者其他林木的；擅自砍伐本单位或者本人承包经营管理的森林或者其他林木的；在林木采伐许可证规定的地点以外采伐国家、集体、他人所有或者他人承包经营管理的森林或者其他林木的。根据 2000 年 12 月实施的《最高人民法院关于审理破坏森林资源刑事案件具体应用法律若干问题的解释》第 4 条的规定，盗伐林木"数量较

---

[1] 森林是指成片的树林，包括原始森林和人造林。其他林木，包括防护林、用材林、经济林、薪炭林和特种用途林。

大"，以 2～5 立方米或者幼树 100～200 株为起点；盗伐林木"数量巨大"，以 20～50 立方米或者幼树 1000～2000 株为起点；盗伐林木"数量特别巨大"，以 100～200 立方米或者幼树 5000～10 000 株为起点。根据《刑法修正案（四）》第 7 条第 4 款的规定，盗伐国家级自然保护区内的森林或者其他林木的，从重处罚。如果将国家、集体、他人所有并已经伐倒的树木秘密非法据为己有，以及偷砍他人房前屋后、自留地种植的零星树木数额较大的，定为盗窃罪。

第三，本罪的主体为一般主体。

第四，本罪的主观方面为直接故意，并以非法占有为目的。

14. 滥伐林木罪（第 345 条第 2 款）。滥伐林木罪是指违反《森林法》及其他保护森林法规，未经林业行政主管部门及法律规定的其他主管部门批准并核发采伐许可证，或者虽持有采伐许可证，但违背采伐证所规定的地点、数量、树种、方式而任意采伐本单位所有或管理的，或者本人自留山上的森林或者其他林木，情节严重的行为。

本罪的构成要件是：

第一，本罪的客体是国家对林木资源的管理制度。本罪的对象是本单位所有或管理的，或者本人自留山上的森林或者其他林木。

第二，本罪的客观方面，表现为无采伐许可证或者未按照采伐许可证的规定、要求进行采伐，而且数量较大。根据 2000 年 12 月《最高人民法院关于审理破坏森林资源刑事案件具体应用法律若干问题的解释》第 6 条的规定，滥伐林木"数量较大"，以 10～20 立方米或者幼树 500～1000 株为起点；滥伐林木"数量巨大"，以 50～100 立方米或者幼树 2500～5000 株为起点。

第三，本罪的主体是一般主体。

第四，本罪的主观方面为故意。

15. 非法收购、运输盗伐、滥伐的林木罪（《刑法》第 345 条第 3 款）。非法收购、运输盗伐、滥伐的林木罪，是指非法收购明知是盗伐、滥伐的林木，情节严重应当追究刑事责任的行为。2003 年 8 月 21 日起施行的《最高人民法院、最高人民检察院关于执行〈中华人民共和国刑法〉确定罪名的补充规定（二）》已取消非法收购盗伐、滥伐的林木罪罪名。

本罪的构成要件是：

第一，本罪的客体是国家对林木资源的管理制度。本罪的对象是他人盗伐、滥伐后的林木。

第二，本罪的客观方面，表现为非法收购了他人盗伐、滥伐的林木，情节严重的行为。根据 2000 年 12 月《最高人民法院关于审理破坏森林资源刑事案件具体应用法律若干问题的解释》第 11 条的规定，具有下列情形之一的，属于在林区非法收购盗伐、滥伐的林木"情节严重"：非法收购盗伐、滥伐的林木 20 立方米以上或者幼树 1000 株以上的；非法收购盗伐、滥伐的珍贵树木 2 立方米以上或者 5 株以上的；

其他情节严重的情形。具有下列情形之一的，属于在林区非法收购盗伐、滥伐的林木"情节特别严重"：非法收购盗伐、滥伐的林木 100 立方米以上或者幼树 5000 株以上的；非法收购盗伐、滥伐的珍贵树木 5 立方米以上或者 10 株以上的；其他情节特别严重的情形。

第三，本罪的主体为一般主体。

第四，本罪的主观方面为故意。《刑法修正案（四）》删除了原《刑法》规定的以牟利为目的要件。为收购木材、木制品以及其他目的，唆使他人盗伐、滥伐林木构成犯罪的，按教唆犯，以盗伐林木罪或者滥伐林木罪追究刑事责任。

《刑法》第 346 条专门规定了单位犯破坏环境资源保护罪。其构成要件是：①犯罪客体是上述各具体犯罪的特殊客体；②犯罪客观方面表现为单位实施了上述各具体犯罪中的任何一种具体犯罪行为；③犯罪主观方面为故意，这种主观过错可以通过单位负责人表示，也可以由单位领导层集体决定；④犯罪主体可以是单位中的法人，也包括非法人的其他组织。

（二）渎职罪

在 1997 年《刑法》颁布之前，我国对于那些因环境监管失职造成严重后果，需要追究刑事责任行为的处罚规定，主要体现在各单行环境法中。如 1995 年《固体废物污染环境防治法》第 73 条规定："固体废物污染环境防治监督管理人员滥用职权、玩忽职守、徇私舞弊，构成犯罪的，依法追究刑事责任；尚不构成犯罪的，依法给予行政处分。"1995 年《大气污染防治法》第 48 条规定："环境保护监督管理人员滥用职权、玩忽职守的，给予行政处分；构成犯罪的，依法追究刑事责任。"由此可见，《刑法》修订之前，负有环境保护监管职责的国家机关工作人员玩忽职守，致使重大环境污染事故发生的行为，均是依照 1979 年《刑法》第 187 条玩忽职守罪的规定定罪处罚。1987 年 8 月 31 日，最高人民检察院发布的《关于正确认定和处理玩忽职守罪的若干意见（试行）》（失效）中指出，违反环境保护法规，致使严重污染和破坏环境，引起人员伤亡或者造成农林牧副渔业重大损失的，应以玩忽职守罪论定。环境监管失职罪是 1997 年《刑法》新设立的罪名。

环境监管失职罪，是指环境保护部门的工作人员严重不负责任，并造成重大污染事故，致使公私财产遭受重大损失或造成人身伤亡之严重后果的行为。

环境监管失职罪的构成要件是：①犯罪客体为国家环境保护机关的监督管理活动，属于渎职犯罪。②犯罪客观方面表现为环境保护部门的工作人员严重不负责任，并造成重大环境污染事故，致使公私财产遭受重大损失或造成人身伤亡的严重后果。此处所称的重大损失，一般是指经济损失在 5 万元以上的情况，造成人身伤亡后果是指造成 1 人以上死亡或者 3 人以上重伤。③犯罪主体为特殊主体，是负有环境保护监管职责的国家机关工作人员。④犯罪主观方面为过失，包括过于自信的过失与疏忽大意的过失。

此外，在渎职罪这一类罪中还有违法发放林木采伐许可证罪、非法批准征用、占用土地罪和非法低价出让国有土地使用权罪，此处不详述。

五、环境犯罪的刑事责任

（一）环境资源刑事责任概念

刑事责任是指犯罪人由于犯罪而依法应当向国家承担的由国家对其行为所作的否定和谴责的强制性义务。[1]环境资源刑事责任是刑事责任的一种，指个人或者单位（包括法人和其他组织）因违反环境保护法，严重污染或者破坏环境和自然资源，造成或者可能造成公私财产重大损失或者人身伤亡的严重后果，触犯刑法构成犯罪所应负的刑事方面的法律后果。在环境资源法律责任中，刑事责任是最为严厉的一种强制性义务。刑罚是承担环境资源刑事责任的基本方法。

（二）我国环境资源刑事责任立法

1. 1997年《刑法》修订前环境资源刑事责任立法概况。1979年《刑法》既没有专门的破坏环境资源犯罪的规定，也没有明确使用"环境犯罪"一词，只是在分则的部分章节和条款里，包含了一些环境犯罪的规定。主要是：在"危害公共安全罪"一章，《刑法》第105条对以危险方法破坏河流、水源、森林等危害公共安全的犯罪作了规定；第106条对以危险方法致人重伤、死亡或者使公私财产遭受重大损失的犯罪作了规定；第114条对工厂、矿山、林场等单位职工由于不服管理，违反规章制度，或者强令工人违章冒险作业，因而发生重大伤亡事故的犯罪作了规定；第115条对违反爆炸性、易燃性、放射性、有毒性、腐蚀性物品的管理规定，在生产、储存、运输、使用过程中发生重大事故，造成严重后果的犯罪作了规定。这些犯罪在不同程度上都涉及环境犯罪的规定。在"破坏社会主义经济秩序罪"一章，《刑法》第128条是关于盗伐、滥伐林木罪的规定；第129条是关于非法捕捞水产品罪的规定；第130条是关于非法狩猎罪的规定，这些犯罪是对环境资源的直接破坏。在"妨害社会管理秩序罪"一章，《刑法》第174条是关于故意破坏国家保护的珍贵文物、名胜古迹的犯罪的规定。在"渎职罪"一章，《刑法》第187条对国家工作人员由于玩忽职守，致使公私财产、国家和人民利益遭受重大损失的犯罪作了规定，这种犯罪间接地污染或破坏了环境。

由于我国1979年《刑法》中没有环境犯罪的相应规定，特别是污染环境类犯罪的相关罪名，1979年《刑法》第115条的"违反危险品管理规定重大肇事罪"和第187条"玩忽职守罪"几乎成了"口袋罪"，所有重大污染环境的犯罪一律比照这两条适用，如《水污染防治法》（1996年）第57条和《大气污染防治法》（1995年）第47条均规定，违反本法规定，造成重大水（大气）污染事故，导致公私财产重大损失或者人身伤亡的严重后果的，对有关责任人员可以比照《刑法》第115条或者第187条的规定，追究刑事责任。

2. 1997年《刑法》环境资源刑事责任立法概况。鉴于1979年《刑法》中环境资

---

〔1〕　马长生主编：《新编刑法学》，湖南人民出版社1998年版，第369页。

源刑事责任立法模式已经越来越无法适应我国环境刑法的立法、司法及环境保护实践的客观需要，1997年《刑法》彻底改变我国环境刑事立法的模式，采取了一种以刑法典中惩治环境犯罪的规定为核心，以其他单行环境资源立法为补充的新模式。1997年《刑法》在"妨害社会管理秩序罪"一章专门增设了"破坏环境资源保护罪"一节，共计9个法条15个罪名，将直接造成环境污染事故的行为独立出来，归入到了该章节中，在"渎职罪"一章中将因违法发放林木许可证致使森林资源遭受严重破坏的行为，环境监管失职造成重大环境污染事故的行为，以及滥用土地管理职权情节严重的行为，作为玩忽职守罪的特殊形式，分别单独规定为违法发放林木采伐许可证罪，环境监管失职罪，非法低价出让国有土地使用权罪及非法批准征用、占用土地罪。同时还增设了单位环境犯罪的刑事责任。这种立法模式具有在保持刑法统一的前提下，借助单行环境资源法来适应打击新的环境犯罪需要的优点，相对而言，它拓展了破坏环境资源犯罪的范围，加强了惩治环境犯罪的系统性和可操作性及刑罚的力度。

3. 2016年司法解释的修订。《最高人民法院、最高人民检察院关于办理环境污染刑事案件适用法律若干问题的解释》法释〔2016〕29号（以下简称《解释》）：

《解释》第1条列举了认定"严重污染环境"的18项判断标准；

《解释》第3条列举了认定"后果特别严重"的13项判断标准；

《解释》第4条列举了认定"应当从重处罚"的4种情况；

《解释》第5条列举了认定"应当从宽处罚"的情形；

《解释》第6条规定了污染环境罪与非法经营罪犯罪竞合的情形；

《解释》第7条针对司法实践中非法出租、出借危险废物经营许可证的情形作出了规定。同时明确了危险废物犯罪的共犯认定及其他法律适用问题；

《解释》第8条规定了从一重罪的问题；

《解释》第9条规定了虚假环境影响评价的定罪问题；

《解释》第10条规定了污染环境罪与破坏计算机信息系统罪竞合的情形；

《解释》第11条规定了单位犯罪的定罪量刑问题；

《解释》第12条和第14条规定了监测数据和鉴定意见等在刑事诉讼中作为证据使用的问题；

《解释》第13条规定了危险废物的认定；

《解释》第15条规定了有毒物质的认定；

《解释》第16条规定了无危险废物经营许可证经营的定罪。

（三）我国环境资源刑事责任的具体规定

具体规定如下：

1. 对污染环境罪的刑罚。按照危害后果的不同分为：后果严重的，处3年以下有期徒刑或者拘役，并处或者单处罚金；后果特别严重的，[1] 处 3 年以上 7 年以下有期徒刑，并处罚金。

2. 对非法倾倒、堆放、处置进口的固体废物罪的刑罚。依照不同的危害程度和危害后果分为：将境外固体废物进境倾倒、堆放、处置的犯罪行为，处 5 年以下有期徒刑或者拘役，并处罚金；上述行为造成了重大污染事故，致使公私财产遭受重大损失或者严重危害人体健康的，处 5 年以上 10 年以下有期徒刑，并处罚金；造成后果特别严重的，处 10 年以上有期徒刑，并处罚金。

3. 对擅自进口固体废物罪的刑罚。按照造成危害后果的大小分为两个档次：对造成严重后果的，处 5 年以下有期徒刑或者拘役，并处罚金；对后果特别严重的，处 5 年以上 10 年以下有期徒刑，并处罚金。

4. 对非法捕捞水产品罪的刑罚。处 3 年以下有期徒刑、拘役、管制或者罚金。

5. 对非法捕猎、杀害国家重点保护珍贵、濒危野生动物罪和非法收购、运输、出售国家重点保护珍贵、濒危野生动物及其制品罪的刑罚。一般情节的，处 5 年以下有期徒刑或者拘役，并处罚金；情节严重的，处 5 年以上 10 年以下有期徒刑，并处罚金；情节特别严重的，处 10 年以上有期徒刑，并处罚金或者没收财产。[2]

---

〔1〕　2013 年《最高人民法院、最高人民检察院关于办理环境污染刑事案件适用法律若干问题的解释》第 3 条规定："实施刑法第 338 条、第 339 条规定的行为，具有下列情形之一的，应当认定为'后果特别严重'：①致使县级以上城区集中式饮用水水源取水中断 12 个小时以上的；②致使基本农田、防护林地、特种用途林地 15 亩以上，其他农用地 30 亩以上，其他土地 60 亩以上基本功能丧失或者遭受永久性破坏的；③致使森林或者其他林木死亡 150 立方米以上，或者幼树死亡 7500 株以上的；④致使公私财产损失 100 万元以上的；⑤致使疏散、转移群众 15000 人以上的；⑥致使 100 人以上中毒的；⑦致使 10 人以上轻伤、轻度残疾或者器官组织损伤导致一般功能障碍的；⑧致使 3 人以上重伤、中度残疾或者器官组织损伤导致严重功能障碍的；⑨致使 1 人以上重伤、中度残疾或者器官组织损伤导致严重功能障碍，并致使 5 人以上轻伤、轻度残疾或者器官组织损伤导致一般功能障碍的；⑩致使 1 人以上死亡或者重度残疾的；⑪其他后果特别严重的情形。"

〔2〕　非法捕猎、杀害、收购、运输、出售国家重点保护珍贵、濒危野生动物构成犯罪，具有下列情形之一的，属于情节严重：①达到本解释附表所列相应数量标准的（《最高人民法院关于审理破坏野生动物资源刑事案件具体应用法律若干问题的解释》附表内容为非法捕猎、杀害、收购、运输、出售珍贵、濒危野生动物刑事案件"情节严重""情节特别严重"的数量认定标准，下同）；②非法猎捕、杀害、收购、运输、出售不同种类的珍贵、濒危野生动物，其中两种以上分别达到附表所列"情节严重"数量标准一半以上的。非法捕猎、杀害、收购、运输、出售珍贵、濒危野生动物具有下列情形之一的，属于情节特别严重：①达到本解释附表所列相应数量标准的；②非法捕猎、杀害、收购、运输、出售不同种类的珍贵、濒危野生动物，其中两种以上分别达到附表所列"情节特别严重"数量标准一半以上的。

非法捕猎、杀害、收购、运输、出售珍贵、濒危野生动物构成犯罪，符合上述《解释》第 3 条第 1 款规定，并具有下列情形之一的，可以认定为"情节特别严重"：①犯罪集团的首要分子；②严重影响对野生动物的科研、养殖等工作顺利进行的；③以武装掩护方法实施犯罪的；④使用特种车、军用车等交通工具实施犯罪的；⑤造成其他重大损失的。非法收购、运输、出售珍贵、濒危野生动物制品构成犯罪的，具有下列情形之一的，属于"情节严重"：①价值在 10 万元以上的；②非法获这两种犯罪行为关系密切，前者往往是促使后者发生的动因，对多次从事非法收购、运输、出售国家重点保护珍贵、濒危野生动物罪的，应从重处罚。

6. 对非法狩猎罪的刑罚。处 3 年以下有期徒刑、拘役、管制或者罚金。

7. 对非法占用农用地罪的刑罚。处 5 年以下有期徒刑或者拘役，并处或者单处罚金。

8. 对非法采矿罪的刑罚。造成矿产资源破坏的，处 3 年以下有期徒刑、拘役或者管制，并处或者单处罚金；造成矿产资源严重破坏的，处 3 年以上 7 年以下有期徒刑，并处罚金。

9. 对破坏性采矿罪的刑罚。处 5 年以下有期徒刑或者拘役，并处罚金。

10. 对非法采伐、毁坏国家重点保护植物罪和非法收购、运输、加工、出售国家重点保护植物、国家重点保护植物制品罪的刑罚。对一般情节的，处 3 年以下有期徒刑、拘役或者管制，并处罚金；情节严重的，[1]处 3 年以上 7 年以下有期徒刑，并处罚金。

11. 对盗伐林木罪的刑罚。数量较大的，处 3 年以下有期徒刑、拘役或者管制，并处或者单处罚金；数量巨大的，处 3 年以上 7 年以下有期徒刑，并处罚金；数量特别巨大的，处 7 年以上有期徒刑，并处罚金。此处，对数量特别巨大的盗伐林木罪的刑罚，由原《刑法》和《全国人民代表大会常务委员会关于严惩严重破坏经济的罪犯的决定》（失效）的规定，即对其"判处 10 年以上有期徒刑，无期徒刑或者死刑，可以并处没收财产"，降为"处 7 年以上有期徒刑，并处罚金"。这种修改是不妥当的，因为森林的生态效益价值远远超过森林作为木材的经济价值。修改后的《刑法》对数量特别巨大的盗窃罪仍保留了死刑，而对同样数额的盗伐林木罪规定最重的刑罚只能是 15 年，是忽略了森林的生态价值的，这是刑法非生态化的表现，不利于保护生态环境和可持续发展战略的实施。

12. 对滥伐林木罪的刑罚。数量较大的，处 3 年以下有期徒刑、拘役或者管制，并处或者单处罚金；数量巨大的，处 3 年以上 7 年以下有期徒刑，并处罚金。盗伐、滥伐国家级自然保护区内的森林或者其他林木的，从重处罚。

13. 对非法收购盗伐、滥伐的林木罪的刑罚。情节严重的，处 3 年以下有期徒刑、拘役或者管制，并处或者单处罚金；"情节特别严重的"，处 3 年以上 7 年以下有期徒刑，并处罚金。

利 5 万元以上的；③具有其他严重情节的。具有下列情形之一的，属于"情节特别严重"：①价值在 20 万元以上的；②非法获利 10 万元以上的；③具有其他特别严重情节的。

[1] 具有下列情形之一的，属于非法采伐、毁坏珍贵树木行为"情节严重"：非法采伐珍贵树木 2 株以上或者毁坏珍贵树木致使珍贵树木死亡 3 株以上的；非法采伐珍贵树木 2 立方米以上的；为首组织、策划、指挥非法采伐或者毁坏珍贵树木的；其他情节严重的情形。参见 2000 年《最高人民法院关于审理破坏森林资源刑事案件具体应用法律若干问题的解释》。

（四）我国环境资源刑事责任的特点

根据以上具体规定，关于刑罚体例的设置，我国环境刑事立法针对环境犯罪的特点主要有：

1. 摒弃死刑的应用、突出自由刑的刑罚措施。刑法规定对于环境犯罪适用的自由刑主要是有期徒刑、拘役和管制，而适用于环境犯罪的附加刑则只有罚金刑和没收财产。

2. 扩大了罚金刑的适用。1997 年《刑法》规定了并科罚金制、选科罚金制、复合罚金制和单科罚金制，不仅加大了对环境犯罪适用并科罚金刑的力度，并将并科作为环境犯罪罚金制的主要适用方式。但是，如何适用罚金刑，我国现行《刑法》并未作出明确规定，只是在其第 52 条对包括自然人和单位判处罚金的问题上，对罚金数额作了一个抽象的规定，即："判处罚金，应当根据犯罪情节决定罚金数额"。仅根据犯罪情节这一伸缩性极大的条件决定对犯罪单位判处的具体罚金数额，司法实践的操作性不强。

3. 根据情节轻重设定量刑档次。如将盗伐林木罪的量刑档次由原来的一个增加到三个，并把原来的情节量化，即由"情节严重"改为"数量较大""数量巨大"和"数量特别巨大"，便于量刑。

4. 实行"双罚制"，即单位犯有破坏环境资源保护罪类中的某具体犯罪时，除对单位追究刑事责任外，还对单位直接负责的主管人员和其他直接责任人员处以该具体犯罪相应的刑罚。

🖥 **学术视野**

1. 关于环境资源法律责任独立说的争论。有的人认为环境资源责任是独立的，是和民事责任、刑事责任、行政责任平行的法律责任，因为环境资源责任中有关环境资源修复、生态补偿、生态赔偿的措施有其独特性。有的人认为，环境资源法律责任不是独立的，因为其责任的承担总是通过民事责任、刑事责任和行政责任来体现。

2. 关于环境资源民事责任的责任形式是否包含精神损害赔偿的问题。大多数学者都认为，环境资源民事责任应当包含精神损害赔偿，但在法律上没有明确的依据。

3. 关于环境资源刑事责任的问题。很多人认为我国环境资源刑事责任的规定较少，像日本有专门的《公害罪法》，我国应当借鉴日本做法制定专门的环境资源刑法。

✒ **理论思考与实务应用**

一、理论思考

（一）名词解释

环境资源行政行为　　无过错责任原则

（二）简答题

1. 简述环境资源行政责任的构成要件。

2. 简述环境污染民事责任的构成要件。它与一般民事责任的构成要件有何区别？

3. 简述环境损害民事案件中实行无过错责任原则的理由。

（三）论述题

1. 论述环境资源民事责任形式中排除危害与赔偿损失的特点。

2. 论述破坏环境资源保护罪犯罪的构成要件。

3. 有学者主张环境犯罪应考虑采用无过失责任制，请详细陈述你对这个问题的立场。

4. 论述我国在惩治破坏环境资源保护罪中的刑罚体例的特点。

二、实务应用

（一）案例分析示范

案例一　幼儿园煤烟污染案

某市市级幼儿园建于 2000 年 3 月，其内部建造的食堂和锅炉房均采用燃烧生煤的方式做饭和烧热水，两根烟囱每天排出滚滚浓烟。2000 年 9 月，市轮船总公司在紧邻幼儿园食堂和锅炉房的地方动工修建了一座水上娱乐城。由于该市河流较少，该水上娱乐城立即成为本市居民夏天消暑的好去处，生意十分兴隆。然而好景不长，由于幼儿园不断向外排放浓烟，导致水上娱乐城的水面上总是有一层黑色漂浮物。游客们认为太不卫生，不再光顾娱乐城，娱乐城的生意渐渐冷清。2000 年 10 月 3 日，经市卫生防疫站检测，水上娱乐城的水质不符合卫生标准，被责令限期整改。

娱乐城认为，其生意不好及被卫生防疫站责令限期整改的主要责任在于幼儿园排放浓烟污染了娱乐城的水质，于是要求市环保局进行处理。市环保局受理后，进行了现场检测。鉴定幼儿园两烟囱浓烟的排放严重超标，是娱乐城水质恶化的主要污染源。经研究决定，责令幼儿园限期治理，达标排放，并罚款 15 000 元。同时，娱乐城也将幼儿园告上法庭，要求其赔偿经济损失 16 280 元。在庭审中，幼儿园辩称：①幼儿园建在先，娱乐城建在后。市轮船总公司在明知幼儿园烟囱排放可能污染其水质的情况下仍然建造娱乐城，引起的一切后果应由娱乐城自己承担。②幼儿园已接受了环保局 15 000 元的罚款，不应再给娱乐城赔偿。

问：1. 幼儿园的理由是否成立？

2. 按照 2014 年《环境保护法》，环保部门作出限期治理的决定是否正确？为什么？

3. 法院应如何处理？

【评析】1. 幼儿园的理由不成立。①幼儿园以其建在先作为免除其法律责任的理由是不符合法律规定的。我国《环境保护法》《民法通则》明确规定，只有下面三种情况可以作为法定的免责条件：不可抗力；第三人的过错；受害人自身的过错。因此，幼儿园建在先不能作为免除其法律责任的条件。②认为自己已承担了行政处罚的行政责任就不应再承担民事赔偿责任是不对的，行政责任和民事责任是两种性质不同的法律责任。行政责任是指因违反行政法或因行政法规定而应承担的法律责任。而民事责任是指由于违反民事法律、违约或由于民法规定所应承担的一种法律责任。我国《行政处罚法》第 7 条第 1 款明确规定，公民、法人或者其他组织因违法受到行政处罚，其违法行为对他人造成损害的，应当依法承担民事责任。因此，承担了行政责任，并不免除其承担民事责任的可能性。

2. 按照《环境保护法》，环保局作出限期治理的决定是不正确的。虽然 1989 年《环境保护法》第 29 条规定："对造成环境严重污染的企业事业单位，限期治理。中央或者省、自治区、直辖市人民政府直接管辖的企业事业单位限期治理，由省、自治区、直辖市人民政府决定。市、县或者市、县以下人民政府管辖的企业事业单位限期治理，由市、县人民政府决定。被限期治理的企业事业单位必须如期完成治理任务。"另外，我国 2000 年《大气污染防治法》第 48 条也规定了限期治理制度。但是，2014 年《环境保护法》删去了限期治理制度。由于限期治理制度在实践中很少能起到作用，为此，在 2013 年《环境保护法》修订三审稿过程中，有学者提出应当通过引入按日连续处罚措施、废除限期治理制度的方案。经全国人大法工委多次组织专家论证后，终于在《环境保护法》中规定，企业事业单位和其他生产经营者超过污染物排放标准或者超过重点污染物排放总量控制指标排放污染物的，县级以上人民政府环境保护主管部门可以责令其采取限制生产、停产整治等措施；情节严重的，报经有批准权的人民政府批准，责令停业、关闭。这一规定实际上代替了实施长达 30 多年的限期治理制度。[1] 在本案中，环保局对幼儿园作出的限期治理的行政处罚不符合法律的规定。

3. 法院应判决幼儿园赔偿娱乐城 16 280 元的经济损失。2000 年《大气污染防治法》第 62 条第 1 款规定："造成大气污染危害的单位，有责任排除危害，并对直接遭受损失的单位或者个人赔偿损失。"在本案中，娱乐城生意冷清以至于被市卫生防疫站责令限期整改的主要原因是幼儿园排放的浓烟污染了娱乐城的水质，因此，幼儿园应对其给娱乐城造成的经济损失承担赔偿责任。

案例二　油漆厂污染案

原告唐某与余某合伙承包村里的水塘养虾，在调查虾塘周围环境时，发现某市的造漆厂将工业用废水排入塘内，这将严重威胁虾苗的生长和生命。为此，唐、余二人要求造漆厂采取排污措施。造漆厂以所排废水量有限不至于毒死虾苗及资金困难为由，拒绝了唐、余二人的要求。在唐、余二人的再三要求下，造漆厂同意根据国家环境污染防治法的法律规定，由唐、余二人签订防治废水污染虾塘的协议。协议规定：造漆厂于 1993 年年底前对排污渠道作改道处理。在此之前，唐、余二人投放虾苗时，应事先通知造漆厂派员观看，其后如有虾苗死亡，应及时通知厂方，由双方验证是否为厂方所排废水毒死。否则，造漆厂不负任何责任。1993 年 5 月，唐、

---

[1]　参见汪劲：《环境法学》（第三版），北京大学出版社 2014 年版，第 172～173 页。

余二人在未通知造漆厂的情况下，投放虾苗 30 000 尾。投放后，唐、余二人精心管理，日夜看护。10 天后，二人发现塘内有少量的死虾出现，当即捞起部分死虾送厂检验。造漆厂虽然对唐、余二人没有通知其即投放虾苗的行为表示不满，但厂方仍派员一同到现场查看。经双方估算，塘内漂浮和打捞上岸的死虾约 1 000 尾。厂方将死虾送市商品检验处化验，证明确系造漆厂所排废水毒死。但是经化验，造漆厂排放的废水量没有超过国家规定的排污标准。由于唐、余二人与造漆厂之间关于如何赔偿问题不能达成一致意见，唐、余二人遂向法院起诉，要求造漆厂赔偿损失。

问：1. 造漆厂是否应当承担赔偿责任？为什么？

2. 造漆厂与唐、余二人所订协议中的免责条款有无效力？能否成为免责事由？请说明原因。

3. 唐、余与造漆厂之间环境污染赔偿纠纷可通过何种途径进行解决？

【评析】1. 造漆厂应当承担赔偿责任。按照《水污染防治法》的规定，因为环境污染损害赔偿责任是一种无过失责任，造漆厂排污是否超标与其造成的损害无关，也即达标排放污染物造成他人损害也应当承担民事责任。本案中造漆厂实施了污染环境的行为，并造成了污染损害，且在行为与损害之间存在着因果关系，因而满足了无过失责任的条件。

2. 造漆厂与唐、余二人所订协议中的免责条款没有法律效力，因此就不能成为造漆厂的免责事由。因为：首先，该协议违反了国家法律规定，保护环境的法定义务是任何排污者或者当事人所不能免除的；其次，唐、余二人投放虾苗须事先通知造漆厂的约定违背了唐、余二人的意愿，不具有法律意义；再次，这种约定严重地危害了唐、余二人的合法权益。

3. 可通过①协商解决；②由环保局作出行政处理决定；③对行政处理决定不服的，可向人民法院提起诉讼。

案例三　某厂排污超标案

环保局的监察人员在对某厂的含油废水处理设施进行检查时，发现该设施未运行，于是提取水样监测，发现该厂外排废水中石油类严重超标。市环保局对该厂依法责令重新使用含油废水处理装置，并处罚款。该厂接受处罚，立即重新使用废水处理装置。为防止该厂再次擅自停运该装置，市环保局在实施处罚一周后，又去该厂进行现场检查，再次发现该设施停运，经再次监测，外排废水石油类仍严重超标。

问：请结合相关法律法规对本案中市环保局可否再次对该厂进行处罚进行分析。

【评析】《水污染防治法》第 14 条第 2 款规定："水污染物处理设施必须保持正常使用，拆除或者闲置水污染物处理设施的，必须事先报经所在地的县级以上地方人民政府环境保护部门批准。"

本案中，该厂具有闲置污染处理设施，未经当地环保部门批准的违法行为，

《水污染防治法》第48条规定："排污单位故意不正常使用水污染物处理设施，或者未经环境保护部门批准，擅自拆除、闲置水污染物处理设施，排放污染物超过规定标准的，由县级以上地方人民政府环境保护部门责令恢复正常使用或者限期重新安装使用，并处罚款。"该市环保局对该厂第一次闲置处理设施的处罚是正确的。

关于能否对第二次擅自停运同一处理设施的行为进行处罚，关键要认定这两行为是否属于同一违法行为。认定是否同一违法行为，就要看这两次行为有无连续性，即中间有无中断。若中断则为两次行为；若无中断，则为一次违法行为。

对照本案，该厂行为具有中断性，具备了两次违法行为的特征，因此该市环保局对该厂可以再次实施行政处罚。

案例四　居民诉县环保局案

某县城一化工厂给周围环境造成严重污染，特别是工厂附近的30户居民受污染危害更为严重，他们多次请求县环保局制止化工厂的污染行为，责令化工厂赔偿居民的污染损失（医疗费、误工费等）。但环保局对此置之不理，于是30户居民联名向县法院对县环保局提起行政诉讼。县法院通知化工厂以第三人身份参加诉讼，最后法院判决化工厂赔偿30户居民污染损失共5万元。

问：1. 法院依据什么规定接受此案件？

2. 化工厂以什么身份参加诉讼？

3. 法院判决是否正确？

【评析】1. 依照《环境保护法》的有关规定，对环境污染行为进行监督管理，对环境污染纠纷进行处理是环保部门的法定职责，对此环保部门必须履行，不得以任何借口推脱。本案县环保局对污染受害居民的投诉置之不理，是违法失职行为。依据《行政诉讼法》第12条第1款第6项的规定，公民、法人和其他组织申请行政机关履行保护人身权、财产权的法定职责，行政机关拒绝履行或者不予答复的，公民、法人和其他组织可依法向人民法院提起行政诉讼。因此，本案30户居民在环保局对其投诉置之不理的情况下，联名向法院对环保局提起诉讼是合法的。

2. 法院通知化工厂以第三人身份参加诉讼是必要的。因为化工厂与起诉的具体行政行为——环保局不依法处理环境污染纠纷、制止环境污染的行为有利害关系。法院如果判决环保局履行法定职责，将对化工厂的利益产生直接影响。

3. 法院最后判决责令化工厂赔偿本案原告污染损失5万元是错误的。因为本案是行政诉讼案件，法院的任务是对被告环保局不作为的具体行政行为的合法性进行审查，本案不是民事诉讼案件，法院不能直接针对原告与化工厂之间的纠纷作出判决。依照1989年《行政诉讼法》第54条第3款"被告不履行或者拖延履行法定职责的，法院判决其在一定期限内履行"的规定，本案法院应判决被告环保局在一定期限内履行制止环境污染，调处环境污染纠纷的职责。

参考书目

1. 张梓太：《环境法律责任研究》，商务印书馆 2004 年版。

2. 齐树洁、林建文主编：《环境纠纷解决机制研究》（第 2 辑），厦门大学出版社 2005 年版。

3. 王灿发等主编：《环境法案例教程》，清华大学出版社、北京交通大学出版社 2008 版。

4. 周珂：《环境法（第二版）》，中国人民大学出版社 2005 版。

第五章

环境资源法律救济

【本章概要】在开发、利用、保护和改善环境资源的活动中，各种利益冲突难以避免，有关环境资源权益的争议及纠纷亦呈现多种类型。如按其对象可分为环境污染破坏纠纷和自然资源纠纷；按其后果可分为环境事故纠纷和非事故纠纷；按其产生方式可分为生产环境纠纷和生活环境纠纷；按其性质可分为环境民事纠纷、环境行政纠纷和环境刑事纠纷；等等。但无论环境纠纷呈现何种形态，均可通过行政救济、诉讼救济、仲裁等法律途径寻求解决。环境资源行政救济包括行政调解、行政裁决、行政复议等方式；环境资源司法救济包括环境资源民事诉讼、行政诉讼和刑事诉讼三种方式；目前，环境资源仲裁也成为环境资源纠纷解决机制的一种新型民事纠纷解决方式。

【学习目标】通过本章学习，了解环境资源法律救济的体系；掌握环境资源行政救济的途径及其程序、环境资源民事救济的途径及其程序和环境资源刑事救济的途径及其程序。

第一节　环境资源行政救济

一、行政救济概述

（一）行政救济的概念和特征

行政救济作为一种法律救济制度，有广义和狭义之分。狭义的行政救济是指特定的国家机关对行政机关违法或不当行为的纠正以及弥补其给公民、法人或者其他组织合法权益造成的损害的法律救济制度的总和。广义的行政救济还包括行政监察和对合法行政行为的行政补偿。

行政救济具有以下特征：①行政救济一般以环境资源争议的存在为前提。②行政救济的产生一般是因为一方的合法权益受到了侵害。③行政救济一般只能依申请而进行，并且救济的请求权只能归属于行政相对方（行政监察则属于依职权行为）。④行政救济的目的是对违法或不当的（广义上也包括合法的）行为所造成的消极后果进行补救。

（二）行政救济的重要意义

行政救济制度是民主发展的产物，是保护公民、法人或者其他组织合法权益的制度。它采取撤销、变更、责令赔偿损失或补偿的方法，使违法或不当以至损害公民、法人或其他组织合法权益的情形，能得到及时的纠正和补救。

（三）行政救济的途径

行政救济的途径，是指行政相对方的合法权益受到行政行为侵害时，法律所提供的补救渠道和途径。

在我国，行政救济的具体途径有行政复议、行政调解、行政裁决和行政监察，这些途径共同构成了我国行政救济的完整渠道。

二、环境资源行政调解

行政调解处理是指根据当事人的请求，由环境保护行政主管部门或者其他依照法律规定行使环境监督管理权的部门对赔偿责任和赔偿金额的纠纷作出的调解处理。行政调解处理程序是指环境保护行政主管部门根据当事人的请求，对环境污染危害造成损失引起的赔偿责任和赔偿金额争议进行调解处理的步骤的总称。

实践中将 1989 年《环境保护法》第 41 条中规定的"处理"与责令赔偿损失的处理决定相等同，甚至将作出处理决定的环境保护行政主管部门作为被告提起行政诉讼的做法，是不正确的。行政调解处理决定既不属于行政裁决，也不属于行政处理决定，而是属于由行政机关即主管部门对环境污染的民事纠纷所作的调解，这种调解与人民法院在民事诉讼程序中的法院调解是相对应的，其调解协议是不具有法律约束力的。当事人对调解不服、不自觉履行调解协议或调解不成的，可以向人民法院起诉或当事人直接向人民法院起诉。关于这一问题，全国人大常委会法制工作委员会早在 1991 年就已作了答复。[1] 而且，在后来修改的几部污染防治单行法中，为了避免出现 1989 年《环境保护法》中"处理决定"所引起的歧义，都将其中的"处理"改为"调解处理"，"对处理决定不服"改为"调解不成"。如 2000 年修改的《大气污染防治法》第 62 条第 2 款规定："赔偿责任和赔偿金额的纠纷，可以根据当事人的请求，由环境保护行政主管部门调解处理；调解不成的，当事人可以向人民法院起诉。当事人也可以直接向人民法院起诉。"这里，无论是一方当事人不履行调解协议，还是当事人不服行政机关的处理决定，当事人提起的诉讼均为民事诉讼，而不是行政诉讼。

环境保护行政主管部门作为第三方居间调解处理环境污染民事赔偿纠纷的行政调解程序，是我国解决环境民事争议的一种有效程序。原因在于：首先，由于环境污染危害的严重性、复杂性和长期性，需要及时取证、鉴定的手段和专业技术，环境保护行政主管部门显然比法院等其他机构更具有这方面的实力；其次，由行政部

---

[1] 国家环境保护局（已撤销）为了澄清 1989 年《环境保护法》第 41 条第 2 款规定的"处理决定"的性质，曾于 1991 年 11 月 26 日去函请示全国人大常委会法制工作委员会。该委员会于 1992 年 1 月 31 日复函称，"我们同意你们的意见"，即同意国家环境保护局（已撤销）关于"处理"含义的意见——"环保部门对这类纠纷的处理，在性质上属于行政机关居间对当事人之间民事权益争议的调解处理"。参见国家环境保护局（已撤销）政策法规司编：《中国环境保护法规全书：1982～1997》，化学工业出版社 1997 年版，第 274 页。

门进行调解程序比较简单、便捷，有利于保护受害者的利益，因为"迟来的正义非正义"；最后，也可避免法院审判的讼累。

三、环境资源行政裁决

（一）行政裁决的概念

行政裁决是指行政机关依照法律授权，对发生在行政管理活动中的平等主体间的特定民事争议进行审查并作出裁决的具体行政行为。

民事争议在传统上由法院管辖，但20世纪以后，由于社会经济发展迅速，利益多元化和个性化的情况越来越突出，各种权益纠纷增多且与行政管理活动交织在一起，而完全靠法院已经相形见绌。因此，行政机关也开始处理某些传统上由法院处理的民事争议以及大量的随着社会经济发展而新出现的民事争议。前者如民事侵权争议、土地所有权、使用权权属争议、房租争议等，后者如商标、专利等知识产权争议，以及环境污染争议、工伤事故或医疗事故赔偿争议、交通运输争议、产品质量争议等。但是，行政裁决并不意味着行政机关取代法院的司法审判职能，它只是在行政领域内为当事人受到损害的民事权益提供一种省时、快捷的行政救济手段。从性质上看，它是一种具体行政行为，当事人对行政机关的裁决结果不服的可以向人民法院提起行政诉讼。

（二）行政裁决的特征

行政裁决具有以下几方面特征：

1. 行政裁决是依法享有行政裁决权的行政主体的行为。有行政职权的行政主体并不当然是行政裁决的主体，作为行政裁决的行政主体，它必须是对与民事纠纷有关的行政事务具有管理职权的行政机关，并且具有法律或法规的明确授权，否则不得行使行政裁决权。如《土地管理法》《水污染防治法》等法律往往明确授权有关行政机关行使行政裁决权。

2. 行政裁决的对象是特定的民事争议。只有法律明确规定的那些特定的、与行政管理事务有关的民事争议，行政机关才能对其进行裁决。

3. 行政裁决一般以当事人申请为前提，即遵循不告不理原则。行政裁决主体以公断人的身份，基于当事人的申请裁断两者之间发生的民事纠纷。

4. 行政裁决是一种具有法律约束效力的行政行为。行政裁决作出以后，对行政机关和当事人都有法律约束力。无论民事争议的当事人是否接受或同意裁决，都不影响行政裁决的实施和成立，也不影响行政裁决应有的法律效力。当事人除非在法定期限内依法申请复议或提起诉讼，否则必须履行行政裁决所确定的义务，行政主体和享有权利的一方可以申请法院强制执行行政裁决。

（三）行政裁决的种类

行政裁决涉及行政管理的许多领域，它与社会经济发展和行政管理的目标相适应，涉及治安管理、土地管理、食品卫生管理、质量监督管理、医疗卫生管理、工商管理、知识产权管理、资源管理等领域。根据有关法律规定，我国的行政裁决主

要可以分为以下三种:

1. 对权属纠纷的裁决。这是指行政机关对当事人之间因与行政管理有关的财物、资源的所有权或使用权的归属而发生的争议所作的裁决。例如，对草原、土地、水、滩涂及矿产等自然资源的权属争议，双方当事人可依法向有关行政机关请求确认，并作出裁决。

2. 对侵权纠纷的裁决。这是在双方当事人之间，一方当事人与行政管理有关的合法权益受到另一方侵犯时，当事人依法申请行政机关解决，行政机关依当事人的申请对此侵权争议作出处理的行为。如工商行政管理机关依照《商标法》的有关规定作出责令停止商标侵权的裁决，这种裁决常与损害赔偿裁决一起进行。我国《商标法》《专利法》《土地管理法》及《著作权法》等规定了这种裁决。

3. 对损害赔偿纠纷的裁决。这是指行政机关就当事人之间发生的损害赔偿纠纷所作的行政裁决。损害赔偿纠纷广泛存在于治安管理、食品卫生、药品管理、环境保护、医疗卫生、产品质量、社会福利等许多方面。产生损害赔偿纠纷时，权益受到损害者可以依法要求有关行政机关作出裁决，确认赔偿责任和赔偿金额，使其受到侵害的权益得以恢复和得到赔偿。

权属纠纷、侵权纠纷和损害赔偿纠纷及其裁决之间具有内在的联系，表现为：①权属关系的确定是侵权事实得以确定的基础，侵权事实的确定又为损害赔偿请求提供了依据。环环相连，不可分割。②三种纠纷各自的着眼点不同，分别强调了一个连续过程中的不同阶段。由于各自的争议标的不同，行政裁决的目的便不完全相同。但在保护当事人的合法权益，并服务于行政管理这一点上，三种行政裁决的目的则是完全一致的。

（四）行政裁决程序

我国现行法律、法规尚未对行政裁决的程序作统一的规定。根据有关法律、法规的零散规定和实践中的做法，行政裁决大致遵循以下程序。

1. 申请。争议双方当事人在争议发生后，可依据法律、法规的规定，在法定期限内向法定裁决机构申请裁决。申请裁决通常要递交申请书，载明双方当事人的姓名、住址、争议的事项、有关请求及其根据、理由等。申请人提交申请书的同时要提交副本，以便裁决机构向对方当事人发送。

2. 受理。行政裁决机构收到裁决申请书后，即要对申请进行审查。经过审查，如认为申请不符合法定条件，应作出附理由的不予受理决定；如认为符合法定条件，则应在法定期限内予以正式受理，并将申请书副本发送争议的另一方当事人，要求其在一定期限内予以答辩。

3. 审查。行政裁决机构正式受理当事人的裁决申请后，则开始对当事人之间的权益争议进行实体审查。首先，是书面的审查，即根据当事人双方提交的申请书、答辩书及所附有关证据材料，分析其权利、义务归属和各自的是非曲直。其次，根据案情的需要，可能要组织有关调查、勘验或鉴定。这种调查、勘验、鉴定对于审理有关交通事故争议、医疗事故争议、环境污染争议、产品质量争议等技术性争议案件是必不可少的。最后，行政司法机构要将所有材料、证据及调查、勘验、鉴定结论进行综合分析、研究，如果尚存疑点，或当事人要求，可举行公开听证，由当事人双方当面陈述案情，相互辩论、对质，以求彻底查明案件的真实情况，为作出合理、正确的裁决打下基础。

4. 裁决。行政裁决机构经过对争议案件的认真审查，彻底弄明案情后，即要依据有关法律、法规、规章或规范性文件对当事人的争议作出裁决。裁决需制定裁决书，载明双方当事人的基本情况、争议的内容、裁决机构认定的事实及其根据、理由、作出的裁决。裁决书最后还要告知当事人对此裁决是否可申请复议或向法院提起诉讼。如属终局裁决，应告知当事人履行的期限；如可申请复议或提起诉讼，则应告知当事人向何机关、何法院、在何期限内申请复议或提起诉讼。行政裁决是以行政裁决机构所在的行政主管机关的名义而不是以裁决机构的名义作出的。因此，行政裁决在作出之前，要征得所在机关行政首长的同意。

5. 送达。行政裁决作出后，裁决书要及时送达当事人双方。

（五）行政裁决的作用

行政裁决的产生和发展适应和满足了社会经济发展的需要，是对国家职能分工的调整和完善，也是历史发展的一种趋势。但是，行政裁决不是对问题的最终解决，不服行政裁决结果的可以向人民法院起诉。因此，行政裁决的出现和发展并非行政权和司法权的错误行使，更不是行政机关与司法机关的融合，而只是国家职能分工的自我调节与完善。行政裁决的作用主要表现在：行政裁决可以及时地解决当事人之间的民事纠纷，保护当事人的合法权益；行政裁决减轻了人民法院的工作量。行政裁决是解决特定民事纠纷的一条有效途径。行政裁决程序简便、费用低，有利于减轻当事人的讼累，有利于行政管理顺利有效地进行。

（六）行政裁决的原则

1. 公正、平等的原则。行政机关运用行政裁决权，必须坚持和贯彻公正、平等的原则。首先，裁决机关必须在法律上处于独立的第三人地位；其次，裁决者应当实行严格的回避制度；最后，裁决机关必须客观而全面地认定事实，正确地适用法律，并做到裁决程序公开。行政机关行使行政裁决权，必须按照法律规定，在程序上为双方当事人提供平等的机会，以确保纠纷的双方当事人在法律面前人人平等。

2. 简便、迅捷的原则。行政机关行使行政裁决权，必须在程序上考虑行政效率和有效实现行政职能，在确保纠纷得以公正解决的前提下，尽可能采取简单、迅速、灵活的裁决程序。

3. 客观、准确的原则。行政裁决必须客观而全面地认定事实，根据案情的需要，有时需要组织有关调查、勘验或鉴定，例如在交通事故争议、医疗事故争议、环境污染争议、产品质量争议等技术性争议案件中，必须坚决贯彻客观、准确的原则，尊重科学，尊重事实。

四、环境行政复议

（一）环境行政复议概念及特点

环境行政复议是指行政相对方认为行政主体的环境行政行为侵犯其合法权益，依法请求法定复议机关作出裁决的活动。

在环境行政复议中，申请人是认为自己合法权益受到环境行政行为侵害的行政相对方，被申请人是作出该环境行政行为的行政主体，包括环境行政机关和被授权组织。复议机关通常是被申请人的上一级行政主管部门，因此环境行政复议是一种具有准司法性质的具体行政行为。

环境行政复议不仅为上级行政机关纠正下级行政机关的错误提供了机会，也为权利受到侵害的环境行政相对方提供了救济途径。因此，它是一种权利救济机制，同时也是一种重要的内部行政监督机制。

（二）环境资源行政复议的受案范围

根据《环境行政复议办法》的规定，有下列情形之一的，公民、法人或者其他组织可以依照本办法申请行政复议：①对环境保护行政主管部门作出的查封、扣押财产等行政强制措施不服的；；②对环境保护行政主管部门作出的警告、罚款、责令停止生产或者使用、暂扣、吊销许可证、没收违法所得等行政处罚决定不服的；③认为符合法定条件，申请环境保护行政主管部门颁发许可证、资质证、资格证等证书，或者申请审批、登记等有关事项，环境保护行政主管部门没有依法办理的；④对环境保护行政主管部门有关许可证、资质证、资格证等证书的变更、中止、撤销、注销决定不服的；⑤认为环境保护行政主管部门违法征收排污费或者违法要求履行其他义务的；⑥认为环境保护行政主管部门的其他具体行政行为侵犯其合法权益的。

环境行政监督管理部门作出的行政处分或者其他人事处理决定、环境行政监督管理部门对民事纠纷所作出的调解和其他行政处理，均不属于环境资源行政复议的范围。

第二节　环境资源司法救济

一、环境资源行政诉讼

（一）环境资源行政诉讼概念及特点

环境行政诉讼是指人民法院根据公民、法人或者其他组织的请求，对依法享有环境行政管理职责的行政机关及其工作人员的具体行政行为侵犯其合法权益的案件依法进行审理的活动。环境行政诉讼实质上是发生环境行政争议时的一种公力救济方式。相对于环境资源行政复议这一救济方式来说，它是最后的，也是最有效、最权威的救济方式。环境行政诉讼是行政诉讼的一种，在诉讼范围、管辖、审判程序、执行等方面，同一般诉讼没有原则上的区别，诉讼活动要依照《行政诉讼法》的规定进行。但是，环境行政诉讼具有以下特点：

1. 环境行政诉讼的目的是解决环境行政争议，其对象是具体环境行政行为。负有环境监督管理职责的行政机关根据环境法律、法规的规定，进行环境执法活动的过程中，可能由于各种原因产生行政争议，行政相对人（公民、法人或者其他组织）认为环境行政行为侵犯了其合法权益时，要求人民法院对该行政行为进行司法审查，这是一项基本权利。

2. 环境行政诉讼中被告范围较广。在其他各类行政诉讼中，作为被告的行政机关一般比较单一。如工商行政管理行政诉讼的被告只可能是工商行政管理机关；公安行政管理行政诉讼的被告只可能是公安机关；等等。环境行政诉讼不同，其被告除了环境行政主管部门，即生态环境部和地方各级环境保护机关以外，还有其他依照法律规定享有环境监督管理职责的行政管理机关，当其作出具体行政行为时，都有可能成为环境行政诉讼的被告。这是由环境法调整社会关系的广泛性、综合性，以及现代行政行为与环境难以割裂的相互关系决定的。例如，我国国务院环境保护行政主管部门对环境噪声污染防治实施统一监督管理；地方人民政府环境保护部门对本行政区域的环境噪声污染防治实施统一监督管理；各级公安、交通、铁路、民航等主管部门和港务监督机构，根据各自的职责，对交通运输和社会生活噪声污染防治实施监督管理。所以，根据环境噪声源的特点及其污染的特点，做出具体行政行为的机关是不同的，那么相应的行政诉讼的被告也就不同。实践证明，行政机关的许多行政行为往往对环境产生重大的影响，因此，《美国环境政策法》规定"联邦政府的一切官署"对拟议中的行政行为将会对环境产生的影响必须作出环境影响评价。[1]

3. 环境行政诉讼具有浓厚的科学技术性。环境资源法的一个显著特征是其与科学技术有着密不可分的关系。环境法中包含有许多法定化的技术性规范和政策，如环境标准、环境监测规程、合理开发利用环境资源的操作规程、防治污染和环境破坏的生产工艺技术要求等。环境资源法的立法趋势也逐渐摒弃单纯的强制或禁止行为，而改为根据现行的技术水准，为行为人制定具体标准。[2]环境问题尤其是环境污染的成因复杂，潜伏期长，危害一旦显现影响面非常广泛。所以，确定环境损害的发生原因及其发展过程是一个困难的工作，涉及自然科学的多个领域，对专门的环境科学技术知识和环境法律政策知识要求很高。例如，研究环境中的物质特别是污染物的迁移、转化过程及其运动规律，就需要运用包括环境地学、环境生物学、环境化学、环境医学、环境工程学、环境经济学、环境管理学和环境法学在内的多门学科知识。这就决定了环境资源行政诉讼的举证、质证、审判中必然涉及许多环境监测数据的调取、认定、环境标准的甄别等大量技术工作，需要专业技术人员的

---

〔1〕　参见蔡守秋：《环境行政执法和环境行政诉讼》，武汉大学出版社 1992 年版，第 231 页。
〔2〕　参见杨芳玲："环境法与环境法基本原理"，载《法令月刊》1986 年第 3 期。

参与，相关领域专家的意见在审判中也会产生较大影响，形成了包括环境资源行政诉讼在内的环境资源诉讼不同于其他司法救济和诉讼程序的鲜明特征。例如，音乐厅排放噪声是城市环境问题受到控诉最多的问题之一，我们要判断其排放的噪声是否超过污染物排放标准，就是一个技术性较强的问题。因为环境噪声污染是一种能量污染，具有感觉性、暂时性及发生范围的局部性与种类的多样性等特点。对环境是否受到噪声污染，必须科学、全面地分析。产生环境噪声污染必须具备两个条件：①所排放的环境噪声必须超过国家规定的排放标准；②超过国家规定排放标准的环境噪声必须干扰他人的正常生活、工作和学习。所以，确定环境噪声污染的前提是确定环境噪声的排放标准。

（二）环境行政诉讼受案范围

1. 环境行政司法审查之诉。环境资源行政司法审查之诉是环境行政相对人认为环保部门的行政行为不合法或显失公正而要求法院进行审查的诉讼。这些具体行政行为包括：①环境行政处罚行为；②行政机关违法要求行政相对人履行环保义务的行为，也就是说法律未规定或法律规定不应由相对人履行的义务，而环保部门要求其履行；③环境行政机关违法限制人身自由、对财产进行查封、扣押、冻结等行政强制措施，以及侵犯人身权、财产权、经营自主权等行为。法院经过审理，对行政行为的合法性及是否有超越职权、滥用职权或显失公正的情况进行司法审查，然后作出维持、变更或撤销其行政行为的判决。

环境行政司法审查的意义在于：①通过对行政行为的司法审查，可以解决行政管理机关和行政相对人之间的矛盾，在管理、执法中使矛盾通过司法手段得以化解。行政诉讼是一种和平手段，非武力或非暴力手段，诉讼主体均遵循合法程序规则。这是一种代价小、成本低的解决行政争端手段，相对于诉诸武力而言，对私人和国家来讲，都是可取的。特别是对某些官僚作风盛行的机构无疑是一剂良药。②将行政行为置于司法审查之下，能够保障公民财产、自由、生命。通过这种保障使公民的财产权、自由权的价值得到实现并充分发挥，使公民的积极性得到保护。③将行政行为置于司法审理之下，充分体现了我国的法治原则，有利于促进行政效率。法治的基本意思是依法办事、依法治国、依法管理国家。法治要求政府在法律的范围内活动，依法办事。法治的实质是人民高于政府，政府服务人民。

2. 请求履行职责之诉。请求履行职责之诉是指环境行政相对人为要求环境行政管理机关及其工作人员履行法定职责而向法院提起的诉讼。不履行法定职责的环境行政行为目前主要涉及：①环境行政监督检查；②环境行政许可行为；③环境行政强制措施；④环境行政救济中的某些环境行政行为。同时，根据《行政诉讼法》第12、13 条的规定，凡是侵犯相对人人身权、财产权的不作为，除涉及国家行为、抽象行为、内部行为和法律规定的终局裁决的有关事项外，都是法律法规规定可以提起行政诉讼的不作为。可以看出，可诉的环境行政不作为只能是侵害个人利益的行政不作为，不包括侵害国家利益和公共利益的环境行政不作为；而且只能是具体的环境行政不作为,不包括抽象的环境行政不作为;此外,行政复议机关对复议案件的不作为也不受司法救济。

近几年法院受理的"环境行政不作为"案件呈上升趋势,这与我国实施依法治国基本方略背景下公民法律意识,尤其是行政诉讼意识明显增强有相当大的关系,是我国迈向法治社会的重要标志之一。但这类案件的增加也与当前"环境行政不作为"现象趋于泛滥、环境行政执法领域反腐败斗争形势日趋严峻有关。环境行政不作为不仅导致行政相对人的合法权益得不到及时有效的保障,损害其正当权益,而且还在相当程度上使环境行政机关丧失了"政府信用",严重损害了依法行政的良好形象。

"责任行政"是现代行政法的基本理念,也是一个法治政府应当恪守的基本原则。根据权力与责任对等的原则,行政机关应当对自己的行为承担相应的责任,行政权力的运作应当始终置于法定责任的轨道。行政不作为现象其实是权力与责任严重脱节的一种表现,是以消极的不作为姿态滥用权力和规避责任。所谓环境行政不作为就是指环境行政监督管理机关有积极实施行政行为的职责或义务,应当履行而未履行、未完全履行或拖延履行其法定职责的状态。其构成具有以下几个方面特征:

(1)必须负有某种法定作为职责或义务。作为义务是构成环境行政不作为的核心。作为义务的根据或来源有哪些?一般认为,作为特定义务的来源有:法律上的明文规定;职业或业务上的要求;行为人先前的行为。[1]在我国,环境行政作为义务的根据是法律上的明文规定。我国《环境保护法》以及《水污染防治法》只对环保部门的法定职责作了原则性的规定,即"县级以上地方人民政府环境保护主管部门,对本行政区域环境保护工作实施统一监督管理","县级以上人民政府环境保护主管部门对水污染防治实施统一监督管理"。

(2)环境行政不作为主体必须是负有法定环境监管职责的环境行政监督管理机关,环境行政监督管理机关是环境行政职能的承担者。根据法律规定,我国的环境监督管理机关有:国务院环境保护主管部门,即生态环境部;县级以上地方人民政府环境保护主管部门,即地方生态环境厅局;国家海洋行政主管部门;港务监督行政主管部门;渔政渔港监督行政主管部门;军队环境保护部门;各级公安机关;各级交通部门的航政机关;铁道行政主管部门;民航管理部门;自然资源行政主管部门;农业行政主管部门;水行政主管部门。其他一切非环境行政监督管理机关、临时机构等都无权作出环境行政行为。行政主体不仅必须是负有法定职责的机关、组织,而且所请求事项须在其职责之内,否则即不构成不作为。[2]如向环境行政管理机关申请保护人身安全,环境行政管理机关予以拒绝,即不构成不作为。

(3)必须存在不作为的情形。外在的行为是法律行为主体作用于对象(包括其

---

〔1〕　参见高铭暄主编:《中国刑法学》,中国人民大学出版社1989年版,第99页。

〔2〕　参见胡益平:"可诉性行政不作为之法律探讨",载《宁波审判研究》2001年第2期。

他主体、动物、物体、权利、关系、利益、秩序、整个社会）的中介及方式，是法律行为构成的最基本要素。[1]"我只是由于表现自己，只是由于踏入现实的领域，我才进入受立法者支配的范围。对于法律来说，除了我的行为以外，就是根本不存在的，我根本不是法律的对象。"[2]行为分为作为和不作为。不作为，是指以消极的、抑制的形式表现的具有法律意义的行为。[3]具体到环境行政不作为表现为环境行政机关不履行、不完全履行或拖延履行其法定职责的行为。

（4）必须违反法定程序。行政机关作出行政行为的程序必须合法，符合法律规定的步骤、方式、方法、时限和顺序。违反法定程序的行政行为同样是违法行政行为。[4]环境行政不作为违反法定程序的表现主要是超过法定期限或合理期限不履行或拖延履行法定职责。在法定期间拒绝履行或拖延履行较好确定。但是我国环境行政程序法还在不断完善过程中，对于很多环境行政行为没有法律规定的期限，在这种情况下，如何来认定，在实践中是一个棘手的问题。一般认为应当根据环境行政机关处理这类问题的惯用时间、事件本身的难易程度、主客观条件确定一个合理期限。

3. 环境行政侵权赔偿责任之诉。行政侵权赔偿责任是指国家行政机关和行政机关的工作人员对违法行使职权，侵犯公民、法人和其他组织的合法权益造成的损害所应承担的赔偿责任。它是由国家承担的一种补救性的法律责任。国家赔偿是宪法中关于赔偿请求权的具体化。

（1）行政侵权赔偿责任的特征：①行政侵权赔偿责任是国家赔偿责任的重要组成部分；②环境行政侵权赔偿产生于环境行政机关及其工作人员的违法的具体行政行为；③行政侵权赔偿责任针对国家行政机关及其工作人员执行职务的行为；④行政侵权赔偿责任的抽象主体是国家，直接或具体的责任主体是行政机关或该行政机关工作人员所在的行政机关；⑤行政侵权赔偿责任是对已有损害的赔偿。

在行政诉讼中确立行政侵权赔偿责任的制度对于监督行政机关依法行政，保障公民、法人或其他组织的合法权益，加强社会主义民主和法制建设，促进国家行政机关及其工作人员依法行使行政职权，推动廉政建设，维护社会安定具有重要意义。

（2）行政侵权赔偿责任的构成要件。

第一，行政侵权主体是指在行使职权的过程中侵犯了公民、法人或其他组织的合法权益的行政机关及其工作人员。

第二，实施了行政侵权行为。它是承担国家赔偿责任的根本原因。

第三，须有损害事实的发生。损害必须是已经发生的并现实存在的对受法律保

---

[1] 参见张文显主编：《法理学》，高等教育出版社、北京大学出版社1999年版，第103页。

[2] 《马克思恩格斯全集》（第1卷），人民出版社1956年版，第168页。

[3] 参见张文显主编：《法理学》，高等教育出版社、北京大学出版社1999年版，第108页。

[4] 参见罗豪才主编：《行政法学》，中国政法大学出版社1999年版，第130页。

护利益的损害。它既包括财产上的损害，也包括人身及精神上的损害；从我国《国家赔偿法》的内容来看，我国只对直接的人身上和财产上的损害负赔偿责任。

第四，行政侵权行为与损害事实之间须存在直接因果关系。由行政侵权赔偿责任的构成要件可以看出，行政侵权赔偿责任的归责原则是违法原则。如何理解这个原则呢？首先，违法是指行政机关及其工作人员行使职权所做的行为违反法律法规或者规章的规定；其次，违法是指超越职权、无权限、滥用职权、适用法律不当、程序违法及证据不足等情形。这一原则无需举证证明国家机关及其工作人员主观上有无过错，只需证明其行为违反法律并造成了损害后果即可。所以它有利于保护公民、法人和其他组织的合法权益，有利于受损害的人对国家提起赔偿请求。但这是否就意味着实行简单的客观归责呢？显然不是。它还必须考虑违法行为与被告主观过错的关系问题。违法原则与过错原则两者只是在侧重点上不同。过错原则侧重于主观方面的因素，根据这个原则认定行政赔偿案件时，需要判断行政机关的行为主观上是否存在过错。相反，违法原则侧重于客观方面的因素，即在一般情况下，应当首先承认一个事实：行政机关及其工作人员具备预见某些事项并实现某些行为的能力，即知法并能正确执法。在行政赔偿案件中，事先推定行政机关及其工作人员存在过错，而不必在复杂的机关行为中去寻找过错，只需要判断其行为的合法性就可确定其是否承担责任。从实践中看，确定国家赔偿的责任程度必须充分考虑行为人的违法程度以及过错程度，并确定适当的标准。违法的标准就是看行政机关是否违反了严格意义上的法律规范以及法律原则。过错的判断要采取过失推定原则，即不考虑行为人的主观心理态度，只通过行为看他是否违反了客观的注意义务。

（3）行政侵权损害赔偿的范围。第一，具体行政行为违法引起的赔偿，具体有：违法行政处罚行为造成的损害赔偿；违法采取行政强制措施的赔偿，包括对人身的强制和限制财产流转的强制；侵犯法律规定的经营自主权的赔偿，包括企业的经营自主权和农业承包经营权；颁发许可证和执照的违法行为的赔偿；行政机关不履行保护公民、组织的人身权、财产权的法定职责的赔偿；等等。第二，不予赔偿的情形。国家赔偿的范围是有限度的，行政机关的工作人员与职权无关的个人行为，国家不承担赔偿责任；另外，对国防、外交等国家行为，行政法规、规章发布具有普遍约束力的决定、命令的行为，不承担国家赔偿责任；公民、法人或者其他组织自己的故意行为致使损害发生的，国家不承担赔偿责任。

二、环境资源民事诉讼

自 2012 年《民事诉讼法》修正始，我国环境民事公益诉讼得到国家法律的正式认可。现行《环境保护法》第 58 条规定："对污染环境、破坏生态，损害社会公共利益的行为，符合下列条件的社会组织可以向人民法院提起诉讼：①依法在设区的市级以上人民政府民政部门登记；②专门从事环境保护公益活动连续 5 年以上且无违法记录。符合前款规定的社会组织向人民法院提起诉讼，人民法院应当依法受理。提起诉讼的社会组织不得通过诉讼牟取经济利益。"随着《民事诉讼法》和《环境保护法》相继对环境公益诉讼作出规定，环境公益诉讼的大门由此正式打开。《民事诉讼法》第 55 条规定："对污染环境、侵害众多消费者合法权益等损害社会公共利益的行为，法律规定的机关和有关组织可以向人民法院提起诉讼。人民检察院在履行职责中发现破坏生态环境和资源保护、食品药品安全领域侵害众多消费者合法权益等损害社会公共利益的行为，在没有前款规定的机关和组织或者前款规定的机关和组织不提起诉讼的情况下，可以向人民法院提起诉讼。前款规定的机关或者组织提起诉讼的，人民检察院可以支持起诉。"以及随着相关的司法解释出台，进一步细化了环境民事公益诉讼的规定，为我国环境民事公益诉讼提供了较好的司法保障。如 2015 年 1 月 6 日最高人民法院发布的《最高人民法院关于审理环境民事公益诉讼案件适用法律若干问题的解释》；2015 年 6 月 1 日最高人民法院发布的《最高人民法院关于审理环境侵权责任纠纷案件适用法律若干问题的解释》。

环境资源民事纠纷的行政调解处理程序不是处理纠纷的必经程序。一旦纠纷产生，当事人可以请求行政调解处理，也可以直接向人民法院起诉。即使当事人请求行政调解处理，也可能调解不成，甚至即使达成调解协议，但当事人不自觉履行，这都将引起民事诉讼程序的发生。环境民事诉讼程序较一般民事诉讼程序，有以下特点：

（一）环境资源民事诉讼的特点

1. 举证责任转移原则。所谓举证责任转移原则，是指受害者不必提出包括致害者有过错等证据，而只需提出致害者已有污染、危害环境等行为的证据，以及自己受损失是由于致害者排污行为所导致的事实，赔偿要求即告成立，如果致害者否认，就必须提出反证。2008 年 12 月 31 日起施行的《最高人民法院关于民事诉讼证据的若干规定》第 4 条第 3 项规定，"因环境污染引起的损害赔偿诉讼，由加害人就法律规定的免责事由及其行为与损害结果之间不存在因果关系承担举证责任"。2009 年颁布的《侵权责任法》第 66 条，首次明确以立法形式规定了环境污染侵权纠纷适用举证责任倒置规则，规定："因污染环境发生纠纷，污染者应当就法律规定的不承担责任或者减轻责任的情形及其行为与损害之间不存在因果关系承担举证责任。"2015 年 2 月 9 日最高人民法院通过的《最高人民法院关于审理环境侵权责任纠纷案件适用法律若干问题的解释》第 7 条规定，污染者举证证明排放的污染物没有造成该损害可能的，或排放的可造成该损害的污染物未到达该损害发生地的，或该损害于排放污染物之前已发生的，或其他可以认定污染行为与损害之间不存在因果关系的情形的，人民法院应当认定其污染行为与损害之间不存在因果关系。这些足以说明我国已通过司法解释的形式确认了在环境污染民事诉讼中实行举证责任转移原则。

2. 因果关系推定原则。传统的因果关系理论是"必然因果关系"理论，根据这一理论，只有行为人的行为与损害结果之间有着内在的、本质的、必然的联系时，才具有法律上的因果关系；如果行为与损害结果之间只是外在的、偶然的联系，则不能认定二者之间的因果关系。但是，由于环境侵权具有潜伏性、复杂性、广泛性的特点，其危害结果的发生往往须经长时间反复多次的侵害甚至是多种因素的复合积累以后，才能显现，且常常牵涉非常人所能了解的高科技知识，因而因果关系难以认定。倘若固守传统的因果关系理论，势必因证明之困难而否定受害人请求损害赔偿的权利。为此，环境民事诉讼中适用因果关系推定原则。例如，日本《关于危害人体健康的公害犯罪制裁法》第 5 条规定："如果某人由于工厂或者企业的业务活动排放了有害于人体健康的物质，致使公众的生命和健康受到严重危害，并且行为在发生严重危害的地域内正在发生由于该种物质的排放所造成的对公众生命和健康的严重危害，此时便可推定此种危害纯系该排放者所排放的那种有害物质所致。"[1]

3. 较长的诉讼时效。《环境保护法》第 66 条规定："提起环境损害赔偿诉讼的时效期间为 3 年，从当事人知道或者应当知道其受到损害时起计算。"这主要是由环境污染受损害当事人的不特定性、污染的复合性和难以发现等特点决定了损害赔偿需要实行较长的诉讼时效，这也是对环境污染受害人权利的保护。当然，《民法总则》中关于 20 年长期诉讼时效的规定在此仍然适用，即如果当事人不知道或者不能知道的，要求赔偿的诉讼时效期间为 20 年。

在 3 年特殊诉讼时效的规定中，计算诉讼时效时，是"从当事人知道或者应当知道受到损害时起计算"，而一般是"从权利被侵害时起计算"，这是因为环境污染损害结果的出现，往往是滞后于环境污染行为的，例如日本水俣病事件，从排放含有甲基汞的污染物到大量出现水俣病患者，几乎经过了半个世纪之久。所以，对于环境污染案件来说，重要的是"从损害发生时"，而不是"从权利被侵害时"起计算诉讼时效，否则会出现损害尚未发生，时效已经消灭的情况。

此外，在海洋环境保护中实行"代索赔"制度。2017 年实施的现行《海洋环境保护法》第 89 条第 2 款规定："对破坏海洋生态、海洋水产资源、海洋保护区，给国家造成重大损失的，由依照本法规定行使海洋环境监督管理权的部门代表国家对责任者提出损害赔偿要求。"根据该条规定，如果海洋环境污染给国家造成重大损失，可以由行使海洋环境监督管理权的部门代表国家作为海洋环境损害赔偿纠纷当事人一方，对造成海洋重大污染损害的单位和个人提出赔偿要求，如双方不能达成一致，该行政机关可以作为原告代表国家提起民事诉讼。这种"代索赔"制度在环境保护领域内属于首例，较好地解决了国家作为自然资源的所有权主体经常出现的"无人管理"的问题。

（二）我国环境民事公益诉讼

结合《民事诉讼法》《环境保护法》和《最高人民法院关于审理环境民事公益诉讼案件适用法律若干问题的解释》（以下简称《解释》），介绍一下我国环境民事公益诉讼制度的创新之处。

1. 社会组织可提环境公益诉讼。《环境保护法》第 58 条明确规定，社会组织可

---

[1] 转引自［日］藤木英雄：《公害犯罪》，丛选功等译，中国政法大学出版社 1992 年版，第 159 页。

以向人民法院提起诉讼。按照《环境保护法》和《解释》，提起诉讼的社会组织必须符合以下条件：属于在设区的市，自治州、盟、地区，不设区的地级市，直辖市的区以上人民政府民政部门登记的社会团体、民办非企业单位以及基金会；章程确定的宗旨和主要业务范围是维护社会公共利益，且从事环境保护公益活动的；在提起诉讼前5年内未因从事业务活动违反法律、法规的规定受过行政、刑事处罚的。按照民政部民间组织管理局的统计，截至2014年第三季度末，全国共有700多个社会组织可以提起环境民事公益诉讼。[1]

此外，提起诉讼的社会组织不得通过诉讼牟取经济利益。《解释》第34条规定："社会组织有通过诉讼违法收受财物等牟取经济利益行为的，人民法院可以根据情节轻重依法收缴其非法所得、予以罚款；涉嫌犯罪的，依法移送有关机关处理。社会组织通过诉讼牟取经济利益的，人民法院应当向登记管理机关或者有关机关发送司法建议，由其依法处理。"但是，情节轻微的违法行为、社会组织成员以及其法定代表人个人的违法行为并不影响社会组织提起诉讼。

2. 环境公益诉讼不受地域限制。环境公益诉讼不受地域限制表现在两个方面：一方面是环保社会组织的活动范围不受地域限制，可以在异地提起诉讼；另一方面是，环境民事公益诉讼案件可以跨行政区划管辖。《解释》第7条规定，经最高人民法院批准，高级人民法院可以根据本辖区环境和生态保护的实际情况，在辖区内确定部分中级人民法院受理第一审环境民事公益诉讼案件。中级人民法院管辖环境民事公益诉讼案件的区域由高级人民法院确定。

3. 同一污染环境行为的私益诉讼可搭公益诉讼"便车"。因同一污染环境、破坏生态行为提起的环境民事公益诉讼与私益诉讼在诉讼目的、诉讼请求上存在区别，但在审理对象、案件事实认定等方面又存在紧密联系。因此，《解释》第29条规定，法律规定的机关和社会组织提起环境民事公益诉讼的，不影响因同一污染环境、破坏生态行为受到人身、财产损害的公民、法人和其他组织依据《民事诉讼法》第119条的规定提起诉讼。既可以提高私益诉讼的审判效率，又可以防止作出相互矛盾的裁判。

4. 减轻原告诉讼费用负担。资金缺乏一直是社会组织颇为头疼的问题。为了减少资金不足给社会组织提起诉讼带来的障碍，《解释》第22、24、33条分别对此作出规定：原告请求被告承担检验、鉴定费用，合理的律师费以及为诉讼支出的其他合理费用的，人民法院可以依法予以支持；环境民事公益诉讼中败诉原告所需承担的调查取证、专家咨询、检验、鉴定等必要费用，可以酌情从人民法院判决被告承担用于修复生态环境的款项中支付；原告交纳诉讼费用确有困难，依法申请缓交的，人民法院应予准许。

---

〔1〕 参见"700多个社会组织可以提起环境民事公益诉讼"，载中国环境网，http：//www. cenews. com. cn/xwzx2013/hjyw/201501/t20150114　786472. html，2015年1月19日访问。

三、环境资源刑事诉讼

环境犯罪是严重危害自然环境和人类社会的一种犯罪形式，由于环境犯罪涉及高深的环境科学技术背景，其犯罪发生机理也与普通刑事犯罪存在诸多不同之处，如犯罪客体的综合性，致害的间接性，损害的隐蔽性、长期性，危害行为与危害结果的因果关系的判断等。有必要对现行刑事诉讼制度的诸多方面加以完善以适应环境诉讼的要求。

1. 现行立案制度的弊端及其完善。立案是刑事诉讼程序开始的重要标志，没有立案，就不能启动对环境犯罪刑事责任的追究程序。我国现行《刑事诉讼法》第109条规定："公安机关或者人民检察院发现犯罪事实或者犯罪嫌疑人，应当按照管辖范围，立案侦查。"第112条规定："人民法院、人民检察院或者公安机关对于报案、控告、举报和自首的材料，应当按照管辖范围，迅速进行审查，认为有犯罪事实需要追究刑事责任的时候，应当立案；认为没有犯罪事实，或者犯罪事实显著轻微，不需要追究刑事责任的时候，不予立案……"我国《刑法》第13条规定："……但是情节显著轻微危害不大的，不认为是犯罪。"笔者认为，现行刑事诉讼法的立案标准过于严格，可能会致使大量的环境犯罪案件被法律排除在外。这是由于：①多数环境犯罪是伴随着经济活动而产生的，因此许多环境污染或环境破坏行为的危害性评价标准模糊，对环境犯罪成立与否不易把握。②长时间以来社会普遍对环境犯罪的危害性的认识不足，影响了有权机关对环境污染和环境破坏行为社会危害性的评价。由于立案的标准是主观标准，能否立案在很大程度上取决于有权机关在主观上是否认为某种环境污染或环境破坏行为已经对社会构成了严重的危害。③多数污染环境犯罪的危害结果往往不是立即出现，而是要经过环境介质长时间的传递才能显现出来，因此，当时不认为是犯罪的，嗣后可能会构成犯罪。

针对环境犯罪而言，应当适当放宽立案的标准，把主观标准改为客观标准。笔者认为，《刑事诉讼法》关于环境犯罪立案的条文可表述为："公安机关或者人民检察院发现可能会对环境造成严重危害的环境损害事实或者该事实的行为人，应当按照管辖范围，立案侦查。""人民法院、人民检察院或者公安机关对于报案、控告、举报和自首的材料，应当按照管辖范围，迅速进行审查，认为存在可能会对环境造成严重危害的环境损害事实需要追究刑事责任的时候，应当立案；认为不存在可能会对环境造成严重危害的环境损害事实，或者环境损害事实显著轻微，不需要追究刑事责任的时候，不予立案……"这样表述的理由在于：①立案的标准为客观标准，只要存在可能会造成严重危害的环境损害事实就可以立案，这样能够使一般公民根据常识及时向立案机关报案、控告、举报可能存在的环境犯罪行为，这样既能更大范围地追究环境犯罪，又能使犯罪得到及时的追究。②多数污染环境的犯罪为隔时犯，现行刑法规定污染环境的犯罪须有重大危害后果方能成立，但是危害后果一旦出现，往往会造成大面积的、影响时间久远的损害。如果不等危害后果出现，而根据病因学旁证法和环境科学现有的技术判断这种危害后果将确定不移地出现时就立案，则能够及时地追究犯罪，最大限度地挽回损失。③撇开对犯罪事实确实存在与否的先期判断，从可能会构成犯罪的严重危害环境的行为入手，启动侦查程序搜集证据并证明犯罪的存在，符合科学的认识规律。

2. 现行起诉权限分配制度的弊端及其完善。根据我国《刑事诉讼法》的规定，公诉案件的起诉权属于人民检察院；告诉才处理的案件，被害人有证据证明的轻微刑事案件，公安、检察机关应立案而不立案的案件属于自诉案件，由被害人提起自诉。其他机关和个人都无权提起诉讼。但是，鉴于许多环境犯罪的高技术含量，不应把环境保护行政管理机关排除在起诉权主体之外。我国的环境保护机关既是政府的职能部门，又是环境保护方面的专门机构，其专业技术水平是一般公安、检察机关所不能望其项背的。但是根据现行《刑事诉讼法》，环保机关不能直接提起诉讼，而只能向公安、司法机关举报，最终决定是否立案的却是不具备专业知识的公安机关，如果这样，在立案过程中难免出现偏差。

针对这一问题，为了保证公诉案件起诉权专门由人民检察院行使，同时又不会使环境犯罪分子漏网，笔者认为，《刑事诉讼法》关于环境刑事案件起诉权可以作出这样的规定：对于一般公诉的环境刑事案件，环境保护机关享有起诉意见权；对于污染环境的案件，环境保护机关有权提出起诉意见，起诉机关必须予以重视；对于应采纳而没有采纳造成严重后果的，应当追究直接责任人员的法律责任。对于公安机关应立案而不立案的环境刑事案件，有被害人的，环境保护部门可以支持被损害的单位或个人向人民法院起诉；对于没有被害人的，由环境保护部门直接向人民法院提起诉讼。

3. 现行追诉期限制度的弊端及其完善。关于犯罪的追诉期限，根据我国《刑法》第 87~89 条的规定，法定最高刑为不满 5 年有期徒刑的犯罪，追诉时效为 5 年；法定最高刑为 5 年以上不满 10 年有期徒刑的犯罪，追诉时效为 10 年；法定最高刑为 10 年以上有期徒刑的犯罪，追诉时效为 15 年；法定最高刑为无期徒刑、死刑的犯罪，追诉时效为 20 年；如果 20 年以后认为仍必须追诉的，必须报最高人民检察院核准。对于已经被采取强制措施而逃避侦查或审判的，不受追诉时效的限制。我国《刑事诉讼法》第 16 条也规定，对于超出追诉时效的，不再追究刑事责任。就我国现行《刑法》中关于环境犯罪的规定来看，大部分环境犯罪的追诉时效为 10 年，少数情况下为 15 年。现行《刑事诉讼法》和《刑法》的规定可能会导致大量的环境污染犯罪得不到追究，因为污染环境的犯罪危害结果具有长期潜伏性，其发案时间常常少则几年，多则十几年、二十几年甚至几十年，加之危害行为与危害后果不易被察觉，所以这样短的追诉时效会放纵大量的环境犯罪。因此，根据环境犯罪的特性而对追诉时效作出相应的改造乃是当务之急。

为了根据犯罪的特点确定追诉时效，追诉时效的计算方法应当与该当之罪的法定最高刑相分离。笔者认为，《刑事诉讼法》和《刑法》关于追诉时效制度可以作出这样的规定：对于破坏环境类环境犯罪案件，追诉时效为 10 年；对于复杂的破坏环境的案件、污染环境类的环境犯罪案件，追诉时效为 20 年；对于特别复杂的污染环境的犯罪案件的追诉时效，经最高人民检察院核准，可不受 20 年的限制。

4. 现行举证责任制度的弊端及其完善。我国现行刑事诉讼制度实行无罪推定原则，故举证责任一般在侦查、起诉机关，被告不自证其罪，这是刑事诉讼法治的最基本要求之一。这对于一般刑事案件的诉讼程序来讲，无疑是必须要坚持的。但是，对于污染环境类环境刑事案件来讲，这就有可能造成放纵犯罪的恶果。这是因为，在现代商业社会，企业的商业秘密对一个企业的生存和发展至关重要，往往决定着一个企业的命运，因而商业秘密受法律的严格保护，对侵犯商业秘密的行为，要承担相应的法律责任，因此，企业的生产工艺、流程、配料等无从为外人知晓。在这种情况下，当该企业在经营过程中污染环境时，常常难以查清该企业究竟是利用何种生产方法危害环境的；而企业又不能公开其商业秘密，如果强迫其提供证据则将被禁止，因为企业不负自证其罪的义务。而环境污染后果究竟是如何导致的，又只有被告才知道。当没有其他证据可以采用，或查证极为困难、查证的代价极其高昂或技术难以支持时，由于控方缺乏充分、确实的证据，因而会作出无罪宣判。这是有悖公平和正义的，也不利于社会的安全和预防犯罪。

为了能够及时追究犯罪，必须要对局部利益和整体利益的关系重新作出衡量。笔者认为，《刑事诉讼法》关于污染环境的刑事案件的举证责任应当规定：环境刑事案件适用普通刑事案件关于举证责任的规定，但是，在符合法律规定的条件下，由被告依法收集能够证实自己无罪、犯罪情节轻微的各种证据，被告不能提供可证实自己无罪或犯罪情节轻微的证据，或提供的证据不能证实自己无罪或犯罪情节轻微的，应当承担刑事责任。法律规定的条件应当包括：①限于污染环境的犯罪案件；②涉及企业的商业秘密；③没有其他证据可以利用，或查证极为困难，或查证的代价极其高昂，或技术条件难以支持；④企业举证不会妨害国家利益或公共利益。

上述关于我国现行《刑事诉讼法》完善的五项措施，均是根据环境犯罪的特殊性所提出的。由于这些调整措施仅适用于环境刑事诉讼程序，故而很难将其规定在我国现行的刑事诉讼法典当中。同时，环境犯罪从犯罪构成机制方面具有不同于普通刑事犯罪的诸多特征，我国的环境刑事立法应当从战略的高度走特别环境刑法集中立法与环保法律分散立法相结合的道路，即把具有稳定形态的环境犯罪形式集中起来，制定特别环境刑法；把不具有稳定形态的环境犯罪形式规定到环境法律中去。由于环境刑事实体法与环境刑事程序法高度契合，因而难以各自规定到相应的法典中去，故应当把经过调整后的环境刑事诉讼规则规定到特别环境刑法之中。[1]

---

〔1〕　董文勇："论我国环境刑事诉讼制度的完善"，载法律教育网，http：//www.chinalawedu.com/news/2004/12/ma06402920341821400288816.html，访问时间：2010 年 9 月 12 日。

四、环境检察公益诉讼

（一）环境检察公益诉讼的概念及立法发展

环境检察公益诉讼即有关环境保护方面的公益性诉讼，是指由于自然人、法人、或其他组织的违法行为或不作为，使环境公共利益遭受侵害或即将遭受侵害时，法律允许检察机关为维护公共利益而向人民法院提起的诉讼。

2014 年 10 月，党的十八届四中全会通过《中共中央关于全面推进依法治国若干重大问题的决定》，明确要求"探索建立检察机关提起公益诉讼制度"。2015 年 7 月 1 日，十二届全国人大常委会第十五次会议通过决定，授权最高人民检察院在北京等 13 个省、自治区、直辖市开展为期 2 年的提起公益诉讼试点，拉开试点工作序幕；最高检按照授权决定要求，及时出台公益诉讼试点方案和实施办法，积极稳妥推进试点工作，始终把生态环境和资源保护领域作为办案重点，取得显著成效。2017 年 6 月 27 日，全国人大常委会修改了《民事诉讼法》和《行政诉讼法》，分别在第 55 条和第 25 条增加了一款，正式赋予检察机关可以就生态环境和环境保护等领域提起民事公益诉讼和行政公益诉讼的主体资格。2018 年 3 月 2 日开始施行的《最高人民法院、最高人民检察院关于检察公益诉讼案件适用法律若干问题的解释》（以下简称《解释》），对于检察院提起公益诉讼的原则、目的、管辖、种类等作出了更为详细的规定。2015 年 7 月至 2018 年 4 月，检察机关共办理生态环境和资源保护领域公益诉讼案件 16 556 件，恢复被破坏的林地、耕地、草地、湿地 238.29 万亩，督促治理恢复被污染的水源面积 54.7 万亩。累计督促关停和整治违法排放废气和其他空气污染物的企业 2323 家；督促关停和整治其他造成环境污染的企业（不含大气污染企业）1991 家；关停未依法办理环评的企业 695 家；督促关停和整治违法养殖场 1963 个。[1]建立检察机关提起环境公益诉讼制度是优化司法职权配置，完善民事、行政诉讼制度，推动公益诉讼制度进一步发展的重要举措。

（二）检察公益诉讼的创新之处

1. 明确了检察公益诉讼的任务、原则。根据中央要求和试点实践经验，检察公益诉讼的主要任务是充分发挥法律监督和司法审判职能作用，维护宪法法律权威，维护社会公平正义，维护国家利益和社会公共利益，督促适格主体积极行使公益诉权，促进依法行政、严格执法。在办理公益诉讼案件中，应当遵守宪法法律规定，遵循诉讼制度的原则，遵循审判权、检察权运行规律。

2. 增加了检察公益诉讼的案件类型。增加了刑事附带民事公益诉讼这一新的公益诉讼案件类型，明确规定生态环境和资源保护、食品药品安全领域的刑事案件中，需要追究被告人侵害社会公共利益的民事责任的，检察机关可以一并提起附带诉讼，

---

〔1〕 代表委员手机报："服务打好三大攻坚战，检察机关如何发力"，载全国人大代表全国政协委员联络专网，http://llzw.spp.gov.cn/llzw/jcyksjb/201806/t20180611_381457.shtml，访问时间：2018 年 5 月 18 日。

由同一审判组织一并审理，节约司法资源。关于刑事附带民事公益诉讼案件的管辖问题，考虑到民事公益诉讼的附带诉讼性质，管辖应当从主诉讼，由审理刑事案件的人民法院管辖。

3. 明确了检察机关的诉讼身份和权利义务。检察机关是行使公权力的国家机关，办理公益诉讼案件是履行法律监督职责的职权行为，因此，检察机关的诉讼地位具有其特殊性。检察机关以"公益诉讼起诉人"的身份提起公益诉讼，更加合理、明确地界定了检察机关提起诉讼的身份。"依照民事诉讼法、行政诉讼法享有相应的诉讼权利，履行相应的诉讼义务，但法律、司法解释另有规定的除外"，既遵循了诉讼法的基本原则，也体现了检察机关具有不同于普通民事诉讼、行政诉讼原告的特殊性。

4. 完善了检察公益诉讼的诉前程序。通过诉前程序推动侵害公益问题的解决，是公益诉讼制度价值的重要体现。试点实践证明，检察机关提起公益诉讼的诉前程序发挥了重要的作用，调动了其他适格主体保护公益的积极性，促进了行政机关纠正违法行为的主动性，有效节约了司法资源。在提起民事公益诉讼前，检察机关对于法律规定的机关和有关组织应当统一采取公告的方式告知提起诉讼，不再采用检察建议的方式督促法律规定的机关和组织起诉。鉴于检察诉前公告与民事公益诉讼中法院受理后公告具有相同的性质和效果，为节约司法资源，检察机关已履行诉前公告程序的，人民法院立案后不再进行公告。在提起行政公益诉讼前，检察机关应当向行政机关提出检察建议，督促其依法履行职责。考虑到实践中公益受损情况、行政机关的履职能力以及其他客观情况，区分两种情况：对试点期间规定的行政机关1个月的回复期限作了调整，规定行政机关应当在2个月内依法履行职责，并书面回复；出现公益诉讼继续扩大等紧急情形的，应当在15日内书面回复。一方面，普遍地延长了行政机关的回复期限，为行政机关履行职责留出了更加充裕的时间，体现了对行政机关自我纠错的尊重，有利于更加充分地实现行政公益诉讼诉前程序的价值目标；另一方面，又规定了紧急情况下特殊的回复期限，以保证在确有必要的时候能够及时对违法行政行为和受损的公共利益给予更有效的司法监督和救济。

5. 规定了检察机关调查收集证据的权力。包括检察机关在办理公益诉讼案件过程中调查收集证据的权力和有关行政机关以及其他组织、公民应当配合的义务。实践中，检察机关调查收集证据的方式主要包括调阅、复制卷宗材料，询问、收集书证物证视听资料，咨询专业意见，委托鉴定评估审计，勘验等。需要注意的是，检察机关调查收集证据不得采取限制人身自由的强制性措施，需要采取其他强制性证据保全措施的，应当依照民事诉讼法、行政诉讼法相关规定办理。

6. 明确了检察人员的出庭职责。检察人员出席公益诉讼法庭，属于依法履行职责的行为。因此，人民法院应当在开庭前向检察机关送达《出庭通知书》。检察机关指派检察人员出席法庭依法履行职责，应当向人民法院提交《派员出庭通知书》，《派员出庭通知书》写明出庭人员的姓名、法律职务。

7. 细化了检察公益诉讼案件的受理、审判、执行程序。①贯彻立案登记制要求，规定人民检察院提起的诉讼符合民事诉讼法、行政诉讼法及《解释》规定的起诉条件的，人民法院应当登记立案。②明确人民检察院提起公益诉讼的条件，包括诉前程序和应当提交的起诉材料等，明确了检察机关提起诉讼时，无需提交组织机构代码证、法定代表人身份证明书、授权委托书等身份证明材料。③明确检察公益诉讼案件的管辖法院。《解释》规定，市（分、州）检察院提起的第一审民事公益诉讼案件，由侵权行为地或者被告住所地中级人民法院管辖；基层人民检察院提起的第一审行政公益诉讼案件，原则上由被诉行政机关所在地基层人民法院管辖，但也可以通过上级法院指定管辖由异地基层人民法院或者跨区划人民法院受理。④确定了裁判方式。司法实践中，检察机关提起公益诉讼后，大多数行政机关都会采取一定的措施履行法定职责，从而使人民检察院的诉讼请求得以实现，《解释》规定，人民检察院撤回起诉的，人民法院应当裁定准许；人民检察院变更诉讼请求，请求确认原行政行为违法的，人民法院应当判决确认违法。这一规定的目的是通过裁判确认其原行政行为违法的方式，进一步督促相关行政机关依法行政，实现公益诉讼最大限度维护国家利益和社会公共利益的目的。⑤为了及时有效保护公共利益，《解释》规定了检察公益诉讼案件的生效判决、裁定，需要采取强制执行措施的，由法院依职权移送执行，无需检察机关申请执行。⑥关于诉讼费用问题。诉讼费用的交纳是国务院主管事项，司法解释的制定主体是"两高"，对诉讼费用交纳问题不适合作出规定。对此，"两高"和国务院法制办（已撤销）已经形成了共识，在国务院《诉讼费用交纳办法》修改前，人民法院审理人民检察院提起的公益诉讼案件，不向人民检察院收取诉讼费用；被告败诉的，诉讼费用由被告依法承担。"两高"将共同向国务院提出建议，尽快对《诉讼费用交纳办法》作出修改，对公益诉讼的诉讼费用问题作出明确规定。

8. 明确了检察机关二审程序的启动方式和出庭人员。考虑到民事诉讼法和行政诉讼法的现有规定，检察机关以上诉方式启动二审程序，并规定提起公益诉讼的人民检察院和上一级人民检察院均可以派员出庭，既体现了检察机关提起公益诉讼与对方当事人诉讼地位的平等性，也体现了检察职权运行中的一体化原则。在启动二审和二审出庭程序方面，提起诉讼的检察机关经审查认为一审公益诉讼裁判存在错误的，应当在法定上诉期限内向上一级人民法院提起上诉，通过原审人民法院提出上诉书，并且将上诉书抄送上一级检察机关。由于检察机关上下级是领导与被领导的关系，上级检察机关认为上诉不当的，可以向同级人民法院撤回上诉，也可以改变下级检察机关的具体意见，并且通知下级检察机关。对于人民法院决定开庭审理的二审案件，上一级检察院可以与提起诉讼的人民检察院共同派员出席第二审法庭。

（三）人民检察院在实施检察公益诉讼中应当注意的问题

1. 把握处理好检察公益诉讼的特殊性与诉讼规律、诉讼制度的共同性之间的有机统一。一方面要坚持人民检察院提起公益诉讼的特殊性，在诉讼权利义务上与普通原告有一定的区别，包括不缴纳诉讼费、基于人民检察院对被侵权事实的不现实性而明确不受理反诉，出庭检察官职责与诉讼代理人的授权区别等，《解释》已基本列明检察诉讼案件特殊性所涉及的主要问题。同时也要把检察公益诉讼案件与刑事公诉作区分，不简单照搬刑事诉讼法中的公诉程序。另一方面，坚持检察公益诉讼的特殊性，但是不能脱离现行民事诉讼法、行政诉讼法的制度框架。要坚持遵循民事诉讼法、行政诉讼法的诉讼规律，包括最具特色的平等规律，即"两造"的平等地位和平等的诉讼权利义务。除法律特别规定外，检察公益诉讼必须严格适用民事诉讼法、行政诉讼法。譬如不服人民法院的生效裁判，可以由上一级人民检察院进行抗诉；不服人民法院未生效的一审裁判，可以由提起诉讼的人民检察院提出上诉等。要遵循以审判为中心的诉讼格局，依法维护审判权威。

2. 把握处理好提起公益诉讼的首要任务与履行法律监督职责之间的有机统一。首先要牢牢坚持保护公益这个核心。人民检察院基于法律监督的法定职权，依法督促行政机关履行保护公益的监管职责；若检察督促建议未被行政机关接受或者纠正违法不符预期，始提起诉讼经人民法院审理判决乃至交付执行，终赋予法律强制力确保检察督促取得实效。所以，人民检察院提起公益诉讼的首要任务是借助人民法院具有强制力的诉讼裁判实现保护公益的任务和履行法律监督的职责。同时，要把握好诉讼监督的界限和节点，民事诉讼法、行政诉讼法都规定了人民检察院有权进行法律监督，但要把牢诉讼监督不破"两造"平等地位、诉讼监督不影响人民法院依法独立公正行使审判权的底线边界，要把握好出庭检察官作为诉讼参与人享有的监督权利与人民检察院依职权监督违法审判行为的不同节点和不同功能。

3. 把握处理好在诉讼环节适用《解释》与诉前阶段依法办案的有机衔接。《解释》的适用范围主要是在人民检察院提起诉讼后各个诉讼环节需要明确的程序问题，所以，除了在诉讼环节适用《解释》和民事诉讼法、行政诉讼法，在诉前阶段，还需要人民检察院依据宪法、人民检察院组织法以及其他法律、法规来办理公益诉讼案件，有时还需要根据原则性的法律规定进行探索实践，包括通过与行政部门、人民法院探索建立合作性制度来保障检察公益诉讼的规范性。

第三节　环境资源仲裁

在《环境保护法》及有关单行法中，对环境污染损害赔偿纠纷的解决途径并无仲裁的规定，但是仲裁解决环境民事纠纷是可能的，而且是必须的。这是因为：

1. 仲裁等 ADR 的社会功能和价值提升。20 世纪末以来，在利用司法的第三次浪潮中，通过对"司法"或"正义"的全新解释，使 ADR（替代性纠纷解决方式或非诉讼纠纷解决方式）机制具有了更高的正当性和合法性，从而把纠纷解决的功能从法院向社会化的 ADR 转移。"多年来，在许多国家，尤其在民法法系国家，所谓自愿（非诉讼）管辖范围扩张的趋势非常明显……存在着这么一个事实，有了非司法裁判机构，也就有了'自愿'程序……这一事实促使其他法域的类似发展更加鲜明，

即将管辖权从法院转移出来，授予非司法裁判机构。"〔1〕

2. 环境污染纠纷本身也符合《仲裁法》规定的受案范围。《仲裁法》第 2 条规定："平等主体的公民、法人和其他组织之间发生的合同纠纷和其他财产权益纠纷，可以仲裁。"环境民事纠纷属于此类范围：首先，当事人属于平等主体；其次，受害者要求解决的是排除危害和赔偿损失，而赔偿损失多表现为人身损害导致的赔偿和财产损失导致的赔偿，所以从这一角度看，也属于财产权益纠纷。

3. 根据当事人双方的心理，有达成仲裁的可能性。就企业尤其是追求社会形象和声誉的企业而言，它们并不想与受害者发生纠纷乃至于被诉诸法院，同时，纠纷还会在舆论以及行政指导等方面对企业造成不利影响。而且受害者多为企业附近的居民，双方关系紧张也不利于企业今后的发展。另外，即使现实情况对企业有利，并且有可能最终胜诉，然而由于诉讼过程实行公开审判原则，有可能导致企业的经营方针以及有关产品的内部情况公之于众，而仲裁由于采取非公开、非正式的方式进行，因而更受到企业的欢迎。

就受害者而言，诉讼过于花费时间和金钱，难以利用则是更大的问题。因此，只要有获得公正解决的希望，他们并不期待程序的公开或者更为严格的程序。

这样一来，加害者和受害者之间就可以找到一致点，也就是说，双方存在着适用仲裁解决纠纷的共同基础。

4. 国际环境纠纷中适用仲裁解决纠纷是常用的手段之一。1985 年《保护臭氧层维也纳公约》、1992 年《气候变化框架公约》和《生物多样性公约》等都规定了仲裁条款。在国际环境法的历史上不乏以仲裁方式解决国际环境争端的案例，比较著名的案例有：1893 年的太平洋海豹仲裁案；1910 年的北大西洋海岸捕鱼仲裁案；等等。

所以这种纠纷解决方式应该更多地运用于环境污染纠纷的解决过程中。例如 2004 年修订的《中国海事仲裁委员会仲裁规则》第 2 条第 2 款第 5 项规定，关于海洋资源开发利用及海洋环境污染损害的争议属于中国海事仲裁委员会的受案范围。这说明海洋环境污染损害纠纷可以通过诉讼途径解决。当然，针对环境民事纠纷的特点，有必要在环境资源立法中对环境资源仲裁程序进行完善，如对仲裁协议的形式、内容的特殊化要求，对仲裁受案范围、仲裁机构、"一裁终局"等问题的特殊规定。

理论思考与实务应用

一、理论思考

（一）名词解释

行政救济　环境资源行政复议

---

〔1〕 ［意］莫诺·卡佩莱蒂等：《当事人基本程序保障权与未来的民事诉讼》，徐昕译，法律出版社 2000 年版，第 89 页。

（二）简答题

1. 简述环境资源行政调解处理的性质和意义。

2. 简述环境资源行政诉讼的受案范围。

（三）论述题

1. 论述环境资源行政复议的受案范围。

2. 试述环境资源民事诉讼的特点。

二、实务应用

（一）案例分析示范

案例一　餐厅诉环保局案

杨某住在二楼，一楼是一家餐厅。该餐厅每天排放大量的油烟，致使杨某家在炎热的夏天也无法开窗通风。更为严重的是，杨某安装在二楼外墙的空调散热机，由于长期被油烟熏，已无法正常使用。杨某多次找餐厅协商，没有结果，于是向环保局投诉，要求其进行处理。经环保局监测，该餐厅油烟排放未超过国家标准。经杨某要求，环保局对餐厅造成杨某空调无法正常使用一事进行调解。餐厅认为其排放的油烟未超过国家标准，不存在违法行为，不应承担杨某的经济损失。调解不成，环保局作出餐厅赔偿杨某 3000 元经济损失的处理决定。餐厅不服，认为环保局处理不当，于是以环保局为被告向法院提起行政诉讼，要求撤销环保局的处理决定。

问：1. 餐厅不予赔偿的理由是否成立？为什么？

2. 法院是否应当受理此案？

【评析】1. 餐厅不予赔偿的理由不成立。按照我国法律的有关规定，环境污染损害赔偿责任实行无过错责任，不以违法为前提。也就是说，即使排放污染物未超过规定的标准，只要造成损害事实，也应承担民事赔偿责任。本案中，餐厅实施了排放油烟污染环境的行为，并造成了杨某的空调机无法正常使用的损害事实，且在排污行为与损害事实之间存在因果关系，构成了无过错责任的条件。因此，餐厅应承担杨某的经济损失。

2. 法院应驳回餐厅的起诉。因为在环境民事纠纷案件中，环保局应当事人的请求，对当事人之间因一方污染环境的行为而造成另一方财产损失或人身损害的赔偿纠纷进行处理时，其地位只是第三人的身份，处于调解人地位，并不代表国家履行行政管理的职责。其作出的处理决定，也不具有强制力。因此，如当事人不服环保局对环境民事赔偿纠纷作出的处理决定，不能以环保局为被告提起行政诉讼，而只能以对方当事人为被告提起民事赔偿诉讼。

案例二　天价赔偿案件

2012 年～2014 年，A 省 B 市 6 家化工企业将废酸以支付每吨 20～100 元不等的价格委托给没有危废处理资质的皮包公司，后者用改装的船舶，将 2.6 万吨废酸偷偷倒入附近两条河流中，造成严重污染。经查明，所倾倒的两条河流均为Ⅲ类地表水。

2014年12月31日，在B省C市民政局登记且专门从事环境保护公益活动连续8年的一环保组织为此向A省中级人民法院提起诉讼。1个月后，中院经过公开审理，对6家企业追加了1.6亿元高额索赔。

问：1. 中院受理环保组织提起公益诉讼是否具有法律依据？

2. 中院判决的1.6亿元高额费用是否合法？

【评析】1. 中院受理环保组织提起公益诉讼具有法律依据。根据2014年修订的《环境保护法》第58条的规定，社会组织向人民法院提起诉讼需要符合两个条件：依法在设区的市级以上人民政府民政部门登记；专门从事环境保护公益活动连续5年以上且无违法记录。符合这两个条件的，人民法院应当依法受理。根据2015年最高人民法院发布的《最高人民法院关于审理环境民事公益诉讼案件适用法律若干问题的解释》，设区的市级以上人民政府民政部门登记是指在设区的市，自治州、盟、地区，不设区的地级市，直辖市的区以上人民政府民政部门登记。而且，《解释》对于环保组织异地诉讼的行为没有限制。案例中，虽然该环保组织符合《环境保护法》和《解释》的规定，但是两者均是在2015年1月才生效，所以不能适用。2012年修订的《民事诉讼法》第55条规定："对污染环境、侵害众多消费者合法权益等损害社会公共利益的行为，法律规定的机关和有关组织可以向人民法院提起诉讼。"根据该条款，本案中的环保组织可以提起诉讼。

2. 中院判决的1.6亿元高额费用合法。根据《环境损害鉴定评估推荐方法》（第2版）的规定，如果环境污染事件发生后，制定了详细完整的污染修复方案，以实际修复工程费作为污染修复费用；如果无法知道实际修复工程费用，推荐采用虚拟治理成本法计算。依据虚拟治理成本法，Ⅲ类地表水污染修复费用按照虚拟治理成本的4.5~6倍计算，案件中受污染河流均为Ⅲ类地表水，故按4.5倍计算，得出污染修复费用为1.6亿余元。

（二）案例分析实训
案例一　小学生家长诉环保局案[1]

浙江省某地某塑料化工厂，由于工人操作时失误，致使化工原料苯乙烯大量泄漏到排水沟，苯乙烯比水轻，极易挥发，而排水沟正好流经距工厂100米的更楼中心小学，致使大量的苯乙烯飘散到学校，造成该中心小学正在上课的345名学生发生头昏、恶心、呕吐、腹痛等刺激性反应，经医生诊断为苯乙烯刺激反应。这是一起严重的环境污染事故。事故调查后，某地劳动部门对这个事故作出了处理：一是要求企业停产整顿；二是对企业罚款89万元。事故发生后，数百名学生家长先后请求浙江省环保局、该地所属市政府及环保局对该企业作出应有的行政处罚，但是有关环境保护的行政机关并没有作出任何具体行政行为。某地中心小学345名学生家长认

---

〔1〕 张璐主编：《环境与资源保护法：案例与图表》，法律出版社2010年版，第104页。

为环保部门没有履行环境监测、环境行政处罚等职责，遂以浙江省环保局环境行政不作为为由，向法院提起行政诉讼。

问：1. 浙江省环保局以及某地环保局的行为是否违法？

2. 浙江省环保局以及某地环保局是否应当承担环境行政责任？

案例二 电化厂氨气泄露案

某市电化厂（甲）是生产树脂（聚氯乙烯）的厂家。1976 年建厂以来曾因多次发生氯气泄漏事故而受到该市环保局多次批评或严重警告、罚款等处理。但是却一直未能杜绝氯气泄漏事故的发生。1992 年 1 月 1 日上午，该厂又一次发生氯气泄漏事故，使与之毗邻的某钢铁厂（乙）正在上班的 56 名职工受到不同程度的毒害。其中有 2 名职工因受害严重而住院治疗。为此，市环保局作出处罚决定：对甲处以 1.5 万元罚款，并责令赔偿乙直接经济损失 1.28 万元。甲不服，直接向其所在地的该市人民法院提起行政诉讼，乙也以请求赔偿直接经济损失 13.3 万元为由要求作为第三人参加诉讼。

问：1. 市环保局的处罚决定是否正确？

2. 法院是否应当受理乙的诉讼请求？

案例三 北大师生诉吉林石化污染松花江案[1]

2005 年 11 月 13 日，中国石油天然气集团公司下属中国石油天然气股份有限公司吉林分公司双苯厂（101 厂）的苯胺车间因操作错误发生剧烈爆炸并引起大火，导致 100 吨苯类污染物（含苯和硝基苯，属难溶于水的剧毒、致癌化学品）进入松花江水体，使江水硝基苯和苯严重超标，造成整个松花江流域生态环境严重破坏。2005 年 12 月 7 日，北京大学法学院三位教授及三位研究生向黑龙江省高级人民法院提起了国内第一起以自然物（鲟鳇鱼、松花江、太阳岛）作为共同原告的环境民事公益诉讼，要求法院判决被告赔偿 100 亿元人民币用于设立松花江流域污染治理基金，以恢复松花江流域的生态平衡，保障鲟鳇鱼的生存权利、松花江和太阳岛的环境清洁的权利以及自然人原告旅游、欣赏美景和美好想象的权利。同时，鉴于本案标的额巨大，且涉及环境公益诉讼，原告方同时提出了减免诉讼费用的申请。

问：1. 本诉讼能否得到法院的支持？

2. 面对公共物品的损害，救济的途径在哪里？

---

[1] 参见甘培忠、汪劲："鲟鳇鱼、松花江和太阳岛：你们是否有权控诉人类行为对你们的侵害？"，载北大法律网，http://article.chinalawinfo.com/Article Detail.asp? ArticleId＝31828，2010 年 9 月 18 日访问。

案例四 独眼煤井瓦斯爆炸事故[1]

2004 年 12 月 5 日，富源县竹园镇松林村 37 岁的村民张某佩，趁春节临近、当地有关部门无暇打击取缔的间隙，在没有任何证照和合法手续的情况下，与村民赵某（已在事故中死亡）合伙，不间断组织开采张某佩于 2003 年 12 月非法开挖、2004 年 2 月被当地政府封停的上则勒村煤井。2005 年 2 月 15 日 14 时 30 分，该井口突然发生瓦斯爆炸，造成在井下作业的赵某等 27 人死亡、曹某重伤、杨某等 6 人轻伤、刘某等 8 人轻微伤的特大瓦斯爆炸事故。事故发生后，经有关部门调查，该独眼井采用地面民用小鼓风机通风，风量严重不足。井下作业中接通附近老井，老井里面的瓦斯涌出，加之井下使用非防爆民用铝线、明插头、明插座，井下抽水作业过程中产生火花引起瓦斯爆炸。法庭审理查明，张某佩的独眼煤井非法开采期间，非法开采原煤 1 193.8 吨。张某佩经与没有煤炭经营许可资格的李某根口头协议，以每吨 140 元的价格违法销售出 931.8 吨。随后，李某根以每吨 280 ~ 320 元的价格，分别销售给同样没有煤炭经营许可资格的刘某武等三人。

问：张某佩与赵某是否构成非法采矿罪？

 参考书目

1. 张梓太：《环境法律责任研究》，商务印书馆 2004 年版。
2. 王明远：《环境侵权救济法律制度》，中国法制出版社 2001 年版。
3. 汪劲：《环境法学》，北京大学出版社 2006 年版。
4. 吕忠梅主编：《环境法原理》，复旦大学出版社 2007 年版。

---

[1] 参见鸿雁："云南富源小煤窑爆炸死难 27 人矿主终审被判 7 年"，http://www.mihodb.com/viewthread. php? tid = 9448&extra = page%3D6，2010 年 9 月 18 日访问。

第六章

国际环境资源法

【本章概要】国际环境资源法是指各国及其他国际法主体在利用、保护和改善环境和资源的国际交往中形成的，调整彼此间权利和义务关系的原则、规则和制度的总体。国际环境资源法的渊源包括国际条约、国际习惯、一般法律原则、司法判例、国际组织的决议等。国际环境资源法的基本原则是指被各国公认和接受的、在国际环境资源法领域里具有普遍指导意义的、体现国际环境资源法特点的、构成国际环境资源法的基础的原则，包括国家资源开发主权权利和不损害国外环境责任原则、可持续发展原则、共同但有区别的责任原则、风险预防原则和国际环境合作原则。有关国际环境保护问题的全球性条约主要有《气候变化框架公约》及其《京都议定书》《巴黎协定》，《生物多样性公约》及其《生物安全议定书》《名古屋议定书》，《国际水道非航行使用法公约》，《危险废物越境转移及其处置巴塞尔公约》及其《责任和赔偿议定书》，《防治荒漠化公约》等。

学习目标：通过本章的学习，能够掌握国际环境资源法的概念、特点、渊源、主体、客体和基本原则，以及国际环境责任等基本理论和知识，大致了解《气候变化框架公约》《生物多样性公约》《国际水道非航行使用法公约》《危险废物越境转移及其处置巴塞尔公约》及其之下的议定书等全球性环境条约的主要内容。

第一节　国际环境资源法概述

一、国际环境资源法的概念和特点

（一）国际环境资源法的概念

国际环境资源法是指各国及其他国际法主体在利用、保护和改善环境和资源的国际交往中形成的，调整彼此间权利和义务关系的原则、规则和制度的总体。20 世纪中期，人类生活的环境急剧恶化，地球与人类的生存直接相关的那些部分，比如水、大气和土地，都在以相当快的速度退化。作为对人类环境问题的反应，国际法在环境保护领域逐渐发展起来。国际法的一个新分支，也是环境资源法的一个分支——国际环境资源法由此形成。

（二）国际环境资源法的特征

作为现代国际法和环境资源法的一个分支，国际环境资源法具有以下明显特点：

1. 交叉性。国际环境资源法处于环境学、生态学、经济学、国际法、行政法、民法、刑法等多种学科交汇点上，具有显著的边缘学科的特征。

在法学体系内，国际环境资源法与国际法的其他分支互相渗透，互相交叉，具有密切联系。例如，它适用国际公法关于处理国家间关系的各项基本原则，它影响国际经济法中关于国际贸易和投资的规则，它与海洋法和空间法发生交叉等。

在法学体系外，国际环境资源法与环境科学和经济学等学科具有密切联系。例如，环境科学知识是国际环境资源法基础知识的一部分，经济学中关于经济刺激和成本/效益分析的理论被国际环境资源法的很多规定所采纳。

2. 科学性。大自然有其本身的发展规律，协调人与自然关系的国际环境资源法的发展更多地需要科技的支撑。与其他法学部门相比，国际环境资源法的发展更多地需要法学与科学的结合，体现出很强的科学技术性。主要表现在以下两个方面：

（1）国际环境资源法的很多目标和规定以对它们所针对的环境问题的科学了解为依据。由于人类认识自然能力的有限性，各国往往等待科学家对某一环境问题的原因及其与后果的联系有了相当程度的令人信服的证明时，才会在法律上采取相应的行动。例如，《保护臭氧层维也纳公约》和《气候变化框架公约》都是在科学家分别证明，臭氧层的破坏和全球变暖问题主要是人类活动的影响所引起，各国有必要采取行动预防问题发展到不可逆转的程度后才制定的。

（2）国际环境资源法本身包含许多技术性法律规范。其中比较典型的是 1989 年《控制危险废物越境转移及其处置巴赛尔公约》。公约在其附件 3 中对危险废物的危险特性分类作了简明的界定，以利于各成员国对危险废物的识别。

3. 公益性。国际环境资源法的根本目的是保护和改善地球环境。保护地球环境，使人类得以在与自然的和谐中持续发展，是一项造福人类、惠及千秋万代的最大的根本性的公益事业。国际环境资源法公益性较强，因为它是国际社会保护地球环境、维护人类生存条件的一个重要手段。

4. 早期性。国际环境资源法仍处于它发展的早期阶段。主要表现在以下几个方面：

（1）现行国际环境资源法的体系不完善。在有些重要领域比如关于环境损害赔偿责任、赔偿机制、资金和技术转让机制等方面存在着较大的空白或薄弱环节。现有的国际环境条约彼此间缺乏有机的联系，有的甚至互相矛盾。

（2）一些根本的战略和原则尚处于"软法"层次。比如可持续发展战略、共同但有区别的责任原则、全球伙伴关系等，尚未在条约中得到普遍承认，有些还停留在软法文件中。

（3）发展中国家不能平等地参与国际环境立法。发展中国家由于经济困难、科学技术落后、信息情报不足和缺乏专门人才等原因，不能真正平等地、充分地和有效地参与国际环境立法过程。

（4）现行国际环境法原则和规则的实施面临较大困难。发达国家在资金和技术转让方面缺乏诚意、发展中国家的实施能力不足、条约监督机制不健全等，都是国际环境法实施困难的原因。

二、国际环境资源法的渊源

国际环境资源法作为现代国际法的一个分支，其渊源与国际法的渊源基本上是一致的。这些渊源按照其在国际环境资源法中的地位和作用，也可以分为严格法律意义上的国际环境资源法渊源和广泛历史意义上的国际环境资源法渊源。前者仅指国际条约和国际习惯，后者包括一般法律原则、司法判例、国际组织的决议等法律文件。

（一）国际环境条约

国际环境条约又称多边环境条约、国际环境公约，是指为了保护特定环境因子或解决特定环境问题而缔结的多边条约，它是国际环境资源法的主要渊源之一。1972 年斯德哥尔摩人类环境会议以来，国际环境资源法进入了快速发展时期，最主要的表现就是国际环境条约的大量涌现。目前世界上已经有 1000 多项双边或多边法律文件是专门针对环境和资源问题的，或者包含有一项或更多项与环境和资源事务有关的重要条款，其中有 200 个左右的多边环境条约，涉及物种保护、控制气候变化、臭氧层保护、防止荒漠化等各个方面。国际环境条约已经成为解决全球环境问题、调整国际环境关系的主要法律依据。这些条约就其主要内容而言，基本上都有关于国际环境保护措施、实施监督机制、条约修改程序、行动计划、合作机制和机构等方面的规定。[1]

多边环境条约往往牵涉到国际政治、经济、国内法和政策的调整，因此许多环境条约采用"框架公约＋议定书＋附件"的形式，即先以框架公约的形式对环保措施和各国的权利义务作原则性规定，将具体事项留待缔约方通过议定书和附件的形式加以规定。

（二）国际习惯

国际习惯由两个要素构成，①通例的存在，即各国长期重复的类似的行为；②法律确信，即通例被各国认为具有法律约束力。国际习惯与条约相比处于次要的地位，相关的习惯法则不是很多。其主要原因是国际环境资源法的历史较短，尚未积累起充足的国家实践。

在已经得到国际环境资源法确认的国际习惯法规则中，比较重要的规则就是"各国有权按照自己的环境与发展政策开发本国的资源，并负有责任保证它们管辖或控制之内的活动不致损害其他国家的或国家管辖范围以外地区的环境"。这项习惯法规则最初出现在 1938 年和 1941 年"美国诉加拿大特雷尔冶炼厂案"的仲裁裁决中，后来得到了《人类环境宣言》与《里约环境与发展宣言》的反复确认，并得到国际法院 1996 年"关于威胁使用核武器的合法性的咨询意见"的承认。此外，还有一些

---

〔1〕　参见秦天宝："严格法律意义上的国际环境法渊源初探"，http：//www. riel. whu. edu. cn/show. asp？ID ＝ 636，2019 年 7 月 3 日最后访问。

重要的规则被认为正处于习惯法规则的形成过程之中，如可持续发展、风险预防、共同但有区别的责任、环境影响评价等。

（三）一般法律原则

一般法律原则可以作为独立的国际法的渊源。对于什么是一般法律原则，学者们有不同的观点，大体上有三种：第一种观点认为，一般法律原则是国际法的一般原则或基本原则。但是国际法的一般原则或基本原则是表现在国际条约或国际习惯中的，没有必要将其单独开列，所以，这种观点现在不为大多数人所采用和认可。第二种观点认为，一般法律原则是一般法律意识所产生的原则，即法官对有关法律问题的理解或认识。事实上，作为国际社会成员的国家有各种不同的社会经济制度，不可能有一种一般法律意识或者共同的法律意识，在抽象的基础上是无法引伸出具体的一般法律原则来的。第三种观点认为，一般法律原则是为各国法律体系所共有的原则，这是一般接受的观点，也为我国学者普遍认可。因为世界各国法律体系、经济社会制度虽然不一，但是不可否认各国的法律制度中有些规定是一致的，不能以相异性来排除国家之间法律上的相同性。

与国际条约和国际习惯相比，一般法律原则处于补充的、辅助的地位，是在没有国际条约和国际习惯可以适用的情况下才适用的法律。

（四）司法判例

司法判例有国内判例和国际判例之分。国内判例只能在一定程度上反映出一国对于国际法的态度和实践，处于次要的地位。但是，国内判例对于国际法的确定和发展具有一定的影响力。特别是如果许多国内法院判决表现出对于国际法的同样观点，形成关于国际法的国家实践，这种判决就有了更大的影响。

国际司法判例主要是指国际法院和国际仲裁机构的裁判。国际司法判例不具有约束力，但是它确实是很有价值的辅助性渊源。国际法院或国际仲裁机构在审理案件中适用国际法包括国际环境资源法时，总是要对国际法的原则、规则和制度加以认证和确定，这种认证和确定不但往往为审理以后的案件时所援引，而且在一般国际实践中也受到尊重。

（五）国际组织的决议

联合国大会和其他多边会议或国际组织通过的决议、宣言、声明等大量的"软法"，是国际环境资源法的辅助渊源。软法是指倾向形成但尚未形成规则的规范，即"敦促性或纲领性的规定"。软法的特点是文字表述和规范内容不确定，没有制裁措施，只具有政治和道德上的约束力。这类国际文件种类繁多，比如《斯德哥尔摩人类环境宣言》《里约环境与发展宣言》等。采取软法这种形式，允许各国在处理科学证据不完全或不能令人信服，或者经济成本不确定或太沉重，因而希望保留行动自由的问题时，有更多的灵活性。由于采取软法方法，一定程度上使国际社会在1972年人类环境会议以来的40多年间，在环保问题上取得了显著的发展，签署了大量的多边环境条约，出现了许多新的法律概念和原则。比如可持续发展原则、共同但有区别的责任原则、代际公平原则等国际环境资源法的基本原则，都是著名的软法。

国际组织宣言和决议不具有法律约束力，但在国际环境资源法领域中它们反映了国际社会关于环境保护的共同信念，这些"软法"为各国制定和发展本国国内环境法提供了可资借鉴的原则和规则，为各国在不能得到条约正式考虑方面的国际合作提供了基础。很多重要的国际环境资源法原则和规则最初都只是出现在这类"宣言"或"决议"之中，但是随着时间的推移逐步写进了条约和议定书，最终变成有拘束力的原则，为国际社会大多数成员所接受。它们经历了"宣言—条约—议定书"的发展过程，出现了"软法"变"硬"的现象。

三、国际环境资源法的主体和客体

（一）国际环境资源法的主体

国际环境资源法的主体是指能够独立参加国际环境关系，直接在国际环境资源法上享受权利和承担义务并具有独立进行国际求偿能力者。国家是国际环境资源法的基本主体，政府间国际组织是派生的和有限的主体。

国际环境资源法领域中的政府间国际组织主要有三类：一是联合国系统的全球性的国际组织和其专门机构，例如联合国环境规划署（UNEP）和可持续发展委员会；二是联合国系统以外的区域性国际组织，例如欧洲联盟（EU）；三是根据环境条约或其他条约建立的政府间国际组织，例如根据《气候变化框架公约》建立的缔约方大会（COP）、国际原子能机构（IAEA）等。这些国际组织在环境和资源保护领域的作用主要有五个方面：①为各国在环境事务方面的磋商和合作提供协商的场所；②收集和发布环境信息，为国家间的环境合作提供信息服务；③以召开国际会议或通过决议、宣言等方式推动和促进国际环境资源法原则和规则的发展；④在保证实施和执行国际环境资源法和环境标准中发挥重要的作用；⑤为解决环境争端提供相对独立和中立的争端解决机制和场所。

此外，非政府组织尽管还不是国际环境资源法的主体，但是发挥着日益重要的作用。它们是国际环境资源法的参与者、监督者和促进者，是国际环保事业的重要组织者和参加者。从国际实践来看，目前有三种类型的非政府组织参与全球环境和资源保护：

第一，专门性民间国际环境组织。这些国际环境组织以保护全球自然资源和生态环境为目的，在世界范围内开展环保活动，规模和影响最大的当数世界自然保护同盟（International Union for Conservation of Nature and Natural Resources，IUCN）及绿色和平组织（Green Peace）。

第二，国际法学团体。这些团体是纯粹学术性机构，它们在对国际法规则进行研究、解释和制定的同时，也促进了国际环境资源法的逐步编纂和发展。其中国际法研究院（Institut de droit International）和国际法协会（International Law Association）最负盛名。

第三，其他非政府组织。除了上述两种非政府组织以外，其他非政府组织也从各自的角度关心并从事全球环保活动，促进国际环境资源法的发展。比如 1947 年成立的国际标准化组织（International Standard Organization, ISO）。因为环境保护是科技性很强的系统工程，保护全球环境既需要定性管理，也需要定量管理。国际标准化组织对国际环境标准的研究和制定，为制定国际环境资源法律原则、规则和制度以及开展国际环保活动提供了科学依据，同时也为保证这些原则、规则和制度的执行提供了衡量尺度。

（二）国际环境资源法的客体

国际环境资源法的客体是指国际环境资源法主体的权利和义务所指向的对象。国际环境资源法的客体包括两类，①大气、土地、水、生物等各种环境和资源要素；②国际环境资源法主体针对这些环境要素所从事的各种行为，即国际环境行为。

1. 环境和资源要素。国际环境资源法调整的环境和资源要素包括国家管辖范围内的环境与资源、两个或多个国家共享的环境与资源、国家管辖范围以外的环境与资源。

（1）国家管辖范围内的环境与资源。国家管辖范围内的环境与资源是指完全处于国家的主权管辖之下的环境与资源，包括各国领陆、领水、领空和底土之内的环境与资源。这些环境与资源中，有的被 1972 年《保护世界文化和自然遗产公约》列为世界文化和自然遗产。《保护世界文化和自然遗产公约》第 6 条明确规定，缔约国在充分尊重"文化和自然遗产的所在国的主权，并不使国家立法规定的财产权受到损害的同时，承认这类遗产是世界遗产的一部分，因此，整个国际社会有责任合作予以保护"。根据该《公约》的规定，文化遗产是指从历史、艺术和科学观点来看具有突出的普遍价值的建筑物、碑雕和碑画，具有考古价值的元素或结构、铭文、窟洞以及联合体；从历史、艺术和科学角度看在建筑式样、分布均匀或环境风景结合方面具有突出的普遍价值的单立或连接的建筑群；从历史、审美、人种学或人类学角度看具有突出的普遍价值的人类工程或自然与人联合工程及考古地址等。自然遗产是指从审美和科学角度看具有突出的普遍价值的由物质和生物结构或这类结构群组成的自然面貌；从科学或保护角度看具有突出的普遍价值的地质和自然地理结构以及明确划为受威胁的动物和植物生境区；从科学、保护或自然美角度看具有突出的普遍价值的自然景观或明确划分的自然区域。

（2）两个或多个国家共享的环境与资源。两个或多个国家共享的环境与资源是指处于两个或多个国家管辖之下的环境与资源。联合国环境规划署 1975 年列举了五种由两个或多个国家共享的环境与资源，它们是：①国际水系统，包括地表水和地下水；②在有限数额的国家上方的空气分界区或空气团；③封闭的或半封闭的海和毗连的沿海水域；④往来于数个国家的领土或水域的迁徙物种；⑤跨越于两个或多个国家之间的特别的生态系统。[1]

（3）国家管辖范围以外的环境与资源。国家管辖范围以外的环境与资源是指除

---

〔1〕　参见常纪文、王宗廷主编：《环境法学》，中国方正出版社 2003 年版，第 349～350 页。

了前两种类型之外的所有环境与资源，或可将其称为"全球公域"，包括南极、公海、全球大气层和外层空间。

南极的法律地位目前尚不明朗。1959年《南极条约》规定冻结各国对南极地区的主权权利或领土要求，也不允许其他国家对南极地区提出新的主权权利或领土要求。鉴于南极对地球气候和地球生态系统的重要调节作用，《南极条约》的大部分成员国1991年签订《南极条约环境保护议定书》，规定对南极环境进行全面保护。但是该议定书回避了南极的领土主权问题，称保护南极环境是为了"全人类的利益"，宣布南极是"奉献于和平与科学的自然保护区"。[1]

公海和在公海上方生存或迁徙的鸟类和其他野生动物被看作"人类共同财产"（common property of mankind），可以供所有国家平等地利用，任何国家不得将其置于自己的主权管辖之下。但是"人类共同财产"概念的侧重点在于对国家主权的限制，而不在于对这类环境和资源的保护。[2]

公海海床和洋底及其底土和月球被看作"人类共同遗产"（common heritage of mankind）。它们与"人类共同财产"一样，不能被任何国家宣布处于其主权控制之下，而对它们的利用必须是为全人类的利益而进行。此外，对它们的开发、利用和保护由公约规定的代表全人类的国际管辖机构管辖。例如，1982年《海洋法公约》赋予国际海底管理局管理国际海底区域内活动的广泛的权力。

全球大气层的地位比较特殊，难以确定。为了解决全球大气层的法律地位问题，国际社会目前的做法是，一方面回避直接确定全球大气层的法律地位，另一方面将全球大气层的严重问题——气候变化宣布为一项"人类共同关切之事项"（a common concern of humankind）。[3]通过将气候变化宣布为"人类共同关切之事项"，为国际社会应对气候变化问题而采取法律行动提供了法律依据。[4]

外层空间的法律地位介于"人类共同财产"和"人类共同遗产"之间，自成一类。1967年《关于各国探索和利用外层空间包括月球和其他天体的活动的原则条约》第1条规定，所有国家应在平等的基础上，不受任何歧视，根据国际法自由探索和利用外层空间，包括月球和其他天体，并自由进入天体的一切区域。第2条规定，各国不得通过主权要求、使用或占领等方法，以及其他任何措施，把外层空间，包括月球和其他天体据为己有。公约还规定，探索和利用外层空间，包括月球和其他天体，应为所有国家谋福利和利益，而不论其经济或科学发展程度如何，并应为全人类的开发范围。

2. 国际环境行为。国际环境行为是指国际法主体在利用、保护和改善国际环境

---

〔1〕 参见1991年《南极条约环境保护议定书》序言和第2条的规定。

〔2〕 参见王曦编著：《国际环境法》（第二版），法律出版社2005年版，第89页。

〔3〕 参见《气候变化框架公约》序言的规定。

〔4〕 参见王曦编著：《国际环境法》（第二版），法律出版社2005年版，第90页。

与资源时所从事的行为。国际环境行为既包括主体直接或最终针对其他国际环境资源法主体的行为，也包括兼顾针对客体和仅针对客体的行为。这种行为不仅包括以国家或政府名义作出的"公"的行为，比如对人类环境带来重大影响的立法或行政行为，还包括处于国家管辖或控制之下的"私"的行为，比如私有企业或个人污染环境的行为。

四、国际环境责任

在"特莱尔冶炼厂仲裁案"中，仲裁法庭裁决加拿大对其领土内冶炼厂排放二氧化硫给美国农牧业造成的污染损失进行赔偿，开创了国家对其管辖范围内的活动造成的重大跨界损害承担国家责任的先例。从此，重大跨界损害的国家责任得到各国承认和国际环境资源法的确认。这种责任根据其性质可以分为国际不法行为的责任和国际法不加禁止的行为造成损害性后果的责任，或可称为国家责任和国际赔偿责任。

（一）国际不法行为的责任

传统的国家责任理论认为，国家责任是指一国对于本国的国际不法行为应当承担的国际责任，引起国家责任的条件：第一是国家的行为或不行为违背了该国所承担的国际义务；第二是该行为可归责于国家，即可视为该国的"国家行为"；第三是必须有故意或过失这一主观因素。国际法院在英国和阿尔巴尼亚之间的科孚海峡案中也肯定了无过错即无责任的原则。

1953 年，联合国大会正式要求国际法委员会"开展关于国家责任的国际法原则的编纂工作"。1955 年，委员会任命了国家责任专题的第一任特别报告人，1963 年及其之后又任命了三位特别报告人。委员会在这三位特别报告人提交的报告的基础上，拟订了国家责任条款草案。1996 年，委员会一读通过《国家责任条款草案》，1998 年正式开始二读工作。2001 年，经过近五十年的编纂工作，国际法委员会第五十三届会议二读通过《国家对国际不法行为的责任条款草案》[1]，确立了国家对其国际不法行为应该承担的国际责任。[2]

国际不法行为责任的主要形式是赔偿。在联合国国际法院 2018 年作出最终判决的"尼加拉瓜在边界地区开展的特定活动案"（Certain Activities Carried Out by Nicaragua in the Border Area）中，哥斯达黎加于 2010 年 11 月向国际法院起诉尼加拉瓜，声称尼加拉瓜的军队侵入、占据和利用其领土，在两国界河圣胡安河开展的河道疏浚工程违反了尼加拉瓜根据一系列条约和公约对哥斯达黎加承担的义务。法院于 2015 年判决尼加拉瓜的相关活动侵犯了哥斯达黎加的领土主权并造成了损害，因此需要

---

〔1〕 详见曾令良、饶戈平主编：《国际法》，法律出版社 2005 年版，第 183～185 页。草案中文本参见：http：//www.un.org/chinese/ga/56/res/a56r83.pdf，2019 年 3 月 24 日最后访问。
〔2〕 《国家对国际不法行为的责任条款草案》第 1 条规定："一国的每一国际不法行为引起该国的国际责任。"

承担其不法活动对哥斯达黎加造成的损害的赔偿责任。[1]哥斯达黎加于2017年向法院要求解决由于尼加拉瓜开展的不法活动而对哥斯达黎加的赔偿问题。法院于2018年2月作出判决，认为环境损害及其带来的环境提供商品和服务的能力的减损或削弱在国际法之下是可以赔偿的。法院评估了归于受损环境修复的价值，以及对修复前的环境商品和服务的减损的价值，认定哥斯达黎加可得的赔偿总额是378 890.59美元。尼加拉瓜于该判决生效后不久向哥斯达黎加全额支付了这笔赔偿金。[2]

（二）国际法不加禁止的行为造成损害性后果的赔偿责任——国际赔偿责任

传统国家责任的责任标准是过失责任，但是国际环境资源法的发展趋势是确立严格责任。严格责任的特征是不问过错，行为和损害之间的因果关系就足以导致行为人的赔偿责任。国际环境资源法也有必要确立严格责任，因为随着科学技术的发展，人类利用自然能力的增强，国家自身或在其管辖或控制之下的私人或实体的行为造成的跨界损害频频出现。而跨界损害一旦发生，其破坏性后果也令人触目惊心。这些活动造成的跨界损害往往是由国际法不加禁止的行为所引起的，国家及其管辖或控制下的私人或实体既无故意也无过失。如果根据传统的过失责任标准而对这种损害的预防及控制置之不理，可能导致行为国对其领土主权的滥用和对他国领土主权的单方面否定，从而造成对受害者的不公正。因此，国际法委员会开展了这一领域的编纂活动，特定危险活动领域的国际公约也确立了责任人的严格赔偿责任。

国际法委员会20世纪70年代开始对国际法不加禁止的行为造成损害性后果的国际责任问题进行编纂。1974年，委员会把"关于国际法未加禁止之行为造成损害性后果的国际责任"专题列入其一般工作计划，1978年任命了本专题的第一任特别报告人。1996年，委员会将《国际法未加禁止之行为造成损害性后果的国际责任条款草案》提交联合国大会以供评论。委员会长期以来将国家的预防义务与赔偿责任问题结合起来进行编纂，但是这在国家之间以及在委员会内部引起很大争议。[3]1997年，委员会重新讨论其工作计划，决定将预防与赔偿责任两个问题分开研究和编纂。委员会缩小审议范围，首先在"预防危险活动造成跨界损害"的副专题下讨论预防问题，并于1998年一读通过《国际法未加禁止之行为造成损害性后果的国际责任条款草案》（预防危险活动的跨界损害部分）。2001年，国际法委员会二读通过了《关

---

〔1〕 Certain Activities Carried Out by Nicaragua in the Border Area (Costa Rica v. Nicaragua) and Construction of a Road in Costa Rica along the San Juan River (Nicaragua v. Costa Rica), Judgment, I. C. J. Reports 2015, Available at https://www.icj-cij.org.

〔2〕 See the Judgement Summary of ICJ on Feb. 2 2018 to the Case Certain Activities Carried Out by Nicaragua in the Border Area (Costa Rica v. Nicaragua), Available at https://www.icj-cij.org.

〔3〕《卡塔赫纳生物安全议定书》政府间委员会第二次会议：改性活生物体的越境转移所造成损害的赔偿责任和补救办法：检查当前的有关文书和确定基本组成部分，UNEP/CBD/ICCP/2/3, 31 July 2001, Chinese.

于预防危险活动的跨界损害的条款草案》。[1]《条款草案》包括序言和 19 个条款，它试图建立国际法未加禁止的但是具有重大跨界损害危险的活动的行为规则。[2]根据该《草案》第 3 条的规定，国家在从事国际法不加禁止的、其有形后果有造成重大跨界损害的危险的活动时，应当采取一切适当措施，以预防重大跨界损害或随时尽量减少这种危险。

国际法委员会在完成"预防危险活动造成跨界损害"副专题的编纂工作之后，继续开展"赔偿责任"副专题的编纂工作。2002 年，委员会设立一个专题工作组，负责审议"未能防止危险活动造成的跨界损害的国际责任"的有关问题。[3]2004 年，委员会在第五十六届会议上一读通过了《关于危险活动造成的跨界损害案件中损失分配的原则草案》（以下简称《草案》），在 2006 年第五十八届会议上二读通过该草案[4]。该《草案》包括序言和 8 项原则，目的是确保遭受国际法不加禁止的活动的重大跨界损害的受害者，包括自然人、法人和国家能够得到及时和充分的赔偿。[5]《草案》结合国际社会现行的关于危险活动造成跨界损害的赔偿责任国际公约所确立的以民事赔偿责任为唯一或为主要的责任归属形态，建立了经营者民事赔偿责任与起源国补充性赔偿责任相结合的体制。所谓"经营者"是指在发生造成跨界损害的事件时指挥或控制有关危险活动的人。[6]所谓"起源国"是指"在其领土上或在其管辖或控制下进行危险活动的国家"。[7]根据《草案》原则 4 第 1 款、第 2 款、第 4 款和第 5 款的规定，为了确保对跨界损害受害者的及时和充分赔偿，起源国应采取一切必要措施，包括要求经营者或酌情要求其他人或实体承担严格赔偿责任，还包括在国家一级设立工业基金。[8]如果上述措施不足以提供充分的赔偿，起源国还应当确保有另外的财政资源可用。[9]《草案》原则 7 以 1972 年《人类环境宣言》原则 7 和 1992 年《里约宣言》原则 13 为依据，鼓励各国缔结特定危险活动领域的专门性的全球、区域

---

〔1〕 详见曾令良、饶戈平主编：《国际法》，法律出版社 2005 年版，第 186～187 页。See also International liability in case of loss from transboundary harm arising out of hazardous activities, http：//untreaty. un. org/ilc/summaries/8_5. htm, last visited on June 3, 2019.

〔2〕 《关于预防危险活动的跨界损害的条款》第 1 条规定，本条款草案适用于国际法不加禁止的、其有形后果有造成重大跨界损害的危险的活动。

〔3〕 See International liability in case of loss from transboundary harm arising out of hazardous activities, http：//untreaty. un. org/ilc/summaries/8_5. htm, last visited June 3, 2019.

〔4〕 草案中文本见：http：//daccessdds. un. org/doc/UNDOC/LTD/G06/618/53/PDF/G0661853. df？OpenElement，英文本见：http：//daccessdds. un. org/doc/UNDOC/LTD/G06/616/54/PDF/G0661654. df？OpenElement. See also Official Records of the General Assembly, Fifty－ninth Session, Supplement No. 10（A/59/10）.

〔5〕 参见《关于危险活动造成的跨界损害案件中损失分配的原则草案》原则 3 的规定。

〔6〕 参见《关于危险活动造成的跨界损害案件中损失分配的原则草案》原则 2（g）项的规定。

〔7〕 参见《关于危险活动造成的跨界损害案件中损失分配的原则草案》原则 2（d）项的规定。

〔8〕 参见《关于危险活动造成的跨界损害案件中损失分配的原则草案》原则 4 第 4 款的规定。

〔9〕 参见《关于危险活动造成的跨界损害案件中损失分配的原则草案》原则 4 第 5 款的规定。

或双边协定，并要求这些协定酌情包括国家承担补充性赔偿责任的安排，创立工业基金和（或）国家基金，以便在经营者财力包括财务担保措施不足以偿付事故损害的情况下，能够提供补充赔偿。此类基金可设定用于补充或取代全国性的工业基金。[1]

（三）国际不法行为的责任与国际赔偿责任的比较

国家赔偿责任的英文是 State Liability；国家责任的英文为 State Responsibility。国家赔偿责任与传统国家责任是既有联系又有区别的两个概念。国家赔偿责任源于传统国家责任，它的目的和作用不是削弱传统国家责任制度，而是补充其不足和对其进一步完善。国家赔偿责任和传统国家责任都旨在确定国家对其行为的后果所应承担的国际责任。两者的不同主要表现在：

传统国家责任是国家的国际不法行为引起的，而国家赔偿责任是国际法不加禁止的行为引起的责任，它的产生取决于发生了跨界损害的事实；

在传统国家责任中，产生损害后果的损害事件的发生就是行为国对其国际义务的违背。在国家赔偿责任中，即使损害事件的发生是可以预见的，也不构成行为国对其国际义务的违背；

在传统国家责任中，若行为国能证明它已采取了一切可以采取的合理措施来阻止违反国际义务的事件发生，即使努力失败了，也可免除其责任。在国家赔偿责任中，只要行为造成了损害，行为国就负有赔偿或恢复原状等责任；

在传统国家责任中，只要违背国际义务，就足以构成对行为国采取行动的理由，虽然并未造成环境损害。在国家赔偿责任中，只有当国家行为造成了实际损害时，受害者才有求偿权；

在传统国家责任中，即使行为国对其违背国际义务的行为采取了补救措施，包括给予赔偿，行为国也没有继续该行为的自由，因为该行为属于国际法禁止的行为。在国家赔偿责任中，只要行为国对其所造成的损害给予合理、适当的赔偿，行为国的行动自由就不受限制，因为该行为是国际法不加禁止的行为；[2]

传统国家责任强调行为主体主观上的故意或过失，国家赔偿责任则以严格责任作为其法律基础。

五、国际环境资源法的发展

国际环境资源法的发展经历了一个由慢到快、由小到大、由零散到系统的过程。这个过程以 1972 年联合国人类环境会议和 1992 年联合国环境与发展大会两个里程碑为标志，其最新的发展是 2015 年联合国持续发展峰会。

---

[1]　《关于危险活动造成的跨界损害案件中损失分配的原则草案》原则 7 第 1 款规定，如果就特定类别危险活动而言，专门的全球、区域或双边协定能为赔偿、反应措施及国际和国内救济提供有效安排，则应当尽一切努力缔结此种专门协定。第 2 款规定，这些协定应酌情包括这样的安排，使工业基金和（或）国家基金，以便在经营者财力包括财务担保措施不足以偿付事故损害的情况下，能够提供补充赔偿。此类基金可设定用于补充或取代全国性的工业基金。

[2]　参见马骧聪：《国际环境法导论》，社会科学文献出版社 1994 年版，第 60 页。

（一）1972 年联合国人类环境会议

1. 会议概况。联合国人类环境会议于 1972 年 6 月 5 日到 16 日在瑞典的斯德哥尔摩市举行。出席会议的有 114 个国家的代表和一大批政府间组织和非政府组织的观察员，共约 1200 人。中国派代表团出席了会议。会议的宗旨是"取得共同的看法和制定共同的原则以鼓舞和指导世界各国人民保持和改善人类环境"。会议的重要成果为三项不具约束力的文件，即《人类环境宣言》《行动计划》和《关于机构和资金安排的决议》。这些决议在同年第 27 届联合国大会上获得通过。

2.《人类环境宣言》。《人类环境宣言》的内容主要为两大部分。第一部分宣布 7 项对人类环境问题的共同认识，即对人与环境关系的认识、对保护和改善环境的重要性和责任的认识、对人类改造环境的能力的认识、对发达国家和发展中国家的不同环境问题的认识、对人口与环境的关系的认识、对保护和改善人类环境这一人类共同的目标和任务的认识、对国际环境合作的认识；第二部分宣布了 26 项指导人类环保事业的基本原则，可归纳为 14 项：人类环境基本权利和责任、保护和合理利用地球自然资源、经济发展与环境保护、人口政策、国家的管理职能、科技作用、环境教育、环境科学研究和信息交流、国家资源开发主权权利和不损害国外环境责任、发展国际环境资源法、国际环境标准、国际合作、国际组织的作用、消除核军备。

3. 联合国环境规划署的建立。根据人类环境会议的《关于机构和资金安排的决议》，联大于 1972 年通过第 2997 号决议，决定在联合国内设立一个新的机构——联合国环境规划署。这是联合国系统第一个也是唯一的专门致力于国际环境事务的机构。其职责主要是促进国际环境合作，为联合国系统内的环境合作提供政策指导和协调，审查世界环境状况等。

（二）1992 年联合国环境与发展大会

1. 会议概况。联合国环境与发展大会于 1992 年 6 月 3 日到 14 日在巴西里约热内卢市举行。出席会议的有 116 位国家政府首脑，172 个国家，8000 名代表，9000 名新闻记者和 3000 个非政府组织。会议的宗旨是"在加强各国和国际努力以促进所有各国的持久的无害环境的发展的前提下，制订各种战略和措施，终止和扭转环境恶化的影响"。会议通过了三项不具法律约束力的文件并将两项条约开放签署。三项文件是《里约环境与发展宣言》《21 世纪议程》和《关于森林问题的原则声明》。两项条约是《联合国气候变化框架公约》和《生物多样性公约》。中国政府派代表团出席了会议，并签署了上述五项文件。

2.《里约环境与发展宣言》。《里约环境与发展宣言》是联合国环发大会的中心成果之一。其主要内容是宣布关于环境与发展问题的 27 条原则。与国际环境资源法关系密切的原则有：原则 1：人类处于可持续发展问题的中心和人类享有健康生活的权利；原则 2：各国的资源开发主权权利和不损害国外环境的责任；原则 3："为了公平地满足今世后代在发展与环境方面的要求，求取发展的权利必要实现"；原则 4："为了实现可持续发展，环保工作应是发展进程的一个整体组成部分，不能脱离这一进程来考虑"；原则 5：根除贫穷是实现可持续发展的一项必不可少的条件；等等。

3. 《21 世纪议程》。该文件共分为 4 篇共 40 章 1418 条，是一个空前宏大而详尽的行动计划。其内容涵盖人类环境与发展问题的各个方面，其中主要有社会经济方面、促进发展的资源保护及管理方面、加强主要团体的作用方面和实施手段方面。

（三）2002 年可持续发展世界峰会

2002 年 8 月 25 日 ~ 9 月 4 日召开的约翰内斯堡可持续发展世界峰会，有包括 104 位国家元首和政府首脑在内的 192 个国家的 1.7 万名代表及其他各界代表等约 6.5 万人出席，使其成为联合国历史上规模最大的会议。会议的议题很广泛，涉及消除贫困、水资源短缺、提高世界市场可再生能源供应量和其他许多环境问题的解决办法等。会议达成了《可持续发展约翰内斯堡宣言》和《执行计划》等不具约束力的文件，这些文件的价值是就"在促进经济发展的同时保护生态环境"发出了行动信号，将根除贫困视为当前全球面临的最大挑战，并敦促发达国家作出具体努力，提高向发展中国家的官方发展援助数额。会议的目标之一是通过一项关于使用可再生能源的条约并将于 2015 年实施。欧盟成员国竭力说服其他国家接受在全世界范围内增加使用可再生能源的时间表：到 2015 年，世界各国所需能源的 15% 将为可再生能源。但是这一建议触犯了美国、日本、石油输出国组织成员等国家的利益，遭到他们的反对和抵制，最终没有通过关于使用可再生能源的条约，只是达成了没有法律约束力的《关于使用可再生能源的声明》。这项声明没有制定具体的目标，只号召世界各国发展清洁和绿色能源。会议还呼吁各国尤其是发达国家签署和核准 1997 年 12 月达成的旨在限制发达国家温室气体排放的《联合国气候变化框架公约的京都议定书》，但发达国家无一响应。总体而言，这次会议只是强调了全球环境问题的严峻性和复杂性，并未采取实质行动，在国际环保的组织机构方面未有进展，在援助、减债、消除补贴等方面未出台任何时间表，发达国家也未作出实质性承诺。

（四）"里约 + 20"峰会

2012 年 6 月 17 日，在世界防治荒漠化和干旱日，联合国主持召开里约世界可持续发展峰会，即"里约 + 20"峰会。本次大会有两个主题，第一个主题是绿色经济，是基于致力于消除贫困的可持续发展之上的绿色经济；第二个主题是可持续发展的制度框架。与会各国一致通过《我们憧憬的未来》成果文件，重申了对全球可持续发展的承诺。会议最大的成果是重申里约原则，再次把"共同但有区别的责任"原则明确无误地写入文件，积极回应了发展中国家的关切。决定建立高级别政治论坛，取代联合国可持续发展委员会，是本次峰会的一项具体成果。另一个重要成果是与会国家元首和政府首脑同意启动可持续发展目标讨论进程，计划组建政府间工作组和专家委员会负责制定这些目标。[1]

---

〔1〕　参见叶书宏、牛海荣："里约，可持续发展新起点"，http://www.xinhuanet.com/world/2012 - 06/23/ c_112275222.htm，2019 年 4 月 13 日访问。

（五）联合国可持续发展峰会

联合国193个会员国在2015年9月举行的可持续发展峰会上一致通过了《2030年可持续发展议程》，于2016年1月1日正式启动。这一包括17项可持续发展目标和169项具体目标的纲领性文件，将推动世界在今后15年内消除极端贫困、战胜不平等和不公正及遏制气候变化。这17个目标"寻求巩固发展千年发展目标，完成千年发展目标尚未完成的事业。它们要让所有人享有人权，实现性别平等，增强所有妇女和女童的权能。它们是整体的，不可分割的，并兼顾了可持续发展的三个方面：经济、社会和环境。"[1]这些目标的具体标题是：①在全世界消除一切形式的贫困；②消除饥饿，实现粮食安全，改善营养状况和促进可持续农业；③确保健康的生活方式，促进各年龄段人群的福祉；④确保包容和公平的优质教育，让全民终身享有学习机会；⑤实现性别平等，增强所有妇女和女童的权能；⑥为所有人提供水和环境卫生并对其进行可持续管理；⑦确保人人获得负担得起的、可靠和可持续的现代能源目标；⑧促进持久、包容和可持续的经济增长，促进充分的生产性就业和人人获得体面工作；⑨建造具备抵御灾害能力的基础设施，促进具有包容性的可持续工业化，推动创新；⑩减少国家内部和国家之间的不平等；⑪建设包容、安全、有抵御灾害能力和可持续的城市和人类住区；⑫采用可持续的消费和生产模式；⑬采取紧急行动应对气候变化及其影响；⑭保护和可持续利用海洋和海洋资源以促进可持续发展；⑮保护、恢复和促进可持续利用陆地生态系统，可持续管理森林，防治荒漠化，制止和扭转土地退化，遏制生物多样性的丧失；⑯创建和平、包容的社会以促进可持续发展，让所有人都能诉诸司法，在各级建立有效、负责和包容的机构；⑰加强执行手段，重振可持续发展全球伙伴关系。[2]

第二节　国际环境资源法的基本原则

国际环境资源法的基本原则是指被各国公认和接受的、在国际环境资源法领域里具有普遍指导意义的、体现国际环境资源法特点的、构成国际环境资源法的基础的原则。国际环境资源法的基本原则与国际法基本原则既有联系，又有区别。它们之间的联系表现为国际环境资源法基本原则建立在国际法基本原则的基础上。它们之间的区别主要是，前者仅适用于国际环境资源法领域，而后者适用于国际法的全

---

〔1〕　中华人民共和国外交部：《变革我们的世界：2030年可持续发展议程》，http://infogate.fmprc.gov.cn/web/ziliao_674904/zt_674979/dnzt_674981/qtzt/2030kcxfzyc_686343/t1331382.shtml，2019年11月26日访问。

〔2〕　中华人民共和国外交部：《变革我们的世界：2030年可持续发展议程》，http://infogate.fmprc.gov.cn/web/ziliao_674904/zt_674979/dnzt_674981/qtzt/2030kcxfzyc_686343/t1331382.shtml，2019年11月26日访问。

部领域，包括国际环境资源法领域。

一、国家环境资源主权和不损害国外环境责任原则

根据 1972 年《人类环境宣言》所宣示的原则 21 和 1992 年《里约环境与发展宣言》所宣示的原则 2，国家环境资源主权和不损害国外环境责任原则是指各国对本国领土范围内的自然资源享有永久主权，各国有权利独立自主地利用、管理和保护本国领土或管辖范围内的自然资源，并应同时承担保护全球环境和国内环境，以及不对其他国家或其管辖范围之外的地区的环境造成损害的义务。这项原则的前一方面承认国家关于环境资源的主权，后一方面规定国家关于环境的义务，是国家在环境资源方面权利和义务的结合。这种权利和义务的平衡，基本上反映了要求维护自然资源主权的发展中国家与强调环境资源保护义务的发达国家之间的利益、立场的平衡和妥协。但是根据共同但有区别的责任原则，发展中国家在较长时期内有获得发达国家和国际社会的资金和技术援助，以及承担较少义务的权利。

（一）国家环境资源主权

国家环境资源主权是国家主权的一部分，既体现在习惯国际法原则之中，也体现在环境条约和软法文件之中。由于历史上曾经遭受殖民压迫、现实中国力薄弱等原因，广大发展中国家特别强调和维护国家主权，在环境政策和资源利用领域也是如此。国家环境资源主权原则至少有以下两层含义：

第一，国家对位于本国领土范围内的自然资源享有永久主权。国家对自然资源的永久主权原则是一项已确立的习惯国际法原则，甚至是"一项根本的习惯国际法原则"，是"国家主权的基本和固有的要素"。[1]联合国曾设立自然资源永久主权问题委员会，并且在一系列国际法文件中确认各国对其自然资源的永久主权。联合国大会 1962 年通过《关于天然资源之永久主权宣言》，郑重宣布"各民族及各国行使其对天然财富与资源之永久主权"。[2]联合国大会 1974 年通过《各国经济权利和义务宪章》，重申"每个国家对其全部财富、自然资源和经济活动享有充分的永久主权，包括所有权、使用权和处置权在内，并得以自由行使此项主权"。[3]《建立新的国际经济秩序宣言》和《建立新的国际经济秩序行动纲领》也都确认和重申各国对其自然资源的永久主权。[4]在全球环境条约领域，1972 年通过的《世界遗产公约》

---

〔1〕　Franz Xaver Perrez, "the Relationship between Permanent Sovereignty and the Obligation Not to Cause Trans-boundary Environmental Changes", http：//www. questia. com/PM. qst, last visited on July 9, 2018.

〔2〕　参见《关于天然资源之永久主权宣言》第一部分第 1 条，转引自王铁崖、田如萱编：《国际法资料选编》，法律出版社 1986 年版，第 21 页。

〔3〕　参见《各国经济权利和义务宪章》第二章第 2 条第 1 项，转引自王铁崖、田如萱编：《国际法资料选编》，法律出版社 1986 年版，第 841 页。

〔4〕　参见《建立新的国际经济秩序宣言》第 4 条第 5 款和《建立新的国际经济秩序行动纲领》第八章（A）项，转引自王铁崖、田如萱编：《国际法资料选编》，法律出版社 1986 年版，第 814、828 页。

确认文化和自然遗产所在国的主权[1]；2001 年《粮食和农业植物遗传资源国际条约》承认各国对本国粮食和农业植物遗传资源的主权。[2]

第二，各国享有按自己的环境政策开发其自然资源的主权权利。1971 年联合国大会第 2849 号决议宣布，"各国有权按照本国的特殊情况并在充分享有其国家主权的情况下，制定其关于人类环境的国家政策"。1972 年《人类环境宣言》原则 21 更进一步，确认各国对开发其本国自然资源的主权权利，发展和丰富了国家对自然资源的永久主权原则。[3]《联合国海洋法公约》第 193 条规定，"各国有依据其环境政策和按照其保护和保全海洋环境的职责开发其自然资源的主权权利"。1992 年《里约环境和发展宣言》原则 2 确认和重申了各国对开发其本国自然资源的主权权利。之后通过的某些全球环境条约确认各国享有按自己的环境政策开发其自然资源的主权权利，比如《生物多样性公约》《关于持久性有机污染物的斯德哥尔摩公约》等。[4]

（二）不损害国外环境责任原则

不损害国外环境原则和义务是对国家主权原则的新发展。根据《里约宣言》原则 2 的规定，不损害国外环境责任原则是指国家"负有确保在其管辖范围内或在其控制下的活动不致损害其他国家或在各国管辖范围以外地区的环境的责任"。1941 年的特莱尔冶炼厂案、1957 年拉努湖仲裁案、1974 年核试验案等都确认了这一原则。确认不损害国外环境责任原则的最新司法制例，是联合国国际法院 2018 年作出最终判决的"尼加拉瓜在边界地区开展的特定活动案"。不损害国外环境责任原则也得到许多环境条约和国际"软法"文件的确认，比如 1974 年《各国经济权利与义务宪章》、1982 年《世界自然宪章》《联合国海洋法公约》、1992 年《联合国气候变化框架公约》《生物多样性公约》《联合国里约环境与发展宣言》都规定了这一原则和义务。

二、可持续发展原则

可持续发展（sustainable development）概念在国际社会的提出，始于 1987 年由前挪威首相布伦特兰夫人领导的世界环境与发展委员会发表的著名的题为《我们共

---

[1]《世界遗产公约》第 6 条第 1 款规定，在充分尊重文化和自然遗产所在国的主权，并不使国家立法规定的财产权受到损害的同时，承认这类遗产是世界遗产的一部分，整个国际社会有责任合作予以保护。

[2]《粮食和农业植物遗传资源国际条约》第 10 条明确规定，"各缔约方在与其他国家的关系中，承认各国对本国粮食和农业植物遗传资源的主权，包括承认决定获取这些资源的权力隶属于各国政府，并符合本国法律"。

[3]《人类环境宣言》原则 21 确认，按照联合国宪章和国际法原则，各国都有按自己的环境政策开发自己资源的主权，并且有责任保证在他们管辖和控制之内的活动，不致损害其他国家和在国家管辖范围以外地区的环境。

[4]《生物多样性公约》第 3 条规定各国具有按照其环境政策开发其资源的主权权利，《斯德哥尔摩公约》的序言也作了类似规定。《生物多样性公约》第 15 条"确认各国对其自然资源拥有的主权权利，因而可否取得遗传资源的决定权属于国家政府，并依照国家法律行使；遗传资源的取得须经提供这种资源的缔约国事先知情同意，除非该缔约国另有决定"。

同的未来》的研究报告。该报告于同年为第 42 届联合国大会所接受。根据该报告，可持续发展是指"既满足当代人的需要，又不对后代人满足其需要的能力构成危害的发展"。

（一）可持续发展的概念与性质

可持续发展是人类为了繁衍生息而作出的理智的、无奈的、痛苦的选择。正如澳大利亚新南威尔士高等法院资深法官鲍尔·L. 斯特恩所说，向生态可持续发展转变已不再是一种软选择，而是为求生存而必须采取的经济上的必然选择。"不再有什么选择，生存和健康需要我们向可持续发展方向进行转变，我们必须进行这种转变。"[1]

可持续发展是一种"既满足当代人的需求，同时又不牺牲后代人满足其自身需求的能力的发展。它包括两个重要的概念和思想：'需求'的概念，尤其是世界贫穷人民的基本需求，应将此放在特别优先的地位来考虑；'限制'的思想，技术状况和社会组织对环境满足眼前和将来需求的能力施加的限制。"[2]这是世界环境与发展委员会（即著名的布伦特兰委员会）1987 年发布《我们共同的未来》，对可持续发展的权威表述，它鲜明地表达了可持续发展的两个基本理念：①人类要发展，发展是必需的；②发展必须是可持续的，即发展必须受到限制。

可持续性是可持续发展概念的核心。经济学研究的观点表明，任何发展都不是毫无限制的，对发展的限制实际上是不以人的意志为转移的客观存在。这些限制主要体现在：①经济要素的限制。发展要求效益超过成本，或至少与成本平衡，否则不能称其为发展；②社会要素的限制。发展必须保持在社会反对改变的忍耐力之内；③生态要素的限制。发展必须考虑或客观地受制于地球环境的承载力极限。"负载定额"律是地球生态平衡的基本规律，它是指任何生态系统的负载能力都是有其上限的，包括只有一定的生物生产能力，一定的吸收消化污染物的能力，一定程度的承受外部冲击的能力。[3]由于地球生命所依赖的生态系统的环境承载力的有限性，在维持相对稳定的前提下，环境资源所能容纳的人口规模与经济规模都必须控制在一定范围内。在所有这些限制中，生态系统的限制是最基本和最关键的。[4]

（二）可持续发展的指标

可持续发展主要有经济发展、社会发展和环境保护三个方面的指标，缺一不可，即不能将环境、经济和社会事项隔离开来，而是必须一体化。1995 年社会发展世界峰会通过的《哥本哈根社会发展问题宣言》确信，经济发展、社会发展和环境保护是相互依赖的，是可持续发展的相互支撑的组成部分。[5]1995 年在开罗举行的联合国妇女会议，1996 年在

---

〔1〕　王曦主编：《国际环境法与比较环境法评论》（第二卷），法律出版社 2005 年版，第 268 页。

〔2〕　WCED, Our Common Future, Oxford (1987), p. 43.

〔3〕　《中国自然保护纲要》编写委员会编：《中国自然保护纲要》，中国环境科学出版社 1987 年版，第 12 ~ 14 页。

〔4〕　参见万霞：《国际环境保护的法律理论与实践》，经济科学出版社 2003 年版，第 18 页。

〔5〕　参见《哥本哈根宣言》第六段。

伊斯坦布尔召开的联合国人居会议，以及联合国环境与发展委员会的会议上都重申了这一点。

（三）可持续发展的要素

关于可持续发展的内容，目前说法不一，英国的菲利普·桑兹提出"四要素"说，即可持续发展包含代际公平（纵向公平）、代内公平（横向公平）、可持续利用和环境与发展一体化。这一学说获得了我国学者的普遍认同。[1]

1. 代内公平。代内公平是指代内所有人对于利用自然资源和享受清洁、良好的环境享有平等的权利，它是可持续发展的必要条件。代内公平体现了公平的空间性维度。一些重要的法律文件体现了代内公平。世界环境与发展委员会环境法专家组《关于环境保护和可持续发展的法律原则》包括"各国应当合理和平等地利用跨国界自然资源的原则"。[2]《里约环境与发展宣言》原则 3 规定，为了公平地满足今世后代在发展与环境方面的需要，求取发展的权利必须实现。联合国可持续发展委员会的专家集团和联合国环境规划署的专家集团都认定代内公平是旨在实现可持续发展的国际法的一项原则。[3]

2. 代际公平。代际公平是指每一代人都是后代人的地球权益的托管人，应实现每一代人之间在开发、利用自然资源方面的权利的平等。代际公平体现了公平的时间性维度，它要求决策者不仅必须考虑到当代，也必须考虑到后代的需求。联合国可持续发展委员会的专家集团和联合国环境规划署的专家集团都认定代际公平是旨在实现可持续发展的国际法的一项原则。[4]

3. 可持续利用。可持续利用是指以可持续的方式利用自然资源。对于可再生资源，可持续利用指的是在保持它的最佳再生能力前提下的利用；对于不可再生资源，则是指保存和不以使其耗尽的方式的利用。

4. 环境与发展一体化。环境与发展一体化是指将保护环境与经济和其他方面的发展有机地结合起来，协调统一，不能为了保护环境牺牲发展，也不能为了发展牺牲环境。它是 1992 年联合国环境与发展大会的主题。人类健康和环境的保护与经济活动和社会条件密不可分。发展受到生态要素的限制，必须将经济和社会发展与环

---

[1] 比如王曦编著：《国际环境法》（第二版），法律出版社 2005 年版，第 102 页；曾令良、饶戈平主编：《国际法》，法律出版社 2005 年版，第 387 页；李爱年、韩广等：《人类社会的可持续发展与国际环境法》，法律出版社 2005 年版，第 56 页；戚道孟主编：《国际环境法》，中国方正出版社 2004 年版，第 69 页；黄锡生、李希昆主编：《环境与资源保护法学》，重庆大学出版社 2002 年版，第 256 页。

[2] 世界环境与发展委员会编著、国家环保局外事办公室译：《我们共同的未来》，世界知识出版社 1993 年版，第 333 页。

[3] 参见 Edith Brown Weiss, Stephen C. McCaffrey, Daniel Barstow Magraw, Paul C. Szasz, Robert E. Lutz, *International Environmental Law and Policy*，中信出版社 2003 年版，p. 80.

[4] 参见 Edith Brown Weiss, Stephen C. McCaffrey, Daniel Barstow Magraw, Paul C. Szasz, Robert E. Lutz, *International Environmental Law and Policy*，中信出版社 2003 年版，p. 80.

境保护有机地结合起来，即三方面相互结合，协调统一。从环境与发展关系的整体角度来看，可持续发展甚至可以说是一切社会发展活动的基本指导原则。因此有学者认为，可持续发展是一个很"大"的原则，大得如国人所说的"一只什么都可以往里面装的筐"。[1]

另有学者认为，作为一项已形成的习惯国际法原则，可持续发展是"包含一系列践行该原则、更具体的原则的框架理念"，这些原则包括环境影响评价、信息获取、参与环境决策、风险预防原则、代内公平、代际公平和生态系统方法。[2]国际法协会 2002 年制定的《关于可持续发展国际法原则的新德里宣言》（New Delhi Declaration of Principles of International Law Relating to Sustainable Development）界定了可持续发展的七项核心原则，分别是国家确保是自然资源可持续利用的义务，公平与消除贫困原则，共同但有区别的责任原则，为保护人类健康、自然资源和生态系统采用风险预防方法的原则，参与、知情和诉诸司法原则，良治原则，整合和相互关联原则尤其是在人权和社会、经济和环境目标方面。

三、共同但有区别的责任原则

共同但有区别的责任原则，是指在保护和改善全球环境方面，所有国家负有共同的责任，但责任的大小必须有差别，具体而言就是发达国家应当比发展中国家承担更大的或者是主要的责任。各国负有保护全球环境的共同责任，但在各国之间主要是在发展中国家和发达国家之间，这个责任的分担不是平均的，而是与它们在历史上和当前对地球环境造成的破坏和压力成正比的。罗杰威尔（Redgwell）认为，共同但有区别的责任原则"在某种形式上是代内公平原则最清晰的表现。[3]

共同但有区别的责任原则包括两方面的含义，即共同的责任和有区别的责任。首先，各国负有保护全球环境的共同责任；其次，各国承担的责任有差别，发达国家应当承担更大的责任，包括对发展中国家提供资金支持、技术援助或优惠的技术转让、促进其科技研发、能力建设等。因为虽然各国都有责任保护和治理环境，但是从历史的角度来看，全球环境问题主要是由发达国家在工业化的发展进程中造成的，发达国家应当承担更大的责任。而且发达国家也有能力承担更大的责任，因为它们具有资金、技术、人才、制度等优势。从公平正义的角度来看，全球环境治理必须确保发展中国家发展权的实现，不能以损害发展中国家的发展为代价。因此，各国在对全球环境治理承担共同责任的基础上，发达国家有必要为发展中国家采取的环境治理行动分摊合理的成本与费用。[4]

---

〔1〕 李耀芳：《国际环境法缘起》，中山大学出版社 2002 年版，第 60 页。

〔2〕 ［爱尔兰］欧文．麦克因泰里：《国际法视野下国际水道的环境保护》，秦天宝译，知识产权出版社 2014 年版，第 366 页。

〔3〕 ［爱尔兰］欧文·麦克因泰里：《国际法视野下的环境保护》，秦天宝译，知识产权出版社 2019 年版，第 304 页。

〔4〕 参见兰花：《多边环境条约的实施机制》，知识产权出版社 2011 年版，第 136 页。

共同但有区别的责任原则是在 20 世纪 70 年代前后通过的一些资源保护的全球性国际法文件中开始萌芽的，比如《世界遗产公约》中包含有"共同责任"的规定，该公约的序言认为某些文化遗产和自然遗产具有突出的重要性，因而需要作为世界遗产的一部分加以保存，而保护这些遗产是为了全人类的共同利益。《联合国人类环境宣言》原则 12 规定，"应当筹集资金来维护和改善环境，其中要照顾到发展中国家的情况和特殊性，照顾到他们由于在发展计划中列入环境保护项目而需要的任何费用，以及应他们的请求而供给额外的国际技术和财政援助的需要。"该规定第一次提出了在国际环保领域内应当给予发展中国家特殊待遇的观念，体现了"共同但有区别的责任"的理念，[1]或者说是这一理念和原则的萌芽。1987 年《关于消耗臭氧层的蒙特利尔议定书》则是贯彻"共同但有区别的责任"理念的第一个系统的条约实践，它不但在序言中重申了"考虑到发展中国家的情况和特殊需要"，"承认必须为发展中国家对这些物质的需要作出特别规定"，而且在具体制度设计和实施中对发达国家和发展中国家的条约义务进行了区分，比如发展中国家可以享有履行条约义务的 10 年宽限期，以及发达国家的资金支持和技术援助等，发达国家则需承担强制性的出资义务以保证发展中国家条约义务的履行。这种种区别对待的措施具有重大开创意义。《里约环境与发展宣言》原则 7 宣告，"鉴于导致全球环境退化的各种不同因素，各国负有共同但有区别的责任"，从而明确提出了"共同但有区别的责任"的概念和原则。《联合国气候变化框架公约》是第一个明确载入共同但有区别的责任原则的条约，之后的《京都议定书》《关于持久性有机污染物的斯德哥尔摩公约》《气候变化巴黎协定》也都明确载入这一原则。[2]

20 世纪 90 年代以来通过的全球环境条约，或者在条约生效后的实施过程中，普遍依据共同但有区别的责任原则，建立和发展了对发展中国家的资金机制、技术援助、能力建设等激励机制，比如《联合国气候变化框架公约》《生物多样性公约》《粮食和农业植物遗传资源国际条约》《联合国防治荒漠化公约》《关于持久性有机污染物的斯德哥尔摩公约》《名古屋议定书》[3]《气候变化巴黎协定》等。以资金机制为例，大多数资金机制的条文，一方面都规定每个国家都有义务实施条约，另一方面规定发达国家应对发展中国家提供相应的资金支持；甚至有的条约规定，"发展中国家缔约方能在多大程度上有效履行其在本公约下的承诺，将取决于发达国家缔

---

[1] 边永民："论共同但有区别的责任原则在国际环境法中的地位"，载《暨南学报》（哲学社会科学版）2007 年第 4 期。

[2] 参见《气候变化巴黎协定》第 1 条《联合国气候变化框架公约》的序言、第 3 条和第 4 条，《京都议定书》第 10 条，《关于持久性有机污染物的斯德哥尔摩公约》序言的规定。

[3] 《名古屋议定书》于 2010 年由《生物多样性公约》的全体缔约方通过，全称为《关于获取遗传资源以及公平和公正地分享其利用所产生的惠益的名古屋议定书》，即俗称的《遗传资源获取和惠益共享名古屋议定书》，是为执行《生物多样性公约》的遗传资源获取和惠益分享的文书。

约方对其在本公约下所承担的有关资金和技术转让的承诺的有效履行。"[1]

四、风险预防原则

风险预防原则是"任何一个旨在促进生态平衡和生态系统完整性的制度的重要基石"。[2] 根据《里约环境与发展宣言》原则 15 的规定，风险预防原则（precautionary principle）是指"为了保护环境，各国应按照本国的能力，广泛适用预防措施。遇有严重或不可逆转损害的威胁时，不得以缺乏科学充分确实证据为理由，延迟采取符合成本效益的措施防止环境恶化"。

风险预防原则的本质是，如果你有合理的理由怀疑某件坏事将会发生，你就有义务尽力阻止它。由于生态和经济的原因，国际社会普遍认为环境损害的预防是"环境的黄金法则"。环境损害很难修复，在许多情况下是不可挽回的；即使损害是可以修复的，恢复或重建的高成本也使这种修复不现实。风险预防原则正是针对环境损害发生的破坏性和不可逆转性而提出来的，它已成为环境资源法的基础，不管是国内环境资源法还是国际环境资源法。风险预防原则涉及对规划活动潜在影响的风险评估和分析，或者环境影响评价等专门技术的运用，在此基础上作出允许或禁止从事该项活动的决定。风险预防原则的主要特征是在存在科学不确定性的情况下，授权国家采取预防性措施。因此，是否存在科学不确定性，以及存在的程度，是适用风险预防原则的关键。国际社会不存在对"科学不确定性"的一致同意的定义，也没有决定其是否存在的一致同意的规则或指南。因此，这些事项由规定预防措施的国际文件单独处理。

风险预防原则起初适用的范围较有限，只是涉及禁止向海洋倾倒船底污水和废物，保护海洋生物和自然环境等方面。1992 年联合国里约环境与发展会议是一个转折点，会议通过的《里约环境与发展宣言》原则 15，是对风险预防原则第一次全球层面的编纂。此后，风险预防原则就频繁出现在各种国际条约、宣言中，处理科学上尚未证实的环境焦点问题的大会上，以及国家可持续发展的战略中。近十多年来通过的所有国际环境资源法律文件几乎都吸收了风险预防原则，比如 1992 年《生物多样性公约》序言第 8、9 段，《联合国气候变化框架公约》第 3 条第 3 款，1995 年《跨界鱼类种群和高度洄游鱼类种群的养护与管理协定》第 5、6 条和附件 2，《防止倾倒废物及其他物质污染海洋公约》（伦敦公约）1996 年议定书第 3 条第 1 款。国际社会还发展了一些包含风险预防原则的指南，比如 1994 年国际海洋开发理事会《海洋生物引进与转移实践指南》，联合国粮农组织《关于适用预防方法捕获鱼类及引进

---

[1] 参见《联合国气候变化框架公约》第 4 条第 7 款、《生物多样性公约》第 20 条第 4 款、《粮食和农业植物遗传资源国际条约》第 18 条、《关于持久性有机污染物的斯德哥尔摩公约》第 13 条第 4 款的规定。

[2] ［爱尔兰］欧文·麦克因泰里：《国际法视野下国际水道的环境保护》，秦天宝译，知识产权出版社 2014 年版，第 304 页。

种群的指南》。欧盟委员会于 2000 年公布的《关于风险预防原则的公报》，则对风险预防原则作了系统性的规定。

风险预防原则在国际环保领域近来最引人注目的发展，第一是根据《生物多样性公约》而谈判制定并于 2000 年 1 月通过的《卡塔赫纳生物安全议定书》；第二是 2001 年 5 月通过的《关于持久性有机污染物的斯德哥尔摩公约》。《卡塔赫纳生物安全议定书》还被欧洲委员会作为风险预防原则形成为国际法的根据。[1]虽然上述文件的措辞各不相同，详尽程度各异，但它们之间并没有根本冲突。这些规定均表达了一个核心思想：应当采取行动阻止对环境和人类健康的损害，即使不能从科学证据中得出明确的结论。

五、国际环境合作原则

国际环境合作原则，是指在解决环境问题方面，国际社会的所有成员应当采取合作而非对抗的方式协调一致地行动，以保护和改善地球环境。对于国际环保事业而言，国际合作具有特别重要的意义。没有各国的合作，任何国际环保的目标都不可能实现。首先，环境问题的复杂性、全球性、公益性等特点决定了各国必须合作；其次，政治、经济、科技、文化等方面的差异和利益冲突，唯有通过国际合作才能克服和解决；最后，国际环境资源法的制定和实施要求各国进行合作。

国际环境合作是国际环境保护的根本要求，也是环境条约的主要内容。环境条约中大都有关于缔约国在财政援助、技术转让、信息交流等方面进行合作的规定；此外，几乎每一项环境条约都会设立或指定一个专门的合作机构，负责管理公约、收集和传播信息、监督缔约国义务的履行、解决缔约国间的矛盾与争端等事项。[2]具体来讲，国际环境合作可以采取以下途径：

（一）收集和交换数据和信息

数据和信息的收集和交换是国际合作的首要步骤，是国际环境条约形成的基本因素，也有助于预防和解决环境争端。很难想象没有必要的技术信息作为武装，国家之间能够达成利用或保护国际环境和资源的协议。这一义务既包括定期交换数据和信息的义务，也包括交换影响环境和资源的项目、规划、工程或活动的相关技术信息的义务。

（二）通知

一国在从事可能对其他国家的环境和资源造成重大不利影响的项目或活动之前，有义务及时通知其他可能受影响国。而且，通知必须附有充分的技术材料和信息，

---

〔1〕 该议定书通过几天后，欧洲委员会发布关于风险预防原则的报告（European Commission communication on the precautionary principle），《卡塔赫纳生物安全议定书》作为风险预防原则成为国际法的根据，并将风险预防原则的适用范围扩展到了食物安全政策。

〔2〕 秦天宝："严格法律意义上的国际环境法渊源初探"，http：//www. riel. whu. edu. cn/show. asp? ID = 636，2007 年 7 月 3 日访问。

以便被通知国能够客观地评估项目的潜在影响。规定通知义务的目的是为所有有关国家提供一个交流意见和平衡利益的机会，有效地避免争端。[1]通知义务已经成为习惯国际法的一部分，在国际条约、国际软法文件、国际司法判例和国际实践中得到了普遍确认和承认。[2]在 2010 年判决的乌拉圭河纸浆厂案（Pulp Mills on the River Uruguay）中，国际法院认为，事先通知义务的意图是为当事方之间的成功合作创造条件，使它们能够依据尽可能充足的信息评估规划和活动对共享河流的影响，以及在必要时就避免可能造成的损害所必需的调整进行谈判。[3]

通知义务也包括在紧急情况下的通知，即一国及时地、以可得的最迅速的手段将在其境内发生的有害状况和紧急情况通知其他可能受影响国和主管国际组织。紧急情况可能是自然原因或人类的行为引起的。损害的严重性和紧急情况的突发性是据以采取必要措施的理由。紧急通知义务也已经成为习惯国际法的一部分，体现在许多国际环境文件和国际条约中。

（三）协商和谈判

一国在从事可能对其他国家的环境和资源造成重大不利影响的项目或活动之时，应与可能受影响国就实际或潜在问题彼此协商，以期达成可接受的解决办法。协商和谈判义务体现了对起源国和受影响国之间利益的平衡，通过协商和谈判可较好地预防国际环境争端的发生。但是协商和谈判义务并不包括与受影响国达成妥协的义务，并未暗示必须使争端获得解决，仅是要求当事方朝着解决争端的目标善意地进行谈判。善意原则是协商和谈判的基础。协商和讨论必须善意进行，并有意达成有关各方可接受的解决办法。

（四）和平解决国际环境争端

和平解决国际争端是国际法的一项基本原则，国际环境争端也应当通过和平方法解决，禁止使用武力或以武力相威胁。历史反复表明，国际争端只有通过和平解决，才能真正促进各国的长久和平与繁荣。以武力或武力威胁等强制性方法，不仅不能从根本上解决争端，反而会激化有关国家之间的敌对情绪，而且有可能使争端升级，成为冲突和战争的祸根。

就国际争端解决的方式而言，有政治方法和法律方法两种。前者包括协商与谈判、斡旋与调停、调查与和解，以及通过国际组织解决争端。后者包括国际仲裁和国际诉讼。一般来说，任何争端都适合通过政治方法解决，而权利争端适合通过法律方法解决。就解决程序而言，当发生争端时，应首先进行协商和谈判；协商和谈判不成，可借助其他政治性解决办法；如果仍不能解决争端，可以适用法律方法解

---

〔1〕邵沙平、余敏友主编：《国际法问题专论》，武汉大学出版社 2002 年版，第 329 页。

〔2〕何艳梅：《中国跨界水资源利用和保护法律问题研究》，复旦大学出版社 2013 年版，第 62 页。

〔3〕Pulp Mills on the River Uruguay（Argentina v. Uruguay），Summary of the Judgment of 20 April 2010，www.icj-cij.org，p. 9.

决。在解决争端的整个过程中，只要双方自愿，都可以随时采用任一种政治性解决办法。在具体的争端解决过程中，采取哪种办法应由当事国根据争端的性质和各种争端解决方法的特点，合意选择合适的方法解决。

由于国际合作原则在国际法中的突出地位，国际法也被称为"合作法"。另一方面，进入21世纪以来，随着国际形势的不断变化和环境、人权等全球性问题的日益突出，国际合作原则在国际法上的地位也发生了一些变化。有学者指出，全球依赖程度的日益加深，"构建人类命运共同体"理念的提出和贯彻，要求国际法发生结构性转型，即从主权权利本位法走向国际义务本位法；从合作法走向共生法；从工具理性之法走向价值理性之法。[1]

第三节　主要国际环境资源条约简介

国际环境法上的环境条约主要是有关国际环境保护问题的全球性条约，涵盖了气候变化、生物多样性保护、跨界水资源的利用和保护、防止危险废物越境转移、海洋环境保护、防治荒漠化等许多领域。由于篇幅限制，以下仅对部分领域的条约进行介评。

一、气候变化领域的全球环境条约

气候变化领域的全球环境条约主要有《联合国气候变化框架公约》及其《京都议定书》《气候变化巴黎协定》。

（一）《联合国气候变化框架公约》

1. 公约简介。《联合国气候变化框架公约》（以下简称《公约》）是1992年5月在联合国纽约总部通过的，同年6月在巴西里约热内卢举行的联合国环境与发展大会期间正式开放签署。该《公约》是世界上第一个通过全面控制二氧化碳等温室气体排放，应对全球气候变暖给人类经济和社会带来不利影响的国际条约，也是国际社会在应对全球气候变化问题上进行国际合作的具有权威性、普遍性、全面性的基本法律框架。《公约》于1994年3月21日生效，同时对我国生效。截至2016年6月已有197个国家批准了《公约》，这些国家被称为公约缔约方。此外，欧盟作为一个整体也是《公约》的一个缔约方。

《公约》第2条规定，其最终目标是控制温室气体排放，将"大气中温室气体的浓度稳定在防止气候系统受到危险的人为干扰的水平上"。为了实现这一目标，公约规定了共同但有区别的责任、照顾发展中国家、采取风险预防措施、可持续发展、

---

〔1〕 李春林：《构建人类命运共同体与发展权的功能定位》，《武大国际法评论》2018年第5期，第32页。

国际合作等原则,[1]并为《公约》附件一所列缔约方和非附件一缔约方规定了不同的义务。附件一缔约方由 24 个经合组织成员国、11 个正在向市场经济过渡的国家（独联体国家和苏联的东欧盟国）和土耳其组成，共 36 国（根据缔约方会议第三届会议决定，扩展到 41 个，包括 27 个经合组织中的发达国家和 14 个经济转型国家和地区）。根据《公约》第 4 条第 2 款的规定，这些国家应率先承担减排温室气体的责任，并且"个别或共同地使二氧化碳和《蒙特利尔议定书》未予管制的其他温室气体的人为排放回复到 1990 年的水平"。但是该《公约》没有具体规定这些国家的量化减排指标。

2. 《公约》的主要内容。

（1）基本原则。公约规定了各缔约方应当遵循的原则：①在应付气候变化的国际合作中坚持国家主权原则；②在公平的基础上，并根据它们共同但有区别的责任和各自的能力保护气候系统，发达国家应当率先；③充分考虑到发展中国家缔约方尤其是特别易受气候变化不利影响的那些发展中国家缔约方的具体需要和特殊情况；④采取预防措施，预测、防止或尽量减少引起气候变化的原因，并缓解其不利影响；⑤促进可持续的发展。保护气候系统免遭人为变化的政策和措施应当适合每个缔约方的具体情况，并应当结合到国家的发展计划中去；⑥各缔约方应当合作促进有利的和开放的国际经济体制，这种体制将促成所有缔约方特别是发展中国家缔约方的可持续经济增长和发展，从而使它们有能力更好地应付气候变化的问题。

（2）缔约方的一般性义务。公约对各缔约方规定了应普遍履行的一般性义务，其中包括：①编制、定期更新和公布《蒙特利尔议定书》未予管制的所有温室气体的各种源的人为排放和各种汇的消除的清单；②制定、执行、公布和经常地更新着手减缓气候变化的计划和措施；③国家所有有关部门，应促进和合作发展、应用和传播各种用来控制、减少或防止《蒙特利尔议定书》未予管制的温室气体的人为排放的技术、做法和过程；④促进可持续地管理，并促进和合作维护和加强《蒙特利尔议定书》未予管制的所有温室气体的汇和库；⑤拟订和详细制定关于沿海地区的管理、水资源和农业以及关于受到旱灾和沙漠化及洪水影响的地区的保护和恢复计划；⑥在有关的社会、经济和环境政策及行动中，在可行的范围内将气候变化考虑进去，减少那些减缓气候变化项目对经济、公众健康和环境质量的不利影响；⑦促进和合作进行关于气候系统的科学、技术、工艺社会和其他研究，系统的观测和数据档案的建立；⑧促进和合作进行关于气候系统和气候变化以及关于各种应对战略所带来的经济和社会后果的科学、技术、工艺、社会经济和法律方面的有关信息的充分、公开和迅速的交流；⑨促进和合作进行与气候变化有关的教育、培训和提高公众意识的工作，并鼓励人们对这个过程最广泛参与；⑩向缔约国会议提供有关履

---

〔1〕　参见《联合国气候变化公约》第 3 条的规定。

行公约的信息。[1]

（3）发达缔约方的特别义务。《公约》根据共同但有区别的责任原则，对发达国家缔约方规定了具体的必须履行的特别义务。《公约》第 4 条第 3 款到第 10 款规定了发达国家对发展中国家的资金和技术援助及特别安排。其中第 3 款、第 4 款要求发达国家缔约方向发展中国家缔约方提供新的和额外的资金，以支付履行条约义务的费用、技术转让的费用，以及适应气候变化不利影响的费用；第 5 款要求发达国家缔约方采取措施，促进、便利和资助向其他缔约方特别是发展中国家缔约方转让或使它们有机会得到无害环境的技术和专有技术，以使它们能够履行本公约的各项规定；第 7 款明确指出，发展中国家缔约方能在多大程度上有效履行其在本公约下的承诺，将取决于发达国家缔约方对其在本公约下所承担的有关资金和技术转让的承诺的有效履行。

（4）资金机制。公约制定了一项资金机制，以向发展中国家提供赠款或优惠贷款，帮助它们履行公约的规定，应对气候变化。公约指定全球环境基金（GEF）作为它的临时资金机制，并在 1996 年第二次缔约方大会上通过了同 GEF 的谅解备忘录，规定了各自的职责和义务。1998 年第四次缔约方大会委任 GEF 为其永久资金机制机构，每四年进行一次评审。资金机制向缔约方大会负责，后者决定气候变化政策、规划的优先领域和获取资助的标准，因此缔约方大会定期向资金机制提供政策指导。

（二）《京都议定书》

环发大会以后温室气体排放大幅上升的事实，使缔约方认识到公约的承诺不足以缓解全球气候变化，决定谈判制定一项议定书，为附件一缔约方规定具体减排义务及时间表。1997 年 12 月，公约第三届缔约方会议通过具有里程碑意义的《京都议定书》，对 2012 年前主要发达国家减排温室气体的种类、时间表和额度等作出了具体规定，这是全球第一个要求缔约国承担保护地球系统义务的执行性文件。根据议定书第 25 条的规定，议定书应在不少于 55 个公约缔约方，包括其合计的二氧化碳排放量至少占附件一缔约方 1990 年二氧化碳排放总量的 55% 的缔约方批准、接受、核准或加入之后第 90 天起生效。由于 1990 年的二氧化碳排放量占世界 36% 的美国退出议定书，给议定书的前景蒙上巨大阴影。直到 2004 年 11 月，俄罗斯核准议定书，终于柳暗花明，议定书于 2005 年 2 月 16 日生效，现有 163 个缔约国。中国于 1998 年 5 月签署议定书，2002 年 8 月向联合国秘书长交存核准文件，是议定书的缔约国之一。

《京都议定书》共有两个承诺期。在第一承诺期，即 2008 年到 2012 年间，根据《京都议定书》第 3 条第 1 款和附件 B 的规定，公约附件一缔约方必须使其排放总量比 1990 年减少 5%，其中美国减排 7%，日本、加拿大各为 6%，俄罗斯、乌克兰、新西兰维持零增长，欧盟 15 个成员国作为一个整体参与减排行动，减排比例为 8%。

---

[1] 参见马骧聪主编：《国际环境法导论》，社会科学文献出版社 1994 年版，第 203～204 页。

欧盟通过内部谈判，将 8% 的减排指标进一步分解到各成员国。其中，德国承诺减排 21%，丹麦 21%，英国 12.5%，荷兰 6%，葡萄牙、希腊、爱尔兰等则被允许增加减排量。2005 年 11 月，联合国气候会议通过了"《京都议定书》的执行协定"，《京都议定书》进入了全面执行期。议定书及其执行协定规定了惩罚机制，如果在 2012 年以前，附件一缔约方还没有完成减排指标，在 2012 年之后的减排指标将增加 30%。第二承诺期是从 2013 到 2020 年。2012 年的多哈气候大会就第二承诺期展开谈判，通过了议定书第二承诺期修正案，为相关发达国家和经济转型国家设定了 2013 年至 2020 年的温室气体量化减排指标。

同时，为了帮助附件一国家完成减排义务，议定书引入了三个国际合作的灵活机制，即联合履行机制、排放贸易机制和清洁发展机制。前两个机制是附件一缔约方相互之间的合作，而清洁发展机制则是附件一缔约方与非附件一缔约方之间的合作。

（三）《气候变化巴黎协定》

2015 年 12 月 12 日在巴黎气候变化大会上通过《气候变化巴黎协定》，2016 年 4 月 22 日在纽约签署，为 2020 年《京都议定书》失效后全球应对气候变化行动作出安排。协定需要在至少 55 个《联合国气候变化框架公约》缔约方（其温室气体排放量占全球总排放量至少约 55%）交存批准、接受、核准或加入文书之日后第 30 天起生效。协定已于 2016 年 11 月 4 日正式生效。协定正式生效距离通过还不到一年时间，一项涉及多国的国际协议在全球范围内获得批准的速度前所未有。

协定是全球气候治理进程中迄今为止最具历史意义的里程碑，充实和完善了新时期全球气候治理体系。它既继承了《联合国气候变化框架公约》所确立的基本原则，又充分考虑和反映了 20 年来国际形势的新变化。《气候变化巴黎协定》将是全球气候治理的纲领性文件，其所确定的机制就是全球气候治理体系的基础。[1]《气候变化巴黎协定》共 29 条，包括目标、原则、减缓、适应、损失损害、资金、技术、能力建设、透明度等内容。

1. 协定的目标和原则。协定"旨在联系可持续发展和消除贫困的努力，加强对气候变化威胁的全球应对"，主要包括两个具体目标，第一是"减缓"——"把全球平均气温升幅控制在工业化前水平以上低于 2°C 之内，并努力将气温升幅限制在工业化前水平以上 1.5°C 之内"；第二是"适应"——"提高适应气候变化不利影响的能力并以不威胁粮食生产的方式增强气候抗御力和温室气体低排放发展"（参见《气候变化巴黎协定》第 1 条第 1 款的规定）。

《气候变化巴黎协定》第 1 条第 2 款专门规定了履行协定需要遵循的三个原则：公平原则、共同但有区别的责任原则和各自能力原则。

---

〔1〕 参见张晓华："《巴黎协定》：全球多边主义一个关键性的胜利"，载《WTO 经济导刊》2016 年第 5 期。

2. 协定缔约方的义务。为了实现协定规定的目标，在贯彻协定三个原则的基础上，协定为各个缔约方规定了多项义务，既有实体义务，也有程序义务。这些义务构成了协定的核心内容，也是协定制定过程中各方争议的焦点。

（1）国家自主贡献。缔约方的核心义务是"国家自主贡献"。《气候变化巴黎协定》第3条规定，所谓"国家自主贡献"，是指"所有缔约方将保证并通报第4条（关于国家自主贡献的集中规定）、第7条（关于适应气候变化的规定）、第9条（关于资金安排的规定）、第10条（关于技术开发和转让的规定）、第11条（关于能力建设的规定）和第13条（关于透明度的规定）所界定的有力度的努力"，而且"所有缔约方的努力将随着时间的推移而逐渐增加"。因此，"国家自主贡献"是各国自愿的承诺，而且包括以下多方面的内容。

（2）连续国家自主贡献。协定第4条第2款规定，各缔约方应当"编制、通报并保持它计划实现的连续国家自主贡献"。为了实现这种贡献的目标，协定第4条第2款、第3款、第9款规定，缔约方应采取国内减缓措施，每5年通报一次国家自主贡献，而且各缔约方的连续国家自主贡献将比当前的国家自主贡献有所进步。协定第4条第13款要求缔约方核算它们的国家自主贡献。协定也赋予缔约方相当的灵活性，在第11款规定，缔约方可随时调整其现有的国家自主贡献。协定第4条第19款还要求所有缔约方"努力拟定并通报长期温室气体低排放发展战略"。

（3）适应气候变化。协定第7条第2款指出，适应气候变化是所有各方面临的全球挑战，具有地方、次国家、国家、区域和国际层面，它是为保护人民、生计和生态系统而采取的气候变化长期全球应对措施的关键组成部分和促进因素。因此，缔约方确立了关于提高适应能力、加强抗御力和减少对气候变化的脆弱性的全球适应目标。为了有效地适应气候变化，协定第7条要求缔约方加强它们在增强适应行动方面的合作（第7款），各缔约方酌情开展适应规划进程并采取各种行动，包括制订或加强相关的计划、政策和/或贡献（第9款），各缔约方应当酌情定期提交和更新一项适应信息通报（第10款）。第8条进一步规定，缔约方应当在合作和提供便利的基础上，包括酌情通过华沙国际机制，在气候变化不利影响所涉损失和损害方面加强理解、行动和支持。

（4）资金安排。协定第9条要求发达国家缔约方为协助发展中国家缔约方减缓和适应两方面提供资金，以便继续履行在《气候变化框架公约》下的现有义务。

（5）技术开发和转让。技术对于执行本协定下的减缓和适应行动具有重要意义，因此协定第10条第2款要求缔约方加强技术开发和转让方面的合作行动，第3款规定《气候变化框架公约》下设立的技术机制为本协定服务。第4款还规定建立一个技术框架，为技术机制在促进和便利技术开发和转让的强化行动方面的工作提供总体指导。

二、生物多样性保护的全球条约

生物多样性保护的全球条约主要有《生物多样性公约》及其《卡塔赫纳生物安

全议定书》和《关于遗传资源获取和惠益共享的名古屋议定书》等。

（一）《生物多样性公约》

联合国环境规划署理事会于 1987 年 6 月作出第 14/26 号决定——《生物多样性国际公约的合理化》，并成立一个特设专家工作组（后来更名为法律和技术专家特设工作组），研究是否应制定一个总括性的《生物多样性公约》。该公约在 1989 年开始起草，1992 年 5 月 22 日完成最后文本，5 月 22 日因此被定为"国际生物多样性日"。公约为保护生物多样性、持续利用自然资源、公平获益和分享遗传资源提供了一个综合而全面的法律框架。公约的目标是按照本公约有关条款从事保护生物多样性、持续利用其组成部分以及公平合理分享由利用遗传资源而产生的惠益，实施手段包括遗传资源的适当取得及有关技术的适当转让，但需顾及对这些资源和技术的一切权利，以及提供适当资金。[1]公约于 1992 年 6 月联合国环境与发展大会期间向各国开放签字，并于 1993 年 12 月 29 日生效。目前共有 193 个缔约方。我国于 1992 年 6 月 11 日签署公约，并于同年 11 月 7 日批准。

《生物多样性公约》第 3 条规定，"依照联合国宪章和国际法原则，各国具有按照其环境政策开发其资源的主权权利，同时亦负有责任，确保在它管辖或控制范围内的活动，不至于对其他国家的环境或国家管辖范围以外地区的环境造成损害"。这是公约确立的唯一的基本原则。它基本承袭了 1972 年《人类环境宣言》的第 21 项原则。这一原则的规定，基本反映了要求维护自然资源主权的发展中国家与强调资源和环境保护的发达国家之间的利益、立场的平衡和妥协。

生物多样性公约为缔约方规定了一般性义务。该公约规定，缔约国应当采取保护和持续利用生物多样性的一般措施，查明和监测生物多样性各组成部分的情况，对生物多样性的组成部分实施就地保护与移地保护，评估和减少拟议项目对生物多样性的不利影响，开展国际合作与国内公众教育和培训活动等。尽管该公约对缔约国规定了很多义务，但是多是弹性或软性的义务，多有"尽可能并酌情"地遵守的限定性措辞，或者表述为"努力遵守"的义务，比如制定国家战略、将生物多样性的保护和持续利用融入部门政策、就地保护、移地保护、可持续利用、环境影响评价等义务。

（二）《卡塔赫纳生物安全议定书》及其《关于赔偿责任和补救的名古屋—吉隆坡补充议定书》

1.《卡塔赫纳生物安全议定书》的制订背景。现代生物技术是全球发展最快的高新技术，利用现代生物技术获得的转基因生物对农业、人类健康、贸易和环境具有深远影响。虽然转基因技术突破了自然资源的限制，带来了全球农业的深刻革命，却在全球贸易中处于两难位置。转基因生物的两面性以及各国对转基因生物贸易的不同政策，强烈要求相关国际协定发挥作用。为此，由来自 130 多个国家的代表在经

---

[1] 参见《生物多样性公约》第 1 条的规定。

过长达 5 年的谈判之后,《卡塔赫纳生物安全议定书》(Cartagena protocol on Biosafety)于 2000 年 1 月 28 日获得通过。议定书共 40 条, 3 个附件,它根据预防原则规定了 LMOs 越境转移、过境、处理和使用的基本国际规则,在生物技术方面为协调贸易和环保的各自需要提供了一个国际管理框架,是一个主要的千年里程碑。[1]议定书于 2003 年 9 月 11 日生效,目前共有 166 个国家和经济一体化组织(欧盟)批准加入或核准,成为议定书缔约方。中国参与了议定书的起草、谈判及签署,并于 2005 年 5 月核准议定书。

2.《卡塔赫纳生物安全议定书》的核心内容。《卡塔赫纳生物安全议定书》的目标是依循《里约宣言》原则 15 所订立的风险预防方法,协助确保在安全转移、处理和使用凭借现代生物技术获得的、可能对生物多样性的保护和可持续使用产生不利影响的改性活生物体领域内采取充分的保护措施,同时顾及对人类健康所构成的风险并特别侧重越境转移问题。为实现其目标,议定书要求或授权缔约方采取一些与贸易有关的环境措施。这些措施主要有:提前知情同意程序(AIA 程序);同意进口的决定程序;关于拟直接作食物或饲料或加工之用的 LMOs (即 LMOs – FFPs,我们通常所说的 "转基因食品")越境转移的程序;风险评估;运输、包装和标识等。

(1)关于提前知情同意程序。《卡塔赫纳生物安全议定书》第 7 条规定,对于拟有意向进口缔约方的环境中引入转基因生物,在其首次有意越境转移之前,适用 "提前知情同意程序"。第 8 条规定,出口缔约方应要求出口者在首次有意转移转基因生物之前,确保以书面形式通知进口缔约方的国家主管部门。

(2)关于同意进口的决定程序。《卡塔赫纳生物安全议定书》第 9 条规定,进口缔约方应确认收到通知,并告知该国是否将依据国内法规来处理此项进口申请。第 10 条表明进口缔约方将以书面形式通知出口方他们是有条件进口或无条件进口,或禁止进口,或根据国内法规要求提供更多的资料。第 10 (5) 条补充道,进口缔约方未能对通知作出确认,并不意味着对越境转移表示同意。

(3)关于列明资料。《卡塔赫纳生物安全议定书》第 8 条第 1 款规定,出口转基因生物的缔约方在其发给进口方的通知中需要列有附件一所列明的资料;出口缔约方应确保对出口者提供资料的准确性作出法规规定。然而,附件一的资料要求带有强制性,且内容较详细,它要求出口者提供:拟越境转移的改性活生物体在出口国的安全类别;受体生物体或亲本生物体的特性、起源中心和基因多样性中心;供体生物体的特性;有关改性活生物体的核酸、做出的改变、使用的技术及由此产生的特性;改性活生物体或其产品的预定用途;拟转移的数量和体积;风险评估的报告;在出口国受管制的情况等。

(4)关于进口拟作食物或饲料或加工之用 LMOs 的程序。《卡塔赫纳生物安全议定书》第 11 (4) 条规定,缔约方可根据符合本议定书目标的国内规章条例,就进

---

[1] 议定书文本(包括中文本)可浏览联合国网站 www. un. org,或者 www. chinabiodiversity. com.

口拟作食物或饲料或加工之用的改性活生物体作出决定。进而，第 11 （8） 条规定，即使对生物多样性影响程度缺少科学定论亦不妨碍进口缔约方酌情就拟作食物、饲料和加工之用的该 LMO 的进口做出决定，以避免或减少潜在的不利影响。对于直接用作食物或饲料或用于加工的改性活生物体在其首次越境转移之前亦适用 "提前知情同意程序"。

（5） 关于风险评估 。《卡塔赫纳生物安全议定书》第 15 （2） 条规定，进口缔约方应确保对拟进口的转基因生物进行风险评估，进口方可要求出口方进行此种风险评估。并规定：如果进口缔约方要求由出口方发出通知者承担风险评估的费用，发出通知者应承担此种费用。议定书附件 2 规定了风险评估的原则和步骤，主要包括：查明与可能影响生物多样性的改性活生物体相关的任何新的基因型和表现型特性；审评产生这些不利影响的可能性和导致的后果；估计改性活生物体所构成的总体风险；进而对所涉风险提出管理建议。

（6） 关于运输、包装和标识 。《卡塔赫纳生物安全议定书》第 18 （2） 条规定，每一缔约方应采取措施，至少以文件方式，明确说明该转基因生物是有意转移直接用作食物或饲料或加工，而不是有意引入环境，并标明其特征和任何特有标识；明确说明该转移的转基因生物是预定用作封闭式使用，并具体说明任何有关安全装卸、贮存、运输和使用的要求；明确说明其他转基因生物是有意引入进口国的环境中，并具体说明其特征和相关的特性和/或特点，以及任何有关安全装卸、贮存、运输和使用的要求。

《卡塔赫纳生物安全议定书》 同时规定了一些对发展中国家的赋能激励措施。《卡塔赫纳生物安全议定书》规定了加强对发展中国家和经济转型国家缔约方的能力建设事宜，安排了其财务机制和财政资源。议定书具体规定，各缔约方应开展合作，通过诸如现有的全球、区域、分区域和国家机构和组织和酌情通过促进私人部门的参与等方式，协助发展中国家和经济转型国家缔约方、特别是其中最不发达国家和小岛屿发展中国家逐步建立和/或加强生物安全方面的人力资源和体制能力，包括生物安全所需的生物技术。《卡塔赫纳生物安全议定书》明确规定以 《生物多样性公约》 的资金机制作为本议定书的资金机制。[1]

3. 《关于赔偿责任和补救的名古屋—吉隆坡补充议定书》。《生物安全议定书》第 27 条提出，将在该议定书缔约方大会的第一次会议上就适当拟定因转基因生物的越境转移而造成损害的赔偿责任和补救方法的国际规则和程序，并努力在 4 年内完成这一进程。2010 年在日本名古屋召开的议定书第五次缔约方会议通过了《生物安全议定书关于赔偿责任和补救的名古屋—吉隆坡补充议定书》 （Nagoya - Kuala Lumpur Supplementary Protocol on Liability and Redress to the Cartagena Protocol on Biosafety，一般简称《名古屋—吉隆坡补充议定书》），作为在损害赔偿方面对议定

---

〔1〕　参见《卡塔赫纳生物安全议定书》第 22 条和第 28 条的规定。

书的补充，主要对损害赔偿的范围、因果关系、应对措施、豁免、时限、资金限制、追索权、财政担保等方面的问题进行了规定。补充议定书的要点如下：由于转基因生物跨国境移动，给生物多样性和人体健康带来严重损失时，缔约国可以要求肇事者恢复原状并提供费用；如果已预见肯定会出现损失时，缔约国可以要求肇事者采取预防措施；肇事者是指直接或间接管理转基因生物的拥有者、开发者、生产者、进出口者、运输者等；缔约国有必要与其他国际法进行调整，根据国内法制定财政措施，为预防损失而建立保险和基金。根据该补充议定书的规定，第 40 个国家交存加入书之后的第 90 日，该议定书将生效。该补充议定书已于 2018 年 3 月 5 日生效。[1]

（三）《关于遗传资源获取和惠益共享的名古屋议定书》

2010 年 10 月 30 日，联合国生物多样性条约第 10 届缔约国会议通过《关于获取遗传资源以及公平和公正地分享其利用所产生的惠益的名古屋议定书》（即俗称的《遗传资源获取和惠益共享名古屋议定书》，简称《名古屋议定书》）。经过近两周的拉锯战，发展中国家和发达国家终于就未来十年生态系统保护世界目标和生物遗传资源利用及其利益分配规则达成一致。议定书于 2014 年 10 月 12 日生效，目前共有 73 个缔约方。中国于 2016 年 6 月 8 日加入议定书，但是议定书暂不适用于我国香港特别行政区和澳门特别行政区。

《名古屋议定书》明确规定，它是执行《生物多样性公约》的遗传资源获取和惠益分享的文书。议定书规定其目标是公平分享利用遗传资源，包括通过适当获取遗传资源和转让适当的技术所产生的惠益，同时亦顾及对这些资源和技术的所有权利，并提供适当的资金，从而对保护生物多样性并可持续地利用其组成部分作出贡献。为此，议定书具体规定了缔约国的义务，包括制定和执行遗传资源获取和惠益分享立法和管制要求；指定遗传资源获取和惠益分享的国家联络点，并向依据议定书设立的获取和惠益分享信息交换所提供相应信息；对遗传资源的利用进行监测；在国内开展公众宣传、教育和培训；向作为本议定书缔约方会议的《生物多样性公约》缔约方大会提交履约报告等。[2]

议定书也对富有遗传资源的发展中国家规定了很多激励措施，特别是履约激励措施，主要包括以下内容：遗传资源的利用国应当根据《生物多样性公约》第 15 条的相关规定，与遗传资源的来源国公正和公平地进行惠益分享，遵循共同商定的条件；遗传资源的获取需要征得遗传资源来源国的事先知情同意；缔约方在制定和执行遗传资源获取和惠益分享立法和管制要求时，对发展中国家给予特别考虑；缔约方有必要考虑制定一种全球多边惠益分享机制并考虑这一机制的模式；加强发展中国家能力建设；促进对发展中国家的技术转让；将《生物多样性公约》的财务机制

---

〔1〕 中国绿发会："3 月 5 日正式生效：《卡塔赫纳生物安全议定书关于赔偿责任和补救的名古屋－吉隆坡补充议定书》"，http：//wemedia.ifeng.com/51153634/wemedia.shtml，2019 年 4 月 8 日访问。

〔2〕 分别参见《名古屋议定书》第 4 条第 4 款、第 1 条、第 5 条到第 7 条、第 9 条到第 17 条的规定。

作为本议定书的财务机制。[1]

三、《国际水道非航行使用法公约》

联合国 1997 年通过并于 2014 生效的《国际水道非航行使用法公约》（以下简称"《国际水道公约》"），是国际水法发展的里程碑，对国际水法的发展产生了积极影响。

（一）公约的制定和生效

根据 2002 年的国际河流统计，全球现有 265 条国际水道，分布在 146 个国家，其流域面积占地球陆地面积的 47.9%，[2]拥有全球 60% 的河川径流水资源，居住着世界约 40% 的人口。[3]水资源具有流动性，极大地忽视政治边界，沿岸国之间对国际水道水资源的竞争性利用难免会发生冲突，尤其是对于国际水道的水力发电、捕鱼、农业灌溉、人类饮用等非航行利用。因此，1970 年第 25 届联大通过决议，建议国际法委员会研究国际水道非航行使用法，以期逐渐编纂和发展这方面的法律，预防和解决国际水冲突。国际法委员会经过二十多年的研究、酝酿和起草，先后于 1991 年和 1994 年一读和二读通过了《国际水道非航行使用法条款草案》。1997 年 5 月 21 日，联大第 51 届会议以 103 国投票赞成、27 国弃权、3 国投票反对，最终通过了《国际水道公约》，对国际水道非航行使用的内容、原则、方式和管理制度等作了较全面的规定，是世界上第一个专门就跨界水资源的非航行利用问题缔结的公约。

《国际水道公约》第 36 条规定了其生效条件："本公约应自第 35 份批准书、接受书、核准书或加入书交存于联合国秘书长之日后第 90 天起生效。"由于越南在 2014 年 5 月 19 日批准该公约，成为批准、接受、核准或加入公约的第 35 个国家，因此《国际水道公约》已于 2014 年 8 月 17 日起生效。目前公约共有 36 个缔约国，其中既有德国、法国、英国、芬兰、丹麦、爱尔兰、意大利、挪威、瑞典、卢森堡、西班牙、葡萄牙、希腊等欧洲发达国家，也有匈牙利、南非、纳米比亚、约旦、黎巴嫩、利比亚、突尼斯、乌兹别克斯坦、尼日利亚、尼日尔、贝宁、乍得等第三世界国家，以下游国家、干旱国和岛国为主。[4]

（二）公约对国际水法的积极影响

《国际水道公约》通过详尽的实体性和程序性规定，以及设立联合管理机构的建议，为处于公约核心的国际水道非航行利用和保护的合作义务提供了可操作的框架。根据公约规定，水道国可以在水资源利用、洪水控制、污染防控、水道生态系统的

---

〔1〕　参见《名古屋议定书》第 5 条、第 6 条、第 8 条、第 10 条、第 22 条、第 23 条、第 25 条的规定。

〔2〕　国际大坝委员会编：《国际共享河流开发利用的原则与实践》，贾金生等译，中国水利水电出版社 2009 年版，第 4 页。

〔3〕　Joseph W. Dellapenna, Book Reviews: The Law of International Watercourses: Non – navigational Uses, By Stephen C. McCaffrey, 97 A. J. I. L. 233 (January 2003).

〔4〕　United Nations Treaty Collection, https: //treaties. un. org/pages/ViewDetails. aspx? src, visited on June 25, 2019.

保护等所有方面开展合作，甚至实施综合管理。[1] 公约作为国际水法领域的全球性条约，对所有国家开放，其生效必将对国际水法产生深远的、积极的影响，尤其表现在以下两方面：

1. 促进国际水法的编纂和发展。《国际水道公约》所规定的公平和合理利用原则、不造成重大损害原则、国际合作原则、计划采取措施的国家对可能受影响国的通知义务等，均是对习惯国际法的编纂，关于国际水道生态系统的保护和保全、计划采取措施的答复期限、强制性争端解决办法等，则是进一步发展。可以预见，随着公约的生效和各国对国际水道利用活动的陆续开展，水道国缔结双边、多边水道协定或进行国内立法的工作也将跟进，关于跨界水利用和保护的国际和国内立法将有进一步发展。

2. 促进全球对跨界水资源的利用和保护，预防和解决国际争端。《国际水道公约》的通过和生效对于跨界水资源的利用和保护具有积极影响和指导意义。《国际水道公约》规定了水道国进行合作的基本方式，以及保护和保全国际水道生态系统的一般义务和具体措施，这些规范将推动水道国之间的国际合作，对国际水道的利用和保护提供重要的指导，从而促进全球对跨界水资源的利用和保护，预防和解决国际争端。事实上，公约在正式出台和生效之前就发挥了积极作用。在公约出台之前，国际法委员会起草的条款草案和公约草案对某些区域性、多边或双边水道协定的签署及其最终文本产生了一定的影响，比如南部非洲发展共同体1995年达成的区域性水道协定《关于共享水道系统的议定书》，湄公河下游四国（泰国、老挝、柬埔寨、越南）1995年达成的多边水道协定《湄公河流域可持续发展合作协定》，阿根廷和智利1991年达成的双边水道协定《关于共同水资源的议定书》。[2] 公约通过之后，也在某些区域性、多边和双边水道协定的谈判和签署过程中发挥了指导作用，比如南部非洲发展共同体2000年达成的区域性水道协定《关于共享水道系统的修订议定书》，南非、斯威士兰和莫桑比克于2002年达成的全流域性、多边性水道协定《因科马蒂和马普托水道临时协议》等都借鉴了公约的规定。[3] 此外，国际法院在多瑙河盖巴斯科夫大坝案的判决中提及这一公约，将其作为国际水法的权威陈述。[4]

四、《控制危险废物越境转移及其处置巴塞尔公约》及其《责任和赔偿议定书》

1989年3月22日，联合国环境规划署主持制定通过了《控制危险废物越境转移及其处置巴塞尔公约》（以下简称《巴塞尔公约》），成为全球首个规范危险废物越

---

[1] 综合水资源管理要求以流域为单位，对相互关联的淡水水体进行管理，也需要整合水利、农业、环境等多个管理部门和地方、公共、私人等多个行为体的利益。

[2] 参见孔令杰、田向荣：《国际涉水条法研究》，中国水利水电出版社2011年版，第44页。

[3] 比如，这两个协定关于共享水道利用和保护的一般原则、公平和合理利用的要素清单、关于保护和保全共享水道生态系统的义务和措施等的规定借鉴了公约的有关条款。

[4] *See Judgment of 25 September*1997，1997 ICJ No.92，Para.85.

境转移和环境无害化管理的综合性国际文书，旨在保护人类健康和环境免受危险废物和其他废物的产生、转移和处置可能造成的不利影响。我国参与了该《公约》的起草和通过，并先后于 1990 年和 1991 年签署和批准。1992 年 8 月 20 日，该公约对中国生效。公约目前共有 179 个缔约方。

《巴塞尔公约》规定了危险废物越境转移及其处置所应遵循的原则和危险废物的范围，明确了缔约国的一般性义务，包括向缔约国大会提交或通报相关资料、采取控制危险废物越境转移的措施、再进口的责任等。《巴塞尔公约》也涉及对发展中国家的激励，主要体现在财务方面的安排。《巴塞尔公约》规定，各缔约方同意根据各区域和分区域的具体需要，应针对危险废物和其他废物的管理并使其产生减至最低限度，建立区域的或分区域的培训和技术转让中心；各缔约方应就建立适当的自愿性筹资机制作出决定；各缔约方应考虑建立一循环基金，以便对一些紧急情况给予临时支援，尽量减少由于危险废物和其他废物的越境转移或其处置过程中发生意外事故所造成的损害。[1]

《巴塞尔公约》自 1992 年 5 月 5 日开始生效以来，经过二十余年的发展，逐步形成了控制危险废物越境转移的法律框架；通过制定环境无害化管理技术准则和手册、发展公共私营伙伴关系、建设和发展区域和协调中心等机制积极推进了危险废物环境无害化管理。[2]《巴塞尔公约》在 1992 年缔约国大会上设立了技术合作信托基金，这是一项源自缔约国自愿捐款的基金，旨在帮助发展中国家和其他需要技术援助的国家执行公约。该基金由秘书处管理，对缔约国大会负责。该基金的运作受捐款国主导，捐款数额少，资金短缺严重，而且资金用途基本上由捐款国指定，因此发挥作用的空间不大。如今公约缔约方开始商议"适当和可预测的资金机制"。[3]

为了建立一个综合赔偿制度，迅速充分赔偿因危险废物和其他废物越境转移及其处置和这些废物的非法运输所造成的损害，《巴塞尔公约》第五次缔约方大会于 1999 年 12 月 10 日通过《关于危险废物越境转移及其处置所造成损害的责任和赔偿问题的巴塞尔议定书》。该议定书对危险废物越境转移及其处置所造成的"损害"的含义给予界定，对严格赔偿责任、赔偿额度、时效、赔偿管辖权、法律适用等问题做出了规定。

 学术视野

一、关于国际赔偿责任性质的各种观点

关于国际赔偿责任的性质，学界见仁见智，大体上有以下几种观点：

1. 合法行为责任说。这种学说认为，国际赔偿责任是由国际法未加禁止之行为的域

---

〔1〕 参见《巴塞尔公约》第 14 条的规定。

〔2〕 环保部国际合作司编：《控制危险废物越境转移及其处置巴塞尔公约 20 年》，化学工业出版社 2012 年版，第 5 页。

〔3〕 参见兰花：《多边环境条约的实施机制》，知识产权出版社 2011 年版，第 139 页、第 169 页。

外损害引起的，责任的产生只取决于域外损害事实的发生，而不取决于行为的不法性。[1]

2. 危险责任说。这种学说认为，损害责任应以造成他国损害的行为的危险性作为确定责任的标准，其责任的归咎点在于行为的危险性。[2]

3. 违反国际义务说。这种学说认为，国际赔偿责任是国家违反国际义务必须承担的后果，这些国际义务包括：不得对其他国家造成损害的义务、预防与合作义务、权利不得滥用义务等。持有这种观点的学者众多。比如布朗利认为，责任的性质取决于有关具体义务的内容，而不取决于活动本身。一国违反了不对他国造成损害的义务，就引起其国家责任，即使行为或活动本身并不为国际法所禁止。[3]我国有学者认为，在国际法领域内，国家以及其他国际法主体的行为的合法性是有条件的，是建立在不损害其他主体权益的基础上的；某些不为国际法所禁止的行为一旦给别国造成了实际损害，其本身就转化为一种非法行为；追究行为者责任势必要以这种行为的非法性为前提条件。[4]有学者认为，国际法不加禁止之行为造成损害的国际赔偿责任的基础是违背国际义务中消极的派生义务，即"使用自己的财产不得损害别人的财产"的国际义务。[5]还有学者认为，国际赔偿责任的产生是由于国际责任的主体的行为违背了国际义务，比如预防与合作义务，或者行为结果违背了一国不得为自身的利益而从事损害他国利益的行为的国际义务。[6]

4. 国际法不加禁止行为责任说。国际法委员会指出，国际赔偿责任是国际法不加禁止之行为的责任。这种观点得到了一些学者的赞同。[7]国际法委员会认为，造成跨界损害的行为究竟是合法行为还是不法行为往往是难以确定的，行为的合法性问题也并不是一成不变的，有些以往是合法的行为，可能由于社会环境和人们价值观念的变化而被认为是非法的；而"国际法不加禁止"又包含着两种情况，一种是国际法文件明文规定对此种行为不加任何限制，即不加禁止的；另一种是国际法文件对此种行为没有明文禁止也没有明文允许。[8]这就意味着，只看行为与后果之间的因果关系，而不问其行为是否违反国际法的规定。

---

〔1〕 参见周晓林：《合法活动造成域外损害的国际责任》，载《中国法学》1988 年第 5 期。

〔2〕 参见〔日〕山本草二：《国际法上的危险责任主义》（日文本），东京大学出版会 1982 年版，转引自林灿铃：《国际环境法》，人民出版社 2004 年版，第 247 页。

〔3〕 参见〔英〕布朗利：《国家责任——国际法制度》，1983 年版，第 40~47 页，转引自林灿铃：《国际法上的跨界损害之国家责任》，华文出版社 2000 年版，第 23 页。

〔4〕 参见曹建明、周洪钧、王虎华主编：《国际公法学》，法律出版社 1998 年版，第 172 页。

〔5〕 参见张晓芝主编：《国际法学》，西安交通大学出版社 2005 年版，第 85 页。

〔6〕 参见李寿平：《现代国际责任法律制度》，武汉大学出版社 2003 年版，第 110~111 页；丁添："另一种视角——经济学观点下的国家责任"，载《贵州警官职业学院学报》2005 年第 1 期；吴晓燕："跨国环境污染引起的国家环境责任"，载《哈尔滨学院学报》2005 年第 12 期。

〔7〕 参见梁西主编：《国际法》（修订第二版），武汉大学出版社 2004 年版，第 138 页；白桂梅：《国际法》，北京大学出版社 2006 年版，第 241 页。

〔8〕 参见《预防危险活动的跨界损害的条款草案》案文及其评注中译本，第 2 条（a）项的评注第 1 段。

5. 损害赔偿责任说。这种学说认为，国际赔偿责任的性质应当界定为"损害赔偿责任"。比如，有学者认为将国际赔偿责任定性为损害赔偿责任比较恰当，因为在民法上，特殊侵权行为是指行为者主观上无过错，但他人的损害确系与该行为者有关的行为、事件或特别的原因所致，因而适用民法上的特别责任条款或民事特别法的规定应负民事责任的行为；国际赔偿责任就是一种因特殊侵权行为而导致的损害赔偿责任。[1]还有学者认为，国际损害责任的性质属于损害赔偿责任，因为国际损害行为本身是国际法不加禁止的，只是由其造成的损害结果而产生国家责任，因此，本质上是一种国际侵权行为。[2]

6. 权利救济说。这种学说认为，国际赔偿责任是权利冲突情况下对受害者进行救济的一种手段，是责任人与受害者之间的一种利益平衡机制。一个权利人行使权利的结果，可能会损害到其他人的权利，即出现权利的冲突。权利冲突是美国法律经济学家、诺贝尔经济学奖获得者科斯的一项重要发现。权利是交叉重叠的，在两个权利之间无法找到一个互不侵犯的界限，法律如果保护一种权利，实际上会侵犯另一种权利。国际法不加禁止之行为造成的跨界损害，正是行为者的权利与受害者的权利发生冲突的表现。国际法不加禁止之行为既包括法律明文许可的行为，也包括法律没有明文许可，但是也没有明文禁止的行为。行为者（包括国家）有从事法律不禁止的活动从中受益的权利，国家和其公民享有人身权、财产权和环境权，这些权利是其人身、财产和良好、清洁的环境避免受到侵害的屏障。这些权利遭受法律不加禁止之行为造成的损害的侵犯，受害者有权请求救济，要求和获得赔偿。[3]

二、关于可持续发展是否是国际环境法基本原则的争论

关于可持续发展是否是国际环境法的基本原则，学界有很大争议。也就是说，学界对可持续发展有不同的定性。归纳起来，大致有以下几种观点：

1. 可持续发展是一个概念。《国际环境法律与政策》一书的作者们将可持续发展定性为一个概念。[4]"多瑙河盖巴斯科夫大坝案"关注的焦点是发展与环境的和谐问题，在该案中，国际法院也将可持续发展作为概念指出。

2. 可持续发展是一项原则。国际法学界关于可持续发展的流行观点是，可持续发展是一项国际法原则，是国际环境法的一项基本原则。比如，澳大利亚新英格兰大学的Hossein Esmailie 认为，可持续发展原则是一项已确立的国际法原则[5]；王曦和李爱年

---

[1]　参见衣淑玲："论跨国界污染的国家责任"，载《天津市政法管理干部学院学报》2004 年第 4 期。

[2]　参见易琪："论跨界环境损害的国家民事责任"，载《商场现代化》2006 年第 29 期。

[3]　参见何艳梅："跨国污染损害赔偿法律规则比较研究"，载《比较法研究》2009 年第 6 期。

[4]　参见 Edith Brown Weiss, Stephen C. McCaffrey, Daniel Barstow Magraw, Paul C. Szasz, Robert E. Lutz, *International Environmental Law and Policy*, 中信出版社，2003, p. 55.

[5]　参见 Hossein Esmailie: " International Legal Regime of Resource Utilization: Sustainable Use of Fresh Water Resources ", p. 299, http://www. gian. alumni – network. de/proceedings/proceedings/ Hossein Esmailie. pdf, last visited on Dec. 21 2018.

等学者将可持续发展作为国际环境法的基本原则。[1]在多瑙河盖巴斯科夫大坝案中，国际法院副院长威伦莫特法官发表了对"可持续发展概念"的独立意见，对可持续发展作了长篇论证。他认为尽管国际法院将可持续发展作为概念指出，"我认为它不仅仅是一个概念，而是一个具有规范价值的对决定本案至关重要的原则……"。他还鲜明地提出，可持续发展原则不仅仅由于它的不可避免的逻辑必要，而且由于它被全球社会的广泛接受而构成现代国际法的一个必需的组成部分。[2]

3. 可持续发展介于概念与原则之间。法国的亚历山大·基斯（Alexander keys）认为，"在某种程度上，可持续发展可以被认为介于国际环境法的概念和原则之间"。在他看来，概念与原则的不同是，"任何法律秩序都建立在一些概念的基础上，即建立在关于社会目标的抽象表述上。与原则不同的是，这些概念不能直接适用，它们隐藏在构成法律秩序的一切规则之下。"[3]

4. 可持续发展是一项理论或观念。世界资源研究所、联合国环境规划署、联合国开发计划署共同发布的《世界资源报告》认为，可持续发展是发展（主要是自然资源开发利用）与环境保护协调发展的理论。[4]刘长兴认为，可持续发展观可以缓解人类社会发展和自然资源供应之间的紧张关系。[5]

5. 可持续发展是一个进程。蔡守秋、常纪文主编的《国际环境法学》将可持续发展看作是一个进程。该书第四章（国际环境法的产生和发展）第四节的标题是"可持续发展时代现代国际环境法的发展"，并在本节总结说，1992 年里约环发会议标志着全球中心议题从"斯德哥尔摩时期"的环境保护向"可持续发展时期"的环境保护的重大转变，国际环境法进入到可持续发展时代。[6]《国际环境法律与政策》一书认为，最好将可持续发展看作是一种变化的进程，而不是一个固定的协调状态，或者静止的终点。[7]

6. 可持续发展既是原则，也是目标。那力认为，尽管可持续发展原则已经在国

[1] 参见王曦："论国际环境法的可持续发展原则"，载邵沙平、余敏友主编：《国际法问题专论》，武汉大学出版社 2002 年版，第 320 页；李爱年、韩广等：《人类社会的可持续发展与国际环境法》，法律出版社 2005 年版，第 52 页。

[2] 参见 Edith Brown Weiss, Stephen C. McCaffrey, Daniel Barstow Magraw, Paul C. Szasz, Robert E. Lutz, *International Environmental Law and Policy*，中信出版社，2003，p. 58. 另可参见王曦主编：《国际环境法资料选编》，民主与建设出版社 1999 年版，第 631~638 页。

[3] [法]亚历山大·基斯著，张若思编译：《国际环境法》，法律出版社 2000 年版，第 108~109 页。

[4] 参见世界资源研究所、联合国环境规划署、联合国开发计划署编：《世界资源报告》（1992~1993 年），中国环境科学出版社 1993 年版，第 17 页。

[5] 参见刘长兴："环境资源利用和保留的平衡"，载吕忠梅、徐祥民主编：《环境资源法论丛》（第三卷），法律出版社 2003 年版，第 57 页。

[6] 参见蔡守秋、常纪文主编：《国际环境法学》，法律出版社 2004 年版，第 69~70 页。

[7] 参见 Edith Brown Weiss, Stephen C. McCaffrey, Daniel Barstow Magraw, Paul C. Szasz, Robert E. Lutz, *International Environmental Law and Policy*，中信出版社，2003，p. 53；State of the world 1996：a world-watch Institute report on progress toward a sustainable society.

际范围内得到了广泛的认同，但可持续发展仍然不是一项明确的国际法律义务，从这一意义上来讲，可持续发展更像是一个追求的目标。[1]

理论思考与实务应用

一、理论思考

（一）名词解释

国际环境资源法　国际环境条约　可持续发展　风险预防原则

（二）简答题

1. 国际环境资源法的特点。

2. 国际环境资源法的渊源。

3. 国际环境资源法的主体。

4. 国际环境资源法的客体。

5. 国际环境资源法的基本原则。

二、实务应用

（一）案例分析示范

案例一　特莱尔冶炼厂仲裁案

特莱尔冶炼厂仲裁案（Trail Smelter Arbitration）涉及美国与加拿大之间的跨界空气污染纠纷。位于加拿大哥伦比亚的特莱尔冶炼厂排放的大量二氧化硫气体向南越过美、加边界，对美国的华盛顿州造成严重空气污染，使该州的农作物、森林、草原、牲畜、建筑物等遭到了大面积的损害。在发现特莱尔冶炼厂污染到华盛顿州以后，自1927年起，就污染造成的损害赔偿问题，美加两国政府开始进行外交谈判，将该问题交给两国的边境问题联合委员会解决，但是美国拒绝了委员会提出的解决建议。1935年4月，两国达成一项特别协议，该案件交由仲裁法庭作永久性的解决。[2]

问：针对特莱尔冶炼厂对华盛顿州造成的污染损害，加拿大是否应当承担赔偿责任？加拿大是否有义务采取措施，预防该厂将来对美国的污染损害？

【评析】在该案中，仲裁庭指出，加拿大政府不仅应对特莱尔冶炼厂过去的行为（造成的污染损害）负责，也应为该厂将来的行为负责，并且有义务控制它所造成的损害。仲裁庭裁定国家没有权利允许在使用自己的领土时，对他国领土造成严重损害。"仲裁庭认为，根据国际法和美国法，任何国家都无权使用或许可使用其领土导致燃烧的火焰损害到别国领土内的财产和人员，而本案的后果是严重的，证据清楚表明损害是存在的。"仲裁庭因此裁定，加拿大应当付给美国7.8万美元的赔偿和补偿。本案是历史上第一例处理跨国环境纠纷和跨国环境责任的案例，它所确立的领土无害使用原则，被后来的许多文件所采纳，成为国际环境法的基本原则。

---

〔1〕 参见那力编著：《国际环境法》，科学出版社2005年版，第37页。

〔2〕 参见梁淑英主编：《国际法教学案例》，中国政法大学出版社1999年版，第233页。

案例二　多瑙河盖巴斯科夫大坝案

1977 年，匈牙利与捷克斯洛伐克签订《关于盖巴斯科夫—拉基玛洛堰坝系统建设和运营的条约》，规定作为"联合投资"，由两国以各自的成本在各国领土内的多瑙河河段开展大坝建设项目，旨在开发水电、改进多瑙河相关河段的航行、保护沿岸地区免遭洪水。1989 年，匈牙利拒绝按 1977 年条约继续从事在自己领土内的拉基玛洛大坝建设，理由是该工程将导致在条约达成当时不能预见的损害。捷克斯洛伐克及其解体后 1977 年条约的继承者斯洛伐克对此的反应是，于 1991 年实施"临时解决"方案，在自己领土内建设大坝，单方面分流多瑙河水，以将盖巴斯科夫工程投入运营。匈牙利声称斯洛伐克的分流行为夺取了匈牙利的地下水，剥夺了匈牙利公平和合理分享多瑙河水的权利，使匈牙利在多瑙河附近的陆地干旱，给匈牙利造成了不可逆转的环境损害。斯洛伐克声称匈牙利单方面终止执行条约，它有权利采取补救措施。两国多次协商谈判未果，将此争端提交国际法院解决。除了有关条约法的问题外，争端各方对适用于多瑙河水利用问题的国际法原则提出了相对立的观点，匈牙利声称斯洛伐克分流多瑙河水并实施临时解决方案违反了公平和合理利用原则和无害原则。[1]

问：1. 匈牙利中止履行 1977 年条约的行为是否构成国际不法行为？

2. 斯洛伐克单方面分流多瑙河水的行为是否构成国际不法行为？

3. 斯洛伐克是否应当对其单方面分流河水的行为对匈牙利造成的环境损害承担责任？

【评析】该案涉及国际环境责任和风险预防原则。国际法院在 1997 年作出判决，认定斯洛伐克作为捷克斯洛伐克的继承者，为了实施临时解决方案，在其自己领土内建立大坝的行为并不构成国际不法行为，但是将大坝投入运营，单边分流多瑙河水的行为违反了与匈牙利签订的条约，剥夺了匈牙利公平和合理地分享多瑙河自然资源的权利，构成了国际不法行为；匈牙利暂停，后来又放弃其所负责的工程也违背了该条约，从事了国际不法行为。因此，匈牙利应为其暂停，后来又放弃其所负责的工程而使斯洛伐克遭受的损害赔偿斯洛伐克；斯洛伐克应为其实施临时解决方案，将在自己领土内建立的大坝投入运营，分流多瑙河水而使匈牙利遭受的损害赔偿匈牙利。[2]但是同时认定 1977 年条约仍然有效，联合开发体制是条约的基本组成部分，双方应恢复这种体制，除非另有协议。为此，斯洛伐克为实施临时解决方案而在其自己领土内建立的大坝构成匈斯联合运营工程，但是匈牙利如果需要分享大坝的运营和利益，它必须按一定比例负担建设和运营成本。[3]关于风险预防原则，国际法院指出：在环境保护领域，鉴于环境损害往往具有不可逆转的性质，并鉴于

〔1〕　See Summary of the Judgement of 25 September1997, 1997 ICJ No. 92.

〔2〕　See Summary of the Judgement of 25 September1997, 1997 ICJ No. 92, Para. 155.

〔3〕　See Summary of the Judgement of 25 September1997, 1997 ICJ No. 92, Paras. 125～154.

此类损害的赔偿机制本身固有的局限性，因此要求时刻保持警惕和预防损害。[1]

案例三 拉努湖仲裁案

1956 年，法国为了其水力发电项目，决定拦截拉努湖经卡洛河流往西班牙的河水以增加拉努湖的贮水量。同时，法国将亚里埃奇河水引入卡洛河，作为补偿。西班牙认为这一工程需要获得它的事先同意，指责法国的做法违反两国在 1866 年签订的协定。1957 年，两国决定将此争议将交付国际仲裁。[2]

问：1. 法国拦截拉努湖水的工程是否需要事先获得西班牙的同意？

2. 同一条河流的沿岸国是否有义务顾及下游国的利益？

【评析】该案涉及国家主权原则。仲裁庭裁决，上游沿岸国有义务考虑下游沿岸国的权利和利益，也有义务协调因水资源利用工程而发生的任何争端。但是仲裁庭否决了西班牙关于法国的工程需要西班牙政府事先同意的主张，认为这种事先同意是对一国主权的重要限制，但在国际法中找不到这种限制的根据。仲裁庭支持法国在其领土内进行水电开发的主权，但同时也承认不损害邻国利益的相关责任，认为法国有权行使其权利，但其不能无视西班牙的利益；西班牙有权要求其权利得到尊重和其利益得到考虑。[3]

（二）案例分析实训

案例一 "塔斯曼海"号油轮案

该案是我国加入《1992 年油污责任公约》后，第一例根据该公约向外国船公司和保险人进行索赔的案件，也是我国海洋行政管理部门在法律框架内进行海洋生态环境污染涉外索赔第一案，因此备受关注。

2002 年 11 月 23 日凌晨，满载原油的马耳他籍油轮"塔斯曼海"号与我国大连"顺凯一号"油轮在天津大沽口东部海域发生碰撞，导致"塔斯曼海"号满载的原油大量泄漏，在事发海域形成一条溢油漂流带。油污事件发生后，国家海洋局北海监测中心受原告委托，开展了国内首次原油泄露对海洋生态环境污染损害索赔案件的技术取证与损失评估工作。经北海监测中心对事故海域，以及沿岸区域进行调查取证和海洋生态环境污染损害监测发现，受溢油事故影响海域面积近 360 平方公里，沉积物中油类含量高于正常值 8.1 倍，原油泄漏事故使作为海洋渔业资源的重要产卵场、索饵场和肥育场的渤海湾西岸的海洋生态环境受到严重破坏。污染事件发生后，

---

[1] *See Judgment of 25 September*1997, 1997 ICJ No. 92, Para. 140.

[2] 案情详情可参见 ［德］马克斯·普朗克比较公法及国际法研究所主编，陈致中、李斐南译：《国际公法百科全书》（第二专辑，国际法院、国际法庭和国际仲裁的案例），中山大学出版社 1989 年版，第 299 页。另可参见盛愉、周岗：《现代国际水法概论》，法律出版社 1987 年版，第 46 页。

[3] 参见王曦编著：《国际环境法》（第二版），法律出版社 2005 年版，第 182 页。

不同身份的原告分别代表不同的利益主体向中国天津海事法院起诉，对被告提出索赔：天津市海洋局根据《海洋环境保护法》的规定，代表国家向天津海事法院提起诉讼，就海洋生态环境受到污染损害，向肇事船船东和伦敦汽船船东互保协会提出索赔；天津市渔政渔港监督管理处经农业部授权，代表国家作为原告对渔业资源损失提出索赔；由于污染事故导致天津市 1 300 余户渔民和养殖户养殖的水产品受损，因此塘沽等地三家渔民协会接受渔民和养殖户的委托提出索赔；天津市渤海周边的村庄推选五户人家为代表，提起集团诉讼（代表人诉讼）。[1]

　　问：上述原告的赔偿请求都能够得到满足吗？为什么？

案例二　法国核试验案

　　1966 年到 1972 年间，法国在南太平洋的法国领土波利尼西亚进行了一系列大气层核试验，引起放射性微粒下降，对澳大利亚和新西兰领土造成放射性污染和巨大损失。1973 年，法国声明计划进一步进行空中核试验。澳大利亚和新西兰两国先后向国际法院提起诉讼。国际法院指示法国政府应避免再次进行对两国领土造成放射性微粒下降的核试验。后来法国在公开的外交场合单方面声明放弃空中核试验，国际法院未对此案进行判决。因为国际法院认为这已经构成"对一切"义务的单方面承诺，认为此案的争议已经不复存在，因此没有必要作出判决。法国不是 1963 年《禁止在大气层、外层空间和水下进行核武器试验条约》的缔约国，国际法院也拒绝讨论在大气层进行核试验是否违反国际习惯法的问题。[2]

　　问：法国在其领土上进行核试验对别国造成污染和损害，是否应当承担损害责任？法国单方面声明停止核试验是否对其具有国际约束力？

 参考书目

1. 王曦编著：《国际环境法》（第二版），法律出版社 2005 年版。
2. ［法］亚历山大·基斯：《国际环境法》，张若思编译，法律出版社 2000 年版。
3. 曾令良、饶戈平主编：《国际法》，法律出版社 2005 年版。
4. 王曦主编：《国际环境法资料选编》，民主与建设出版社 1999 年版。

---

〔1〕　参见张伟勋："塔斯曼海油污损害赔偿案创审判纪录"，http://www. chinatradenews. com. cn/ news/ article _show. asp？ ArticleID =4079，2018 年 12 月 19 日最后访问。

〔2〕　参见梁淑英主编：《国际法教学案例》，中国政法大学出版社 1999 年版，第 234～235 页。